suhrkamp taschenbuch
wissenschaft 2280

Wer vom »Volk« redet, darf dessen Abgründe nicht verschweigen. Stets wird darum gekämpft, wer dazugehören darf und wer ausgeschlossen werden soll. Nicht nur Sprache und Geschichte, auch Abstammung und ethnische Zuschreibungen bestimmen über Inklusion und Exklusion. Im Nationalsozialismus nahm das Volk seine antisemitische und rassistische Gestalt an, Gewalt und Selbstermächtigung bildeten die zentralen Elemente. Der Begriff der Volksgemeinschaft ist daher ein Schlüsselbegriff für eine politische Theorie und Gesellschaftsgeschichte des Nationalsozialismus, deren Bausteine Michael Wildt in diesem Buch zusammenfügt.

Michael Wildt ist Professor für Deutsche Geschichte im 20. Jahrhundert mit Schwerpunkt Nationalsozialismus an der Humboldt-Universität zu Berlin.

Michael Wildt

Die Ambivalenz des Volkes

Der Nationalsozialismus als Gesellschaftsgeschichte

Suhrkamp

Klimaneutral
Druckprodukt
ClimatePartner.com/14438-2110-1001

3. Auflage 2022

Erste Auflage 2019
suhrkamp taschenbuch wissenschaft 2280

Umschlag nach Entwürfen
von Willy Fleckhaus und Rolf Staudt
Druck und Bindung: C. H. Beck, Nördlingen
Printed in Germany
ISBN 978-3-518-29880-0

www.suhrkamp.de

Inhalt

Einleitung

Der Begriff des Volkes führt stets die blutigen Kämpfe, die in seinem Namen ausgefochten werden, mit sich: die Abgrenzungen nach oben und unten, nach innen und außen. Staatsvolk will nichts gemein haben mit dem Pöbel, der Menge, den Massen; allein das Wort Volksherrschaft, gar in der Doppelung Volksdemokratie, ruft die Assoziationen Terror, Anarchie und Willkür wach. Das auserwählte Volk Gottes glaubt sich gegenüber den ungläubigen Völkern in einer unzweifelhaften Position der Überlegenheit; das Volk, zur Nation gekürt, verwandelt die Bevölkerung eines Territoriums in eine Abstammungsgemeinschaft oder in Staatsbürger, die sich ebenfalls mit der ganzen Kraft des naturrechtlichen Vernunftanspruchs zur zivilisierenden Herrschaft über andere Völker und Nationen berufen sehen können. In eine »Volksgemeinschaft« verwandelt, werden alle »Gemeinschaftsfremden« aus dem Volk ausgeschlossen, vertrieben, ermordet. Aber es war auch das »Volk«, das 1789 die Bastille stürmte, das im 20. Jahrhundert die Könige und Zaren zum Teufel jagte und die kommunistischen Diktaturen stürzte. »Wir sind das Volk« ist ein mächtiger Satz, gerade in demokratischen Ordnungen, in denen das Volk herrschen soll – aber wer ist »wir«? Wer »Volk« in den Mund nimmt, wird sich fragen lassen müssen, welches Volk gemeint sei.

I.

Für Immanuel Kant schien die Antwort – und die Hierarchie – klar: »Unter dem Wort Volk (populus) versteht man die in einem Landstrich vereinigte Menge Menschen, insofern sie ein Ganzes ausmacht. Diejenige Menge oder auch der Theil derselben, welcher sich durch gemeinschaftliche Abstammung für vereinigt zu einem bürgerlichen Ganzen erkennt, heißt Nation (gens); der Theil, der sich von diesen Gesetzen ausnimmt (die wilde Menge in diesem Volk), heißt Pöbel (vulgus), dessen gesetzwidrige Vereinigung das Rottiren (agere per turbas) ist; ein Verhalten, welches ihn von der Qualität eines Staatsbürgers ausschließt.«[1] In Kants Welt der Aufklärung ist die »wilde Menge«, der »Pöbel«, messerscharf vom ordentlichen Staatsbürgervolk getrennt. Das ›gemeine Volk‹, der *plebs*, die Diener, Tagelöhner, Frauen, gehören nicht dazu. Wenn von *minores, multitudo, vulgus* die Rede war, vom niederen Volk, von der unberechenbaren Menge, dem Pöbel, dann lag Bürgerkrieg und Aufruhr, ›Rottiren‹ in der Luft.

Das Volk, das in der nordamerikanischen Verfassung 1787 mit »We, the people of the United States« emphatisch beschworen wird, umfasste freie, weiße Männer, keine Frauen, keine Indigenen und erst recht keine schwarzen Sklavinnen und Sklaven. Wenn in der Erklärung der Menschen- und Bürgerrechte, die die französische Nationalversammlung zwei Jahre später am 26. August 1789 feierlich verabschiedete, festgehalten wurde, dass alle Menschen frei und gleich an Rechten geboren würden und die Souveränität im Staat nur beim Volk liegen könne, so waren Frauen weniger gleich, denn sie gehörten nicht zu diesem Volk, was schon damals Olympe de Gouges empörte. Und auch die Sklavinnen und Sklaven der französischen Kolonie Saint-Domingue, die für sich nun das Recht in Anspruch nahmen, freie Menschen zu sein, stießen auf Widerspruch im revolutionären Paris und mussten ihre Anerkennung mit einem gewaltsamen Aufstand erzwingen.[2] Überhaupt herrschte eine eklatante Diskrepanz, wie Susan Buck-Morss vor etlichen Jahren in ihrem bahnbrechenden Aufsatz »Hegel und Haiti« aufgezeigt hat, zwischen den pathetischen Proklamationen zur Freiheit und Gleichheit aller Menschen und der Gleichgültigkeit gegenüber der realen Sklaverei auf der anderen Seite. »Dieselben Philosophen, die die Freiheit als den natürlichen Zustand des Menschen betrachteten und sie zu einem unveräußerlichen Menschenrecht erklärten, akzeptierten die millionenfache Ausbeutung der Sklavenarbeiter in den Kolonien als Teil der gegebenen Weltordnung.«[3]

1 Immanuel Kant, *Anthropologie in pragmatischer Hinsicht*, in: ders., *Gesammelte Schriften*, Akademie-Ausgabe, Bd. 7, S. 117-333, hier S. 311; siehe dazu Ingeborg Maus, »Der Monismus der Volkssouveränität und der Pluralismus der Gesellschaft: das ›Volk‹ der Volkssouveränität«, in: dies., *Zur Aufklärung der Demokratietheorie. Rechts- und demokratietheoretische Überlegungen im Anschluß an Kant*, Frankfurt/M. 1994, S. 203-226.

2 Oliver Gliech, *Saint-Domingue und die Französische Revolution. Das Ende der weißen Herrschaft in einer karibischen Plantagenwirtschaft*, Köln u. a. 2011.

3 Susan Buck-Morss, »Hegel und Haiti«, in: dies., *Hegel und Haiti. Für eine neue*

»Alle Gewalt geht vom Volke aus« – dieser Satz begründet in den demokratischen Verfassungen die Volkssouveränität. Aber die Souveränität des Volkes kennt keine Grenzen, außer denen, die es selbst setzt – oder einreißt, wie Georg Büchner in seinem Theaterstück *Dantons Tod*, das 1834/35 entstand, hellsichtig beschrieben hat: Robespierre greift in eine Szene auf der Straße, in der eine Menge einen vermeintlichen Aristokraten lynchen will, mit den Worten ein: »Im Namen des Gesetzes!« Darauf fragt ein Bürger: »Was ist das Gesetz?« und Robespierre antwortet mit gravitätischem Gestus: »Der Wille des Volkes«, worauf der Bürger erwidert: »Wir sind das Volk, und wir wollen, dass kein Gesetz sei; ergo ist dieser Wille das Gesetz, ergo im Namen des Gesetzes gibt's kein Gesetz mehr, ergo totgeschlagen!«[4]

Wenn alle Gewalt vom Volke ausgeht, wenn der Volkswille die Verfassung begründet, dann kann sich, wenn das Volk es will, auch die Verfassung ändern. Die stets mögliche Revolution ist, wie der Staatsrechtler Martin Kriele schreibt, die »Sprengkraft, die in der Idee der Volkssouveränität liegt«.[5] Mit der Erfahrung der nationalsozialistischen Volksherrschaft im Rücken haben die Mütter und Väter des Grundgesetzes daher als gute Demokraten zwar an dem Prinzip der Volkssouveränität festgehalten, aber die Macht des Volkes verfassungsmäßig eingehegt. Die Staatsgewalt sollte »vom Volke in Wahlen und Abstimmungen und durch besondere Organe der Gesetzgebung, der vollziehenden Gewalt und der Rechtsprechung ausgeübt« (Artikel 20 Grundgesetz) werden. Die ungeschlachte Gewalt des Volkes wird institutionalisiert und an feste Regeln und rechtsstaatliche Prozeduren gebunden; das Volk selbst möglichst unsichtbar gemacht. »Das Volk«, beteuert Jürgen Habermas, »von dem alle staatlich organisierte Gewalt ausgehen soll, bildet kein Subjekt mit Willen und Bewußtsein. Es tritt nur im Plural auf, *als* Volk ist es im ganzen weder beschluß- noch handlungsfähig.«[6]

Universalgeschichte, Berlin 2011, S. 15-108, S. 41; zu Karl Marx siehe Iris Därmann, »›Schwarze‹ und ›weiße Sklaverei‹ in Karl Marx' Kritik des Amerikanischen Bürgerkrieges und der Politischen Ökonomie« in: dies., *Undienlichkeit. Gewaltgeschichte und politische Philosophie*, Berlin 2020 (i. E.).

4 Georg Büchner, *Dantons Tod*, in: ders., *Sämtliche Werke*, Frankfurt/M. 1970, S. 16.

5 Martin Kriele, *Einführung in die Staatslehre. Die geschichtlichen Legitimitätsgrundlagen des demokratischen Verfassungsstaates*, 6., überarbeitete und erweiterte Auflage, Stuttgart u. a. 2003, S. 133.

6 Jürgen Habermas, *Faktizität und Geltung. Beiträge zur Diskurstheorie des Rechts*

In der Tat ist das Volk als Ganzes nicht sichtbar, zu greifen oder empirisch zu erfassen; es ist »introuvable« (Pierre Rosanvallon), unauffindbar – und doch springt es mitunter auf die Bühne der Geschichte. Gerade in jenen revolutionären Momenten, in denen eine historische Zäsur gesetzt, ein Anfang gemacht wird, zeigt das Volk sich mit seiner Gewalt. Die städtischen Massen in Paris, die im Juli 1789 die Bastille stürmten und damit der Macht des Ancien Régime ein Ende bereiteten, waren weder gewählte Vertreter des französischen Volkes noch legitimiert, das Volk zu repräsentieren.

Die Massen, die 1989/90 in Prag, Kiew, Moskau, Warschau, Leipzig, Berlin den Sturz des Kommunismus bewirkten, waren ebenso wenig wie in Paris 1789 als Volksvertreter legitimiert, die alte Verfassung zu stürzen und eine neue, demokratische zu errichten. Aber niemand zweifelte an ihrer Legitimation, als Volk zu handeln. Die Demonstranten, die in Leipzig im Oktober 1989 riefen: »Wir sind das Volk!«, taten dies nicht, weil sie gewählte Volksvertreter waren, sondern weil sie der morschen Obrigkeit, die sich selbst als Volksvertretung inszenierte, unmissverständlich deutlich machen wollten, dass sie diesen Anspruch längst verloren habe und das Volk nun für sich selbst spreche. »Das Volk siegt«, titelte *Der Spiegel* im November 1989. Die verfassunggebende, konstituierende Gewalt des Volkes wurde mit der französischen – und haitianischen[7] – Revolution, so der französische Historiker Pierre Rosanvallon, zum »getreuesten Ausdruck des Demokratieideals«. Sie ist »eine radikal schöpferische, weil ursprüngliche Macht, reiner Ausdruck eines aufsteigenden Willens, eine absolut nackte, durch nichts bedingte Gewalt«.[8]

Doch verleugnet die Abgründe der Demokratie, wer glaubt, dass der Volkswille sich stets auf Freiheit, Gleichheit, Brüderlichkeit richtet. Steven Levitsky und Daniel Ziblatt zeigen, dass Demokratien nicht mehr allein durch Militärputsche wie 1973 in Chile gestürzt werden, sondern antidemokratische Politiker heute durch Wahlen an die Macht gelangen können. »Wie Chávez in Venezuela

und des demokratischen Rechtsstaates, 4., durchgesehene und erweiterte Auflage, Frankfurt/M. 1994., S. 607.

7 Michel-Rolph Trouillot, »An Unthinkable History: The Haitian Revolution as a Non-Event«, in: ders., *Silencing the Past: Power and the Production of History*, Boston 1995, S. 70-107. Ich danke Iris Därmann für den Hinweis auf diesen Text.

8 Pierre Rosanvallon, *Demokratische Legitimität. Unparteilichkeit – Reflexivität – Nähe*, Hamburg 2010, S. 154.

haben gewählte Politiker demokratische Institutionen ausgehöhlt – in Georgien, Nicaragua, Peru, den Philippinen, Polen, Russland, Sri Lanka, der Türkei, der Ukraine und Ungarn. Der demokratische Rückschritt beginnt heute an der Wahlurne.«[9] Und auch für das Deutschland in den Jahren 1932/33 ließe sich mit Sebastian Haffner fragen: »Was macht eine Demokratie, wenn eine Mehrheit des Volkes sie nicht mehr will?«[10]

Volk geht nicht allein im *demos* auf, sondern kann sich ebenso als *ethnos* begreifen. Das Volk der Verfassung ist keineswegs an die Gemeinsamkeit von Abstammung, Sprache oder Kultur gebunden. Das Volk lässt sich auch vorkonstitutionell behaupten, aufgrund seiner Geschichte, Kultur oder gar seines gemeinsamen Blutes. Gerade die klassische, konservative Staatsrechtsdefinition des 19. Jahrhunderts, die Trinität von Staatsgebiet, Staatsvolk und Staatsgewalt, war in einer ethnonationalen Interpretation geeignet, die Staatenordnung Europas auseinanderzusprengen, indem junge Nationalstaaten wie Serbien, Griechenland oder Bulgarien eigenen »Volksboden« außerhalb ihrer Staatsgrenzen beanspruchten. Die Balkankriege 1912/13 waren durch all jene Gewaltphänomene gekennzeichnet, die wir heute als »ethnische Säuberungen« identifizieren. Die Formel vom Selbstbestimmungsrecht der Völker, die der US-Präsident Woodrow Wilson am Ende des Ersten Weltkrieges in die Debatte um eine europäische, post-imperiale Nachkriegsordnung einbrachte, konnte deshalb eine enorme politische Strahlkraft entfalten, weil sie auf ein Europa traf, das sich völkisch trennte. Während Wilson darunter in erster Linie das Recht auf demokratische Selbstregierung verstand, verwandelte sich die Formel vom Selbstbestimmungsrecht der Völker in Europa rasch in eine Forderung nach nationaler Unabhängigkeit und ethnischer Homogenität.[11]

9 Steven Levitsky, Daniel Ziblatt, *Wie Demokratien sterben. Und was wir dagegen tun können*, aus dem Amerikanischen von Klaus-Dieter Schmidt, München 2018, S. 13.

10 Sebastian Haffner, *Von Bismarck zu Hitler. Ein Rückblick*, München 1987, S. 219. Weniger als ein Drittel der Amerikanerinnen und Amerikaner, die nach 1980 geboren wurden, halten heute Demokratie für »absolut wichtig« (Yascha Mounk, *Der Zerfall der Demokratie. Wie der Populismus den Rechtsstaat bedroht*, aus dem Amerikanischen von Bernhard Jendricke, München 2019, S. 136).

11 Siehe dazu den Beitrag »Biopolitik, ethnische Säuberungen und Volkssouveränität. Eine Skizze« in diesem Band.

II.

In Deutschland war es die »Volksgemeinschaft«, die, so Hans-Ulrich Thamer, zur »beherrschenden politischen Deutungsformel« wurde.[12] Zwar waren es zu Beginn der Weimarer Republik vor allem Demokraten, die nach der Erfahrung des verlorenen Weltkrieges, nach der politischen Gewalt von Revolution und Konterrevolution den Begriff der »Volksgemeinschaft« im Munde führten, um die Einheit der Nation, das Ende gesellschaftlicher Spaltungen zu erreichen. Auch die völkische Rechte propagierte Inklusion, die »Volksgemeinschaft« wurde jedoch vor allem durch Exklusion konstituiert, durch die Ausgrenzung all derer, die nicht zu ihr gehören durften: Marxisten, »Gemeinschaftsfremde«, erbbiologisch »Minderwertige«, »Fremdrassige«, allen voran Juden.[13]

Der Antisemitismus spielte dabei die entscheidende Rolle. Denn in die nationalsozialistische Konstruktion des Volkes als »natürlicher Blutsgemeinschaft« war die rassistische, antisemitische Grenzlinie untrennbar eingelassen. Antisemitismus konstituierte die nationalsozialistische Volksgemeinschaft; er befeuerte auch deren Radikalität und Destruktionspotential. »Staatsbürger kann nur sein, wer Volksgenosse ist. Volksgenosse kann nur sein, wer deutschen Blutes ist, ohne Rücksichtnahme auf Konfession. Kein Jude kann daher Volksgenosse sein«, hieß es unmissverständlich im Parteiprogramm der NSDAP aus dem Jahre 1920.[14]

Was die nationalsozialistische Vergemeinschaftung von anderen Gruppenbildungen unterschied, war die Gewalttätigkeit der Ausgrenzung und die Irreversibilität der Zugehörigkeitskriterien. In Luhmanns Modell der alltäglichen Inklusion und Exklusion in modernen Gesellschaften ist der Ausschluss aus einer Gruppe stets verbunden mit dem Einschluss in eine andere. Niemand »fällt«

12 Hans-Ulrich Thamer, »Volksgemeinschaft: Mensch und Masse«, in: Richard van Dülmen (Hg.), *Erfindung des Menschen. Schöpfungsträume und Körperbilder 1500-2000*, Wien 1998, S. 367-388, hier S. 367.

13 Jörn Retterath, *»Was ist das Volk?« Volks- und Gemeinschaftskonzepte der politischen Mitte in Deutschland 1917-1924*, Berlin, Boston 2016; siehe auch den Beitrag »Die Ungleichheit des Volkes. ›Volksgemeinschaft‹ in der politischen Kommunikation der Weimarer Republik« in diesem Band.

14 Siehe dazu den Beitrag »›Wir wollen in unserer Stadt keine Juden sehen‹. Antisemitismus und Volksgemeinschaft in der deutschen Provinz« in diesem Band.

ganz aus der Gesellschaft, sondern ist stets irgendwo und vielfältig zugehörig, und sei es allein als Staatsbürger und Rechtssubjekt.[15] Für die Juden galt dies nicht. In der rassistischen Definition von Nicht-Zugehörigkeit sollten Juden vollständig aus allen sozialen, politischen, kulturellen, rechtlichen Zusammenhängen der deutschen Gesellschaft herausgedrängt werden, die »Volksgemeinschaft« als nationalsozialistische Gesellschaftsordnung ohne Juden hergestellt werden.

Aber auch innerhalb der »Volksgemeinschaft« herrschte keine Gleichheit. »Volksgenossen« waren keine Bürger mit verbrieften Freiheitsrechten, es ging nicht um Gleichheit von Individuen. Vielmehr bildete das Volk, und zwar im organisch-biologistischen Sinn als »Volkskörper«, das Zentrum der »Volksgemeinschaft«. »Du bist nichts, dein Volk ist alles« lautete der Kernsatz des Regimes. Nicht Egalität, sondern rassistische Mobilisierung kennzeichnete die Volksgemeinschaft, nicht nationaler Sozialismus, vielmehr Leistungssteigerung zur Optimierung des deutschen »Volkskörpers«.

III.

Darum stellte Arbeit ein zentrales Thema des Nationalsozialismus dar.[16] Nur wer arbeitsfähig war, hatte Wert für die »Volksgemeinschaft«. Zum einen diente Arbeit als zentrales Praxisfeld der Inklusion von »Volksgenossinnen und Volksgenossen«, Arbeit als »Dienst an der Volksgemeinschaft«. In den Lagern des Reichsarbeitsdienstes, der HJ und anderer Organisationen bildete die von allen gleichermaßen geleistete Handarbeit die grundlegende Praxis erlebter Gemeinschaft. Die Kluft zwischen geistiger und manueller Arbeit, zwischen den »Arbeitern der Stirn« und den »Arbeitern der Faust«, sollte in den Inklusionslagern überwunden werden. Handarbeit stand hoch im Kurs bei den Nationalsozialisten. Der Begriff der »deutschen Qualitätsarbeit«, seit Ende des 19. Jahrhunderts von Unternehmern wie Gewerkschaften verbreitet und vom NS-Re-

15 Niklas Luhmann, »Inklusion und Exklusion«, in: ders., *Soziologische Aufklärung 6. Die Soziologie und der Mensch*, Wiesbaden 2008, S. 226-251.

16 Siehe dazu den Beitrag »›Arbeit macht frei‹. Zugehörigkeit, Ausgrenzung, Vernichtung durch Arbeit im Nationalsozialismus« in diesem Band.

gime symbolisch überhöht, bot Arbeitern im Nationalsozialismus diskursive Möglichkeiten der Bindung an das Regime und später als Soldaten die Begründung für die Teilnahme am Vernichtungskrieg: Krieg als Arbeit.

Zum anderen war Arbeit Mittel der Gewalt und Exklusion. In den vielen Presseberichten über die Konzentrationslager vor dem Krieg war stets davon die Rede, dass die Häftlinge durch harte körperliche Arbeit umerzogen werden sollten. »Arbeit macht frei« lautete das zynische Motto auf den Lagertoren von Dachau, Groß-Rosen, Theresienstadt und Auschwitz. Durch sinnlose Schwerstarbeit wurden Häftlinge gequält und gedemütigt. Insbesondere die jüdischen Häftlinge sollten »arbeiten lernen«, wie es in den hämischen Bildberichten über Zwangsarbeit von Juden hieß.

Für die jüdischen Menschen im nationalsozialistischen Machtbereich war Zwangsarbeit nur ein zeitlicher Aufschub der Ermordung. Die Formulierung aus dem Protokoll der Wannsee-Konferenz vom 20. Januar 1942 ist wörtlich zu nehmen, dass die »arbeitsfähigen Juden straßenbauend« in die besetzten sowjetischen Gebiete geführt werden sollten, »wobei zweifellos ein Grossteil durch natürliche Verminderung ausfallen«, d. h. an Entkräftung sterben werde. Der »allfällig endlich verbliebene Restbestand« müsse dann getötet werden. »Vernichtung durch Arbeit« lautete diese Politik.

Hingegen hofften Juden in den Ghettos, dass die Zwangsarbeit ihre Überlebenschancen erhöhen könnte. Arbeitseinsatz und damit die Einteilung als »arbeitsfähig« war unabdingbar, wollte man dem Morden vorerst entkommen. Die Feststellung von angeblicher Arbeits- bzw. Nichtarbeitsfähigkeit diente den Tätern als entscheidendes Selektionskriterium für Leben und Tod. Wer als »arbeitsunfähig« galt, so vor allem Kinder, alte und kranke Menschen, wurde getötet. Auch der »Euthanasie«-Mord an kranken und behinderten Menschen im Deutschen Reich wurde damit legitimiert, dass sie keinen produktiven Beitrag zur »Volksgemeinschaft« leisteten und ihr als »unnütze Esser« zur Last fielen.

Arbeit wurde die wichtigste Ressource für die Kriegswirtschaft, denn mit der militärischen Niederlage vor Moskau im Dezember 1941 war klar, dass der Krieg länger dauern würde und die Soldaten nicht als Arbeiter in die Produktion zurückkehren könnten, sondern weiterhin an der Front würden bleiben müssen. Damit gewann die Anwerbung und Zwangsrekrutierung ausländischer

Arbeitskräfte einen zentralen Stellenwert. Millionen von Menschen wurden nach Deutschland gelockt, gebracht oder mit Gewalt verschleppt; ebenso viele arbeiteten in den besetzten Gebieten für die Wehrmacht und die deutsche Wirtschaft. Am Ende des Krieges gab es im Deutschen Reich nach über einem Jahrzehnt nationalsozialistischer Herrschaft keine ethnisch homogene, deutsche »Volksgemeinschaft«, sondern eine äußerst heterogene Gesellschaft, die dennoch rassistisch und gewalttätig strukturiert war. Das Volk, auf das sich die Nationalsozialisten vehement beriefen, war durch die eigene Politik nach außen wie nach innen so umgeformt, zerklüftet, zerrissen worden, dass Detlev Peukert, Hannah Arendt aufgreifend, von einer »Atomisierung der Gesellschaft« sprach.[17]

IV.

Was die Gesellschaft zusammenhält, ist das Recht. Mit der Entstehung der Nationalstaaten und ihrer Verfassungen bildete sich das Recht als eine der wichtigsten Ressourcen für die soziale und politische Ordnung heraus. Im Recht trafen Bürger – und zunehmend, wenn auch stets bekämpft und langsam, die Bürgerinnen – als Gleichberechtigte aufeinander; Gerichte, nicht mehr allein die Machthaber regelten Konflikte; der Staat wurde zum Regelwerk, dessen Funktion Gesetze bestimmten, die vom Parlament als gewählter Volksvertretung beschlossen wurden. Der Bürgerstaat war der Rechtsstaat.

Doch stimmt Recht mit Gerechtigkeit nicht überein. So sehr und klug die Jurisprudenz das Recht als komplexes, korrespondierendes und widerspruchsfreies System von Geltungsansprüchen ausarbeitete, so wenig konnte sie das Problem der außerrechtlichen Normen, an denen das Recht sich zu orientieren habe, aus der Welt schaffen. Das Verhältnis von Recht und Moral blieb ungelöst, obwohl herausragende Rechtstheoretiker wie Hans Kelsen die Autopoiesis des Rechts nahezu vollendet hatten.

Die Nationalsozialisten haben dieses Verhältnis radikal zugunsten der Moral und der Politik bestimmt. »Recht ist, was dem Volke nutzt« lautete der Grundsatz nationalsozialistischer Rechtstheorie,

17 Siehe dazu den Beitrag »Die Volksgemeinschaft nach Detlev Peukert« in diesem Band.

wobei das Volk keineswegs als *demos* begriffen wurde, sondern als rassistisch und antisemitisch definierter *ethnos*. Die Transformation des Bürgervolks in eine nationalsozialistische Volksgemeinschaft ging einher mit der »Erneuerung« des Rechts. Zahllose Juristen haben als Wissenschaftler wie Praktiker daran mitgewirkt, das Recht im nationalsozialistischen Sinne umzuformen und die Freiheitsrechte der Individuen auszulöschen. Besaß im liberalen Verständnis der Staat die Aufgabe, die Freiheit und Sicherheit seiner Bürgerinnen und Bürger zu schützen, so hing im Nationalsozialismus das Recht, Rechte zu haben, allein davon ab, ob man als zugehörig zur »Volksgemeinschaft« galt. »Rechtserneuerung« im NS-Staat bedeutete daher vor allem Exklusion all derer, die als »Gemeinschaftsfremde« und »Fremdvölkische« bereits sprachlich ausgegrenzt waren, allen voran die Juden.[18]

V.

Zugehörigkeitsfragen bestimmen auch die Debatte um das Volk heute. Vordergründig verlangen populistische Bewegungen, dass das »Volk« wieder in seine Rechte als Souverän eingesetzt wird und nicht die »Eliten« über die politischen Geschicke entscheiden – ein in einer Demokratie mächtiges Argument, da demokratische Verfassungen auf dem Prinzip der Volkssouveränität gründen. Darüber, dass populistische Bewegungen »anti-elitär« eingestellt sind, ist sich die Forschung einig.[19] Allerdings zeigt die Wahl von populistischen Politikern wie Hugo Chavez, Viktor Orbán, Recep Tayyip Erdoğan oder Donald Trump an die Spitze des Staates, dass Populismus keineswegs mit dem Verlangen nach demokratischer Partizipation des Volkes überein gehen muss, sondern im Gegenteil autoritäre Eliten an die Macht bringt, die die demokratische

18 Siehe dazu den Beitrag »›Jedem das Seine‹. Die Rechtssicherheit der Volksgenossen« in diesem Band.

19 So zeichnen sich populistische Parteien nach der allgemein akzeptierten Definition von Cas Mudde aus durch »eine Ideologie, die davon ausgeht, dass die Gesellschaft in zwei homogene, antagonistische Gruppen getrennt ist, das ›reine Volk‹ und die ›korrupte Elite‹, und die geltend macht, dass Politik ein Ausdruck der volonté générale oder des allgemeinen Volkswillens sein soll«. Cas Mudde, Christóbal Rovira Kaltwasser (Hg.), *Populism in Europe and the Americas: Threat or Corrective for Democracy?*, New York 2013, S. 8.

Verfassung zerstören. Populistische Bewegungen könnten daher vielleicht treffender charakterisiert werden, wenn man sie als anti-institutionell bezeichnet.[20] In jedem Fall umfasst das »Volk«, das die Rechtspopulisten im Munde führen, nicht einfach alle nicht-elitären Teile der Bevölkerung. Vielmehr haben sie klare Vorstellungen davon, wer nicht zum »Volk« dazugehören darf, in erster Linie Migranten, gleich ob sie bereits die jeweilige Staatsangehörigkeit erworben haben oder nicht. So kann der Partei- und Bundestagsfraktionsvorsitzende der Alternative für Deutschland (AfD), Alexander Gauland, öffentlich fordern, dass eine Politikerin, deren Familie aus der Türkei stammt, die jedoch in Deutschland geboren und deutsche Staatsbürgerin, also Deutsche nach dem Grundgesetz der Bundesrepublik Deutschland ist, »in Anatolien entsorgt« werden soll, ohne als Politiker für seine verfassungsfeindliche Äußerung Konsequenzen ziehen zu müssen – ganz abgesehen von der Wortwahl, die Menschen mit Giftmüll gleichsetzt.[21]

In den rechtspopulistischen Bewegungen Europas kommt eine islamfeindliche Einstellung hinzu, die in der Konsequenz bedeutet, dass Staatsbürgerinnen und Staatsbürger muslimischen Glaubens nicht zum »Volk« gehören sollen. »War das historische Thema der Islamfeindlichkeit«, so die Soziologin und Religionswissenschaftlerin Naime Çakir, die von einer »Ethnisierung des Islam« spricht, »den Fremden in der Fremde zu bekämpfen, ist das Thema der modernen Islamfeindlichkeit, den ›Fremden‹ im Innern zu bekämpfen.«[22] Das rechtspopulistische »Volk« umfasst eben nicht alle Staatsbürgerinnen und Staatsbürger, gleich welchen Geschlechts, Glaubens, welcher Hautfarbe oder Abstammung sie sind, sondern ist kulturell, ethnisch abgegrenzt.

Diese rechtspopulistische Vorstellung von der Homogenität des Volkes hat Jan-Werner Müller im Sinn, wenn er die Populisten nicht nur als anti-elitär, sondern auch als anti-pluralistisch charakterisiert. Zur Kritik an den Eliten hinzu kommt »der dezidiert moralische Anspruch, dass einzig die Populisten das wahre Volk vertreten; alle anderen vermeintlichen Repräsentanten der Bürger seien

20 So auch Levitsky/Ziblatt, *Wie Demokratien sterben*, S. 86-114.

21 Vgl. Michael Wildt, *Volk, Volksgemeinschaft, AfD*, Hamburg 2017.

22 Naime Çakir, »PEGIDA: Islamfeindlichkeit aus der Mitte der Gesellschaft«, in: Alexander Häusler (Hg.), *Die Alternative für Deutschland. Programmatik, Entwicklung und politische Verortung*, Wiesbaden 2016, S. 149-162, hier S. 158.

auf die eine oder andere Art illegitim«.[23] In dieser Richtung einer »identitären Demokratie«, deren Inklusion auf Exklusion beruht, argumentierte 1923 bereits Carl Schmitt: »Zur Demokratie gehört also notwendig erstens Homogenität und zweitens – nötigenfalls – die Ausscheidung oder Vernichtung des Heterogenen.«[24]

In diese Identitätsfalle geraten auch diejenigen, die einen Populismus von links entwerfen. Für Chantal Mouffe sind die populistischen Bewegungen Europas »Zeichen für die Krise der neoliberalen hegemonialen Formation, die im Laufe der achtziger Jahre in Westeuropa nach und nach errichtet wurde«.[25] Gegen diese Hegemonie gelte es ein »Volk« zu konstruieren, im Sinne eines »kollektiven Willens, der der Mobilisierung gemeinsamer Affekte zur Verteidigung der Gleichheit und sozialen Gerechtigkeit entspringt«. Auch wenn dieses »Volk« explizit anti-essentialistisch gedacht ist und vielfältig sein soll, gibt es doch, ganz nach Carl Schmitts Freund-Feind-Kennung, eine klare politische Frontstellung zwischen »dem Volk« und »der Oligarchie«. Zwar sei ein Bruch mit den liberalen, demokratischen Institutionen nicht nötig, aber »ohne einen Gegner zu definieren, kann man keine gegenhegemoniale Offensive starten«.[26] Es ist bemerkenswert, dass bereits in den 1960er Jahren jüdische Emigranten wie Ernst Fraenkel das Abgründige in der linken »Volks«-Konstruktion erkannten.[27]

Denn in dieser Konstruktion eines »Wir« gegen »die Oligarchie« steckt sowohl die Gefahr der Homogenisierung des »Volkes« auf der einen als auch die Exklusion des »Anderen« aus dem »Volk« auf der anderen Seite. Die Annäherung an den Rechtspopulismus wird erkennbar, wenn Chantal Mouffe erklärt, dass »der hegemoniale Kampf um die Wiederherstellung der Demokratie zuerst auf der Ebene des Nationalstaates stattfinden« müsse. Eine links-

23 Jan-Werner Müller, *Was ist Populismus? Ein Essay*, Berlin 2016, S. 44.

24 Carl Schmitt, *Die geistesgeschichtliche Lage des heutigen Parlamentarismus* (1923), Berlin 1996, S. 13 f.; vgl. dazu auch den Beitrag »Eine spannungsvolle Beziehung: Ernst Fraenkel und Carl Schmitt« in diesem Band.

25 Chantal Mouffe, *Für einen linken Populismus*, aus dem Englischen von Richard Barth, Berlin 2018, S. 21. Zur Kritik am linken Populismus siehe auch Karin Priester, *Mystik und Politik. Ernesto Laclau, Chantal Mouffe und die radikale Demokratie*, Würzburg 2014.

26 Mouffe, *Populismus*, S. 47.

27 Vgl. dazu den Beitrag »Furcht vor dem Volk. Ernst Fraenkel in der deutschen Nachkriegsgesellschaft« in diesem Band.

populistische Strategie könne »die starke libidinöse Involvierung, die bei nationalen – oder regionalen – Identifikationsformen am Werk ist, nicht ausblenden, und es wäre hochriskant, dieses Terrain dem Rechtspopulismus zu überlassen«.[28] Noch einen Schritt weiter geht Claire Moulin-Doos, wenn sie in Fortführung von Mouffes Argumentation die »Errichtung einer Grenze zwischen guten Demokraten und schlechten extremen Rechten« kritisiert. Rechte Populismen in Europa seien »nicht antidemokratisch per se, sie beanspruchen sogar die Demokratie für sich, sind aber antiliberal«.[29]

Vielleicht ist es an der Zeit, sich vom Begriff des »Volkes« zu verabschieden. Unweigerlich führt die Vorstellung eines »Volkes« in die Grenzen von Nationalstaaten, in denen einst das »Volk« seine Souveränität durchgesetzt hat. Heute haben die europäischen Nationalstaaten bereits eine Vielzahl von ihren Souveränitätsrechten an die Europäische Union abgegeben. Das Europäische Parlament als Vertretung der Bürgerinnen und Bürger in Europa und der Europäische Gerichtshof, der die Kompetenz besitzt, Gesetze der nationalen Volksvertretungen für rechtswidrig zu erklären, sind Institutionen »jenseits« des »Volkes«.

Um gegen die Hegemonie eines globalisierten Neoliberalismus zu kämpfen, braucht es den Volksbegriff nicht, der stets die Entscheidung von Zugehörigkeit und Nicht-Zugehörigkeit in sich birgt. Wenn Jacques Rancière argumentiert, dass Politik erst dort entsteht, wo das »Volk« von sich selbst unterschieden ist, »dort, wo die Rechnung/Zählung der Anteile und Teile der Gesellschaft von der Einschreibung eines Anteils des Anteillosen gestört wird«,[30] dann tritt der Begriff des »Volkes« bei ihm zurück zugunsten des »Sozialen«, das »in der modernen Epoche genau der Ort gewesen [sei], an dem sich die Politik abgespielt« habe.[31] Im Unterschied zu Entwürfen der Gesellschaft, die auf zunehmende Individualisierung setzen, wie zum Beispiel bei Pierre Rosanvallon, der von einer

28 Ebd., S. 84f.

29 Claire Moulin-Doos, »Populismen in Europa: Nicht per-se antidemokratisch, sondern antiliberal«, in: Dirk Jörke, Oliver Nachtwey (Hg.), *Das Volk gegen die (liberale) Demokratie* (Leviathan Sonderband 32, 2017), Baden-Baden 2017, S. 303-321, hier S. 317, 319.

30 Jacques Rancière, *Das Unvernehmen. Politik und Philosophie*, aus dem Französischen von Richard Steurer, Frankfurt/M. 2002, S. 132.

31 Ebd., S. 102.

»Gesellschaft der Singularitäten« spricht,[32] spräche viel dafür, eben das »Soziale« in das Zentrum politischer Praxis zu rücken – gerade auch in Kritik am Neoliberalismus. Wenn Demokratie die Anerkennung der gleichen Freiheit aller ist, dann sollte heute nicht mehr das »Volk« als Akteur gelten, sondern konkrete Menschen, die über gleiche Rechte verfügen, die es zu schützen gilt, gleich aus welchem Land sie kommen, an welchem Ort sie wohnen. Solche Menschen wären eben nicht als atomisierte Monaden zu verstehen, sondern ihre Freiheit und Gleichheit könnte sich nur im Zusammenleben mit anderen Menschen entfalten. Vielleicht weist ein Begriff wie »Solidarität« in eine Richtung, die der weltumspannenden gesellschaftlichen Wirklichkeit angemessener ist als das »Volk«, dem das »Völkische« nicht mehr auszutreiben ist. Oder in den Worten des deutsch-jüdischen Philosophen Ernst Bloch, geschrieben zwischen 1938 und 1947 im Exil in den USA: Erst wenn der »die Gegebenheiten umbildende und überholende Mensch« sich erfasst und »das Seine ohne Entäußerung und Entfremdung in realer Demokratie begründet [habe], so entsteht in der Welt etwas, das allen in die Kindheit scheint und worin noch niemand war: Heimat«.[33]

32 Pierre Rosanvallon, *Die Gesellschaft der Gleichen*, Hamburg 2013, S. 309.
33 Ernst Bloch, *Das Prinzip Hoffnung*, Frankfurt/M. 1976, S. 1628.

Volksgemeinschaft

1.
Volksgemeinschaft – eine moderne Perspektive auf die nationalsozialistische Gesellschaft

Seit dem 19. Jahrhundert bildet in Deutschland »Gemeinschaft« den Gegenbegriff zu »Gesellschaft« – als Ausdruck für die Kritik an der rasanten Dynamisierung und Pluralisierung von Sozialverhältnissen im Zuge von Industrialisierung, Säkularisierung, Marktorientierung und politischem Liberalismus. »Die Sehnsucht nach Gemeinschaft entspringt immer der Reaktion gegen eine als schlecht empfundene Gegenwart. Somit ist die Wirklichkeit solcher Gemeinschaftsmodelle nicht in der Vergangenheit zu suchen, auf die sie sich in der Regel beziehen, sondern in der Gegenwart.«[1] Gemeinschaft wird stets im Horizont der modernen Gesellschaft eingeklagt und ist genuiner Teil des selbstvergewissernden Krisendiskurses der Moderne. Niemand hat diesen Gegensatz wortreicher zu Papier gebracht als Ferdinand Tönnies, dessen 1887 erstmals erschienenes Buch *Gemeinschaft und Gesellschaft* den Nerv der Zeit traf und gesellschaftliche Diskussionen fortan bestimmte.[2]

Im Begriff der Gemeinschaft bündeln sich Hoffnungen auf die Überwindung von Entfremdung, sowohl in revolutionärer als auch restaurativer Hinsicht. Diese Ambivalenz, sowohl wiederherzustel-

1 Gérard Raulet, »Die Modernität der ›Gemeinschaft‹«, in: Micha Brumlik, Hauke Brunkhorst (Hg.), *Gemeinschaft und Gerechtigkeit*, Frankfurt/M. 1993, S. 72-93, hier S. 73; vgl. Morten Reitmayer, »Politisch-soziale Ordnungsentwürfe und Meinungswissen über die Gesellschaft in Europa im 20. Jahrhundert – eine Skizze«, in: Lutz Raphael (Hg.), *Theorien und Experimente der Moderne. Europas Gesellschaften im 20. Jahrhundert*, Köln u. a. 2012, S. 37-63; Detlef Lehnert (Hg.), *Gemeinschaftsdenken in Europa. Das Gesellschaftskonzept »Volksheim« im Vergleich 1900-1938*, Köln u. a. 2013.

2 Ferdinand Tönnies, *Gemeinschaft und Gesellschaft. Grundbegriffe der reinen Soziologie*, Nachdruck der 8. Auflage von 1935, Darmstadt 1963, S. 8. Aus der zahlreichen Sekundärliteratur vgl. Lars Clausen und Carsten Schlüter (Hg.), *Hundert Jahre »Gemeinschaft und Gesellschaft«. Ferdinand Tönnies in der internationalen Diskussion*, Opladen 1991; Frank Osterkamp, *Gemeinschaft und Gesellschaft: Über die Schwierigkeit einen Unterschied zu machen. Zur Rekonstruktion des primären Theorieentwurfs von Ferdinand Tönnies*, Berlin 2006; Nele Schneidereit, *Die Dialektik von Gemeinschaft und Gesellschaft. Grundbegriffe einer kritischen Sozialphilosophie*, Berlin 2010.

len, was als verloren gilt, als auch in der Zukunft herbeizuführen, was als soziale Ordnung erstrebenswert sei, ist dem Begriff der Gemeinschaft von Anfang an inhärent. Deshalb würde man auch den Begriff der Volksgemeinschaft missverstehen, wenn man ihn als Beschreibung einer tatsächlich existierenden gesellschaftlichen Realität nehmen würde. Nicht in der Feststellung eines sozialen Ist-Zustandes, sondern vielmehr in der Verheißung, in der Mobilisierung lag die politische Kraft der Rede von der »Volksgemeinschaft«.[3]

Im Folgenden werde ich daher zunächst darstellen, dass Volksgemeinschaft kein genuin nationalsozialistischer Begriff war, sondern in Deutschland schon vor 1933 zu einer, wie Hans-Ulrich Thamer hervorhebt, »beherrschenden politischen Deutungsformel«[4] wurde (I). Vor diesem Hintergrund gilt es, noch einmal die historiographische Auseinandersetzung um die Volksgemeinschaft in den Blick zu nehmen (II), um zu einer neuen Perspektive zu gelangen, mit der Volksgemeinschaft nicht als gesellschaftlicher Ist-Zustand betrachtet wird, sondern als soziale Praxis, als sich verändernde, alltägliche Grenzziehung zwischen Zugehörigkeit und Ausgrenzung (III). Das impliziert zugleich, dass sich mit diesem Blickwinkel auch neue Forschungsfragen stellen, die noch keineswegs beantwortet sind, aber die Produktivität eines Ansatzes belegen, Praktiken von Vergemeinschaftung, Ausgrenzung und Selbstermächtigung, wie sie mit dem Begriff Volksgemeinschaft umschrieben sind, zu untersuchen (IV).

I.

Obwohl Volksgemeinschaft innerhalb der völkischen Rechten bereits zu einem Schlüsselbegriff avanciert war, verdankte der Begriff zweifellos seine Hochkonjunktur dem Ersten Weltkrieg, als es galt,

3 Vgl. Detlef Schmiechen-Ackermann u. a. (Hg.), *Der Ort der ›Volksgemeinschaft‹ in der deutschen Gesellschaftsgeschichte*, Paderborn 2018; Martina Steber, Bernhard Gotto (Hg.), *Visions of Community in Nazi Germany. Social Engineering and Private Lives*, Oxford 2014; Frank Bajohr, Michael Wildt (Hg.), *Volksgemeinschaft. Neue Forschungen zur Gesellschaft des Nationalsozialismus*, Frankfurt/M. 2009.

4 Hans-Ulrich Thamer, »Volksgemeinschaft: Mensch und Masse«, in: Richard van Dülmen (Hg.), *Erfindung des Menschen. Schöpfungsträume und Körperbilder 1500-2000*, Wien 1998, S. 367-388, hier S. 367.

die Deutschen hinter der Reichskriegsflagge zusammenzuschließen. Der Satz Wilhelms II., dass er von nun an keine Parteien, sondern nur noch Deutsche kenne, drückte simpel, aber treffend sowohl die politische Notwendigkeit, die gesamte Bevölkerung für den Krieg zu mobilisieren, als auch das Bedürfnis nach Inklusion und Einbindung in das große Ganze aus, nach der nicht zuletzt die Sozialdemokraten und die deutschen Juden verlangten. Dass die sozialen Klassenspaltungen in der Kriegsgesellschaft bald wieder aufbrachen und sich die alten antisemitischen Ressentiments erneut verbreiteten, schadete dem Zauber des Begriffs als Zukunftsverheißung, die sich auf dem Mythos einer erlebten Vergangenheit gründete, keineswegs.[5]

Überhaupt ist zu Beginn des 20. Jahrhunderts zu beobachten, dass der Begriff Volk gegenüber dem der Nation mehr und mehr an Raum gewinnt. Gerade die Vieldeutigkeit des Volks machte den Begriff im Unterschied zur Nation attraktiv, die vor allem an die Ambiguität von Staatsnation und Kulturnation gebunden war und stets auch einen Bezug zur klassischen Nation Frankreich und deren Hervorbringung durch die Revolution besaß. Nation war in weit stärkerem Maß an »Staat« gebunden als »Volk«. Und anders als die »Nation« ließ sich »Volk« deutlich besser ethnisieren und biologisch-sozialdarwinistisch aufladen. Eric Hobsbawm hat darauf aufmerksam gemacht, dass ethnische Zugehörigkeit und der Sprachgebrauch gegen Ende des 19. Jahrhunderts zu zentralen Kriterien der Nationsbestimmung avancierten, wobei insbesondere diejenigen Gemeinschaftsverbände, die sich selbst zum Volk, zur Nation erklärten, ohne über einen eigenen Staat zu verfügen, das ethnische Argument in den Mittelpunkt stellten.[6]

Da sich die Deutschen angesichts ihrer staatlichen Zersplitterung lange Zeit nicht als klassische Staatsnation definieren konnten – anders als beispielsweise Frankreich oder Großbritannien –, waren sie für eine Ethnisierung des Volksbegriffes anfällig. Dem

5 Vgl. Jeffrey Verhey, *Der »Geist von 1914« und die Erfindung der Volksgemeinschaft*, Hamburg 2000, insbesondere S. 129-193; Steffen Bruendel, *Volksgemeinschaft oder Volksstaat. Die »Ideen von 1914« und die Neuordnung Deutschlands im Ersten Weltkrieg*, Berlin 2003; nach wie vor lesenswert: George Mosse, *The Crisis of German Ideology: Intellectual Origins of the Third Reich*, London 1964.

6 Eric Hobsbawm, *Nationen und Nationalismus. Mythos und Realität seit 1780*, Frankfurt/M. 2005, S. 122

Konzept des Volks als *demos*, für das Rechtsgenossenschaft und staatsbürgerliche Gleichheit kennzeichnend sind, steht die Vorstellung vom Volk als *ethnos* gegenüber, in dem imaginierte Abstammungsgemeinschaften, Geschichtsmythen, Phantasmen von gemeinschaftlichem Blut und Boden miteinander verknüpft sind. Erst der Biologismus stempelt die Andersheit des »Anderen« zu einer Naturtatsache, ruft unentrinnbar genetische und nicht mehr bloß genealogische Differenzen auf, die per definitionem nicht beseitigt werden können. Damit lösen mörderische Politiken der Segregation und Ausmerzung die vormaligen Assimilationsprojekte ab.[7]

Carl Schmitt hat diese Ambivalenzen scharfsichtig erkannt und sie zugleich antirepräsentativ und antiliberal zu einer Seite hin zu zwingen versucht, indem er die Identität und Homogenität des politischen Volks zur Voraussetzung jedweder demokratischen Verfassungsordnung erklärte.[8] Der Bürgerstaat, den der Vater der Weimarer Verfassung, Hugo Preuß, im Sinn hatte, war unter den machtstaatsfixierten deutschen Staatsrechtlern nicht mehrheitsfähig, und die Sozialdemokraten als führende Kraft in der Revolution setzten zwar erfolgreich die parlamentarische Republik gegen die Räte-Herrschaft durch, besaßen aber selbst trotz Gothaer Programm von 1875 und dem dort formulierten »Volksstaat«-Begriff keine eigene ausgearbeitete Verfassungstheorie, die über die Forderung nach Parlamentarisierung hinausgereicht hätte.[9] Gemeinschaft, insbesondere Volksgemeinschaft, schien offenkundig einen semantischen Weg zu weisen, den Ressentiments gegen die ungeliebte Republik zu begegnen, ohne das Prinzip der republikanischen Volkssouveränität aufzugeben.

Gemeinschaft, so hat Helmuth Plessner, ein aufmerksamer Beobachter seiner Epoche, 1924 richtig bemerkt, sei »das Idol dieses

7 Vgl. Michael Mann, *Die dunkle Seite der Demokratie. Eine Theorie der ethnischen Säuberung*, Hamburg 2007; Michael Schwartz, *Ethnische »Säuberungen« in der Moderne. Globale Wechselwirkungen nationalistischer und rassistischer Gewaltpolitik im 19. und 20. Jahrhundert*, München 2013; siehe auch den Beitrag »Biopolitik, ethnische Säuberungen und Volkssouveränität. Eine Skizze« in diesem Band.

8 Vgl. dazu den Beitrag »Eine spannungsvolle Beziehung: Ernst Fraenkel und Carl Schmitt« in diesem Band.

9 Vgl. Christoph Gusy (Hg.), *Demokratisches Denken in der Weimarer Republik*, Baden-Baden 2000.

Zeitalters«.[10] Nahezu alle Parteien der Weimarer Republik forderten die »Volksgemeinschaft« in ihrem Programm, allerdings mit signifikanten Unterschieden.[11] Die Liberalen propagierten eine »Volksgemeinschaft«, mit der der Klassenkampfgedanke überwunden und die soziale Einheit der Nation hergestellt werden sollte. 1928 hieß es im Wahlaufruf der Deutschen Demokratischen Partei (DDP): »Grundidee unserer inneren Politik aber ist uns für alle Zeiten der Gedanke der Volksgemeinschaft, für den wir eintreten gegenüber den Parteien, die den Gegensatz zwischen ›national‹ und marxistisch, zwischen Stadt und Land, zwischen den Rassen, Konfessionen und Klassen zu verschärfen.«[12] Allerdings war für die Liberalen die Volksgemeinschaft unauflösbar mit der Demokratie verbunden. Die Weimarer Verfassung, so der Angestelltenfunktionär Gustav Schneider auf dem Parteitag der DDP 1924, bilde die Grundlage, »auf der allein echte Volksgemeinschaft möglich ist«.[13]

Auch die katholische Zentrumspartei verstand sich als »christliche Volkspartei, die bewußt zur deutschen Volksgemeinschaft steht«.[14] Jedoch wandte sich das Zentrum entschieden gegen antichristliche Definitionen von rechts: »Wir setzen bewußt beiseite alle trennenden Unterscheidungen, die unser Volk zerklüften. Wir wehren uns gegen eine neue Spaltung, hervorgerufen durch eine sogenannte ›neugermanische‹ Geisteswelt, die unser Volk verwirrt.«[15]

Selbst die Sozialdemokraten bändelten mit der »Volksgemeinschaft« an. Die labile Situation nach dem Zusammenbruch des Kai-

10 Helmuth Plessner, *Grenzen der Gemeinschaft. Eine Kritik des sozialen Radikalismus* (1924), Frankfurt/M. 2002, S. 28; vgl. dazu Wolfgang Eßbach u. a. (Hg.), *Plessners »Grenzen der Gemeinschaft«. Eine Debatte*, Frankfurt/M. 2002

11 Siehe dazu den Beitrag »Die Ungleichheit des Volkes. ›Volksgemeinschaft‹ in der politischen Kommunikation der Weimarer Republik« in diesem Band.

12 Zitiert nach Werner Schneider, *Die Deutsche Demokratische Partei in der Weimarer Republik 1924-1930*, München 1978, S. 48; vgl. Eric Kurlander, *Living with Hitler. Liberal Democrats in the Third Reich*, New Haven 2009.

13 *Staat und Wirtschaft. Rede von Gustav Schneider, Bundesvorsitzender des Gewerkschaftsbundes der Angestellten, auf dem Reichsparteitag der Deutschen Demokratischen Partei in Weimar am 6. April 1924*, hg. von der Reichsgeschäftsstelle der DDP Berlin, o. J., S. 3.

14 Richtlinien der Deutschen Zentrumspartei, 16. 1. 1922, gedruckt in: *Volk, Kirche, Vaterland. Wahlaufrufe, Aufrufe, Satzungen und Statuten des Zentrums 1870-1933*, bearbeitet von Herbert Lepper, Düsseldorf 1998, S. 418.

15 Wahlaufruf der Deutschen Zentrumspartei zu den Reichstagswahlen, 14. 3. 1924, gedruckt in: ebd., S. 430.

serreichs, in der die Sozialdemokraten die politische Verantwortung übernahmen und sich von den revolutionären Aufstandsversuchen von links bedroht fühlten, führte zu einer Rhetorik der inneren Geschlossenheit, der Einheit und Abwehr jedweder Spaltung. Für die Sozialdemokraten bildete das »schaffende Volk« die weitaus größte Mehrheit der Bevölkerung gegenüber einer verschwindend kleinen und dennoch unverhältnismäßig mächtigen Minderheit von Kapitalisten und Großgrundbesitzern. Friedrich Ebert, im Februar 1919 zum Präsidenten gewählt, appellierte gleich am ersten Amtstag an die Einigkeit der »Volksgenossen«.[16] Bis zu seinem Tod 1925 tauchte in seinen Reden immer wieder die »Volksgemeinschaft« auf, die nötig sei, um Einheit, Geschlossenheit und Selbstbehauptung zu erzielen. Im sogenannten Hofgeismarer Kreis und bei etlichen jugendbewegten Sozialdemokraten, nicht zuletzt im Reichsbanner Schwarz-Rot-Gold, nahm die »Volksgemeinschaft« einen zentralen Platz in der politischen Sprache ein. Der Staatsrechtler Hermann Heller, dessen demokratische Überzeugung nicht in Frage steht, versuchte eine sozialdemokratische Antwort auf die nationalistische Herausforderung: »Sozialismus bedeutet keineswegs das Ende, sondern die Vollendung der nationalen Gemeinschaft, nicht die Vernichtung der nationalen Volksgemeinschaft durch die Klasse, sondern die Vernichtung der Klasse durch eine wahrhaft nationale Volksgemeinschaft.«[17]

Es handelte sich nicht nur um Lippenbekenntnisse. Gespeist aus dem gemeinsamen Fronterlebnis, dass im Schützengraben alle Standes-, Bildungs- und Klassenunterschiede verschwunden waren, war der Impuls gerade unter den jungen Akademikern, »ins Volk« zu gehen, nach dem Krieg besonders stark, wie überhaupt die Jugendbewegung mit der Forderung nach einer Volksgemeinschaft eng verbunden war. So forderte der katholische Sozialreformer und Studentenführer Carl Sonnenschein auf dem Ersten Studententag im Juli 1919: »Wir brauchen Akademiker, die ihr Volk lieben und zu

16 Friedrich Ebert, *Schriften, Aufzeichnungen, Reden*, Bd. 2, Dresden 1926, hier S. 159.

17 Heller, »Sozialismus und Nation« (1925), in: ders., *Gesammelte Schriften*, Bd. 1, Leiden 1971, S. 468. Vgl. Franz Walter, *»Republik, das ist nicht viel«. Partei und Jugend in der Krise des Weimarer Sozialismus*, Bielefeld 2011; Stefan Vogt, *Nationaler Sozialismus und Soziale Demokratie. Die sozialdemokratische Junge Rechte 1918-1945*, Bonn 2006.

ihrem Volke halten, deren Evangelium nicht die ›Distanz‹, sondern die Volksgemeinschaft ist. Weg mit der Monokelhaftigkeit und weg mit dem Kastengeist! Wir wollen zu unserem Volke gehören.«[18] Protagonisten der Volksbildungsbewegung in der Weimarer Republik folgten derselben Intention. Der sozialdemokratische Kultusminister Preußens, Konrad Haenisch, begründete seine Bemühungen, Volkshochschulen aufzubauen, mit der Notwendigkeit einer »Arbeitsgemeinschaft aller Volkskreise. Wir müssen Brücken schlagen zwischen dem kleineren Volksteil, der geistig arbeitet, und dem immer größer bleibenden Teile unserer Volksgenossen, der mit der Hand schafft, aber geistig hungrig ist.«[19]

Aber auch junge Volksschullehrer und Pfarrer fühlten sich dem Aufbau einer Volksgemeinschaft verpflichtet. Etwa zweitausend Landpfarrer gehörten in der Weimarer Republik der sogenannten Dorfkirchen-Bewegung an, die neues »Volksbewusstsein« in die Dörfer tragen und die Einheimischen aus der Enge des dörflichen Gesichtskreises in das Ganze eines befreiten Volkes führen wollten. Volksgemeinschaft wurde geradezu »eine religiöse Weihe zuteil; eine profane Kategorie wurde zum Hoffnungsträger der Dorfkirche stilisiert«.[20]

Die Einheit des Volkes, sei sie politisch, sozial oder kulturell gedacht, in Homogenität übersetzbar zu machen, ist offensichtlich ein entscheidendes Merkmal des Begriffs der Volksgemeinschaft in der politischen Kommunikation in der Weimarer Republik. Daher bot der Begriff so viele Anknüpfungspunkte für die politische Rechte, die gleichfalls eine Volksgemeinschaft propagierte. Deren Vorstellung von Homogenität zielte jedoch in erster Linie darauf,

18 Zitiert nach Jens Wietschorke, »›Ins Volk gehen!‹. Zur kulturellen Logik der Volksfreundschaft im deutschen Bürgertum vor 1933«, in: *Historische Anthropologie* 18 (2010), Heft 1, S. 88-119, hier S. 103.

19 Zitiert nach Paul Ciupke, »Diskurse über Volk, Gemeinschaft und Demokratie in der Erwachsenenbildung der Weimarer Zeit«, in: ders. u. a. (Hg.), *»Die Erziehung zum deutschen Menschen«. Völkische und nationalkonservative Erwachsenenbildung in der Weimarer Republik*, Essen 2007, S. 11-30, hier S. 13.

20 Wolfram Pyta, *Dorfgemeinschaft und Parteipolitik 1918-1933. Die Verschränkung von Milieu und Parteien in den protestantischen Landgebieten Deutschlands in der Weimarer Republik*, Düsseldorf 1996, S. 247; Klaus Ahlheim, »›Wir müssen Missionare sein, Missionare der Volksgemeinschaft‹. Hans von Lüpke, die Dorfkirchenbewegung und die Heimvolkshochschulen«, in: Ciupke u. a. (Hg.), *Erziehung zum deutschen Menschen*, S. 243-256.

jegliche politische Pluralität auszuschalten und Zugehörigkeit zur Gemeinschaft mit rassistischen Kategorien zu definieren – vor allem: Homogenität mit Gewalt durchzusetzen.

Der Begriff der »Volksgemeinschaft«, so Hans-Ulrich Thamer, »hatte zentrale Bedeutung in Hitlers Weltanschauung«.[21] Die NSDAP präsentierte sich als junge, klassenübergreifende »Volkspartei«, und Adolf Hitler vereinigte das Charisma eines »Führers« des gesamten Volkes auf sich, der sich entschlossen gab, die Wünsche nach Kontinuität und Veränderung, nach Einheit und Heil in einer künftigen »Volksgemeinschaft« zu erfüllen.[22] Im liberalen Südwesten Deutschlands zum Beispiel gelang es der NSDAP, die schal gewordene Vereinskultur vor Ort zu übernehmen, indem die Ortsgruppen auf der einen Seite sich in ihren Aktivitäten an den lokalen Vereinen orientierten und auf der anderen Seite deren Honoratiorengebundenheit aufbrachen und allen »Volksgenossinnen und Volksgenossen«, ob Katholik oder Protestant, Bauer oder Handwerker, Kaufmann oder Arbeiter, Mann oder Frau die Einladung zur Mitwirkung eröffneten. Insbesondere das katholische Kleinbürgertum, das sich seit der protestantisch-preußischen Reichsgründung und dem Bismarckschen Kirchenkampf im kulturellen Abseits befand, ergriff bereitwillig diese Gelegenheit, der Isolation zu entkommen.[23] So konzediert auch Ian Kershaw: »Der Nationalsozialismus konnte bei seinem Aufstieg das tiefe Gefühl der sozialen, kulturellen und politischen Gespaltenheit, das in der Weimarer Republik herrschte, ausnützen und durch die Beschwörung der nationalen Einheit viele Anhänger gewinnen.«[24]

Trotz aller Inklusionsrhetorik auch auf der Seite der Rechten war bei ihnen die Volksgemeinschaft jedoch durch Grenzen, durch

21 Hans-Ulrich Thamer, »Nation als Volksgemeinschaft. Völkische Vorstellungen, Nationalsozialismus und Gemeinschaftsideologie«, in: Jörg-Dieter Gauger, Klaus Weigelt (Hg.), *Soziales Denken in Deutschland zwischen Tradition und Innovation*, Bonn 1990, S. 112-128, hier S. 122.

22 Vgl. Ludolf Herbst, *Hitlers Charisma. Die Erfindung eines deutschen Messias*, Frankfurt/M. 2010.

23 Oded Heilbronner, *»Freiheit, Gleichheit, Brüderlichkeit und Dynamit«. Populäre Kultur, populärer Liberalismus und Bürgertum im ländlichen Süddeutschland von den 1860ern bis zu den 1930ern*, München 2007, S. 82-92.

24 Ian Kershaw, »›Volksgemeinschaft‹. Potenzial und Grenzen eines neuen Forschungskonzepts«, in: *Vierteljahrshefte für Zeitgeschichte* 59 (2011), S. 1-17, hier S. 5.

Exklusion bestimmt. Nicht so sehr die Frage, wer zur Volksgemeinschaft gehörte, beschäftigte die Rechte, sondern vielmehr, wer nicht zu ihr gehören durfte, nämlich jene bereits sprachlich ausgegrenzten sogenannten »Gemeinschaftsfremden«, allen voran die Juden. Der Antisemitismus spielte dabei die entscheidende Rolle. Denn in der Konstruktion des Volkes als »natürlicher Blutsgemeinschaft«, deren politische Ordnung eben nicht der bürgerlich-liberale Nationalstaat war, war die rassistische, antisemitische Grenzlinie untrennbar eingelassen. Antisemitismus konstituierte die nationalsozialistische »Volksgemeinschaft«; er befeuerte auch deren Radikalität und Destruktionspotential. »Staatsbürger kann nur sein, wer Volksgenosse ist. Volksgenosse kann nur sein, wer deutschen Blutes ist, ohne Rücksichtnahme auf Konfession. Kein Jude kann daher Volksgenosse sein«, hieß es unmissverständlich im Parteiprogramm der NSDAP aus dem Jahre 1920.[25]

Der Antisemitismus bildete das zentrale Differenzkriterium zu jenen Volksgemeinschaftsvorstellungen, die im sogenannten »Augusterlebnis« ihren Referenzpunkt sahen, denn der »August 1914« schloss ja ausdrücklich alle Deutsche ein, auch Juden und Sozialdemokraten, die sich von ihrem Patriotismus nicht zuletzt Anerkennung in der Mehrheitsgesellschaft erhofften.[26] Umgekehrt hieß diese Untrennbarkeit von Antisemitismus und nationalsozialistischer »Volksgemeinschaft« aber auch, dass all diejenigen, die in dem Inklusionsversprechen der Nationalsozialisten eine Übereinstimmung mit ihrer eigenen Vorstellung sahen und sich vor allem nach 1933 von der Volksgemeinschaftspropaganda des NS-Regimes angesprochen fühlten, zugleich die antisemitische Exklusion übernahmen, selbst wenn sie ursprünglich keine Antisemiten gewesen sein mochten.

Gerade in der anti-pluralen Intention von »Volksgemeinschaft«, mit der die reale Weimarer Demokratie scharf abgelehnt wurde, steckt eine starke Futurisierung des Begriffs, denn »Volksge-

25 Siehe Deutsche Parteiprogramme, hg. von Wilhelm Mommsen, München 1960, S. 547-550; online unter ⟨http://www.documentarchiv.de/wr/1920/nsdap-programm.html⟩, letzter Zugriff 4. 4. 2019.

26 Dies klingt noch bei Gewerkschaften im Frühjahr 1933 an, wenn im Aufruf zum 1. Mai gefordert wurde, dass der deutsche Arbeiter »ein vollberechtigtes Mitglied der deutschen Volksgemeinschaft« werden müsse, zitiert nach Thamer, »Volksgemeinschaft«, S. 384.

meinschaft« existierte demnach noch nicht, sondern musste erst noch hergestellt werden – Volksgemeinschaft als eine »Politik der Verheißung«.[27] In der Kritik an den bestehenden Verhältnissen und dem »Willen zur Veränderung«, wie er im Begriff der »Volksgemeinschaft« zum Ausdruck kommt, so Martin Broszat, von 1972 bis 1989 Direktor des Instituts für Zeitgeschichte in München, entfaltete sich eine mächtige »soziale Schubkraft, die der NSDAP zugute kam«. Diese »äußerte sich bereits in der ›Kampfzeit‹ in der unerhörten Betriebsamkeit, Improvisationsfähigkeit, Aufopferung und Energie ihrer Mitglieder und Anhänger. Sie erklärt aber vor allem die außerordentliche Leistungs- und Einsatzbereitschaft großer Teile der Nation während des Hitler-Regimes.«[28]

II.

Deutsche Historiker taten die »Volksgemeinschaft« über lange Zeit als Propagandabegriff ab. Heinrich August Winkler sprach vom »Mythos«, Bernd Weisbrod vom »Schein« der Volksgemeinschaft.[29] Insbesondere Hans Mommsen insistierte darauf, dass Volksgemeinschaft soziale Integration nur vorgegaukelt habe und weniger die Arbeiter als vielmehr die Mittelschichten anfällig für den Begriff gewesen seien. Ganz in diesem Sinne plädierte er entschieden dafür, auf den Begriff der »Volksgemeinschaft«, der propagandistisch eingefärbt sei, im analytischen Kontext zu verzichten.[30]

27 Thomas Mergel, »Führer, Volksgemeinschaft und Maschine. Politische Erwartungsstrukturen in der Weimarer Republik und dem Nationalsozialismus 1918-1936«, in: Wolfgang Hardtwig (Hg.), *Politische Kulturgeschichte der Zwischenkriegszeit 1918-1939*, Göttingen 2005, S. 91-127.

28 Martin Broszat, »Soziale Motivation und Führer-Bindung des Nationalsozialismus«, in: *Vierteljahrshefte für Zeitgeschichte* 18 (1970), S. 392-409, hier S. 396.

29 Heinrich August Winkler, »Vom Mythos der Volksgemeinschaft«, in: *Archiv für Sozialgeschichte* 17 (1977), S. 484-490, hier S. 485; Bernd Weisbrod, »Der Schein der Modernität. Zur Historisierung der ›Volksgemeinschaft‹«, in: Karsten Rudolph, Christl Wickert (Hg.), *Geschichte als Möglichkeit. Über die Chancen von Demokratie*, Essen 1995, S. 224-242.

30 Hans Mommsen, »Forschungskontroversen zum Nationalsozialismus«, in: *Aus Politik und Zeitgeschichte* 14-15/2007, S. 14-21; vgl. auch Hans Mommsen, »Nationalsozialismus als vorgetäuschte Modernisierung«, in: Walter Pehle (Hg.), *Der historische Ort des Nationalsozialismus*, Frankfurt/M. 1990, S. 31-46.

Doch ist es ein Missverständnis, wollte man die »Volksgemeinschaft« als materielle Realität nehmen, als wäre soziale Ungleichheit eingeebnet gewesen. Der Begriff »Volksgemeinschaft« zog seine politische Kraft aus dem mit ihm verbundenen Versprechen. Die »mangelnde Schlüssigkeit und die Verlogenheit der sozialen Versprechungen der NSDAP«, so Broszat, »entwerten nicht die soziale Dynamik, die dem Massenerfolg der Partei tatsächlich zugrunde lag und von dem NS-Regime in Bewegung gehalten wurde«.[31] Broszat sprach von dem »Modernitäts- und Mobilisationsappeal der NS-Bewegung«[32] und unterstrich, dass der Slogan der »Volksgemeinschaft« auch »Aufruf zur Überwindung der Relikte vorbürgerlicher, vorindustrieller sozialer Hierarchien und Normen, Aufruf zur Bildung einer modernen, mobilen bürgerlich-nationalen Massengesellschaft« gewesen sei.[33] »Ohne Berücksichtigung der dynamischen sozialen Schubkraft des Nationalsozialismus wird man«, so Broszat, »weder den Bewegungscharakter des Regimes voll verstehen können noch die durch das Regime mobilisierte außerordentliche Leistungsenergie.«[34] Auch Hans-Ulrich Wehler hat in seiner Gesellschaftsgeschichte unterstrichen, dass der mit der »Volksgemeinschaft« verbundene »Modernitätsappeal« und Mobilisierungsschub eine Transformationsdynamik auslöste, die entscheidend, insbesondere bei den jüngeren Generationen, zur Legitimation des Regimes beitrug.[35]

Der Aufschwung galt nicht für alle Branchen und Regionen gleichermaßen, wie Frank Bajohr hervorgehoben hat. Der Rüstungsboom führte zu zahlreichen Ungleichheiten und Disparitäten. Zu den großen regionalen Gewinnern gehörte Mitteldeutschland, wo ein neues industrielles Zentrum neben dem Ruhrgebiet entstand. In Städten wie Magdeburg, Halle, Dessau, Halberstadt und Bitterfeld verdoppelte sich binnen weniger Jahre die Zahl der Beschäftigten. Eine Stadt wie Rostock mit Werften und dem Flugzeugwerk Hein-

31 Broszat, »Soziale Motivation«, S. 393.

32 Martin Broszat, »Zur Struktur der NS-Massenbewegung«, in: *Vierteljahrshefte für Zeitgeschichte* 31 (1983), S. 52-76, hier S. 66.

33 Ebd.

34 Broszat, »Soziale Motivation«, S. 397.

35 Hans-Ulrich Wehler, *Deutsche Gesellschaftsgeschichte. Vierter Band: Vom Beginn des Ersten Weltkrieges bis zur Gründung der beiden deutschen Staaten 1914-1949*, München 2003, hier S. 681.

kel, deren Einwohnerzahl sich innerhalb von nur sechs Jahren um ein Drittel von 90 000 (1933) auf 120 000 (1939) erhöhte, stieg damit in die Liga deutscher Großstädte mit über 100 000 Einwohnerinnen und Einwohnern auf. Insgesamt erlebte die Flugzeugproduktion einen beispiellosen Aufschwung von knapp 4000 Beschäftigten im Januar 1933 auf 325 000 Beschäftigte 1939. Die Flugzeugindustrie lockte mit hohen Lohnzuschlägen, modernsten Produktionsanlagen, beachtlichen betrieblichen Leistungen, neugebauten Wohnungen und einem hohen Sozialprestige als »High-Tech«-Industrie. Die Flugzeugbauer seien von sich sehr eingenommen, urteilte 1935 ein sozialdemokratischer Vertrauensmann, und für die politische Arbeit, sprich gewerkschaftliche Klassenorganisation nicht mehr zu gebrauchen. Für das Gesellschaftsbild der traditionellen Arbeiterbewegung, resümiert Bajohr, seien diese überwiegend jungen Arbeiter mit ihrer starken individuellen Aufstiegsorientierung nicht mehr anzusprechen gewesen, während sie sich den Integrationsangeboten des NS-Regimes vorbehaltlos öffneten.[36]

Auch dürfen die Bemühungen des Regimes um die symbolische Anerkennung der Arbeiterschaft in einer Gesellschaft, deren traditionelle Schranken den Arbeitern gegenüber dem Bürgertum, ganz zu schweigen vom Adel, eine mindere Rolle zuwiesen, nicht geringgeschätzt werden. Schon zum 1. Mai 1933 war viel von der »Ehre der Arbeit« die Rede gewesen. Der Leiter der Deutschen Arbeitsfront, der nationalsozialistischen korporatistischen Nachfolgeorganisation der freien Gewerkschaften, Robert Ley, besuchte in den folgenden Monaten zahlreiche Betriebe und machte es sich zur Gewohnheit, demonstrativ Arbeitern an der Werkbank die Hand zu geben. Diese symbolische Geste, die zeigen sollte, dass der »Führer« auf den »einfachen Mann« zugehe und ihm »von Mann zu Mann« die Hand reiche, setzte selbstredend die autoritäre Betriebsverfassung keineswegs außer Kraft, aber die Wirkung solch handgreiflicher »Anerkennung« darf dennoch nicht unterschätzt werden.[37] Der Begriff »deut-

36 Frank Bajohr, »Dynamik and Disparität. Die nationalsozialistische Rüstungsmobilisierung und die ›Volksgemeinschaft‹«, in: Bajohr, Wildt (Hg.), *Volksgemeinschaft*, S. 78-93.

37 Vgl. dazu Alf Lüdtke, »›Ehre der Arbeit‹: Industriearbeiter und Macht der Symbole. Zur Reichweite symbolischer Orientierungen im Nationalsozialismus«, in: ders., *Eigen-Sinn. Fabrikalltag, Arbeitererfahrungen und Politik vom Kaiserreich bis in den Faschismus*, Neuausgabe, Münster 2015, S. 248-306.

sche Qualitätsarbeit«, von deutschen Unternehmen ebenso wie von den Gewerkschaften seit Ende des 19. Jahrhunderts gefördert, traf durchaus das Selbstverständnis vieler Arbeiter, die auf ihre Handfertigkeit, ihr Geschick und handwerkliches Können stolz waren. Sogar der Dienst im Krieg ließ sich als »Qualitätsarbeit« begreifen und rechtfertigen. Alf Lüdtke zitiert einen Brief des Krupp-Angestellten Herbert Habermalz, der im Juni 1943 seinen Kollegen in der Firma über einen Flug von Krakau nach Warschau berichtete: »Wir flogen mehrere Runden über der Stadt. Mit großer Zufriedenheit konnten wir die vollständige Vernichtung des jüdischen Ghettos sehen. Dort haben unsere Leute eine fantastische Arbeit geleistet. Kein Haus, das nicht vollständig zerstört ist. Das sahen wir gestern. Heute brechen wir nach Odessa auf. Wir erhielten Extrarationen, Kekse, zusätzlich Milch und Butter und vor allem eine sehr große Tafel Zartbitterschokolade.«[38]

Entgegen einem von Götz Aly vertretenen Ansatz, sozialistische Egalität sei das Kennzeichen der »Volksgemeinschaft« gewesen,[39] war die nationalsozialistische Volksgemeinschaft, deren propagandistisches Bild die Überwindung aller Klassenschranken und die völkische Einheit in den Mittelpunkt stellte, von neuen Ungleichheiten strukturiert, gingen mit der Inklusion der »Volksgenossen« nicht zuletzt massive Prozesse der Ausgrenzung einher. Schon in den frühen 1980er Jahren wies Detlev Peukert auf diesen Dualismus von »Volksgenossen« und »Gemeinschaftsfremden« hin.[40] Norbert Frei unterstrich, dass es sich in der Wahrnehmung der Zeitgenossinnen und Zeitgenossen, wie sie in den Erinnerungen auftauchte, eher um eine »gefühlte Gleichheit« handelte.[41] »Volksgenossen« waren keine Bürger mit verbrieften Freiheitsrechten, es ging nicht um

38 Alf Lüdtke, »The Appeal of Exterminating ›Others‹. German Workers and the Limits of Resistance«, in: *Journal of Modern History*, Special Issue 1992 »Resistance«, S. S46-S67.

39 Götz Aly, *Hitlers Volksstaat. Raub, Rassenkrieg und nationaler Sozialismus*, Frankfurt/M. 2005.

40 Detlev Peukert, *Volksgenossen und Gemeinschaftsfremde. Anpassung, Ausmerze und Aufbegehren unter dem Nationalsozialismus*, Köln 1982; siehe dazu den Beitrag »Die Volksgemeinschaft nach Detlev Peukert« in diesem Band.

41 Norbert Frei, »›Volksgemeinschaft‹. Erfahrungsgeschichte und Lebenswirklichkeit der Hitler-Zeit«, in: ders., *1945 und wir. Das Dritte Reich im Bewußtsein der Deutschen*, München 2005, S. 107-128; vgl. dazu Peter Fritzsche, *Wie aus Deutschen Nazis wurden*, Zürich, München 1999.

rechtliche, politische oder soziale Gleichheit von Individuen. Vielmehr bildete das Volk, und zwar im organisch-biologistischen Sinn als »Volkskörper«, das Zentrum der »Volksgemeinschaft«. »Du bist nichts, dein Volk ist alles« lautete der Kernsatz des Regimes. Nicht egalitärer Stillstand, sondern rassistische Mobilisierung kennzeichnete die »Volksgemeinschaft«, nicht nationaler Sozialismus, sondern vielmehr Leistungssteigerung zugunsten der Entwicklung des deutschen »Volkskörpers«.[42]

Es lohnt sich meines Erachtens in diesem Zusammenhang, Michel Foucaults These aufzunehmen, der zufolge seit Ende des 18. Jahrhunderts ein neues Machtregime in Europa auftaucht, das nicht mehr von der Souveränität, vom Recht zu töten, geleitet wird, sondern von Technologien der Macht, die sich auf das Leben richten, auf Prozesse der Geburtenkontrolle, Fertilitätsraten, Hygiene, Seuchenbekämpfung: »Biopolitik«, wie Foucault dieses neue Machtregime nennt. »Man könnte sagen, das alte Recht, sterben zu *machen* oder leben zu *lassen*, wurde abgelöst von einer Macht, leben zu *machen* oder in den Tod zu *stoßen*.«[43]

Ohne Zweifel bildete »Volksgemeinschaft« ein zentrales Element der nationalsozialistischen Propaganda. Aber es kann nicht geleugnet werden, dass für einen großen Teil der deutschen Bevölkerung »Volksgemeinschaft« eine anzustrebende soziale Ordnung darstellte, auch wenn etliche Vorstellungen darüber, was »Volksgemeinschaft« sei, existierten. Gerade wegen der Vieldeutigkeit des Begriffs bot er für viele eine Anknüpfungs- und Verbindungsmöglichkeit mit dem NS-Regime.[44] Laut Norbert Frei führt daher die Frage nach der Volksgemeinschaft zum »Kern des Problems«.[45]

42 Vgl. dazu Ute Planert, »Der dreifache Körper des Volkes: Sexualität, Biopolitik und die Wissenschaft vom Leben«, in: *Geschichte und Gesellschaft* 26 (2000), S. 539-576; ebenso das Kapitel »Volkskörper« im Band von Dietmar Süß, *»Ein Volk, ein Reich, ein Führer«. Die deutsche Gesellschaft im Dritten Reich*, München 2017, S. 98-108.

43 Michel Foucault, *Der Wille zum Wissen*, Frankfurt/M. 1991, S. 165.

44 Vgl. dazu Janosch Steuwer, *»Ein Drittes Reich, wie ich es auffasse«. Politik, Gesellschaft und privates Leben in Tagebüchern 1933-1939*, Göttingen 2017.

45 Frei, »Volksgemeinschaft«, S. 128

III.

Im Alltag wurden die Grenzen von Zugehörigkeit und Nicht-Zugehörigkeit zur Volksgemeinschaft gezogen. Beate Meyer erzählt die kennzeichnende Geschichte eines Jungen, der als »jüdischer Mischling« in der Vorkriegszeit noch nicht von seinen Mitschülern ausgegrenzt worden war. Als es jedoch darum ging, in Nachahmung von Winnetou und Old Shatterhand in den Romanen von Karl May Blutsbrüderschaft zu schließen, fand der Ausschluss statt. In dem Moment, als die Haut geritzt und Blut vermischt wurde, zogen seine Freunde die Grenze. »Da haben sie gesagt: ›Das geht nicht‹«, erzählte er 1993 in einem Interview. »Sie haben mir das erklärt und sich ein bisschen dabei geschämt. Aber sie blieben dabei. Soviel hatten sie schon gelernt.«[46] In diesem Sinn, hebt Ian Kershaw hervor, »dürfte das Konzept der ›Volksgemeinschaft‹ seinen besonderen Wert haben« – nämlich »als ein begriffliches Instrument zur Untersuchung der Stufen, auf denen gewöhnliche Deutsche zur Billigung und Unterstützung der eskalierenden und schließlich in den Vernichtungslagern endenden Judenverfolgung gelangten«.[47]

Weit nachdrücklicher als Kershaw es getan hat, ist indes zu betonen, dass diese Grenze zwischen Inklusion und Exklusion keine gegebene war, dass Grenzen nicht bloß existierten, sondern gezogen wurden. Nachdem die Nationalsozialisten zur Macht gelangt waren, galt die Herstellung der Volksgemeinschaft als eines der wichtigsten gesellschaftlichen Ziele, das gerade in der Provinz, in den kleinen Städten und Gemeinden erreicht werden sollte. Das hieß: rassistische Grenzen durch die Dorfgemeinschaften ziehen, die Normen der Zivilgesellschaft sowie des Rechtsstaates zerstören und die Ausgrenzung der jüdischen Minderheit »von unten« betreiben. »Volksgemeinschaft« bedeutete in erster Linie und vor allem gewalttätige Exklusionspolitik gegen die Juden wie auch gegen Roma und Sinti und andere »Fremdvölkische« und »Gemeinschaftsfremde«.[48]

46 Beate Meyer, »Erfühlte und erdachte ›Volksgemeinschaft‹. Erfahrungen ›jüdischer Mischlinge‹ zwischen Integration und Ausgrenzung«, in: Bajohr, Wildt (Hg.), *Volksgemeinschaft*, S. 144-164, hier S. 151.

47 Kershaw, »Volksgemeinschaft«, S. 9.

48 Vgl. dazu Michael Wildt, *Volksgemeinschaft als Selbstermächtigung. Gewalt gegen Juden in der deutschen Provinz 1919 bis 1939*, Hamburg 2007.

In der politischen Praxis vor Ort hieß das zunächst, soziale Distanz herzustellen, jedwede Solidarität und Mitleid mit den Verfolgten zu stigmatisieren, um die jüdischen Nachbarn zu isolieren und für rechtlos, ja vogelfrei zu erklären. So blieb der Boykott jüdischer Geschäfte keineswegs auf den 1. April 1933 beschränkt, sondern stellte gerade in der Provinz ein wirksames Aktionsfeld gegen die jüdischen Nachbarn dar. Mit dem Boykott ließen sich diverse Aktionsformen ausprobieren, von öffentlichen Plakaten und Transparenten über das Postenstehen direkt vor dem Laden, das bloße Auffordern von Kunden, das Geschäft nicht zu betreten, bis hin zu Beschimpfungen und zur Anwendung von Gewalt.[49]

Neben den gewalttätigen Boykottaktionen nahmen im Sommer 1935 – also mehrere Monate vor den »Nürnberger Gesetzen«, die im September erlassen wurden – ebenso Kampagnen zur Anprangerung von Liebesbeziehungen zwischen Juden und Nicht-Juden als »Rassenschande« zu. Überall im Reich wurden solche Beschuldigungen erhoben, die stets mit aggressiven öffentlichen Angriffen in Zeitungen und Flugblättern oder mit Demonstrationen einhergingen, bei denen die angeblichen »Rasseschänder« mit Gewalt durch die Stadt geführt wurden. Betrachtet man die Bilder von jenen Umzügen, die am helllichten Tag in aller Öffentlichkeit stattfanden, so fallen die Mengen auf, die diesen Umzug begleiten: Frauen, Kinder, Jugendliche laufen mit, lachen, verhöhnen, beschimpfen, bespucken die Opfer. Nicht zu übersehen ist das voyeuristische Vergnügen ebenso wie die Zustimmung und Partizipation in diesen Aktionen gegen »Rassenschande«. Mit ihnen hatten die Nationalsozialisten ein Handlungsfeld gefunden, auf dem die rassistische Grenze der Volksgemeinschaft im Alltag scharf gezogen werden konnte.[50]

Zugleich stiftet Gewalt Gemeinschaft. Jeder kann mittun, dabei sein, ohne als Einzelner Verantwortung oder Führung zu übernehmen. Auch der Feigste darf schlagen, stoßen, Gewalt antun, ohne

49 Vgl. Hannah Ahlheim, *»Deutsche, kauft nicht bei Juden!«. Antisemitismus und politischer Boykott in Deutschland 1924 bis 1935*, Göttingen 2011.

50 Vgl. Alexandra Przyrembel, *»Rassenschande«. Reinheitsmythos und Vernichtungslegitimation im Nationalsozialismus*, Göttingen 2003, sowie den Beitrag »Sitzen, baden, durch die Straßen laufen. Überlegungen zu fotografischen Repräsentationen von ›Alltäglichem‹ und ›Unalltäglichem‹ im Nationalsozialismus« in diesem Band.

vor der Gegenwehr des Opfers Angst zu haben. In der Gemeinschaft vervielfacht sich die Gewalt gegenüber dem Opfer und verringert sich die Furcht des Täters, seinerseits verletzt zu werden, Schaden am eigenen Körper zu nehmen. Die kollektive Gewalttat gegen Juden, wie sie in den »Rasseschande«-Aktionen 1935 oder im Novemberpogrom 1938 zum Ausbruch kam, exekutierte die Exklusion der »Anderen« auf brutale Weise und bedeutete zugleich für die Täter eine machtvolle Selbsterfahrung.[51]

Das NS-Regime vergemeinschaftete die Gewalt und ließ die »Volksgenossen« an ihr partizipieren. Jede Gewaltaktion durchbrach Grenzen und veränderte, indem sie geschehen konnte, ohne dass der Rechtsbruch geahndet wurde, die Ordnung, in der nun neue, veränderte Handlungsoptionen möglich wurden, die sich vorher nicht eröffnet hatten. »Für nicht wenige«, so Alf Lüdtke, »die sich außerhalb der ›Kommandohöhen‹ von Gesellschaft und Staat sahen, erwies sich die Gewalttat als eine ›befriedigende‹ Politik-Form. Akteure wie Claqueure nahmen auf *ihre* Weise Teil an politischer Herrschaft.«[52] Die Gewaltaktionen gegen Juden haben nicht die Volksgemeinschaft geschaffen, aber diese Praxis der Gewalt nahm die Wirklichkeit der Volksgemeinschaft, wenn auch zeitlich und räumlich begrenzt, vorweg. Sie machte eine Selbstermächtigung konkret, ja körperlich erfahrbar, in dem die alte Ordnung außer Kraft gesetzt war und sich eine neue politische Ordnung rassistischer Ungleichheit etablierte.

Der Bruch mit der rechtsstaatlichen Verfasstheit der deutschen Republik 1933 bot zahlreichen Eliten den »Ermöglichungsraum«, den sie immer gefordert hatten. Endlich glaubte der Arzt, den deutschen »Volkskörper« zu heilen, und erhielt mit dem »Gesetz zur Verhinderung erbkranken Nachwuchses« vom Juli 1933, das erstmals in Deutschland die Zwangssterilisation gegen den Willen der Patienten erlaubte, die Gelegenheit dazu.[53] Kriminalpolizisten

51 So argumentiert Thomas Kühne, *Belonging and Genocide. Hitler's Community, 1918-1945*, New Haven, London 2010.

52 Alf Lüdtke, »Thesen zur Wiederholbarkeit. ›Normalität‹ und Massenhaftigkeit von Tötungsgewalt im 20. Jahrhundert«, in: Rolf Peter Sieferle, Helga Breuninger (Hg.), *Kulturen der Gewalt. Ritualisierung und Symbolisierung von Gewalt in der Geschichte*, FrankfurtM., New York 1998, S. 280-289, hier S. 280.

53 Vgl. aus der Fülle der Literatur als Überblick Wolfgang Uwe Eckart, *Medizin in der NS-Diktatur. Ideologie, Praxis, Folgen*, Köln 2012.

glaubten, nicht mehr eingeschränkt durch Recht und Gesetz, eine Gesellschaft ohne Verbrecher erreichen zu können, und übernahmen bereitwillig kriminalbiologische Prämissen, mit denen rassistisch definierte gesellschaftliche Gruppen als »Asoziale« in Konzentrationslagern interniert und ausgemerzt wurden.[54] Beamte der Wohlfahrtsbehörden teilten ihre Klientel nicht mehr nach Bedürftigkeit, sondern Arbeitsfähigkeit ein, ganz nach dem Motto, dass, wer nicht arbeiten könne, auch nicht zu essen brauche. Und auch hier bestimmten rassistische Kriterien bald die Trennung der volksgemeinschaftlich »Nützlichen« von den »Gemeinschaftsfremden«.[55] Selbst Steuerbeamte besaßen mit dem Steueränderungsgesetz von 1934, das im Paragraphen 1 die Anwendung der Steuerbestimmungen von der Übereinstimmung mit der nationalsozialistischen Weltanschauung abhängig machte, alle Freiheit, statt Gleichheit aller Bürgerinnen und Bürger vor dem Gesetz nun gerade die Ungleichheit, sprich: besondere steuerliche Belastung, insbesondere von Juden, selbständig durchzusetzen. Volksgemeinschaft bedeutet daher stets auch Selbstermächtigung, die rassistische Öffnung von Handlungsoptionen.[56]

Ein wissenschaftlich produktiver Umgang mit dem Begriff »Volksgemeinschaft« besteht deshalb darin, ihn praxeologisch zu verstehen, Volksgemeinschaft nicht als gegeben vorauszusetzen, sondern die Praktiken ihrer Herstellung, kurz: die Vergemeinschaftung zu untersuchen. Im Mittelpunkt einer derartigen Perspektive, so lässt sich mit Alf Lüdtke argumentieren, stehen die »Formen, in denen Menschen sich ›ihre‹ Welt ›angeeignet‹ – und dabei stets auch verändert haben«.[57] Diese Welt und damit die Bedingungen sind

54 Vgl. Julia Hörath, *»Asoziale« und »Berufsverbrecher« in den Konzentrationslagern 1933 bis 1938*, Göttingen 2017; Patrick Wagner, *Volksgemeinschaft ohne Verbrecher. Konzeptionen und Praxis der Kriminalpolizei in der Zeit der Weimarer Republik und des Nationalsozialismus*, Hamburg 1996.

55 Vgl. exemplarisch Uwe Lohalm, *Völkische Wohlfahrtsdiktatur. Öffentliche Wohlfahrtspolitik im nationalsozialistischen Hamburg*, Hamburg 2010.

56 Vgl. Christiane Kuller, *Bürokratie und Verbrechen. Antisemitische Finanzpolitik und Verwaltungspraxis im nationalsozialistischen Deutschland*, München 2013; Axel Drecoll, *Der Fiskus als Verfolger. Die steuerliche Diskriminierung der Juden in Bayern 1933-1941/42*, München 2009; Martin Friedenberger, *Fiskalische Ausplünderung. Die Berliner Steuer- und Finanzverwaltung und die jüdische Bevölkerung 1933-1945*, Berlin 2008.

57 Alf Lüdtke, »Einleitung: Was ist und wer treibt Alltagsgeschichte?«, in: ders.

gegeben und zugleich produziert, erweisen sich daher als ebenso vieldeutig wie vielschichtig, für individuelle wie gemeinschaftliche Handlungsoptionen zugleich offen. »Individuen und Gruppen formen das Profil ihrer Wahrnehmungs- und Handlungsweisen nicht jenseits, sondern in und durch gesellschaftliche Beziehungen.«[58] Menschen folgen nicht bloß den Codes und Repräsentationen von Bedeutungen und der Wirklichkeit, die sie vorfinden, sondern sie nutzen Bilder, Worte, Praktiken, um sich zu orientieren; sie variieren sie, reiben sich an der Sprödigkeit der Dinge und verändern sie damit ebenso wie die sozialen Verhältnisse. In dieser analytischen Perspektive bildet Volksgemeinschaft keine fest gefügte soziale Formation, sondern wäre vielmehr als soziale Praxis zu untersuchen.

Scheinbar Abhängige werden nach diesem Verständnis zu Akteuren, die zugleich Subjekte wie Objekte sind, die Erfahrungen der Ohnmacht, des Ausgeliefertseins an Obrigkeiten, Gewalthaber und ökonomische Zwänge machen, gleichzeitig jedoch diese Erfahrungen in jeweils spezifischen, unterschiedlichen oder sogar widersprüchlichen Aneignungsweisen modifizieren, ja sie in widersetzliche Praxis münden lassen können. Ebenso können aber auch die Erfahrungen von Lust, Partizipation und Wohlstand durchaus mit Repression, Ausbeutung und Herrschaft verbunden sein. Angehörigen der deutschen Volksgemeinschaft war es möglich, sich im Zweiten Weltkrieg Zwangsarbeiterinnen und Zwangsarbeiter aus den besetzten Gebieten als Hof- oder Fabriksklaven zu halten und das Gefühl von Macht und Überlegenheit zu erfahren. Zugleich blieben sie damit Teil des nationalsozialistischen Terrorsystems, dem sie bei einem Mangel an Konformität selbst zum Opfer fallen konnten. Es gilt, diese Gleichzeitigkeit von Hinnehmen und Sich-Distanzieren, von Mit-Tun wie Sich-Abwenden, Bereitwilligkeit wie Widerwille, Anpassungsbereitschaft wie Begeisterung, Sich-Verweigern wie »Dem-Führer-Entgegenarbeiten« in den Blick zu nehmen, wenn Volksgemeinschaft als soziale Praxis untersucht werden soll.

(Hg.), *Alltagsgeschichte. Zur Rekonstruktion historischer Erfahrungen und Lebensweisen*, Frankfurt/M., New York 1989, S. 9-47, hier S. 12.

58 Ebd., S. 13.

IV.

Volksgemeinschaft basiert eben nicht allein auf Inklusion, auch wenn in verklärender Erinnerung gerade die Gemeinschaftserlebnisse im Nationalsozialismus zu den »guten« Erfahrungen erhoben werden, während die Verfolgung und Ermordung von Juden, Roma, Sinti, Polen, behinderten und kranken Menschen, sowjetischen Kriegsgefangenen und anderen abgespaltet werden. In Wirklichkeit gehörten beide Seiten, die Vergemeinschaftung wie die Ausgrenzung und Vernichtung, Inklusion wie mörderische Exklusion, untrennbar zusammen. So hat vor allem Saul Friedländer eine »integrierte Geschichte« des Holocaust gefordert, die nicht die Position des auktorialen Erzählers einnimmt, sondern die vielen Stimmen der Akteure vernehmbar macht. »Von Anfang an stellten alle Schritte, die einzelne Juden oder jüdische Gruppen unternahmen, um die Bemühungen der Nationalsozialisten zu stören, ein Hindernis, wie geringfügig es auch immer gewesen sein mag, auf dem Weg zur vollständigen Vernichtung dar: ob es darum ging, Beamte, Polizisten oder Denunzianten zu bestechen, Familien dafür zu bezahlen, daß sie Kinder oder Erwachsene versteckten, in die Wälder oder ins Gebirge zu fliehen, sich in kleine Dörfer oder in große Städte zurückzuziehen, zu konvertieren, sich Widerstandsgruppen anzuschließen, Lebensmittel zu stehlen oder sonst etwas zu tun, das zum Überleben führte. Auf dieser Mikroebene fand die grundlegende und fortlaufende Interaktion der Juden mit den Kräften statt, die bei der Durchführung der ›Endlösung‹ am Werk waren. Auf dieser Mikroebene müssen jüdische Reaktionen und Initiativen untersucht und in die umfassende Geschichte integriert werden. Auf dieser Mikroebene ist ein großer Teil des Geschehens eine Geschichte von Individuen.«[59] Bestimmt man Zugehörigkeit und Ausgrenzung von diesen Grenzen, von den Definitionen und Handlungen her, wirft dies ein unverzichtbares Licht auf die Volksgemeinschaft, und man vermeidet es, deren Selbstbeschreibung einer unverrückbaren und eindeutigen Homogenität zu erliegen.

Wenn von Volksgemeinschaft die Rede ist, muss über Inklusion wie Exklusion gesprochen werden, über soziale Mobilisierung und

59 Saul Friedländer, *Den Holocaust beschreiben. Auf dem Weg zu einer integrierten Geschichte*, Göttingen 2007, S. 14; sowie den Beitrag »Raul Hilberg und Saul Friedländer – Zwei Perspektiven auf den Holocaust« in diesem Band.

Partizipation wie über Selektion, über Teilhabe und Selbstermächtigung wie über Gewalt, Vernichtung und Mord. Birthe Kundrus und Gerhard Wolf haben zum Beispiel die administrativen Auseinandersetzungen im besetzten Polen untersucht, wo Behörden, SS-Dienststellen und die Betroffenen selbst darüber verhandelten, wer als Deutscher oder als Pole zu gelten habe.[60] So nimmt Kershaws Kritik, dass nicht alle Täter des Holocaust Deutsche gewesen seien und das Volksgemeinschafts-Konzept deshalb für den Mord an den europäischen Juden nicht zu gebrauchen sei,[61] zugleich einen wichtigen Punkt auf und greift doch zu kurz. Kershaw hat recht, dass Volksgemeinschaft zunächst vor allem im Zusammenhang mit der NS-Gesellschaft steht, auch wenn diese in die annektierten westpolnischen wie ostfranzösischen Gebiete hinein ausgedehnt werden sollte. Aber »Gemeinschaft« im Gegensatz zur »Gesellschaft« war keine spezifisch deutsche Ordnungsvorstellung, sondern lässt sich für die erste Hälfte des 20. Jahrhunderts überall in Europa auffinden – in Italien und Spanien wie in Polen, Litauen oder im sozialdemokratischen Schweden.[62]

Ohne die Mithilfe, Billigung, Komplizenschaft der einheimischen Bevölkerungen, Eliten wie »ordinary men«, wäre die deutsche Besatzungsmacht nicht in der Lage gewesen, die Ghettoisierung und Deportation der jeweiligen jüdischen Minderheiten zu bewerkstelligen. Neben Terror, Mord, rücksichtsloser Ausplünderung, neben Vertreibung, Deportation und Zwangsarbeit gab es Angebote zur Beteiligung, zur Kollaboration – und von Seiten der einheimischen Bevölkerungen zugleich eigene Praktiken im Umgang mit dem Besatzungsregime, um innerhalb des repressiven Rahmens Möglichkeiten des Überlebens zu finden, durchaus aber auch Möglichkeiten des Weiterkommens und Aufsteigens. Nicht zuletzt gab es die politische Absicht, jeweils eigene »judenfreie«, ethnisch homogene »Volksgemeinschaften« zu bilden.[63]

60 Birthe Kundrus, »Regime der Differenz. Volkstumspolitische Inklusionen und Exklusionen im Warthegau und im Generalgouvernement 1939-1944«, in: Bajohr, Wildt (Hg.), *Volksgemeinschaft*, S. 105-123; Gerhard Wolf, *Ideologie und Herrschaftsrationalität. Nationalsozialistische Germanisierungspolitik in Polen*, Hamburg 2012.

61 Kershaw, »Volksgemeinschaft«, S. 16.

62 Vgl. Thomas Etzemüller (Hg.), *Die Ordnung der Moderne. Social Engineering im 20. Jahrhundert*, Bielefeld 2009; Lehnert (Hg.), *Gemeinschaftsdenken in Europa*.

63 Aus der mittlerweile großen Fülle an Studien zur nationalsozialistischen Besat-

In einer kennzeichnenden Interpretation schildert Richard Evans das Netz von Parteifunktionären im Deutschen Reich. Bis in die kleinsten Einheiten des Alltagslebens und der täglichen Betriebsarbeit hinein habe der Terrorapparat des NS-Regimes gereicht. 200 000 Politische Leiter der NSDAP und rund zwei Millionen Blockwarte hätten die Gesellschaft ebenso überwacht wie Funktionäre der Deutschen Arbeitsfront, Vorarbeiter und Obleute die Betriebe.[64] Ebendiese immense Zahl an Funktionsträgern, Zuarbeitern und Helfern des Regimes ließe sich unter einer anderen Perspektive auch als hoher Grad der Partizipation begreifen. Neben den 5,3 Millionen Mitgliedern, die die NSDAP Ende 1939 besaß, waren 22 Millionen in der Deutschen Arbeitsfront, 14 Millionen in der Nationalsozialistischen Volkswohlfahrt, annähernd 9 Millionen Jugendliche in der Hitler-Jugend und dem Bund Deutscher Mädchen, 1,4 Millionen Frauen in der Nationalsozialistischen Frauenschaft organisiert. Armin Nolzen schätzt, dass zu Kriegsbeginn etwa zwei Drittel der deutschen Bevölkerung einer nationalsozialistischen Gliederung oder einer der von der NSDAP gelenkten Organisationen angehört haben. Neunzig Prozent der Funktionäre arbeiteten ehrenamtlich.[65] Diese immense Zahl von Unterstützern bloß als Teil eines staatlichen Terrornetzwerks zur Unterdrückung der Gesellschaft zu deuten, fällt schwer. Plausibler erscheint, diese Vielzahl von Posten, Positionen und Pfründen als Teilhabe an der Macht zu verstehen, als Partizipation am Regime, das sich in der Aufrechterhaltung der politischen Ordnung eben auf die Hilfe und Teilnahme so vieler stützen kann. Robert Gellately hat vor etlichen Jahren darauf aufmerksam gemacht, dass die Gestapo keineswegs eine allmächtige, allumfassende Terrororganisation war, sondern ihre Aktivität in erster Linie auf den Denunziationen der Volksgenossen und Volksgenossinnen beruhte.[66]

Der Begriff »Volksgemeinschaft« weist darauf hin, dass das Politische nicht allein im Staat zu suchen ist, sondern ebenso im

zungspolitik sei hier insbesondere erwähnt: Christoph Dieckmann, *Deutsche Besatzungspolitik in Litauen 1941-1944*, 2 Bde., Göttingen 2012.

64 Richard Evans, *Das Dritte Reich, Band II/1: Diktatur*, München 2006, S. 134-135.

65 Armin Nolzen, »Inklusion und Exklusion im Dritten Reich. Das Beispiel NSDAP«, in: Bajohr, Wildt (Hg.), *Volksgemeinschaft*, S. 60-77.

66 Robert Gellately, *Die Gestapo und die deutsche Gesellschaft. Die Durchsetzung der Rassenpolitik 1933-1945*, Paderborn u. a. 1993.

Sozialen entsteht. Politische Ordnungen korrespondieren mit sozialen Gegebenheiten, beziehen sich auf gesellschaftliche Erfahrungen und Erwartungen. Der neue Umgang mit dem Begriff der »Volksgemeinschaft« zeigt daher auch einen epistemologischen Perspektivwechsel in der NS-Historiographie an: hin zu einer Kulturgeschichte des Politischen ebenso wie zu einer neuen Gesellschaftsgeschichte des Nationalsozialismus, die nicht mehr mit Hegel die Gesellschaft gegen den Staat stellt, sondern politische, auch staatliche Ordnung als eine »strukturierende Struktur« (Pierre Bourdieu) begreift, die nicht allein institutionell oder von der Verfassung her vorgegeben ist, sondern hergestellt, verändert, als Machtmatrix immer wieder ausgehandelt wird.[67] Die Arbeiten von Dietmar Süß, Malte Thießen und anderen zur »Volksgemeinschaft« im Luftkrieg haben neue Einsichten auf die vielfältig zerklüftete, eben gar nicht homogene, dennoch ihren Anspruch auf Homogenität stets aufs Neue thematisierende Gesellschaft in Deutschland erbracht, ohne dass damit die Frage nach der Durchhaltebereitschaft und der Erosion der Loyalität zum NS-Regime bereits hinreichend beantwortet wäre.[68]

Damit sind keineswegs die zahlreichen verdienstvollen Arbeiten aus der sogenannten funktionalistischen Schule, die sämtlich das Webersche Modell eines rationalen, bürokratischen Staates zugrunde legen und das NS-Regime als Zerstörung und Chaos werten, verbannt. Im Gegenteil, ohne die Arbeiten von Martin Broszat oder Hans Mommsen könnte die Frage nach der Volksgemeinschaft heute nicht gestellt werden. Und dennoch weist diese Frage über die funktionalistische Perspektive hinaus, indem der Fokus nicht auf den Staat als den Bereich des Politischen, sondern auf die politische Ordnung der Gesellschaft gerichtet ist und die Akteure in den Mittelpunkt stellt. In diesen Ansätzen zählen weniger die staatlichen Institutionen, politischen Strukturen oder administrativen Abläufe als vielmehr Medien, Emotionen, symbolische

67 Vgl. dazu Gabriele Metzler, *Der Staat der Historiker. Staatsvorstellungen deutscher Historiker seit 1945*, Berlin 2018, insbesondere S. 273-308.

68 Jörg Arnold u. a. (Hg.), *Luftkrieg. Erinnerungen in Deutschland und Europa*, Göttingen 2009; Dietmar Süß, *Tod aus der Luft. Kriegsgesellschaft und Luftkrieg in Deutschland und England*, München 2011; Nicole Kramer, *Volksgenossinnen an der Heimatfront. Politik, soziale Praxis, Erfahrungen und Erinnerungen*, Göttingen 2011.

Repräsentationen, Praktiken des Alltagslebens – die Herstellung, Stabilisierung wie Transformation der gesellschaftlichen Ordnung durch die Vielen. Volksgemeinschaft ist somit keine analytische Feststellung eines Gesellschaftszustandes, schon gar nicht die Binnenperspektive des Nationalsozialismus selbst, sondern die Aufforderung, die nationalsozialistische Gesellschaft als hergestellte wie erst noch herzustellende zu begreifen, sie als soziale Praxis zu untersuchen, die den Strukturen keineswegs ihre Macht abspricht, aber den Handlungsoptionen und Aneignungsweisen der Akteure die entscheidende Aufmerksamkeit widmet.

2.
Die Ungleichheit des Volkes. »Volksgemeinschaft« in der politischen Kommunikation der Weimarer Republik

Volksgemeinschaft ist kein genuin nationalsozialistischer Begriff. Seine erste Hochkonjunktur verdankte er, obwohl auch vorher schon gebräuchlich, dem Ersten Weltkrieg. Der Satz Wilhelms II., dass er von nun an keine Parteien, sondern nur noch Deutsche kenne, erlangte so viel Widerhall, weil er den Wunsch so vieler nach Gleichheit und Inklusion zu repräsentieren vermochte. Das »Zusammenstehen mit der Volksgemeinschaft in Not und Tod« sei das Gebot der Stunde, formulierte der Sozialdemokrat und spätere preußische Wissenschaftsminister Konrad Haenisch 1916.[1] Und auch Victor Klemperer vertraute Anfang August 1914 seinem Tagebuch an, dass, sollte sich das Deutsche Reich behaupten, ein großes Glück aus diesem Krieg erwachse: nämlich »höhere Brüderlichkeit im Volk«.[2]

Zwar wies die »Auguststimmung« des Jahres 1914 durchaus geschlechts-, klassen- und regionalspezifische Differenzen auf und ist eher als mediale Inszenierung von Wirklichkeit denn als Realität selbst zu werten.[3] Dennoch darf die Wirkung eines solchen Mythos für tatsächliches politisches Handeln keinesfalls unterschätzt wer-

1 Zitiert nach Gunther Mai, »›Verteidigungskrieg‹ und ›Volksgemeinschaft‹. Staatliche Selbstbehauptung, nationale Solidarität und soziale Befreiung in Deutschland in der Zeit des Ersten Weltkrieges (1900-1925)«, in: Wolfgang Michalka (Hg.), *Der Erste Weltkrieg. Wirkung, Wahrnehmung, Analyse*, München 1994, S. 583-602, hier S. 591.

2 Victor Klemperer, *Curriculum Vitae. Erinnerungen 1881-1918*, hg. von Walter Nowojski, Bd. 2, Berlin 1996, S. 182.

3 Vgl. Jeffrey Verhey, *Der »Geist von 1914« und die Erfindung der Volksgemeinschaft*, Hamburg 2000, S. 129-193; Steffen Bruendel, *Volksgemeinschaft oder Volksstaat. Die »Ideen von 1914« und die Neuordnung Deutschlands im Ersten Weltkrieg*, Berlin 2003, S. 29-59; Wolfgang Kruse, »Kriegsbegeisterung? Zur Massenstimmung bei Kriegsbeginn«, in: ders. (Hg.), *Eine Welt von Feinden. Der Große Krieg 1914-1918*, Frankfurt/M. 1997, S. 159-166; klar die klassenspezifischen Differenzen herausarbeitend: Hans Ulrich Wehler, *Deutsche Gesellschaftsgeschichte, Bd. 4: Vom Beginn des Ersten Weltkrieges bis zur Gründung der beiden deutschen Staaten 1914-1949*, München 2003, S. 14-17.

den. Der »Geist von 1914« wurde zur Formel für die geeinte Volksgemeinschaft, die über Parteien und Klassen hinweg in der Einheit und Geschlossenheit ihre Stärke erblickte, mit der sie jedem Feind zu trotzen glaubte.

Bald jedoch zeigten sich die realen Risse in der Kriegsgesellschaft.[4] Die eingezogenen Männer fielen als Ernährer ihrer Familien aus, und die staatliche Unterstützung reichte oft nicht, um mit der Teuerung der Lebenshaltungskosten Schritt zu halten. Viele Frauen mussten sich daher eine Verdienstmöglichkeit suchen und nahmen in den Fabriken die von den Männern verwaisten Arbeitsplätze ein.[5] Im Oktober 1915 kam es in Berlin zu ersten Lebensmittelunruhen, seitdem riss die Kette der Hungerkrawalle nicht mehr ab. Frauen und Jugendliche beteiligten sich an Plünderungen von Lebensmittelgeschäften und lieferten sich sogar handgreifliche Auseinandersetzungen mit der Polizei. Die Klagen der Behörden über die »Verwahrlosung« der Jugend häuften sich.[6] 1916 kam es zu ersten kurzen Streiks in der Rüstungsindustrie, mit denen die Arbeiter ihren Forderungen nach Teuerungszulagen und höheren Lebensmittelrationen Nachdruck verleihen wollten. Nicht zuletzt erhielten die Antikriegsstimmungen durch die Nachricht von der russischen Revolution im Frühjahr 1917 neuen Auftrieb. Im April dieses Jahres legten Metallarbeiter in Berlin, Leipzig und anderen Orten die Arbeit nieder; im Januar 1918 schwoll die Streikwelle zur größten Protestaktion in Deutschland während des Krieges an.

Das »Volk« wird souverän

Die Revolution 1918 offenbarte die tatsächlichen Spaltungen und Gegensätze in der deutschen Gesellschaft auf das Schärfste, und bei den gemäßigten politischen Kräften wurde der Ruf nach »Ein-

4 Vgl. nach wie vor Jürgen Kocka, *Klassengesellschaft im Krieg. Deutsche Sozialgeschichte 1914-1918*, Göttingen 1973; Wehler, *Gesellschaftsgeschichte*, Bd. 4, S. 69-102.

5 Vgl. dazu Birthe Kundrus, *Kriegerfrauen. Familienpolitik und Geschlechterverhältnisse im Ersten und Zweiten Weltkrieg*, Hamburg 1995, S. 43-97; Belinda Davis, *Home Fires Burning. Food, Politics, and Everyday Life in World War I Berlin*, Chapel Hill, London 2000.

6 Volker Ullrich, *Kriegsalltag. Hamburg im Ersten Weltkrieg*, Köln 1982, S. 51-62, 68-72; Robert Chickering, *Imperial Germany and the Great War, 1914-1918*, Cambridge 1998, S. 123-125.

heit« und »Volksgemeinschaft« laut, um das Auseinanderbrechen der Gesellschaft im Bürgerkrieg zu verhindern. Der liberale jüdische Staatsrechtler Hugo Preuß, der am 15. November 1918 von Ebert mit der Ausarbeitung eines Verfassungsentwurfes beauftragt wurde,[7] hatte tags zuvor im »Berliner Tageblatt« programmatisch geschrieben: »Nicht Klassen und Gruppen, nicht Parteien und Stände in gegensätzlicher Isolierung, sondern nur das gesamte deutsche Volk, vertreten durch die aus völlig demokratischen Wahlen hervorgehende deutsche Nationalversammlung, kann den deutschen Volksstaat schaffen. Sie muß ihn baldigst schaffen, wenn nicht unsagbares Unheil unser armes Volk vollends verelenden soll. Gewiß muß eine moderne Demokratie vom Geiste eines kräftigen sozialen Fortschritts erfüllt sein; aber ihre politische Grundlage kann niemals der soziale Klassenkampf, die Unterdrückung einer sozialen Schicht durch die andere bilden, sondern nur die Einheit und Gleichheit aller Volksgenossen.«[8]

Es gab also durchaus diskursive Berührungspunkte: »Einheit« und »Gleichheit« als charakteristische Elemente eines »Volksstaates« auf der einen und die Inklusion aller Deutschen im Augusterlebnis 1914 auf der anderen Seite, eben ohne Ansehen von politischer Überzeugung, Stand und Konfession. »Einheit« und »Gleichheit« bezogen sich jeweils auf durchaus verschiedene Größen: Das Volk, das Hugo Preuß meinte, war nicht das Volk des Augusts 1914, und doch gab es semantische Überschneidungen und Korrespondenzen. »Volksgemeinschaft« bedeutete keine Rückkehr zum wilhelminischen Obrigkeitsstaat. Nicht mehr der Kaiser mit Gottesgnadentum oder ein Fürstenbund, sondern das »Volk« bildete die Legitimationsgrundlage der »Volksgemeinschaft«, die, wie Steffen Bruendel betont, politisch deutungsoffen war, ›national‹ oder ›sozialistisch‹, konservativ oder ›völkisch‹ interpretiert werden konnte und alle politischen Richtungen zur Identifikation einlud.[9]

In die Weimarer Verfassung flossen diese unterschiedlichen Vor-

7 Zu Hugo Preuß siehe Michael Dreyer, *Hugo Preuß. Biografie eines Demokraten*, Stuttgart 2018; Detlef Lehnert (Hg.), *Vom Untertanenverband zur Bürgergenossenschaft. Symposium zum 75. Todestag von Hugo Preuß*, Baden-Baden 2003.

8 Hugo Preuß, »Volksstaat oder verkehrter Obrigkeitsstaat«, in: ders., *Staat, Recht und Freiheit. Aus 40 Jahren deutscher Politik und Geschichte*, Tübingen 1926, S. 365-368, hier S. 367 f.

9 Bruendel, *Volksgemeinschaft*, S. 140.

stellungen vom Volk ein, nämlich von dessen ideeller Einheit auf der einen und dessen tatsächlicher Heterogenität auf der anderen Seite. Das Pathos in der Präambel der Verfassung ließ ein vom Staatsbürgervolk unterschiedenes »Volk« aufscheinen: »Das deutsche Volk, einig in seinen Stämmen und von dem Willen beseelt, sein Reich in Freiheit und Gerechtigkeit zu erneuern und zu festigen, dem inneren und dem äußeren Frieden zu dienen und den gesellschaftlichen Fortschritt zu fördern, hat sich diese Verfassung gegeben.«[10] Dieses Volk wurde offenkundig nicht erst durch die Verfassung politisch geschaffen; es existierte bereits zuvor und konnte sich daher als handelndes Subjekt eine Verfassung geben. »Jeder Versuch«, so der Weimarer Staatsrechtler Hans Liermann 1927, »an dieser Stelle das deutsche Volk als irgend eine seelenlose bloße Summe von Individuen zu interpretieren, würde dem, was in der Präambel gesagt werden soll, ins Gesicht schlagen.«[11] Volkssouveränität müsse in einem höheren Sinn als die landläufige Auffassung verstanden werden, wonach das Volk an der Staatsgewalt teilnehme. Es ist die Anerkennung des Volkes als »staatsschöpfende Urkraft. Das Volk ist nicht, wie in der Demokratie, *in* den Staat gestellt, sondern *über* den Staat. Es ist nicht Organ des Staates, sondern sein Herr.«[12]

Der »echte«, »wahre« Volkswille, so die Kritik von rechter wie von linker Seite, könne nicht mit dem bloßen Mehrheitsprinzip zum Ausdruck kommen. Volkswille sei stets mehr als Mehrheitswille – ganz nach Rousseau, für den nicht die *volonté de tous*, sondern allein die *volonté générale* beanspruchen konnte, Volkswille zu sein.[13] Das Misstrauen gegen eine repräsentative Demokratie war hoch; das Parlament sollte nicht die einzige Institution sein, in der sich der Volkswille artikulierte. Hugo Preuß selbst unterstrich, dass die Verfassung keinen »Parlaments-Absolutismus« schaffen wolle,

10 Verfassung des Deutschen Reiches vom 11.8.1919, online unter: ⟨http://www.verfassungen.de/de19-33/verf19-i.htm⟩, letzter Zugriff 5.4.2019.

11 Hans Liermann, *Das deutsche Volk als Rechtsbegriff im Reichs-Staatsrecht der Gegenwart*, Berlin, Bonn 1927, S. 166.

12 Ebd., S. 170 (Hervorhebungen im Original). Zu Liermann siehe Michael Stolleis, *Geschichte des öffentlichen Rechts in Deutschland, Bd. 3. Staats- und Verwaltungsrechtswissenschaft in Republik und Diktatur 1914-1945*, München 1999, S. 264.

13 Aus der Fülle der Literatur zu Rousseaus »Contract social« sei hier auf den exzellenten Erläuterungsband verwiesen: Jean-Jacques Rousseau, *Vom Gesellschaftsvertrag oder Prinzipien des Staatsrechts*, hg. von Reinhard Brandt, Karlfriedrich Herb, Berlin 2000.

sondern in voller Absicht »neben das Parlament als höchstes Organ des Gemeinwesens den vom Volk unmittelbar gewählten Reichspräsidenten« gestellt habe.[14] Dass das Parlament eine »Volksvertretung« sein sollte, ging in der Nationalversammlung nur noch den sozialdemokratischen Abgeordneten über die Lippen.[15]

Der plebiszitär gewählte Reichspräsident sollte die Verkörperung der Einheit des Volkes sein, wie es im Artikel 41 der Weimarer Verfassung hieß: »Der Reichspräsident wird vom ganzen deutschen Volke gewählt.« Selbstverständlich wurde der Reichspräsident nur von den wahlberechtigten deutschen Staatsbürgerinnen und -bürgern gewählt und nicht vom ganzen deutschen Volk. Aber das Pathos, mit dem hier der holistische Volksbegriff aufgerufen wurde, war mit voller Absicht bemüht. Es sollte den Gegensatz zur Wahl des Parlaments herausstreichen. Während dort allein die gesellschaftlichen Sonderinteressen zur Wahl stünden, ging es hier um die politisch einheitliche Willenserklärung des ganzen deutschen Volkes.

Die plebiszitäre Wahl des Reichspräsidenten, wie sie besonders von Max Weber immer wieder gefordert worden war, bedeutete daher nicht, die Position eines »Ersatzkaisers« oder konstitutionellen Monarchen zu schaffen. Nicht in die Vergangenheit wies die Verfassungsposition des Reichspräsidenten, sondern im Gegenteil vorwärts auf eine autoritär geformte Massendemokratie. Wolfgang J. Mommsen zog von hier sogar eine Linie bis hin zum Nationalsozialismus. Schon 1917 habe Weber auf die »direkte Volkswahl des höchsten Gewaltträgers« gedrängt, weil nur auf diese Weise die politische »Führerauslese« in einer modernen Massendemokratie zu gewährleisten sei. Nun beschritt er, wie Mommsen formulierte, in aller Form »den Weg zur plebiszitären Führerdemokratie«.[16] Einheit des Volkes, verkörpert in einem Einzelnen, dem Reichspräsidenten, und politische Heterogenität des Volkes, ausgedrückt in Parteienvielfalt, Auseinandersetzung und Kompromissbildung im Parlament – beide, höchst ungleiche Vorstellungen vom Volk standen am Anfang der Weimarer Republik.

14 Hugo Preuß, »Das Verfassungswerk von Weimar« (1919), abgedruckt in: ders., *Staat, Recht und Freiheit*, S. 421-428, hier S. 426.

15 Heiko Bollmeyer, *Der steinige Weg zur Demokratie. Die Weimarer Nationalversammlung zwischen Kaiserreich und Republik*, Frankfurt/M. 2007, S. 260.

16 Wolfgang Mommsen, *Max Weber und die deutsche Politik 1890-1920*, 2., überarbeitete und erweiterte Aufl., Tübingen 1974, S. 364.

Es gab also nachvollziehbare Wege, warum eben in dem Moment, in dem in Deutschland zum ersten Mal eine demokratische, republikanische Verfassung in Kraft trat und das Volk zum Souverän wurde, die »Volksgemeinschaft« ihre ungeheure politische Ausstrahlungskraft behielt und, so Hans-Ulrich Thamer, zu der »beherrschenden politischen Deutungsformel« wurde.[17] Nahezu alle Parteien der Weimarer Republik propagierten die »Volksgemeinschaft« als politisches Programm – allerdings mit ganz unterschiedlichen Ausdeutungen.

Die Liberaldemokraten in der Deutschen Demokratischen Partei (DDP), die, unter anderen mit Hugo Preuß in ihren Reihen, als die Verfassungspartei par excellence galt, propagierten die Volksgemeinschaftsidee, um den Klassenkampfgedanken zu bekämpfen und die soziale Einheit der Nation herzustellen. Mit dem Slogan »Demokratie heißt Überwindung des Klassenkampfgedankens durch Volksgemeinschaft« zog die DDP 1924 in den Wahlkampf.[18] 1928 hieß es im Wahlaufruf der Linksliberalen: »Grundidee unserer inneren Politik aber ist uns für alle Zeiten der Gedanke der Volksgemeinschaft, für den wir eintreten gegenüber den Parteien, die den Gegensatz zwischen ›national‹ und marxistisch, zwischen Stadt und Land, zwischen den Rassen, Konfessionen und Klassen verschärfen.«[19] Ihre Differenz zu den rechten Propagandisten der Volksgemeinschaft bestand in der Stellung zur Verfassung. Für die Linksliberalen war die Volksgemeinschaft unabdingbar mit der Demokratie verbunden. Die Weimarer Reichsverfassung, so der Angestelltenfunktionär Gustav Schneider auf dem Parteitag 1924 in Weimar, bilde die Grundlage, »auf der allein echte Volksgemeinschaft möglich ist«.[20]

17 Hans-Ulrich Thamer, »Volksgemeinschaft. Mensch und Masse«, in: Richard van Dülmen (Hg.), *Erfindung des Menschen. Schöpfungsträume und Körperbilder 1500-2000*, Wien 1998, S. 367-388, hier S. 367.

18 Jürgen C. Heß, *»Das ganze Deutschland soll es sein«. Demokratischer Nationalismus in der Weimarer Republik am Beispiel der Deutschen Demokratischen Partei*, Stuttgart 1978, S. 332.

19 Zitiert nach Werner Schneider, *Die Deutsche Demokratische Partei in der Weimarer Republik 1924-1930*, München 1978, S. 48.

20 *Staat und Wirtschaft. Rede von Gustav Schneider, Bundesvorsitzender des Gewerkschaftsbundes der Angestellten auf dem Reichsparteitag der Deutschen Demokrati-*

Aber der immer wieder betonte Bezug auf das »ganze Volk«, auf den organischen Staat als »einheitlichen Körper«, dem Personen und Gemeinschaften als »lebendige Zellen und Glieder« angehören sollten, wie es im Parteiprogramm von 1919 hieß, ließ die terminologischen Unterschiede verschwimmen. Mit der Verwandlung der DDP zur Deutschen Staatspartei im Jahre 1930 wurden die Weichen in der Krise der Weimarer Republik dann eindeutig gestellt: »Die Deutsche Staatspartei steht auf volksgemeinschaftlicher Grundlage. Sie lehnt jede Bindung an Sondergruppen konfessioneller, wirtschaftlicher, ständischer oder klassenmäßiger Natur ab.«[21]

Die rechtsliberale Deutsche Volkspartei verstand sich hingegen von vornherein als bürgerliche Sammlung gegen »links«, als Verteidigerin europäischer Kultur gegen »asiatischen Bolschewismus«. Während der rechte Parteiflügel zum »scharfen Kampf gegen die marxistische Sozialdemokratie« aufrief, sollte die DVP nach der Vorstellung ihres Vorsitzenden Gustav Stresemann eine Mittelpartei sein, die »weder radikal nach rechts, noch radikal nach links sein will, sondern bewußt dem Ausgleich der Interessen zustrebt«[22] und daher sowohl mit der Sozialdemokratie als auch mit den Deutschnationalen Regierungskoalitionen eingehen konnte.[23] »Wenn man diese Politik eine Politik des schwächlichen Kompromisses nennt«, so Gustav Stresemann in einer Rede 1923 vor Parteidelegierten, »so möge man bedenken, daß mehr Charakter zu ihr gehört als zur Kritik und Opposition. Die Politik der Volksgemeinschaft ist kein Idol und keine Phrase. Wer sie dafür hält, der gibt damit den Glauben an die deutsche Zukunft auf.«[24] Nach Stresemanns Tod im Oktober 1929 verabschiedete sich die DVP jedoch endgültig von

schen Partei in Weimar am 6. April 1924, hg. von der Reichsgeschäftsstelle der DDP Berlin, o. J., S. 3, vgl. Heß, *Deutschland*, S. 331.

21 »Manifest der Deutschen Staatspartei«, in: Wolfgang Treue, *Deutsche Parteiprogramme seit 1861*, Göttingen 1968, S. 161; vgl. Burkhard Gutleben, »Volksgemeinschaft oder zweite Republik? Die Reaktionen des deutschen Linksliberalismus auf die Krise der 30er Jahre«, in: *Tel Aviver Jahrbuch für deutsche Geschichte* 17 (1988), S. 259-284; Eric Kurlander, *Living with Hitler. Liberal Democrats in the Third Reich*, New Haven 2009.

22 So Stresemann im Dezember 1918, zitiert nach Wolfgang Hartenstein, *Die Anfänge der Deutschen Volkspartei: 1918-1920*, Düsseldorf 1962, S. 53.

23 Vgl. dazu Ludwig Richter, *Die Deutsche Volkspartei 1918-1933*, Düsseldorf 2002, insbesondere S. 240-254.

24 Zitiert nach ebd., S. 270.

dessen Politik der »Volksgemeinschaft«. Obwohl die Parteiführung nun mit der Formel einer »nationalen Volksgemeinschaft« dem rasanten Abstieg gegenzusteuern suchte, verlor sie unaufhaltsam Mitglieder wie Wählerstimmen an die Parteien der Rechten.

Für die Zentrumspartei lag die »Volksgemeinschaft« nicht so nahe, blieb die Partei doch eine auf die katholische und ländliche Bevölkerung bezogene politische Kraft.[25] Allerdings verstand sich das Zentrum als christlich-demokratische Volkspartei und als Ordnungsfaktor, der eine bolschewistische Klassenherrschaft mit aller Macht verhindern wollte. Deshalb unterstützte die Partei die Wahl zur Nationalversammlung und erhoffte sich einen »demokratischen Volksstaat«, eine, wie es der Berliner Aufruf vom 21. November 1918 formulierte, »Vereinigung der deutschen Stämme zu einem von einem starken Nationalbewußtsein getragenen Volksreich«.[26] Vier Jahre später setzte sich auch im politischen Katholizismus der neue, mächtige Begriff durch: »Die Zentrumspartei ist die christliche Volkspartei, die bewußt zur deutschen Volksgemeinschaft steht und fest entschlossen ist, die Grundsätze des Christentums in Staat und Gesellschaft, in Wirtschaft und Kultur zu verwirklichen [...].«[27] Den Kandidaten des Zentrums für die Reichspräsidentenwahl 1925, Wilhelm Marx, präsentierte die Partei als »Präsidenten der Volksgemeinschaft«.[28] Das gilt auch für die Basis der Partei in

25 Vgl. Rudolf Morsey, *Die Deutsche Zentrumspartei 1917-1923*, Düsseldorf 1966, S. 42-52; sowie Christoph Hübner, *Die Rechtskatholiken, die Zentrumspartei und die katholische Kirche in Deutschland bis zum Reichskonkordat. Ein Beitrag zur Geschichte des Scheiterns der Weimarer Republik*, Berlin 2014; Karsten Ruppert, »Die Deutsche Zentrumspartei in der Weimarer Republik«, in: Wolfram Pyta (Hg.), *Die Herausforderung der Diktaturen. Katholizismus in Deutschland und Italien 1918-1943/45*, Tübingen 2009, S. 13-37.

26 Aufruf und Leitsätze der Deutschen Zentrumspartei, 21. 11. 1918 (Berlin), gedruckt in: *Volk, Kirche, Vaterland. Wahlaufrufe, Aufrufe, Satzungen und Statuten des Zentrums 1870-1933*, bearbeitet von Herbert Lepper, Düsseldorf 1998, S. 387-390, hier S. 388.

27 Richtlinien der Deutschen Zentrumspartei, 16. 1. 1922, gedruckt in: ebd., S. 418-428, hier S. 418.

28 Wahlaufruf der »Germania«, 27. 3. 1925, gedruckt in: ebd., S. 450-453; zur Politik des Zentrums bei der Reichspräsidentenwahl 1925 siehe Karsten Ruppert, *Im Dienst am Staat von Weimar. Das Zentrum als regierende Partei in der Weimarer Demokratie 1923-1930*, Düsseldorf 1992, S. 109-130, der noch einmal unterstreicht, dass Marx vor allem die »Versöhnung« des Volkes propagierte (ebd., S. 119).

der Region, wie Oded Heilbronner für Baden beobachtete, wo »Volksgemeinschaft« als zentraler Slogan die politische Propaganda des Zentrums durchzog.[29] Deutlich wandte sich das Zentrum jedoch gegen »neuheidnische« Definitionen von rechts: »Die Zentrumspartei will die deutsche Volksgemeinschaft. Wir setzen bewußt beiseite alle trennenden Unterscheidungen, die unser Volk zerklüften. Wir wehren uns gegen eine neue Spaltung, hervorgerufen durch eine sogenannte ›neugermanische‹ Geisteswelt, die unser Volk verwirrt.«[30]

Auch die Sozialdemokraten bändelten mit der »Volksgemeinschaft« an. Die labile Situation nach dem Zusammenbruch des Kaiserreichs, in der die Sozialdemokraten die politische Verantwortung übernahmen und sich von den revolutionären Aufstandsversuchen von links bedroht fühlten, führte zu einer Rhetorik der inneren Geschlossenheit, der Einheit und Abwehr jedweder Spaltung. Konsequent hieß es im Görlitzer Programm von 1921: »Die Sozialdemokratische Partei Deutschlands ist die Partei des arbeitenden Volkes in Stadt und Land. Sie erstrebt die Zusammenfassung aller körperlich und geistig Schaffenden, die auf den Ertrag eigener Arbeit angewiesen sind, zu gemeinsamen Erkenntnissen und Zielen, zur Kampfgemeinschaft für Demokratie und Sozialismus.«[31]

Zwar verschob sich die Diktion, nachdem ein Teil der Unabhängigen Sozialdemokratischen Partei 1922 zur SPD zurückkehrte, wieder nach links. Im Heidelberger Programm von 1925 tauchte der Begriff »Volksgemeinschaft« nicht mehr auf.[32] Aber verschwunden war der Terminus damit keineswegs. Friedrich Ebert, im Februar

29 Oded Heilbronner, *Die Achillesferse des deutschen Katholizismus*, Gerlingen 1998, S. 45; vgl. Michael Kitzing, *Für den christlichen und sozialen Volksstaat. Die Badische Zentrumspartei in der Weimarer Republik*, Düsseldorf 2013.

30 Wahlaufruf der Deutschen Zentrumspartei zu den Reichstagswahlen, 14.3.1924, gedruckt in: *Volk, Kirche, Vaterland*, S. 428-430, hier S. 430.

31 *Protokoll über die Verhandlungen des Parteitags der Sozialdemokratischen Partei Deutschlands*, abgehalten in Görlitz vom 18. bis 24. September 1921, Berlin 1921, S. III. Zur Programmdiskussion siehe Heinrich August Winkler, »Klassenbewegung oder Volkspartei? Zur Programmdiskussion in der Weimarer Sozialdemokratie 1920-1925«, in: *Geschichte und Gesellschaft* 8 (1982), 9-54.

32 Vgl. Heinrich August Winkler, *Der Schein der Normalität. Arbeiter und Arbeiterbewegung in der Weimarer Republik 1924 bis 1930*, 2., vollständig durchgesehene und korrigierte Auflage, Berlin, Bonn 1988, S. 320-327.

1919 zum Präsidenten gewählt, appellierte gleich am ersten Amtstag an die Einigkeit der »Volksgenossen«.[33] Bis zu seinem Tod 1925 erschien in seinen Reden immer wieder die »Volksgemeinschaft«, die nötig sei, um Einheit, Geschlossenheit und Selbstbehauptung zu gewähren.[34]

Und auch unter den jungen Sozialdemokraten gab es nicht wenige, für die Sozialismus in erster Linie Gemeinschaft hieß. Gerade für diejenigen, die von der Jugendbewegung her zu den Sozialisten gestoßen waren, bedeutete Sozialismus vornehmlich Erlebnis, Erfahrung und Gefühl.[35] Zu Ostern 1923 traf sich eine Gruppe von rund hundert Jungsozialisten, darunter die Hälfte aus den gerade von Frankreich besetzten rheinischen Gebieten, in Hofgeismar bei Kassel, um, wie es einer der Organisatoren formulierte, ein »neues positives Volksbewußtsein« zu gewinnen. Obwohl die Referate fern jedem aggressiven Nationalismus waren, war »Volksgemeinschaft« doch ein Schlüsselbegriff für die Gefühle, die die Teilnehmer umtrieben.[36] Der theoretische Kopf des Hofgeismar-Kreises, der Staatsrechtler Hermann Heller, dessen demokratische Überzeugung nicht in Frage steht, versuchte als sozialdemokratische Antwort auf die nationalistische Herausforderung Sozialismus und Nation zu verbinden: »Sozialismus bedeutet keineswegs das Ende, sondern die Vollendung der nationalen Gemeinschaft, nicht die Vernichtung der nationalen Volksgemeinschaft durch die Klasse,

33 Friedrich Ebert, *Schriften, Aufzeichnungen, Reden*, Bd. 2, Dresden 1926, hier S. 159.

34 In einer Rede in Hamburg am 17. 8. 1922 sagte er: »In dem Gedanken der deutschen Einheit, in der unsere Volksgemeinschaft fest umfassenden Idee des Deutschen Reiches allein liegen die Wurzeln nicht nur unserer kulturellen Bedeutung, sondern auch unserer wirtschaftlichen Kraft und die Möglichkeit ihrer freien Entfaltung.« Und in Kiel am 4. September 1922: »In diesem Kampfe um unsere Selbstbehauptung werden wir die Mitwirkung aller unserer Volksgenossen brauchen. Deshalb muß der Gedanke einer festgefügten Volksgemeinschaft uns mehr und mehr in Fleisch und Blut übergehen.« Ebert, *Schriften*, Bd. 2, S. 253, 265.

35 Siehe dazu die anschauliche Schilderung bei Franz Walter, *Nationale Romantik und revolutionärer Mythos. Politik und Lebensweisen im frühen Weimarer Jungsozialismus*, Berlin 1986, S. 12-25; vgl. ders., *»Republik, das ist nicht viel«. Partei und Jugend in der Krise des Weimarer Sozialismus*, Bielefeld 2011.

36 Zum Hofgeismar-Kreis vgl. Stefan Vogt, *Nationaler Sozialismus und Soziale Demokratie. Die sozialdemokratische Junge Rechte 1918-1945*, Bonn 2006, S. 78-98; Winkler, *Schein*, S. 357-369.

sondern die Vernichtung der Klasse durch eine wahrhaft nationale Volksgemeinschaft.«[37]

Zwar unterlag der Hofgeismar-Kreis in der politischen Auseinandersetzung innerhalb der Jungsozialisten, aber etliche seiner Protagonisten wie Theodor Haubach und Carlo Mierendorff, die später zum Widerstand gegen Hitler gehören sollten,[38] blieben engagierte und einflussreiche Sozialdemokraten im Reichsbanner Schwarz-Rot-Gold, dessen Betonung des nationalen Zusammenstehens und der Bereitschaft, mit allen Kräften zur Verteidigung der Republik zusammenzuarbeiten, die Hofgeismarer anzog. So hieß es in der *Illustrierten Reichsbannerzeitung* im Oktober 1925, dass es das Ziel der Organisation sei, »über alles Trennende der Klasse und parteipolitischen Weltanschauung hinweg ein eisernes Band deutscher Zusammengehörigkeit und Volksgemeinschaft zu schmieden«.[39]

Wolfgang Hardtwig macht zu Recht darauf aufmerksam, dass zu Beginn der Weimarer Republik vor allem Demokraten den Begriff »Volksgemeinschaft« in ihrer politischen Rhetorik verwandten. Nach der Erfahrung des verlorenen Weltkrieges, nach der politischen Gewalt von Revolution und Konterrevolution und nach der empfundenen Demütigung durch die Rheinlandbesetzung sei die Forderung nach Einheit und Größe der Nation, nach Beendigung von Spaltung und Klassenkampf allzu verständlich gewesen.[40] Noch in der Abwehr der Bedrohung der Republik durch die Nationalsozialisten versuchten die Demokraten, mit dem Begriff der Volksgemeinschaft die verfassungsloyalen Kräfte zu sammeln. Der sozialdemokratische *Vorwärts* kommentierte die Regierungs-

37 Heller, »Sozialismus und Nation« (1925), in: ders., *Gesammelte Schriften*, Bd. 1, Leiden 1971, S. 437-526, hier: S. 468, vgl. dazu Vogt, *Nationaler Sozialismus*.

38 Zu Haubach siehe Peter Zimmermann, *Theodor Haubach (1896-1945). Eine politische Biographie*, Hamburg 2004; zu Mierendorff: Richard Albrecht, *Der militante Sozialdemokrat. Carlo Mierendorff 1897-1943*, Berlin 1987.

39 Karl Rohe, *Das Reichsbanner Schwarz Rot Gold. Ein Beitrag zur Geschichte und Struktur der politischen Kampfverbände zur Zeit der Weimarer Republik*, Düsseldorf 1966, S. 187; vgl. Petra Behrens u. a., *Für Freiheit und Republik! Das Reichsbanner Schwarz-Rot-Gold 1924 bis 1933*. Begleitband zur Ausstellung der Gedenkstätte Deutscher Widerstand, Berlin 2018.

40 Wolfgang Hardtwig, »Volksgemeinschaft im Übergang. Von der Demokratie zum rassistischen Führerstaat«, in: Lehnert (Hg.), *Gemeinschaftsdenken*, S. 227-253.

erklärung des rechtskonservativen Reichskanzlers Franz von Papen im Juni 1932, der »Klassenkampferklärung von oben« müsse eine ebensolche »von unten« entgegengesetzt werden: »Der Kampf zwischen den Baronen und dem Volk muß ausgefochten werden! Erst wenn das hochmütige Herrentum endgültig besiegt ist, wird eine wirkliche Volksgemeinschaft möglich sein.«[41] Und selbst der liberale Historiker Friedrich Meinecke stellte noch im Februar 1933 in einem Artikel, der in mehreren Tageszeitungen erschien, die »Volksgemeinschaft« der »Volkszerreißung« durch die Nationalsozialisten gegenüber.[42]

Nicht nur in den politischen Parteien, auch in den zahlreichen Vereinen, die seit dem 19. Jahrhundert als eines der wichtigsten konstitutiven Elemente der deutschen bürgerlichen Gesellschaft gelten können und Millionen von Menschen in Deutschland organisierten,[43] war die »Volksgemeinschaft« eine zentrale Vokabel. Als beispielhaft kann das Motto des Männergesangvereins Wetzlar gelten: »Liedergemeinschaft ist Volksgemeinschaft«.[44] Schützenvereine wie zum Beispiel in Westfalen, wo sie die mitgliederstärksten Vereine darstellten, verfolgten in Ablehnung sowohl des Friedensvertrages von Versailles als auch der Weimarer Republik vor allem zwei Ziele: »Wehrhaftmachung des Volkes« und Herstellung der »Volksgemeinschaft«.[45] Während die Turn- und Sportvereine nach anfänglicher Einheitsbeschwörung unmittelbar nach Ende des Ersten Weltkrieges wieder in ein bürgerliches und ein proletarisches Lager zerfielen, konnte der Fußballsport, der in der Weimarer Republik sich zu einer Massensportbewegung entwickelte, für sich den Anspruch erheben, »Volksgemeinschaft im kleinen« zu sein, ein Schlagwort, das in kaum einer Verlautbarung oder Publikation

41 Zitiert nach ebd., S. 252 f.

42 Friedrich Meinecke, »Von Schleicher zu Hitler. Volksgemeinschaft – nicht Volkszerreißung«, in: ders., *Politische Schriften und Reden*, hg. von Georg Kotowski, Darmstadt 1958, S. 479-482, hier S. 482.

43 Vgl. Otto Dann (Hg.), *Vereinswesen und bürgerliche Gesellschaft in Deutschland*, München 1984.

44 Oded Heilbronner, *»Freiheit, Gleichheit, Brüderlichkeit und Dynamit«. Populäre Kultur, populärer Liberalismus und Bürgertum im ländlichen Süddeutschland von den 1860ern bis zu den 1930ern*, München 2007, S. 80.

45 Vgl. Henning Borggräfe, *Schützenvereine im Nationalsozialismus. Pflege der ›Volksgemeinschaft‹ und Vorbereitung auf den Krieg (1933-1945)*, Münster 2010.

fehlte.[46] »Der Fußballsport hat sich«, so hieß es in einem Standardwerk des Deutschen Fußballbundes (DFB) zur Regel- und Taktikkunde, »zum wahren Volkssport entwickelt, den hoch und niedrig, arm und reich, Kopf- und Handarbeiter ausüben, dem alle Schichten der Bevölkerung Interesse entgegenbringen.«[47] Fast in jedem Jahresbericht eines DFB-Landesverbandes war zu lesen, dass nach dem Wegfall des Militärdienstes dem Fußball insbesondere die Aufgabe einer »Neugesundung der Volkskraft« und »Stärkung des Volkskörpers« zukomme.[48] Gerade der Fußball als Mannschaftssport sollte der »Erziehung zur Gemeinschaft« dienen, der sich der Einzelne zum Wohl und zur Leistungsfähigkeit des Ganzen ganz einzuordnen habe. »Elf Freunde müsst ihr sein!« war schon in der Weimarer Republik der gängige Slogan, der in populären Filmen wie *Der König der Mittelstürmer* oder *Die elf Teufel*, beide aus dem Jahr 1927, noch einmal verstärkt wurde.[49]

Unzweifelhaft lag der Kern einer »Volksgemeinschaft«, wie die bürgerlichen Parteien und Sozialdemokraten oder auch die zahlreichen Vereine sie verstanden, in einer die sozialen Gegensätze harmonisierenden oder auf eine klassenlose Gesellschaft zielenden Inklusion aller Bevölkerungsteile und in der Herstellung einer politischen Einheit des Volkes auf der Grundlage der Verfassung, nicht gegen sie. Dennoch ist die Distanz zu einem westlich-liberalen Konzept von Demokratie nicht zu übersehen. Denn selbstredend spielte jener von Ferdinand Tönnies geprägte Gegensatz von »Gesellschaft« und »Gemeinschaft« bei der »Volksgemeinschaft« eine wichtige semantische Rolle. Marktwirtschaft versus Ökonomie des Haushalts; der autonom handelnde Einzelne gegen die Verbundenheit der Gemeinschaft; Interessen gegen Gemeinwohl; Pluralität gegen Einheit – in diesen Antinomien war auch der Begriff der »Volksgemeinschaft« eingelassen, selbst wenn man ihn nicht von der Verfassung absetzen wollte.

46 Rudolf Oswald, *»Fußball-Volksgemeinschaft«. Ideologie, Politik und Fanatismus im deutschen Fußball 1919-1964*, Frankfurt/M., 2008, S. 31.

47 Zitiert nach ebd., S. 35.

48 Ebd., S. 50-55.

49 Ebd., S. 84-91.

Die politische Einheit des Volkes in Homogenität übersetzbar zu machen, war offenbar die zentrale Anschlussmöglichkeit des Begriffs in der zeitgenössischen politischen Kommunikation. Über die soziale Utopie der Klassenharmonie hinaus konnte »Volksgemeinschaft« durchaus auch als die Ausschaltung politischer Pluralität intendiert werden. Während die republikanischen Kräfte keine überzeugende Semantik für eine pluralistische, offene Gesellschaft fanden, wie es beispielsweise nach 1945 mit dem Begriff der »Sozialen Marktwirtschaft« gelang, sich statt dessen in die Rhetorik von »Volksgemeinschaft« und »Führer« verstrickten, vermittelten die Nationalsozialisten durch Propaganda, Auftreten und Organisation den Eindruck, dass sie die Vision der »Volksgemeinschaft« zur unmissverständlichen Leitlinie ihrer Politik erhoben hatten und bereits über den unumstrittenen »Führer« verfügten, von dem andere nur redeten.

Der Begriff der »Volksgemeinschaft«, so Hans-Ulrich Thamer, »hatte zentrale Bedeutung in Hitlers Weltanschauung«.[50] Die NSDAP präsentierte sich als junge, klassenübergreifende »Volkspartei«, und Adolf Hitler vereinigte das Charisma eines »Führers« des gesamten Volkes auf sich, der sich entschlossen gab, die Wünsche nach Kontinuität und Veränderung, nach Einheit und Heil in einer künftigen »Volksgemeinschaft« zu erfüllen. Im liberalen Südwesten Deutschlands zum Beispiel gelang es der NSDAP, die schal gewordene Vereinskultur vor Ort zu übernehmen, indem die Ortsgruppen auf der einen Seite sich in ihren Aktivitäten an den lokalen Vereinen orientierten und auf der anderen Seite deren Honoratiorengebundenheit aufbrachen und alle »Volksgenossinnen und Volksgenossen« – ob Katholik oder Protestant, Bauer oder Handwerker, Kaufmann oder Arbeiter, Mann oder Frau – zur Mitwirkung einluden. Insbesondere das katholische Kleinbürgertum, das sich seit der protestantisch-preußischen Reichsgründung und dem Bismarckschen Kirchenkampf im kulturellen Abseits befand, ergriff bereitwillig diese Gelegenheit, der Isolation zu entkom-

50 Hans-Ulrich Thamer, »Nation als Volksgemeinschaft. Völkische Vorstellungen, Nationalsozialismus und Gemeinschaftsideologie«, in: Jörg-Dieter Gauger, Klaus Weigelt (Hg.), *Soziales Denken in Deutschland zwischen Tradition und Innovation*, Bonn 1990, S. 112-128, hier S. 122.

men.[51] In anderen Regionen wie Niedersachsen konnte die NSDAP an die Politik der nationalistischen Vereine wie der Wehrverbände anknüpfen und vom Zerfall der bürgerlichen Parteien vor Ort profitieren, indem die Nationalsozialisten ausdrücklich jedwede Standesschranke von sich wiesen und ihre Organisationen als kleine Abbilder der »Volksgemeinschaft« priesen, denen jeder Mann und Frau, vorausgesetzt sie waren nicht jüdisch, ungeachtet ihres Vermögens, Berufs oder ihrer gesellschaftlichen Stellung beitreten könnten.[52]

Trotz aller Inklusionsrhetorik auch auf der Seite der Rechten war bei ihnen die Volksgemeinschaft vor allem durch Grenzen, durch Exklusion bestimmt. Nicht so sehr die Frage, wer zur Volksgemeinschaft gehörte, beschäftigte die Rechte, sondern wer nicht zu ihr gehören durfte, nämlich jene bereits sprachlich ausgegrenzten sogenannten »Gemeinschaftsfremden«, allen voran die Juden. Der Antisemitismus spielte dabei die entscheidende Rolle. Denn in die Konstruktion des Volkes als »natürlicher Blutsgemeinschaft«, die zu ihrer eigenen politischen Ordnung – die eben nicht der bürgerlich-liberale Nationalstaat war – finden müsse, war die rassistische, antisemitische Grenzlinie untrennbar eingelassen. Antisemitismus konstituierte die nationalsozialistische »Volksgemeinschaft«; er befeuerte auch deren Radikalität und Destruktionspotential. »Staatsbürger kann nur sein, wer Volksgenosse ist. Volksgenosse kann nur sein, wer deutschen Blutes ist, ohne Rücksichtnahme auf Konfession. Kein Jude kann daher Volksgenosse sein«, hieß es unmissverständlich im Parteiprogramm der NSDAP aus dem Jahre 1920.[53]

Der Antisemitismus bildete das zentrale Differenzkriterium zu jenen Volksgemeinschaftsvorstellungen, die im sogenannten »Augusterlebnis« ihren Referenzpunkt sahen, denn der »August 1914« schloss ja ausdrücklich alle Deutschen ein, auch Juden und Sozialdemokraten, die sich von ihrem Patriotismus nicht zuletzt Anerken-

51 Vgl. Heilbronner, *Freiheit*, S. 82-92.

52 Vgl. Kerstin Thieler, »Die ›Parteizugehörigkeitspsychose‹ und die Entwicklung ›volksgemeinschaftlicher‹ Normen durch die NSDAP«, in: Detlef Schmiechen-Ackermann u. a. (Hg.), *Der Ort der ›Volksgemeinschaft‹ in der deutschen Gesellschaftsgeschichte*, Paderborn u. a.: Schöningh, 2018, S. 207-222.

53 Siehe Deutsche Parteiprogramme, hg. von Wilhelm Mommsen, München 1960, S. 547-550; online unter ⟨http://www.documentarchiv.de/wr/1920/nsdap-programm.html⟩, letzter Zugriff 4. 4. 2019.

nung in der Mehrheitsgesellschaft erhofften. Umgekehrt hieß diese Untrennbarkeit von Antisemitismus und nationalsozialistischer »Volksgemeinschaft« aber auch, dass all diejenigen, die in dem Inklusionsversprechen der Nationalsozialisten eine Übereinstimmung mit ihrer eigenen Vorstellung sahen und sich vor allem nach 1933 von der Volksgemeinschaftspropaganda des NS-Regimes angesprochen fühlten, zugleich die antisemitische Exklusion übernahmen, selbst wenn sie ursprünglich keine Antisemiten gewesen sein mochten.

Gerade diese anti-plurale Intention von »Volksgemeinschaft«, mit der die reale Weimarer Demokratie scharf abgelehnt wurde, barg eine starke Futurisierung des Begriffs in sich, denn »Volksgemeinschaft« existierte demnach noch nicht, sondern musste erst noch hergestellt werden – Volksgemeinschaft als eine »Politik der Verheißung«.[54] In der Kritik an den bestehenden Verhältnissen und dem »Willen zur Veränderung«, wie er im Begriff der »Volksgemeinschaft« zum Ausdruck kommt, so Martin Broszat, entfaltete sich eine mächtige »soziale Schubkraft, die der NSDAP zugute kam«. Diese »äußerte sich bereits in der ›Kampfzeit‹ in der unerhörten Betriebsamkeit, Improvisationsfähigkeit, Aufopferung und Energie ihrer Mitglieder und Anhänger. Sie erklärt aber vor allem die außerordentliche Leistungs- und Einsatzbereitschaft großer Teile der Nation während des Hitler-Regimes.«[55]

Resümee

Der Begriff »Volk« gewann seit Beginn des 20. Jahrhunderts gegenüber dem der »Nation« mehr und mehr an Bedeutung, gerade weil sich »Volk« in seiner semantischen Vielschichtigkeit mit einer Vielzahl von Bedeutungen aufladen ließ. Nicht bloß stand das Staatsvolk *demos* einem *ethnos* gegenüber, der kulturell, geschichtlich oder gar biologistisch begründet wurde, sondern auch das Volk als *plebs*, als Bezeichnung für die Beherrschten, die unteren Klassen,

54 Thomas Mergel, »Führer, Volksgemeinschaft und Maschine. Politische Erwartungsstrukturen in der Weimarer Republik und dem Nationalsozialismus 1918-1936«, in: Wolfgang Hardtwig (Hg.), *Politische Kulturgeschichte der Zwischenkriegszeit 1918-1939*, Göttingen 2005, S. 91-127.

55 Martin Broszat, »Soziale Motivation und Führer Bindung des Nationalsozialismus«, in: *Vierteljahrshefte für Zeitgeschichte* 18 (1970), S. 392-409, hier S. 396.

die sich gegen die Herren stellten, spielte, wie nicht zuletzt die europäischen Revolutionen am Ende des Ersten Weltkrieges zeigten, eine nicht unerhebliche Rolle. Selbst die Vorstellung vom auserwählten Gottesvolk, das schon zu Kriegszeiten beschworen wurde, um der eigenen Nation eine christliche Mission zu unterstellen,[56] war in der Weimarer Republik durchaus nicht verschwunden.

In dieser historischen Konstellation hat die Formel vom Selbstbestimmungsrecht der Völker, die sowohl die Bolschewiki wie der amerikanische Präsident Woodrow Wilson am Ende des Ersten Weltkrieges in die Debatte warfen, eine enorme politische Strahlkraft entfalten können. Wilsons diplomatisch abgewogene Vorschläge, die deshalb auch als Grundlage für die Friedensverhandlungen in Versailles 1919 dienen konnten, trafen auf ein Europa, das sich bereits nach dem »Blut« zu ordnen begonnen hatte. Die Formel vom Selbstbestimmungsrecht der Völker fachte die völkischen Ambitionen in Europa weiter an, zunächst in den zerfallenen Imperien des russischen, Osmanischen und Habsburgischen Reiches, dann gerade in jenen Ländern wie Deutschland und Österreich, deren territoriale Verluste aufgrund des Versailler Vertrages die Forderungen nach Revision, »Heimholung« der volksdeutschen Minderheiten außerhalb der Reichsgrenzen und »Lebensraum« stets virulent hielten.[57]

Hinter die Legitimation der politischen Ordnung durch die Souveränität des Volkes konnte keine politische Bewegung mehr zurück – nur die Definitionen des Volkes, das seine eigenen Geschicke selbst lenken sollte, lagen weit auseinander. Während die Weimarer Verfassung in ihrem Kern das Volk als Bezeichnung für sämtliche Staatsbürgerinnen und Staatsbürger verwandte, obwohl holistische Auffassungen des Volkes, wie wir gesehen haben, in den Verfassungstext mit einflossen, bot der Begriff »Volksgemeinschaft« eine Inklusionsformel, deren Faszination und Wirkungsmächtigkeit kaum einer der politischen Parteien der Weimarer Republik entging.

56 Vgl. Wolfgang J. Mommsen, »Die nationalgeschichtliche Umdeutung der christlichen Botschaft im Ersten Weltkrieg«, in: Gerd Krumeich, Hartmut Lehmann (Hg.), *»Gott mit uns«. Nation, Religion und Gewalt im 19. und frühen 20. Jahrhundert*, Göttingen 2000, S. 249-261.

57 Siehe dazu den Beitrag »Biopolitik, ethnische Säuberungen und Volkssouveränität. Eine Skizze« in diesem Band.

Sosehr sie sich auf republikanischer Seite darum bemühten, »Volksgemeinschaft« mit der Verfassung zu vereinbaren, so sehr standen doch die antiliberalen wie antipluralen Semantiken des Begriffs einer verfassungskonformen Interpretation entgegen. Leichter hatte es die völkische Rechte, die von jeher gegen »Parteienhader« und »Klassenkampf« die Einheit des »Volkes« beschwor und »Volksgemeinschaft« sowohl mit der Inklusionsverheißung als auch mit der Exklusion der »Gemeinschaftsfremden« und »Fremdvölkischen« verbinden konnte. Mit seinen Inklusionsversprechen, mit der Rhetorik der Überwindung der sozialen Gegensätze, der Versöhnung der Klassen unterschied sich der Nationalsozialismus nicht wesentlich von anderen Volksgemeinschaftsvorstellungen. Auch das Verständnis, dass die Einheit des Volkes Homogenität bedeute, entweder der Kultur, des Geistes oder des Blutes, teilten auch Nicht-Nationalsozialisten – was wiederum zeigt, wie viele kommunikative Verknüpfungspunkte sich mit dem Begriff der Volksgemeinschaft herstellen lassen. Gerade in der Unbestimmtheit des Begriffs lag die Chance zur Bündelung politischer Zustimmung und zur Mitnahme etlicher Teile der Bevölkerung. Nicht alle, die der nationalsozialistischen Propaganda glaubten, mochten Antisemiten sein; mit ihrem Votum jedoch stärkten sie jene Praxis der »Volksgemeinschaft«, die sich klar antisemitisch und rassenbiologisch definierte. Gewannen die Nationalsozialisten die Wahlen auch nicht mit Antisemitismus, so war dennoch die Judenfeindschaft in ihre Parolen von der Volksgemeinschaft untrennbar eingelassen. Nationalsozialismus war ohne Antisemitismus und Rassismus nicht zu haben.

Das Volk in der nationalsozialistischen Perspektive umfasste eben nicht alle Deutschen, sondern war ein Volkskörper, dessen Leistungsfähigkeit gesteigert, intensiviert, optimiert werden sollte. Kein Volk also aus rechtlich gleichen Staatsbürgern, sondern eine biologisch definierte Gemeinschaft von Volksgenossinnen und Volksgenossen, die zuerst pflichtgemäß all ihre Kraft für das Volksganze einzusetzen hatten und nur deshalb einen Anspruch auf Zuteilungen ableiten konnten: Wer nicht arbeitet, soll auch nicht essen! Mehr noch: Wer nicht arbeitet, fällt der Volksgemeinschaft zur Last und muss ausgemerzt werden. Diese biologisch-utilitaristische Definition der »Volksgemeinschaft« war keine vornehmlich inkludierende Ordnung, sondern eine radikal exklusive, biopolitische Ordnung tödlicher Ungleichheit.

Mit der Formel der »Volksgemeinschaft« haben auch die verfassungstreuen Parteien einem antiliberalen und antipluralen Verständnis von Demokratie den Weg geebnet, auch wenn sie gerade das Gegenteil, nämlich die Aussöhnung der Deutschen mit der republikanischen Verfassung, beabsichtigten. Die Vieldeutigkeit der »Volksgemeinschaft« bot etliche Anschlussmöglichkeiten, die es den Nationalsozialisten erlaubten, die Sehnsucht nach Einheit und Gemeinschaft aufzunehmen und zugleich völkisch und antisemitisch aufzuladen. Gerade die Vagheit und das Amorphe des Begriffs machten die Deutungsbandbreite auf der einen und die Bündelung und ideologische Engführung durch die Nationalsozialisten in der politischen Praxis auf der anderen Seite möglich. So vieldeutig die »Volksgemeinschaft« in der Weimarer Republik zunächst gewesen sein mag, so sehr konnte der Begriff dann doch zu einer der wirkungsmächtigsten Formeln des Nationalsozialismus avancieren.

3.
Die Volksgemeinschaft nach Detlev Peukert

Als Detlev Peukerts Buch *Volksgenossen und Gemeinschaftsfremde. Anpassung, Ausmerze und Aufbegehren unter dem Nationalsozialismus* 1982 im gewerkschaftseigenen Bund-Verlag erschien, war der Forschungsstand zum Nationalsozialismus dürftig. »Es gibt keine aktuelle umfassende Darstellung des Dritten Reiches«, hielt Peukert selbst fest.[1] Neben Martin Broszats 1969 erschienener Studie *Der Staat Hitlers* und Franz Neumanns *Behemoth* galt als Standardwerk – von Peukert als »bisher geschlossenste Überblicksdarstellung« bezeichnet[2] – noch immer Karl Dietrich Brachers Buch mit dem kennzeichnenden Titel *Die deutsche Diktatur*, in dem Bracher gleich zu Beginn glaubte feststellen zu können: »Der Nationalsozialismus ist weitgehend erforscht, und doch ist sein Bild bis heute umstritten.«[3] Brachers Blick war fixiert auf das Schicksal der eigenen Nation; dass die Massenverbrechen des NS-Regimes außerhalb der deutschen Grenzen stattfanden, geriet hingegen aus dem Horizont.

Die Geschichte der Ermordung der europäischen Juden nahm in Brachers fast sechshundert Seiten dickem Band nur zwölf Seiten ein. Raul Hilbergs große Studie *The Destruction of the European Jews* war zwar 1961 bereits auf Englisch erschienen;[4] in Broszats Buch tauchte sie jedoch nur als Literaturangabe im Anhang auf, und Karl Dietrich Bracher erwähnte das grundlegende Buch Hilbergs nur

1 Detlev Peukert, *Volksgenossen und Gemeinschaftsfremde. Anpassung, Ausmerze und Aufbegehren unter dem Nationalsozialismus*, Köln 1982, S. 302; zu Peukert siehe Rüdiger Hachtmann, Sven Reichardt (Hg.), *Detlev Peukert und die NS-Forschung* (Beiträge zur Geschichte des Nationalsozialismus, Band 31), Göttingen 2015.

2 Ebd.

3 Karl Dietrich Bracher, *Die deutsche Diktatur. Entstehung, Struktur, Folgen des Nationalsozialismus*, Köln/Berlin 1969, S. 1.

4 Raul Hilberg, *The Destruction of the European Jews*, Chicago 1961. Eine deutsche Übersetzung, an der der kleine Berliner Verlag Olle & Wolter finanziell zugrunde zu gehen drohte, erschien erst 1982, im selben Jahr, als auch Peukerts Buch auf den Markt kam. Aufgrund des Engagements des Lektors Walter Pehle konnte dann im Fischer Taschenbuchverlag die erweiterte, dreibändige deutsche Ausgabe erscheinen: Raul Hilberg, *Die Vernichtung der europäischen Juden*, Frankfurt/M. 1990.

am Rande. Auch Peukert, seit 1988 Leiter der Forschungsstelle für die Geschichte des Nationalsozialismus in Hamburg, nahm sechs Jahre zuvor auf Hilberg nur marginal in einer kursorischen Fußnote Bezug,[5] ebenso wie in seinem Buch die Verfolgung der Juden mit der Begründung, dass »das Schicksal der Juden, die die größte Anzahl von Opfern des NS-Rassismus stellten, umfänglich dokumentiert« sei,[6] nicht eigens behandelt wird.

Weit mehr als die Verfolgung und Ermordung der Juden stand bei Peukert die deutsche Sozial- und Alltagsgeschichte im Mittelpunkt. Nicht von ungefähr erschien eine Vorstudie zu dem Band unter dem Titel »Alltag unterm Nationalsozialismus« in der Reihe *Beiträge zum Thema Widerstand*, herausgegeben von der Gedenkstätte Deutscher Widerstand in Berlin.[7] Neben dem alltagsgeschichtlichen Forschungsprojekt des Münchner Instituts unter Martin Broszat, welches in den Jahren 1973 bis 1983 durchgeführt und publiziert wurde,[8] entstand in jener Zeit eine Vielzahl von lokalen Geschichtsinitiativen, Geschichtswerkstätten, nicht zu vergessen die Schülergruppen des vom Bundespräsidenten Heinemann initiierten Wettbewerbs zur deutschen Geschichte, die allerorten »Geschichte von unten« zu schreiben begannen. Beim Schülerwettbewerb des Jahres 1980/81 zum Thema »Alltag im Nationalsozialismus« lag die Beteiligung mit knapp 13 000 Teilnehmerinnen und Teilnehmern dreimal so hoch wie zwei Jahre zuvor.[9]

Zum 50. Jahrestag des nationalsozialistischen Machtantritts 1983 gründeten sich in Hunderten von Gemeinden und Städten Initiativen, die sich mit dem Geschehen vor fünfzig Jahren vor Ort beschäftigten und damit nachhaltig sowohl die Perspektive auf das NS-Regime »von unten« veränderten als auch die Beschäftigung mit dem Nationalsozialismus und die Frage der Erinnerung auf

5 Peukert, *Volksgenossen*, S. 320.

6 Ebd., S. 248.

7 Detlev Peukert, »Alltag unterm Nationalsozialismus«, in: *Beiträge zum Thema Widerstand*, 17, hg. von der Gedenk- u. Bildungsstätte Stauffenbergstraße, Berlin 1981.

8 Vgl. Michael Wildt, »Das ›Bayern-Projekt‹, die Alltagsforschung und die ›Volksgemeinschaft‹«, in: Norbert Frei (Hg.), *Martin Broszat, der »Staat Hitlers« und die Historisierung des Nationalsozialismus*, Göttingen 2007, S. 119-129.

9 Vgl. Johannes Beck (Hg.), *Terror und Hoffnung in Deutschland 1933-1945. Leben im Faschismus*, Reinbek bei Hamburg 1980. Zahlen nach ⟨https://www.koerber-stiftung.de/geschichtswettbewerb/portraet/1980-1985⟩, letzter Zugriff 5. 4. 2019.

die lokale Tagesordnung setzten. Damit rückten konkrete Akteurinnen und Akteure sehr viel schärfer ins Bild, oftmals so deutlich, dass die lokal Mächtigen alles daransetzten, die Veröffentlichung der Forschungen zu verhindern. In der Emphase des »Grabe, wo du stehst« war die politische Intention der eigenen alternativen Selbstvergewisserung ebenso wie eine politisch-kulturelle Neuorientierung der Bundesrepublik insgesamt unverkennbar. Es ging mindestens ebenso um Geschichtspolitik wie um eine alternative Geschichtsschreibung.[10]

Noch war »Alltag« als Untersuchungsgegenstand wie Forschungsperspektive begründungspflichtig: »Darf man eigentlich über ›Alltag‹ in einer Epoche schreiben, die für die Verfolgten des Regimes wie die Opfer des Krieges doch dauernder Ausnahmezustand bedeutete?«, fragte Peukert und räumte ein, dass eine Fokussierung auf »Alltag« durchaus dazu einladen könnte, das Spezifische am nationalsozialistischen Ausnahmeregime zu verwischen und ein klares Werturteil in ein relativierendes Einerseits-andererseits aufzulösen.[11]

Aber die Alltagsperspektive, so Peukert, biete auch Chancen, nämlich genauer zu verstehen, warum der faschistische Terror möglich war, hingenommen und sogar unterstützt worden sei, aus welchen Quellen sich die Zustimmung speiste, welche alltäglichen Einstellungen und Erwartungen an die vermeintlichen Erfolge des NS-Regimes geknüpft waren, wo Widerstand möglich war beziehungsweise sich Bereitschaft zur Kritik entwickelte. Peukert verband mit dem »Alltag« zugleich übergeordnete Problemstellungen: Nach den Erfahrungen der »kleinen Leute« zu fragen, heiße auch, danach zu fragen, »inwieweit sich die im Alltag spürbaren, allgemeinen Trends industriegesellschaftlicher Entwicklung im Dritten Reich fortsetzten, wo sie sich mit den Ambitionen des Regimes trafen und wo sie mit ihnen zusammenstießen, so daß der Ort des Dritten Reiches in der deutschen Sozialgeschichte präziser bestimmt werden kann als durch die oberflächlichen Erklärungsansätze: ›Betriebsunfall‹ oder ›deutscher Sonderweg‹.«[12]

10 Vgl. dazu den ausgezeichneten Überblick von Dirk van Laak, »Alltagsgeschichte«, in: Michael Maurer (Hg.), *Aufriss der Historischen Wissenschaften. Neue Themen und Methoden der Geschichtswissenschaft*, Bd. 7, Stuttgart 2003, S. 14-80.

11 Peukert, *Volksgenossen*, S. 21.

12 Ebd., S. 22.

Nicht zuletzt besaß die Alltagsgeschichte für Peukert auch eine pädagogische Dimension. Die Schülerinnen und Schüler der 1980er Jahre verfügten über keine eigene Erfahrung mehr in Bezug auf den Nationalsozialismus, was zum einen weniger Abwehrmechanismen, zum anderen aber auch weniger Betroffenheit bedeute. »Soll also weiterhin im Unterricht über das Dritte Reich nicht nur Faktenwissen vermittelt, sondern Betroffenheit und daraus folgernd demokratisches Engagement geweckt werden, so wird es nötig sein, Erfahrungsräume historisch zu rekonstruieren, Erfahrungen didaktisch zu erschließen.«[13]

Peukert umreißt damit durchaus die Facetten, die die Alltagsgeschichte damals besaß. Aber es fällt doch auf, dass es bei ihm keinen Bezug auf die gleichzeitigen Arbeiten von Alf Lüdtke gibt. Dessen 1978 veröffentlichter Aufsatz »Alltagswirklichkeit, Lebensweise und Bedürfnisartikulation. Ein Arbeitsprogramm zu den Bedingungen ›proletarischen Bewußtseins‹ in der Entfaltung der Fabrikindustrie« bildete schließlich den Grundstein für die Ausarbeitung einer Geschichte des Alltags.[14] Mit der von Marx entlehnten Kategorie der »Lebensweise« und einem Blick auf die Momente des »Ungleichzeitigen« wollte Lüdtke die starre Gegenüberstellung einer Geschichte »von unten« und der »von oben« durchbrechen und zu einer komplexeren Theorie der Alltagsgeschichte gelangen, wie sie dann vor allem in seinem Vorwort zum Band *Alltagsgeschichte* entfaltete. Im Mittelpunkt einer alltagsgeschichtlichen Perspektive, so Lüdtke 1989, stehen die »Formen, in denen Menschen sich ›ihre‹ Welt ›angeeignet‹ – und dabei stets auch verändert haben«.[15] Diese Welt und damit die Bedingungen sind gegeben und zugleich produziert, erweisen sich daher als ebenso vieldeutig wie vielschichtig und für individuelle wie gemeinschaftliche Handlungsoptionen zugleich offen. »Individuen und Gruppen formen das Profil ihrer Wahrnehmungs- und Handlungsweisen nicht jenseits, sondern in und

13 Ebd., S. 23.

14 Alf Lüdtke, »Alltagswirklichkeit, Lebensweise und Bedürfnisartikulation. Ein Arbeitsprogramm zu den Bedingungen ›proletarischen Bewußtseins‹ in der Entfaltung der Fabrikindustrie«, in: Hans-Georg Backhaus u. a. (Hg.), *Gesellschaft. Beiträge zur Marxschen Theorie* 11, Frankfurt/M. 1978, S. 311-350.

15 Alf Lüdtke, »Einleitung: Was ist und wer treibt Alltagsgeschichte?«, in: ders. (Hg.), *Alltagsgeschichte*, Frankfurt/M. 1989, S. 9-47, hier S. 12.

durch gesellschaftliche Beziehungen.«[16] Lüdtkes Verständnis von Aneignung der Welt als soziale wie individuelle Praxis, als Wahrnehmungs- wie Handlungsweise gegenüber anderen Menschen wie Dingen konturiert in spezifischer Weise den Begriff der Erfahrung. Erfahrung bildet demnach keine psychologische oder epistemologische Kategorie, sondern besitzt vor allem eine praktische, insbesondere alltagspraktische, nicht zuletzt sinnliche, körperliche Dimension. Menschen folgen nicht bloß den Codes und Repräsentationen von Bedeutungen und Wirklichkeit, die sie vorfinden, sondern sie nutzen Bilder, Worte, Praktiken, um sich zu orientieren; sie variieren sie, reiben sich an der Sprödigkeit, Unwillfährigkeit der Dinge und der Menschen und verändern damit die Dinge wie die sozialen Verhältnisse.

Auch für Peukert bedeutete Alltagsgeschichte nicht nur einen Wechsel der Blickrichtung, sondern auch der Fragestellung: »Wie lebte man im Dritten Reich? Welche Erfahrungen sammelten Betroffene, Beteiligte und Beiseitestehende mit der nationalsozialistischen Herausforderung? Welche Haltungen entwickelten sich aus diesen Erfahrungen und welche Verhaltensweisen waren in diesem Rahmen möglich und wurden auch gewählt?«[17] Doch war ihm daran gelegen, ähnlich wie im groß angelegten Forschungsprojekt des Instituts für Zeitgeschichte *Bayern in der NS-Zeit*, dessen erste beide Bände 1977 und 1979 herausgekommen waren,[18] die Widerstandspotentiale auszuloten, weniger die Zustimmung als die Abwehr nationalsozialistischer Gemeinschaftsangebote und die Kritik an den hohlen Versprechungen von der Volksgemeinschaft zu zeigen.

Die Arbeiterklasse

Einen wichtigen Referenzpunkt bildete die Arbeiterschaft. Man darf nicht vergessen, dass Peukerts Dissertation, deren Veröffentlichung erst zwei Jahre zurücklag, den kommunistischen Widerstand

16 Ebd., S. 13.

17 Peukert, *Volksgenossen*, S. 24.

18 Martin Broszat u. a. (Hg.), *Bayern in der NS-Zeit. Soziale Lage und politisches Verhalten der Bevölkerung im Spiegel vertraulicher Berichte*, München-Wien 1977; Martin Broszat, Elke Fröhlich (Hg.), *Bayern in der NS-Zeit II. Herrschaft und Gesellschaft in Konflikt*, Teil A, München, Wien 1979.

im Ruhrgebiet während der NS-Zeit behandelt hatte.[19] Obwohl diese Studie keineswegs den Widerstand heldenhaft schönfärbte, blieben doch die Arbeiter für Peukert eine gesellschaftliche Gruppe, die von ihrer Klassenlage her nicht einfach in eine faschistische Gesellschaftsordnung einzubinden war. So glaubte er noch, dass sich die Arbeiterschaft »in den vielen Wahlen bis 1933 am wenigsten anfällig gegenüber dem Nationalsozialismus gezeigt« habe,[20] wobei ihm zugutegehalten werden muss, dass Jürgen Falters grundlegende Wahlanalysen erst neun Jahre später erschienen.[21] Und ähnlich wie im Bayern-Projekt argumentierte er, »dass das Arbeitermilieu in besonderem Maße gegen den Nationalsozialismus resistent war«.[22] Verantwortlich sei dafür vor allem das seit vielen Jahrzehnten herausgebildete dichte Organisationsgeflecht der deutschen Arbeiterbewegung, das proletarische Sozialmilieu, in dem sich politische Aktivität, alltägliche Lebensweise, Anschauungen und Werthaltungen miteinander verbanden. »In dieses geschlossene proletarische Sozialmilieu konnte die NSDAP jedenfalls vor 1933 als weitgehend mittelständisch profilierte Partei nicht eindringen.«[23]

Heute sind wir nicht nur aufgrund von M. Rainer Lepsius' Studien,[24] sondern vor allem auch durch eine Vielzahl von lokalen Studien besser informiert:[25] Das proletarische Milieu war keineswegs so resistent und kohärent, und der NSDAP gelang es auch, in »roten« Stadtvierteln Fuß zu fassen, ganz zu schweigen von der – bei Peukert weitgehend ausgeklammerten – Landarbeiterschaft, die

19 Detlev Peukert, *Die KPD im Widerstand. Verfolgung und Untergrundarbeit an Rhein und Ruhr 1933-1945*, Wuppertal 1980; vgl. Nikolaus Wachsmann, »Rewriting Resistance and Repression under the Nazi Regime. Perspectives on the Work of Detlev J. K. Peukert«, in: Hachtmann/Reichardt (Hg.), *Detlev Peukert und die NS-Forschung*, S. 102-114.

20 Peukert, *Volksgenossen*, S. 120; vgl. Ulrich Herbert, »Arbeiterklasse und Gemeinschaftsfremde. Die Gesellschaft des NS-Staates in den Arbeiten Detlev Peukerts«, in: ebd., S. 39-48.

21 Jürgen W. Falter, *Hitlers Wähler*, München 1991.

22 Peukert, *Volksgenossen*, S. 120.

23 Ebd., S. 121.

24 M. Rainer Lepsius, *Demokratie in Deutschland. Soziologisch-historische Konstellationsanalysen*, Göttingen 1993.

25 Zum Forschungsstand siehe Christian Peters, *Nationalsozialistische Machtdurchsetzung in Kleinstädten. Eine vergleichende Darstellung zu Quakenbrück und Heide/Holstein*, Bielefeld 2015.

schon in den frühen 1930er Jahren zur Klientel der NSDAP gehörte. Nur ein Bruchteil der Arbeiter war in Großbetrieben beschäftigt, wo der gewerkschaftliche und politische Organisationsgrad hoch war, die weitaus meisten hingegen in Klein- und Mittelbetrieben, in denen das soziale Band des Betriebes und die persönliche Herrschaft des Unternehmers ausschlaggebend waren. Jenes »proletarische Sozialmilieu« existierte in erster Linie in den Groß- und Industriestädten. Und auch hier waren die Korrespondenzen zum Beispiel in Hinsicht auf Gewalt, Maskulinität, Disziplin und Propaganda zwischen dem Rotfrontkämpferbund und der SA vielfältiger, als es der politische Gegensatz erscheinen ließ. Das Bild von der geballten Faust, die die »Bonzen« zerschlägt, ist auf Wahlplakaten sowohl der KPD als auch der NSDAP zu sehen – wenn auch die nationalsozialistische Propaganda im Unterschied zur kommunistischen stets dezidiert antisemitisch ausgerichtet war.[26]

So bildete Peukert zufolge weniger die innere Erosion des »proletarischen Milieus« als vielmehr, neben der gescheiterten antifaschistischen Einheit von SPD und KPD, in erster Linie der nationalsozialistische Terror den Grund für die rasche Zerschlagung der Arbeiterbewegungsorganisationen. Mit ihren Terroraktionen und dem gleichzeitigen Anpassungsdruck schufen die Nationalsozialisten »ein Klima der allgegenwärtigen Verfolgung, ein Gefühl der Unsicherheit, wie in einer von fremden Truppen besetzten Stadt«.[27]

Diese misslungene Metapher, die die Nationalsozialisten mit einer fremden Armee gleichsetzt, die das eigene Land besetzt hätte, ist allerdings in Peukerts Buch singulär und seine Differenzierung der Arbeiterschaft im Laufe des NS-Regimes auf den folgenden Seiten unmissverständlich. Allerdings markiert diese Metapher doch den Abstand zur etwa zeitgleich entstandenen Analyse von Martin Broszat, der in seinem 1983 publizierten Aufsatz »Zur Struktur der NS-Massenbewegung« dieser einen »Modernitäts- und Mobilisationsappeal« zuspricht. »So gesehen war auch die Volksgemeinschafts-

26 Vgl. Gottfried Korff, »Rote Fahnen und geballte Faust. Zur Symbolik der Arbeiterbewegung in der Weimarer Republik«, in: Dietmar Petzina (Hg.), *Fahnen, Fäuste, Körper. Symbolik und Kultur der Arbeiterbewegung*, Essen 1986, S. 27-60; Gerhard Paul, *Aufstand der Bilder. Die NS-Propaganda vor 1933*, Bonn 1990; Birgit Witamwas, *Geklebte NS-Propaganda. Verführung und Manipulation durch das Plakat*, München 2016.

27 Peukert, *Volksgenossen*, S. 126.

Parole, zweifellos das wirksamste Element der NS-Propaganda, nicht nur wirklichkeitsfremde Utopie einer Aufhebung sozialer Klassengegensätze, nicht nur restaurativer Rückgriff auf geschichtlich vergangene ständische Ordnungen, sondern zugleich auch Aufruf zur Überwindung der Relikte vorbürgerlicher, vorindustrieller sozialer Hierarchien und Normen, Aufruf zur Bildung einer modernen, mobilen bürgerlich-nationalen Massengesellschaft.«[28]

Den Gedanken, dass der Nationalsozialismus »modernisierend« gewirkt – siehe dazu weiter unten – und zu einer leistungsorientierten, individualisierten Gesellschaft geführt habe, machte auch Detlev Peukert stark. Zwar ließ sich die Volksgemeinschaftspropaganda mit der Alltagswirklichkeit des Arbeiterlebens immer weniger vereinbaren, und von daher wuchs die »oftmals spöttische bis verächtliche Distanz der Arbeiter zu jenen relativ wenigen Kollegen, die sich durch Eifer in den nationalsozialistischen Organisationen wichtig taten oder auf Kosten ihrer Klassengenossen den individuellen Aufstieg zu inszenieren versuchten«.[29] Aber die jüngeren Arbeiter besaßen kaum noch die Solidarerfahrungen ihrer älteren Kollegen, und die Angebote zur Lohnsteigerung, Weiterqualifizierung und Freizeit, die das NS-Regime machte, stießen bei der jungen Generation von Arbeitern durchaus auf Resonanz. Insbesondere die geförderte Rüstungsindustrie, wie zum Beispiel die Flugzeugproduktion, zog jüngere Arbeiter an. Rückzug in die Privatsphäre und die Möglichkeit individueller materieller Verbesserungen wirkten entsolidarisierend. »Manches spricht dafür«, so Detlev Peukert resümierend, »daß die Nazis mit der Zerschlagung der alten Solidarstrukturen der Arbeiterbewegung auch den Weg zu einem neuen, individualistischeren, leistungsorientierteren ›skeptischen‹ Arbeitertypus gebahnt haben, wie er von Soziologen der fünfziger Jahre beschrieben wurde.«[30]

Dieser Befund mündete in eine häufig zitierte These Peukerts, die – für die damaligen historiographischen Verhältnisse durchaus aufschreckend – die Entwicklung der deutschen Nachkriegsgesellschaft eng mit dem Nationalsozialismus verknüpfte und die damals noch herrschende Dichotomie zwischen der Auffassung, das

28 Martin Broszat, »Zur Struktur der NS-Massenbewegung«, in: *Vierteljahrshefte für Zeitgeschichte* 31 (1983), S. 52-76, hier S. 66.

29 Peukert, *Volksgenossen*, S. 131 f.

30 Ebd., S. 140.

Kriegsende als klare Zäsur zu begreifen, und der Annahme einer politischen Restauration nach 1945 durchbrach und soziale Bezüge zwischen NS- und Nachkriegsgesellschaft thematisierte: »Am Ende des Dritten Reiches und des von ihm inszenierten Weltkrieges stand keineswegs die erträumte ›Volksgemeinschaft‹. Stattdessen lag eine Gesellschaft in Trümmern, nicht nur in ihrer zerbombten materiellen Substanz (die, wie sich in der Nachkriegszeit herausstellt, [im industriellen Sektor, M.W.] sogar überraschend gut gehalten hatte), sondern auch psychisch und moralisch und hinsichtlich ihrer sozialen Beziehungen. Wenn das Dritte Reich ein Ergebnis gehabt hat, dann das einer gründlichen Zerstörung von öffentlichen Zusammenhängen und Verantwortlichkeiten, die Erschütterung sozialer Lebenswelten, selbst wo traditionelle Milieus in gewissem Ausmaß auch als Rückzugsfeld der Resistenz dienten. Der private Handlungsraum war verarmt und isoliert zurückgeworfen auf eine von allen potentiell gefährdenden sozialen Verknüpfungen und Sinnbezügen freie Selbstbezogenheit des einzelnen. Am Ende der so lautstark gefeierten und so repressiv flankierten ›Volksgemeinschaft‹ stand die Atomisierung der Gesellschaft. [...] Die Aufbruchstimmung des Wirtschaftswunders profitierte nun gerade von den im Dritten Reich erfolgten Traditionsverlusten und den gleichzeitigen neuformierten Verhaltensstandards. Dazu gehörten ein neuer leistungsbezogener, einzelkämpferischer und auf hohen Lohn bei hoher Produktion orientierter Arbeitertypus, die im Privatleben isolierte moderne Kleinfamilie, die ihre sozialen Bedürfnisse über den Markt deckt, das Anwachsen des modernen Massenkonsums, des Freizeitlebens und der Massen.«[31]

Eine andere Moderne

Diese weitreichende These kennzeichnet insbesondere Peukerts Versuch, mit seinem Buch eine andere Theorie der Moderne zu entwerfen. Zygmunt Baumans Buch *Modernity and the Holocaust*,

31 Ebd., S. 286-288. Peukert greift hier einen Gedanken Hannah Arendts auf und wendet ihn um, denn für Arendt war die »Individualisierung und Atomisierung der modernen Massengesellschaft« die Voraussetzung, nicht das Ergebnis totalitärer Herrschaft, vgl. Hannah Arendt, *Elemente und Ursprünge totaler Herrschaft*, Frankfurt/M. 1955, S. 510.

das eine breite Diskussion darüber entfachte, ob der Massenmord nicht ein genuin modernes Geschehen war, das nur mit dem Instrumentarium eines modernen Staates und dem Glauben an den Fortschritt und die Gestaltungsnotwendigkeit von Gesellschaft möglich war, erschien 1989, sieben Jahre nach Peukerts Buch![32] Peukert setzte vorab den Kontrapunkt zu Bauman, indem er zwar gleichermaßen den Nationalsozialismus und dessen Massenverbrechen als modern verstand und damit Exkulpationsargumente, der Nationalsozialismus sei »archaisch«, ein »Rückfall ins Mittelalter« oder »barbarisch«, verwarf. Peukert begriff Nationalsozialismus und Holocaust als eine mögliche, aber pathologische Erscheinung der Moderne. Es gehe darum, »die Spannung von Fortschritten und Verirrungen nicht mit der wohlfeilen Gegenüberstellung von Moderne und Tradition hinwegzuinterpretieren, sondern auf die Verwerfungen und Gefahrenzonen aufzumerken, die sich aus dem modernen Zivilisationsprozeß selbst ergeben, um die Handlungsräume für die Realisierung der zugleich auftretenden Chancen für Humanität und Emanzipation um so klarer auszuloten. Die faschistische Herausforderung verweist darauf, daß die Entwicklungsgeschichte der Moderne keine Einbahnstraße zur Freiheit ist. Diese will vielmehr immer aufs Neue in ihren Gestaltungschancen erkundet und in der Praxis erfochten sein.«[33]

Offenkundig hat Peukert Theodor W. Adornos und Max Horkheimers *Dialektik der Aufklärung* gründlich gelesen, auch wenn er deren kulturpessimistische Perspektive, dass die kapitalistische Moderne die Barbarei stets mit sich führe, nicht teilte, sondern sich eher an den Aufklärungsoptimismus von Jürgen Habermas hielt, dessen Buch *Theorie des kommunikativen Handelns* 1981 erschienen war.[34] Der Weg der Freiheit ist – das ist nach den Menschheitsverbrechen im 20. Jahrhundert offenkundig – nicht zwangsläufig; we-

32 Zygmunt Bauman, *Modernity and the Holocaust*, Cambridge 1989.

33 Peukert, *Volksgenossen*, S. 296; vgl. Frank Bajohr, »Der Nationalsozialismus als ›Krankengeschichte der Moderne‹. Ein kritischer Blick zurück«, in: Hachtmann/Reichardt (Hg.), *Detlev Peukert und die NS-Forschung*, S. 146-158.

34 Jürgen Habermas, *Theorie des kommunikativen Handelns*, 2 Bde., Frankfurt/M. 1981. Peukert schrieb dazu: »Gerade Habermas demonstriert, daß eine wache und kritische Wahrnehmung der Pathologien der Moderne nicht in einem allgemeinen Kulturpessimismus enden muß, sondern erst das Terrain für eine wohlverstandene Bewahrung und Fortentwicklung der humanen und emanzipatorischen Aspekte der Moderne klärt.« (Peukert, *Volksgenossen*, S. 300)

der das marxistische Vertrauen in die gesetzmäßige geschichtliche Entwicklung der Produktivkräfte noch die liberale Fortschrittsidee einer immerwährenden Modernisierung der Gesellschaft können heute überzeugen. Dass die Moderne eine pathologische Kehrseite in sich birgt, ist seither evident, und der Weg einer »reflexive[n] Moderne« (Ulrich Beck) braucht die Anstrengung und das Engagement der Bürgerinnen und Bürger.[35]

Peukerts Modell erscheint angesichts der komplexen wie radikalen Überlegungen von Adorno/Horkheimer mitunter grobschlächtig und war stärker binär gedacht als dialektisch. Auch würde die Krankheitsmetaphorik, die der »gesunden« Moderne eine pathologische gegenüberstellt, heute nicht mehr so recht über die Lippen gehen. Dennoch hat Detlev Peukert sieben Jahre vor Baumans Buch gegen das damals herrschende Modernisierungstheorem eine Theorie der Moderne skizziert, die grundsätzlich an Aufklärung, Selbstbestimmung und Freiheit orientiert ist und dennoch ihre Negation in sich trägt.

Damit setzte Peukert Anfang der 1980er Jahre einen theoretischen Maßstab, den die heftige Historikerdebatte um die Frage, ob der Nationalsozialismus modern gewesen beziehungsweise modernisierend gewirkt habe, die zehn Jahre später geführt wurde, vermissen ließ. Ralf Dahrendorf hatte in seinem 1965 erschienenen Buch *Gesellschaft und Demokratie in Deutschland* die These vertreten, dass der Nationalsozialismus »die in den Verwerfungen des kaiserlichen Deutschland verlorengegangene, durch die Wirrnisse der Weimarer Republik aufgehaltene soziale Revolution vollzogen« habe. Durch die Zerstörung traditioneller sozialer Beziehungen habe das NS-Regime einen »Stoß in die Modernität« bewirkt, ohne dass der Nationalsozialismus dies intendiert hätte – ein »unbeabsichtigtes, dennoch notwendiges Resultat seiner Herrschaft«.[36] David Schoenbaum, amerikanischer Sozialhistoriker, formulierte 1966 in seinem Buch *Hitler's Social Revolution. Class and Status in Nazi Germany 1933-1939*, auf dessen zwei Jahre später erschienene deutsche

35 Ulrich Beck, *Die Erfindung des Politischen. Zu einer Theorie reflexiver Modernisierung*, Frankfurt/M. 1997; Max Miller/Hans-Georg Soeffner (Hg.), *Modernität und Barbarei. Soziologische Zeitdiagnose am Ende des 20. Jahrhunderts*, Frankfurt/M. 1996.

36 Ralf Dahrendorf, *Gesellschaft und Demokratie in Deutschland*, München 1965, S. 432.

Übersetzung sich Detlev Peukert stark bezog, eine ähnliche These: Zwar seien die Ziele der NS-Führung reaktionär gewesen, aber ihre Mittel überaus modern. So sei die reale Klassengesellschaft durchaus weiterhin existent gewesen, aber in der deutschen Bevölkerung habe sich ein neues soziales Bewusstsein herausgebildet, das auf Modernität gerichtet gewesen sei.[37]

Martin Broszats Plädoyer für eine »Historisierung des Nationalsozialismus« aus dem Jahre 1985 wollte daran anknüpfend den geschichtswissenschaftlichen Blick öffnen für die »vielen sozialen, wirtschaftlichen, zivilisatorischen Wirkungskräfte, die zahlreichen Modernisierungsbestrebungen«, deren geschichtliche Bedeutung nicht durch die Verknüpfung mit der Vorstellung vom Nationalsozialismus als einer »alles erfassenden Gewaltherrschaft« genommen werden dürfe. »Nicht alles, was sich in der NS-Zeit ereignete und historisch bedeutsam war, diente nur den diktatorischen und inhumanen Herrschaftszielen des Regimes.«[38] Diesen, gelinde gesagt, zur Missdeutung einladenden Gedanken trieben Rainer Zitelmann und Michael Prinz noch weiter, indem sie kurzerhand Hitler zum Modernisierer und die NS-Diktatur als Modernisierungsregime ausriefen.[39] »Anzunehmen«, so Michael Prinz, »daß die modernen Elemente in der Praxis des Nationalsozialismus dauerhaft unter dem Vorbehalt ihres Widerrufs blieben, ist wenig überzeugend. Der Nationalsozialismus stand auf dem Boden der Moderne, und es gibt keine überzeugenden Gründe für die Annahme, daß er ihn verlassen wollte.«[40]

Der sich daraufhin heftig regende Widerspruch suchte zum einen anhand der in der sozialwissenschaftlichen Literatur damals ausgearbeiteten Indikatoren wie Tertiärisierung und Entagrarisierung der Wirtschaftsstruktur, Urbanisierung oder Bildungsexpan-

37 David Schoenbaum, *Die braune Revolution. Eine Sozialgeschichte des Dritten Reiches*, Köln 1968.

38 Martin Broszat, »Plädoyer für eine Historisierung des Nationalsozialismus«, in: ders., *Nach Hitler. Der schwierige Umgang mit unserer Geschichte*, München 1988, S. 266-281, hier S. 280.

39 Rainer Zitelmann, *Hitler. Selbstverständnis eines Revolutionärs*, Hamburg 1987; Michael Prinz/Rainer Zitelmann (Hg.), *Nationalsozialismus und Modernisierung*, Darmstadt 1991.

40 Michael Prinz, »Die soziale Funktion moderner Elemente in der Gesellschaftspolitik des Nationalsozialismus«, in: ders./Zitelmann (Hg.), *Nationalsozialismus*, S. 297-327, hier S. 323.

sion zu widerlegen, dass sich das nationalsozialistische Deutschland tatsächlich modernisiert habe.[41] Zum anderen rekurrierte insbesondere Hans Mommsen auf einen normativen Begriff von Moderne, der in Verbindung mit den Massenverbrechen des Nationalsozialismus seines Sinns entleert würde. »Es erscheint mir abenteuerlich, ein politisches System, dessen Wirtschaft in wachsendem Maße von Sklavenarbeit abhing und das nach dem ›Endsieg‹ eine langfristige Helotenarbeit von billigen Arbeitskräften aus dem Osten ins Auge faßte, mit dem Begriff der Modernisierung in Verbindung zu bringen.«[42]

Es kennzeichnet diese Debatte, dass in ihr – bis auf Axel Schildt, der allerdings Peukerts These angesichts der »komplizierten Mischungen und Widersprüche von nationalsozialistisch induzierten Deformationsentwicklungen« verwarf[43] – Peukerts oder gar Baumans Überlegungen nicht diskutiert wurden. Peukerts Vorschlag, auf den unten noch einmal eingegangen werden soll, die »modernisierenden« wie verbrecherischen Seiten des Nationalsozialismus in einem Modell von Moderne zu verbinden, fand offenbar bei den meisten der damaligen Kontrahenten, die auf Eindeutigkeit beharrten, kein Gehör.

Die Debatte war vielmehr eigentümlich gebannt auf eine deutsche Gesellschaftsgeschichte, ohne den Versuch eines systematischen Vergleichs mit anderen europäischen Gesellschaften zu wagen, und eingespannt in das Paradigma einer sozialwissenschaftlichen Modernisierungstheorie, ohne Mobilisierung, Effizienz und Destruktion zusammen zu denken, wie es Detlev Peukert vorgeschlagen hatte. Sein Tod im Mai 1990 verhinderte, dass Peukert

41 Vgl. Jens Alber, »Nationalsozialismus und Modernisierung«, in: *Kölner Zeitschrift für Soziologie und Sozialpsychologie* 41 (1989), S. 346-365; Bernd Weisbrod, »Der Schein der Modernität. Zur Historisierung der ›Volksgemeinschaft‹«, in: Karsten Rudolph/Christl Wickert (Hg.), *Geschichte als Möglichkeit. Über die Chancen von Demokratie. Festschrift für Helga Grebing*, Essen 1995, S. 224-242.

42 Hans Mommsen, »Noch einmal: Nationalsozialismus und Modernisierung«, in: *Geschichte und Gesellschaft* 23 (1995), S. 191-204, Zitat: S. 398; siehe ebenso: Hans Mommsen, »Nationalsozialismus als vorgetäuschte Modernisierung«, in: Walter Pehle (Hg.), *Der historische Ort des Nationalsozialismus*, Frankfurt/M. 1990, S. 31-46.

43 Axel Schildt, »NS-Regime, Modernisierung und Moderne. Anmerkungen zur Hochkonjunktur einer andauernden Diskussion«, in: *Tel Aviver Jahrbuch für Deutsche Geschichte* 23 (1994), S. 3-22, hier S. 20.

selbst sich in diese Debatte hätte einschalten können. Dass seine theoretischen Angebote dennoch nicht berücksichtigt wurden, zeigt meines Erachtens, wie wenig die Geschichtsschreibung zum Nationalsozialismus noch in den 1990er Jahren theoretisch reflektiert war und wie stark offenkundig die normative Herausnahme der NS-Zeit aus der deutschen Geschichte damals geboten war. Peukerts Beschäftigung mit der Volksgemeinschaft war hingegen eng mit seiner Theorie der Moderne verknüpft.

Volksgemeinschaft als soziale Praxis

Angesichts des historiographischen Zeitgeistes, der entweder dem Führer-Gefolgschaft-Modell anhing oder einer säuberlichen Gegenüberstellung von Klassen, durchbrach Peukert in produktiver Weise derlei soziale Homogenisierungen. Mit der Fokussierung auf den Rassismus als soziale Politik gelang es ihm, die neuen Ungleichheiten, Inklusions- und Exklusionspraktiken sichtbar zu machen. Ausgegrenzt wurden alle aus der rassistischen Norm herausfallenden Menschen wie aufsässige Jugendliche, sogenannte Arbeitsbummler und »Asoziale«, Prostituierte, Homosexuelle, Leistungsuntüchtige, Kranke und Behinderte. Zugleich zielte die rassistische Politik auf die Einpassung, Einordnung und Normierung der als rassisch tauglich definierten, leistungsbereiten Volksgenossinnen und Volksgenossen. »Die nationalsozialistische Volksgemeinschaftsideologie hatte zwei Stoßrichtungen«, so Peukert, »nach ›innen‹ wollte sie die in unterschiedliche Traditionen, Schichten und Sozialmilieus zerklüftete Gesellschaft künstlich zu einer opferbereiten Leistungsgemeinschaft formieren; nach ›außen‹ wollte sie alle jene diskriminieren und letztlich ›ausmerzen‹, die aus realen oder eingebildeten Gründen in der Volksgemeinschaft keinen Platz finden durften: die ›Fremdvölkischen‹, die ›unverbesserlichen‹ politischen Gegner, die ›Asozialen‹, die Juden.«[44]

Diese von Peukert benannte umfassende rassistische Hierarchisierung und Selektion der »Volksgemeinschaft« lag damals – unmittelbar nach der »Entdeckung« des Holocaust – außerhalb des öffentlichen wie geschichtswissenschaftlichen Horizonts. Im Januar 1979

44 Peukert, *Volksgenossen*, S. 247.

war die amerikanische Fernsehserie *Holocaust* ausgestrahlt worden, die eine Sehbeteiligung von 48 Prozent im deutschen Fernsehen erzielte. Anschließend wurden noch TV-Diskussionsforen übertragen, an denen sich namhafte Historiker beteiligten. Das Nachrichtenmagazin *Der Spiegel* und die Wochenzeitung *Die Zeit* kamen in den folgenden Monaten mit groß aufgemachten Berichten zum Holocaust heraus.[45] Martin Broszat sprach von »unbestreitbaren Unzulänglichkeiten der deutschen Zeitgeschichtsschreibung bei der Behandlung des Holocaust-Themas« und betonte, dass die Erinnerungsbücher der Verfolgten und die unmittelbar nach Kriegsende entstandene jüdische Zeitgeschichtsliteratur von der deutschen Forschung nur mangelhaft rezipiert worden seien. Die deutsche Geschichtsschreibung habe, basierend auf amtlichen deutschen Quellen der NS-Zeit, fast ausschließlich die deutsche Aktionsgeschichte der Judenverfolgung in den Mittelpunkt gestellt und nicht die jüdische Erlebnis- und Verhaltensgeschichte: »Nicht Geschichte des Holocaust, sondern der ›Endlösung‹ wurde geschrieben.«[46]

Während sich in den folgenden Jahren die Geschichtswissenschaft wie die Öffentlichkeit in hohem Maße dem Mord an den europäischen Juden zuwandte und insbesondere den Antisemitismus des NS-Regimes fokussierte, hatte Peukert frühzeitig den Blick auf die rassistische Grundlage der nationalsozialistischen Ordnung gelenkt, aus der zweifellos in erster Linie sämtliche Juden ausgegrenzt, vertrieben, vernichtet werden sollten, aber darüber hinaus auch alle anderen Menschen, die der rassistischen Definition eines »gesunden Volkskörpers« nicht entsprachen. Die nationalsozialistische Zielperspektive war keineswegs eine moderne, leistungs- und aufstiegsorientierte Individualgesellschaft freier Bürger, sondern eine rassistisch formierte Volksgemeinschaft, die Elitebildung und Vorwärtskommen nicht nur von Leistung, sondern ebenso von biologistischen Kriterien abhängig machte. Insbesondere die Ermordung von Behinderten und Kranken, die von den Nationalsozialisten als »erbbiologisch minderwertig« definiert wurden, zeigt, wie unangemessen und fehlleitend die Gleichsetzung des NS-Regimes mit dem »modernen Sozialstaat« ist.

45 Vgl. Frank Bösch, »Film, NS-Vergangenheit und Geschichtswissenschaft«, in: *Vierteljahrshefte für Zeitgeschichte* 55 (2007), S. 1-32.

46 Broszat, Martin, »›Holocaust‹ und die Geschichtswissenschaft«, in: *Vierteljahrshefte für Zeitgeschichte* 27 (1979), S. 285-298.

Doch selbst die Volksgenossen waren keine Bürger mit verbrieften Freiheitsrechten, es ging nicht um Gleichheit von Individuen. Vielmehr bildete das Volk, und zwar im organischen-biologistischen Sinn als »Volkskörper«, das Zentrum der Volksgemeinschaft. »Gemeinnutz geht vor Eigennutz« lautete der Kernsatz des Regimes. Nicht egalitärer Stillstand, sondern rassistische Mobilisierung kennzeichnete die Volksgemeinschaft, nicht nationaler Sozialismus als vielmehr Leistungssteigerung zugunsten der Entwicklung des deutschen »Volkskörpers«.[47]

Stärker jedoch, als Peukert es getan hat, ist heute die Bereitschaft zum Mitmachen, zur aktiven Teilnahme an diesen rassistischen Selektionsverfahren hervorzuheben. Endlich glaubten Ärzte, den deutschen »Volkskörper« heilen zu können, und sie erhielten mit dem »Gesetz zur Verhütung erbkranken Nachwuchses« vom Juli 1933, das erstmals in Deutschland die Zwangssterilisation gegen den Willen der Menschen erlaubte, die Gelegenheit dazu. Allein in den ersten drei Jahren verhandelten die neu gebildeten sogenannten Erbgesundheitsgerichte, denen neben einem Richter zwei Ärzte angehörten, annähernd 224 000 Fälle und erkannten in 199 000 Fällen, d. h. in 90 Prozent, auf Sterilisation.[48] Kriminalpolizisten erhielten die Möglichkeit, nicht mehr eingeschränkt durch Recht und Gesetz eine »Volksgemeinschaft ohne Verbrecher« (Patrick Wagner) herstellen zu können. Beamte der Wohlfahrtsbehörden teilten ihre Klientel nicht mehr nach Bedürftigkeit, sondern nach Arbeitsfähigkeit, ganz nach dem Motto, dass, wer nicht arbeiten könne, auch nicht zu essen brauche. Auch hier bestimmten rassistische Kriterien bald die Selektion der volksgemeinschaftlich »Nützlichen« von den »Gemeinschaftsfremden«.[49]

47 Vgl. Winfried Süss, *Der »Volkskörper« im Krieg. Gesundheitspolitik, Gesundheitsverhältnisse und Krankenmord im nationalsozialistischen Deutschland. 1939-1945*, München 2003; Ute Planert, »Der dreifache Körper des Volkes. Sexualität, Biopolitik und die Wissenschaft vom Leben«, in: *Geschichte und Gesellschaft* 26 (2000), S. 539-576.

48 Gisela Bock, *Zwangssterilisation im Nationalsozialismus. Studien zur Rassenpolitik und Frauenpolitik*, Opladen 1986, S. 233; vgl. Wolfgang Uwe Eckart, *Medizin in der NS-Diktatur. Ideologie, Praxis, Folgen*, Köln 2012; Geoffrey Campbell Cocks, *The State of Health. Illness in Nazi Germany*, Oxford 2012.

49 Vgl. Uwe Lohalm, *Völkische Wohlfahrtsdiktatur. Öffentliche Wohlfahrtspolitik im nationalsozialistischen Hamburg*, Hamburg 2010; Patrick Wagner, *Volksgemein-*

Anscheinend Abhängige werden nach diesem Verständnis zu Akteuren, die zugleich Subjekte wie Objekte sind, die Erfahrungen der Ohnmacht, des Ausgeliefertseins an Obrigkeiten, Gewalthaber und ökonomische Zwänge machen, gleichzeitig jedoch diese Erfahrungen in jeweils spezifischen, unterschiedlichen oder sogar widersprüchlichen Aneignungsweisen modifizieren, ja sie in widersetzliche Praxis münden lassen können. Ebenso können aber auch die Erfahrungen von Lust, Partizipation und Wohlstand durchaus mit Repression, Ausbeutung und Herrschaft verbunden sein. Angehörigen der deutschen Volksgemeinschaft war es möglich, sich im Zweiten Weltkrieg Zwangsarbeiterinnen und Zwangsarbeiter aus den besetzten Gebieten als Haus- oder Fabriksklaven zu halten und das Gefühl von Macht und Überlegenheit zu erfahren.

In den besetzten westpolnischen Gebieten, die »germanisiert« werden sollten, war die Definition, wer zur künftigen deutschen Volksgemeinschaft gehören durfte, entscheidend für die soziale Position und die Überlebenschancen. Entgegen den Forderungen der NS-Führung nach eindeutiger Inklusion und Exklusion stellte die Definition, wer Pole oder Deutscher sei, die Besatzungsbehörden vor Ort vor große Schwierigkeiten. Dennoch gelangen dem deutschen Besatzungsregime trotz des Wirrwarrs von Kompetenzgerangel, völkischer Kasuistik und administrativem Eigensinn durchaus erfolgreiche Neujustierungen der »Volkstumspolitik«. Jenseits der anhaltenden Auseinandersetzung um rassistische binäre Logiken entstand in der praktischen Politik ein System gestaffelt ethnisierter Zugehörigkeiten, das es der Besatzungsmacht erlaubte, Privilegien zu erteilen oder auch wieder zurückzunehmen.[50] Ein wissenschaftlich produktiver Umgang mit dem Begriff »Volksgemeinschaft« besteht darin, ihn praxeologisch zu verstehen, Volksgemeinschaft nicht als gegeben vorauszusetzen, sondern die Praktiken ihrer Herstellung, kurz: Volksgemeinschaft als soziale Praxis zu untersuchen.

schaft ohne Verbrecher. Konzeptionen und Praxis der Kriminalpolizei in der Zeit der Weimarer Republik und des Nationalsozialismus, Hamburg 1996.

50 Vgl. dazu Gerhard Wolf, *Ideologie und Herrschaftsrationalität. Nationalsozialistische Germanisierungspolitik in Polen*, Hamburg 2012; Birthe Kundrus, »Regime der Differenz. Volkstumspolitische Inklusionen und Exklusionen im Warthegau und im Generalgouvernement 1939-1944«, in: Frank Bajohr, Michael Wildt (Hg.), *Volksgemeinschaft. Neue Forschungen zur Gesellschaft des Nationalsozialismus*, Frankfurt/M. 2009, S. 105-123.

Indes existieren auch blinde Flecken in Detlev Peukerts stark vom Modell der Klassengesellschaft geprägter Skizze der Volksgemeinschaft, wie zum Beispiel die Kategorie Geschlecht. Gerade weil sich das NS-Regime intensiv bemühte, Frauen an sich zu binden, sind jedoch die Geschlechterverhältnisse ein wichtiges Untersuchungsfeld der nationalsozialistischen Volksgemeinschaft.[51] Die maskuline Vergemeinschaftung durch »Kameradschaft«, wie sie Thomas Kühne und Sven Oliver Müller analysiert haben,[52] unterschied sich durchaus von Gemeinschaftserlebnissen, wie sie junge BDM-Führerinnen schilderten.[53] Für diese verband sich ein Gemeinschaftsgefühl auch mit einem Zuwachs an Verantwortung und dem Einnehmen von Leitungspositionen, die ihnen als jungen Frauen vordem nicht offengestanden hatten. Elizabeth Harvey hat für die besetzten polnischen Gebiete gezeigt, wie gerade junge, noch unverheiratete Frauen engagierter Teil des deutschen Besatzungsapparats waren.[54] Nach dem »Historikerinnenstreit« und der Auseinandersetzung, ob Frauen nur Opfer oder auch Täterinnen waren, wenden sich neue Forschungsfragen daher den »Volksgenossinnen« zu, deren Einsatz für das »Volksganze« vor allem in der Kriegszeit für die Fortexistenz des NS-Regimes unverzichtbar war.[55] Peukert

51 Vgl. Elke Frietsch/Christina Herkommer (Hg.), *Nationalsozialismus und Geschlecht. Zur Politisierung und Ästhetisierung von Körper, »Rasse« und Sexualität im »Dritten Reich« und nach 1945*, Bielefeld 2009; Johanna Gehmacher/Gabriella Hauch (Hg.), *Frauen- und Geschlechtergeschichte des Nationalsozialismus. Fragestellungen, Perspektiven, neue Forschungen*, Innsbruck 2007; Sybille Steinbacher (Hg.), *Volksgenossinnen. Frauen in der NS-Volksgemeinschaft* (Beiträge zur Geschichte des Nationalsozialismus, Band 23), Göttingen 2007.

52 Thomas Kühne, *Kameradschaft. Die Soldaten des nationalsozialistischen Krieges und das 20. Jahrhundert*, Göttingen 2006; Sven Oliver Müller, *Deutsche Soldaten und ihre Feinde. Nationalismus an Front und Heimatfront im Zweiten Weltkrieg*, Frankfurt/M. 2007.

53 Gisela Miller-Kipp (Hg.), *»Auch Du gehörst dem Führer«. Die Geschichte des Bundes Deutscher Mädel (BDM) in Quellen und Dokumenten*, Weinheim, München 2001; Dagmar Reese (Hg.), *Die BDM-Generation. Weibliche Jugendliche in Deutschland und Österreich im Nationalsozialismus*, Berlin 2007.

54 Elizabeth Harvey, *»Der Osten braucht dich!« Frauen und nationalsozialistische Germanisierungspolitik*, Hamburg 2010.

55 Vgl. Nicole Kramer, *Volksgenossinnen an der Heimatfront. Politik, soziale Praxis, Erfahrungen und Erinnerungen*, Göttingen 2011.

bindet solche Erfahrungen noch in die Debatte um die Modernität des NS-Regimes ein: »Solche Emanzipationsanstöße blieben beschränkt und wurden durch die generelle Diskriminierung der Frauenemanzipation durch die Nationalsozialisten immer wieder zurückgenommen. Aber was im ideologischen Ziel zweifellos reaktionär war, entpuppte sich in manchen praktischen alltäglichen Formen als modernisierend.«[56]

Mit seinem Blick auf die Lage von Jugendlichen im »Dritten Reich« jedoch stellt Peukert durchaus unter Beweis, dass er die kulturelle und soziale Heterogenität und Diversität bemerkt und in seine Analyse aufnimmt – in seinem Buch nimmt der Abschnitt zu »Mobilisierung und Verweigerung von Jugendlichen« einen großen Umfang ein. Seine eigenen Forschungen zu den »Edelweißpiraten« in Köln, die von späteren Studien als zu romantisierend kritisiert worden sind,[57] öffnen dennoch Peukerts Blick für das Abweichende und Abseitige in der nationalsozialistischen Gesellschaft. »Es ist faszinierend zu sehen«, so Peukert, »wie sich Arbeiterjugendliche, die kaum persönliche Erinnerungen an die vorfaschistische Zeit haben konnten, dennoch nicht dem massiven Anpassungsdruck und den Integrationsangeboten der HJ unterwarfen, sondern mit der Edelweißpiraten- und Meutenbewegung kulturelle Formen hervorbrachten, in denen sie sich vom Nationalsozialismus abgrenzten und ihre eigenen Erfahrungszusammenhänge auf eigene Weise ausdrückten.«[58]

Sexualität spielte in diesem Jugendmilieu eine große Rolle, wie Peukert früh erkannte: »Die Anwesenheit von Mädchen auf den abendlichen Treffs und mehr noch bei den Wochenendfahrten ins Grüne gab den pubertierenden Jugendlichen relativ zwanglos die Gelegenheit, sexuelle Erfahrungen zu machen. Damit benahmen sie sich um vieles unverkrampfter als ihre Elterngeneration und besonders als die geradezu zwanghaft auf die Verdrängung von Sexualität fixierten NS-Repräsentanten.«[59] Auch wenn Peukerts Urteil

56 Peukert, *Volksgenossen*, S. 180.

57 Detlev Peukert, »Edelweißpiraten, Meuten, Swing. Jugendsubkulturen im Dritten Reich«, in: Gerhard Huck (Hg.), *Sozialgeschichte der Freizeit. Untersuchungen zum Wandel der Alltagskultur in Deutschland,* Wuppertal 1980, S. 307-329; Alfons Kenkmann, *Wilde Jugend. Lebenswelt großstädtischer Jugendlicher zwischen Weltwirtschaftskrise, Nationalsozialismus und Währungsreform*, Essen 2002.

58 Peukert, *Volksgenossen*, S. 202.

59 Ebd., S. 185.

über die sexualfeindliche Einstellung des NS-Regimes heute nicht mehr dem Stand der wissenschaftlichen Debatte entspricht und eine leichte Verklärung jugendlicher Sexualität durchaus nicht zu verbergen ist, so nahm er doch Körperlichkeit und Sexualität in den Blick und verwies damit frühzeitig auf ein Untersuchungsfeld, dass sich derzeit erst in den Anfängen befindet.[60]

Auch die eher bürgerliche Swing-Jugend entwickelte einen jugendlichen Habitus, der den geforderten Identifikationsangeboten des soldatischen Mannes widersprachen. »Skepsis, Individualität und Lässigkeit waren jedenfalls Stilangebote, mit denen die Swing-Generation vor allem ihre Abkehr von dem der Vätergeneration zugerechneten bürgerlichen sozialkulturellen Selbstverständnis ausdrückte.«[61] Peukert sah das Potential für ein »eigen-sinniges« Verhalten, blieb allerdings noch seinem Gegensatz von nationalsozialistischer Vergemeinschaftungspolitik auf der einen und alltagskultureller Verweigerung auf der anderen Seite verhaftet.

Ebenso besaß er einen Sinn für die Emotionen, Wünsche, Hoffnungen und Sehnsüchte, die mit der Projektion »Volksgemeinschaft« verbunden waren, aber auch hier blieb er gewissermaßen Gefangener seiner dichotomischen Theorie einer pathologischen Moderne, die ihm den Blick auf die Gleichzeitigkeit, das Nebeneinander widerstreitender Gefühle und Verhaltensweisen im Alltag versperrte. Zur selben Zeit, als Peukert an seinem Buch schrieb, arbeitete Alf Lüdtke an Studien zur Alltagswirklichkeit im Betrieb, vornehmlich im Deutschen Kaiserreich, aber auch mit Ausblicken in den Nationalsozialismus. Dabei kam es Lüdtke darauf an, die Ambivalenzen von alltäglichen Praktiken sichtbar werden zu lassen, wie zum Beispiel die Arbeitspause, die von Seiten der Betriebsleitung nicht nur strikt im Zeitregime des Arbeitstages eingeplant und festgelegt wurde, sondern auch mit spezifischen Angeboten, diese Pause »sinnvoll« zu nutzen, verbunden war, während auf

60 Vgl. Dagmar Herzog, *Die Politisierung der Lust. Sexualität in der deutschen Geschichte des 20. Jahrhunderts*, München 2005; dies. (Hg.), *Sexuality and German Fascism*, New York 2005; Susanne zur Nieden (Hg.), *Homosexualität und Staatsräson. Männlichkeit, Homophobie und Politik in Deutschland 1900-1945*, Frankfurt/M. 2004; Elissa Mailänder, *Amour, mariage, sexualité: une histoire intime du nazisme (1930-1950)*, Habilitationsschrift, Institut d'études politiques de Paris, November 2018.

61 Peukert, *Volksgenossen*, S. 205.

der anderen Seite die Pause von den Arbeiterinnen und Arbeitern durchaus »eigen-sinnig« gefüllt wurde. So nutzen nur etwa zehn Prozent der Arbeiter bei Krupp um 1930 die Möglichkeit, ihr Mittagessen in gesonderten Speiseräumen einzunehmen, die Übrigen blieben am Arbeitsplatz. Zudem wurde über die erlaubten Pausenzeiten immer wieder versucht, »illegale« Freizeiten und Freizonen an der Maschine oder am Fertigungsband durchzusetzen.[62]

In Lüdtkes späteren Studien zu Arbeitererfahrungen im Nationalsozialismus kommt dieser Dimension der unterschiedlichen Aneignung von nationalsozialistischer Politik eine ganz wichtige Bedeutung zu. So ließ sich die Auffassung, dass nur derjenige, der arbeitet, ein nützliches Glied der Gesellschaft sei, die sich bei den Sozialdemokraten vor allem gegen Großgrundbesitzer und Kapitalisten richtete, durchaus antisemitisch wenden, indem die Müßiggänger und Ausbeuter als »jüdisch« identifiziert und die »Schaffenden« als nationale Gemeinschaft bestimmt wurden. Die Forderung nach »Ehre der Arbeit«, nach Aufwertung der Arbeiter als wertschaffender Kraft der Nation und nach Anerkennung von »deutscher Qualitätsarbeit«, so hat Alf Lüdtke eindrucksvoll herausgearbeitet, konnte auf der Linken ebenso wie auf der Rechten erhoben werden.[63]

»Ehret die Arbeit und achtet den Arbeiter!« lautete das offizielle Motto des 1. Mai 1933. Gerade der einstige »Kampftag der Arbeiterklasse« sollte nach dem Willen der NS-Führung zu einer großen, reichsweiten und nachhaltigen Manifestation eines Verständnisses von Arbeit als Dienst an der Volksgemeinschaft, jenseits klassenkämpferischer Interessenvertretung, und der Integration der Arbeiterschaft in den Nationalsozialismus werden. Hitlers Rede war voll von Ankündigungen, die sozialen Unterschiede, die Hierarchien von Hand- und Kopfarbeitern zu überwinden und die Volksgemeinschaft herzustellen. Diese symbolischen Politiken

62 Alf Lüdtke, »Arbeitsbeginn, Arbeitspausen, Arbeitsende. Skizzen zur Bedürfnisbefriedigung und Industriearbeit im 19. und frühen 20. Jahrhundert«, in: ders., *Eigen-Sinn. Fabrikalltag, Arbeitererfahrungen und Politik vom Kaiserreich bis in den Faschismus*, Neuausgabe, Münster 2015, S. 80-108.

63 Alf Lüdtke, »›Ehre der Arbeit‹. Industriearbeiter und Macht der Symbole. Zur Reichweite symbolischer Orientierungen im Nationalsozialismus«, in: ders., *Eigen-Sinn*, S. 248-306, vgl. Marc Buggeln/Michael Wildt (Hg.), *Arbeit im Nationalsozialismus*, München 2014.

seitens der NS-Führung und ihre »Eindringtiefe« in die Alltagspraxis lassen sich schwer messen; deswegen dürfen sie dennoch nicht unterschätzt werden. »Zentral blieb die vielfach eher unauffällige Sicherung der eigenen Sphäre in alltäglicher Praxis«, resümiert Alf Lüdtke. »Maßstäbe waren: das eigene Überleben bzw. das der Familie, die Achtung von Kollegen und Nachbarn, aber auch ›keine Ungerechtigkeit!‹ von den Obrigkeiten. Im Hinblick auf die Ebene (oder Arena) von formaler und organisierter Politik dominierte abwartende Skepsis über ›die da oben‹. In der Konsequenz bedeutet das freilich: Hinnahme von Herrschaft, von Faschismus durch Industriearbeiter. Eigensinniges Aneignen nuancierte diese ›Fallrichtung‹ z.T. erheblich, blockierte sie aber bestenfalls für einzelne. [...] Die Arena von Eigen-Sinn war nicht hermetisch abgeschlossen. Orientierungen und Verhaltensweisen formten sich auf mehreren Ebenen, blieben mehrschichtig. Symbolische Deutungen, in denen konkrete Erfahrungen und ›große‹ Ziele aufeinander projiziert werden konnten, entfalteten sich ›unegal‹.«[64]

Öffnungen

Detlev Peukert forschte nicht nach »Eigen-Sinn«, aber er besaß – viele Jahre bevor der *cultural turn* auch in der Geschichtswissenschaft entdeckt wurde[65] – ein Gespür für die Bedeutung von kulturellen Veränderungen für die Gesellschaftsentwicklung. So untersuchte er entgegen dem damals vorherrschenden, insbesondere von Joachim Fests Film *Hitler – eine Karriere* (1977) geprägten Bild einer NS-Volksgemeinschaft, die von einem begeisterten Massenkonsens getragen worden sei, den Dissens mit dem Regime. Die Gestapo- und SD-Stimmungsmeldungen wie auch die Berichte von sozialdemokratischen Vertrauensleuten an den Vorstand der Exil-SPD in Prag offenbarten durchaus abweichende Meinungen. Witze, Spottverse und Redensarten belegten die Distanz zwischen den Bonzen »da oben« und »uns unten«. Damit begründete sich noch keineswegs Widerstand, aber möglicherweise eine »zweite öf-

64 Alf Lüdtke, »Wo blieb die ›rote Glut‹? Arbeitererfahrungen und deutscher Faschismus«, in: ders., *Eigen-Sinn*, S. 194-247, hier S. 244f., 247.

65 Vgl. Doris Bachmann-Medick, *Cultural turns. Neuorientierungen in den Kulturwissenschaften*, 4., neubearbeitete Auflage, Reinbek bei Hamburg 2010.

fentliche Meinung«.[66] Vielfache Kritik und »Meckerei«, so Peukert, vertrugen sich »durchaus mit der partiellen Anerkennung des Regimes oder zumindest mit einer passiven Hinnahme von Obrigkeit«. Doch das Propagandabild einer harmonischen Volksgemeinschaft ließ sich mit diesen Befunden nicht aufrechterhalten. Vielmehr bildeten Gerüchte, »Meckerei« und abweichende Meinungen ein »Indiz für die tiefgreifende Fragmentierung der öffentlichen Meinung«, die sich in eine gelenkte Meinungsführung durch das Propagandaministerium, eine äußerlich gezeigte Loyalität, in interne Meinungsbildungsprozesse in den Partei- und Staatsinstitutionen sowie in die Sphäre privater, unzensierter Gespräche aufteilte.[67]

Die Forschungen von Ian Kershaw aufgreifend, argumentierte Peukert, dass der Führermythos die Vermittlung zwischen dem Bedürfnis nach Erhebung, Sicherheit und Zukunftsperspektive einerseits und dem desillusionierenden Alltag des Dritten Reiches andererseits leiste. »Der Führermythos also erlaubte es, alltägliche ›Meckerei‹ zu äußern und dennoch der Ordnung als ganzer zuzustimmen.«[68] Sogar die Zustimmung zur nationalsozialistischen Gewalt sah Peukert in diesem Kontext: »Cum grano salis ließe sich sagen, daß ein Aspekt des Konsenses mit dem NS-Regime weniger die oft erwähnte Angst vor dem Terror als vielmehr die affektive Zustimmung zum Terror [war], wenn er sich gegen ›Gemeinschaftsfremde‹ richtete und somit der angeblichen Wiederherstellung der ›Ordnung‹ diente.«[69]

Damit korrespondierte ein Prozess, den das Regime zugleich bekämpfte wie förderte: der Rückzug in das Private. »Dieses ›Doppelleben‹ eines großen Teils der Bevölkerung, die in der Öffentlichkeit die geforderten Loyalitätsbekundungen und Arbeitsleistungen abgab, um sich in der Privatsphäre möglichst ungestört unpolitischem Freizeitvergnügen hingeben zu können«, verurteilte zwar Peukert als Lähmung möglichen Widerstands und Rückzug auf Selbstbezogenheit und Selbstgenügsamkeit.[70] Aber er sah, ähnlich wie Ralf Dahrendorf und David Schoenbaum, darin eine Entwicklung – teils durch die Politik des Regimes gefördert, teils gerade

66 Peukert, *Volksgenossen*, S. 61.
67 Ebd., S. 75.
68 Ebd., S. 85.
69 Ebd., S. 89.
70 Ebd., S. 92.

durch die Resistenz gegen dessen Mobilisierung – zur »Atomisierung der traditionellen Integrationsformen und Handlungsweisen«, einen »Rückzug in eine isolierte und entpolitisierte Privatheit, aus der sich jene konsum- und leistungsorientierte Dynamik des ›Wirtschaftswunders‹ herausbildete«.[71]

Was jedoch Peukert gelang – und worauf die Debatte um die »Modernisierung« durch den Nationalsozialismus keinen Bezug mehr nahm –, war die Verknüpfung mit dem Rassismus des NS-Regimes. »Das Konzept der nationalsozialistischen Volksgemeinschaftsutopie zielte auf die Formierung einer ideologisch homogenen, sozial angepaßten, leistungsorientierten und hierarchisch gegliederten Gesellschaft mit den Mitteln der Erziehung der ›gut Gearteten‹ und der ›Ausmerze‹ der angeblich ›Ungearteten‹. Diese rassebiologisch behauptete Unterscheidung wurde aber durch die terroristische Ahndung alles abweichenden Sozialverhaltens dehnbar gemacht, die die Gesetze des KZ-Staates sukzessive auf die Gesamtgesellschaft ausdehnte.«[72]

Wo Martin Broszat mit seiner Forderung nach Historisierung des Nationalsozialismus falsch trennte, nämlich zwischen bedeutsamen nicht-kriminellen sozialen Prozessen und der nationalsozialistischen Diktatur, verknüpfte Detlev Peukert diese beiden Dimensionen miteinander, wenn auch damals noch in der vornehmlich dichotomischen Struktur einer »gesunden« und einer »pathologischen« Moderne. Und zugleich verortete er damit die »Volksgemeinschaft« in der deutschen Gesellschaftsgeschichte, indem er den rassistischen Entwurf einer sozialharmonischen Gesellschaft als Radikalisierung von sozialtechnologischen Konzepten seit dem 19. Jahrhunderte wahrnahm. »Der Nationalsozialismus entwarf in konsequenter ideologischer Wendung gegen das Erbe von 1789 eine in ihren Mitteln moderne Gesellschaft ohne die Leitbilder der staatsbürgerlichen Gleichheit, der Emanzipation und Selbstbestimmung und Mitmenschlichkeit. Er führte den utopischen Glauben an die Anfälligkeit ›wissenschaftlicher‹ Total-Lösungen für gesellschaftliche Probleme bis zu ihrer radikalen Konsequenz der rassebiologisch begründeten bürokratischen Erfassung und schließlich Ausmerze alles Unangepaßten und Irritierenden.«[73]

71 Ebd., S. 294.
72 Ebd., S. 295.
73 Ebd., S. 295f.

Anders als bei Peukert, der seine Untersuchung der nationalsozialistischen Volksgemeinschaft noch stark von der sozialen Schichtung der deutschen Gesellschaft abhängig gemacht hat, bestimmt heute die Überlegung, dass Volksgemeinschaft als soziale Praxis begriffen werden muss, die Debatte. Der neue Umgang mit dem Begriff der »Volksgemeinschaft« verweist auf einen epistemologischen Perspektivwechsel in der NS-Historiographie: hin zu einer Kulturgeschichte des Politischen ebenso wie zu einer neuen Gesellschaftsgeschichte des Nationalsozialismus, die nicht mehr mit Hegel die Gesellschaft gegen den Staat stellt, sondern politische, auch staatliche Ordnung als eine »strukturierende Struktur« (Pierre Bourdieu) begreift. »Volksgemeinschaft« war nicht institutionell, propagandistisch vorgegeben; sie wurde vielmehr hergestellt, verändert, als Machtmatrix immer wieder verhandelt.[74] Eine bloße binäre Gegenüberstellung von »Gemeinschaft« und »Gesellschaft«, Volksgemeinschaft und Zivilgesellschaft, von Totalität und Liberalität, von Kollektivität und Individualität verdeckt, wie stark die Überschneidungen, wie wichtig die Gleichzeitigkeit von Anpassung und Rückzug, von Widerspruch und Beteiligung, von Zustimmung und Distanz waren. Die Grenzen zwischen Inklusion und Exklusion wurden auf komplexe Weise stets neu verschoben.

Detlev Peukert konnte mit seinem Buch 1982 noch nicht so weit kommen, aber er hat eine Forschungsperspektive auf die »Volksgemeinschaft« eröffnet, die sich heute in den Studien zur nationalsozialistischen Volksgemeinschaft wiederfindet. Der Schwerpunkt seines Buches auf der deutschen Arbeiterschaft mag altmodisch erscheinen; doch wirft die gegenwärtige Forschung zur »Volksgemeinschaft«, in der soziale Lagen und Konflikte zugunsten von sozialen Chancen mitunter ins Hintertreffen zu geraten drohen, durchaus die Frage nach dem Verhältnis von »Volksgemeinschaft« und »Klasse« auf. Wir wissen nicht, wie Detlev Peukert, der 1990 mit 39 Jahren starb, sich heute in der Diskussion um die »Volksgemeinschaft« positioniert hätte. Aber wir können sicher sein, dass er sich an der Debatte lebhaft beteiligt hätte.

74 Vgl. Detlef Schmiechen-Ackermann u. a. (Hg.), *Der Ort der ›Volksgemeinschaft‹ in der deutschen Gesellschaftsgeschichte*, Paderborn 2018; Martina Steber, Bernhard Gotto (Hg.), *Visions of Community in Nazi Germany. Social Engineering and Private Lives*, Oxford 2014; Bajohr/Wildt (Hg.), *Volksgemeinschaft*.

4. Biopolitik, ethnische Säuberungen und Volkssouveränität. Eine Skizze

Das 19. Jahrhundert war das Jahrhundert der Nationen – das 20. das des Volkes. Ohne Zweifel liegen beide Begriffe eng beieinander, oftmals scheinen ihre semantischen Felder sogar kongruent zu sein – und doch fallen sie nicht in eins. Mit der Gleichsetzung von Volk und Nation geraten die Differenzen aus dem Blick, die das 20. Jahrhundert in seiner spezifischen Gewalttätigkeit vom 19. unterscheidet.

Im Folgenden skizziere ich zunächst einige charakteristische Elemente des Nationalstaats und kontrastiere sie mit der ethnischen Gewaltpolitik am Beispiel der Balkankriege 1912/13 (I), untersuche anschließend anhand von Michel Foucaults Überlegungen zur Biopolitik die spezifischen Differenzen zwischen Nation und Volk (II), um dann die besondere historische Konstellation aufzuzeigen, auf die das Postulat eines Selbstbestimmungsrechts der Völker am Ende des Ersten Weltkrieges traf (III). Das Konzept der Volkssouveränität, das durch die Friedensverträge von Versailles 1919 zur Grundlage der europäischen Nachkriegsordnung wurde, war nicht notwendigerweise auf die Rechtsordnung einer parlamentarischen Demokratie festgelegt. Es führte stets auch eine Vorstellung von Volksherrschaft mit sich, die auf Identität und Homogenität zielte, wie sie sich im Begriff der »Volksgemeinschaft« verdichtete (IV). Die Gewaltpraktiken, die mit einer solchen biologisierten, rassistisch aufgeladenen Vorstellung von Volk verbunden sind, lassen sich folglich nur schwer mit dem Begriff des Genozids fassen, der in methodologisch problematischer Weise den Gegenstand der Untersuchung a priori schafft, den es doch erst zu analysieren gilt (V).

I.

Die Französische Revolution hat mit Emphase das Volk zur Nation und diese zum alleinigen Souverän erklärt: »Der Ursprung jeder Souveränität liegt ihrem Wesen nach beim Volke. Keine Körperschaft und kein Einzelner kann eine Gewalt ausüben, die nicht ausdrücklich von ihm ausgeht«, hieß es in der Menschen- und Bürgerrechtserklärung vom 26. August 1789. Vier Jahre später, in der Verfassung vom 24. Jui 1793, trat das Volk an die Stelle der Nation: »Die Souveränität ruht im Volk; sie ist einheitlich und unteilbar, unverjährbar und unveräußerlich.« Ergänzend lautete der Artikel 7: »Das souveräne Volk ist die Gesamtheit der französischen Bürger.«[1] Diese Ambivalenz des Volksbegriffs zwischen totalisierender Universalität und individueller Staatsbürgerschaft hatte der Abbé Sieyès in seiner zu Beginn des Jahres 1789 veröffentlichten Revolutionsschrift »Was ist der dritte Stand?« zur prozessualen Seite hin aufzulösen versucht: »Was ist eine Nation? Eine Körperschaft von Gesellschaftern, die unter einem gemeinschaftlichen Gesetz leben und durch dieselbe gesetzgebende Versammlung repräsentiert werden.«[2]

Gesetz und Repräsentation – eine solche Assoziation von Gesellschaftern ist weder an die Gemeinsamkeit von Abstammung, Sprache oder Kultur gebunden noch an einen Staat im Sinne des deutschen Staatsrechts, der klassisch mit Georg Jellinek durch die Trinität von Staatsgebiet, Staatsvolk, Staatsgewalt gekennzeichnet wurde.[3] Anders als Rousseau, für den das Volk sich im allgemeinen Willen, der *volonté générale*, konstituiert, erscheint das Volk bei Sieyès ähnlich wie bei Kant als Assoziation freier und gleicher Bürger mit gemeinsamer Rechtsordnung. Der Gedanke der Repräsentation der Nation durch das Parlament hatte die englische

1 Zitiert nach Günther Franz (Hg.), *Staatsverfassungen. Eine Sammlung wichtiger Verfassungen der Vergangenheit und Gegenwart in Urtext und Übersetzung*, München, Wien 1975, S. 376, 380.

2 Emmanuel Joseph Sieyès, »Was ist der dritte Stand?«, in: ders., *Politische Schriften 1788-1790*, übersetzt und hg. von Eberhard Schmitt und Rolf Reichardt, Darmstadt 1975, S. 124.

3 Klassisch zur Staatsnation: Friedrich Meinecke, *Weltbürgertum und Nationalstaat. Studien zur Genesis des deutschen Nationalstaats*, München 1908; zur deutschen Staatsrechtslehre im 19. Jahrhundert siehe Michael Stolleis, *Geschichte des öffentlichen Rechts in Deutschland*, Zweiter Band 1800-1914, München 1992.

Debatte bereits im 17. Jahrhundert geprägt und stellte eine liberale Grundüberzeugung im Europa des 19. Jahrhundert dar. In den süddeutschen Staaten gab es seit Beginn des Jahrhunderts Verfassungen und Parlamente, in Preußen und Österreich erst seit 1849. Im Sinne von Sieyès konnten sich Bayern, Württemberger, Sachsen daher durchaus als National-Staaten fühlen – und taten es auch, wie wir aus der neueren Nationenforschung wissen.[4] Im Juli 1818 rief der Historiker und Staatsrechtler Carl von Rotteck zur Feier der neu verkündeten badischen Verfassung stolz aus: »Wir waren Baden-Badener, Durlacher, Breisgauer, Pfälzer, Nellenburger, Fürstenberger, wir waren Freiburger, Konstanzer, Mannheimer: ein Volk von Baden waren wir nicht. Fortan aber sind wir Ein Volk, haben einen Gesamtwillen und ein anerkanntes Gesamtinteresse, d. h. ein Gesamtleben und ein Gesamtrecht.«[5]

Die Nation verband sich aber ebenso mit den alten dynastischen Regimes, die zu Nationalstaaten mutierten, ohne dass das Volk in ihnen durch dieselbe gesetzgebende Versammlung repräsentiert worden wäre. Vielmehr erhob der Monarch den Anspruch, die Nation zu verkörpern. Dass dynastische Repräsentation und Nation keineswegs übereinstimmen mussten, veranschaulicht treffend das Beispiel Deutschland, wo sich ein von Preußen dominierter Fürstenbund, der nur einen, kleindeutsch genannten, Teil der Nation umfasste, 1871 zum deutschen Nationalstaat erklärte – und fortan als solcher galt.

Die Nation wurde staatlich gedacht: »Jede Nation ein Staat«, so die Formulierung des liberalen Staatsrechtlers Johann Caspar Bluntschli.[6] Damit war das Ordnungsmodell des 19. Jahrhunderts benannt, obwohl kaum einer der Nationalstaaten eine tatsächlich einheitliche Nationalkultur aufweisen konnte. Sie mussten viel-

4 Vgl. Siegfried Weichlein, *Nationalbewegungen und Nationalismus in Europa*, Darmstadt 2006.

5 Zitiert nach Rudolf Liermann, *Das deutsche Volk als Rechtsbegriff im Reichs-Staatsrecht der Gegenwart*, Berlin, Bonn 1927, S. 158

6 »Jede Nation ist berufen und daher berechtigt, einen Staat zu bilden.« Johann Caspar Bluntschli, *Die nationale Staatenbildung und der moderne deutsche Staat* (1881), zitiert nach Hagen Schulze, *Staat und Nation in der europäischen Geschichte*, 2., durchgesehene Aufl., München 1995, S. 225; vgl. dazu Dieter Langewiesche, »›Nation‹, ›Nationalismus‹, ›Nationalstaat‹ in der europäischen Geschichte seit dem Mittelalter – Versuch einer Bilanz«, in: ders., *Nation, Nationalismus, Nationalstaat in Deutschland und Europa*, München 2000, S. 14-34.

mehr, durchaus mit Zwang, geschaffen werden. Die jeweiligen Nationalisierungspolitiken, die vor allem der Durchsetzung einer Nationalsprache, eines einheitlichen Schulsystems und nicht zuletzt der Herausbildung einer Nationalgeschichtsschreibung dienten, zeugen von dem intensiven Bemühen, »Peasants into Frenchmen« (Eugen Weber) zu verwandeln, also davon, die Nation im Staat erst noch herzustellen.[7]

Das Problem der idealiter geforderten Übereinstimmung von Nation, Volk und Territorium wurde für die europäische Staatenwelt durch den Wiener Kongress 1815 keineswegs gelöst. Im Gegenteil, gerade die Jellinekssche Trinität von Staatsvolk, Staatsgebiet und Staatsgewalt als paradigmatische Struktur des Nationalstaates konnte bestehende staatliche Ordnungen aufsprengen, was am Schicksal der drei Reiche des Zaren, der Habsburger und der Osmanen abzulesen ist. Weder die Nationalstaatsgründungen von Griechenland, Serbien, Bulgarien und Montenegro im Laufe des 19. Jahrhunderts noch das Arrangement der Großmächte auf der Berliner Konferenz 1878 zur Klärung der damals virulenten »Orientalischen Frage« vermochten Nation, Volk und Territorium auf der Balkanhalbinsel zu harmonisieren. Vielmehr förderte die unübersehbare Schwäche des Osmanischen Reiches das Begehren der jungen Nationalstaaten, ihr Territorium auszuweiten. Mit starker Unterstützung Russlands erklärten Serbien, Bulgarien, Griechenland und Montenegro im Oktober 1912 dem osmanischen Sultanat den Krieg und eroberten innerhalb weniger Wochen die noch verbliebenen osmanischen Gebiete auf der Balkanhalbinsel, in erster Linie Albanien, Thrakien und Makedonien. Doch brach das Bündnis rasch auseinander, die eben noch verbündeten Staaten bekriegten sich nun untereinander.[8] Diese Balkankriege 1912/13 waren bereits

7 Zur Sprachpolitik siehe das instruktive Kapitel bei Benedict Anderson, *Die Erfindung der Nation. Zur Karriere eines folgenreichen Konzepts*, Frankfurt/M. 1996, S. 72-87; zu den Nationalgeschichtsschreibungen: Christoph Conrad, Sebastian Conrad (Hg.), *Die Nation schreiben. Geschichtswissenschaft im internationalen Vergleich*, Göttingen 2002.

8 Vgl. Richard C. Hall, *The Balkan Wars 1912-1913. Prelude to the First World War*, London, New York 2000; sowie das Kapitel »Präludium – der Balkan 1912-1913« in Włodzimierz Borodziej, Maciej Górny, *Der vergessene Weltkrieg. Europas Osten 1912-1923*, aus dem Polnischen von Bernhard Hartmann, Bd. 1, Darmstadt 2018, S. 42-69.

durch all jene Gewaltphänomene gekennzeichnet, die wir heute als »ethnische Säuberungen« identifizieren. Jene Gewaltexzesse, die europäische Kolonisatoren in der kolonisierten Welt verübten, erreichten nun auch Europa selbst:[9] Ganze Dörfer wurden umstellt und die Männer erschossen. Die übrige Bevölkerung, Frauen, Kinder, alte Menschen, wurde in der örtlichen Kirche oder Moschee zusammengetrieben, die Gotteshäuser dann angezündet, so dass die schutzlosen Menschen bei lebendigem Leib verbrannten.[10] Eine unabhängige Kommission der Carnegie Endowment for International Peace sammelte nach den Kriegen etliche Berichte über Massaker, Vertreibungen und andere Gewalttaten.[11] Die neu eroberten serbischen, griechischen und bulgarischen Gebiete wurden einer rigorosen Siedlungspolitik unterworfen, obwohl beziehungsweise gerade weil die eigene Nationalität oftmals nur eine Minderheit darstellte.[12]

Der Krieg wie die Nationalisierungspolitiken führten zu Flucht und Vertreibung in großem Ausmaß. Allein über die Hafenstadt Saloniki flüchteten im Zeitraum vom November 1912 bis März 1914 mehr als 240 000 Menschen, nahezu alle muslimischen Glaubens, zumeist in die Türkei.[13] Insgesamt wird die Zahl der Vertriebenen und Geflüchteten auf rund 900 000 geschätzt.[14] Es waren nicht zuletzt diese Morde und Vertreibungen von Muslimen aus Euro-

9 Vgl. dazu Sven Lindqvist, *Durch das Herz der Finsternis. Ein Afrika-Reisender auf den Spuren des europäischen Völkermords*, Frankfurt/M. 1999. Unter diesem Blickwinkel hat Dan Diner die militärische Innovation des Maschinengewehrs dargestellt, das mit seiner Zerstörungskraft zuerst in den Kolonien und dann im Ersten Weltkrieg in Europa eingesetzt wurde, Dan Diner, *Das Jahrhundert verstehen. Eine universalhistorische Deutung*, Frankfurt/M. 2000, S. 43-47.

10 Vgl. Katrin Boeckh, *Von den Balkankriegen zum Ersten Weltkrieg. Kleinstaatenpolitik und ethnische Selbstbestimmung auf dem Balkan*, München 1996, S. 166 f.

11 Carnegie Endowment for International Peace, *Report of the International Commission to Inquire into the Causes and Conduct of the Balkan Wars*, Bucks/Great Britain 1914.

12 In Makedonien zum Beispiel standen 1913 den 528 000 gezählten Griechen 104 000 Bulgaren, 465 000 Muslime und 98 000 Juden gegenüber (Boeckh, *Balkankriege*, S. 227).

13 Nach der statistischen Zählung des serbischen Generalkonsulats: 239 825 Menschen, nach amerikanischen Zählungen: 243 807 Menschen (Boeckh, *Balkankriege*, S. 258); siehe auch Mark Mazower, *Salonica, City of Ghosts: Christians, Muslims and Jews, 1430-1950*, New York 2006, S. 313-317.

14 Borodziej/Górny, *Der vergessene Weltkrieg*, Bd. 1, S. 64.

pa, die den »Jungtürken« als Legitimation dienten, um ihrerseits christliche Armenier und Griechen zu deportieren und zu ermorden.[15]

Der erste Staatsvertrag über einen sogenannten Bevölkerungstransfer wurde 1913 zwischen Bulgarien und der Türkei geschlossen, wobei bereits dieser Vertrag – ähnlich wie der von Lausanne zwischen Griechenland und der Türkei im Jahr 1923 – vornehmlich die Funktion hatte, die bereits vollzogenen Vertreibungen nachträglich zu legalisieren.[16] Schon in diesen diversen Vertragswerken, mit denen neue territoriale Verhältnisse auf der Balkanhalbinsel kodifiziert werden sollten, erwies sich die Abgründigkeit des Unterfangens, ethnische Differenzen als Staatsgrenzen festzuschreiben. Wie entscheidet man, ob beispielsweise die Stadt Debar zu Albanien oder zu Serbien gehört? Die eine Seite bestand darauf, dass Debar überwiegend von albanischen Muslimen bewohnt werde, während die andere Seite anführte, die Stadt sei nie ein albanischer Mittelpunkt gewesen: es gebe es zwei orthodoxe Episkopate, eine bulgarische und eine serbische Schule, aber keine albanische; der gesamte Handel liege in den Händen von Christen, und die umliegenden Dörfer würden überwiegend von Christen bewohnt.[17]

Die Kriterien, nach denen die Nation als »gedachte Ordnung« (M. Rainer Lepisus) konstruiert wird, sind ebenso vielfältig wie strittig. Eric Hobsbawm hat darauf aufmerksam gemacht, dass ethnische Zugehörigkeit und der Sprachgebrauch gegen Ende des 19. Jahrhunderts zu zentralen Kriterien der Nationsbestimmung avancierten, wobei insbesondere diejenigen Gemeinschaftsverbände, die sich selbst zum Volk, zur Nation erklärten, ohne über einen eigenen Staat zu verfügen, das ethnische Argument in den Mittelpunkt stellten.[18] Dem Konzept des Volks als *demos*, für das Rechtsgenossenschaft und staatsbürgerliche Gleichheit kennzeichnend sind, steht die Vorstellung vom Volk als *ethnos* gegenüber, in dem imaginierte Abstammungsgemeinschaften, Geschichtsmy-

15 Vgl. Norman M. Naimark, *Flammender Hass. Ethnische Säuberungen im 20. Jahrhundert*, aus dem Amerikanischen von Martin Richter, München 2004, S. 40 f.

16 Boeckh, Balkankriege, S. 269.

17 Ebd., S. 44.

18 Eric Hobsbawm, *Nationen und Nationalismus. Mythos und Realität seit 1780*, Frankfurt/M. 2005, S. 122.

then, Phantasmen von gemeinschaftlichem Blut und Boden miteinander verknüpft werden.[19]

Bezogen auf Territorialität und Staat schaffen Entscheidungen über ethnische Zugehörigkeiten erst die Probleme, die sie zu lösen versprechen, weil jede ethnische Differenzierung ethnische Mehrheiten und Minderheiten herstellt, die unweigerlich Forderungen nach Homogenität des Territoriums auf den Plan rufen. Programmatisch hieß es am Eingang der vieldiskutierten Ausstellung »Erzwungene Wege. Flucht und Vertreibung im Europa des 20. Jahrhunderts«, die vom August bis Oktober 2006 im Berliner Kronprinzenpalais zu sehen war: »Die Umsetzung der Idee eines ethnisch homogenen Nationalstaates ist eine der Hauptursachen für Vertreibungen ethnischer Gruppen und Minderheiten im 20. Jahrhundert. Rassismus und Antisemitismus waren neben dem Nationalismus weitere Antriebskräfte für Vertreibung und Vernichtung.« Doch verschwimmt im Begriff der Ethnizität eine Differenz, die jenseits von Geschichte, Sprache, Kultur und Abstammungsmythen die Frage nach Leben und Tod neu stellt: diese Differenz wird der Begriff der Rasse zum Ausdruck bringen.

II.

Erstens: Die entscheidende Zäsur, die das Volk von der Nation trennt, setzt der Biologismus, sobald er zum Paradigma auch des Sozialen wird. Es lohnt sich meines Erachtens in diesem Zusammenhang Michel Foucaults These aufzunehmen, der zufolge seit Ende des 18. Jahrhunderts ein neues Macht-Regime in Europa auftaucht, das nicht mehr von der Souveränität, vom Recht zu töten, geleitet wird, sondern von Technologien der Macht, die sich auf das Leben richten, auf Prozesse der Geburtenkontrolle, Fertilitätsraten, Hygiene, Seuchenbekämpfung: »Biopolitik«, wie Foucault dieses neue Machtregime nennt. »Man könnte sagen, das alte Recht, sterben zu *machen* oder leben zu *lassen*, wurde abgelöst von einer Macht, leben zu *machen* oder in den Tod zu *stoßen*.«[20]

19 Nach wie vor grundlegend: Emerich Francis, *Ethnos und Demos. Soziologische Beiträge zur Volkstheorie*, Berlin 1965.

20 Michel Foucault, *Der Wille zum Wissen*, Frankfurt/M. 1991, S. 165 (Hervorhebungen im Original).

Mit dem Aufkommen der Biopolitik wird, so Foucault, der Rassismus ein grundlegender Mechanismus der Macht. Im biopolitischen Regime führen rassistische Überzeugungen signifikante Unterscheidungen in das biologische Kontinuum ein, nicht zuletzt diejenige zwischen Lebensformen, die fortexistieren sollen, und jenen, die sterben müssen.[21] Für diesen Rassismus, der in der biologistischen Definition eines Volkes gipfeln kann, ist der Staat keine notwendige Implikation. Bekanntlich wurden kulturelle Minoritäten in bestehenden Nationalstaaten mit repressiven Nationalisierungspolitiken bis zum Punkt der völligen Auflösung ihrer Identität assimiliert. Auf sie wurden fraglos erheblicher Druck und staatlicher Zwang ausgeübt, aber sie wurden nicht vernichtet. Das Konzept der Nation kann folglich ethnische Zuschreibungen beinhalten, die bereits Homogenitätsforderungen nach sich ziehen. Aber erst der Biologismus stempelt die Andersheit des »Anderen« zu einer Naturtatsache, ruft also unentrinnbar genetische und nicht mehr bloß genealogische Differenzen auf, die per definitionem nicht assimiliert werden können. Damit lösen mörderische Politiken der Segregation und Ausmerzung die vormaligen Assimilationsprojekte ab. Indem das Volk naturalisiert wird, sich folglich nicht mehr über Verfahren des Rechts als Staatsvolk konstituiert, löst sich die Nation als politische Form der modernen Gesellschaft auf.[22]

Foucault identifizierte als den Adressaten der Bio-Macht ganz allgemein die Bevölkerungen. Freilich können sie sich im Zeitalter der Nation zu Staatsvölkern partikularisieren, die es dann im Unterschied und Gegensatz zu anderen Völkern zu regulieren, optimieren und zu vermehren gilt. Der Rassismus, der bei Foucault vornehmlich als funktionales biopolitisches Selektionskriterium erscheint, birgt unweigerlich ein eigenes Phantasma der Differenzierung und Hierarchisierung in sich, nicht bloß anderen Völkern und »Rassen« gegenüber, sondern gleichfalls innerhalb des eigenen Volkes.[23] Die Ausbreitung des rassischen Antisemitismus Ende des

21 Michel Foucault, *In Verteidigung der Gesellschaft. Vorlesungen am Collège de France (1975-76)*, Frankfurt/M. 2001, S. 300 f.

22 Vgl. Ulrich Bielefeld, *Nation und Gesellschaft. Selbstthematisierungen in Frankreich und Deutschland*, Hamburg 2003, S. 71.

23 Vgl. dazu Philipp Sarasin, »Zweierlei Rassismus? Die Selektion des Fremden als Problem in Michel Foucaults Verbindung von Biopolitik und Rassismus«, in: Martin Stingelin (Hg.), *Biopolitik und Rassismus*, Frankfurt/M. 2003, S. 55-79.

19. Jahrhunderts als qualitativ neue Form der Judenfeindschaft ist daher eng mit der Durchsetzung der Biologie als Leitwissenschaft des »Lebens« verbunden.

Nach innen gerichtet, konnte das »Volk« mit der Entwicklung der biologischen Wissenschaften, insbesondere des Darwinismus und der Eugenik, über den Horizont einer bloß genealogischen Abstammungsgemeinschaft hinaus konstruiert werden: zum einen retrospektiv als geschichtliche »Blutsgemeinschaft« und zum anderen, in die Zukunft gerichtet, als Züchtungsgemeinschaft, als biopolitisch erst herzustellendes Kollektiv. Das Phantasma des »Neuen Menschen« erhielt eine vermeintlich wissenschaftlich verifizierte »natürliche« Grundlage und durch die neuen biopolitischen Technologien gleichfalls eine praktische Option zur gesellschaftlichen Realisierung.[24]

Eugenische Vorschläge zur erbbiologischen Regulierung des Volkes waren dabei durchaus keine deutsche Eigenheit. Auch die bolschewistische Revolution ermunterte russische Biologen zu weitreichenden eugenischen Vorschlägen, etwa dem, »wertvolle Proletarier« bis zu tausend Kinder zeugen zu lassen. Doch selbstverständlich stießen eugenische Sozialutopien auch in Europa und den USA auf fruchtbaren Boden. Bis 1934 hatten 27 US-amerikanische Bundesstaaten die Möglichkeit legalisiert, Menschen, unter bestimmten Umständen auch gegen ihren Willen, sterilisieren zu lassen.[25]

Zweitens: So wie Volk unter biopolitischer Perspektive nicht mehr im Jellinekschen Sinn als ein »Staatsvolk« zu fassen ist, so lässt sich auch das Territorium nicht mehr als kartographisch definiertes »Staatsgebiet« begreifen. »Lebensraum« wird der Name für

24 Vgl. Gottfried Küenzlin u. a., *Der Neue Mensch*, Bonn 2018; Hans-Joachim Hahn, *Narrative des Neuen Menschen. Vom Versprechen einer besseren Welt*, Berlin 2018; Alexandra Gerstner, *Der Neue Mensch. Utopien, Leitbilder, Reformkonzepte zwischen den Weltkriegen*, Frankfurt/M. u. a. 2006.

25 Vgl. den Abschnitt »International Eugenics« im Ausstellungskatalog US Holocaust Memorial Museum, *Deadly Medicine. Creating the Master Race*, Washington 2004, S. 41-59; vgl. ebenfalls Mark B. Adams (Hg.), *The Well-Born Science. Eugenics in Germany, France, Brazil, and Russia*, New York 1990; Gunnar Bromberg, Nils Roll-Hansen (Hg.), *Eugenics and the Welfare State. Sterilization Policy in Denmark, Sweden, Norway, and Finland*, East Lansing 1996; Edwin Black, *War against the Weak. Eugenics and America's Campaign to Create a Master Race*, New York 2003.

Territorien biopolitisch verfasster Völker. Ein solcher Lebensraum reicht über staatliche Grenzen hinaus, stellt sie sogar in Frage.[26] Die Virulenz, mit der das Deutsche Reich, insbesondere nach 1933, die Frage der »Volksdeutschen« in Europa auf der Tagesordnung hielt, zielte nicht bloß auf die Revision des Versailler Vertrages, also die Rückkehr zu den Grenzen von 1914, sondern weit mehr auf die völkische Neuordnung Europas.[27] Ähnlich agierten die diversen Pan-Bewegungen, worauf Hannah Arendt schon früh hingewiesen hat.[28] Territorialkonstruktionen wie etwa Großserbien, Großbulgarien oder Großgriechenland griffen faktisch über bestehende Nationalstaatsgrenzen weit hinaus. Das im Sinne des 19. Jahrhunderts gleichberechtigte Nebeneinander von Nationalstaaten war im Lichte solcher Aspirationen von vornherein unterminiert.

Der Kartographie fiel dementsprechend eine immense Bedeutung zu, konnte man doch, worauf Benedict Anderson aufmerksam gemacht hat, mit Hilfe von Landkarten ein politisch-geographisches Herrschaftsnarrativ konstruieren.[29] So war die Bildung der Nationalstaaten zwar eng mit dem Zensus, also mit der Zählung und Segmentierung von Bevölkerungen verbunden, aber eben auch ein Schauplatz politisierter Kartographie: Grenzen sollten neu festgelegt und in ihren Geltungen politisch durchgesetzt werden. Die biopolitisch inspirierten, neuen Karten des Volkes verzeichneten demgegenüber in erster Linie Sprach-, Kultur- und Lebensräume. Bezeichnenderweise taucht in den Erinnerungen der an der Versailler Friedenskonferenz 1919 beteiligten Diplomaten immer wieder die Relevanz des Kartenmaterials auf. Mit ihm suchten sämtliche Delegationen den Anspruch ihrer Völker auf Selbstbestimmung zu belegen. Die Forderung nach der territorialen Autonomie ethnischer Gruppen, die sich mit vorgeblich eindeutigen Bevölkerungsmehrheiten und geschlossenen Siedlungsstrukturen

26 Ulrike Jureit, *Das Ordnen von Räumen. Territorium und Lebensraum im 19. und 20. Jahrhundert*, Hamburg 2012.

27 Vgl. Jerzy Kochanowski, Maike Sach (Hg.), *Die »Volksdeutschen« in Polen, Frankreich, Ungarn und der Tschechoslowakei. Mythos und Realität*, Osnabrück 2006.

28 Hannah Arendt, *Elemente und Ursprünge totaler Herrschaft*, Frankfurt/M. 1955, S. 359-394.

29 Anderson, *Erfindung der Nation*, S. 176; vgl. auch David Gugerli, Daniel Speich, *Topografien der Nation. Politik, kartografische Ordnung und Landschaft im 19. Jahrhundert*, Zürich 2002.

in einer entsprechenden Region begründet findet, verweist stets auch auf eine zugrunde liegende Homogenitätsvorstellung, nach der »Volk« und »Raum« zueinander gehören. »Fremde« Gruppen, die sich den jeweils konstruierten Zuordnungen nicht fügen, müssen sich demnach entweder mit einem inferioren Status in den markierten Räumen zufrieden geben oder das Land verlassen.[30]

Zudem stehen »Volkwerdung« und »Lebensraum« selbstverständlich in einem engen, innerkausalen Zusammenhang, denn die biopolitisch ins Auge gefassten Entwicklungsimperative, d. h. die Optimierung des Volkslebens, lässt sich zumal dann nicht auf ein historisch gegebenes Gebiet einschränken, wenn Leben im Zeichen seiner kontinuierlichen Optimierung immer mehr meint als nur die Gewährleistung von Selbsterhaltung. In der spezifischeren Bedeutung von Selbststeigerungsprozessen muß die Volkwerdung auch zu Forderungen nach Expansion und neuem Siedlungsraum führen. Die dramatisierende Feststellung eines angeblichen Raummangels – »Volk ohne Raum« (Hans Grimm) – kulminiert mit einer gewissen Notwendigkeit in einer Politik der Eroberung und Schaffung neuer »Lebensräume«. »Der Staat ist ein Mittel zum Zweck«, konstatierte Hitler in *Mein Kampf*. »Sein Zweck liegt in der Erhaltung und Förderung einer Gemeinschaft physisch und seelisch gleichartiger Lebewesen. Diese Erhaltung selber umfaßt erstlich den rassenmäßigen Bestand und gestattet dadurch die freie Entwicklung aller in dieser Rasse schlummernden Kräfte. Von ihnen wird immer wieder ein Teil in erster Linie der Erhaltung des physischen Lebens dienen und nur der andere der Förderung einer geistigen Weiterentwicklung.«[31]

Drittens: So wie in Bezug auf die Jellinekscke Definition die Begriffe Staatsvolk und Staatsgewalt im biopolitischen Kontext reformuliert werden müssen, so stellt sich auch die Frage nach der Staatsgewalt, der Volkssouveränität neu. Bekanntlich gehört zum Selbstverständnis der Nation auch das Versprechen der Egalität. So war im 19. Jahrhundert etwa die Einführung der allgemeinen Wehrpflicht in den europäischen Ländern mit der Forderung nach politischer Partizipation in dem Vaterland verzahnt, für das man

30 Vgl. dazu Samuel Salzborn, *Ethnisierung der Politik. Theorie und Geschichte des Volksgruppenrechts in Europa*, Frankfurt/M. 2005, S. 159-162.

31 *Hitler, Mein Kampf. Eine kritische Edition*, hg. von Christian Hartmann u. a., München, Berlin 2016, S. 1007.

nun als gemeiner Soldat auch sterben durfte und sollte. Von daher lässt sich die Aushebung von Volksarmeen mit der schrittweisen Ausweitung des allgemeinen, gleichen – männlichen – Wahlrechts parallelisieren.[32]

Unter dem Blickwinkel der Bio-Macht verändert sich jedoch die Auffassung vom Volk als staatlichem Souverän. Wenn sich die Identität des Volkes nicht mehr politisch definiert, wenn es nicht mehr die politische Willensbildung der Staatsbürger ist, die das Volk konstituiert, sondern die Zugehörigkeit des »Blutes«, erhalten außerkonstitutionelle Kriterien für die Verfasstheit des Volkes ein erheblich größeres Gewicht. Verstand sich Gleichheit auf der Folie der Nation in erster Linie als die Gleichheit der bürgerlichen Rechtspersonen vor dem Gesetz, so folgt aus dem Entwurf des Volkes als einer Lebensordnung eigenen Rechts und aus dem Postulat, diese Lebensordnung zu optimieren, eine Biopolitik, deren grundsätzliches Schema strikt nach »lebenswert« und »lebensunwert« unterscheidet. Dass mit den Euthanasiemaßnahmen die Vernichtungspolitik der Nationalsozialisten begann, ist kein zufälliges Faktum. Das »Blut«, nicht das Recht bestimmte das Volk.

III.

In dieser spezifischen historischen Konstellation hat die Formel vom Selbstbestimmungsrecht der Völker, die sowohl die Bolschewiki als auch der amerikanische Präsident Woodrow Wilson am Ende des Ersten Weltkrieges in die Debatte warfen, eine enorme politische Strahlkraft entfalten können. Im zerfallenden Zarenreich, das laut der Volkszählung von 1897 eine deutliche Mehrheit nicht-russischer Völker beheimatete,[33] klagten die Bolschewiki 1917 das Recht auf Sezession und die Bildung eines selbständigen Staates ein. Ende Oktober legte Lenin dem Allrussischen Sowjetkongress, noch vor dem Dekret über die Verteilung des Bodens, eine Entschließung vor, in der sich der Rätekongress zum uneingeschränkten Selbstbestimmungsrecht auch der kleinsten Völker im ehemali-

32 Vgl. Weichlein, *Nationalbewegungen,* S. 89-98.

33 Uwe Halbach, *Das sowjetische Vielvölkerimperium. Nationalitätenpolitik und nationale Frage,* Mannheim u. a. 1992, S. 11.

gen Zarenreich bekannte und alle nicht-russischen Völker aus dem Verband des Reiches entließ.[34]

Während die Bolschewiki das Recht auf Selbstbestimmung eher strategisch instrumentalisierten, um Bündnispartner für die revolutionäre Zerschlagung des zaristischen Russlands zu gewinnen, war Wilsons Erklärung zweifellos ein Ausdruck des demokratischen Geists Amerikas. Seit Beginn des Krieges hatte der Präsident der Vereinigten Staaten wiederholt öffentlich betont, dass eine künftige Friedensordnung Europas nur gelingen könne, wenn die imperiale Unterdrückung des Freiheitsstrebens der kleinen Völker beendet und jedes Volk selbst über seine Regierung bestimmen würde. Die Proklamationen der neuen bolschewistischen Regierung in Moskau drängten Wilson dazu, nun seinerseits mit einem friedenspolitischen Programm vor die Weltöffentlichkeit zu treten. In einer Rede am 8. Januar 1918 verkündete er vor dem amerikanischen Kongress seine berühmten »14 Punkte«, auf die sich später auch die deutsche Regierung ausdrücklich bezog, als sie im Oktober die militärische Niederlage eingestand und Waffenstillstandsverhandlungen anbot.[35]

Neben der Offenlegung aller Verträge, der Freiheit der Seefahrt, der Gleichheit von Handelsbeziehungen und einer allgemeinen Abrüstung forderte Wilson die unparteiische Schlichtung aller kolonialen Ansprüche, wobei den Interessen der betroffenen Bevölkerungen das gleiche Gewicht einzuräumen sei wie den Rechtsansprüchen der Kolonialmächte. Alle besetzten Gebiete sollten geräumt, insbesondere die Souveränität Belgiens wiederhergestellt werden. Ein unabhängiger polnischer Staat sollte (wieder-)erstehen, der die Gebiete umfasste, in denen eine unbestreitbar polnische Bevölkerung wohnte, ebenso sollte den Völkern Österreich-Ungarns die

34 Manfred Hildermeier, *Geschichte der Sowjetunion 1917-1991. Entstehung und Niedergang des ersten sozialistischen Staates*, München 1998, S. 127.

35 Woodrow Wilson, »Address to a Joint Session of Congress«, January 8, 1918, in: *The Papers of Woodrow Wilson,* hg. von Arthur S. Link u. a., Vol. 45, Princeton 1984, S. 534-539; deutsche Übersetzung in: *Ursachen und Folgen. Vom deutschen Zusammenbruch 1918 und 1945 bis zur staatlichen Neuordnung Deutschlands in der Gegenwart. Eine Urkunden- und Dokumentensammlung zur Zeitgeschichte*, hg. von Herbert Michaelis, Ernst Schraepler, Bd. 2, Berlin 1959, S. 374-376; vgl. Manuela Erez, *The Wilsonian Moment. Self-Determination and the Origins of Anticolonial Nationalism*, Oxford 2009.

freieste Möglichkeit zu autonomer Entwicklung gewährt werden. Auch dem türkischen Teil des Osmanischen Reiches sei Souveränität zu gewähren, wobei den anderen, derzeit noch unter türkischer Herrschaft befindlichen Nationalitäten – hiermit waren, obwohl ungenannt, Armenier und Griechen gemeint – die Sicherheit ihres Lebens und eine absolut unbeeinträchtigte Möglichkeit zu autonomer Entwicklung garantiert werden müsse. Für den Balkan forderte Wilson gleichfalls die Räumung aller besetzten Gebiete; Serbien sollte freier Zugang zum Meer gewährt und die Beziehungen der Balkanstaaten untereinander durch freundschaftliche Verständigung gemäß den historisch etablierten Grundlinien von Zugehörigkeit und Nationalität geregelt werden. Kernstück der Konzeption Wilsons war die Bildung einer »General Association of Nations«, des späteren Völkerbunds, der die politische Unabhängigkeit wie territoriale Integrität der großen und der kleinen Staaten gewährleisten sollte.

So diplomatisch abgewogen Wilsons Vorschläge waren, weshalb sie auch als Grundlage für die Friedensverhandlungen in Versailles 1919 dienen konnten, so traf seine Initiative dennoch auf ein Europa, das sich bereits nach dem »Blut« zu ordnen begonnen hatte. Die Formel vom Selbstbestimmungsrecht der Völker fachte die völkischen Ambitionen in Europa weiter an. Der Vertrag von Sèvres, der als Versailler Folgevertrag dem Osmanischen Reich im August 1920 von den Alliierten diktiert worden war und der unter anderem die Bildung eines eigenen armenischen Nationalstaates in Ostanatolien vorsah, war das Papier nicht mehr wert, auf dem er geschrieben war. Griechenland hatte die osmanische Schwäche bereits ausgenutzt und im Mai 1919 die kleinasiatische Hafenstadt Smyrna und einen Küstenstreifen besetzt. Noch lebten im osmanischen Kleinasien über eine Million Griechen, und der Traum von einem Großgriechenland schien jetzt Wirklichkeit werden zu können. Im Juli 1921 stieß griechisches Militär von der Ägäisküste aus nach Norden und Osten weit ins Landesinnere hinein, brannte in den eroberten Gebieten türkische Dörfer nieder und vertrieb deren Bevölkerung. Selbst westliche Reisende wie der britische Historiker Arnold Toynbee waren von den Grausamkeiten der Griechen schockiert. Allerdings kam der griechische Angriff vor Ankara zum Stehen. Den türkischen Truppen unter Mustafa Kemal gelang eine erfolgreiche Gegenoffensive, die den Griechen einen heillosen

Rückzug aufzwang, bei dem erneut ganze Dörfer verwüstet, Zivilisten misshandelt, vergewaltigt und getötet wurden. Im Hafen von Smyrna, von dem aus Zehntausende zu entkommen suchten, ereignete sich dann Mitte September die Katastrophe, als die Stadt zu brennen begann und die eingeschlossenen Flüchtlinge auf dem Kai den Flammen schutzlos ausgeliefert waren.[36]

Der Vertrag von Lausanne, der im Juli 1923 von Griechenland und der Türkei sowie Großbritannien, Frankreich, Italien und Japan unterzeichnet wurde, sanktionierte die Vertreibungen und Deportationen als »Bevölkerungstransfer«: Sämtliche anatolischen Griechen, insgesamt eine Zahl zwischen 1,2 und 1,5 Millionen, von denen die meisten bis auf etwa 290 000 bereits vertrieben worden waren, hatten ihre Heimat ebenso zu verlassen wie etwa 350 000 Türken, die aus Griechenland in die Türkei vertrieben wurden.[37] Die unterzeichnenden Vertragsparteien waren im Übrigen keine totalitären Diktaturen. Frankreich, Großbritannien, Italien wurden ebenso wie Griechenland parlamentarisch regiert. Insofern scheinen demokratische Gesellschaften offenbar Praktiken ethnischer Säuberungen keineswegs auszuschließen, und Volkssouveränität ist kein Hinderungsgrund dafür, exzessive Gewalt gegen Zivilisten auszuüben.[38] In der Konzeption der Volkssouveränität steckt eine Ambivalenz, die nicht allein Partizipation, sondern auch »Aggression« (Dieter Langewiesche) zulässt, die mit Politiken der Inklusion ebenso vereinbar ist wie mit gewalttätiger Exklusion. Der Begriff der Volksgemeinschaft bezeichnet wohl jene definitive Transformation, die das Volk des 20. Jahrhunderts vom Volk der Nation trennt.

36 Norman M. Naimark, *Flammender Hass*, S. 58-70; zu Smyrna siehe Biray Kolluoğlu Kırlı, »Forgetting the Smyrna Fire«, in: *History Workshop Journal* 60 (2005), S. 25-44.

37 Naimark, *Flammender Hass*, S. 70-75.

38 Vgl. Michael Mann, *Die dunkle Seite der Demokratie. Eine Theorie der ethnischen Säuberung*, aus dem Englischen von Werner Roller, Hamburg 2007; Philipp Ther, *Die dunkle Seiten der Nationalstaaten. »Ethnische Säuberungen« im modernen Europa*, Göttingen 2011; Michael Schwartz, *Ethnische »Säuberungen« in der Moderne. Globale Wechselwirkungen nationalistischer und rassistischer Gewaltpolitik im 19. und 20. Jahrhundert*, München 2013.

IV.

»Alle Gewalt geht vom Volke aus«, jene wuchtige Formulierung, die sich in den demokratischen Verfassungen Europas wiederfindet, hat trotz aller verfassungsrechtlichen Einhegung eine durchaus verfassungssprengende Kraft. Die Revolution 1918/19 in Deutschland war, so Gerhard Anschütz in seinem maßgebenden Kommentar zur Verfassung der Weimarer Republik, »eine gewaltsame Zerstörung alten Rechts, also Rechtsbruch« und zugleich »Schöpferin einer neuen Rechtsordnung«.[39] In der Weimarer Verfassung war diese Vorstellung vom revolutionären Volk, das in die Geschichte eingreift und einen Anfang setzt, noch enthalten, konstituierte sie doch nicht allein das Staatsvolk, das in freier, geheimer und gleicher Wahl seine Repräsentanten im Reichstag bestimmte, sondern verankerte in der Präambel, in der es hieß, dass das deutsche Volk, einig in seinen Stämmen, sich diese Verfassung gegeben habe, gewissermaßen ein vorkonstitutionelles, vorpolitisches Volk.[40]

Carl Schmitt hat diese Ambivalenzen scharfsichtig erkannt und sie zugleich antirepräsentativ und antiliberal zu einer Seite hin zu zwingen versucht, indem er die Identität und Homogenität des politischen Volks zur Voraussetzung jedweder demokratischen Verfassungsordnung erklärte, das souveräne Volk nicht mehr als Assoziation freier und gleicher Bürger begriff, sondern Gleichheit substantialistisch formulierte: »Jede wirkliche Demokratie beruht darauf, daß nicht nur Gleiches gleich, sondern, mit unvermeidlicher Konsequenz, das Nichtgleiche nicht gleich behandelt wird. Zur Demokratie gehört also notwendig erstens Homogenität und

39 Gerhard Anschütz, *Die Verfassung des Deutschen Reiches vom 11. August 1919. Ein Kommentar für Wissenschaft und Praxis*, Dritte Bearbeitung, 12. Aufl., Berlin 1930, S. 3. Artikel 1 der Weimarer Verfassung lautete: »Das Deutsche Reich ist eine Republik. Die Staatsgewalt geht vom Volke aus.«

40 In der Präambel heißt es: »Das Deutsche Volk, einig in seinen Stämmen und von dem Willen beseelt, sein Reich in Freiheit und Gerechtigkeit zu erneuern und zu festigen, dem inneren und dem äußeren Frieden zu dienen und den gesellschaftlichen Fortschritt zu fördern, hat sich diese Verfassung gegeben.« Nicht zuletzt nahm dieser programmatische Vorspruch der Weimarer Verfassung auch auf die Präambel der Reichsverfassung von 1871 Bezug, deren Schöpfer eben nicht das Volk, sondern vielmehr ein Bund von Fürsten gewesen war.

zweitens – nötigenfalls – die Ausscheidung oder Vernichtung des Heterogenen.«[41]

Diese »Substanz der Gleichheit« konnte Schmitt zufolge – Anfang der 20er Jahre, als er diesen Text aufsetzte – in besonderen moralischen oder physischen Qualitäten, in religiösen Überzeugungen oder in der Zugehörigkeit zu einer bestimmten Nation bestehen, die, wie Jürgen Habermas gegen Schmitt argumentierte, der staatlichen Organisation als gleichsam natürliches Substrat unterstellt wird.[42] Andererseits: Handelte es sich 1923 bei Schmitt bei den Auszuschließenden um »Barbaren, Unzivilisierte, Atheisten, Aristokraten oder Gegenrevolutionäre«, so ließ sich diese Liste später mühelos um »Juden«, »Fremdrassige« und »Gemeinschaftsfremde« erweitern. In Schmitts Schriften selbst verwandelte sich nach 1933 das »Gleichartige« in das »Artgleiche«.[43] Mit Schmitts Wendung konnte das Volk als »Volksgemeinschaft« souverän werden, das heißt den Anspruch auf Volksherrschaft erheben, ohne seinen partikularen, rassenbiologisch definierten Charakter zu verlieren.

Nahezu alle Parteien der Weimarer Republik propagierten die Volksgemeinschaft als politisches Programm – mit graduellen wie fundamentalen Unterschieden. Das katholische Zentrum, das dem Gedanken einer Volkssouveränität kritisch gegenüberstand, legte mehr Wert auf die ständische, naturrechtliche Ordnung der Gesellschaft als wohlgeordnetes Abbild der göttlichen Schöpfung, als dass es den egalitären Aspekt der Volksgemeinschaft, die Aufhebung der Klassen und die Gleichheit aller Schaffenden, hätte goutieren können. Für die Sozialdemokraten war die Klasse der Arbeitenden im Laufe ihrer Geschichte längst zur Volksmehrheit geworden, der letztlich nur noch eine verschwindende, jedoch ungerechtfertigt mächtige Minderheit von Monopolkapitalisten und Großgrund-

41 Carl Schmitt, *Die geistesgeschichtliche Lage des heutigen Parlamentarismus* (1923), Berlin 1996, S. 13 f.

42 Jürgen Habermas, »Inklusion versus Unabhängigkeit. Zum Verhältnis von Nation, Rechtsstaat und Demokratie«, in: Manfred Hettling, Paul Nolte (Hg.), *Nation und Gesellschaft in Deutschland. Historische Essays*, München 1996, S. 115-127, hier S. 117 f.

43 Carl Schmitt, *Der Begriff des Politischen* (1932), Berlin 1963, S. 27, 20. Den Hinweis auf die signifikante Silbenverdrehung von »gleichartig« in »artgleich« verdanke ich Lutz Niethammer, *Kollektive Identität. Heimliche Quellen einer unheimlichen Konjunktur*, Reinbek bei Hamburg 2000, S. 101-105.

besitzern gegenüberstand: Volksgemeinschaft war hier eine Integrationsformel für alle Schaffenden.[44]

Dagegen begriff die politische Rechte die »Volksgemeinschaft« vor allem in ihrer exkludierenden Dimension. Allen voran der NSDAP ging es keineswegs um die Inklusion aller Deutschen als vielmehr um die Gemeinschaft von »Volksgenossen«, die von vornherein alle jüdischen Deutschen ausschloss. Auch wenn die politische Rhetorik der Rechten die Gemeinschaft selbstverständlich in den Mittelpunkt stellte, wurde die Volksgemeinschaft vor allem durch die scharfe und gewalttätige Grenzziehung, durch die Exklusion hergestellt.

Der Antisemitismus spielte dabei die entscheidende Rolle. Denn in der vorkonstitutionellen, außerstaatlichen Konstruktion des Volkes als »natürlicher Blutsgemeinschaft«, die zu ihrer eigenen, antibürgerlichen und antirechtsstaatlichen politischen Ordnung, die eben nicht mit dem Nationalstaat identisch war, finden muss, ist die rassistische, antisemitische Grenzlinie untrennbar eingelassen. Antisemitismus konstituierte die nationalsozialistische Volksgemeinschaft; er befeuerte ihre Radikalität und Destruktionskraft, trieb sie unermüdlich an, Grenzen und Differenzen zu bestimmen. »Volksgemeinschaft« war so auf der einen Seite immer wieder schon gegeben und musste auf der anderen Seite durch ständige Purifikation erst noch hergestellt werden. »Durch Reinheit zur Einheit«, hatte schon der Wiener alldeutsche Antisemit Georg von Schönerer, ein Vorbild Hitlers, gefordert.

Der Biologismus transformierte aber auch die Inklusion in eine ständige Selektion, ging es doch in der Züchtung des neuen arischen Menschen stets um die biopolitische Entscheidung, wer leben soll und wer sterben muss. Sogenannte Erbgesundheitsgerichte, die Zehntausende von nichtjüdischen Menschen sterilisieren ließen, und die Massenmorde durch die Euthanasie, die »Vernichtung lebensunwerten Lebens«, wie es damals hieß, lassen den Nationalsozialismus zweifellos als das mörderischste biopolitische Regime erscheinen.

Die Konstruktion der Nation als Rechtsordnung wurde abgelöst durch die Konstruktion des Volkes als Lebensordnung. Durch das

44 Vgl. dazu den Beitrag »Die Ungleichheit des Volkes. ›Volksgemeinschaft‹ in der politischen Kommunikation der Weimarer Republik« in diesem Band.

Aufkommen der Bio-Macht verschoben sich die politischen Ambivalenzen, die dem Konzept der Nation von vornherein innewohnten. *Demos* naturalisierte sich zu *ethnos,* und die Allgemeinheit der Bevölkerungen als Adressat der Bio-Macht partikularisierte sich zur Optimierung einzelner, rassistisch hierarchisierter Völker. Volkssouveränität als Legitimitätsprinzip moderner politischer Herrschaft erhielt durch den biopolitischen Zusammenhang eine, wie Schmitt es formuliert hatte, biologisierte Grundlage der »Artgleichheit«. Inklusion und Exklusion waren in der »Volksgemeinschaft« rassistisch bestimmt und wurden durch die Forderung nach Selbstbestimmungsrecht der Völker noch einmal enorm angetrieben. Es entstanden jene extrem gewalttätigen Konstellationen, die weder durch die völkerrechtliche Regelung von Minoritätenrechten noch durch die Schlichtungskompetenz des Völkerbunds, ja nicht einmal mit herkömmlicher, hegemonialer Assimilierungspolitik, wie sie das 19. Jahrhundert kannte, zu entschärfen waren.

Carl Schmitt hat in seiner 1928 erschienenen »Verfassungslehre« kalt konstatiert, dass in der europäischen staatlichen Wirklichkeit nationale Homogenität nicht vorhanden sei. Zwar gebe es die Möglichkeit friedlicher Assimilation der Minderheiten, aber, so Schmitt wörtlich, eine andere Methode sei »schneller und gewaltsamer«, nämlich »Beseitigung des fremden Bestandteils durch Unterdrückung, Aussiedlung der heterogenen Bevölkerungsteile und ähnliche radikale Mittel«.[45] Die biologische Definition des Volkes lässt weder Gleichberechtigung noch territoriale Integrität zu, sondern verlangt nach Segregation, Vertreibung und Vernichtung.

V.

Unter diesem Blickwinkel wird der Begriff des Genozids problematisch. Bekanntlich hat Raphael Lemkin, ein Völkerrechtler polnisch-jüdischer Abstammung, dessen Interesse an dem Thema Völkermord schon Anfang der 1920er Jahre geweckt wurde, als er an der Universität Lwow Jura studierte, den Begriff geprägt und erstmals in seinem 1944 erschienenen Buch *Axis Rule in Occupied*

45 Carl Schmitt, *Verfassungslehre* (1928), 8. Aufl., Berlin 1993, S. 232.

Europe veröffentlicht.[46] 1945 tauchte der neue Begriff »Genocide« dann in der Anklageschrift gegen die Hauptkriegsverbrecher im Prozess vor dem Internationalen Militärgerichtshof in Nürnberg auf, allerdings nicht in der deutschen Ausgabe, in der »Genocide« mit »Massenmord« übersetzt wurde.[47]

Lemkins Buch und die Nürnberger Anklage belegen die enge Verbindung des Begriffs des Genozids mit dem Holocaust. Von den nationalsozialistischen Massenmorden, insbesondere dem Mord an den europäischen Juden, bezog und bezieht »Genozid« bis heute seine politische Relevanz. Mit der »Konvention zur Verhütung und Bestrafung des Genozids«, die die Vollversammlung der UNO am 9. Dezember 1948 verabschiedete, war erstmals in der neueren Geschichte ein völkerrechtliches Instrument geschaffen, das es gestattete, die Souveränität eines Staates zu verletzen, um einen Massenmord notfalls mit militärischen Mitteln zu verhindern. Die notwendige juristische Definition, welche Gewalttaten unter den Begriff des Genozids fallen sollten, beruhte allerdings auf einem politischen Kompromiss innerhalb der UNO-Staaten, unter denen insbesondere die Sowjetunion keinesfalls eine Formulierung wollte, die die stalinistischen Verbrechen zum Gegenstand internationaler Strafahndung hätte werden lassen. Also wurden zwar nationale, rassische, ethnische oder religiöse Merkmale der Verfolgung von Gruppen in die Konvention aufgenommen, aber keine politischen. Die USA wiederum bestanden darauf, dass die Intention zum Völkermord Bestandteil der Definition sein müsse, um Massaker und Massenmord in Kriegen von einem Genozid abzugrenzen. Offensichtlich sollte verhindert werden, wegen des Abwurfs von Atombomben auf Hiroshima und Nagasaki womöglich selbst zum Angeklagten zu werden.[48]

Blieb diese Diskussion während des Kalten Kriegs eher auf juristische Fachkreise beschränkt, brach die Kontroverse darüber,

46 Vgl. Douglas Irvin-Erickson, *Raphaël Lemkin and the Concept of Genocide*, Philadelphia 2017; Dirk A. Moses, »Raphael Lemkin, Culture, and the Concept of Genocide«, in: *The Oxford Handbook of Genocide Studies*, ed. by Donald Bloxham, Dirk A. Moses, Oxford 2013, S. 19-41.

47 *Der Prozeß gegen die Hauptkriegsverbrecher vor dem Internationalen Militärgerichtshof*, Nürnberg 1947, Bd. 1, S. 47; vgl. dazu William A. Schabas, *Genozid im Völkerrecht*, Hamburg 2003, S. 71-74.

48 Vgl. Schabas, *Völkerrecht*, S. 75-112.

wie ein Genozid zu definieren sei, erneut seit 1989, vor allem seit den jugoslawischen Kriegen und dem Massenmord in Ruanda aus. Freilich blieb der Begriff selbst unangetastet.[49] Es mag eine Reihe guter politischer Gründe geben, am Begriff des Genozids festzuhalten, nicht zuletzt deshalb, weil nur er aufgrund der UNO-Konvention die Grundlage für eine internationale Intervention zugunsten verfolgter Menschen sein kann. Andererseits zeigt die Debatte der vergangenen Jahre, dass der Begriff kaum noch analytische Erklärungskraft besitzt.

Problematisch ist erstens, dass der Holocaust als Maßstab nicht nur an die Massenmorde angelegt wird, die seit 1945 geschehen sind, sondern gleichfalls in die Zeit vor dem Zweiten Weltkrieg zurückprojiziert wird, um beispielsweise die Deportationen und den Massenmord an den Armeniern als Genozid zu charakterisieren. Damit drohen in der Untersuchung der jeweiligen Gewaltpraktiken nur jene in den Blick zu geraten, die dem Holocaust ähnlich waren und dann als Genozid klassifiziert werden können, während jene Gewalt, die der Shoah anscheinend unähnlich ist, als nicht genozidal aussortiert wird. Damit schafft man nicht nur ein letztlich unauflösbares methodologisches Klassifikationsproblem. Sondern man läuft darüber hinaus Gefahr, die Dynamiken und Radikalisierungen der Gewalt, die Transformationen und Überlagerungen von Gewaltpraxen, nicht zuletzt das situative Moment des »Überschießens« von Gewalt zu unterschätzen. Konsequent bestimmt die Suche nach der »Genesis« des Holocaust die wissenschaftliche Debatte, wohingegen im Sinne Foucaults weniger eine genetische als vielmehr eine genealogische Herangehensweise womöglich neue Einsichten bringen würde.

Zweitens beruht die enge definitorische Verbindung von Holocaust und Genozid auf der problematischen Annahme, dass der Holocaust als Referenzrahmen ausführlich erforscht, seine Ursachen geklärt und die Kriterien, die ihn von anderen Massenmorden unterscheiden, eindeutig abgegrenzt und fest umrissen seien. So gehen zahlreiche Bücher zum Genozid wie selbstverständlich von der Intention zum Mord an den europäischen Juden aus, obwohl die jüngere Forschung zum Holocaust die institutionellen, radi-

49 Vgl. dazu jüngst den Überblick bei Boris Barth, *Genozid. Völkermord im 20. Jahrhundert. Geschichte – Theorie – Kontroversen*, München 2006, S. 12-61.

kalisierenden, situativen und vor allem regional unterschiedlichen Momente deutlich in den Vordergrund stellt. Auch der kaum angezweifelte Konsens in der Literatur zum Genozid, dass es sich um ein Staatsverbrechen handle und der Staat, was in aller Regel mit Bezug auf den Holocaust hervorgehoben wird, der zentrale Akteur des Genozids sei, ignoriert die lebhafte Auseinandersetzung innerhalb der Holocaustforschung um den vermeintlich nur staatlichen Charakter des Nationalsozialismus. Sowohl die Einsatzgruppen der SS als auch die »Aktion Reinhardt« als Organisation der Vernichtungslager in Polen sind schwerlich als rein staatliche Institutionen zu identifizieren, vielmehr verweisen sie auf eine spezifisch nationalsozialistische Ordnungsvorstellung des Politischen, die sich kaum unter das Webersche Konzept des rationalen Anstaltsstaates der Moderne subsumieren lässt.

Drittens – und das wäre der schwerwiegendste Einwand gegen den Terminus – setzt die »Genozid«-Forschung den Gegenstand ihrer Untersuchung, nämlich das Volk, als gegeben voraus, gewissermaßen als ein nicht mehr gesondert zu befragendes Apriori. Insofern schafft die Forschungsperspektive selbst eine schon klassifizierte Opfergruppe, deren Verfolgung und Ermordung dann Grundlage der jeweiligen Phänomenbeschreibungen und Analysen werden. Gerade weil ethnische und rassenbiologische Kriterien Elemente von Selbst- wie Fremdbeschreibungen darstellen, wäre die Selbstverständlichkeit, mit der von Juden, Hutu, Tutsi, Polen, Armeniern, Griechen, Türken etc. die Rede ist, aber zunächst doch in Zweifel zu ziehen. Tatsächlich sollten detaillierte Untersuchungen zu der Frage, wer aufgrund welcher Gründe wie verfolgt wird, Teil der Gesamtanalyse sein. Dass die Zuschreibung, Jude und damit des Todes zu sein, in erster Linie eine Definition der nationalsozialistischen Täter war, sich damit im Begriff des Genozids diese Täterperspektive auf eine gespenstische Weise perpetuiert und jene Opfer, die nichts anderes als Menschen sein wollten, in eine problematische Opferhierarchie zwingt, ist von Jean-Michel Chaumont mit guten Argumenten kritisiert worden.[50]

Vieles spricht also dafür, sich Jacques Sémelin anzuschließen und die Perspektive auf die Massenmorde des 19. und 20. Jahrhunderts

50 Jean-Michel Chaumont, *Die Konkurrenz der Opfer. Genozid, Identität und Anerkennung*, Lüneburg 2001.

zu verändern.[51] Im Mittelpunkt stünde dann nicht mehr das Klassifizierungsproblem, ob es sich um einen Genozid, also um eine dem Holocaust ähnliche Gewalttat handelt oder nicht, sondern vielmehr die Analyse der konkreten Gewalttaten sowie die Beschäftigung mit unterschiedlichen Handlungsfaktoren, unter denen die Biopolitik selbstverständlich nur ein möglicher ist. Darüber hinaus weisen die sogenannten ethnischen Säuberungen, die mit der biologisch definierten Homogenität des Volkes einhergehen, darauf hin, dass sich diese Vertreibungen und Morde prinzipiell von den Massakern und Kriegsgräueltaten vorangegangener Jahrhunderte unterscheiden. Die Staatenkriege als Gewaltform des Konzepts der Nation, die nach innen pazifiziert und die Feinde im Außen sucht, werden abgelöst durch die Eroberung von »Lebensraum«, Vernichtungskriege und ethnische Säuberungen in der Politik des biologisierten Volkes, die »leben macht«, züchtet und ausmerzt. Der Rassismus als biopolitisches Selektionskriterium – da ist Foucault ernst zu nehmen – markiert eine deutliche Zäsur zwischen den modernen Massenmorden und denen der Vormoderne. Nicht die Zahl der Toten oder die Form der Gewalt stünde damit im Mittelpunkt der Analyse, sondern das Kriterium der Selektion, wer leben soll und wer sterben muss.

51 Jacques Sémelin, *Säubern und Vernichten. Die Politik der Massaker und Völkermorde*, Hamburg 2007.

Antisemitismus als Alltagspraxis

5.
»Wir wollen in unserer Stadt keine Juden sehen«. Antisemitismus und Volksgemeinschaft in der deutschen Provinz

Abb. 1: Stadtarchiv Marburg S 3/4, 156

Marburg, 19. August 1933, Sonnabendnachmittag: Ein Mann wird von der SA durch die Straße getrieben, er ist jung und trägt einen dunklen Anzug. In den Händen hält er ein großes Schild, auf dem zu lesen ist: »Ich habe ein Christenmädchen geschändet!« Sein Gesichtsausdruck, soweit er auf der Fotografie zu erkennen ist, wirkt maskenhaft starr, als ob er durch größtmögliche Abweisung die öffentliche Demütigung auf Distanz halten wolle. Gäbe es das Plakat nicht, das den Mittelpunkt der Fotografie bildet, hätte man auf den ersten Blick Mühe, diesen Umzug als eine politische Aktion zu erkennen, die einen Menschen öffentlich erniedrigen und verächtlich machen soll. Denn neben den uniformierten SA-Männern marschiert vorneweg ein Spielmannszug, Jugendliche begleiten den Aufmarsch, feixend und Fahrrad fahrend, Schaulustige säumen den Weg, eine Mutter hält ihr Kind auf dem Arm und eine andere Frau begrüßt mit zum »deutschen Gruß« erhobenem Arm die SA-Kolonne, nur lachende und fröhliche Menschen sind zu sehen, jedenfalls aber niemand, der dem Treiben entgegentritt oder sich angewidert abwendet.[1]

Nichts lässt sich darüber sagen, was die abgebildeten Zuschauer über diese öffentlich inszenierte Erniedrigung eines Nachbarn und Mitbürgers gedacht haben werden. Einige mögen vielleicht sogar Mitleid empfunden haben, obgleich ein solcher Gefühlsausdruck auf ihren Gesichtern oder in ihren Gesten nicht zu beobachten ist. Sie waren keine Täter wie die SA-Männer, die diesen Umzug organisierten und den jungen Mann sicherlich unter Gewaltandrohung zwangen, mit dem Schild in der Hand durch die Straßen Marburgs zu laufen. Doch ohne diese Zuschauer wäre die Aktion wirkungslos gewesen; die Absichten der Nationalsozialisten wären verpufft, wenn die Fenster in den Häusern verschlossen und die Straßen leer geblieben wären. Die Schaulustigen, Neugierigen und Passanten, wie auch immer ihre innere Einstellung zum Geschehen gewesen sein mag, stellten ein unverzichtbares Element dieser Aktion dar, die im öffentlichen Raum stattfindet, um ebendiese Öffentlichkeit fundamental zu verändern. Dass diese Aktion ohne Widerspruch oder auch nur schweigende Abkehr geschehen konnte, bedeutete faktisch bereits den politischen Erfolg der Täter. All die Zuschauer, die den Zug begleiteten, nahmen an der Inszenierung teil und wurden, selbst womöglich ungewollt, zu Komplizen der antisemitischen Politik. In einem solchen Moment stellte sich die Volksgemeinschaft her, wie sie die Nationalsozialisten verwirklichen wollten, und zugleich zerbrach die geltende politisch-kulturelle Ordnung des Ortes. Jene Menschen, deren Geschäfte attackiert oder die öffentlich durch die Straßen gezerrt wurden, waren

1 Die Fotografie stammt aus dem Band: Klaus Hesse/Philipp Springer, *Vor aller Augen. Fotodokumente des nationalsozialistischen Terrors in der Provinz*, Essen 2002, S. 82; zum Geschehen siehe Günther Rehme, Konstantin Haase, *»... mit Rumpf und Stumpf ausrotten ...«. Zur Geschichte der Juden in Marburg und Umgebung nach 1933*, Marburg 1982, S. 16, 65. Bei dem Opfer handelte es sich, wie die *Oberhessische Zeitung* vom 24. 8. 1933 unter der Überschrift »Am Pranger« mitteilte, um den jüdischen Studenten Spier aus Gemünden, der von SA-Leuten geholt und zum Marsch durch Marburg gezwungen wurde. Nach dem Umzug wurde Spier in »Schutzhaft« genommen, d. h. in ein Konzentrationslager verschleppt (ebd., S. 65).

bisher Nachbarn gewesen, vielleicht eher geduldete als gelittene, aber jeder Angriff auf ihr Eigentum oder ihr Leib und Leben wäre als Straftat geahndet worden. Das kalkulierte Durchbrechen dieser Grenzen mittels solcher Gewaltaktionen sollte eben die bürgerliche Gleichheit vor dem Gesetz und die bisherige soziale Ordnung des Ortes öffentlich zerstören und neue, rassistische Exklusionsgrenzen ziehen: Nachbarn wurden Juden.

I.

»Volksgemeinschaft« war durchaus kein exklusiv nationalsozialistischer Begriff. Das Wort erfuhr eine erste Hochkonjunktur bereits im Sommer 1914, als zahllose Deutsche patriotisches Hochgefühl ergriff, der Kaiser statt der Parteien nur noch Deutsche kannte und selbst die gesellschaftlich verfemten deutschen Sozialdemokraten und Juden glaubten, dass der gemeinsame Krieg endlich die Gleichstellung und nationale Anerkennung bringen würde. Der Euphorie folgte zwar die Ernüchterung, doch verlor der Begriff »Volksgemeinschaft« seinen Zauber nicht. Nahezu alle politischen Parteien nahmen das bewährte Schlagwort in ihre Programme auf und versuchten, aus der »Volksgemeinschaft« politisches Kapital zu schlagen, wiewohl mit durchaus unterschiedlichen Intentionen und Inhalten.[2] Während der Begriff etwa für die Sozialdemokraten einen klassenversöhnlerischen Sinn besaß, gewissermaßen als Synonym für die Einheit aller Schaffenden gegen eine verschwindende Minderheit von Großkapitalisten fungierte, war die »Volksgemeinschaft« auf der Rechten, bei den Nationalsozialisten zumal, vor allem durch Grenzziehungen und Ausschluss, kurz: durch Exklusion bestimmt. Das inkludierende Moment der »Volksgemeinschaft« war von Anfang an mit der brutalen Ausgrenzung der sogenannten »Asozialen«, der angeblich erbbiologischen Minderwertigen und vor allem der Juden verbunden. Was in der rückblickenden Erinnerung einstiger »Volksgenossen« gerne getrennt wurde, nämlich die Judenverfolgung und die Gemeinschaftserlebnisse im Nationalsozialismus, gehörte untrennbar zusammen, bildete in Wahrheit die beiden Seiten eines politischen Projekts, der Zerstörung der

2 Vgl. dazu den Beitrag »Die Ungleichheit des Volkes. ›Volksgemeinschaft‹ in der politischen Kommunikation der Weimarer Republik« in diesem Band.

bürgerlichen Gesellschaft und Errichtung einer neuen rassistischen Ordnung.

Hitler selbst hat in seiner frühen programmatischen Rede »Warum sind wir Antisemiten?«, die im August 1920 in München gehalten wurde, diese Verbindung unmissverständlich zum Ausdruck gebracht. Den Schlüsselbegriff lieferte die »Arbeit«. Während Arbeit, so Hitler, als instinktmäßiger Selbsterhaltungstrieb Menschen wie Tieren gemeinsam sei, habe sich bei den Menschen eine zweite Stufe entwickelt, die Arbeit aus reinem Egoismus. Doch sei auch diese Haltung zugunsten einer dritten und höchsten Stufe überwunden worden, die allein den »nordischen Rassen« vorbehalten sei. »Ariertum«, so Hitlers Resümee, »bedeutet sittliche Auffassung der Arbeit und dadurch das, was wir heute so oft im Munde führen: Sozialismus, Gemeinsinn, Gemeinnutz geht vor Eigennutz – Judentum bedeutet egoistische Auffassung der Arbeit und dadurch Mammonismus und Materialismus, das konträre Gegenteil von Sozialismus. Und in dieser Eigenschaft, über die er nicht hinaus kann, die in seinem Blut liegt, er selbst erkennt das an, in dieser Eigenschaft allein schon liegt die Notwendigkeit für den Juden, unbedingt staatenzerstörend auftreten zu müssen. Er kann nicht anders, ob er will oder nicht.«[3]

In dieser Passage wird die Essenz des nationalsozialistischen Antisemitismus erkennbar. Für die Juden gibt es kein Entrinnen. Als Einzelne mögen sie gut oder böse, fleißig oder faul, anpassungsbereit oder eigensinnig sein, es bleibt ohne Belang. Die Forderung nach restloser Assimilation der Juden, wie sie eine ältere Generation von Antisemiten erhoben hatte, ist für Hitler überholt. Es helfe, so seine Überzeugung, keine Aufklärung, kein bloß wirtschaftlicher Kampf, sondern allein die Tat und Organisation der Massen. Während die Treitschkes, Stoeckers, Marrs ihr antijüdisches Gift zu Papier brachten und drucken ließen, hielt Hitler Reden, um zur Tat aufzurufen.[4] »Unsere Sorge muß es sein, das Instinktmäßige

3 Die Rede wird hier zitiert nach *Hitler. Sämtliche Aufzeichnungen 1905-1924*, hg., von Eberhard Jäckel, Axel Kuhn, Stuttgart 1980, S. 184-204, hier S. 190; vgl. dazu die ausführliche Interpretation der Rede von Klaus Holz, *Nationaler Antisemitismus. Wissenssoziologie einer Weltanschauung*, Hamburg 2001, S. 359-430.

4 Vgl. dazu Shulamit Volkov, »Das geschriebene und das gesprochene Wort. Über Kontinuität und Diskontinuität im deutschen Antisemitismus«, in: dies., *Antisemitismus als kultureller Code. Zehn Essays*, München 2000, S. 54-75.

gegen das Judentum in unserem Volke zu wecken und aufzupeitschen und aufzuwiegeln, solange bis es zum Entschluß kommt, der Bewegung sich anzuschließen, die bereit ist, die Konsequenzen daraus zu ziehen.«[5] Im Handeln, in der Praxis bewies sich der nationalsozialistische Antisemitismus, nicht durch gelehrte Artikel oder Parteibroschüren. Die Verfolgung der Juden als »Volksfeinde«, als »rassische Gegner des deutschen Volkes« war somit sowohl zentrales Mittel als auch wesentliches Ziel nationalsozialistischer Politik.

Das nationalsozialistische Konzept der »Volksgemeinschaft« weist daher über die Ordnung von Inklusion und Exklusion hinaus. Mit ihm wird nicht bloß das »Eigene« vom »Fremden« getrennt, was auch innerhalb eines bürgerlichen Staates, sogar innerhalb der Verfassung der Weimarer Republik möglich gewesen wäre. Die nationalsozialistische »Volksgemeinschaft« zielt vielmehr auf die Zerstörung der bürgerlichen Gesellschaft und eine fundamentale Neugestaltung der politischen Ordnung. Just in dem Moment, wo 130 Jahre nach der Französischen Revolution auch in Deutschland das Volk als souveränes Staatsvolk definiert wurde und die Weimarer Verfassung vom 11. August 1919 in Artikel 1 bestimmte: »Das Deutsche Reich ist eine Republik. Die Staatsgewalt geht vom Volke aus«, verdichtete sich im nationalsozialistischen Topos von der »Volksgemeinschaft« alle Kritik an der republikanischen Staatsform und ihrer repräsentativen Verfassung.

Freilich verabschiedet die »Volksgemeinschaft« den republikanischen Gedanken vom Volk als Souverän keineswegs, vielmehr soll jetzt ein von den Juden, »Fremdrassigen«, »Minderwertigen« und »Gemeinschaftsfremden« gereinigtes deutsches Volk im Mittelpunkt der politischen Ordnung stehen. Von dieser Entität, und nicht vom Staatsvolk der Weimarer Republik, soll fürderhin alle Gewalt ausgehen. Nicht freie Bürger, gleich welchen Geschlechtes, welcher Religion, Hautfarbe oder Abstammung, bilden die Legitimitätsressource staatlicher Gewalt, sondern ein rassenbiologisch imaginiertes Volk. »Volksgemeinschaft« im nationalsozialistischen Verständnis ließe sich daher nur schwer mit Jean-Jacques Rousseau begründen, dessen politische Philosophie sich die Aufgabe gestellt hatte, freien Menschen eine soziale Verfasstheit zu entwerfen, die

5 *Hitler. Sämtliche Aufzeichnungen*, S. 201.

ihre Freiheit nicht antastet. Andererseits schließt Rousseaus *Gesellschaftsvertrag* nicht aus, dass sich die Souveränität vergesellschafteter Individuen auf der Ausgrenzung und Unterdrückung anderer gründen könne. Rousseau gestand freimütig ein, dass die Bürgerfreiheit der griechischen Polis auf der Unfreiheit ihrer Sklaven beruhte.[6]

Carl Schmitt nahm in seiner Lektüre die Inkohärenz des Rousseauschen Konzepts präzise wahr und nutzte dessen Aufriss dazu, das souveräne Volk nicht mehr als eine Assoziation freier und gleicher Bürger zu begreifen, sondern Gleichheit substantialistisch zu postulieren: »Jede wirkliche Demokratie beruht darauf, daß nicht nur Gleiches gleich, sondern, mit unvermeidlicher Konsequenz, das Nichtgleiche nicht gleich behandelt wird. Zur Demokratie gehört also notwendig erstens Homogenität und zweitens – nötigenfalls – die Ausscheidung oder Vernichtung des Heterogenen.«[7] Mit Schmitts Wendung des Rousseauschen Arguments konnte die »Volksgemeinschaft« souverän werden, d. h. den Anspruch auf Volksherrschaft erheben, ohne ihren partikularen, rassenbiologisch definierten Charakter zu verlieren.

»Volksgemeinschaft« bedeutet daher nicht eo ipso Regression in die Vormoderne. Sie taugt auch als Programmformel für eine Aufhebung der Moderne, ihre Überwindung mit modernen Mitteln. Volksherrschaft ohne Repräsentation wäre eine Formel, auf die sich das politische Telos in der nationalsozialistischen Volksgemeinschaftsrhetorik bringen ließe. Aus ihm bezog sie die politische Leidenschaft, die Intensität der politischen Emotionen, mit denen der Nationalsozialismus gegen den Rechtsstaat kämpfte, um ihn durch eine neue, identitäre politische Ordnung zu ersetzen. Man muss solche Konnotationen mitbedenken, will man den Begriff und die Sache, für die er ideologisch steht, analysieren. So wird handgreiflich, dass die »Volksgemeinschaft« auf etwas in der bürgerlichen Gesellschaft Verfemtes, auf eine entdifferenzierende Sehnsucht nach Macht und Identität verweist. Sie erschöpft sich

6 Jean-Jacques Rousseau, *Der Gesellschaftsvertrag. Textkritische Ausgabe*, übersetzt und herausgegeben von Klaus H. Fischer, Schutterwald 2002, S. 126; vgl. dazu den exzellenten Erläuterungsband: Jean-Jacques Rousseau, *Vom Gesellschaftsvertrag oder Prinzipien des Staatsrechts*, hg. von Reinhard Brandt, Karlfriedrich Herb, Berlin 2000.

7 Carl Schmitt, *Die geistesgeschichtliche Lage des heutigen Parlamentarismus* (1923), Berlin 1996, S. 13 f.

keineswegs in einer bloß inkludierenden Ordnung von Gleichheit und Gemeinnutzen, sondern muss als solche gegen die schlechte Wirklichkeit von Eigennutz und Heterogenität stets hergestellt werden. »Volksgemeinschaft« ist insofern das Versprechen einer metamodernen Ordnung rassischer Ungleichheit, in der sich das seine Homogenität erzeugende und wahrende Volk als politischer Souverän erfährt.

II.

Gewalt gegen Juden gehörte von Anfang an zur politischen Praxis von NSDAP und SA. Mit Gewalt ließ sich der Weimarer Rechtsstaat täglich wirksam herausfordern, da er das staatliche Gewaltmonopol verteidigen musste und sich folglich stets in der Defensive befand. Durch Gewalt ließ sich zugleich die angestrebte Volksgemeinschaft sichtbar machen, indem durch politische Aktionen die Grenze zwischen »uns« und den »Volksfeinden« scharf und unüberbrückbar gezogen wurde.[8]

Für die Berliner SA-Stürme war es üblich, am Sonntag zum Kurfürstendamm zu fahren, um dort Passanten, insbesondere jene, die in den Augen der SA jüdisch aussahen, zu belästigen oder zu verprügeln. Aber auch in der Provinz agierten die Nationalsozialisten gewalttätig. So fielen am 6. März 1927 mehrere Nazitrupps aus Köln, Koblenz und Wiesbaden in den kleinen hessischen Ort Nastätten ein, weil dort der jüdische Landwirt Hermann Henning eine öffentliche Versammlung zum Thema »Das wahre Gesicht des Nationalsozialismus« organisiert hatte. Schon am Nachmittag gab es die ersten Auseinandersetzungen mit den vier Polizisten in Nastätten. Als die Nazis das Hotel stürmten, in dem die Versammlung stattfinden sollte und Henning sich aufhielt, kam es sogar zu einem Feuergefecht mit der Polizei, bei dem ein Nationalsozialist getötet wurde.[9]

8 Zur Gewalt gegen Juden in der Weimarer Republik vgl. Dirk Walter, *Antisemitische Kriminalität und Gewalt. Judenfeindschaft in der Weimarer Republik*, Bonn 1999; Cornelia Hecht, *Deutsche Juden und Antisemitismus in der Weimarer Republik*, Bonn 2003; Michael Wildt, *Volksgemeinschaft als Selbstermächtigung. Gewalt gegen Juden in der deutschen Provinz 1919 bis 1939*, Hamburg 2007.

9 Diesen Fall schildert Walter, *Antisemitische Kriminalität*, S. 206 f.

Ein Zwischenfall wie dieser mag nach umstandsloser Kontinuität antisemitischer Gewalt von der Weimarer Republik bis in den Nationalsozialismus hinein aussehen, doch sind wichtige Unterschiede hervorzuheben: Obwohl sie sich in deutlicher Unterzahl befanden, haben die vier Polizisten mutig versucht, die Rechtsordnung in Nastätten zu verteidigen. Sie erhielten auch Unterstützung zum Beispiel von der örtlichen Feuerwehr. Möglicherweise resultiert das Verhalten weniger aus der Solidarität mit dem jüdischen Landwirt Hermann Henning als aus dem Motiv, fremde, den Ortsfrieden attackierende Gruppen abzuwehren. Festzuhalten bleibt dennoch, dass sich die Bewohner von Nastätten gegen die nationalsozialistische Gewaltattacke zur Wehr gesetzt haben. Im Übrigen verurteilte ein Wiesbadener Schöffengericht im Februar 1928 elf der nationalsozialistischen Täter zu sechs Monaten Haft, und kurzfristig wurden die NSDAP-Ortsgruppen in Köln, Koblenz, Wiesbaden verboten.

Während zivilgesellschaftliche wie rechtsstaatliche Gegenwehr gegen antisemitische Gewalt in der Weimarer Republik durchaus keine Ausnahme war, änderte sich die Situation 1933 fundamental. Dabei markierte nicht so sehr der 30. Januar, also der Tag der Ernennung Hitlers zum Reichskanzler durch Reichspräsident Hindenburg, die Zäsur, als vielmehr die anschließende Phase der sogenannten Machtergreifung. Der Wahlkampf zu den Reichstagswahlen am 5. März stand bereits ganz im Schatten massiver Propaganda und des rücksichtslosen Gebrauchs von staatlicher Gewalt durch die regierenden Nationalsozialisten. Insbesondere der Reichstagsbrand in der Nacht zum 27. Februar stellte für die Naziführung eine willkommene Gelegenheit dar, staatlichen Terror zu sanktionieren. Am nächsten Tag erließ der Reichspräsident die »Verordnung zum Schutz von Volk und Staat«, die wesentliche Grundrechte der Weimarer Verfassung außer Kraft setzte.[10]

Dennoch erzielte die NSDAP in den Reichstagswahlen nicht die absolute Mehrheit. Trotz des Terrors gegen Oppositionelle und der offenkundigen Bereitwilligkeit vieler Deutscher, die nationalsozialistische Machtergreifung in Parlamenten, Gemeinden, Vereinen, Universitäten zu unterstützen, um das NS-Regime schließlich fest

10 Vgl. Thomas Raithel. Irene Strenge, »Die Reichstagsbrandverordnung. Grundlegung der Diktatur mit den Instrumenten des Weimarer Ausnahmezustandes«, in: *Vierteljahrshefte für Zeitgeschichte* 48 (2000), S. 413-460.

zu etablieren, gab es unter der Bevölkerung weiterhin Zögern und Skepsis bis hin zur strikten Ablehnung. Selbstverständlich war im Jubel über die »Regierung der nationalen Erhebung« die Absage an die Weimarer Demokratie unüberhörbar, doch bedeutete solcher Applaus noch keine Zustimmung zu der rassistischen Ordnung, die den Nationalsozialisten als ihr politisches Ziel vor Augen stand.

Die Herstellung dieser »Volksgemeinschaft« galt den Nationalsozialisten als zentrale Aufgabe, die nicht zuletzt in der Provinz, auf den Dörfern und in den kleinen Ortschaften zu bewerkstelligen war. Dabei stellte die Verfolgung der deutschen Juden das entscheidende Politikfeld dar, ließen sich hier doch rassistische Grenzen innerhalb lokaler Populationen ziehen, die bisherige bürgerliche Rechtsordnung aus den Angeln heben und mit der praktizierten Vertreibung von Juden der Forderung nach der endgültigen »Entfernung der Juden« den Weg bahnen. »Volksgemeinschaftspolitik« war folglich zuerst und vor allem Politik gegen die Juden in der Nachbarschaft.

In der politischen Praxis vor Ort galt es zunächst, soziale Distanzen zwischen Juden und »Volksgenossen« zu schaffen, Solidarität und Mitleid mit den Verfolgten zu stigmatisieren, um die jüdischen Nachbarn isolieren und für rechtlos, ja vogelfrei erklären zu können. Angesichts der Möglichkeiten, die den NSDAP-Ortsgruppen zur Verfügung standen, waren die Verfolgung jüdischer politischer Gegner, der Boykott jüdischer Geschäfte und das Anprangern sogenannter »Rassenschandefälle« erfolgversprechende Praktiken, derer sich die lokale »Volksgemeinschaftspolitik« nachdrücklich zu bedienen wusste.

Der Eindruck beispielsweise, dass der Boykott vom 1. April 1933 nur einen Tag gedauert habe, trügt. Die Berichte aus den Landesverbänden und Ortsgruppen des Centralvereins deutscher Staatsbürger jüdischen Glaubens (C.V.)[11] lassen vielmehr erkennen, wie hartnäckig und zunehmend gewalttätig gegen die jüdischen Bewohner in ebendiesen kleinen Gemeinden, Ortschaften und Kleinstädten vorgegangen wurde, wobei zu Beginn der Kampagnen die jüdischen Kaufleute ebenso heftig wie ihre nichtjüdischen Kunden attackiert wurden.

11 Zum C.V., dem mit über 600 Ortsgruppen und annähernd 70 000 Mitgliedern größten deutsch-jüdischen Verband neben den jüdischen Gemeinden, vgl. Avraham Barkai, *»Wehr Dich!« Der Centralverein deutscher Staatsbürger jüdischen Glaubens (C.V.) 1893-1938,* München 2002.

Aus allen Teilen des Reiches melden die örtlichen C.V.- Gruppen Einbrüche in Synagogen, Zerstörungen des religiösen Inventars, das nächtliche Einwerfen von Fensterscheiben und das Bekleben oder Beschmieren der Schaufenster mit antisemitischen Parolen: »Die Juden sind unser Unglück«; »Wer beim Juden kauft, ist ein Volksverräter«; »Wer vom Juden frißt, stirbt daran«; »Wir wollen in unserer Stadt keine Juden sehen« – das ist nur eine kleine Auswahl antisemitischer Parolen, die die Ortsgruppe des C.V. in Hameln im April 1934 notiert hat.[12] Aus Rügenwalde berichtete im November 1933 ein jüdischer Kaufmann, dass die Anwesenden bei jeder Parteiversammlung aufgefordert würden, nicht mehr bei Juden zu kaufen. Eine Fischersfrau, die bei einem solchen Einkauf beobachtet worden war, wurde von der Leiterin des Arbeitslagers, in dem sie tätig war, angezeigt und sofort entlassen. Der Frau eines Lehrers namens Eggert, die dort gleichfalls eingekauft hatte, wurde angedroht, ihr Mann werde bald seine Stellung verlieren, sollte sie weiterhin bei Juden kaufen.[13]

Bald gingen die NSDAP-, SA- und HJ-Gruppen dazu über, die Kunden beim Betreten der Geschäfte zu fotografieren und die Aufnahmen, häufig mit vollem Namen und Anschrift, in örtlichen, großen und grellrot angestrichenen »Stürmerkästen« auszuhängen.

Nationalsozialistische deutsche Arbeiterpartei
Ortsgruppe Haren (Ems)
Warnung
Es kaufen noch von Juden Fleisch:
1.) der Stellmacher Joh. Wolbers, der an Arbeitsdienstläger Schiebkarren liefert.
2.) der Motorschiffer Franz Held, der Zuschuss zum Bau eines Wohnhauses erhalten hat.[14]

Man kann sich unschwer ausmalen, wie stark der durch solche Bekanntmachungen ausgelöste soziale Druck gerade in kleineren Ortschaften war. Der Geschäftsführer des Landesverbandes Ostpreußen des C.V. berichtete im August 1935: »Die ›Stürmer‹-Kästen

12 C.V. Hannover an Regierungspräsidenten Hannover, 23.9.1935, Sonderarchiv Moskau, in: Wildt, *Selbstermächtigung*, S. 139.

13 Aktennotiz C.V. Berlin, 16.11.1933, Sonderarchiv Moskau, 721-1-2945, Bl. 264.

14 Abschrift, Sonderarchiv Moskau, in: Wildt, *Selbstermächtigung*, S. 191.

sind stets belagert. Die Inschriften und die Bilder üben auf das Publikum eine starke Wirkung aus, sodass die alte Kundschaft völlig verängstigt, sich nicht mehr in die Geschäfte wagt.«[15] Auch andere C.V.-Berichte notierten dramatische Umsatzeinbußen. Die wenigen couragierten nichtjüdischen Kunden kamen, wenn überhaupt, nur noch in den Abendstunden. In Ortschaften, in denen es nur wenige jüdische Kunden gab, sahen die Inhaber oftmals keinen anderen Ausweg, als ihre Geschäfte zu schließen. Wenn sie nicht gleich emigrierten, zogen sie mit der Hoffnung, dort unerkannt leben zu können, in eine größere Stadt.

Überall aus dem Reich, aus katholischen wie protestantischen Gegenden, aus Regionen mit stark antisemitischer Tradition wie aus solchen, in denen Christen und Juden zwar mit sozialer Distanz, aber ohne antijüdische Ausschreitungen lebten, berichteten die Ortsgruppen des C.V. von Boykottaktionen gegen jüdische Geschäfte, die im Sommer 1935 pogromartige Formen annahmen. Im hessischen Gladenbach drangen maskierte Männer in Wohnungen von Juden ein, verprügelten die Bewohner schwer und demolierten die Einrichtungen. Die Opfer erstatteten Anzeige, wurden jedoch, als sie nach ihren Vernehmungen von der Staatsanwaltschaft kamen, von einer Menschenmenge angegriffen und geschlagen.[16] In Harpstedt bei Bremen verweigerten die christlichen Kaufleute ihren jüdischen Nachbarn den Einkauf von Lebensmitteln, weshalb sie in die Stadt fahren mussten, um Brot, Milch und die Dinge des täglichen Lebens zu erwerben. Ähnliche Fälle wurden aus Osterholz-Scharmbeck, Rastede und Stavenhagen in Mecklenburg gemeldet. Die Botschaft lautete unmissverständlich: Wenn ihr nicht geht, lassen wir euch verhungern![17]

Im ostpreußischen Osterode überfiel im Juli 1935 eine Rotte Jugendlicher den Lederhändler Wittenberg in seinem Geschäft, nachdem er eine Gruppe acht- bis zehnjährige Kinder vertrieben hatte, die sein Schaufenster mit antisemitischen Zetteln beklebt hatte. Die Hitler-Jungen fesselten Wittenberg, hingen ihm ein Pappschild um den Hals mit der Aufschrift »Dieser dreckige Jude hat einen deutschen Jungen geschlagen!« und zwangen ihn,

15 C.V. Ostpreußen, Angerthal, an C.V. Berlin, 26.8.1935, Sonderarchiv Moskau, 721-1-2335, Bl. 38.
16 Wildt, *Selbstermächtigung*, S. 287 f.
17 Ebd., S. 204.

eine Stunde lang unter Schlägen und Misshandlungen durch die Straßen von Osterode zu laufen. Es bedurfte schließlich der Intervention von vier Gendarmen, um Wittenberg aus der Gewalt der Jugendlichen zu befreien und in »Schutzhaft« zu nehmen. Die Meute zog noch zu anderen Häusern und Geschäften in jüdischem Besitz, verwüstete das Büro eines Mühlenbetriebs und führte den jüdischen Mühlendirektor Kallmann ebenfalls durch die Straßen Osterodes, bis auch er in »Schutzhaft« genommen und am Abend erst wieder freigelassen wurde.[18]

Victor Klemperer notierte in seinem Tagebuch über die antisemitischen Gewalttätigkeiten und zunehmende Pogromstimmung in Dresden: »Die Judenhetze ist so maßlos geworden, weit schlimmer als beim ersten Boykott, Pogromanfänge gibt es da und dort, und wir rechnen damit, hier nächstens totgeschlagen zu werden. Nicht durch Nachbarn, aber durch nettoyeurs [Säuberer, Reiniger, M.W.], die man da und dort als ›Volksseele‹ einsetzt. An den Straßenbahnschildern der Prager Straße: ›Wer beim Juden kauft, ist ein Volksverräter‹, in den Schaufenstern der kleinen Läden in Plauen Aussprüche und Verse aus allen Zeiten, Federn und Zusammenhängen (Maria Theresia, Goethe! etc.) voller Beschimpfungen, dazu: ›Wir wollen keine Juden schauen / in unsrer schönen Vorstadt Plauen‹, überall der ›Stürmer‹ mit den gräßlichsten Rasseschändergeschichten, wilde Goebbelsrede – an verschiedensten Stellen offene Gewalttaten.«[19]

Im Sommer 1935 nahm neben den gewalttätigen Boykottaktionen auch die Anprangerung von Liebesbeziehungen zwischen Juden und Nicht-Juden als sogenannte »Rassenschande« zu.[20] Die Deutschland-Berichte der SPD erwähnen zahlreiche solcher Beschuldigungen, die stets mit aggressiven öffentlichen Angriffen in Zeitungen und Flugblättern oder mit Demonstrationen vor dem Haus des angeblichen Täters einhergingen, insbesondere wenn es sich um die Beziehung eines jüdischen Mannes zu einer nicht-jü-

18 Ebd. S. 210-213.

19 Victor Klemperer, *Ich will Zeugnis ablegen bis zum letzten. Tagebücher 1933-1941*, hg. von Walter Nojowski unter Mitarbeit von Hedwig Klemperer, Band I, S. 212 (Eintrag unter dem 11. 8. 1935).

20 Siehe jetzt dazu Alexandra Przyrembel, *»Rassenschande«. Reinheitsmythos und Vernichtungslegitimation im Nationalsozialismus*, Göttingen 2003.

dischen Frau handelte.[21] In vielen Fällen wurden dem Mann oder auch dem Paar, wenn die Menge seiner habhaft werden konnte, die Haare geschoren, Plakate mit obszönen Aufschriften umgehängt und die Opfer durch die Stadt geführt. Alexandra Przyrembel hebt fünf Bedeutungsebenen dieser Prangerumzüge hervor: Sie sollten erstens »deutsch-jüdische« Beziehungen ächten und ein gesetzliches Verbot durchsetzen, was sich schließlich in den »Nürnberger Rassengesetzen« vom Herbst 1935 materialisierte; sie bekräftigten zweitens das Bild vom männlichen jüdischen »Rassenschänder« und der von ihm »verführten« deutschen Frau; drittens dehumanisierten sie die Opfer im öffentlichen Raum; sie waren, viertens, ein öffentliches Spektakel am helllichten Tag vor aller Augen, das seine Wirkung nur durch die zahlreichen Zuschauer entfalten konnte, und sie zeigten fünftens eine Freude an der Gewalt, die belegt, dass bereits vor dem Novemberpogrom 1938 die Bereitschaft zu gewalttätigen Übergriffen gegen Juden in der deutschen Gesellschaft existierte.[22]

Allerdings barg die entfesselte Gewalt auch Gefahren für den Nationalsozialismus, denn zum einen unterhöhlte sie das zentrale Gewaltmonopol, zum anderen brachte die offene Brutalität das Regime unter Umständen in Misskredit. Die Staatspolizeistelle Königsberg hält in ihrem Bericht für Juli 1935 fest: »So erfreulich es ist, daß allmählich das Verständnis für die Gefährlichkeit des Juden in immer weitere Schichten dringt, haben doch auch andererseits die zahlreichen wilden Aktionen gegen jüdische Geschäfte usw. im weiten Kreise der Bevölkerung erhebliche Erregung verursacht und Ablehnung gefunden. Es wird von diesen Kreisen betont, dass die Regelung der Judenfrage allein Aufgabe des Staates und der Bewegung sei, daß aber nicht jeder einzelne Volksgenosse nach eigenem Gutdünken und, ohne etwaige Auswirkungen zu übersehen, handeln könne.«[23]

21 Siehe die Berichte vom Juli, August, September 1935 sowie die Übersicht im Bericht vom Januar 1936, in: *Deutschland-Berichte der Sozialdemokratischen Partei Deutschlands* (Sopade), 1934-1940, 2. Jg. 1935, Nördlingen 1980; sowie Przyrembel, *Rassenschande*, S. 65-84.

22 Przyrembel, *Rassenschande*, S. 70 f.; vgl. dazu den Beitrag »Sitzen, baden, durch die Straßen laufen. Überlegungen zu fotografischen Repräsentationen von ›Alltäglichem‹ und ›Unalltäglichem‹ im Nationalsozialismus« in diesem Band.

23 Stapostelle Königsberg, Bericht für Juli 1935, in: Otto Dov Kulka, Eberhard Jäckel (Hg.), *Die Juden in den geheimen NS-Stimmungsberichten*, Düsseldorf 2004,

Die Gewalt stieß deshalb auf Kritik, weil sie von Parteiorganisationen wie SA, HJ, SS und nicht von den »legitimen« staatlichen Organen ausgeübt wurde, dementsprechend als ein Ordnungsbruch empfunden werden konnte. So mochten all jene, denen die brutalen Gewaltaktionen des Sommers 1935 missfallen hatten, nach den Nürnberger Gesetzen mit der »Wiederherstellung von Recht und Ordnung« zufrieden sein, obwohl die Gewalt »von unten« nicht unerheblich zum Zustandekommen der Rassengesetze beigetragen hatte. Und tatsächlich führten die jetzt erlassenen Rassengesetze zu einer deutlichen Verschärfung der politischen wie rechtlichen Verfolgungssituation der deutschen Juden.

III.

Wie die Fotografie des Prangerumzugs aus Marburg im August 1933 zeigt, ist das Verhalten der Abgebildeten nicht immer eindeutig und trennscharf als Beteiligung, Komplizenschaft oder Indifferenz zu identifizieren. Vielmehr sind variierende Verhaltensweisen in unterschiedlichen Situationen und Gewaltkonstellationen möglich. Was etwa als konservatives Beharren auf dem staatlichen Gewaltmonopol hätte erscheinen können, entpuppte sich im nationalsozialistischen Staat, der über verschiedene Gewaltinstanzen verfügte, als eine Option, die illegale Gewaltpolitik zu tolerieren, solange sie vordergründig von Polizei und anderen staatlichen Organen praktiziert wurde – auch wenn diese Instanzen ihrerseits Teil eines umfassenderen Gewaltregimes geworden waren, in dem sich ein rechtsstaatlich verfasstes Gewaltmonopol aufgelöst hatte.

In welcher Form die einzelnen Angehörigen solcher Mobs oder Massen in das Geschehen eingriffen, ob als aktive Täter, als anfeuernde Beteiligte, als billigende, den Rechtsbruch legitimierende Zuschauer oder bloß als neugierige Passanten, die freilich durch ihre Passivität den Gewaltakt ermöglichten, ist aus den Quellen oft nicht eindeutig zu ermitteln – ganz abgesehen von den Teilen der Bevölkerung, die sahen, was geschah, aber wegschauten und weitergingen, um nicht involviert zu werden. Die Öffentlichkeit

CD-ROM, Dok. Nr. 1015, vgl. auch David Bankier, *Die öffentliche Meinung im Hitler Staat. Die »Endlösung« und die Deutschen. Eine Berichtigung*, Berlin 1995, S. 97-105.

der Gewalttaten sollte die Stellungnahme erzwingen, erst das Gewährenlassen verlieh dem Rechtsbruch den gewollten Erfolg. Die öffentliche Zurückweisung der Gewalt, wie sie in der ersten Zeit des NS-Regimes noch zu beobachten war, schwächte die Propaganda der Tat, deren Macht vor allem in der Realisierung der Gewalt lag und nicht in deren argumentativer Begründung. Dennoch musste auch die Tat legitimiert werden, woraus sich eine beinahe nahtlose Verbindung zwischen lautstarkem Antisemitismus, der die Gewaltaktionen begründete, und der die Begründung wiederum »bestätigenden« Aktion ergab: ein in sich geschlossener Zirkel, dessen Diskursmacht durch Gewalt und Sprache jeden Widerspruch unterdrückte. Die Ausgeschlossenen in der Nachbarschaft mussten ihre geradezu buchstäbliche Ohnmacht erleiden, während die »Volksgenossen« ihre Ermächtigung alltäglich erfuhren und noch diejenigen, die sich nicht direkt beteiligten, sondern dabeistanden und zuschauten, komplizenhaft an der Machtausübung teilhaben konnten.

Die jeweiligen Motive mochten durchaus unterschiedlich ausfallen: Habgier, Neid, Missgunst mögen die Handelnden ebenso befeuert haben wie explizite Judenfeindschaft. Und selbst unter den antijüdischen Beweggründen mag es variierende Motive und Absichten gegeben haben. Insofern ist die gemeinsame Tat keinesfalls der abschließende Beweis für eine geteilte Motivation oder eine gleichförmige Weltanschauung. Doch verschmolzen die unterschiedlichen Beweggründe in der gemeinsamen Tat, die gewalttätige Praxis hob die motivationalen Differenzen zwischen den Beteiligten in der kollektiven Aktion auf. Gleich welche Intention zur Tat gedrängt hat, ausnahmslos und stets richtete sich die Gewalt gegen Juden. Und in jedem Fall bot der offizielle rassenbiologische Antisemitismus auch denen eine wohlfeile, öffentlich sanktionierte Legitimierung, die aus bloßer Habgier, Rachsucht oder anderen, nicht unbedingt antijüdischen Antrieben handelten. Ja, schlimmer noch, die antisemitische Praxis gestattete, all die Gefühle und Ressentiments, die ansonsten sozial sanktioniert waren, ungehemmt auszuleben.

Es ist kennzeichnend für die lokalen Gewaltexzesse, dass diejenigen, die das Gesetz eigentlich zu hüten und Straftaten zu verhindern hatten, erst spät oder überhaupt nicht eingriffen. Gewöhnlich ließ die Polizei wie in Osterode die Gewalttäter gewähren, bevor sie Einhalt gebot. Und auch dann ging sie nicht gegen die jugendlichen Gewalttäter vor, die immerhin gegen das damals geltende Strafrecht verstoßen hatten, sondern nahm das jüdische Opfer in Haft und schloss dessen Geschäft. Die jugendlichen Aktivisten durften sich des mehr oder weniger unverhohlenen Einverständnisses der Erwachsenen sicher sein, selbst derjenigen, die von Amts wegen die öffentliche Ordnung zu gewährleisten hatten. Nicht dass Grenzverletzungen oder die Missachtung herrschender Alltagsregeln zum üblichen Repertoire pubertären Verhaltens gehören, stellte das Problem dar. Tatsache war vielmehr, dass die Erwachsenen solche Grenzen und Regeln nicht mehr verteidigten. Juden, so die Erfahrung dieser Jugendlichen, konnten beschimpft, misshandelt, sogar geschlagen werden, ohne dass Erwachsene oder der Staat einschritten. Mehr noch, die jungen Männer konnten sich sogar in der heldenhaften Rolle wähnen, mutig und unerschrocken auszuführen, was die Erwachsenen sich nicht zu tun trauten, insgeheim aber tun wollten.

Diese mehr oder weniger heimliche Komplizenschaft vor Ort, kraft derer die geltende Rechtsordnung für Juden faktisch außer Kraft gesetzt und ihnen aller Schutz verweigert wurde, war als Politik »von unten« ebenso notwendig wie die Erlasse, Gesetze, Maßnahmen »von oben«, um die »Volksgemeinschaft« herzustellen. Der Moment, in dem Recht gegenüber einer Gruppe folgenlos verletzt werden konnte, markiert eine Grenze, diesseits derer sich die »Volksgenossen« als »Volksgemeinschaft« konstituierten, während sich jenseits ihrer alle Juden und andere »Fremdvölkische« wie »Gemeinschaftsfremde« ausgeschlossen fanden. Dabei zeigen die Fallbeispiele, dass es falsch wäre, den Blick allein auf die aktiv Handelnden zu richten. So wie die Täter keineswegs bloße Befehlsempfänger waren, die Anweisungen ausführten, sondern die Situation, die Gewalttat mitdefinierten, so hatten auch die Zuschauer, Passanten, *bystanders* eine gleichermaßen konstitutive Rolle als Duldende oder Billigende, als Komplizen. Selbst den Opfern wurde auferlegt, im Medium ihrer persönlichen Demütigung und Erniedrigung, in der an ihnen öffentlich praktizierten Entmächtigung die Ermächtigung der »Volksgenossen« zu bestätigen.

Die Gewalt war öffentlich, sie sollte die Ohnmacht des Opfers und die Macht der Täter zur Schau stellen. Die sichtbare Demütigung des Opfers war konstitutiver Bestandteil der Aktionen.

Nicht nur als Bild im »Stürmer«-Kasten, sondern leibhaftig auf dem Marktplatz oder vor dem Rathaus, an zentraler Stelle einer Ortschaft, dort, wo alle vorübergingen und jeder die öffentlich Gedemütigten, die zur Misshandlung freigegeben waren, sah. Wittenberg, der sich gegen die Verunglimpfung seines Geschäftes, gegen den bösartigen Angriff auf seine wirtschaftliche Existenz und nicht zuletzt, im Sinne des Strafgesetzbuches, gegen Sachbeschädigung zur Wehr setzte, musste sich die völlige Umdeutung der Tatsachen gefallen lassen. Die halbwüchsigen Jungen waren die Herren der Situation; sie interpretierten das Geschehen, nicht klandestin nur untereinander und gegenüber dem Opfer. Indem sie Wittenberg mit dem umgehängten Plakat: »Dieser dreckige Jude hat einen deutschen Jungen geschlagen!« durch die Stadt trieben, erhoben sie den Anspruch auf öffentliche Deutungsmacht, die nur hätte wirksam durchbrochen werden können, wenn ihr ebenso öffentlich widersprochen worden wäre. Der übermäßigen, entgrenzten Gewalt der Täter stand die vollständige, erniedrigende, die Würde der Person auslöschende Ohnmacht des Opfers gegenüber.

Zugleich verweisen die Bilder von den »Rassenschande«-Umzügen auf eine weitere Dimension. In den wiederkehrenden Handlungsabläufen, in der Inszenierung der Gewalt an zentraler Stelle im Ort, die an öffentliche Hinrichtungen vormoderner Zeiten erinnert, bildet sich eine »Strafrechtsordnung« ab, die vordergründig zwar mittelalterlichen Praktiken ähnelt. Tatsächlich war ja im Zusammenhang solcher Naziaktionen auch stets vom »Pranger« die Rede. Doch evozieren auch diese Veranstaltungen, darin dem Konzept der »Volksgemeinschaft« verwandt, eigentlich keine Regression, vielmehr dokumentieren sie eine Praktik, vermittels derer die bürgerliche Rechtsprechung fundamental kritisiert und überwunden werden soll. Der Anschein wird geweckt, als spräche der Souverän höchstselbst in Gestalt des »versammelten Volkes« Recht, um es zugleich auch zu exekutieren. Diese »identitäre« Rechtsordnung, die vermittelnde Instanzen nicht kennt, bedarf weder eines kodifizierten Rechts, eines Gesetzbuches, das in christlich-jüdisch geprägten Kulturen stets auch die Konnotation des mosaischen Gesetzes, des Pentateuch, mit sich führt, noch überhaupt eines professionellen Standes von Juristen, die ein in Texten niedergelegtes Gesetz auszulegen und auf den spezifischen Fall anzuwenden haben. Nein, hier ist das Volk Gesetzgeber, Richter und Vollstrecker zugleich.

Diese Praxis der Gewalt nimmt die Wirklichkeit der »Volksgemeinschaft«, wenn auch zeitlich und räumlich begrenzt, vorweg. Sie macht einen Ausnahmezustand konkret, ja körperlich erfahrbar, der die alte Ordnung außer Kraft setzt und eine neue politische Ordnung rassistischer Ungleichheit etabliert. Insofern kulminiert die lokale Herstellung von »Volksgemeinschaft« in einer Praxis kollektiver Selbst-Ermächtigung, deren Erfahrung für die Selbstbeschreibung eines nationalen Kollektivs als rassisch unüberwindliches »Herrenmenschentum« wohl nicht zu unterschätzen ist. Zugleich lässt sich eine metamoderne Ordnung des Sozialen und Politischen erkennen, in der eines der größten Versprechen der Moderne auf unheimliche Weise Wirklichkeit zu werden scheint: Alle Gewalt geht vom Volke aus.

6.
»Denkt man immerfort an den nächsten Einschlag, so wird man verrückt.« Victor Klemperer und die Verfolgung der deutschen Juden 1933 bis 1941

Kaum eine andere Zwangsmaßnahme der Nationalsozialisten hat Victor Klemperer so zugesetzt wie die Einführung des »Judensterns« im Herbst 1941. Am 8. September notierte er: »Heute morgen brachte Frau Kreidl (die Witwe) aufgelöst und blaß die Nachricht, im Reichsverordnungsblatt stehe die Einführung der gelben Judenbinde. Das bedeutet für uns Umwälzung und Katastrophe. Eva hofft noch immer, die Maßregel werde gestoppt werden, und so will ich noch nichts weiter darüber schreiben.« Eine Woche später erklärte er: »Die Judenbinde, als Davidsstern wahr geworden, tritt am 19.9. in Kraft. Dazu das Verbot, das Weichbild der Stadt zu verlassen, Frau Kreidl sen. war in Tränen, Frau Voß hatte Herzanfall. Friedheim sagte, dies sei der bisher schlimmste Schlag, schlimmer als die Vermögensabgabe. Ich selber fühle mich zerschlagen, finde keine Fassung. [...] Gestern, als Eva den Judenstern annähte, tobsüchtiger Verzweiflungsanfall bei mir.«[1] Gerade für Klemperer, der sich als protestantischer Deutscher fühlte und von den Nationalsozialisten zum Juden gemacht worden war, bedeutete der Stern die unentrinnbare Kennzeichnung, ein »anderer« zu sein, sichtbar ausgeschlossen, für vogelfrei erklärt, der Willkür und Missachtung schutzlos ausgeliefert.

Der Plan, die deutschen Juden zu brandmarken, war bereits 1938 innerhalb des sogenannten Judenreferats des Sicherheitsdienstes der SS (SD) entworfen, damals aber noch von Hitler abgelehnt

1 Victor Klemperer, *Ich will Zeugnis ablegen bis zum letzten. Tagebücher 1933-1941*, hg. von Walter Nowojski unter Mitarbeit von Hadwig Klemperer, Berlin 1995, Band I, S. 663, 671; vgl. dazu Arvi Sepp, *Topographie des Alltags. Eine kulturwissenschaftliche Lektüre von Victor Klemperers Tagebüchern 1933-1945*, München 2016; Denise Rüttinger, *Schreiben ein Leben lang. Die Tagebücher des Victor Klemperer*, Bielefeld 2011.

worden.[2] Nur ein Jahr später, im November 1939, zwangen die deutschen Besatzungsbehörden die polnischen Juden im sogenannten Generalgouvernement, den gelben Stern zu tragen,[3] und nun sollten auch die deutschen Juden öffentlich stigmatisiert werden. Die Polizeiverordnung vom 1.9.1941 legte detailgenau fest: »Der Judenstern besteht aus einem handtellergroßen, schwarz ausgezogenen Sechsstern aus gelbem Stoff mit der schwarzen Aufschrift ›Jude‹. Er ist sichtbar auf der linken Brustseite des Kleidungsstücks fest aufgenäht zu tragen.«[4]

Klemperer wagte sich fast nur noch bei Dunkelheit aus dem Haus, der Gang zum Kaufmann tagsüber kostete ihn »furchtbare Überwindung«. Zwei jüdische Nachbarn verließen seitdem das Haus für Monate nicht mehr. Der tiefe Einschnitt, den die öffentliche Kennzeichnung durch den gelben Stern für die jüdische Bevölkerung bedeutete, zieht die gewohnte Perspektive in Zweifel, von Auschwitz ausgehend die Verfolgung der deutschen Juden vor dem Krieg als geradlinige und zielgerichtete antisemitische Politik des NS-Regimes zu betrachten. So naheliegend es scheint, in Kenntnis der Vernichtungslager die Geschichte davor als deren Vorgeschichte zu begreifen, so wenig vermag eine solche Teleologie des Schreckens den Eifer der Täter zu erklären, die wiederkehrende Unschlüssigkeit, die Rivalität unterschiedlicher NS-Institutionen um die »Lösung der Judenfrage« und die Schübe an Radikalität, mit denen die Nationalsozialisten die selbstgeschaffenen Hindernisse zu überwinden trachteten.

Erst recht gab es für die Opfer keine Zwangsläufigkeit antisemitischer Politik von den Boykottaktionen im April 1933 zu den Vernichtungslagern im Osten. Die deutschen Juden bildeten keineswegs die homogene, soziale Gruppe, als die sie in den Köpfen ihrer Verfolger existierten, sondern lebten in unterschiedlichen beruflichen und

2 Vgl. Susanne Heim, »›Deutschland muß ihnen ein Land ohne Zukunft sein‹. Die Zwangsemigration der Juden 1933-1938, in: *Arbeitsmigration und Flucht (Beiträge zur nationalsozialistischen Gesundheits- und Sozialpolitik 11)*, Berlin, Göttingen 1993, S. 48-81, hier: S. 65.

3 Dieter Pohl, *Von der »Judenpolitik« zum Judenmord. Der Distrikt Lublin des Generalgouvernements 1939-1944*, Frankfurt/M. 1993, S. 64.

4 Reichsgesetzblatt 1941, Teil I, S. 547, gedruckt in: *Die Verfolgung und Ermordung der europäischen Juden durch das nationalsozialistische Deutschland 1933-1945*, Band 3: *Deutsches Reich und Protektorat September 1939 September 1941*, bearbeitet von Andrea Löw, München 2012, S. 522 f.

sozialen Kontexten. Die Maßnahmen des NS-Regimes trafen nicht alle in gleicher Weise zur selben Zeit. Victor Klemperer blieb noch Hochschullehrer, als jüdische Staatsanwälte und Richter längst entlassen worden waren. Während er nach seiner Entlassung weiterhin eine kärgliche Pension bezog, mussten zahlreiche ehemalige jüdische Kaufleute sich als Hausierer oder Gelegenheitsarbeiter über Wasser halten. Ihn vor allem, der sich als Deutscher fühlte, traf die Kennzeichnung, die ihn in aller Öffentlichkeit als »Jude« bloßstellte.

In Victor Klemperers Tagebüchern sind daher nicht jene annähernd 2000 antisemitischen Gesetze, Verfügungen, Erlasse und Anordnungen wiederzufinden, die eine umfassende Dokumentation des »Sonderrechts gegen die Juden« aufführt.[5] Er behält den Blickwinkel eines Romanistikprofessors bei, eines Intellektuellen, der sich schreibend die Welt aneignet. Klemperers Tagebuch ist kein Kompendium der staatlichen Willkür, aber es birgt eine andere, ebenso wertvolle Perspektive. Seine Beobachtungen erschließen die »Innenseite« der Verfolgung, das Erleben und die Erfahrung der Diskriminierung, der steten Einschnürung des Bewegungsraums, der Enteignung und Demütigung. Sie vermitteln das ungläubige Staunen, das zunehmend zum Schrecken wird, über die Entgrenzung einer scheinbar gefestigten Kultur. Insofern halten uns seine Aufzeichnungen einen Spiegel vor, in den zu blicken Überwindung kostet, da die Gestalt, die wir sehen, nicht unbedingt diejenige sein muss, die wir erwartet haben.

»Vereinsamung«

Sosehr die Nationalsozialisten und ihre Anhänger 1933 davon überzeugt waren, nach ihrem Sieg müsse es nun »gegen die Juden« gehen, so wenig besaßen sie ein Konzept für den aberwitzigen Plan, eine halbe Million Menschen aus der deutschen Gesellschaft zu »entfernen«, wie es Hitler 1919 formuliert hatte.[6] Zwar forderte das

5 Joseph Walk (Hg.), *Das Sonderrecht für die Juden im NS-Staat. Eine Sammlung der gesetzlichen Maßnahmen und Richtlinien – Inhalt und Bedeutung*, 2. Auflage, Heidelberg 1996.

6 Brief Adolf Hitlers an Adolf Gemlich vom 16.9.1919, in: *Hitler. Sämtliche Aufzeichnungen 1905-1924*, hg. von Eberhard Jäckel zusammen mit Axel Kuhn, Stuttgart 1980, S. 88-90.

NSDAP-Programm von 1920, dass Juden keine deutschen Staatsbürger sein könnten, unter Fremdengesetzgebung zu stellen seien und sämtliche nach 1914 eingewanderten Nicht-Deutschen sofort zum Verlassen des Reichs gezwungen werden sollten – Forderungen, die sich in erster Linie gegen die sogenannten »Ostjuden« richteten; zwar herrschte unter Nationalsozialisten ein allgemeiner Konsens, dass die angebliche wirtschaftliche Dominanz der Juden gebrochen werden müsse, aber über eine konsistente Strategie, wie der behauptete bedrohliche Einfluss der Juden auf die deutsche Gesellschaft zurückgedrängt werden sollte, verfügten die Nationalsozialisten nicht.[7]

Die erste große antisemitische Aktion, der Boykott jüdischer Geschäfte am 1. April 1933, offenbarte sogleich die Widersprüche. Mit dem Boykott gedachten die »Stürmer« in der NSDAP, den Juden einen entscheidenden Schlag zu versetzen. Aber die Reaktion im westlichen Ausland war verheerend, internationale jüdische Organisationen riefen nun ihrerseits zum Boykott deutscher Waren auf, und selbst im Inland bekundeten Beschäftigte der bedrohten Firmen öffentlich Solidarität mit den jüdischen Inhabern, da der Boykott ebenso die »arischen« Arbeitsplätze bedrohte. Der Furor jedoch, mit dem die SA-Banden auf Menschenjagd gingen, ließ keinen Zweifel aufkommen, wie ernst es die Nationalsozialisten mit ihrem Judenhass meinten. So berichtete Victor Klemperer unter dem 10. April 1933, dass der Vetter eines Dresdner Hochschulkollegen, Arzt in Berlin, aus der Sprechstunde geholt, schwer misshandelt worden und im Krankenhaus an seinen Verletzungen gestorben sei.[8] Anfang März kam es auf dem Kurfürstendamm in Berlin zu blutigen Ausschreitungen, aus Breslau, Wiesbaden, Königsberg, Kiel, Chemnitz wurden ähnliche Hetzjagden und Misshandlungen von Juden gemeldet.[9]

Für Klemperer riefen die Boykottaktionen Assoziationen mit den

7 Zur antisemitischen Politik des NS-Regimes vgl. aus der Fülle der Literatur vor allem Saul Friedländer, *Das Dritte Reich und die Juden*, Bd. 1: *Die Jahre der Verfolgung 1933-1939*, Bd. 2: *Die Jahre der Vernichtung: 1939-1945*, München 1999/2006.

8 Klemperer, *Zeugnis*, Bd. 1, S. 20.

9 *Das Schwarzbuch. Tatsachen und Dokumente. Die Lage der Juden in Deutschland 1933*, hg. vom Comité des Délégations Juives, Paris 1934, wiederaufgelegt Berlin 1983, S. 492-511. Zum Boykott vgl. Hannah Ahlheim, *»Deutsche, kauft nicht bei Juden!«. Antisemitismus und politischer Boykott in Deutschland 1924 bis 1935*, Göttingen 2011, S. 241-262.

Pogromen im »tiefsten Mittelalter oder im innersten zaristischen Rußland« wach: »Ich habe mich wahrhaftig immer als Deutscher gefühlt. Und ich habe mir immer eingebildet: 20. Jahrhundert und Mitteleuropa sei etwas anderes als 14. Jahrhundert und Rumänien. Irrtum.«[10] Mit Schrecken registrierte er, wie dünn der kulturelle Firnis in Wirklichkeit war; auch wenn er wie in diesen Tagen aufbrach und aus den Rissen gleichsam die Höllengestalten des Hieronymus Bosch sprangen, mochte Klemperer nicht vom Glauben lassen, dass nicht alle Deutschen sich in Jäger verwandelt hätten.

Im ersten Schrecken verließen rund 37000 deutsche Juden 1933 das Land, darunter auch Kollegen und Freunde Klemperers wie der Physiker Harry Dember, der in die Türkei emigrierte, oder der Rechtsanwalt Julius Sebba, der mit seiner Familie nach Palästina ausreiste. Ebenfalls emigrierte Victor Klemperers Bruder Georg, Arzt an einem Berliner Krankenhaus und anerkannter Wissenschaftler, in die USA, nachdem er Anfang Mai von all seinen Ämtern »entpflichtet« worden war. Klemperer selbst mochte nicht an Auswanderung denken. Seine Gewissheit, Deutscher zu sein und bleiben zu wollen, nahm die Gestalt eines trotzigen Beharrens an, das ihn zuweilen sogar in einen gehässigen Antizionismus trieb. »Mir sind die Zionisten, die an den jüdischen Staat von anno 70 p.C. (Zerstörung Jerusalems durch Titus) anknüpfen,« schrieb er im Juni 1934, »genauso ekelhaft wie die Nazis.«[11] Und gegenüber seinem Hochschulkollegen Walter Blumenfeld bezeichnete er den Zionismus als »Verrat und Hitlerei«.[12]

Victor Klemperer wollte in Deutschland bleiben, darauf hoffend, dass deutsche Kultur der Nazibarbarei genügend Widerstände entgegensetzen würde. Fast hatte es sogar den Anschein, als sei die nationalsozialistische Regierung nach der Eruption der Gewalt darum bemüht, ihre antisemitische Politik gewissermaßen auf dem Verordnungsweg zu führen und zugleich auf ihre deutschnationalen Bundesgenossen Rücksicht zu nehmen. Das »Gesetz zur Wiederherstellung des Berufsbeamtentums« vom 7.4.1933, das neben weiteren antisemitischen Gesetzen im April gegen jüdische Rechtsanwälte und Ärzte die Entlassung »nichtarischer« Beamter vorsah, nahm Personen aus, die vor dem Ersten Weltkrieg bereits Beamte

10 Klemperer, *Zeugnis*, Bd. 1, S. 15.
11 Ebd., S. 111.
12 Ebd., S. 193.

gewesen waren oder im Krieg als Soldaten an der Front gedient hatten. Während Klemperer der Entlassung seiner Kollegen Dember, Kafka, Holldack, Gehrig, Wilbrandt und anderer zusehen musste, bedeutete diese Klausel für ihn einen Aufschub: »Die entsetzliche Stimmung des ›Hurra, ich lebe‹. Das neue Beamten-›Gesetz‹ läßt mich als Frontkämpfer im Amt.«[13]

Aber das Rektorat legte ihm per Rundschreiben nahe, sämtliche Ämter in den Kommissionen niederzulegen und nicht mehr zu prüfen. Wenige Monate später, im Januar 1934, wurde er endgültig aus der Prüfungskommission entlassen. Und er bekam zu spüren, was Hannah Arendt als den »leeren Raum« bezeichnet hat, der 1933 plötzlich um sie entstand.[14] Die Zahl der Studenten nahm ständig ab. Im Mai las er Altfranzösisch vor sechs, Kulturkunde vor 20 Studenten; in seinem Seminar saßen zehn. Ein Jahr später besuchte niemand mehr seine Vorlesung. Die Verlage lehnten seine Manuskripte ab, weil sie »rein rückwärtsgewandt« seien und die »völkischen Gesichtspunkte« außer Acht ließen.[15] Die Bekannten wandten sich ab, Freunde wie die Dembers und Sebbas verließen Deutschland. Am 31. Dezember zog er als Resümee: »Ereignisse des Jahres: das politische Unglück seit dem 30. Januar, das uns persönlich immer härter in Mitleidenschaft zog. Evas sehr schlechter Gesundheits- und Gemütszustand. Der verzweifelte Kampf um das Haus. Der Fortfall aller Publikationsmöglichkeit. Die Vereinsamung.«[16]

»... und wir rechnen damit, hier nächstens totgeschlagen zu werden«

Der Bau des Hauses in Dölzschen war nicht nur die Erfüllung des lang gehegten Wunsches von Eva Klemperer. Im Grunde bedeutete das Haus auch ein demonstratives Bekenntnis zum Dableiben, vielleicht vor allem den Versuch, in den Wirren einen Halt zu finden, einen Zufluchtsort, der es einem erlaubte, die Hitlerzeit zu überstehen. 1934 war für Eva und Victor Klemperer zweifellos das Jahr des Hauses.

13 Ebd., S. 20.
14 Adalbert Reif (Hg.), *Gespräche mit Hannah Arendt*, München 1976, S. 20-21.
15 Klemperer, *Zeugnis*, Bd. 1, S. 52.
16 Ebd., S. 75.

Immer wieder drückte die Geldnot, stieg zugleich die Erwartung, dass das Regime binnen kurzem zusammenbreche: »Überall Unsicherheit, Gärung, Geheimnis. Man wartet von Tag zu Tag.«[17] Und dann schienen sich im Juli alle Knoten zu lösen. Die Ermordung der SA-Spitze beendete den Machtkampf in der Führung des Regimes, Klemperer gewann einen schwierigen Prozess gegen einen Verleger, und eine nahe Bekannte lieh den Klemperers 12 000 RM. »Baugeld, Röhmrevolte, Hueberprozeß – es ist mir, als wende sich mein Leben wieder zum Besseren«, notierte Klemperer am 14. Juli. »Und ich glaube, ich werde wieder arbeiten können. Sobald die Tagebuchnotizen nachgeholt sind, also morgen, an den Voltaire!«[18] Am 1. Oktober zog das Ehepaar in sein neu gebautes Haus in Dölzschen.

Der Nationalsozialismus rückte in die Ferne nach Berlin, wo die Reichswehr unmittelbar nach dem Tod Hindenburgs im August den Fahneneid auf Adolf Hitler schwor, statt den Diktator zu stürzen. Die enttäuschte Hoffnung auf das deutsche Militär drückte sich in verächtlichem Sarkasmus aus: »Eva sagt: ›Und solch einer Sklavenbande gehört man an.‹ Abends, als ein Autoreifen kracht, wegwerfend: ›Es ist kein Schuß.‹«[19] Nur einmal taucht in dieser Zeit im Tagebuch der Terror, die tödliche Gewalt des Regimes auf. Am 14. Juli schrieb er: »In meiner Bohemejugend spielte der Name Erich Mühsam eine gewisse Rolle. Ob ich ihn selbst gesehen und gesprochen habe oder nur aus den vielen Erzählungen Evas und Erich Meyerhofs, dazu aus dem ›Simplicissimus‹ kenne, weiß ich nicht. Er war ein harmloser Schwabinger Narr und gutmütiger Mensch. […] Jetzt steht im ›Freiheitskampf‹ – wird mir zu Werbezwecken seit etlichen Tagen zugeschickt –: ›Der Jude Erich Mühsam hat sich in der Schutzhaft erhängt.‹«[20]

Sosehr das Jahr 1934 als ein Jahr der Machtkonsolidierung erschienen sein mag, in dem Hitler in Verbund mit Wehrmacht und

17 Ebd., S. 116.
18 Ebd., S. 123.
19 Ebd., S. 133.
20 Ebd., S. 125. Der *Freiheitskampf* erschien seit 1931 als nationalsozialistisches Kampfblatt in Dresden. Der anarchistische Schriftsteller Erich Mühsam, der wegen seines Engagements für die Münchner Räterepublik 1919 fünf Jahre ins Gefängnis kam, wurde unmittelbar nach der nationalsozialistischen Machtübernahme 1933 verhaftet und im Juli 1934 im KZ Oranienburg ermordet.

der SS als Mordwerkzeug die revolutionären Ambitionen der SA blutig erstickte und zugleich etliche konservative Widersacher töten ließ, so wenig brachte es die vom Bürgertum erhoffte »Pazifizierung« der Diktatur. Stattdessen hatten sich die Nationalsozialisten die Machtbasis geschaffen, von der aus sie ihre beiden genuinen Ziele in Angriff nehmen konnten: Krieg und rassenbiologisch-völkische Neuordnung. Die SS, deren »Reichsführer« Heinrich Himmler im Frühjahr 1934 die politische Polizei im Reich übernommen hatte, ging aus den Röhm-Morden gestärkt hervor. Mit der Gestapo fiel auch die Führung der Konzentrationslager an die SS, die damit zum entscheidenden Initiator und Instrument des Terrors in Deutschland wurde.

Im Mai 1934 forderte das SD-Judenreferat in einem Memorandum für Reinhard Heydrich: »Das Ziel der Judenpolitik muß die restlose Auswanderung sein. [...] Den Juden sind die Lebensmöglichkeiten – nicht nur wirtschaftlich genommen – einzuschränken. Deutschland muß ihnen ein Land ohne Zukunft sein, in der wohl die alte Generation in ihren Restpositionen sterben, nicht aber die junge leben kann, so daß der Anreiz zur Auswanderung dauernd wach bleibt. Abzulehnen sind die Mittel des Radau-Antisemitismus. Gegen Ratten kämpft man nicht mit dem Revolver, sondern mit Gift und Gas.«[21] Selbstverständlich antizipierte dieser Satz nicht die spätere Ermordung der Juden durch Gas, aber die Gleichsetzung der Juden mit Ungeziefer, die mit Kammerjägermethoden bekämpft werden müssten – ein Vergleich, der sich in Hitlers *Mein Kampf* vielfach findet[22] –, offenbart, wie sehr die Juden in der Vorstellung des SD bereits entmenschlicht waren, ihre »Ausrottung« keine metaphorische Forderung bleiben musste. Hinter dem Paravent eines sich moderat gebenden Regimes formierten sich diejenigen Kräfte, die ihre radikalen Ziele fest im Blick hatten.

Im Jahr 1935 begann sich der Unmut der Parteibasis über den »schleppenden Gang« der Judenverfolgung, heftig geschürt vom *Stürmer*, in lokalen Gewalttätigkeiten Luft zu machen. In Stettin behinderten SA und HJ den Verkauf in jüdischen Geschäften, im bayrischen Fischach nahe Augsburg beklebten SA-Leute die Syn-

21 Michael Wildt (Hg.), *Die Judenpolitik des SD 1935-1938. Eine Dokumentation*, München 1995, S. 66-69.

22 Vgl. Eberhard Jäckel, *Hitlers Weltanschauung*, erweiterte und überarbeitete Neuausgabe, Stuttgart 1981, S. 69-71.

agoge mit antisemitischen Plakaten und misshandelten den Vorsteher. In Bad Tölz wurden jüdische Urlauber vertrieben, im westfälischen Gemen überfielen österreichische Nationalsozialisten im Mai eine Synagoge während des Gottesdienstes und bewarfen die Gläubigen mit Steinen. In Berlin kam es im Sommer 1935 zu pogromartigen Ausschreitungen gegen jüdische Geschäfte.[23]

Klemperer notierte antisemitische Gewalttätigkeiten und zunehmende Pogromstimmung auch in Dresden: »Die Judenhetze ist so maßlos geworden, weit schlimmer als beim ersten Boykott, Pogromanfänge gibt es da und dort, und wir rechnen damit, hier nächstens totgeschlagen zu werden. Nicht durch Nachbarn, aber durch nettoyeurs [Säuberer, Reiniger, M.W.], die man da und dort als ›Volksseele‹ einsetzt. An den Straßenbahnschildern der Prager Straße: ›Wer beim Juden kauft, ist ein Volksverräter‹, in den Schaufenstern der kleinen Läden in Plauen Aussprüche und Verse aus allen Zeiten, Federn und Zusammenhängen (Maria Theresia, Goethe! etc.) voller Beschimpfungen, dazu: ›Wir wollen keine Juden schauen / in unsrer schönen Vorstadt Plauen‹, überall der ›Stürmer‹ mit den gräßlichsten Rasseschändergeschichten, wilde Goebbelsrede – an verschiedensten Stellen offene Gewalttaten.«[24]

Auf einer Besprechung im Reichswirtschaftsministerium am 20. August 1935 benutzte Heydrich die Ausschreitungen als Legitimation für ein schärferes Vorgehen gegen die deutschen Juden und forderte konkret ein Verbot sogenannter »Mischehen«, die strafrechtliche Ahndung von »Rassenschande«, ein Ausnahmerecht für Juden und die Beschränkung der Freizügigkeit, insbesondere ein Zuzugsverbot für Großstädte.[25] Vier Wochen vor Verkündung der Rassengesetze zeigt das Protokoll dieser Besprechung den breiten inhaltlichen Konsens, der bereits vor dem Nürnberger Parteitag zwischen Ministerialbürokratie, NSDAP, Gestapo und SD über die zukünftigen gesetzlichen Regelungen herrschte. Das Reichsbürgergesetz wie das sogenannte Blutschutzgesetz, vor allem jedoch die nachfolgenden Durchführungsverordnungen erfüllten zu einem

23 Vgl. Christoph Kreutzmüller, *Ausverkauf. Die Vernichtung der jüdischen Gewerbetätigkeit in Berlin*, Berlin 2013, S. 145-150.

24 Klemperer, *Zeugnis*, Bd. 1, S. 212.

25 Geheimes Staatspolizeiamt II 1 B 2, »Bericht über die am 20. 8. 35 im Reichswirtschaftsministerium stattgehabte Besprechung über die praktische Lösung der Judenfrage«, Sonderarchiv Moskau 500/1/379, Bl. 75-85.

Gutteil die Forderungen, die im Reichswirtschaftsministerium erhoben worden waren.

Klemperer notierte am 17. September: »Während ich gestern schrieb, hatte der ›Reichstag‹ in Nürnberg schon die Gesetze für das deutsche Blut und die deutsche Ehre angenommen: Zuchthaus auf Ehe und außerehelichen Verkehr zwischen Juden und ›Deutschen‹, Verbot ›deutscher‹ Dienstmädchen unter 45 Jahren, Erlaubnis, die ›jüdische‹ Flagge zu zeigen, Entziehung des Bürgerrechts. Und mit welcher Begründung und welchen Drohungen! Der Ekel macht einen krank.«[26] Wieder stürzten ihn die Nationalsozialisten in den zerreißenden Konflikt, was er denn sei. »Wohin gehöre ich? Zum ›jüdischen Volk‹, dekretiert Hitler. Und *ich* empfinde das von Isakowitz' anerkannte jüdische Volk als Komödie und bin nichts als Deutscher oder deutscher Europäer.«[27]

Das zentrale Ereignis 1935 bestand für Victor Klemperer nicht in den Nürnberger Rassengesetzen als vielmehr in seiner seit langem befürchteten Entlassung. In der Hochschule war er bereits isoliert; sein Kolleg hielt er im Januar 1935 vor drei Studenten, das Seminar vor einem, und seiner Vorlesung über Dante hörten nur noch zwei zu. Am 30. April erhielt Victor Klemperer kommentarlos seine Entlassungsurkunde aufgrund § 6 des »Gesetzes zur Wiederherstellung des Berufsbeamtentums«, unterschrieben vom NSDAP-Gauleiter und Reichsstatthalter Martin Mutschmann. Dieser Paragraph sah vor, dass »zur Vereinfachung der Verwaltung« Beamte in den Ruhestand versetzt werden können, »auch wenn sie noch nicht dienstunfähig sind«.[28] Offiziell war Klemperer damit nicht wegen seiner jüdischen Abstammung entlassen, was ihm womöglich die Zahlung einer Pension bis zum Ende des Krieges einbrachte.

Gleich am nächsten Tag schrieb er Bittbriefe an die Notgemeinschaft deutscher Wissenschaftler im Ausland in Zürich, an den Academic Assistance Council in London und das Emergency Committee on Aid of German Scholars in New York, ohne sich allerdings große Hoffnungen zu machen. »Aber was hilft all diese Geschäftigkeit? Einmal ist die Aussicht auf einen Posten ganz gering, da ja der deutsche Run seit reichlichen zwei Jahren im Gang und unbeliebt ist. Sodann und vor allem: Welchen Posten könn-

26 Klemperer, *Zeugnis*, Bd. 1, S. 219.

27 Ebd., S. 220; Dr. Erich Isakowitz war ein befreundeter Arzt und orthodoxer Jude.

28 Reichsgesetzblatt, Jahrgang 1933, Teil I, S. 176.

te ich annehmen? Eva, die in der letzten Zeit wieder viel leidend war – erneute Zahnbehandlung, Wurzelentzündung, allgemeiner Nervenstreik –, wäre ihrer Erklärung nach und auch faktisch in jeder Pension oder möblierter oder Stadtwohnung eine Gefangene: sie braucht Haus und Garten. Und sie würde das Haus hier um keinen Preis dauernd aufgeben.«[29]

Klemperer klammerte sich an seine Studie zur Geschichte der französischen Literatur des 18. Jahrhundert, um nicht den Bedrängnissen ins Auge zu sehen, die ihn umgaben. »Es ist wie im Unterstand«, schrieb er am 21. Juli 1935. »Denkt man immerfort an den nächsten Einschlag, so wird man verrückt.«[30] Angesichts der Aussichtslosigkeit, im Ausland eine wohldotierte Stelle zu erlangen, und der Verzweiflung, um die Bedrohung in Deutschland zu wissen und dennoch sich nicht von dieser Lebenswelt wegreißen zu können, verfiel Klemperer einer Haltung, den drückenden Sorgen dadurch zu entkommen, dass er sich abwandte und sie ignorierte. »Welchen Zweck hat es in dieser Zeit, an nächstes Jahr zu denken?«, notierte er am 31. Dezember 1935. »Vielleicht bin ich dann ermordet, vielleicht wieder im Amt, vielleicht ist die Versicherung wieder durch Inflation zerstört, wie schon einmal, vielleicht – ich *will* leichtsinnig sein, ich will es ganz bewußt sein.«[31] Trotz knapper Pension von 490 RM im Monat meldete sich Klemperer zu einem Fahrkurs an und kaufte im März 1936 für 850 RM einen offenen Opel, 32 PS, Baujahr 1932. »Das Auto soll uns ein Stück Leben und die Welt wiedergeben.«[32]

Ist dem Verfolgten Leichtsinn erlaubt? Wie schwer fällt es über fünfzig Jahre nach Auschwitz, die Verfolgten nicht nur als Leidende zu sehen. Als habe sich der Blick der Täter, die ihre Opfer nur als Objekte, als »Stücke« und »Schädlinge«, nie jedoch als Menschen betrachteten, unheilvoll bis in die Gegenwart fortgesetzt, wird die Autoepisode, deren Komik ins Auge springt und zuweilen hell lachen macht, in der Rezeption der Tagebücher eher an den Rand gedrängt, wie eine peinliche Geschichte verschwiegen. Dabei kann uns gerade sie daran erinnern, dass die Opfer Menschen waren, mit Wünschen, Hoffnungen, Sehnsüchten – und »Eigen-Sinn«

29 Klemperer, *Zeugnis*, Bd. 1, S. 197.
30 Ebd., S. 208.
31 Ebd., S. 233.
32 Ebd.

(Alf Lüdtke). Victor Klemperers Unbeholfenheit im Umgang mit dem »Bock«, seine ergebene Geduld bei den steten Pannen dieses Fahrzeugs und zugleich sein Glücksgefühl, buchstäblich Raum zu gewinnen, ebenjene einschnürende Enge zu durchbrechen, die ihm die Nationalsozialisten auferlegten, unterläuft das vertraute Bild vom Opfer als geschundener Kreatur. So wunderlich und schrullig uns Klemperers Autobegeisterung erscheinen mag, sie gibt dem Drangsalierten seine Würde als Mensch wieder.

»Ich bin ganz hilflos dieser gewollten Bösartigkeit gegenüber«

Oberflächlich betrachtet, trat das Regime in der ersten Hälfte des Jahres 1936 mit seiner antisemitischen Propaganda kürzer, um seine Reputation während der Olympiade im August nicht zu gefährden. Die Schilder mit der Aufschrift »Juden unerwünscht« in Berliner Geschäften und Cafés verschwanden für einige Wochen, Transparente mit der Aufforderung »Deutsche, kauft nicht bei Juden« wurden für kurze Zeit abgehängt. Fern von der Olympiastadt Berlin in der deutschen Provinz jedoch gab es keinen Grund zurückzustecken. Die Klemperers erlebten jenen miefigen, kleinlich-widerwärtigen Antisemitismus der Nachbarschaft, der in den Geschichtsbüchern nicht erscheint, aber die alltägliche Lebenswelt der deutschen Juden vergiftete.

Obwohl es anderen Bewohnern von Dölzschen durchaus möglich war, erlaubte der Bürgermeister den Klemperers nicht den Bau einer Garage mit Flachdach. Es dürfe nicht mehr »verschandelt« werden, und er verlangte ein Spitzdach. Als Klemperer zu widersprechen wagte, drohte der Ortsgewaltige, er wisse wohl nicht, was gespielt werde: Er sei nur Gast und könne jederzeit in Schutzhaft genommen werden.[33] Klemperer fügte sich und bezahlte örtliche Maurer und Zimmerleute. Wenige Tage später die nächste Auseinandersetzung: Wie die meisten ihrer Nachbarn am Wahlsonntag, dem 29. März 1936, bei dem sich Hitler die Besetzung des entmilitarisierten Rheinlandes nachträglich durch das Volk bestätigen ließ, hatte Eva Klemperer im Garten gearbeitet. Nun überbrachte

33 Ebd., S. 245-246.

der Gendarm die Drohung des Bürgermeisters, sie wegen »verbotener Arbeit am Nationalfeiertag« einsperren zu lassen. Auf den Einwand, dass doch alle an diesem Sonntag im Garten gewesen seien, antwortete der Polizist, gegen die anderen sei aber keine Anzeige erstattet worden, nur gegen sie. Im September zwang der Bürgermeister die Klemperers »wegen Erregung öffentlichen Ärgernisses« – Stein des Anstoßes war das angeblich ungepflegte Aussehen des Gartens –, einen örtlichen Gärtner einzustellen. Im Sommer 1937 wiederholten sich die bösartigen Anordnungen wegen des Gartens. Erst drei Mark Strafe wegen »Unkrautgefahr«, dann kontrollierte der Gemeindegärtner und entschied, dass der Garten von »Fachgärtnern durchgearbeitet« werden müsse. Kosten zwischen 400 und 500 RM, zu monatlichen Raten von 50 RM. »Ich bin ganz hilflos dieser gewollten Bösartigkeit gegenüber. [...] Das bedeutet für uns viele Monate äußerster Enge, es bedeutet zugleich die Unmöglichkeit der Iduna das Geringste zu zahlen, damit die endgiltige Aufgabe der Lebensversicherung, einen Verlust von Tausenden, und die verlorene Hypothekdeckung (die Wenglerhypothek läuft noch vier Jahre). Und es bedeutet keineswegs, daß ich nun vor weiterer Schikane Ruhe habe. Etwas findet sich immer, wenn man finden will. Und man will.«[34] Die Beweggründe dieser Politik sind offenkundig: Warum sollten die »deutschen Volksgenossen« es sich nicht auf Kosten ihrer jüdischen Nachbarn gutgehen lassen und einen ansehnlichen Nebenverdienst herausschlagen? Zwar bildete der Dölzschener Bürgermeister die treibende Kraft, profitiert aber haben von seiner antisemitischen Politik etliche deutsche Mitbürger.

Wie die Provinz die milderen Töne der offiziellen antisemitischen Propaganda Lügen straft, so gingen hinter der Olympiafassade die Kriegsvorbereitungen weiter. Im April wurde Göring die Koordination aller Rohstoff- und Devisenfragen übertragen, im September wurde er zum Beauftragten für den Vierjahresplan ernannt und damit zum Hauptverantwortlichen für alle Wirtschaftsfragen. Wie eng sich der rasante Kurs der Kriegswirtschaft mit der Verschärfung der antisemitischen Politik verband, offenbarte Hitler selbst. In seiner »Denkschrift zum Vierjahresplan« vom August 1936 forderte er, dass Armee und Wirtschaft in vier Jahren

34 Ebd., S. 359, 363.

kriegsfähig sein müssten, und verlangte ein Gesetz, mit dem »das gesamte Judentum« für alle Schäden haftbar zu machen sei, die »durch einzelne Exemplare dieses Verbrechertums der deutschen Wirtschaft und damit dem deutschen Volke zugefügt werden«.[35] In einem Deutschland, das sich auf den Krieg vorbereitete, galten die Juden als »natürliche« Gegner, die »unschädlich« gemacht werden müssten. Im Juni 1936 wurde Heinrich Himmler Chef der gesamten deutschen Polizei. Die Entscheidung für die SS war nicht nur, wie Broszat schrieb, »der weitaus folgenreichste Vorgang der Verselbständigung eines Teils der Reichsgewalt bei gleichzeitiger Verschmelzung von Partei- und Staatsaufgaben«.[36] Es war vor allem eine Entscheidung für die SS, die weit über die Verfolgung der politischen Opposition hinaus die rassenbiologisch definierten Feinde des deutschen Volkes ins Visier nahm, allen voran die Juden.

Davon findet sich in Klemperers Tagebüchern nichts. Der Krieg erschien ihm ebenso unabwendbar wie die Erwartung, dass die deutschen Juden in den ersten Kriegstagen einem mörderischen Pogrom zum Opfer fallen würden. Die wiederkehrende Erwähnung des unausweichlichen Todes nahm mitunter die Gestalt einer Beschwörung an, die, indem sie die Angst ausspricht, ebendiese bannen soll. Für ihn setzten sich die alltäglichen Schikanen fort. Die Geldsorgen wurden drückender, die materiellen Belastungen ständig schwerer. Die Klemperers gaben ihrer Haushaltshilfe »Urlaub auf ein paar Monate«, kündigten das Telefon, und statt Zigarillos versuchte Klemperer vergeblich, Pfeife zu rauchen. Selbst Bücher wurden verkauft. Dennoch waren es letztlich die vom Finanzamt mit immer neuen Devisenbestimmungen zum größten Teil einbehaltenen Überweisungen von Klemperers älterem Bruder Georg aus den USA, die wenigstens kurzzeitig aus der drängendsten Not herausrissen. »... ich habe eine Villa und ein Auto, ich habe 492 M Pension im Monat, und wir sind ärmer, gehemmter, proletarisierter als in unserer jämmerlichsten Boheme- und Notzeit. Wir essen so schlecht und primitiv als möglich, um Geld und Zeit zu sparen – immer dies Abwaschen, Kochen, Reinigen – ich stehe den halben Tag in der Küche, Eva macht die allergröbsten Arbeiten, es

35 »Hitlers Denkschrift zum Vierjahresplan 1936«, in: *Vierteljahrshefte für Zeitgeschichte* 3 (1955), S. 184-210, hier: S. 210.

36 Martin Broszat, *Der Staat Hitlers. Grundlegung und Entwicklung seiner inneren Verfassung*, München 1969, S. 336.

ist unsagbar abscheulich. Und kein Sparen am Pfennig hilft, der Bock, das Haus, der Zahnarzt, eine Steuer fressen im Augenblick das Vielfältige des Markbetrages, was man an Pfennigen wirklich quälerisch erübrigt hat.«[37]

Die wirtschaftlichen Nöte teilte Victor Klemperer mit zahlreichen deutschen Juden, ohne sich mit ihnen gemein zu fühlen. Die stetigen Boykottaktionen von SA und nationalsozialistischer Mittelstandsorganisation gegen jüdische Geschäfte, die Krawalle vor den Läden, die oft in Zerstörung der Schaufenster gipfelten, finden in seinen Tagebüchern ebenso geringe Erwähnung wie die »Arisierung«, besser: die Bereicherung deutscher Volksgenossen auf Kosten ihrer jüdischen Konkurrenten. Bis Mitte 1935 war etwa ein Fünftel aller jüdischen Betriebe bereits in »arische« Hände übergegangen.[38] Im Januar 1937 praktizierten von den ehemals rund 8000 jüdischen Ärzten nur noch 3300, von den 4000 Rechtsanwälten noch annähernd 2200. Obwohl längst wieder Vollbeschäftigung herrschte, waren zwischen 30 000 und 40 000 jüdische Arbeiter und Angestellte arbeitslos, ohne Aussicht auf einen Arbeitsplatz.[39] 1933 waren 36 Prozent der jüdischen Bevölkerung unter 30 Jahre und 10 Prozent über 65 Jahre alt gewesen, 1939 hatte sich das Verhältnis mit 19 zu 21 Prozent drastisch verändert. Vor allem die Jüngeren, die in der Lage waren, ein neues Leben im Ausland aufzubauen, hatten Deutschland verlassen. 1933 war knapp die Hälfte aller deutschen Juden beruflich tätig gewesen, 1939 nur noch 16 Prozent. Dagegen wurden über 70 Prozent aller Juden über 14 Jahren als »berufslose Selbständige« in den Listen der Volkszählung aufgeführt, das heißt, sie lebten von ihren Ersparnissen oder von kümmerlichen Renten und Pensionen.[40]

Klemperer beobachtete noch aus der Distanz, obwohl er aus der nationalsozialistischen Perspektive längst zu den Betroffenen zählte. Ihn packte vor allem der »politische Ekel« vor den übrigen Deutschen, denen er sich zurechnete und die sich immer mehr

37 Klemperer, *Zeugnis*, Bd. 1, S. 339.

38 Avraham Barkai, *Vom Boykott zur »Entjudung«. Der wirtschaftliche Existenzkampf der Juden im Dritten Reich 1933-1943*, Frankfurt/M. 1988, S. 80.

39 Ebd., S. 78-79.

40 Herbert A. Strauss, »Jewish Emigration from Germany. Nazi Policies and Jewish Responses (I)«, in: *Yearbook of the Leo Baeck Institute*, 25. Jg. 1980, S. 313-361, hier: S. 316, 325.

von ihm entfernten: »Überall unterwegs die Tafel ›Juden unerwünscht!‹«, notierte er am 12. September 1937, »und jetzt, während des fünften Parteitages, die erneute Aufpeitschung des Judenhasses. Die Juden morden in Spanien, die Juden sind das Volk der Verbrecher, *alle* Verbrechen gehen auf *den Juden* zurück (der amtliche ›Stürmer‹ und der Minister Goebbels). Und das Volk ist so dumm, daß es alles glaubt.«[41]

Anfang November 1937 offenbarte Hitler der engsten militärischen Führungsspitze, dass er zum Krieg entschlossen sei, wobei das erste Ziel die »blitzartige« Niederwerfung der Tschechoslowakei und Österreichs sein müsse. Zögerliche Politiker, die nicht die Gewähr boten, den scharfen Kriegskurs vorbehaltlos zu unterstützen, wie der Außenminister von Neurath und der Wirtschaftsminister Schacht, wurden ausgewechselt. Obwohl Hjalmar Schacht zweifellos kein Freund der Juden war,[42] stellte seine Ablösung als Wirtschaftsminister eine Zäsur dar, nach der die wirtschaftliche Verfolgung der deutschen Juden an Schärfe zunahm. Klemperer, dem diese Zusammenhänge natürlich verborgen bleiben mussten, schrieb dennoch hellsichtig zu Schachts Entlassung: »[...] irgendwo im Text des Blattes versteckt, daß Schacht das Wirtschaftsministerium abgegeben hat, an einen nationalsozialistischen Journalisten abgegeben. Aber es wäre immerhin möglich, daß spätere Geschichtsschreibung diesen kleinen Punkt als Anfang vom Ende bezeichnen könnte. Nur: Wie viele Jahre trennen diesen Anfang vom endgiltigen Schluß?«[43]

»Wir müssen fort«

Es gibt eine signifikante Pause in den Tagebüchern Klemperers, die sonst so regelmäßig geführt wurden. Vom 9. Oktober bis zum 22. November 1938 schweigt das Tagebuch. Dann folgt eine lapidare Eintragung: »[...] und dann kam Unheil über Unheil, man kann wohl sagen: Unglück. Erst Krankheit, dann der Autounfall, dann, im Anschluß an die Pariser Grünspan-Schießaffäre, die Verfolgung,

41 Klemperer, *Zeugnis*, Bd. 1, S. 378.

42 Albert Fischer, *Hjalmar Schacht und Deutschlands »Judenfrage«. Der »Wirtschaftsdiktator« und die Vertreibung der Juden aus der deutschen Wirtschaft*, Köln 1995.

43 Klemperer, *Zeugnis*, Bd. 1, S. 385-386.

seitdem das Ringen um Auswanderung.«[44] Und als fehlten ihm immer noch die Worte, berichtet er im nächsten Tagebucheintrag ausführlich von dem glimpflich ausgegangenen Autounfall, um dann endlich, am 27. November, über den Pogrom zu schreiben. Ist das Entsetzen des Schriftstellers Klemperer stärker als durch sein Schweigen auszudrücken?

Der »Anschluss« Österreichs gab die Pogromstimmung bereits zu erkennen. Schon in der Nacht vor dem Einmarsch deutscher Truppen am 12. März 1938 hatten die Österreicher in Wien und andernorts ihren antisemitischen Ressentiments freien Lauf gelassen. Jüdische Geschäfte wurden geplündert, Juden willkürlich verhaftet, aus ihren Wohnungen getrieben und misshandelt. Persönliche Bereicherungen waren an der Tagesordnung.[45]

Auch in Deutschland wuchs die antisemitische Spannung. Im März wurde den jüdischen Organisationen der Status einer öffentlichen Körperschaft genommen und damit ihre bisherige Eigenständigkeit entscheidend eingeschränkt, im Mai erging Görings Verordnung über die Anmeldung jüdischen Vermögens, um es präziser rauben zu können. »Den Vormittag verbrachten wir mit der Ausfüllung der Formulare: Vermögensaufstellung der Juden. Es war nichts bei uns anzugeben. Das Haus mit 22000 M, wovon 12000 Hypothek, die Iduna mit 15000 M, worauf 9000 Schulden liegen (und deren weitere Zahlung zweifelhaft). Was will man mit dieser Aufstellung? Wir sind es so gewohnt, in diesem Zustand der Entrechtung und des stumpfen Wartens auf weitere Schandtaten zu leben, es regt uns schon kaum etwas auf.«[46]

Anfang Juli verbot das »Gesetz zur Änderung der Gewerbeordnung« den Juden zahlreiche Berufe, vor allem den Hausierhandel, mit dessen Hilfe sich noch manche über Wasser zu halten suchten. Die »Vierte Verordnung zum Reichsbürgergesetz« vom 25. Juli entzog allen noch praktizierenden jüdischen Ärzten die Approbation; in Ausnahmefällen konnten sie als »Krankenbehandler« jüdische Patienten versorgen. Entsprechend verbot im September die Fünfte Verordnung allen jüdischen Rechtsanwälten die Tätigkeit und ließ sie allenfalls als »Konsulenten« jüdische Klienten vertreten. Von

44 Ebd., S. 431.

45 Vgl. Hans Safrian, Hans Witek (Hg.), *Und keiner war dabei. Dokumente des alltäglichen Antisemitismus in Wien 1938*, Wien 1988.

46 Klemperer, *Zeugnis*, Bd. 1, S. 412.

den noch 1753 praktizierenden jüdischen Rechtsanwälten erhielten nur 172 eine solche Ausnahmegenehmigung, von den 3152 jüdischen Ärzten durften nur 709 weiterarbeiten.[47] Ebenfalls im Juli wurde den Juden auferlegt, bis Ende des Jahres eine Kennkarte zu beantragen, die sie unaufgefordert vorzulegen hatten.

Im Juni ereigneten sich erneut gewalttätige Ausschreitungen gegen jüdische Geschäfte vor allem in Berlin, aber auch Breslau und anderen Städten. Klemperer notierte am 10. August, in den Einzelheiten nicht ganz genau: »Seit Wochen wieder verschärfte Judenhetze und immer neue Gewalttaten. Vom 1. 10. ab ist allen jüdischen Ärzten die Approbation entzogen, sie dürfen auch nicht als ›Heilkundige‹ tätig sein; sie können also verhungern. Vom selben Zeitpunkt an wird eine Ausweiskarte für Juden eingeführt. Damit wird man sicher in keinem Hotel aufgenommen. Also gefangen.«[48] Im August bestimmte die »Zweite Durchführungsverordnung zum Gesetz über die Änderung von Familiennamen und Vornamen«, dass alle Juden mit nicht eindeutigen hebräischen Namen die zusätzlichen Vornamen Sara oder Israel anzunehmen hatten. »Vor fünf Minuten habe ich das eben veröffentlichte Gesetz über die jüdischen Vornamen gelesen. Es wäre zum Lachen, wenn man nicht den Verstand darüber verlieren könnte. [...] Ich selber habe also den Standesämtern Landsberg und Berlin sowie der Gemeinde Dölzschen zu melden, daß ich Victor-Israel heiße, und habe Geschäftsbriefe derart zu unterzeichnen.«[49]

Anfang Oktober mussten deutsche Juden ihre Reisepässe mit einem »J« stempeln lassen – eine Reaktion auf die Intervention der Schweizer Regierung, die Juden den Grenzübertritt verweigern wollte. Am 28. Oktober deportierte die Gestapo Tausende von polnischen Juden, die in Deutschland lebten, an die polnische Grenze, da deren Regierung drohte, ihren im Ausland lebenden Staatsbürgern die Staatsangehörigkeit zu entziehen. Tagelang irrten diese Menschen im Niemandsland umher, da auch die polnische Regierung sich weigerte, sie aufzunehmen, bis sie dem deutschen Druck nachgab und die Drohung des Entzugs der Staatsbürgerschaft zurücknahm.[50]

47 Barkai, *Boykott*, S. 134.
48 Klemperer, *Zeugnis*, Bd. 1, S. 418.
49 Ebd., S. 419.
50 Vgl. *Ausgewiesen! Berlin, 28. 10. 1938. Die Geschichte der »Polenaktion«*, hg. von

Auf der traditionellen Parteifeier am 9. November nutzte Goebbels das Attentat auf den Pariser Gesandtschaftsangehörigen vom Rath, um einen Pogrom zu entfachen, bei dem in der Nacht und den darauffolgenden Tagen Synagogen in Brand gesteckt, jüdische Geschäfte zerstört und geplündert, Wohnungen verwüstet, Menschen misshandelt, geschlagen und über 90 ermordet wurden – ein Ausbruch an Gewalt und Vandalismus, der selbst Konservative entsetzte, aber schon nicht mehr zum Widerspruch trieb, sondern im Schweigen verharren ließ. Den deutschen Juden zeigte der Pogrom schlagartig, wie weit die Gewalt gegen sie bereits gediehen war, dass sogar Morde auf offener Straße geschehen konnten, ohne in der deutschen Bevölkerung nachhaltigen Widerstand hervorzurufen.

Am 11. November wurde das Haus in Dölzschen durchsucht, Klemperer verhaftet und nach Dresden ins Gericht verschleppt. Wenige Stunden darauf folgte zwar die Entlassung: »[...] frei – aber bis wann? Seitdem peinigt uns beide unablässig die Frage: Gehen oder bleiben? Zu früh gehen, zu lange bleiben? Ins Nichts gehen, im Verderben bleiben?«[51] Klemperer schrieb Hilferufe nach Amerika an seinen Bruder: »Sehr schweren Herzens, aus ganz veränderter Situation, ganz an den Rand gedrängt, ohne Details: Kannst Du für meine Frau und mich Bürgschaft leisten, kannst Du uns beiden für ein paar Monate drüben helfen?«[52]

Danach ging es Schlag auf Schlag: Ausgehverbot für Juden am Sonnabend, 3. Dezember, von 12 bis 20 Uhr; in der Bibliothek erfuhr er, dass ihm nach dem Verbot aus dem Oktober 1936, den Lesesaal zu benutzen, nun die gesamte Bibliothek versperrt war; im Zuge der sogenannten »Judenvermögensabgabe«, mit der die Nationalsozialisten von den deutschen Juden 1 Milliarde Reichsmark als »Sühneleistung« erpressten, wurden die Klemperers mit 1600 Mark angesetzt; am 3. Dezember erklärte Himmler die Führerscheine und Kraftfahrzeugpapiere von Juden für ungültig. »Die Entwicklung der letzten Tage hat uns wenigstens die innere Unsicherheit genommen«, notierte Klemperer am 3. Dezember, »es gibt nicht mehr zu wählen: Wir *müssen* fort.«[53]

Alina Bothe und Gertrud Pickhan unter Mitarbeit von Christine Meibeck, Berlin 2018.

51 Klemperer, *Zeugnis*, Bd. 1, S. 436.

52 Ebd., S. 436-437.

53 Ebd., S. 439.

Die Morde und gewalttätigen Exzesse des 9. und 10. November 1938 zwangen Tausende von deutschen Juden zur Flucht. Zwischen 126 000 und 129 000 Juden hatten Deutschland von 1933 bis Ende 1937 verlassen, 1938 flüchteten 33-40 000, 1939 noch einmal 75-80 000.[54] Auch die Klemperers bemühten sich in den Wochen nach dem Pogrom um Auswanderungsmöglichkeiten. Der Besuch beim amerikanischen Konsulat jedoch verläuft ergebnislos, ebenso trostlos ist die Auskunft im amerikanischen Reisebüro. Gibt es eine Chance über Havanna, über Sidney? Gerüchte über Kolonien tauchen auf, die für die Massenauswanderung zur Verfügung gestellt werden sollen: »Erst hieß es: Alaska, jetzt: Rhodesien.«[55] Klemperer besorgt sich Anträge, Begleitformulare, bemüht sich um Affidavits als Voraussetzung für ein Ausreisevisum, beginnt sogar ernsthaft, Englisch zu lernen. »Aber daß irgend etwas von alledem etwas helfen wird, ist mehr als zweifelhaft.«[56] Die Aussichten auf ein Ausreisevisum schwanden. Die Wartenummern für Victor und Eva Klemperer im US-Generalkonsulat in Berlin lauteten 56 429 und 56 430. Den Englischunterricht gab er wieder auf. Als sein Bruder im April 1939 schrieb, dass er hoffe, ihn Ende des Jahres in den USA wiederzusehen, notierte Klemperer: »Ich weiß nicht, ob ich mir das wünschen soll. Wie gesagt: Ich vergrabe mich in Curriculum und Romains.«[57]

Der Novemberpogrom hat die Situation Klemperers dramatisch verändert. Der Beobachter, der immer noch hoffte, der antisemitische Spuk werde irgendwann einmal an eine kulturelle Grenze stoßen, musste plötzlich erkennen, dass die Entschlossenheit der Nationalsozialisten die Vorstellungskraft weit überstieg. Noch einmal fasste er Anfang Januar 1939 sein Credo zusammen: »Es gibt keine deutsche oder westeuropäische Judenfrage. Wer sie anerkennt, übernimmt oder bestätigt nur die falsche These der NSDAP und stellt sich in ihren Dienst. [...] Denn die Fremdheit zwischen Juden und ›Ariern‹, die Reibung zwischen ihnen war nicht halb so groß wie etwa zwischen Protestanten und Katholiken, oder zwi-

54 Ino Arndt/Heinz Boberach, »Deutsches Reich«, in: Wolfgang Benz (Hg.), *Dimension des Völkermords. Die Zahl der jüdischen Opfer des Nationalsozialismus*, München 1991, S. 23-65, hier: S. 34.

55 Klemperer, *Zeugnis*, Bd. 1, S. 445.

56 Ebd., S. 450.

57 Ebd., S. 470.

schen Arbeitgebern und -nehmern, oder zwischen Ostpreußen etwa und Südbayern, oder Rheinländern und Berlinern. Die deutschen Juden waren ein Teil des deutschen Volkes, wie die französischen Juden ein Teil des französischen Volkes waren etc. [...] Lösung der Judenfrage kann nur in der Erlösung von denen gefunden werden, die sie erfunden haben.«[58] Aber die Vergangenheitsform der Passage deutet bereits die Hilflosigkeit an. Ob er wollte oder nicht, die Nationalsozialisten hatten Victor Klemperer zum Juden gemacht, und der Novemberpogrom zeigte unmissverständlich, dass sie ihre Losung »Juden raus!« mit aller Gewalt verwirklichten. Victor Klemperer war Teil jener »Judenfrage«, die von nun an die SS »endgültig zu lösen« sich anschickte.

»Wir sitzen immer enger gefangen«

Am 30. Januar 1939 drohte Hitler den Juden, falls es zum Krieg komme, werde das Ergebnis nicht die »Bolschewisierung der Erde«, sondern die »Vernichtung der jüdischen Rasse in Europa« sein. Im März 1939 besetzte Deutschland unter Verletzung des Münchener Abkommens den restlichen Teil der Tschechischen Republik, ein halbes Jahr später überfiel es Polen.

Der kommende Krieg lag wie ein drohender Schatten auf dem Alltag. Gerüchte schwirrten in den Läden, wer mit wem Bündnisse schließe, wann es losgehe. Am 14. August hörte Klemperer als Volkes Stimme, dass »er« im September angreife, Polen mit Russland teile, während England und Frankreich ohnmächtig zusehen würden. Unter den Juden herrschte die einhellige Erwartung, dass es in den ersten Kriegstagen erneut zu blutigen Pogromen komme. Die ersten Septembertage waren voller Angst, Hoffen, Warten, Verzweifeln, »Und doch zwingen wir uns, und es gelingt auch auf Stunden, unsern Alltag weiterzuleben: vorlesen, essen (so gut es geht), schreiben, Garten. Aber im Hinlegen denke ich: Ob sie mich diese Nacht holen? Werde ich erschossen, komme ich ins Konzentrationslager?«[59]

Noch immer sträubte er sich, sich selbst amtlich als Jude definieren zu lassen. Auf den Brief der evangelischen Bekenntnischris-

58 Ebd., S. 456-458.
59 Ebd., S. 483.

ten, dass sie ihn offiziell bei der Reichsvereinigung der Juden in Deutschland melden müssten, ihm es aber freistehe, weiter bei ihnen zu bleiben, antwortete er, dass er Protestant sei und bliebe. Der Jüdischen Gemeinde wolle er erst gar nicht schreiben.[60] Und doch begann er, seine Widerstände abzubauen. Sein erster Gang zur Jüdischen Gemeinde Ende September 1939, um für seine Schwester eine Erkundigung einzuholen, war »kein erfreulicher Weg für mich: ›Ich bin Protestant, meine Schwester ist Jüdin.‹«[61] Über seinen zweiten Besuch Ende November schrieb er bereits: »Ich bin dort so aufgeregt präokkupiert, daß ich wie nach dem zweiten Schlaganfall stottere. Die Situation ist mir allzu peinlich und scheußlich. Es herrscht da übrigens ein lebhaftes Treiben, in allerlei Bürozimmern arbeiten ziemlich viele Leute, man merkt äußerlich keine Gedrücktheit, Dabei ist unter denen bestimmt nicht einer, der nicht schon gesessen hat, und über jedem schwebt stündlich die Neuverhaftung. Tapferes Volk.«[62]

Klemperers Annäherung an die jüdische Gemeinde beruhte auf Zwang: Nachdem die Nationalsozialisten die deutschen Juden in die wirtschaftliche und soziale Isolation getrieben hatten, waren die jüdischen Gemeinden zur wichtigsten Instanz für alle Rechts- und Versorgungsfragen geworden. Allein die Gemeinden kannten die neuesten antisemitischen Bestimmungen, nur über die Gemeinden waren lebensnotwendige Dinge wie Kleidung oder Heizmittel zu organisieren, sie gaben die Lebensmittelkarten aus, sie bildeten das soziale Netz für die Ausgestoßenen. Um zu überleben, war Klemperer, der deutsche Protestant, auf die jüdische Gemeinde angewiesen.j

Mit dem Krieg erließ das NS-Regime etliche neue antijüdische Verordnungen: Juden wurde verboten, ab acht Uhr abends noch das Haus zu verlassen oder jüdische Verwandte zu Besuch bei sich aufzunehmen. Ein Fragebogen der Gestapo musste ausgefüllt werden, der über den Stand der eigenen Auswanderungsbemühungen Auskunft geben sollte. Am 20. September untersagte das Reichssicherheitshauptamt Juden den Besitz von Rundfunkempfängern, tags zuvor erging in Dresden die Anordnung, sämtliches Bargeld abzuliefern und ein Sicherheitskonto mit beschränkter Verfü-

60 Ebd., S. 483-484.
61 Ebd., S. 493.
62 Ebd., S. 501.

gungsgewalt einzurichten. Verstärkt wurde mit Kriegsbeginn der Zwangsarbeitseinsatz für Juden, der schon 1938 angeordnet worden war und nun allgemein von den kommunalen Verwaltungen betrieben wurde. Klemperer selbst war davon zum ersten Mal im Februar 1942 betroffen, als er zum Schneeschippen eingeteilt wurde.

Mit der allgemein geltenden Lebensmittelrationierung begann eine stete Kürzung der Rationen für Juden, die 1942/43 in absoluten Hungerzuteilungen gipfelte. Im Dezember 1939 wurden die Sonderrationen zu Weihnachten gestrichen; Klemperer berichtete, wie bei der jüdischen Gemeinde von den Lebensmittelkarten die Marken für Pfefferkuchen und Schokolade abgeschnitten wurden. Im Januar nahm der Dorfgendarm in Dölzschen Fleisch- und Nährmittelmarken ab, im Februar erhielten die deutschen »Volksgenossen« statt der fehlenden Kartoffeln 1750 Gramm Brot, ihre jüdischen Nachbarn nur 1000 Gramm.[63] Ab Frühjahr 1942 litt Klemperer aufgrund der geringen Zuteilungen schweren Hunger – obwohl die Versorgung der »arischen« Bevölkerung um ihn herum bis 1945 nahezu intakt blieb. Den Hunger lernten die meisten Deutschen erst nach dem Krieg kennen.

Eine andere politische Maßnahme traf die Klemperers besonders hart. Konsequent in ihren Bemühungen, die Juden vollständig sozial zu isolieren, machten sich die Nationalsozialisten 1939 daran, die jüdische Bevölkerung zu konzentrieren, in den Städten die bestehenden Mietverhältnisse aufzulösen und »Judenhäuser« einzurichten. Im April 1939 war das »Gesetz über Mietverhältnisse mit Juden« erlassen worden, das den Mieterschutz für Juden aufhob, also die »arischen« Vermieter ermunterte, ihren jüdischen Mietern zu kündigen und diese auf jüdische Vermieter zu verweisen. Die Kommunen konnten ihrerseits entsprechende Verordnungen herausgeben. Am 9. Dezember 1939 ereilte die Klemperers die Hiobsbotschaft: Bis zum 1. April 1940 hatten sie ihr Haus zu räumen und in ein »Judenhaus« zu ziehen!

Wie schwer ist es, jemanden aus seinem Haus zu werfen? Die Tagebücher des ersten halben Jahres 1940 geben Aufschluss, wie viele Rechtsverhältnisse gelöst, Hypotheken ausgesetzt, Verträge, zumindest Abmachungen mit dem Nachmieter getroffen werden mussten, bevor selbst im Deutschland des Jahres 1940 ein Jude aus

63 Ebd., S. 503, 510-511.

seinem Besitz vertrieben werden konnte. Kein Zweifel bestand, dass die Nationalsozialisten jeden administrativen Widerstand, jede hinderliche Klausel des Bürgerlichen Gesetzbuches, das den Besitz garantierte und die Rechtsverhältnisse egalisierte, aus dem Weg räumen würden. An der Ausweisung der Klemperers sind die Komplikationen zu ahnen, der administrative Aufwand, zugleich die bürokratische Phantasie, um alle rechtlichen Bindungen eines Mitglieds einer modernen, westeuropäischen Gesellschaft des 20. Jahrhunderts zu kappen.

Der rassistische Plan, eine halbe Million Menschen zu entrechten, zu enteignen und zu vertreiben, stieß auf soziale, ökonomische und administrative Hindernisse, die nicht vorausgesehen zu haben ein deutliches Zeichen für das vornehmlich ideologische Denken der Nationalsozialisten war. Immer wieder geriet deren antisemitische Politik in selbstgeschaffene Sackgassen und Fallen, die stets noch radikaler überwunden werden sollten. Die Vielzahl der Gesetze, Verordnungen und Erlasse legen die administrative Mühseligkeit und zugleich unerbittliche Beharrlichkeit der Nationalsozialisten offen, die um jeden Preis ihr Ziel, die »Entfernung« der deutschen Juden, zu erreichen trachteten. Während sich die Nationalsozialisten im »Altreich« immer wieder in den Fangstricken des Bürgerlichen Gesetzbuches verfingen, konnten sie in den besetzten Gebieten im Osten endlich so schalten und walten, wie sie wollten. Als die Klemperers ihr Haus räumen mussten, um in ein »Judenhaus« zu ziehen, waren bereits Tausende Polen und Juden in den besetzten polnischen Gebieten erschossen, buchstäblich über Nacht von ihren Höfen vertrieben, deportiert oder auf engstem Raum in Ghettos gesperrt worden. Nachrichten über die mörderische Verfolgung im Osten drangen zu Beginn des Krieges nur spärlich nach Deutschland: abgeschnitten von Radio und Zeitungen, angewiesen auf Gerüchte und Gespräche, notierte Victor Klemperer nur spärliche Hinweise auf die Ermordungen im Osten. Es bleibt ein »deutsches« Tagebuch, in dem die Dimension des Genozids im Osten allenfalls erahnt, aber nicht erfasst wird.

Den Juden in Deutschland wurde buchstäblich der Bewegungsraum eingeengt. Anfang Mai 1940 verbot das RSHA Juden, ihre Wohnungen im Sommer in der Zeit zwischen 21 und 5 Uhr morgens und im Winter von 20 bis 6 Uhr zu verlassen. Wenig später bestimmte die Dresdner Verwaltung besondere Einkaufszeiten für

Juden, denen jetzt nur gestattet war, zwischen drei und vier Uhr nachmittags Besorgungen zu erledigen. Anfang Juli eine neue Verordnung, die es den Juden verbot, den Großen Garten und andere Parks in Dresden zu betreten. »Wir machen kleine Spaziergänge nach dem Abendessen (gestern bis zur Südhöhe), nutzen die Minuten bis Punkt neun. Welche Unruhe für mich, wir könnten zu spät zu Haus sein! Katz behauptet, wir dürften auch nicht auf dem Bahnhof essen. Niemand weiß genau, was erlaubt ist, überall fühlt man sich bedroht.«[64]

Im Januar 1941 wurde eine zusätzliche Judensteuer erhoben, im Februar kam ein Schreiben der Gemeinde Dölzschen, dass das Auto verkauft werden müsse. Ein Schrotthändler übernahm den »Bock« für 170 Mark Altmaterialwert. Anfang Juli ordnete die Stadt Dresden an, dass Juden nicht mehr die Elbdampfer benutzen dürften, im selben Monat erreichte Klemperer die Bekanntmachung, dass Schreibmaschinen bei Juden beschlagnahmt würden, was Ende Oktober geschah. Der Erlass des Reichssicherheitshauptamtes vom 13. November 1941 sah nicht nur die Erfassung und Ablieferung von Schreibmaschinen, sondern auch von Fahrrädern, Fotoapparaten und Ferngläsern vor. »Vorbereitung neuer Beschlagnahmen, die *uns* diesmal nicht treffen,« schrieb Klemperer am 18. November. »Außer Schreibmaschinen: Operngläser und Photoapparate. (Dagegen ist das *völlige* Verbot der Trambenutzung *nicht* erfolgt).«[65]

Mit der Einführung des »Judensterns« am 1. September 1941 war auch die Benutzung der öffentlichen Verkehrsmittel für Juden drastisch eingeschränkt worden. Juden benötigten nun eine polizeiliche Erlaubnis, wenn sie ihren Wohnort verlassen wollten, Schlaf- und Speisewagen der Reichsbahn durften sie nicht mehr betreten, öffentliche Verkehrsmittel in ihren Wohnorten nur benutzen, wenn es noch Platz für sie gab, und Sitzplätze nur einnehmen, wenn deutsche Volksgenossen nicht mehr standen. Im Laufe des Jahres 1942 wurden diese Bestimmungen weiter verschärft, indem Juden nur noch für bestimmte Tageszeiten, später nur noch für größere Entfernungen innerhalb des Ortes überhaupt die Benutzung gestattet wurde. Wie sehr diese scheinbar bürokratische Ordnung inzwischen der Willkür gewichen war, erlebte Klemperer Mitte Januar 1942, als ihn nachmittags in der Linie 16 ein Gestapobeamter

64 Ebd., S. 536-537.
65 Ebd., S. 687 (Hervorhebungen im Original).

festnahm. »Der latscht in der Verkehrszeit in der Elektrischen herum«, erklärte dieser Polizist einem anderen. »Ich will ihn flöhen.« Klemperer hatte Glück, er wurde wenig später wieder freigelassen mit den Sätzen: »Du läßt dich hier nicht mehr auf der Elektrischen sehen. Du kannst zu Fuß laufen. Und wenn wir dich noch mal hier treffen, fliegst du heraus. Du weißt schon, wohin.«[66]

»Überall unter den Juden tiefste Depression«

Das »Wohin« des Gestapobeamten hatte Victor Klemperer bereits erfahren. Durch ein Versehen hatte das Ehepaar an einem Abend im Februar 1941 vergessen, vor ihrem Spaziergang ein Fenster zu verdunkeln. Der Streifenpolizist, nicht unfreundlich, bedauerte, Meldung machen zu müssen, da Nachbarn Anzeige erstattet hätten. Klemperer erwartete eine Geldstrafe, stattdessen erhielt er im März die Verfügung einer Haftstrafe von acht Tagen, die er Ende Juni antreten musste. Ein langer Bericht gibt detaillierte Auskunft über diese Woche im Polizeigefängnis Dresden, deren Qual, so Klemperer, in der »völligen Beschäftigungslosigkeit, in der entsetzlichen Leere und Unbeweglichkeit der 192 Stunden« bestand.[67] Erst nach vier Tagen gelang es ihm, einen Wärter zu überreden, ihm Papier und Bleistift zu geben. So niederdrückend die Hafterfahrung war, so konnte er doch das Gefängnis nach acht Tagen wieder verlassen, anders als der unglückliche Ernst Kreidl, Mitbewohner des Judenhauses, der Ende November »zur Befragung« zur Gestapo zitiert wurde und nicht mehr zu seiner Familie zurückkehrte. Am 22. Mai 1942 erhielt seine Frau die lapidare Nachricht eines SS-Obersturmbannführers, dass Ernst Kreidl am Morgen »verstorben« sei.

Nicht nur, dass sich die Bewohner des Judenhauses seit der Einführung des »Judensterns« aus Scham kaum noch auf die Straße wagten, die Stadt Dresden verbot ihnen zusätzlich, das Haus zu verlassen. Von Weihnachten bis Neujahr 1941/42 galt für die Dresdner Juden ein generelles Ausgehverbot bis auf die Einkaufsstunde von drei bis vier Uhr nachmittags. Die öffentliche Stigmatisierung und die Isolation der deutschen Juden, ihr Ausschluss aus dem so-

66 Klemperer, *Zeugnis*, Bd. 2, S. 8.
67 Klemperer, *Zeugnis*, Bd. 1, S. 615.

zialen Leben im Herbst 1941 war so weit fortgeschritten, dass Christopher Browning schrieb, die Juden in Deutschland hätten bereits einen »sozialen Tod« erlitten, bevor sie physisch getötet wurden.[68]

Wenn der Gestapobeamte Mitte Januar 1942 Klemperer damit gedrohte hatte, »herauszufliegen; du weißt schon, wohin«, dann könnte er ebenso etwas anderes als das Polizeigefängnis im Sinn gehabt haben: nämlich die bereits begonnenen Deportationen in den Osten. Der Überfall auf die Sowjetunion im Juni 1941 eröffnete in den Phantasmagorien der NS-Führer neue Räume im Osten, in die die Juden aus allen besetzten Gebieten, soweit sie nicht bereits wie in der Sowjetunion umgebracht wurden, deportiert werden konnten. Erst war noch geplant, die Deportation der deutschen Juden nicht vor dem Kriegsende durchzuführen, aber die Gauleiter der Großstädte Berlin, Hamburg und Wien drängten, um freie Wohnungen für die ausgebombten »Volksgenossen« zu bekommen und ihre Städte »judenfrei« melden zu können. Im September 1941 fiel die Entscheidung: die deutschen Juden sollten noch vor dem Kriegsende in den Osten deportiert werden. Am 23. Oktober verbot das Reichssicherheitshauptamt jede Ausreise von Juden aus Deutschland, einen Tag später unterzeichnete der SS-General und Chef der Ordnungspolizei Karl Daluege den Deportationsbefehl für rund 50 000 Juden aus dem Deutschen Reich, Österreich und Tschechien nach Riga, Kaunas, Minsk und Łódź. In Riga traf der erste Transport mit tausend Menschen am 30. November ein, die sogleich mit 15 000 lettischen Juden aus dem Rigaer Ghetto in den nahegelegenen Rumbuli-Wald geführt und dort mit Maschinenpistolen erschossen wurden.

Über die Deportationspläne schwirrten schon im Sommer 1940 Gerüchte im Haus in der Caspar-David-Friedrich-Straße umher. Käthe Voß, jüdische Ehefrau eines ehemaligen Versicherungsdirektors und Mitbewohnerin des »Judenhauses«, klagte im Juni: »Wir kommen noch alle nach Lublin.« Keine vier Wochen später berichtete sie von dem angeblichen Rücktritt der englischen Regierung und endete: »Nun machen sie Frieden und wir werden nach Madagaskar verschickt.« Klemperer selbst hörte im August, dass in Polen ein Ghetto eingerichtet worden sei, in dem die Juden eine »Zions-

68 Christopher Browning, »Prologue. The Evolution of Nazi Jewish Policy 1933-1941«, in: ders., *Fateful Months. Essays on the Emergence of the Final Solution*, revised edition New York 1991, S. X-XXII, hier: S. XIII.

binde« tragen und Zwangsarbeit verrichten müssten.[69] Dann legten sich diese Gerüchte wieder, bis sie im Herbst des folgenden Jahres bittere Gewissheit wurden.

Am 25. Oktober 1941 erfuhren die Klemperers durch einen Brief von Lissy Meyerhof, einer langjährigen Freundin, über die Deportationen in Berlin: »Immer wieder erschütternde Nachrichten über Judenverschickungen nach Polen. Sie müssen fast buchstäblich nackt und bloß hinaus. Tausende aus Berlin nach Lodz (›Litzmannstadt‹).«[70] Zwei Tage später wieder Hoffnung: Mutter und Sohn Kreidl wollten gehört haben, dass es im Ghetto von Łódź »saubere Baracken, gute Heizung und Verpflegung, anständige Behandlung in den Munitionsfabriken« gebe.[71] Klemperer ließ sich sogar hinreißen, den Verzweifelten Mut zuzusprechen: »Die Verschickungen nach Polen nehmen ihren Fortgang«, schrieb er am 9. November 1941, »überall unter den Juden tiefste Depression. Ich traf am Lehrerseminar in der Teplitzer Straße Neumanns, die sonst tapfer optimistischen Leute waren ganz am Boden, erwogen Selbstmord. [...] Ich rüttelte an ihnen mit so schönen Worten, daß ich selber davon ganz erbaut war. Fünf Minuten vor zwölf ... unsere besondere Tapferkeit [...] Minsk aufzubauen könne nicht uninteressant sein, etc.«[72] Gegenüber solch gespenstischem Selbstbetrug berichtete Lissy Meyerhof, die nun selbst deportiert werden sollte, von den entsetzlichen, entwürdigenden Umständen: »In der Verschickungssache chaotische Zustände; Transporte gehen ab, werden abgeblasen, gehen doch, Designierte schleppen ihre Koffer zur Bahn, schleppen sie zurück, warten – in Hannover sitzt ein Altfrauenheim auf den Koffern. – Uniformierte kamen in Lissys Zimmer, durchsuchten, nahmen ihren Staubsauger und kleine Teppiche mit.«[73]

Am 13. Januar 1942 erzählte Paul Kreidl das Gerücht, dass die evakuierten Juden bei Riga »reihenweis, wie sie den Zug verließen, erschossen worden« seien.[74] Sechs Tage später gehört Paul Kreidl selbst zu den Deportierten. »Gestern bis Mitternacht bei Kreidls

69 Klemperer, *Zeugnis*, Bd. 1, S. 533, 538, 546.

70 Ebd., S. 681.

71 Ebd., S. 681-682.

72 Ebd., S. 685.

73 Ebd., S. 690.

74 Klemperer, *Zeugnis*, Bd. 2, S. 9.

unten. Eva half Gurte für Paul Kreidl nähen, an denen er seinen Koffer auf dem Rücken schleppt. Dann wurde ein Bettsack gestopft, den man aufgibt (und nicht immer wiedersehen soll). Ihn karrte Paul Kreidl heute auf einem Handwägelchen zum vorgeschriebenen Spediteur. [...] Vor dem Weggehen des Deportierten versiegelt Gestapo seine ganze Hinterlassenschaft. Alles verfällt. Paul Kreidl brachte mir gestern abend ein Paar Schuhe, die mir genau passen und bei dem furchtbaren Zustand der meinigen höchst willkommen sind. Auch ein bißchen Tabak, den Eva mit Brombeertee mischt und in Zigaretten stopft. Ich bin schon seit vielen Wochen bei purem Brombeertee. – Heute vormittag Art Kondolenzbesuch bei der Mutter.«[75]

Paul Kreidl verließ Leipzig am 21. Januar 1942 mit dem Transport nach Riga und wurde dort vermutlich gleich am Tag seiner Ankunft erschossen.

75 Ebd., S. 14.

7. Sitzen, baden, durch die Straßen laufen. Überlegungen zu fotografischen Repräsentationen von »Alltäglichem« und »Unalltäglichem« im Nationalsozialismus[1]

Im »Jahrhundert der Bilder« (Gerhard Paul) stellen Fotografien eine herausragende historische Quellengattung dar, die über schriftliche Quellen hinaus in besonderer Weise die alltäglichen »Einbrüche«, Akklamationen und Adaptionen von Vergemeinschaftung im Nationalsozialismus, aber ebenso (wenn auch zum Teil nur temporäre) Abstinenzen und »Immunitäts«-Sphären, Gleichgültigkeiten, Nischen und Refugien zu zeigen vermag. Ganz prinzipiell ist es visuellen Quellen – zumindest dem Amateurfilm und den Amateur- bzw. privaten Fotografien – eigen, dass sie, ähnlich wie sprachlich verfasste Quellen, aber unter anderen, medienspezifischen Bedingungen und dementsprechend in anderen Formen von Thematisierung und Stellungnahme, *in der* und *für die* Lebenswelt historischer Akteure eine wichtige Rolle spielen: als subjektive Aneignung der Welt, als Medium der Selbstrepräsentation und -einordnung, als Ausdrucks- und Kommunikationsform sowie als Medium und Träger der Erinnerungsproduktion. Diese Aspekte sollen in unserer Analyse anhand einiger ausgewählter fotografischer Quellen aus dem nationalsozialistischen Deutschland der Vorkriegszeit sowie aus der frühen Phase des Angriffs- und Eroberungskrieges gegen die Sowjetunion näher beleuchtet werden.

1 Dieser Aufsatz wurde zusammen mit Linda Conze und Ulrich Prehn verfasst.

Visuelle Repräsentationen von Alltag? Private und semiprivate Fotografie im nationalsozialistischen Deutschland

Im vorliegenden Aufsatz soll es weniger um den Status von Fotografie als einem *Alltags*medium gehen, das heißt um das Fotografieren als alltägliche Praxis, die in Deutschland zweifellos bereits *vor* der Machtübernahme durch die Nationalsozialisten weit verbreitet war.[2] Vielmehr soll von dem Resultat jener Praxis ausgegangen werden, den Fotografien selbst, als Medien der Aushandlung darüber, was den Zeitgenossinnen und Zeitgenossen als alltäglich oder unalltäglich galt. Dies bedeutet eine (zumindest punktuelle) analytische Entfernung von den Bildproduzent*innen und -benutzer*innen und eine Hinwendung zu den medialen Spezifika der Fotografie. Insofern steht im Folgenden auch weniger die Intention der Knipser im Vordergrund, also etwa, ob sie im Moment der Aufnahme die alltägliche Situation oder – ganz im Gegenteil – »das Besondere«[3] in ihrem Alltag festhalten wollten. Vielmehr sollen die Bilder dahingehend untersucht werden, inwiefern sie die Einteilung der Lebenswelt der Fotografierenden in Alltag und Außeralltägliches aktiv mitgestalteten. Das Interesse gilt den in den Bilder aufscheinenden Facetten von individuell wie kollektiv an den Tag gelegtem Verhalten, den eingenommenen Haltungen, vollzogenen Positionierungen und Praktiken[4] sowie der

2 Vgl. Timm Starl, *Knipser. Die Bildgeschichte der privaten Fotografie in Deutschland und Österreich von 1880 bis 1980*, München 1995. Konnten es sich um 1910 im Prinzip nur besserverdienende Angestellte und mittlere Beamte leisten zu fotografieren, so bescherte ab Mitte der 1920er Jahre das Angebot preiswerter Rollfilmkameras der Amateurfotografie auch für breitere Schichten einen Boom. Von der 1930 eingeführten, preiswerten »Agfa(-Preis-)Box« wurden innerhalb von zwei Jahren über eine Million Exemplare verkauft. Um 1939 herum besaßen Starl zufolge bereits rund zehn Prozent der deutschen Bevölkerung eine Kamera, wobei der Gesamtanteil der Fotoamateure sicher höher gelegen hat, da eine Kamera, zumal im Familienzusammenhang, nicht selten von mehreren Hobby-Fotografen benutzt wurde (ebd., S. 95-98).

3 Siehe Ronald Berg, »Die Photographie als alltagshistorische Quelle«, in: Berliner Geschichtswerkstatt (Hg.), *Alltagskultur, Subjektivität und Geschichte. Zur Theorie und Praxis von Alltagsgeschichte*, Münster 1994, S. 187-222, hier S. 193.

4 Hier ist eine ganze Bandbreite von Verhaltensvarianten sowie der Formen ihrer

Frage, welche Konsequenzen aus ihrer medialen Fixierung auf den fotografischen Abzug resultieren. Nicht zuletzt wird aber auch die *kommunikative* Funktion von Fotografien in den Blick zu nehmen sein, und zwar im Allgemeinen (was bewirkt die Aufnahmesituation bei den fotografierten, mit der Kamera interagierenden bzw. im Aufnahme-»Setting« agierenden Personen?) wie im Besonderen, d. h. in den von uns analysierten Bildbeispielen: in Situationen, in denen Gewalt und/oder Ausgrenzung präsent sind und visuell »in Szene gesetzt« werden.

In Fotografien bleiben – wie in schriftlichen Quellen auch – häufig blinde Flecken und kommen Ausblendungen zum Tragen, wenn in unserem Fokus der *Alltag* von Menschen steht, deren Sozialisation sich vor der Machtübernahme durch die Nationalsozialisten, danach oder in der Übergangsphase von der Demokratie zur Diktatur vollzog. In jedem Fall etwaiger (politisch-)kultureller »Rahmungen«[5] und Vorbedingungen haben wir es mit Aufnahmen zu tun, die die Positionierung von Individuen in der Gesellschaft und bisweilen auch Formierungsprozesse von Gemeinschaft auf der Mikroebene thematisieren sowie in der visuellen Repräsentation – das Foto ist immer etwas vom Fotografen beziehungsweise von der Fotografin Hergestelltes! – nicht zuletzt *subjektivieren*. Dabei vollziehen sich jene Subjektivierungen auf der Grundlage einer Reihe von Faktoren: der individuellen Wahl des Standortes, des Blickwinkels und – besonders wichtig – des Bildausschnitts. Mit Blick auf das fotografierende Subjekt und dessen Um- und Betätigungsfeld manifestiert sich in all diesen Aspekten von Beziehungen, »Einbindungen« und Entscheidungen das komplexe Verhältnis von Beobachtung, Interagieren, Eingreifen und Inszenierung.

»Im Dritten Reich war zwölfmal Spargelzeit«, so überschrieb der Kunsthistoriker Detlef Hoffmann 1997 einen vielbeachteten, in der Zeitschrift *Fotogeschichte* veröffentlichten Aufsatz.[6] Dabei

Manifestierung oder Zurschaustellung bzw. ihrer »Privatisierung« zu berücksichtigen: etwa das »Unterlaufen« der Sphäre des politisch-gesellschaftlich Normierten und »Verordneten« (und insbesondere der entsprechenden visuellen Codierungen und Stereotypisierungen) in Form von »Fluchten«, von Ausbrüchen – aber auch die Visualisierungsformen von Strategien der An- und Einpassung, von Akklamation und »Überhöhung«.

5 Vgl. Erving Goffman, *Rahmen-Analyse. Ein Versuch über die Organisation von Alltagserfahrungen*, Frankfurt/M. 1980, hier S. 36 f.

6 Detlef Hoffmann, »›Auch in der Nazizeit war zwölfmal Spargelzeit.‹ Die Vielfalt

spiegelte sich der Alltag im nationalsozialistischen Deutschland, wie er nicht zuletzt massenhaft in Fotografien festgehalten wurde, im Gewöhnlichen wie im *Außergewöhnlichen* wider. Man saß in deutschen Städten auf Bänken, und im Krieg badete man irgendwo, auf dem »Vormarsch« oder in der Etappe. Alles wirkt, (auch) aus heutiger Perspektive, auf den ersten Blick relativ harmlos, es sei denn, durch verschiedene Umstände sind verstörende Elemente auf den ersten Blick offenbar oder schleichen sich, auf den zweiten Blick, in die Perspektive des Betrachters bzw. der Betrachterin ein. Diese können, wie die folgenden Bildanalysen zeigen werden, im Bildmotiv selbst liegen, genau wie im dokumentierten Verwendungszusammenhang der Fotos, in überlieferten Beschriftungen oder (mit)transportierten Botschaften, die mitunter auch die Form von nichtintendierten, unbewussten »Botschaften« oder *contraband messages* (Konterbanden) annahmen.

Das »Alltägliche« in der Diktatur – unterschied es sich, etwa im Vergleich zum »Alltäglichen« in der Demokratie, auf der visuellen Ebene in der fotografischen Repräsentation der privaten Fotografen bzw. der Fotoamateure? Oder ist vielleicht an der tendenziell verschwimmenden Grenze zwischen »Alltäglichem« und »Unalltäglichem«, für die visuelle Quellen auf den ersten Blick als ein ausgesprochen unmittelbarer Träger und »Gradmesser« zu firmieren scheinen (welche jedoch – gerade in dieser Hinsicht – einer genaueren Analyse zu unterziehen sein werden), nur ein schleichender, subtiler Wandel festzustellen? Und wie lässt sich das Verhältnis von »Alltäglichem« und »Unalltäglichem« in fotografischen Repräsentationen im Krieg – zweifellos eine Ausnahmesituation – bestimmen?[7]

Für die Analyse der ausgewählten Fotografien haben wir uns für ein Verfahren in zwei miteinander verzahnten Arbeitsschritten entschieden: Zum einen unterzogen wir, basierend auf dem vor allem die Aspekte der Bildkomposition und der Bild-*Anschauung* beto-

der Bilder und der Primat der Rassenpolitik«, in: *Fotogeschichte* 17 (1997), Heft 63, S. 57-68.

7 Vgl. dazu die Beiträge der jeweiligen Schwerpunktthemen: »Fotografie in Diktaturen«, hg. von Annette Vowinckel, Michael Wildt, *Zeithistorische Forschungen/Studies in Contemporary History* 12 (2015), Heft 2; »Photography and Dictatorships in the Twentieth Century«, hg. von Linda Conze, Ulrich Prehn, Michael Wildt, *Journal of Modern European History* 16 (2018), Heft 4.

nenden »Ikonik«-Ansatz des Kunsthistorikers Max Imdahl,[8] die Fotos einer unmittelbaren Betrachtung. »Unmittelbar« bedeutet hier, dass die Anschauung der Bilder nicht – jedenfalls nicht gleich im ersten Schritt – auf die Herstellung und »Ausbeutung« von Kontextwissen zu den Hintergründen, Umständen und Rahmenbedingungen der Fotografien und der Fotografieranlässe abgestellt war. Zum anderen haben wir, wie in den Einzelanalysen nachzuvollziehen ist, im weiteren Interpretationsverfahren keineswegs vollkommen darauf verzichtet, historisches Kontextwissen herzustellen. Gleichwohl sind für die von uns untersuchten drei Foto-Beispiele Unterschiede zu konstatieren, was nicht nur den Grad, sondern auch die jeweiligen Bereiche der Kontextualisierungen sowie die eingeschlagenen Recherchewege und Kontextualisierungsmethoden angeht: Lagen für die ersten beiden Foto-Überlieferungen nur relativ wenig Hintergrundinformationen zu den Aufnahmen vor, verhielt es sich bei den – in einem kommunalen Archiv überlieferten – Fotografien von Menschen, die von den Nationalsozialisten der »Rassenschande« bezichtigt und öffentlich diskriminiert und zur Schau gestellt wurden, anders. Auch wenn in diesem Fall vergleichsweise viel über den Fotografen und den Gebrauch bzw. den Verwendungszusammenhang der Bilder bekannt ist, hebt die Interpretation jener Aufnahmen ebenso auf »Anschauungs«-Aspekte ab wie die Analysen der beiden anderen Foto-Überlieferungen, die Positionierungen und Aushandlungsprozessen vor der bzw. durch die Kamera nachspüren sowie verstörende Momente im Bild sowie das (medienspezifische und ohne Kontextwissen nicht zu eruierende) Verhältnis von Gezeigtem und Nichtgezeigtem in den Blick nehmen.

8 Vgl. Max Imdahl, »Ikonik. Bilder und ihre Anschauung«, in: Gottfried Boehm (Hg.), *Was ist ein Bild?*, München 1994, S. 300-324.

Auf der Parkbank, vor dem Banner: Privatheit, Öffentlichkeit und Antisemitismus – Beziehungen im und durch das Bild

Abb. 1: Slg. Ulrich Prehn, Serien und Einzelbilder, 170 (Rückseite)

Abb. 2: Slg. Ulrich Prehn, Serien und Einzelbilder, 170

Abb. 3: Slg. Ulrich Prehn, Serien und Einzelbilder, 170a

Über die Herkunft und den Entstehungskontext der beiden zeitgenössischen[9] Fotos im Querformat 6,1 x 9,3 cm ist nur wenig bekannt. Offenbar handelt es sich um Amateuraufnahmen aus Osnabrück in den 1930er Jahren, wie aus der rückseitigen Beschriftung der Fotos hervorgeht. Jene handschriftliche, mit Bleistift ausgeführte Beschriftung (Abb. 1) ist jedoch offenbar erst viel später und nicht vom Fotografen bzw. dem ursprünglichen Besitzer der Bilder vorgenommen worden.[10]

Dass es sich um Bilder aus der Zeit des Nationalsozialismus handelt, wird auf den ersten Blick dank eines spezifischen Bildelements deutlich, eines Spruchbandes, aufgehängt zwischen zwei Bäumen und beschriftet mit den Worten »Die Juden sind unser Unglück«. Auf der recht simplen Ebene der »Tatbestandsaufnahme«[11] berich-

9 Dies kann aufgrund des Aufdrucks auf dem Fotopapier »Agfa-Lupex« mit Recht angenommen werden.

10 Dies lässt zumindest die vage Jahresangabe auf der Rückseite – »ca 1935/38« – vermuten.

11 Die »Tatbestandsaufnahme« ist einer von drei Aspekten, die für den Fotohistoriker Diethart Kerbs den analytischen Eigenwert von Fotografien ausmachen: Fotografien können demnach Sachinformationen geben und damit als »Protokoll und Tatbestandsaufnahme« oder als »Beweisdokument zur Spurensicherung« fungieren; vgl. Diethart Kerbs, »Fotografie und Geschichte«, in: Rainer K. Wick (Hg.), *Fotografie und ästhetische Erziehung*, München 1992, S. 97-108, hier S. 101.

ten uns die Fotografien von der Existenz dieses Transparents an einem bisher noch unidentifizierten öffentlichen Platz zu einem ebenfalls noch unidentifizierten Zeitpunkt in den 1930er-Jahren. Auf dem Foto (Abb. 2) befindet es sich in der rechten Bildhälfte,[12] vor einem zweistöckigen Backsteingebäude, dessen rechter Rand nicht angeschnitten ist. Das Banner muss groß gewesen sein, da es beinahe über die gesamte Breite des Hauses reicht. Zusammen mit mehreren Bäumen und einem weiteren, angeschnittenen Gebäude auf der linken Bildseite bildet es den Hintergrund der Fotografie, ist dabei jedoch gut lesbar und wirkt aufgrund dieser Tatsache sowie der nicht vorhandenen Anschnitte geradezu ins Bild gerückt. Im Vordergrund des Fotos befindet sich eine Parkbank, darauf eine Frau, bekleidet mit einem Mantel, unbewegt, aus leicht zusammengekniffenen Augen rechts am Fotografen oder der Fotografin vorbei in die Ferne blickend. Auf einem zweiten Foto (Abb. 3) ist ihr Gesichtsausdruck ein anderer. Sie lacht in die Kamera, genau wie der Mann, der in eine Art Arbeitsuniform gekleidet nun neben ihr auf der Bank sitzt. Da sich die Kameraposition leicht nach hinten links verschoben hat, ist das Transparent in diesem zweiten Bild hinter die beiden Protagonisten gerückt und somit weniger gut sichtbar. Der nach rechts erweiterte Bildausschnitt zeigt drei weitere männliche Personen, der Parkbank abgewandt und mit den darauf sitzenden Personen in keiner sichtbaren Interaktion stehend.

Blickfang im ersten der beiden Bilder – ohne den das zweite Bild womöglich gar kein Interesse auf sich gezogen hätte – ist der aufscheinende Kontrast zwischen Vordergrund und Hintergrund: die scheinbar so alltägliche Nachmittagsszene, welche die (kaum nachprüfbare) Assoziation eines Spazierganges, des stolzen Hantierens mit der eigenen Kamera hervorruft, und das frappierende Transparent, deutlich sichtbar aufgehängt zwischen zwei Bäumen, als Ausdruck von Menschenverachtung und Antisemitismus.

Es lohnt sich, die besondere Anordnung dieser beiden Bildelemente durch das Foto genauer in den Blick zu nehmen. Denn die Fotografie, so eine Grundannahme der hier angestellten Überlegungen, stellt eine Verbindung zwischen beiden Elementen her und setzt durch die ihr eigene Perspektive ihre (beweglichen) Protagonisten in ein Verhältnis zu dem (fixierten) Transparent. Verge-

12 Alle Richtungsangaben erfolgen aus der Perspektive des Bildbetrachters bzw. der Betrachterin.

genwärtigt man sich, dass und wie das Foto die in ihm versammelten Elemente zueinander positioniert, so wird einmal mehr der Wirklichkeit gestaltende Charakter von Fotografie deutlich, die niemals nur neutrale Dokumentation ist. Seit ihrer Entstehung ist sie ein Mittel, sich auf die eigene Lebenswelt zu beziehen, diese zu kommentieren, sich ihrer in unterschiedlicher Weise zu erinnern und über sie zu kommunizieren. Inwiefern bot Fotografie »Volksgenossen« und »Volksgenossinnen« eine Möglichkeit, sich zu den visuellen Veränderungen des öffentlichen Raums während des Nationalsozialismus,[13] hier markiert durch das antisemitische Transparent, in Beziehung zu setzen? Kann womöglich von einer visuellen Veralltäglichung der neuen Elemente im Stadtbild durch die private Fotopraxis gesprochen werden?

Ausgangspunkt für solche Überlegungen soll das Foto selbst sein. Dies ist zum einen dem Anspruch geschuldet, die Fotografien als Medien ernst zu nehmen und der Versuchung zu widerstehen, hinter das Bild gelangen, das heißt z. B. seine intendierte Aussage entschlüsseln zu wollen. Zum anderen ist die Konzentration auf die Bilder selbst und damit die (zumindest punktuelle) analytische Entfernung von ihren Produzent*innen und Benutzer*innen auch eine Konsequenz dessen, dass die Informationen über die Seite der Produzent*innen- und Benutzer*innen im vorliegenden Fall sehr begrenzt sind. Insofern wird auch ein methodisches Problem berührt, nämlich die Frage, was private Bildquellen aus der Zeit des Nationalsozialismus, die zeitlich, räumlich und personell eher schwierig verortbar, das heißt kontextualisierbar erscheinen, innerhalb geschichtswissenschaftlicher Untersuchungen (dennoch) zu zeigen vermögen.

Weder die Identität des oder der Fotografierenden noch diejenige der ins Bild gesetzten Personen konnte ermittelt werden, auch der Zeitpunkt der Aufnahme bleibt so vage wie die Datierung auf der Bildrückseite. Allein der Aufnahmeort der Bilder konnte genauer bestimmt werden. In verschiedenen Lokalstudien zu Osnabrück während des Nationalsozialismus fanden sich Hinweise auf den jüdischen Arzt Dr. Siegfried Pelz, dem die Nationalsozialisten

13 Zur Veränderung des öffentlichen (Stadt-)Raums in verschiedenen politischen Systemen siehe u. a. Adelheid von Saldern, *Inszenierter Stolz. Stadtrepräsentationen in drei deutschen Gesellschaften (1935-1975)*, Stuttgart 2005.

die ihm 1928 verliehene Ehrenbürgerschaft aberkannt hatten. »›Die Juden sind unser Unglück!‹ grüßte ihn in seinen letzten Lebensjahren ein Transparent in der Nähe seines Hauses in der Natruper Straße«, so heißt es in der einschlägigen lokalgeschichtlichen Publikation zur Verfolgung der jüdischen Bevölkerung Osnabrücks.[14] Ein Blick in das Osnabrücker Adressbuch der Jahre 1935/1936 ergab die Anschrift des Dr. Pelz, der bis zu seinem Tod 1936 in der Natruper Straße Nr. 11 wohnte. Ausgehend von dieser Information konnte durch einen Abgleich mit Aufnahmen verschiedener Fotojournalisten, die das Osnabrück der 1930er und 1940er Jahre vor allem in Form diverser Stadtansichten fotografisch dokumentiert haben, der Rißmüllerplatz als wahrscheinlicher Aufnahmeort für die beiden Fotografien ausgemacht werden.[15] Das Wissen um den Ort der Aufnahme lässt eine Bestimmung der Himmelsrichtungen im Bild zu, welches dem Schattenwurf nach zu urteilen am Nachmittag aufgenommen worden sein muss. Auch erschließt sich, dass die stehenden Männer aus dem zweiten Bild aller Wahrscheinlichkeit nach auf die Straßenbahn warten, die in den 1930er Jahren am Rißmüllerplatz entlangfuhr und genau vor der abgebildeten Bank hielt.

Weiteres war nicht zu ermitteln; die historische Kontextualisierung der beiden Fotografien, welche spätestens seit der massiven Kritik an der ersten Wehrmachtsausstellung zu einer paradigmatischen Forderung innerhalb der Geschichtswissenschaft avanciert ist,[16] stößt an eine Grenze. Jedoch entfernte ebenjene Forderung geschichtswissenschaftliche Studien zu fotografischen Quellen in der Vergangenheit auch nicht selten von den Medien und ihren Spezifika, insofern der Fokus oftmals der Erschließung von *außer-*

14 Peter Junk, Martina Sellmeyer, *Stationen auf dem Weg nach Auschwitz. Entrechtung, Vertreibung, Vernichtung. Juden in Osnabrück 1900-1945*, Osnabrück 1989, S. 62.

15 Vgl. vor allem eine Fotografie des Fotografen F. Harms aus den 1940er Jahren, Leitnr. II/20/19, Medienzentrum Osnabrück.

16 Richtungsweisend in diesem Zusammenhang war die 1999 vom Hamburger Institut für Sozialforschung durchgeführte Konferenz »Das Photo als historische Quelle«, an deren Ende ein Forderungskatalog zur Durchsetzung wissenschaftlicher Standards im Umgang mit fotografischen Aufnahmen stand. Vgl. Wolf Buchmann, »Das Photo als historische Quelle«, in: *Der Archivar* 52 (1999) H. 4, Online-Version unter ⟨http://www.archive.nrw.de/archivar/hefte/1999/Archivar_1999-4.pdf⟩, letzter Zugriff 5. 4. 2019.

bildlichem Alltag bzw. von Lebenswelt *mit Hilfe* von Bildern galt.[17] Die Urheberschaft, die Motivation des oder der Fotografierenden der Osnabrücker Bilder bleibt unbekannt, auch deren Überlieferungsgeschichte weist große Lücken auf.[18] Sie lassen damit kaum Rückschlüsse auf die außerfotografische Lebenswelt ihrer Protagonisten zu, und auch aus der bildimmanenten Analyse ergibt sich keine eindeutige Einordnung der Bilder: Ohne Zweifel ist das antisemitische Spruchband ein nationalsozialistisches und damit politisches Motiv, auf das die abgebildeten Protagonisten jedoch keinen direkten Bezug nehmen. Ihre Pose ist eine traditionelle, sie erschaffen im Zusammenspiel mit dem Fotografen und der Kamera ein relativ schlichtes privates Einzel- bzw. Paarporträt im Freien. Die Bildsphären klaffen auseinander.

Das Transparent, welches in der einen Osnabrücker Fotografie sichtbar, in der anderen beinahe unsichtbar ist, markiert eine – zuerst einmal – außerfotografische visuelle Veränderung der Öffentlichkeit während des Nationalsozialismus. Der Aufenthalt auf den Straßen und Plätzen deutscher Städte bot seit 1933 schlicht andere optische Eindrücke, als er es noch in den 1920er Jahren getan hatte, und die Bewohnerinnen und Bewohner von kleinen und größeren Ortschaften im gesamten Deutschen Reich sahen sich mit der sprachlich vermittelten Kollektivierung in den nicht zu übersehenden Schriftzügen konfrontiert. Jenes neue, auf Exklusion beruhende Kollektiv drängte sich durch sein Zur-Schau-gestellt-Sein in das

17 Als die Privatfotografie in den 1980er Jahren Einzug in den geschichtswissenschaftlichen Diskurs hielt, war dieser Prozess stark an die Institutionalisierung der *Alltagsgeschichte* geknüpft. Das Forschungsinteresse galt entsprechend vor allem der Überprüfung von privaten Bildquellen auf politischen Eigensinn, so liest sich auch Timm Starls These von der »Erfolglosigkeit des [nationalsozialistischen] Unterfangens, in die private Bildwelt eindringen und sie verändern zu wollen«, Starl, *Knipser*. S. 103. Auch Studien wie Klaus Hesses und Philipp Springers *Vor aller Augen* verfolgten in der Hauptsache die Frage, was die privaten Bilder vom antisemitischen Terror in der deutschen Provinz an Formen des Terrors, an Beteiligung und Zuschauen, d. h. an *Gewesenem* zu zeigen vermögen, das über das Wissen aus Schriftquellen hinausgeht. Die Fotos dienten als Stützen der Rekonstruktion von außerfotografischen historischen Situationen. Damit allerdings blieben die medialen Spezifika der Fotografie unberücksichtigt. Vgl. Klaus Hesse, Philipp Springer, *Vor aller Augen. Fotodokumente des nationalsozialistischen Terrors in der Provinz*, Essen 2002.

18 So drei wichtige Kriterien des Forderungskataloges der Konferenz »Das Photo als historische Quelle«, vgl. Buchmann, *Das Photo als historische Quelle*.

Gemeinschaftsgefühl einer Nachbarschaft, die in Zugehörige und Ausgeschlossene gespalten wurde. Die omnipräsente Forderung nach Anpassung, welche mit dem Volksgemeinschaftsgedanken einherging, fand einen visuellen Ausdruck.

Die Fotografien, so ließe sich formulieren, gehen mit dieser außerfotografischen Veränderung um, sie nehmen unter bestimmten medialen Voraussetzungen darauf Bezug, nicht zuletzt dadurch, dass sie dem Transparent, das in den 1930er-Jahren über dem Rißmüllerplatz prangte, einen Platz in ihrer bildkompositorischen Ordnung zuweisen. Sie setzen die in ihnen versammelten Elemente zueinander ins Verhältnis, ein Verhältnis, das so nur in den Fotos selbst existiert. Welche Beziehungen, welche Positionen lassen sich in den beiden Osnabrücker Bildern ausmachen?

Ein genauer Blick auf die erste Fotografie zeigt, dass die einzige – bildimmanente – Beziehung diejenige zwischen der Frau auf der Parkbank und dem Fotografen oder der Fotografin ist, wenn diese auch nicht durch Blickkontakt hergestellt wird. Die Frau hält inne, hat ihre Bewegung unterbrochen und posiert ganz offenkundig.[19] Die Kamera befindet sich auf Augenhöhe mit der Frau, die im Fokus des Kamerablicks sitzt, ohne diesen zu erwidern. Auch ohne die Kenntnis der zweiten Fotografie, auf der die beiden Protagonisten Blickkontakt zur Kamera haben, kann davon ausgegangen werden, dass die Frau sich der Fotografiersituation bewusst ist, allein schon aufgrund der physischen Nähe der Kamera und damit des Fotografen oder der Fotografin, die aus dem Foto spricht. Die Pose bedeutet eine Kommunikation zwischen Kamera und Protagonistin, überhaupt wird die Frau auf der Parkbank erst durch die Pose zur Protagonistin des Bildes. Es ist deutlich, dass sie im Fokus der Aufmerksamkeit des Fotografen oder der Fotografin steht, als erinnerungswürdiges privates Motiv, an dessen Entstehung sie aktiv mitwirkt. Auf Seiten des oder der Fotografierenden unterstreicht die Wahl des Bildausschnittes, einer Halbtotalen, welche im Film oft zur Einführung eines neuen Charakters dient, das perspektivische Interesse an der Frau, die –

19 »Was mache ich, wenn ich für ein Foto posiere?«, fragt Craig Owens. »Ich erstarre – daher der maskenhafte, oft totenähnliche Ausdruck auf so vielen fotografischen Porträts.« Vgl. Craig Owens, »Posieren«, in: Hertha Wolf (Hg.), *Diskurse der Fotografie. Fotokritik am Ende des fotografischen Zeitalters*, Frankfurt/M. 2003, S. 92-114, hier S. 107.

abgesehen von den laienhaft angeschnittenen Füßen – gelungen ins Bild gesetzt ist. Wie weit die Aufmerksamkeit des oder der Fotografierenden über die Frau hinausgeht, welche Bildelemente er oder sie wahrnahm, ist anhand des Fotos schwerlich zu rekonstruieren.[20] Die Aufmerksamkeit der heutigen Betrachter*innen des Bildes, die das Foto für eine von geschichtswissenschaftlichen Fragestellungen motivierte Untersuchung ausgewählt haben, führt jedoch zum Transparent im Bildhintergrund. Hierbei wirkt offenkundig einmal mehr Lambert Wiesings Diktum der Korrelation zwischen dem »Was-man-auf-dem-Bild-sieht« und dem »Wie-man-auf-das-Bild schaut«[21] – die Aufmerksamkeit für das Transparent und die daraus entstehende Irritation sind subjektiver Natur, sie sind einem bestimmten Wissenshorizont geschuldet, der den Holocaust einschließt und der das Banner in gewisser Hinsicht zu dem werden lässt, was Roland Barthes als *punctum* beschrieben hat, jenes »Zufällige an ihr [der Fotografie], das mich besticht (mich aber auch verwundet, trifft)«.[22] Obwohl die Schärfe im Bild auf der beinahe in den Mittelpunkt gerückten Frau liegt, ist der Schriftzug des Banners gut lesbar. Nach Knut Hickethier, der sich in seiner Analyse auf das filmische Bild bezieht, spielt

20 Hier zeigt sich einmal mehr die Schwierigkeit, vom Wahrnehmen bzw. vom Sehen des Bildes auf das Wahrnehmen bzw. Sehen des Fotografen in der fotografischen Situation rückzuschließen. Joel Snyder stellt in diesem Zusammenhang grundlegend fest: »Die Vorstellung, diese oder eine andere Fotografie könne an die Stelle des Sehens treten, ist einfach falsch, wenn man damit die Vorstellung verbindet, sie könne das Sehen irgendwie ›verdoppeln‹. Eine Sehweise kann nicht umschrieben werden, ohne die vielfältigen, komplexen Formen von Aufmerksamkeit zu berücksichtigen, und eine derartige Umschreibung bezieht sich stets auf eine bestimmte Absicht oder auf eine Reihe von Operationen, die einer bestimmten Absicht zugeordnet sind.« Vgl. Joel Snyder, »Sehen darstellen (1980)«, in: Wolfgang Kemp, Hubertus v. Amelunxen (Hg.), *Theorie der Fotografie I-IV, 1839-1995*, München 2006, S. 274-281, hier S. 279.

21 Vgl. Lambert Wiesing, *Phänomene im Bild*, München 2000, S. 61.

22 Vgl. Roland Barthes, *Die helle Kammer. Bemerkungen zur Photographie*, Frankfurt/M. 1985, S. 36 (Hervorhebung im Original). Dieses *punctum* wirkt durch die Verdichtung der Zeit in der historischen Fotografie: Das Erblicken des antisemitischen Ausspruchs führt zum Erschauern »*vor einer Katastrophe, die bereits stattgefunden hat*«, ebd. S. 106 (Hervorhebung im Original); zu den beiden Erscheinungsweisen des *punctum* bei Roland Barthes, derjenigen der Form und derjenigen der Dichte, vgl. auch Peter Geimer, *Theorien der Fotografie*, Hamburg 2009, S. 134 f.

sich das Bildgeschehen in der Halbtotalen auf der situationsbezogenen Handlungsebene ab, zugleich lenkt diese Einstellungsgröße jedoch das Blickfeld auf die wichtigsten Objekte des gesamten Bildes.[23]

Diese Objekte sind, obgleich es sich um dieselbe Szenerie handelt, auf dem zweiten Foto andere. Das Gebäude mit dem davorhängenden Banner ist hinter die beiden fokussierten Personen gerückt und wird nun zu großen Teilen von ihnen verdeckt – das Bildelement, das die Aufmerksamkeit für die Fotografien geweckt hat, fehlt also, es ist unsichtbar. Dafür ist mehr von der gepflasterten Straße zu sehen, an der die Parkbank steht. Die drei männlichen Personen, die im rechten Bildrand auftauchen, scheinen gemäß ihrer Gestik und mangelnden Pose in keinem aktiven Verhältnis zur Aufnahmesituation zu stehen, sondern sich aufgrund der zu erwartenden Straßenbahn an Ort und Stelle aufzuhalten.

Die Straßenbahnhaltestelle ist ein funktionaler Ort, an dem durch die Häufigkeit bzw. Regelmäßigkeit des Aufenthaltes die Aufmerksamkeit für visuelle Veränderungen tendenziell gering ist. Die Protagonisten der Osnabrücker Bilder werden jedoch fotografiert, der Fotograf oder die Fotografin sucht den perfekten Bildausschnitt: Alle am Foto beteiligten Personen sind damit Teil einer Handlung, die den Alltag unterbricht, die gerade nicht auf Routine, sondern auf das Momenthafte abzielt.[24] Im Hinblick auf den Ort der Aufnahme könnte die Aufmerksamkeit für die Umgebung – und damit auch für das Spruchband – niedrig, im Hinblick auf den Akt des Fotografierens könnte sie hoch gewesen sein. Die mangelnde Bezugnahme der Personen im Bildvordergrund auf das Objekt im Bildhintergrund erschwert den Versuch, ein Verhältnis zu bestimmen, d. h. auch die drängende Frage zu beantworten, in welcher Beziehung die abgebildeten Personen zu dem Kollektiv des Spruchbandes stehen, ob sie sich als Teil der darin formulierten

23 Vgl. Knut Hickethier, »Lexikon der Grundbegriffe der Film- und Fernsehsprache«, in: Joachim Peach (Hg.), *Film- und Fernsehsprache 1. Texte zur Entwicklung, Struktur und Analyse der Film- und Fernsehsprache*, Frankfurt/M. 1975, S. 45-57, hier S. 49.

24 So lassen die technischen Voraussetzungen der Fotografie allein das Festhalten von Bruchteilen von Sekunden zu, die durch das Bild aus der eigentlichen Bewegung der Zeit herausgelöst werden; vgl. auch das Kapitel »Zeit im Bild – Bilder in der Zeit« in: Geimer, *Theorien der Fotografie*, S. 112-138.

Gemeinschaft sahen und ob »die Juden« auch ihr »Unglück« waren. Waren sie sich der Existenz des Symbols bewusst? Fotografierten sie sich trotz – ein *trotz*, das im Auge der heutigen Betrachter*innen liegt – des Transparents in ihrem Rücken? Die Frage muss unbeantwortet bleiben. Was jedoch festgehalten werden kann und was mit Blick auf das Medium Fotografie ernstzunehmende geschichtswissenschaftliche Erkenntnis verspricht, ist der Umstand, dass, wenn auch nicht *im* Foto, so doch *durch* das Foto eine Beziehung zwischen den historischen Akteuren und dem antisemitischen Symbol hergestellt wird.[25] Dadurch, dass die Fotografie die Akteure in ihrer Bewegung fixiert – und diese tragen durch ihre Pose zu jenem Effekt bei – und sie innerhalb eines festgelegten, rechteckigen Feldes mit bestimmten, unbeweglichen Objekten zueinander ordnet, stellt sie ein Verhältnis her, das den Moment überdauert. Die spezielle Bildanordnung ist bei aller technischen Determiniertheit menschengemacht, sie spricht für eine Zeigbarkeit und hebt das *trotz* gewissermaßen auf, welches für die Akteure in der historischen Situation nicht zu existieren schien. Das Fotografieren trotz des antisemitischen Transparents bedeutet eine von verschiedenen denkbaren Positionierungen zur visuell veränderten Öffentlichkeit im Nationalsozialismus, das Banner findet Einzug in die private Bild- und damit Erinnerungsproduktion, es wird integriert und allein dadurch veralltäglicht.

25 Für ein verwandtes Beispiel einer fotografischen Serie aus der fränkischen Kleinstadt Gunzenhausen von 1936 vgl. Sandra Starke, Linda Conze, »Die visuelle Chronik einer Kleinstadt. Fotografien zwischen Öffentlichkeit und Privatheit«, in: Thomas Medicus (Hg.), *Verhängnisvoller Wandel. Ansichten aus der Provinz 1933-1945: Die Fotosammlung Biella*, Hamburg 2016, S. 61-92, hier S. 82-85.

»Bobruisk, b. baden i. Beresina. August 1941« – eine Repräsentation des Alltags von Wehrmachtsangehörigen beim deutschen Angriffskrieg gegen die Sowjetunion?

Abb. 4: Slg. Ulrich Prehn, Serien und Einzelbilder, 182

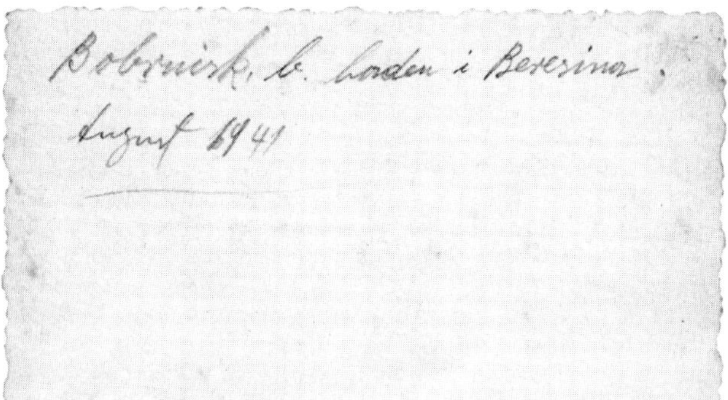

Abb. 5: Slg. Ulrich Prehn, Serien und Einzelbilder, 182 (Rückseite)

Über die Herkunft sowie über den konkreten Entstehungszusammenhang (Fotografieranlass, abgebildete Personen, genauer Ort) und Überlieferungskontext des Fotos[26] ist beinahe ebenso wenig bekannt wie über die beiden zuvor analysierten Fotografien aus Osnabrück aus der Vorkriegszeit. Bei der ebenfalls als Privatfotografie einzustufenden Aufnahme handelt es sich – dies legen sowohl die Materialität des Abzugs als auch dessen rückseitige Beschriftung nahe – um einen zeitgenössischen, von einem Schwarzweiß-Negativ hergestellten Abzug im Querformat, 6 × 9,2 cm (Abb. 4), deren Rückseite mit Bleistift beschriftet ist.

Was zeigt das Foto? Zu sehen sind im Vordergrund zwei junge Männer, die – ihre Gesichter der Kamera bzw. dem Fotografen zugewandt – ganz offensichtlich größte Freude am Bad im Fluss, dem fotografischen Festhalten dieses Augenblicks[27] und/oder der geteilten Situation (mit wie vielen anderen Personen auch immer: dem Fotografen oder möglicherweise noch weiteren – im Foto nicht sichtbaren – Anwesenden) haben. Im Hintergrund ist eine zerstörte, annähernd in der Mitte des Bildausschnitts unter dem Wasserspiegel versunkene Brücke – unklar ist, ob es sich dabei um eine Brücke für den Eisenbahn- oder den Autoverkehr handelt – zu

26 Es handelt sich hierbei um eine privat erworbene, vom Verkäufer als Einzelfoto angebotene Aufnahme. Selbstverständlich kann die Analyse von Einzelaufnahmen keinen nennenswerten systematischen Beitrag dazu leisten, Aussagen über das visuelle (d.h. immer auch *gestaltete*) »Festhalten« und die Kommunikation von »Kriegserfahrungen« u.a. durch Fotografien als Speicher- und Verarbeitungsmedium sowie als wichtige »Brücke zwischen Front und Heimat«, wie es in der zeitgenössischen Werbung der Fotoindustrie hieß, zu treffen. Hierzu sind vielmehr entsprechende Fotoalben, -konvolute und -serien heranzuziehen. Vgl. dazu vor allem die Ausstellungskataloge: Peter Jahn, Ulrike Schmiegelt (Hg.), *Foto-Feldpost. Geknipste Kriegserlebnisse 1939-1945. Ausstellungskatalog des Deutsch-Russischen Museums Berlin-Karlshorst*, Berlin 2000 (die den erwähnten Werbeslogan verwendende Annonce der Firma Agfa in der *Berliner Illustrierten Zeitung* vom 9.11.1944 ist ebd., S.73, abgedruckt); Petra Bopp, *Fremde im Visier. Fotoalben aus dem Zweiten Weltkrieg*, Bielefeld 2009.

27 Der Akt des Fotografierens geht auch in diesem Fall weit über das Festhalten (bzw. die Absicht des Dokumentierens) hinaus: Er stellt einen *Eingriff ins Geschehen* dar, der für den emotionalen Ausdruck der fotografierten Personen (mit) verantwortlich ist. Vgl. hierzu sowie zur keineswegs immer eindeutigen Dimension der Gefühlslagen (bzw. deren Entzifferbarkeit) der im Foto abgebildeten Personen: Cornelia Brink, »Bildeffekte. Überlegungen zum Zusammenhang von Fotografie und Emotionen«, in: *Geschichte und Gesellschaft* 37 (2011), S.104-129, hier S.107f.

sehen. Lediglich der (ungefähre) Ort des Geschehens, die Beresina (Bjaresina), und zwar auf Höhe der weißrussischen Stadt Bobruisk (Babrujsk), ohne dass die Stadt im Hintergrund oder am Bildrand zu sehen wäre, sowie der Monat (nicht das genaue Datum) der Aufnahme, »August 1941«, gehen aus der rückseitigen Beschriftung hervor (Abb. 5).

Was ist das Frappierende an dem Bild, und warum interessiert es uns im Rahmen der hier angestellten Überlegungen? Das verstörende Moment beim Betrachten des Fotos stellt sich beim Betrachter bzw. der Betrachterin allmählich ein. Das Motiv selbst »transportiert« etwas, das aus der Gleichzeitigkeit und der (scheinbaren) Widersprüchlichkeit verschiedener Bildkomponenten herrührt. Zu konstatieren ist zunächst einmal die *Gleichzeitigkeit* zweier Motivbestandteile: der »Badespaß«[28] als dynamisches Element (vor allem in der Bewegung des linken Schwimmers und in Form des aufspritzenden Wassers) im Bildvordergrund und die (keineswegs erst auf den zweiten Blick) augenfällige Kriegszerstörung am Ort des Geschehens (als statisches, aber eben gerade nicht »stabilisierend« wirkendes Moment) im Hintergrund. Insofern ist von *scheinbarer* Widersprüchlichkeit[29] nur aus der heutigen Betrachter-Perspektive zu sprechen, während der Akt der gleichzeitigen Abbildung, zumal in Verbindung mit der rückseitigen Beschriftung, das Geschehen vor dem spezifischen (Bild-)Hintergrund als vergleichsweise »normal« und »unspektakulär« ausgibt. Die Beschriftung blendet die Umstände des »Badens«, der Ausgelassenheit in einer prinzipiell angespannten Kriegssituation, fast vollständig aus, denn das Foto, das die Zusammenschau von Bildvordergrund und -hintergrund geradezu erzwingt, ist in dieser Hinsicht beredt genug. Die zerstörte Brücke im Hintergrund kann als der Motivbestandteil interpretiert

28 Ein durchaus typisches Sujet der privaten Fotografie des »Soldatenalltags«, wie u. a. Petra Bopps Analyse zweier Fotoalben eines Amateurfotografen im Zweiten Weltkrieg belegt; vgl. Petra Bopp, »›... ich habe ja nun aus Rußland genug Bilder‹ – Soldatenalltag im Sucher eines Amateurfotografen im Zweiten Weltkrieg«, in: Irene Ziehe, Ulrich Hägele (Hg.), *Der engagierte Blick. Fotoamateure und Amateurfotografen dokumentieren den Alltag*, Berlin 2007, S. 73-95, hier S. 75, 90.

29 Der Befund der »Widersprüchlichkeit« wird auf der Ebene der Bildkomposition unterlaufen durch das zwischen den beiden Männern und dem versunkenen mittleren Teil der Brücke auszumachende Beziehungsdreieck, das sich beinahe in der Bildmitte befindet und von dem eine eigentümliche »optische Sogwirkung« ausgeht.

werden, der die »Präsenz« des Krieges (zumindest seiner materiellen Auswirkungen) im vorliegenden Foto vermittelt. Durch die Brücke werden der Krieg und einer seiner konkreten Schauplätze »ins Bild gerückt«, und zwar als Kulisse des Badevergnügens, aber darüber hinaus auch als Bildmotiv-Chiffre, die den entsprechenden Teil der rückseitigen Beschriftung konkretisiert: So kann ein Kriegsschauplatz im Russlandfeldzug – hier: in bzw. um Bobruisk im August 1941 – *auch* aussehen. Und vor allem: Wir waren (genau) dort – und hatten (jedenfalls in ebendiesem Moment) eine Menge Spaß. Dabei ist letztere Aussage vielleicht eher als eine Art Selbstverständigung der Fotografierten und des Fotografierenden zu deuten, denn als »Botschaft an die Heimat« im Sinne eines »Es geht mir/uns gut« ist die Bildaussage wohl zu ambivalent, es sei denn, gerade diese Ambivalenz (im Sinne eines »Auch in diesem Krieg geht es mir/uns gut«) sollte betont und in die Heimat »transportiert« werden oder es handelt sich dabei um eine *nichtintendierte* Botschaft.[30]

In der Forschungsliteratur ist mit Blick auf das, was bisweilen mit Begriffen wie »Soldatenalltag« umschrieben wird, betont worden, dass für die an der Front oder in der Etappe Eingesetzten der Krieg einen Bruch mit dem (zivilen) Alltag, also eine »Ausnahmesituation« darstellte, die sich auch auf die fotografischen Repräsentationen durch die soldatischen »Knipser« auswirkte, wie Ulrike Schmiegelt schreibt: »Der Dienst in Kriegszeiten ist eben nicht Alltag, sondern ein dauerhafter Ausnahmezustand, und das Ungewöhnliche wurde dokumentiert.«[31] Doch stellte sich, zumal im Laufe ihres militäri-

30 Im Rahmen einer solchen Lesart wäre ein »stabilisierendes« Element, das der Medienwissenschaftler Knut Hickethier hinsichtlich der Funktionen, die den Fotografien deutscher Wehrmachtssoldaten im Zweiten Weltkrieg zugekommen sei, konstatiert hat, folgendermaßen zu beschreiben: »Die Fotos dienten dazu, die Anschauung von den Menschen, die er kennt, zu erhalten.« Dagegen ist der von Hickethier an einem konkreten Beispiel formulierte Befund (»Fotos von Kriegshandlungen fehlen. Die Fotos dienen der privaten Kommunikation.«) angesichts einer Vielzahl in ihrer Gesamtaussage widerläufiger Fotokonvolute keineswegs generalisierbar. Das analysierte Foto der vor der zerstörten Beresina-Brücke Badenden verweist vielmehr auf entsprechende Bruchstellen und Ambivalenzen. Vgl. Knut Hickethier, »›Der Drang nach Menschen, Unterhaltung, Erleben ist so groß in einem‹ – Mediensituationen im Zweiten Weltkrieg«, in: Matthias Karmasin, Werner Faulstich (Hg.), *Krieg – Medien – Kultur. Neue Forschungsansätze*, München 2007, S. 105-130, hier S. 115.

31 Siehe Ulrike Schmiegelt, »›Macht euch um mich keine Sorgen …‹«, in: Jahn, Schmiegelt (Hg.), *Foto-Feldpost*, S. 23-31, hier S. 27.

schen Einsatzes, für die Wehrmachtsangehörigen zweifellos auch etwas wie »Kriegsalltag« ein, der sich in dem, was die Soldaten-Fotos »einfingen« (und sicher zum Teil auch zeigen *sollten*), eben auch visuell niederschlug. Solche Bilder von Routine, »Zeitvertreib« und »Kameradschaft« (der Truppe als »Ersatzfamilie« also) hatten, so kann mit Recht angenommen werden, als Selbstvergewisserung und -bestätigung sowie als Strategie der Herstellung von »Normalität« und »Alltag« im Ausnahmezustand in doppelter Hinsicht eine stabilisierende Funktion: zum einen für die jeweiligen Einheiten bzw. »Ersatzfamilien« selbst und zum anderen für die wirklichen Angehörigen – die Familien in der Heimat.

Hat die Historikerin Cornelia Brink zu Recht darauf hingewiesen, dass der Fotografie die »Verbindung von Geschehenem und Gezeigtem« eigen ist[32] – eine Feststellung, die angesichts des gewählten Motivs und der verstörenden Wirkung, die das hier analysierte Foto auf heutige Betrachterinnen und Betrachter hat, von großer Bedeutung ist –, so ist dieser Befund für die Interpretation der Aufnahme um einen zusätzlichen Aspekt zu erweitern: um die Frage nach dem, was das Bild nicht zeigt. In dieser Hinsicht spielen nicht nur Motivwahl und Kadrage eine Rolle: Was geschah zum Zeitpunkt der Aufnahme *jenseits des Bildausschnitts*? Vielmehr stellt sich die Frage, in deren Zentrum der historische Ort und das Ausschnitthafte der Fotografie stehen, auch in *temporaler* Hinsicht: Was geschah an jenem Ort zuvor und danach?

Als das Foto entstand, waren deutsche Truppen bereits (mindestens) einen Monat zuvor nach Bobruisk vorgedrungen. Es handelte sich hierbei um Teile des zur Heeresgruppe Mitte gehörenden LIII. Armeekorps; die 3. Panzer-Division, die zu der von Generaloberst Heinz Guderian befehligten Panzergruppe 2 gehörte, hatte bereits am 28. Juni 1941 Bobruisk erreicht. Ihr folgte am 2. Juli, nachdem zwei Tage zuvor noch eine Luftschlacht über der Stadt stattgefunden hatte, die 10. (motorisierte) Infanterie-Division.[33] In Bobruisk befand sich über einen Monat lang – nämlich vom 11. Juni bis zum 14. August, also möglicherweise auch noch zu dem Zeitpunkt, als die Aufnahme gemacht wurde – der Korpsgefechtsstand; in dieser Zeit wurde die Stadt »zu einem wichtigen Versor-

32 Siehe Brink, *Bildeffekte*, S. 127.

33 Siehe Heinz Guderian, *Erinnerungen eines Soldaten*, Heidelberg 1951, S. 144 f., 148.

gungszentrum ausgestaltet«, wie sich der damalige Kommandeur der 52. Infanterie-Division, Generalmajor Lothar Rendulic, erinnerte, »da die dorthin führende Eisenbahn bald wieder in Betrieb genommen werden konnte«.[34] Bis zum 13. Juli, dem Zeitpunkt der Gegenoffensive der von Marschall Semjon Konstantinowitsch Timoschenko befehligten sowjetischen Truppen mit dem Ziel, den deutschen Vorstoß aus der Gegend Bobruisk auf die Dnjepr-Übergänge Schlobin und Rogatschew zurückzuwerfen,[35] war die von den sowjetischen Streitkräften gesprengte Eisenbahnbrücke über die Beresina von einem dem LIII. Armeekorps unterstellten deutschen Pionier- und Baubataillon offenbar bereits behelfsmäßig wiederhergestellt worden.[36] Nicht weit vom Ort dieser Arbeiten hatten jedoch nur eine Woche zuvor verlustreiche Kampfhandlungen stattgefunden: »Bei den Waldkämpfen nördlich Bobruisk hatte das Regiment etwa 250 Mann Verluste, davon 104 Tote. [...] Die Kämpfe in den Wäldern und Sümpfen wurden außerordentlich verbissen und auf allernächste Entfernung geführt.«[37] In derselben Quelle, dem »Fahrtbericht« vom 22. Juli 1941, also noch bevor das fragliche Foto gemacht wurde, hatte sich die Kommandoführung des LIII. Armeekorps über die »Verbesserung der Getränke« – und offenbar auch der »Moral« der Truppe – folgende Gedanken gemacht: »Durch Korpsapotheker ist nochmals festzustellen, ob sich der in Bobruisk fabrizierte Wodka nicht zur Ausgabe an die Truppe eignet (Verbesserung der Getränke).«[38]

Im September 1941 verlegte die für »Sicherungsaufgaben« (Ei-

34 Siehe Lothar Rendulic, *Gekämpft – gesiegt – geschlagen*, Wels, München 1957, S. 32.

35 Vgl. Boris Semjonowitsch Telpuchowski, *Die sowjetische Geschichte des Großen Vaterländischen Krieges 1941-1945*. Im Auftrag des Arbeitskreises für Wehrforschung, Stuttgart, hg. und kritisch erläutert von Andreas Hillgruber und Hans-Adolf Jacobsen, Frankfurt/M. 1961, S. 55; sowie: *»Fahrtberichte« aus der Zeit des deutsch-sowjetischen Krieges 1941. Protokolle des Begleitoffiziers des Kommandierenden Generals LIII. Armeekorps*. Eingeleitet und hg. von Walther Lammers, Boppard am Rhein 1988, S. 11, 24 f., 188 f. (Fahrtbericht vom 13. 7. 1941). Dort wird auch die Beteiligung »russischer Gefangener« entweder bei der Reparatur der gesprengten Eisenbahnbrücke oder beim Bau zweier neuer Brücken über die Beresina bei Bobruisk erwähnt, ebd., S. 189.

36 Ende Juli waren bei den »Beresinabrücken [...] Eisenbahnpioniere dabei, die große, von den Russen gesprengte Brücke wiederherzustellen«, ebd., S. 217.

37 Ebd., S. 207-209 (Fahrtbericht vom 22. 7. 1941), hier S. 209.

38 Ebd., S. 209.

senbahnlinien, Rollbahnen, Versorgungseinrichtungen) und Nachhutgefechte – im »Wehrmachtsjargon«: »Säuberungsaktionen« – zuständige 221. Sicherungsdivision ihr Hauptquartier nach Bobruisk;[39] bis Ende des Monats nahm die Division 4729 versprengte sowjetische Soldaten gefangen und erschoss 403 »Partisanen«.[40] All dies, was – ebenso wie »Badespaß« und andere Freizeitvergnügungen – zum militärischen »Alltag« der deutschen Wehrmachtseinheiten gehörte (ganz zu schweigen von den tödlichen Auswirkungen der deutschen »Hungerpolitik« gegenüber sowjetischen Kriegsgefangenen und den zahlreichen Erschießungen im Durchgangslager 131 sowie den drei an jüdischen Einwohnern von Bobruisk und Umgebung vollzogenen Mordaktionen, die Angehörige des Einsatzkommandos 8 der Sicherheitspolizei und des SD durchführten),[41] ist auf dem Foto vollkommen absent, ausgeblendet.

Nicht zuletzt wirft das hier zu analysierende Foto – wenn wir davon ausgehen, dass es sich bei der Gruppe der Badenden und Fotografierenden um Wehrmachtssoldaten handelt[42] – auch ein bezeichnendes Schlaglicht auf die Tragweite dienstlicher Anord-

39 Vgl. Christian Hartmann, *Wehrmacht im Ostkrieg. Front und militärisches Hinterland 1941/42*, München 2009, S. 276 f.

40 Ebd., S. 579.

41 Vgl. hierzu die detaillierten Schilderungen bei Christian Gerlach, *Kalkulierte Morde. Die deutsche Wirtschafts- und Vernichtungspolitik in Weißrussland 1941 bis 1944*, Hamburg 1999, vor allem S. 597-601, 608; Dieter Pohl, *Die Herrschaft der Wehrmacht. Deutsche Militärbesatzung und einheimische Bevölkerung in der Sowjetunion*, München 2009, der für das Durchgangslager (Dulag) 131 die Zahl der dort bis zum 20. November 1941 gestorbenen Gefangenen auf 14777 (zeitweise 600-800 täglich) beziffert, ebd., S. 224. Zu den Erschießungen mehrerer hundert jüdischer Kriegsgefangener pro Woche im Dulag 131 seit der ersten Oktoberwoche 1941 vgl. ebd., S. 234. Neben dem von Gerlach und Pohl erwähnten Dulag 131 gab es neueren weißrussischen Forschungen zufolge noch ein weiteres in Bobruisk (Dulag 314), ein Stammlager für Mannschaften und Unteroffiziere (Stalag), ein Stammlager für gefangene Offiziere (Oflag) und ein »Arbeitslager«, vgl. Siarhei Novikau, »NS-Lager im besetzten Weißrussland 1941-1944«, in: Wolfgang Benz u. a. (Hg.), *Nationalsozialistische Zwangslager. Strukturen und Regionen – Täter und Opfer*, Dachau, Berlin 2011, S. 137-151, hier S. 147 f.

42 Dies kann nicht mit Sicherheit angenommen werden, zumal Mitte August bei den Wiederherstellungsarbeiten an der Eisenbahnbrücke über die Beresina auch »Eisenbahnpioniere, Gefangene und deutsche Zivilisten eingesetzt [waren]. Bei den Zivilisten handelt es sich um Spezialisten aus den Krupp-Werken.« Siehe *»Fahrtberichte«*, S. 230-233 (Fahrtbericht vom 11. 8. 1941), hier S. 231.

nungen bzw. das regelmäßige Unterlaufen derselben im Dienstalltag. So findet sich im »Fahrtbericht« vom 14. Juli 1941 ein Vermerk über eine »während der Fahrt« von Karl Weisenberger, dem Kommandierenden General des LIII. Armeekorps, gemachte und entsprechend protokollierte Bemerkung: »Bei rückwärtigen Teilen von Truppen, die im Kampf stehen, muss immer eine erhöhte Alarmstufe bestehen. Die Mannschaften müssen immer vollständig angezogen sein, (nicht in Badehose) [...].«[43] In einem späteren »Fahrtbericht« wird anlässlich einer Ausnahme von dieser Regel, einer »Abkommandierung« am 13. August, die Angehörige der Aufklärungsabteilung 255 betraf, ausdrücklich festgehalten: »Die Abtlg. hatte von jeder Schwadron 30 Mann zum Baden nach Bobruisk geschickt. Die Abteilung ist Korps-Reserve. Es ist deshalb nicht möglich, Teile dieser stets alarmbereiten Truppe über 30 km weit zum Baden zu schicken.«[44]

Anhand einer ganzen Reihe von Fotografien deutscher Wehrmachtsangehöriger, die zerstörte Brücken über die Beresina im rückwärtigen Heeresgebiet zeigen, kann verdeutlicht werden, dass das Fotografieren solcher Schauplätze von Kriegszerstörungen alles andere als eine Seltenheit war. Aber der *fotografische* Blick auf diese Schauplätze weist im Vergleich erhebliche Unterschiede auf: In starken Kontrast tritt das hier eingehend analysierte Foto – und zwar, weil der konkrete Ort, wie beschrieben, auf eine verstörend wirkende Art und Weise gleichsam aus dem Hintergrund ins Bild(aussage)zentrum gerückt wird – beispielsweise zu einem aus dem Busfenster heraus gemachten »Schnappschuss« (Abb. 6) oder zu zwei Fotografien, die eine kriegszerstörte Beresina-Brücke im Bildhintergrund offenbar mit Reparaturarbeiten und alternativen infrastrukturellen Lösungen kontrastiert, die im Bildvordergrund stehen (Abb. 7 und 8[45]).

43 Ebd., S. 191-194 (Fahrtbericht vom 14. 7. 1941), Zitat S. 194.

44 Ebd., S. 236-238 (Fahrtbericht vom 13. 8. 1941), Zitat S. 236.

45 Ein ähnliches, Mitte Juli 1941 aufgenommenes Motiv ist abgebildet in: Jahn/Schmiegelt (Hg.), *Foto-Feldpost*, S. 129 Mitte.

Abb. 6: Slg. Ulrich Prehn, Serien und Einzelbilder, 494, 5,9 x 9 cm, Abzug auf Velox-Fotopapier, rückseitig mit Schreibmaschine beschriftet: »Fahrt über die Beresina«

Abb. 7: Slg. Ulrich Prehn, Serien und Einzelbilder, 366, 3,9 x 5,2 cm.[46]

46 Das Foto wurde offenbar vor nicht allzu langer Zeit vom Vorbesitzer mit Bleistift beschriftet, und zwar angeblich gemäß der Originalbeschriftung in dem Fotoalbum, aus dem dieses Foto sowie Abb. 8 stammen: »BOBRUISK BERESINA 1941«, Mitteilung F. St. an Ulrich Prehn, 27.12.2011.

Abb. 8: Slg. Ulrich Prehn, Serien und Einzelbilder, 366a, 3,9 x 5,2 cm.

Den hier abgebildeten Fotografien aus dem deutschen Eroberungsfeldzug in Weißrussland liegen unterschiedliche Fotografieranlässe zugrunde: Zweifellos haben die zuletzt abgedruckten Aufnahmen jeweils ein anderes »Thema« (bzw. einen anderen Fokus) und vor allem eine andere – weitaus geringere – emotionale Wirkungskraft als das bildkompositorisch ausgefeilte, auf starke visuelle Kontraste setzende und mit entsprechend ambivalenten kommunikativen »Botschaften« aufgeladene »Bade«-Foto.

Abb. 9: Niedersächsisches Landesarchiv/Staatsarchiv Aurich, Rep. 243 Nr. A 898-4.

Abb. 10: Niedersächsisches Landesarchiv/Staatsarchiv Aurich, Rep. 243 Nr. A 898-3.

Zwei Fotografien aus einer ostfriesischen Kleinstadt: Norden am 22. Juli 1935. Auf der ersten (Abb. 9) ist ein Paar zu sehen, das von der SA durch die Straßen geführt wird, beide mit Schildern um den Hals, auf denen zu lesen ist: »Ich bin ein Rasseschänder« und »Ich bin ein Deutsches Mädchen und habe mich vom Juden schänden lassen«. Die Frau hält sich die Hand vor die Augen, als wollte sie sich vor den Blicken und der öffentlichen Demütigung schützen. Schaulustige säumen den Zug, ein kleiner Junge läuft an ihm entlang. Fahrräder schiebende Passanten auf dem Bürgersteig. Auf dem zweiten Foto (Abb. 10) wird gleichfalls eine junge Frau von einem SA-Trupp, darunter auch einige Männer in Zivilkleidung, durch die Straßen geführt, mit einem (vielleicht demselben?) Schild um den Hals: »Ich bin ein Deutsches Mädchen und habe mich vom Juden schänden lassen«. Wieder stehen etliche Schaulustige beiderseits auf den Bürgersteigen, zwei junge Frauen laufen neben dem Zug einher, die eine blickt lachend in die Kamera.

Die zwei Fotografien sind Teil einer Serie von insgesamt fünf Fotos, die im Staatsarchiv Aurich aufbewahrt werden und von Heinrich Ihnken, NSDAP- und SA-Mitglied und Inhaber einer Drogerie in Norden, aufgenommen wurden.[47] Dank der Recherche von Bernhard und Astrid Parisius lässt sich der Kontext der beiden Fotografien gut erhellen.[48] An jenem 22. Juli, einem Montag, erschienen morgens zwei SA-Führer aus Norden auf der Polizeiwache, zeigten Christine Neemann und Julius Wolff wegen »Rasseschändung« an und verlangten, dass beide sofort in Schutzhaft zu nehmen seien. Als der diensthabende Polizeimeister abwiegeln wollte und den beiden riet, sich an den Regierungspräsidenten oder die Staatspolizeistelle in Wilhelmshaven zu wenden, verließen die zwei SA-Führer zunächst die Wache, gaben aber gegen Mittag telefonisch Bescheid, dass sie am Nachmittag Neemann und Wolff durch die Straßen führen würden. Die beiden jungen Leute wurden von einem SA-Trupp aus ihren Wohnungen geholt und mit einem Schild um den Hals durch die Innenstadt von Norden getrieben.

47 Zur Überlieferung der Fotografien siehe Christoph Kreutzmüller, Julia Werner, *Fixiert. Fotografische Quellen zur Verfolgung und Ermordung der Juden in Europa*, Berlin 2012, S. 5.

48 Bernhard und Astrid Parisius, »›Rassenschande‹ in Norden. Zur Geschichte von zwei Fotos, die das Bild Jugendlicher von der NS Zeit prägen«, in: *Ostfreesland 2004. Kalender für jedermann*, Norden 2003, S. 129-137.

Christine Neemann schilderte nach dem Krieg diesen Tag in ihrem Antrag auf Entschädigung: »Anfang Juli 1935 wurde ich von sechs SA-Männern aus der Wohnung meiner Mutter geholt, weil ich mit einem Juden, Julius Wolff, verlobt war. Man hat uns zusammen durch die Straßen geführt, jeder ein Plakat um den Hals: Rassenschänder. Auf offener Straße hat man mich geschlagen und die Haare aus dem Kopf gerissen und dann ins Gefängnis gebracht.«[49] Laut Polizeibericht hatte Christine Neemann sich noch gewehrt und mit dem Zeigefinger an die Stirn getippt, um zu zeigen, dass sie das Ganze als irrsinnig betrachtete, was, so der Bericht, die Menge von rund 200 bis 300 Menschen, die den Umzug begleiteten, noch mehr erregt haben soll.

Nachdem die lokale Polizei Christine Neemann und Julius Wolff verhaftet hatte, suchte die SA ein weiteres Paar: Elisa Extra und ihren jüdischen Verlobten Richard Cossen. Allerdings hatte Cossen bereits von dem ersten »Rassenschandeumzug« erfahren und konnte rechtzeitig fliehen, so dass die SA nur Elisa Extras habhaft werden konnte. Auch sie wurde mit einem Schild um den Hals durch die Straßen Nordens getrieben. Heinrich Ihnken, der den Auftrag von der Partei erhalten hatte, die Aktion zu dokumentieren, stellte die Fotos anschließend im Schaufenster seiner Drogerie aus.

Die Aktion in Norden reihte sich ein in eine Serie von »Rassenschande«-Umzügen, die die SA seit Beginn des Jahres 1935 mit publizistischer Unterstützung des antisemitischen Hetzblattes *Der Stürmer* in etlichen Orten des Deutschen Reiches veranstaltete und damit bewusst die antisemitische Stimmung anheizen wollte, die schließlich in die Nürnberger Gesetze vom September desselben Jahres mündete.[50] Vormoderne Praktiken, soziales Verhalten zu ahnden, das gegen die »Sittlichkeit« und die »Ehre« verstieß, haben sich durchaus bis in das 20. Jahrhundert erhalten. Insbesondere wurden Frauen »an den Pranger« gestellt, wenn sie gegen die herrschende Geschlechterordnung verstießen. Geschlecht und Gewalt blieben auch in der Neuzeit die beiden entscheidenden Charakte-

49 Zitiert nach ebd., S. 129.

50 Vgl. dazu Alexandra Przyrembel, *›Rassenschande‹. Reinheitsmythos und Vernichtungslegitimation im Nationalsozialismus*, Göttingen 2003; Michael Wildt, *Volksgemeinschaft als Selbstermächtigung. Gewalt gegen Juden in der deutschen Provinz 1919 bis 1939*, Hamburg 2007, S. 219-266.

ristika der »Ehre«.[51] Hinzu kam im 20. Jahrhundert die rassistische Aufladung der Ehre. Was in der Vormoderne eine Praxis zur Regelung sozialen Verhaltens darstellte, geriet unter rassenbiologischen Vorzeichen zu einer Praktik der unumkehrbaren Ausschließung. Ebendies wollten die nationalsozialistischen Aktivisten erreichen und fanden offenkundig in den »Rassenschande«-Aktionen ein politisches Feld, auf dem der Ausschluss der Juden aus der »Volksgemeinschaft« sowie die Ahndung der »Ehrverletzung« der nichtjüdischen Frauen in öffentlicher, gewalttätiger Praxis vollzogen werden konnten.[52]

In der *Ostfriesischen Tageszeitung* vom folgenden Tag wurde die Aktion als ein Ausdruck spontanen Volkszorns über das »unverschämte Treiben« der Nordener Juden dargestellt, dem die SA nur nachgegeben habe. Christine Neemann und Julius Wolff hätten ihre mehrjährige Beziehung ebenso wie Richard Cossen und Elisa Extra öffentlich gezeigt, obwohl die beiden Frauen mehrmals »auf ihr Treiben« aufmerksam gemacht worden seien. Die *Ostfriesische Tageszeitung* schrieb: »Von allen Seiten wurde in Sprechchören und Zurufen gefordert, dass diese beiden, die sich durch ihr Verhalten aus der Volksgemeinschaft ausgeschlossen haben, durch die Stadt

51 Vgl. Martin Dinges, »Ehre und Geschlecht in der Frühen Neuzeit«, in: Sibylle Backmann u. a. (Hg.), *Ehrkonzepte in der Frühen Neuzeit. Identitäten und Abgrenzungen*, Berlin 1998, S. 123-147.

52 Christine Neemann wurde vom Gefängnis in Aurich in das Konzentrationslager Moringen gebracht, aus dem sie Ende August wieder entlassen wurde. Ihr Arbeitgeber in Norden, bei dem sie zehn Jahre gearbeitet hatte, entließ sie. 1936 kam sie abermals ins Gefängnis, weil sie denunziert worden war, erzählt zu haben, dass die Gestapo sie misshandelt hatte. 1942 heiratete sie einen Eisenbahnschaffner. Julius Wolff konnte nach Amerika fliehen. Der Prozess, der 1949 wegen der Verfolgung von Christine Neemann und Julius Wolff geführt wurde, hatte die Verurteilung von sechs Angeklagten zu einer Gefängnisstrafe zwischen drei und sieben Monaten zur Folge. Der SA-Sturmführer Jäger und ein Polizist wurden aus Mangel an Beweisen freigesprochen. Elisa Extra, die zusammen mit Christine Neemann ins KZ Moringen gebracht und Ende August 1935 entlassen worden war und ebenfalls ihren Arbeitsplatz bei der Post verloren hatte, floh nach Amsterdam und fand eine Stelle als Hausmädchen in einer jüdischen Familie. Ihr Verlobter Richard Cossen konnte 1936 nach Amsterdam und von dort nach Argentinien entkommen. Nach dem Krieg erhielt Elisa Extra nach einem sich über zehn Jahre hinziehenden Verfahren eine einmalige Entschädigung von 150 DM für ihren Verdienstausfall durch die KZ-Haft. Vgl. Wildt, *Volksgemeinschaft*, S. 238 f.

geführt wurden. Die SA gab dem Willen der Bevölkerung nach und beide wurden mit entsprechenden Plakaten versehen durch die Stadt geführt. Überall klatschte die Bevölkerung lauten Beifall und gab ihrer Entrüstung durch heftige Pfui-Rufe Ausdruck.«[53]

Die Fotografien aus Norden wie aus anderen Orten scheinen diese Perspektive auf den ersten Blick zu stützen. Betrachtet man die Bilder von jenen Umzügen, die am helllichten Tag in aller Öffentlichkeit stattfanden, so fallen die Mengen auf, die diesen Umzug begleiten: Frauen, Kinder, Jugendliche laufen mit, lachen, verhöhnen, beschimpfen, bespucken die Opfer. Auch in Norden ist niemand auf den Fotografien zu erkennen, der gegen die Aktion protestiert oder sich von ihr deutlich abgewandt hätte. Im Gegenteil, die beiden jungen Frauen (Abb. 10) laufen offenkundig vorneweg auf den Fotografen zu, um mit ebendieser Szene einer öffentlichen Demütigung hinter sich fotografiert zu werden oder zumindest bewusst in Kauf zu nehmen, dass sie zusammen mit der gewalttätigen Aktion aufs Bild kommen. Unzweifelhaft hätten sie die Option gehabt, eben nicht mit dem Umzug fotografiert zu werden. Die voyeuristische Attraktion und das Einverständnis ebenso wie die Beteiligung an dieser gewalttätigen Ahndung einer Verletzung der »Rassenehre« sind auf diesen Fotografien nicht zu übersehen – und dennoch bergen die Fotos auch widerläufige Interpretationsspuren.

Die SA-Täter sind ebenso deutlich zu erkennen wie die Opfer, die an den Pranger gestellt und aus der »Volksgemeinschaft« ausgeschlossen werden sollen. Nichts lässt sich indessen darüber sagen, was die zahlreichen Zuschauer über diese öffentlich inszenierte Erniedrigung gedacht oder empfunden haben. Ohne Zweifel stellten die Schaulustigen, Neugierigen und Passanten, wie auch immer ihre innere Einstellung zum Geschehen gewesen sein mag, ein unverzichtbares Element dieser Aktion dar, die in aller Öffentlichkeit stattfand, um ebendiese Öffentlichkeit fundamental zu verändern. Eine solche Aktion zwingt, gewollt oder ungewollt, zur Stellungnahme. Alle Zuschauer, die den Zug begleiteten, auch jene mit inneren Vorbehalten, nahmen an der Inszenierung teil und wurden, selbst wenn sie die Gewaltaktion innerlich ablehnten, zwar nicht zu Tätern, aber zu Komplizen der antisemitischen Politik.

53 *Ostfriesische Tageszeitung* vom 23.7.1935, zitiert nach Hans Forster, Günther Schwickert, *Norden. Eine Kreisstadt unterm Hakenkreuz*, Norden 1988, S.161.

Diese gewaltanalytische Positionierung der Zuschauer als Teil des Geschehens kann jedoch dazu verführen, eben in den Fotos Zustimmung zu erkennen zu glauben. Die beiden jungen Frauen, die dem Zug lachend voraneilen und prominent ins Bild gesetzt werden, beeinflussen die Bildkomposition entscheidend. Gerade mit den beiden im Vordergrund erhält die – im Schaufenster des Nazi-Drogisten ausgestellte – Botschaft der Zustimmung in der Bevölkerung eine visuelle Bekräftigung. Dennoch muss das Lachen keineswegs bedeuten, dass sich die beiden an dem Geschehen erfreut oder ihrer Empathielosigkeit Ausdruck geben wollten. Der Schnappschuss des Fotografen rief womöglich eine Konvention auf, die sich mit der beginnenden Massenfotografie durchsetzte, nämlich in die Kamera zu lachen und kein ernstes Gesicht wie zu den Zeiten der Atelierfotografie zu machen.[54] Die Praxis des Fotografierens wie des Fotografiert-Werdens kann hier ebenso das Bild, das wir mittels der Fotografie sehen, geprägt haben wie das abgebildete Geschehen oder gar die Intention des nationalsozialistischen Fotografen selbst.

So ließen sich die beiden Fotografien mit Pierre Bourdieu als »Ausdruck und Mittel der Integration« werten, mit denen die Zugehörigkeit zur wie der Ausschluss aus der »Volksgemeinschaft« visuell bekräftigt wird.[55] Bourdieu, der vor allem Familienfotografien seinen Überlegungen zugrunde legt, hebt hervor, dass »die photographische Praxis meist einzig ihrer Funktion für die Familie wegen lebendig bleibt, genauer: durch die Funktion, die ihr die Familie zuweist, nämlich die großen Augenblicke des Familiendaseins zu feiern und zu überliefern, kurz, die Integration der Familiengruppe zu verstärken, indem sie immer wieder das Gefühl neu bestätigt, das die Gruppe von sich und ihrer Einheit hat«.[56] Gerade die Zurschaustellung der Fotos durch den Fotografen im Schaufenster seiner Drogerie unterstreicht den normativen Anspruch auf »Volksgemeinschaft«, der mit den Bildern erhoben wird. Und dennoch sind in den Fotografien Praktiken zu erkennen, die unabhängig vom Geschehen, der Intention des Fotografen und über die unmittelbare soziale Gebrauchsweise hinaus auf das Medium Fotografie

54 Vgl. dazu Sandra Starke, »Fenster und Spiegel. Private Fotografie zwischen Norm und Individualität«, in: *Historische Anthropologie* 19 (2011), Heft 3, S. 447-474.

55 Pierre Bourdieu u. a., *Eine illegitime Kunst. Die sozialen Gebrauchsweisen der Photographie*, Frankfurt/M. 1983, S. 31.

56 Ebd.

selbst zielen, auf eine kommunikative Dimension, die weit stärker von der Fotografie als Kommunikationsmedium allgemein als vom besonderen historischen Geschehen bestimmt ist.

Neue Ansätze

Von Alf Lüdtkes vor etlichen Jahren veröffentlichtem Plädoyer für eine neue Ausrichtung alltagsgeschichtlicher Zugänge inspiriert, haben wir für die zusammenfassenden Bemerkungen zu unseren Analysen die Formulierung »Es hat noch kaum begonnen«[57] aufgegriffen – und zwar sowohl als Zustandsbeschreibung eines entsprechenden, heutigen geschichtswissenschaftlichen *state of the art* als auch als Ausgangspunkt für ein methodologisches, aber auch schlichtweg quellenbezogenes Plädoyer. Denn schließlich handelt es sich bei privaten Fotografien im 20. Jahrhundert um eine wichtige, doch in weiten Teilen nach wie vor weitgehend unerschlossene *Massenquelle*.[58]

Anhand der drei von uns untersuchten Foto-Überlieferungen aus dem nationalsozialistischen Deutschland sowie aus dem Angriffskrieg gegen die Sowjetunion haben wir aufzuzeigen versucht:

1. Sämtlichen von uns analysierten Fotos ging eine außerfotografische visuelle Veränderung in der Lebenswelt der Akteure voraus (antisemitische Banner, Kriegszerstörung, Stigmatisierung), mit der im bzw. durch das Medium selbst umgegangen wird, wobei die Präsenz dieser Veränderungen in jeweiligen Motiven unterschiedliche Formen aufweist.

2. Besonderes Augenmerk haben wir in unseren Interpretationen auf die Bildkomposition gerichtet, vor allem auf die Anordnung verschiedener (z.T. auseinanderklaffender) Bildelemente sowie auf verstörende Elemente in den Fotografien bzw. ihre verstörende Gesamtwirkung. Unsere Aufmerksamkeit galt der besonderen Bedeutung von Bildvordergrund und -hintergrund, herausgestellt

57 Alf Lüdtke, »Alltagsgeschichte: Aneignung und Akteure. Oder – es hat noch kaum begonnen«, in: *WerkstattGeschichte* 6 (1997), H. 17, S. 83-91; siehe auch Alf Lüdtke, »On Photography and History: An Interview with Alf Lüdtke«, in: Felicitas Hentschke, James Williams (Hg.), *To Be at Home. House, Work, and Self in the Modern World*, Berlin, Boston 2018, S. 234-239.

58 Vgl. Gerhard Paul, *Das visuelle Zeitalter. Punkt und Pixel*, Göttingen 2016.

»Wichtigem« und nur auf den ersten Blick »Unbedeutendem« sowie der Gleichzeitigkeit von Widersprüchlichem und Auseinanderstrebendem. Diese Gleichzeitigkeit existiert so nur in den Fotografien selbst, sie ist Ergebnis eines spezifisch fotografischen Modus von Visualisierung, den es innerhalb fotogeschichtlicher Studien ernst zu nehmen gilt.

3. Wir wollten zeigen, dass die Fotografie eine Möglichkeit für »Volksgenossinnen« und »Volksgenossen« darstellte, sich zu den (nicht zuletzt visuellen) Veränderungen des öffentlichen Raums nach 1933 *medial* in Beziehung zu setzen, sowohl situationsbezogen, im Moment der Aufnahme selbst, als auch im Hinblick auf das Generieren und Stabilisieren von Erinnerung. Im Fall des »Bade«-Fotos an der Beresina birgt das Fotografieren außerdem ein Potential zur Selbstverortung im radikal gewandelten Erfahrungskontext des Krieges sowie innerhalb der entsprechenden, vollkommen neuen Kommunikationskontexte (Front – Heimat).

Nicht zuletzt plädieren wir mit der Auswahl der analysierten Fotos und unserer speziellen Betrachtungsweise dafür, Fotoquellen-Bestände, über die sich nur wenig Kontextwissen auffinden bzw. herstellen lässt, trotz dieses (vermeintlichen) Mankos nicht in einen toten Winkel der historischen Forschung zu verbannen, d. h. sie als unbrauchbar für eine seriöse (foto-)historische Forschung präventiv zu entsorgen. Vielmehr ist aus unserer Sicht zu fragen: Was *kann* man über die Bilder sagen bzw. anhand der Aufnahmen zeigen, deren angebliche Schwäche man auch insofern als Stärke auffassen kann, als das fehlende Kontextwissen die Betrachterinnen und Betrachter sich auf bestimmte *bildimmanente und medienspezifische* Aspekte konzentrieren lässt, die sonst leicht unbeachtet blieben? Ebendiese haben sich für unsere Überlegungen zur Präsenz von »Alltäglichem« und »Unalltäglichem« in der fotografierten Situation und durch das Fotografieren selbst als grundlegend erwiesen. In Hinsicht auf künftige Forschungen lässt sich der Ertrag der Analyse solcher Fotografien, wie wir sie im vorliegenden Beitrag untersucht haben, im Rahmen breiter angelegter vergleichender Studien – etwa auf der Grundlage seriell-ikonographischer Verfahren[59] – zweifellos noch erheblich steigern.

59 Vgl. hierzu vor allem Ulrike Pilarczyk, Ulrike Mietzner, *Das reflektierte Bild. Die seriell-ikonografische Fotoanalyse in den Erziehungs- und Sozialwissenschaften*, Bad Heilbrunn 2005.

Arbeit und Lager

8.
»Arbeit macht frei«. Zugehörigkeit, Ausgrenzung, Vernichtung durch Arbeit im Nationalsozialismus

Arbeit war ein zentraler Topos des Nationalsozialismus. Nur wer arbeitsfähig war, hatte Wert für die Volksgemeinschaft. Den Satz »Wer nicht arbeitet, soll auch nicht essen«, der sich schon im Brief des Apostels Paulus an die Thessalonicher findet, verwirklichte das utilitaristisch-rassistische NS-Regime massenmörderisch. Juden, »Fremdrassige«, kranke und behinderte Menschen galten den Nationalsozialisten als »überzählige Esser«, die, sobald sie als »unproduktiv« eingestuft wurden, getötet wurden. Diese Vielgestaltigkeit des Praxis- und Ideologiefeldes »Arbeit« möchte ich in diesem Aufsatz umreißen, indem ich zunächst die Verbindung von Antisemitismus und Arbeit in der Vorstellung Hitlers erläutere (I), dann den Kontext dieser Arbeitsideologie aus dem 19. Jahrhundert skizziere (II), um anschließend einerseits die Arbeit als zentrales Zugehörigkeitskriterium zur Volksgemeinschaft darzustellen (III) und andererseits die Untrennbarkeit der Arbeit von Zwang und Gewalt zu untersuchen (IV) sowie die Radikalisierung bis zur Arbeitsfähigkeit als dem entscheidenden Selektionskriterium über Leben und Tod in der Shoah (V). In einem kurzen Resümee (VI) sollen zum Schluss die wichtigsten Merkmale der nationalsozialistischen Auffassung von Arbeit herausgestellt werden.

I.

Eine seiner ersten großen programmatischen Reden hielt Adolf Hitler am 13. August 1920 im Festsaal des Münchner Hofbräuhauses zum Thema »Warum sind wir Antisemiten?«.[1] In dieser Rede

1 Hier zitiert nach *Hitler. Sämtliche Aufzeichnungen 1905-1924*, hg. von Eberhard Jäckel und Axel Kuhn, Stuttgart 1980, S. 184-204; vgl. zu dieser Rede auch Klaus Holz, Jan Weyand, »Arbeit und Nation. Die Ethik nationaler Arbeit und ihre Feinde am Beispiel Hitlers«, in: Sebastian Voigt, Heinz Sünker (Hg.), *Arbeiterbewegung – Nation – Globalisierung. Bestandsaufnahme einer alten Debatte*, Weilers-

spielte Arbeit eine zentrale Rolle. Mit diesem Begriff entfaltete Hitler seine Weltanschauung von der rassistischen Superiorität der »Arier« und der Vernichtung der »Juden«. Während Arbeit als instinktmäßiger Selbsterhaltungstrieb noch Menschen wie Tieren gemeinsam gewesen sei, habe sich bei den Menschen eine zweite Stufe entwickelt, die Arbeit aus reinem Egoismus. Auch diese Stufe sei überwunden worden zugunsten der Arbeit aus »sittlich-moralischem Pflichtgefühl«, einer Tätigkeit, »die ich nicht um meiner selbst willen ausübe, sondern auch zu Gunsten meiner Mitmenschen«.

Hitler gewann seinen Begriff der Arbeit aus dem Entwurf einer Geschichte der »nordischen Rassen«, die, weil sie im Norden der Welt gelebt hätten, »in jenen unerhörten Eiswüsten, in jenen Stätten, die nur das kärglichste Dasein boten«, gezwungen gewesen seien, nicht nur für den Einzelnen, sondern für die ganze Sippe zu arbeiten. Während im Süden den Menschen das Lebensnotwendige nahezu ohne Arbeit im überreichen Maße geboten worden sei, hätten die »nordischen Menschen« um ihre Existenz kämpfen müssen. »Dieser Norden zwang die Menschen zu weiterer Tätigkeit, zur Bekleidung, zum Bau eigener Behausungen, Höhlen, später Wohnungen, kurz, er hat ein Prinzip praktisch geboren, das Prinzip der Arbeit.«

Der Kampf ums Dasein habe darüber hinaus zu »Rassereinzucht« geführt. »Was schwächlich und kränklich war«, so Hitler, »konnte diese fürchterliche Periode nicht überstehen, sondern sank frühzeitig ins Grab und über blieb ein Geschlecht von Riesen an Kraft und Gesundheit.« In ihrem äußeren Wirkungskreis begrenzt, hätten sich diese Menschen mehr und mehr den inneren Dingen zugewandt. »Diese drei Errungenschaften: das erkannte Prinzip der Arbeit als Pflicht, die Notwendigkeit, nicht nur für den Einzelnen und aus Egoismus, sondern zum Bestande dieser ganzen, wenn auch oft nur ganz kleinen Masse von Menschen, dieser kleinen Sippen, zweitens die unbedingte körperliche Gesundheit und dadurch die geistige normale Gesundheit, und drittens das tief-innerliche Seelenleben hat diesen nordischen Rassen die Möglichkeit gegeben, staatenbildend über die übrige Welt zu ziehen.«

wist 2014, S. 202-228; Werner Konitzer, »›Rasse‹ und ›Arbeit‹ als dichte Begriffe«, in: Felix Axster, Nikolas Lelle (Hg.), *»Deutsche Arbeit«. Kritische Perspektiven auf ein ideologisches Selbstbild*, Göttingen 2018, S. 76-87.

Die Fähigkeit zur Staatenbildung und zu einer blühenden Kultur liege, so unterstrich Hitler, ausschließlich in der Auffassung des Begriffs Arbeit begründet. Arbeit sei nicht als Zwang, sondern als »notgeborene Notwendigkeit« verstanden worden; die unwirtlichen Lebensumstände erforderten gemeinsames Arbeiten und Arbeitsteilung. Arbeit sei, so Hitlers Quintessenz, von den »nordischen Rassen« als »soziale Pflicht« angesehen worden.

Ganz anders die »Juden«. Zynisch zitiert Hitler Gottes Fluch aus dem ersten Buch Mose nach der selbstverschuldeten Vertreibung von Adam und Eva aus dem Paradies: »Im Schweiße deines Angesichts sollst du dein Brot essen«, um den Zuhörern zu erklären, dass für die Juden demnach Arbeit als Strafe gelte. »Meine verehrten Anwesenden! Hier trennt uns schon eine ganze Welt; denn wir können Arbeit nicht als Strafe auffassen, weil wir sonst alle Sträflinge wären.« Den Juden, so Hitler, sei Arbeit nicht sittliche Pflicht, sondern höchstens Mittel zur Selbsterhaltung. So verstanden könnte aber jede Tätigkeit, die ohne Rücksicht auf die Mitmenschen dazu dient, sich zu ernähren, also zum Beispiel auch das Ausrauben von Karawanen oder die Ausplünderung verschuldeter Bauern, als Arbeit gekennzeichnet werden. Juden, die sich nicht wie die nordischen Rassen »reingezüchtet« hätten, seien nicht in der Lage, Staaten zu bilden, sondern könnten nur als »Parasiten am Körper anderer Völker« existieren.

Damit lägen die Unterschiede zwischen den beiden »Rassen« offen zutage: »Ariertum bedeutet sittliche Auffassung der Arbeit und dadurch das, was wir heute so oft im Munde führen: Sozialismus, Gemeinsinn, Gemeinnutz geht vor Eigennutz – Judentum bedeutet egoistische Auffassung der Arbeit und dadurch Mammonismus und Materialismus, das konträre Gegenteil von Sozialismus. Und in dieser Eigenschaft, über die er nicht hinaus kann, die in seinem Blut liegt, er selbst erkennt das an, in dieser Eigenschaft allein schon liegt die Notwendigkeit für den Juden, unbedingt staatenzerstörend auftreten zu müssen. Er kann nicht anders, ob er will oder nicht.«

Für die Juden gab es demnach kein Entrinnen. Sie mochten als Individuen gut oder böse sein, fleißig oder faul, anpassungsbereit oder eigensinnig – das war in Hitlers rassistischer Perspektive völlig unerheblich. Die Forderung nach restloser Assimilation der Juden seitens der älteren Generation der Antisemiten war für ihn überholt, im Gegenteil, sie verschleiere nur den Blick für das unveränderliche jüdische »Rassenschicksal«. Dagegen helfe, so Hitler, keine Aufklärung, kein bloß wirtschaftlicher Kampf, sondern nur die Tat und die Organisation der Massen. »Darüber waren wir uns klar, wenn diese Bewegung nicht in die breiten Massen dringt, sie organisiert, dann ist alles vergeblich, dann wird es nie gelingen, unser Volk zu befreien, und wir werden nie daran denken können, unser Vaterland von neuem aufzubauen. Niemals kann hier die Erlösung kommen von oben, sie kann und wird nur kommen von der breiten Masse, von unten empor.« Die notwendigen sozialen Reformen zugunsten derer, »die Tag für Tag für die Volksgemeinschaft arbeiten«, müssen einhergehen mit dem »Kampf gegen den Gegner jeder sozialen Einrichtung: das Judentum. Auch hier wissen wir genau, dass die wissenschaftliche Erkenntnis bloß die Vorarbeit sein kann, dass aber hinter dieser Erkenntnis die Organisation kommen muss, die einst zur Tat übergeht, und die Tat bleibt bei uns unverrückbar fest, sie heißt: Entfernung der Juden aus unserem Volke.« Das Polizeiprotokoll vermerkt an dieser Stelle stürmischen, lang anhaltenden Beifall und Händeklatschen.

II.

Hitlers antisemitisches Arbeitskonzept war nicht seine eigene originäre Leistung, sondern lag in einer langen Tradition völkischen Denkens. In Gustav Freytags Roman *Soll und Haben* (1855) steht die »Arbeit auf deutsche Weise«, die sich dem Gemeinwohl der Nation verpflichtet fühlt, der egoistischen, betrügerischen, gewinnorientierten Wirtschaftstätigkeit der jüdischen Romanfigur Itzig Veitel gegenüber.[2] Explizit entwickelte der Volkskundler und Publizist Wilhelm Heinrich Riehl 1861 in seinem Buch *Die Deutsche Arbeit* eine Vorstellung von einer spezifisch nationalen Form des Arbeitens.[3] Ähnlich wie bei Freytag war Arbeit *das* Charakteristikum der

2 Vgl. Christine Achinger, *Gespaltene Moderne. Gustav Freytags »Soll und Haben«. Nation, Geschlecht, Judenbild*, Würzburg 2007; Heinrich Schwendemann, »Gustav Freytags Soll und Haben (1855) – Wegbereiter des ökonomischen Antisemitismus«, in: Nicolas Berg (Hg.), *Kapitalismusdebatten um 1900. Über antisemitisierende Semantiken des Jüdischen*, Leipzig 2011, S. 333-360.

3 Wilhelm Heinrich Riehl, *Die Deutsche Arbeit*, Stuttgart 1861; vgl. Joan Campbell,

Deutschen. Wiederum zeichnete sich »deutsche Arbeit« durch ihre Gemeinnützigkeit aus. Das deutsche Volk denkt, wenn es von Arbeit spricht, so Riehl, »an eine aus sittlichen Motiven entspringende, nach sittlichem Ziele ringende That, die mit dem Nutzen für uns selbst zugleich den Nutzen für andere Leute verbindet«.[4] Diese Auffassung von Arbeit unterscheide sich scharf vom »Schaffen und Raffen blos um eigennützigen Gewinns willen«,[5] wofür selbstredend vor allem die »Juden« stünden, deren Arbeit Handel und »Schacher« seien. Allerdings gab es – im Gegensatz zum eliminatorischen Antisemitismus Hitlers – im Denken Riehls einen Ausweg für die jüdische Minderheit: »Man machte sie deutsch, indem man ihnen die nationalen Formen unserer Arbeit erschloß und damit zugleich deutsche Gedanken von Arbeitsehre und Arbeitsmoral einpflanzte. Der Jude hinterm Pfluge und in der Werkstatt verliert sein semitisches und mittelaltriges Volksgepräge, weil er die theils angestammten, theils aufgezwungenen Schranken seiner Arbeit fallen lässt.«[6]

Die Vorstellung vom »schaffenden Deutschen« und »raffenden Juden« bildete einen festen Bestandteil des völkischen Denkens. Nach dem Börsenkrach 1873, in dem viele Kleinanleger ihr Vermögen verloren hatten, veröffentlichte Otto Glagau in der weitverbreiteten Zeitschrift *Die Gartenlaube* eine Artikelserie, in der er den Beruf des Börsenmaklers als betrügerisch denunzierte und das Finanzkapital als »jüdisch«. In seiner Streitschrift *Deutsches Handwerk und historisches Bürgertum* (1879) ging er noch einen Schritt weiter und machte »die Juden« für die Veränderungen im Wirtschaftsleben durch den Kapitalismus insgesamt verantwortlich: »Die soziale Frage«, so Glagau, »ist die Judenfrage!«[7] Auch der renommierte wilhelminische Historiker Heinrich von Treitschke, der mit seiner Losung »Die Juden sind unser Unglück!« bis in den Nationalsozialismus hinein wirken sollte, begründete seinen Antisemitismus ökonomisch mit dem angeblichen materiellen Gewinnstreben des

Joy in Work, German Work: The National Debate, 1800-1945, Princeton 1989, S. 32-46; sowie den Band Axster/Lelle (Hg.), *»Deutsche Arbeit«*.

4 Riehl, *Arbeit*, S. 5.

5 Ebd., S. 6.

6 Ebd., S. 64.

7 Zitiert nach Shulamit Volkov, *Antisemitismus als kultureller Code. 10 Essays*, München 2000, S. 29.

Juden, »der jede Arbeit nur noch als Geschäft betrachtet und die alte gemüthliche Arbeitsfreudigkeit unseres Volkes zu ersticken droht«.[8]

Die Identifizierung des Kapitalismus mit den »Juden« durchzog die gesamte völkische Agitation. Kapitalismus sei »praktischer Mosaismus«, schrieb der antisemitische Publizist Theodor Fritsch in seinem *Handbuch der Judenfrage*, das, 1887 zuerst erschienen, bis 1944 fast fünfzig Auflagen erlebte.[9] Und der Ökonom Werner Sombart formulierte in seiner 1911 erschienenen Schrift *Die Juden und das Wirtschaftsleben*, dass es eine »besondere jüdische Wirtschaftsgesinnung« gebe, nämlich der Jude der »Nur-Geschäftsmann« sei, »der im Geist echt kapitalistischer Wirtschaft allen naturalen Zwecken gegenüber *den Primat des Erwerbszwecks* anerkennt«.[10] Neben dem Sozialismus ließ sich auch der Antisemitismus als Weltanschauung mit den Erfahrungen der tief in den Alltag einschneidenden Veränderungen durch Industrie und Kapitalismus verbinden und zugleich zu dessen kritischer Deutung benutzen. Gerade jene Mittelschicht aus Handwerkern, Kaufleuten und kleinen Gewerbetreibenden, die sich durch die Industrieproduktion, neue urbane Distributionsformen wie Warenhäuser und veränderte Kredit- und Kapitalmärkte in ihrer Existenz bedroht fühlten, waren für die antisemitische Interpretation des rasanten gesellschaftlichen Wandels ebenso anfällig wie die ländliche Bevölkerung, deren bisherige agrarische Produktions- und Lebensweise von kapitalistischer Modernisierung, Urbanisierung und dem Weltmarkt nachhaltig verändert wurde.

Die Vorstellung einer »deutschen Arbeit« war ebenso im kolonialen Denken präsent. Sie repräsentierte, so der Globalhistoriker Sebastian Conrad, den »kulturellen und sittlichen Kern von Volk und Nation«, der die koloniale Übermacht rechtfertigen wie den

8 Zitiert nach Holger Schatz, Andrea Woeldike, *Freiheit und Wahn deutscher Arbeit. Zur historischen Aktualität einer folgenreichen antisemitischen Projektion*, Hamburg, Münster 2001, S. 51.

9 Theodor Fritsch, *Handbuch der Judenfrage*, zitiert nach Heike Hoffmann, »Völkische Kapitalismus-Kritik: Das Beispiel Warenhaus«, in: Uwe Puschner u. a. (Hg.), *Handbuch zur »Völkischen Bewegung« 1871-1918*, München u. a. 1996, S. 558-571, hier S. 559.

10 Werner Sombart, *Die Juden und das Wirtschaftsleben*, Leipzig 1911, S. 155 (Hervorhebung im Original); vgl. dazu Moshe Zimmermann, »Juden und Kapitalismus. Von Ludolf Holst zu Werner Sombart«, in: ders., *Deutsch-jüdische Vergangenheit. Der Judenhaß als Herausforderung*, Paderborn u. a. 2005, S. 43-56.

Kolonisierten als Vorbild dienen sollte.[11] So hatte der protestantische Missionar Alexander Merensky in seinem 1894 erschienenen Buch *Deutsche Arbeit am Njaßa – Deutsch-Ostafrika* in Bezug auf »die sittliche Erziehung der Schwarzen« gemeint, dass die »deutsche gründliche Art zu arbeiten« sehr viel mehr schaffe als die britische Praxis, die auf die »Selbsterziehung des Menschen« setze. Für die Plantagenwirtschaft sei es entscheidend, »ob man die Eingeborenen zur Arbeit heranziehen und ausbilden« könne.[12] Und Paul Rohrbach, einer der meistgelesenen Kolonialautoren des Kaiserreichs, schrieb 1907: »Dadurch, dass wir die rohe und unentwickelte Arbeitskraft, die in den Eingeborenenvölkern Afrikas latent ruht, zur Entwicklung bringen, schaffen wir für uns die Werte, um unsere allgemeine Kultur und den Anteil jedes einzelnen von uns an ihren materiellen und sittlichen Gütern zu vermehren, und indem wir das für uns tun, leisten wir den Afrikanern zugleich den Dienst, dass wir sie durch die Erziehung zur Arbeit moralisch und durch die Verbesserung ihrer materiellen Lebenslage auch in äußerer Beziehung dem für sie als Rasse erreichbaren Daseinsziel näher bringen, als es ohne unser Dazwischentreten für sie denkbar gewesen wäre.«[13]

So rückwärtsgewandt die antisemitische, Handwerk und Bauerntum verklärende Rhetorik anmutet, so war sie doch eine moderne Antwort auf die unumkehrbaren Transformationen der Gesellschaft. Die Differenzierung von »schaffendem« und »raffendem« Kapital bezog sich nicht auf eine vormoderne Wirtschaftsordnung als vielmehr auf den Kapitalismus; der sogenannte nationale Sozialismus ging von der sozialen Existenz der Arbeiterschaft als neuer, durch die kapitalistische Industrie geschaffener Klasse aus und strebte deren Integration in eine völkisch strukturierte Gesellschaft an. Der Antisemitismus ermöglichte eine Kapitalismuskritik, ohne den Kapitalismus abzuschaffen.

11 Sebastian Conrad, *Globalisierung und Nation im Deutschen Kaiserreich*, München 2006, S. 283.

12 Zitiert nach Felix Axster, »Arbeit an der ›Erziehung zur Arbeit‹, oder: die Figur des guten deutschen Kolonisators«, in: Axster/Lelle (Hg.), *»Deutsche Arbeit«*, S. 226-251, hier S. 233.

13 Zitiert nach ebd., S. 240; zur kolonialen Zwangsarbeit siehe auch Jonas Kreienbaum, *»Ein trauriges Fiasko«. Koloniale Konzentrationslager im südlichen Afrika, 1900-1908*, Hamburg 2015, S. 222-273.

Mit der Auffassung, dass Arbeit Wert schaffe, stand Hitler ganz in der Tradition der von Adam Smith begründeten Nationalökonomie des 19. Jahrhunderts, in der Arbeit als Quelle gesellschaftlichen Reichtums zur zentralen Kategorie avancierte.[14] Arbeit hat – so hat Jürgen Kocka formuliert – in der bürgerlichen Epoche in Europa eine »geradezu emphatische Aufwertung [...] als Quelle von Eigentum, Reichtum und Zivilität bzw. als Kern menschlicher Existenz und Selbstverwirklichung«[15] erfahren. »Arbeit ist des Bürgers Zierde, Segen seiner Mühe Preis. Ehrt den König seine Würde, ehret uns der Hände Fleiß«, dichtete Friedrich Schiller in der »Glocke«. Gleichermaßen gründet die Marxsche Theorie, aufbauend auf Adam Smith und vor allem David Ricardo, auf dem wertschöpfenden Charakter der Arbeit. »Die Arbeit ist die Quelle allen Reichtums und aller Kultur«, hieß es im Gothaer Programm der Sozialdemokratischen Partei von 1875, »und da allgemein nutzbringende Arbeit nur durch die Gesellschaft möglich ist, so gehört der Gesellschaft, d. h. allen ihren Gliedern, das gesamte Arbeitsprodukt, bei allgemeiner Arbeitspflicht, nach gleichem Recht, jedem nach seinen vernunftgemäßen Bedürfnissen.«[16]

Die Verurteilung von Nichtstun als »Müßiggang«, die Verankerung von Arbeit als Pflicht und die Messung des sozialen Werts von Menschen an ihrer Arbeitsfähigkeit konnte im linken wie im rechten politischen Spektrum vertreten werden. Ebenso ließ sich die Auffassung, dass nur derjenige, der arbeitet, ein nützliches Glied der Gesellschaft sei, die sich bei den Sozialdemokraten vor allem gegen Großgrundbesitzer und Kapitalisten richtete, durchaus antisemitisch wenden, indem die Müßiggänger und Ausbeuter als jüdisch identifiziert und die Schaffenden als nationale Gemeinschaft bestimmt wurden. Die Forderung nach »Ehre der Arbeit«, nach Aufwertung der Arbeiter als wertschaffende Kraft der Nation und Anerkennung von »deutscher Qualitätsarbeit«, so hat Alf Lüdtke

14 Manfred Füllsack, *Arbeit*, Wien 2009, S. 50-53.

15 Jürgen Kocka, »Mehr Last als Lust. Arbeit und Arbeitsgesellschaft in der europäischen Geschichte«, in: ders., *Arbeiten an der Geschichte. Gesellschaftlicher Wandel im 19. und 20. Jahrhundert*, Göttingen 2011, S. 203-224, hier S. 206.

16 Gothaer Programm von 1875, ⟨https://www.marxists.org/deutsch/geschichte/deutsch/spd/1875/gotha.htm⟩, letzter Zugriff 5. 4. 2019; siehe dazu die bissige Kritik von Karl Marx, »Randglossen zum Programm der deutschen Arbeiterpartei«, in: Karl Marx, Friedrich Engels, *Werke*, Bd. 19, Berlin 1978, S. 15-32.

eindrucksvoll herausgearbeitet, konnte auf der Linken wie der Rechten erhoben werden.[17] Wer daher Arbeit allein auf Erwerbsarbeit reduziert, wird all die anderen Dimensionen, die mit Arbeit verbunden sind, nicht erkennen können: neben Mühsal, Anstrengung und Entfremdung eben auch Arbeitsstolz, Kunstfertigkeit, Geschick, Teamfähigkeit – moderne, arbeitsteilige Arbeit ist auf das Können und die Zuverlässigkeit der Kolleginnen und Kollegen angewiesen –, Ansprüche auf Anerkennung am Arbeitsplatz wie in der Gesellschaft.

Durch die Industrialisierung und die Entwicklung einer kapitalistischen Marktwirtschaft setzte sich die lohnabhängige Erwerbsarbeit als dominante Arbeitsform durch. Mit der räumlichen Trennung von Wohnung und Arbeitsplatz erhielt die Fabrikarbeit nicht nur ein eigenes Zeitregime, sie wurde auch entlang der Geschlechterlinien ganz unterschiedlich verteilt. Die Familie hörte auf, Produktionseinheit zu sein; Frauen wurden für den Haushalt und die Familie verantwortlich, während überwiegend die Männer ›zur Arbeit‹ gingen.[18] Allerdings macht Sonya O. Rose zu Recht darauf aufmerksam, dass die Sphären Haushalt und Arbeitsplatz keineswegs so strikt voneinander getrennt waren (und sind), sondern vielfältig miteinander verflochten.[19] Das »Male-Breadwinner«-Modell durchdrang die kapitalistischen europäischen Gesellschaften auch kulturell. Es korrespondierte mit einer Trennung von Öffentlichkeit, in der der Mann agierte, dem politische und soziale Macht zufiel, und der Privatheit der Familie, die der Frau vorbehalten war, die für die Reproduktion der Familie, die Erziehung der Kinder und die emotionale Unterstützung des Mannes sorgen sollte.[20]

17 Alf Lüdtke, »›Ehre der Arbeit‹: Industriearbeiter und Macht der Symbole. Zur Reichweite symbolischer Orientierungen im Nationalsozialismus«, in: ders., *Eigen-Sinn. Fabrikalltag, Arbeitererfahrungen und Politik vom Kaiserreich bis in den Faschismus*, Münster 2015, S. 248-306.

18 Karin Hausen, »Work in Gender, Gender in Work: The German Case in Comparative Perspective«, in: Jürgen Kocka (Hg.), *Work in a Modern Society. The German Historical Experience in Comparative Perspective*, New York, Oxford 2013, S. 73-92.

19 Sonya O. Rose, *Limited Livelihoods: Gender and Class in Nineteenth-Century England*, Berkeley 1992.

20 Angelika Wetterer, *Arbeitsteilung und Geschlechterkonstruktion. »Gender at Work« in theoretischer und historischer Perspektive*, Konstanz 2002; Kathleen Canning, *Gender History in Practice: Historical Perspective on Bodies, Class, and Citizenship*, Ithaca 2006.

Die Reduktion von gesellschaftlich und ökonomisch anerkannter Arbeit auf den Lohnnexus, auf die Aushandlung des Tauschwerts der Ware Arbeitskraft verblendete all diese Dimensionen von Reproduktionsarbeit, von Handfertigkeit, kreativer Kompetenz oder »Arbeitsehre«, die stets zur Arbeit gehörten. Das Pathos, mit dem der starke Arbeitsmann, dessen Arm alle Räder stillstehen lässt, aufgerufen oder Arbeit als Dienst an der Gemeinschaft beschworen wird, ist durchaus keine bloß ideologische Form »falschen Bewusstseins«, sondern Ausdruck eines komplexen kulturellen und sozialen Diskurs-Praxis-Zusammenhangs, der nicht in Erwerbsarbeit aufgeht.[21]

III.

Die Dominanz der entlohnten Erwerbsarbeit konnten auch die Nationalsozialisten nicht ignorieren. So hielt Hitler in *Mein Kampf* fest, »Volksgemeinschaft bedeutet keinen Verzicht auf die Vertretung berechtigter Standesinteressen. Auseinandergehende Standes- und Berufsinteressen sind nicht gleichbedeutend mit Klassenspaltung, sondern sind selbstverständliche Folgeerscheinungen unseres wirtschaftlichen Lebens.«[22] Aber Hitler mühte sich sichtlich, die Vertretung unterschiedlicher Interessen verschiedener sozialer Gruppen zugunsten einer moralischen Verpflichtung aller Beteiligten gegenüber dem Volksganzen zu ersetzen. Um Arbeit als »Dienst an der Volksgemeinschaft« zu definieren, ließ Hitler den Umstand verschwinden, dass ein Großteil gesellschaftlich notwendiger Arbeit in einer modernen Industriegesellschaft Erwerbsarbeit ist, deren Lohn von durchaus harten Interessenkonflikten bestimmt wird.

Nationalsozialistische Arbeitstheorie versuchte, das Problem der Interessenskonflikte um die Entlohnung von Erwerbsarbeit mit einer Teilung des Arbeitswerts in einen materiellen und einen ideellen Wert in den Griff zu bekommen. Der materielle Wert beruhe auf dem Nutzen, den eine bestimmte Arbeit für die Gesellschaft habe, und finde seinen Ausdruck im Lohn. Da es Unterschiede in

21 Vgl. Jörn Leonhard, Willibald Steinmetz (Hg.), *Semantiken von Arbeit: Diachrone und vergleichende Perspektiven*, Köln u.a. 2016.

22 *Hitler, Mein Kampf. Eine kritische Edition*, hg. von Christian Hartmann u.a., München, Berlin 2016, S. 881.

der Bewertung des materiellen Nutzens jeweiliger Tätigkeiten gebe, seien auch unterschiedliche Löhne gerechtfertigt. Im Gegensatz zur Ungleichheit der Entlohnung sei der ideelle Wert der Arbeit gleich bemessen. Arbeit, so Hitler, »muss aber ideell die Gleichheit aller feststellen in dem Augenblick, in dem jeder einzelne sich bemüht, auf seinem Gebiete – welches immer es auch sein mag –, sein Bestes zu tun. Darauf aber hat die Wertschätzung eines Menschen zu beruhen, und nicht auf der Entlohnung.«[23]

Wenige Wochen nach der Machtübertragung sollte der 1. Mai 1933 nach dem Willen der NS-Führung zu einer großen, reichsweiten Manifestation eines Verständnisses von Arbeit als Dienst an der Volksgemeinschaft, jenseits klassenkämpferischer Interessenvertretung, und der Integration der Arbeiterschaft in den Nationalsozialismus werden. Nicht von ungefähr war es die Hitler-Regierung, die als erste deutsche Regierung den 1. Mai, den einstigen »Kampftag der Arbeiterklasse«, in einen »Tag der nationalen Arbeit« umdefinierte und zugleich diesen Tag zu einem staatlichen Feiertag erhob. »Ehret die Arbeit und achtet den Arbeiter!« lautete das offizielle Motto des 1. Mai 1933.

In der Hoffnung, Handlungsspielräume zu erhalten, hatten sich die (noch) freien Gewerkschaften bereit erklärt, den »Tag der nationalen Arbeit« zu unterstützen. In Berlin begann er um 9 Uhr mit einer »Kundgebung der Jugend« im Lustgarten und einer Ansprache des Reichspräsidenten Hindenburg.[24] Um die Mittagszeit empfing Hitler Arbeiterdelegationen aus dem gesamten Reichsgebiet, aus Österreich, Danzig und aus dem Saargebiet, und stellte sie anschließend dem Reichspräsidenten vor. Überall im Reich wurden die Gewerkschaftshäuser mit schwarz-weiß-roten Fahnen geschmückt. Auf dem Berliner Tempelhofer Feld wurde eine riesige Massenkundgebung, zu der zahlreiche Belegschaften Berliner Betriebe geschlossen aufmarschierten, veranstaltet, hinter der Rednertribüne hingen sechs riesige Hakenkreuzfahnen. Die Reden von Joseph Goebbels und Hitler wurden im Rundfunk gesendet und in

23 Ebd., S. 1101.

24 Zur Inszenierung dieses Tages siehe Eberhard Heuel, *Der umworbene Stand. Die ideologische Integration der Arbeiter in den Nationalsozialismus 1933-1935*, Frankfurt/M., New York 1988, S. 42-187; Inge Marszolek, »Vom Proletarier zum ›Soldaten der Arbeit‹. Zur Inszenierung der Arbeit am 1. Mai 1933«, in: Marc Buggeln, Michael Wildt (Hg.), *Arbeit im Nationalsozialismus*, München 2014, S. 215-228.

vielen Orten des Reiches auf öffentlichen Plätzen durch Lautsprecher übertragen – eine der ersten Erfahrungen medialer Simultanität in Deutschland.[25]

Hitler beschwor in seiner Rede die Einheit des deutschen Volkes, Kopf- und Handarbeiter sollten zueinander finden. Das Vorurteil, dass Handarbeit minderwertig sei, müsse in Deutschland ausgerottet werden. »Wir wollen in einer Zeit, da Millionen unter uns leben ohne Verständnis für die Bedeutung des Handarbeitertums, das deutsche Volk durch die Arbeitsdienstpflicht zu der Erkenntnis erziehen, dass Handarbeit nicht schändet, nicht entehrt, sondern vielmehr wie jede andere Tätigkeit dem zur Ehre gereicht, der sie getreu und redlichen Sinnes erfüllt.« Stürmischen Beifall erhielt Hitlers Forderung: »Es bleibt unser unverrückbarer Entschluss, jeden einzelnen Deutschen, sei er, wer er sei, ob reich, ob arm, ob Sohn von Gelehrten oder Sohn von Fabrikarbeitern, einmal in seinem Leben zur Handarbeit zu führen, damit er sie kennenlernt.«[26]

Am folgenden Tag, dem 2. Mai, stürmten SA-Trupps die Gewerkschaftshäuser, verhafteten die Funktionäre und zerschlugen die freie Gewerkschaftsbewegung. An deren Stelle trat die Deutsche Arbeitsfront, in der sowohl Unternehmer wie Arbeitnehmer zwangsorganisiert waren, deren Zweck Hitlers Verordnung vom 24. Oktober 1934 unmissverständlich formulierte: »Das Ziel der Deutschen Arbeitsfront ist die Bildung einer wirklichen Volks- und Leistungsgemeinschaft aller Deutschen. Sie hat dafür zu sorgen, dass jeder einzelne seinen Platz im wirtschaftlichen Leben der Nation in der geistigen und körperlichen Verfassung einnehmen kann, die ihn zur höchsten Leistung befähigt und damit den größten Nutzen für die Volksgemeinschaft gewährleistet.«[27]

Handarbeit als Erziehungsmittel – dieser Gedanke stand ebenso

25 Vgl. Inge Marszolek, »›Aus dem Volke, für das Volk‹. Die Inszenierung der ›Volksgemeinschaft‹ um und durch das Radio«, in: dies., Adelheid von Saldern (Hg.), *Radiozeiten. Herrschaft, Alltag, Gesellschaft (1924-1960)*, Potsdam 1999, S. 121-135.

26 Max Domarus, *Hitler. Reden und Proklamationen 1932-1945*, Bd. 1: 1932-1934, Leonberg 1988, S. 262.

27 Zitiert nach Michael Schneider, *Unterm Hakenkreuz. Arbeiter und Arbeiterbewegung 1933 bis 1939*, Bonn 1999, S. 182. Zur DAF vgl. Rüdiger Hachtmann, »Arbeit und Arbeitsfront: Ideologie und Praxis«, in: Buggeln/Wildt (Hg.), *Arbeit im Nationalsozialismus*, S. 87-106; ders., *Das Wirtschaftsimperium der Deutschen Arbeitsfront*, Göttingen 2012.

hinter der Institution des Reichsarbeitsdienstes wie dessen Funktion, junge arbeitslose Männer in öffentliche Arbeitsprogramme einzubinden.[28] Zwar war der Reichsarbeitsdienst (RAD) zunächst offiziell noch freiwillig und erst ab 1935 verpflichtend, aber mit einer Reihe von Maßnahmen und drohendem Entzug von Arbeitslosenunterstützung brachte man zahlreiche junge Männer dazu, sich für den RAD zu melden. Auf der Kabinettssitzung am 4. April 1933 hatte Hitler betont, »dass man die Arbeitsdienstpflicht nicht zunächst unter wirtschaftlichen Gesichtspunkten betrachten solle. Er sehe darin vor allem ein Instrument, das zur bewussten Erziehung zur Volksgemeinschaft hervorragend geeignet sei.«[29] Im Gesetz zum Reichsarbeitsdienst vom Juni 1935 hieß es ausdrücklich: »Der Reichsarbeitsdienst soll die deutsche Jugend im Geiste des Nationalsozialismus zur Volksgemeinschaft und zur wahren Arbeitsauffassung, vor allem zur gebührenden Achtung der Handarbeit erziehen.«[30]

Arbeit als Dienst an der Volksgemeinschaft – auf diese Formel lässt sich das nationalsozialistische Verständnis von Arbeit bringen. »Volksgemeinschaft«, so formulierte Hitler in einem vom *Frankfurter Volksblatt* am 27. Januar 1934 publizierten Gespräch mit dem Schriftsteller und NS-Funktionär Hanns Johst, »heißt Gemeinschaft aller wirkenden Arbeit, das heißt Einheit aller Lebensinteressen, das heißt Überwindung von privatem Bürgertum und gewerkschaftlich-mechanisch-organisierter Masse, das heißt die unbedingte Gleichung von Einzelschicksal und Nation, von Individuum und Volk. […] Denn alles, was nicht verfiebert zur Arbeit drängt und sich zur Arbeit bekennt, ist im Bereich des Nationalsozialismus zum Absterben verurteilt.«[31]

28 Vgl. Detlev Humann, *»Arbeitsschlacht«. Arbeitsbeschaffung und Propaganda in der NS-Zeit 1933-1939*, Göttingen 2011; Kiran Klaus Patel, *»Soldaten der Arbeit«. Arbeitsdienste in Deutschland und den USA 1933-1945*, Göttingen 2003.

29 Zitiert nach Patel, *»Soldaten der Arbeit«*, S. 77.

30 Reichsarbeitsdienstgesetz, 26. 6. 1935, RGBl. I, 1935, S. 769.

31 Domarus, *Hitler. Reden und Proklamationen*, Bd. 1, S. 150 f.

Arbeit, insbesondere Handarbeit als Instrument von Erziehung und Vergemeinschaftung wie von Disziplinierung und Strafe – darauf gründeten sowohl die Lager des Reichsarbeitsdienstes als auch die Konzentrationslager. Sport und »Körperschulung« nahmen im Tagesablauf in den Lagern des Arbeitsdienstes einen unverzichtbaren Platz ein. Körperliche Arbeit an der frischen Luft galt als probates Mittel, um den Körper zu »stählen«. Männliche Vergemeinschaftung, Kameradschaft, Kraft, Ausdauer, Kampfgeist, Härte, Zucht und Opfersinn waren die Elemente dieser Arbeitsauffassung.[32]

Erziehung und Disziplinierung durch Arbeit stand auch bei den frühen Konzentrationslagern propagandistisch im Vordergrund. Für Reichsinnenminister Wilhelm Frick stand gleich Anfang März 1933, unmittelbar nach dem Reichstagsbrand und dem anschließenden Beginn der massiven Verfolgung von politischen Oppositionellen, fest, dass die Kommunisten nicht an der Eröffnung des neu gewählten Reichstages teilnehmen würden. »Diese Herrschaften«, so Frick im *Völkischen Beobachter* vom 11./12. März 1933, »müssen wieder an fruchtbringende Arbeit gewöhnt werden. Dazu werden wir ihnen in Konzentrationslagern Gelegenheit geben. Wenn sie sich dann wieder zu nützlichen Mitgliedern der Nation erziehen lassen, wollen wir sie als vollwertige Volksgenossen willkommen heißen, sonst werden wir sie auf die Dauer unschädlich zu machen wissen.«[33] Gleichermaßen war in den Zeitungsartikeln, in denen über die Konzentrationslager in Wort und Bild berichtet wurde, immer wieder davon die Rede, dass die Lager dazu dienten, Kommunisten und Sozialdemokraten durch Disziplin und Arbeit zu vollwertigen Volksgenossen zu erziehen. So berichtete die *Münchner Illustrierte Presse* am 16. Juli 1933 in einem großen Artikel mit etlichen Fotografien über das Konzentrationslager Dachau und zeigte unter anderem ein Bild, auf dem mehrere Häftlinge eine Straßenwalze zogen. In der Bildunterschrift hieß es dazu: »Volksverführern, denen der Begriff der Arbeit ihr Leben lang fremd

32 Siehe den Beitrag »Lager im Nationalsozialismus. Gemeinschaft und Zwang« in diesem Band.

33 Zitiert nach Johannes Tuchel, *Konzentrationslager. Organisationsgeschichte und Funktion der »Inspektion der Konzentrationslager« 1934-1938*, Boppard am Rhein 1991, S. 44f.

geblieben ist, lernen ihn hier zum eigenen Nutzen kennen. Zum ersten Mal arbeiten sie produktiv in einer Gemeinschaft.«[34]

Entsprechend verfolgte das NS-Regime mit aller Gewalt sogenannte »arbeitsscheue« Elemente. Schon im September 1933 kam es zu einer reichsweiten Bettlerrazzia; das bayrische Innenministerium erkannte im Oktober 1934 das KZ Dachau als Arbeitsanstalt im Sinne des § 20 der Reichsfürsorgepflichtverordung an; die badische Regierung erklärte das Arbeitshaus Kislau, in dem auch ein Konzentrationslager existierte, zum Vollzugsort des fürsorgerechtlichen Arbeitszwanges.[35] Im Januar 1938 erteilte Himmler den Gestapostellen im Reich und dann auch in Österreich, das im März angegliedert worden war, den Befehl, sogenannte »Arbeitsscheue« zu verhaften und im KZ Buchenwald zu internieren. Diese Aktion, die etwa 1500 Menschen ins Konzentrationslager brachte, war aber nur der Auftakt für eine größere Verhaftungswelle im Juni 1938. Dieses Mal erhielt jeder Leitstellenbezirk der Kriminalpolizei eine feste Quote, mindestens 200 arbeitsfähige »asoziale« Männer zu verhaften. Zusätzlich sollten alle männlichen Juden interniert werden, die jemals zu einer Haftstrafe von mindestens einem Monat verurteilt worden waren, was mittlerweile bei den geringsten Delikten möglich war. Die Polizei erfüllte das Soll um ein Dreifaches; insgesamt wurden zwischen 9000 und 10 000 Männer verhaftet und nach Buchenwald und Sachsenhausen gebracht. Der Zweck der Internierung lag darin, die Häftlinge als Arbeitskräfte für den Ausbau der Lager und für die SS-eigenen Betriebe, insbesondere zur Herstellung von Ziegeln für die Baubranche, auszunutzen; zugleich sorgte das rassenbiologische Selektionskriterium für das

34 Zitiert nach Hans-Günter Richardi, *Schule der Gewalt. Das Konzentrationslager Dachau*, München/Zürich 1995, S. 200; vgl. Jörg Osterloh, »›Es wurde ja auch darüber geschrieben, in der Zeitung...‹ Die Berichterstattung im Deutschen Reich über die Häftlinge der frühen Konzentrationslager«, in: Jürgen Osterloh, Kim Wünschmann (Hg.), *»... der schrankenlosesten Willkür ausgeliefert«. Häftlinge der frühen Konzentrationslager 1933-1936/37*, Frankfurt/M., New York 2017, S. 317-348.

35 Vgl. Julia Hörath, *»Asoziale« und »Berufsverbrecher« in den Konzentrationslagern 1933 bis 1938*, Göttingen 2017, S. 110 f., 228-243; Oliver Gaida, »Zwischen Arbeitshaus und Konzentrationslager. Die nationalsozialistische Verfolgung von als ›asozial‹ Stigmatisierten 1933 bis 1937«, in: Osterloh/Wünschmann (Hg.), *»... der schrankenlosesten Willkür ausgeliefert«*, S. 247-267.

gewünschte Ziel, »Asoziale« aus dem deutschen »Volkskörper« auszusondern.[36]

Im November 1938 kamen infolge der Verhaftungswelle jüdischer Männer nach dem Novemberpogrom für mehrere Wochen über 30 000 neue Häftlinge hinzu, so dass die Zahl der Häftlinge in den Konzentrationslagern kurzzeitig auf fast 60 000 anwuchs – mit all den katastrophalen Folgen für die Unterkunft, Verpflegung und hygienische Bedingungen. Vor allem die jüdischen Häftlinge wurden mit sinnloser Arbeit absichtlich gequält. Sie mussten Steine hin und her schleppen, Hölzer aufschichten, abbauen und an anderer Stelle erneut errichten, schwere Zementsäcke im Laufschritt schleppen ... Wer zusammenbrach, wurde geschlagen, misshandelt, zu Tode gebracht.[37]

Zugleich überdeckte die SS die Gewalt-Arbeit in den Konzentrationslagern mit zynischen Sprüchen. Einen Satz aus einer Rundfunkrede Himmlers im Januar 1939 aufgreifend, ließ der Kommandant des KZ Sachsenhausen ein großes Schild vor einer Häftlingsbaracke aufstellen, auf dem zu lesen war: »Es gibt einen Weg zur Freiheit. Seine Meilensteine heissen: Gehorsam, Fleiss, Ehrlichkeit, Ordnung, Sauberkeit, Nüchternheit, Wahrhaftigkeit, Opfersinn und Liebe zum Vaterlande.«[38] Im April 1939 brachte die »Münchner Illustrierte Presse« unter der Überschrift »Arbeit macht frei!« einen Bildbericht über das KZ Sachsenhausen, in dem unter anderen ein Foto dieses Schildes mit einer Häftlingsgruppe davor postiert abgebildet war. Andere Fotografien von arbeitenden Häftlingen waren mit Bildunterschriften versehen wie: »Verbrecherische Gedanken haben keinen Raum mehr. In frischer Luft bei Ordnung und Sauberkeit wird das Gefühl für den Sinn der Arbeit und das

36 Vgl. Wolfgang Ayaß, *»Asoziale« im Nationalsozialismus*, Stuttgart 1995, S. 138-165; Christian Faludi (Hg.), *Die »Juni-Aktion« 1938. Eine Dokumentation zur Radikalisierung der Judenverfolgung*, Frankfurt/M., New York 2013; Hörath, *»Asoziale« und »Berufsverbrecher«*, S. 306-315.

37 Siehe dazu den ausführlichen Bericht über seine Haftzeit im KZ Sachsenhausen von Hans Reichmann, *Deutscher Bürger und verfolgter Jude. Novemberpogrom und KZ Sachsenhausen 1937 bis 1939*, hg. von Michael Wildt, München 1998; vgl. Kim Wünschmann, *Before Auschwitz. Jewish Prisoners in the Prewar Concentration Camps*, Cambridge, London 2015.

38 Diese Informationen verdanke ich Frauke Mertens, die ihre Forschungen demnächst unter dem Titel »Die historischen Fotos aus dem Konzentrationslager Sachsenhausen 1936-1945. Entstehung und Überlieferung« veröffentlichen wird.

Bewußtsein geweckt, daß auch sie ihren Anteil an der Gemeinschaft zu leisten haben«, »Lehrlinge der Arbeit. Menschen, denen die Arbeit ein Fremdwort ist, kann der Staat nicht dulden. Er sorgt dafür, daß jeder Volksgenosse lesen und schreiben lernt, sorgt aber auch dafür, daß jeder arbeiten lernt«, oder »Werte werden geschaffen. Politische und kriminelle Verbrecher, Arbeitsscheue und andere asoziale Elemente müssen sich in den Lagern an wertschaffende Arbeit gewöhnen. Durch anständige Führung, Fleiß und Ehrlichkeit können sie beweisen, daß sie für die Volksgemeinschaft noch nicht endgültig verloren sind.«[39]

»Arbeit macht frei« hieß das zynische Motto, das zuerst am Lagertor des KZ Dachau angebracht wurde und später auch in den Konzentrationslagern Groß-Rosen, Theresienstadt und Auschwitz Verwendung fand.[40] Kaum länger als zwanzig Minuten, so erinnerte sich Primo Levi, der im Februar 1944 aus Italien nach Auschwitz deportiert wurde, dauerte die Fahrt vom Bahnhof zum Lager. »Dann blieb der Lastwagen stehen, und man erkannte ein großes Tor und darüber die grell beleuchtete Schrift (die mich noch heute in meinen Träumen bedrängt): Arbeit macht frei.«[41] Diese höhnische Verheißung, durch Arbeit die eigene Freiheit wiedergewinnen zu können, galt nicht für Juden. Über sie ergoss sich ungebremste Häme. In mehreren deutschen Bildmagazinen konnten die Leserinnen und Leser nach dem September 1939 erfahren, dass polnische Juden nun »arbeiten lernten«:[42] jüdische Männer, die in ihrer Zivilkleidung Steine schleppen mussten. »Geradezu erheiternd aber sind die Visagen der Juden, die unter deutscher Aufsicht zum ersten Mal im Leben arbeiten müssen«, kommentierte der *Film-Kurier* Ende September 1939 Bilder der *Wochenschau.* »Sie machen es sich echt jüdisch bequem; in jeder Hand ein Pflastersteinchen läuft da einer hin und her zum Schubkarren und grinst noch da-

39 Georg Ebert, »Arbeit macht frei!«, *Münchner Illustrierte Presse*, Nr. 16, April 1939.

40 Vgl. Wolfgang Brückner, *»Arbeit macht frei«. Herkunft und Hintergrund der KZ-Devise*, Opladen 1998, wobei allerdings die Frage, wie es dazu kam, dass dieses Motto in verschieden Konzentrationslagern am Lagertor angebracht war, ungeklärt bleibt.

41 Primo Levi, *Ist das ein Mensch? Ein autobiographischer Bericht.* Deutsch von Heinz Riedt, München 1992, S. 22.

42 Harriet Scharnberg, *Die »Judenfrage« im Bild. Der Antisemitismus in nationalsozialistischen Fotoreportagen*, Hamburg 2018, S. 258-264.

zu, – nun, er wird's noch lernen, der Israel!«[43] Die Aufnahmen dienten, so Harriet Scharnberg, als Gegenbilder zu den Bildern deutscher Arbeit, die für den Diskurs um das Selbstbild der »Volksgemeinschaft« von zentraler Bedeutung waren.

V.

Für die Juden in den Gebieten unter deutscher Besatzung bedeutete Arbeit nur einen Aufschub der Vernichtung – doch das konnten die jüdischen Protagonisten zu Beginn der Besatzung nicht wissen. Jüdische Zwangsarbeit wurde nun auch in den besetzten polnischen Gebieten Teil der Verfolgungspraxis, wie sie schon im Deutschen Reich, in Österreich und im besetzten Tschechien seit 1938 gehandhabt wurde.[44] In allen Ghettos mussten Juden Zwangsarbeit für die Wehrmacht, die SS und die Zivilverwaltung leisten – und waren selbst darum bemüht, Arbeit für die deutsche Besatzungsmacht zu übernehmen, in der Hoffnung, von der drohenden Vernichtung ausgenommen zu werden. »Unser Weg heißt Arbeit«, formulierte Chaim Rumkowski, Judenratsvorsitzender des Ghettos Litzmannstadt, wie die polnische Stadt Łódź von den Deutschen benannt wurde.[45] Die Bemühungen der Judenräte trafen sich mit den Absichten der deutschen Besatzungsverwaltung, dass die Ghettos sich durch die Zwangsarbeit der Eingesperrten selbst finanzieren sollten, und mit dem Profitstreben deutscher Firmen, mittels

43 Zitiert nach ebd., S. 263.

44 Vgl. Dieter Maier, *Arbeitseinsatz und Deportation. Die Mitwirkung der Arbeitsverwaltung bei der nationalsozialistischen Judenverfolgung in den Jahren 1938-1945*, Berlin 1994; Wolf Gruner, *Der Geschlossene Arbeitseinsatz deutscher Juden. Zur Zwangsarbeit als Element der Verfolgung 1938-1943*, Berlin 1997; Christian Gerlach, *Der Mord an den europäischen Juden. Ursachen, Ereignisse, Dimensionen*. Aus dem Englischen von Martin Richter, München 2017, S. 183-211.

45 Vgl. Andrea Löw, *Juden im Getto Litzmannstadt. Lebensbedingungen, Selbstwahrnehmungen, Verhalten*, Göttingen 2006; Peter Klein, *Die »Ghettoverwaltung Litzmannstadt« 1940 bis 1944. Eine Dienststelle im Spannungsfeld von Kommunalbürokratie und staatlicher Verfolgungspolitik*, Hamburg 2009; Michael Wildt, »Holocaust und Arbeitsverwaltung. Der jüdische Arbeitseinsatz in den Ghettos der besetzten Ostgebiete«, in: Alexander Nützenadel (Hg.), *Das Reichsarbeitsministerium im Nationalsozialismus. Verwaltung – Politik – Verbrechen*, Göttingen 2017, S. 425-459.

billiger jüdischer Zwangsarbeit gewinnträchtig zu produzieren. Für das Ghetto Litzmannstadt zum Beispiel kamen die Arbeitsaufträge auch von Privatfirmen wie Neckermann, das Alsterhaus in Hamburg, die AEG oder Telefunken. Die Löhne, die den Auftraggebern in Rechnung gestellt wurden, gingen auf das Konto der deutschen Ghettoverwaltung, von dem die kärgliche Versorgung der jüdischen Ghettobewohner bezahlt wurde. Nur wer arbeitete, besaß die Mittel, sich zu ernähren, und selbst diese reichten nicht aus, um die rationierten Lebensmittel zu bezahlen, geschweige denn um auf dem schwarzen Markt Nahrungsmittel zu kaufen.[46]

In der Perspektive der nationalsozialistischen Täter war es daher nötig, die Zahl der »überflüssigen Esser« zu vermindern. Im Juli 1941 schrieb der Führer des SD-Leitabschnitts Posen, Rolf-Heinz Höppner, an Adolf Eichmann im Reichssicherheitshauptamt Berlin, dass im kommenden Winter die Gefahr bestehe, »daß die Juden nicht mehr sämtlich ernährt werden können. Es ist daher ernsthaft zu erwägen, ob es nicht die humanste Lösung ist, die Juden, soweit sie nicht arbeitseinsatzfähig sind, durch irgendein schnellwirkendes Mittel zu erledigen.«[47] In der deutschen Besatzungsverwaltung wurde zunehmend zwischen »arbeitsfähigen« und »arbeitsunfähigen« Juden unterschieden und auf eine rasche »Lösung der Judenfrage« gedrängt.

Mit der Entscheidung Hitlers Mitte September 1941, noch vor dem Ende des Krieges gegen die Sowjetunion die deutschen, österreichischen und tschechischen Juden zu deportieren, spitzte sich die Lage im Ghetto Litzmannstadt zu. Am 18. September teilte Himmler Arthur Greiser mit, der »Führer wünscht«, dass »möglichst bald das Altreich und das Protektorat vom Westen nach dem Osten von Juden geleert und befreit« werden. Möglichst noch im Jahr 1941 sollten die Juden des »Altreiches« und des Protektorats vorübergehend in das Ghetto Litzmannstadt deportiert werden, um sie dann im Frühjahr 1942 »weiter nach dem Osten abzuschieben«.[48] Anfang

46 Löw, *Juden im Getto Litzmannstadt*, S. 155-191.

47 Aktenvermerk Höppner mit Anschreiben an Eichmann, 16.7.1941, abgedruckt in Peter Longerich, *Die Ermordung der europäischen Juden. Eine umfassende Dokumentation des Holocaust 1941-1945*, München/Zürich 1989, S. 74f.; vgl. dazu Klein, »*Ghettoverwaltung Litzmannstadt*«, S. 336-352.

48 Himmler an Greiser, 18.9.1941, BArch NS 19/2655, Bl. 3; vgl. dazu Peter Witte, »Zwei Entscheidungen in der ›Endlösung der Judenfrage‹: Deportationen nach

Dezember 1941 umfasste das Ghetto über 163 000 Menschen. Daraufhin wurden die Pläne für den Massenmord an »arbeitsunfähigen« Ghettobewohnern konkret. Greiser vereinbarte mit Himmler, dass rund 100 000 Juden im Warthegau getötet werden sollten.[49] Als Mordstätte war ein unbewohntes Herrenhaus in der kleinen Ortschaft Chełmno (»Kulmhof«), etwa 55 Kilometer entfernt von Łódź, ausgesucht worden, das an einer Bahnstrecke lag. Dort installierte das »Sonderkommando Lange« die Gaswagen und begann Anfang Dezember 1941 mit der Ermordung der ersten Juden aus der Umgebung von Chełmno, im Januar 1942 fuhren die ersten Züge aus Łódź ab.[50] Die Auswahl hatte der Judenrat mit Rumkowski an der Spitze selbst zu treffen, die Deutschen gaben nur die Zahlen vor. Ende 1942 lebten nur noch etwa 90 000 Menschen im Ghetto Litzmannstadt, wobei sich die Bevölkerungsstruktur radikal verändert hatte. Es gab kaum noch Kinder und alte Menschen im Ghetto, nur noch »arbeitsfähige« Frauen und Männer zwischen 16 und 60 Jahren. Ein Überlebender schrieb: »The ghetto had been turned into something like one great factory.«[51]

Auf dem Treffen hochrangiger NS-Funktionäre, das am 20. Januar 1942 auf Einladung von Reinhard Heydrich in der einstigen Villa des Industriellen Marlier, nun Gästehaus des Chefs der Sicherheitspolizei und des SD am Berliner Wannsee, stattfand und als »Wannsee-Konferenz« in die Geschichte eingehen sollte, verständigte man sich laut Protokoll darauf, dass Juden in den besetzten sowjetischen Gebieten Zwangsarbeit zu leisten hätten, wörtlich: »In großen Arbeitskolonnen, unter Trennung der Geschlechter, werden die arbeitsfähigen Juden straßenbauend in diese Gebiete geführt, wobei zweifellos ein Grossteil durch natürliche Verminderung ausfallen wird. Der allfällig endlich verbliebene Restbestand wird, da es sich bei diesem zweifellos um den widerstandsfähigsten

Lodz und Vernichtung in Chelmno«, in: Miroslav Kárný u. a. (Hg.), *Theresienstädter Studien und Dokumente 1995*, Prag 1995, S. 38-68.

49 Peter Longerich, *Politik der Vernichtung. Eine Gesamtdarstellung der nationalsozialistischen Judenverfolgung*, München 1998, S. 450-452.

50 Vgl. dazu Michael Alberti, *Die Verfolgung und Vernichtung der Juden im Reichsgau Wartheland 1939-1945*, Wiesbaden 2006, S. 421-433.

51 Zitiert nach Andrea Löw, »Arbeit in den Ghettos: Rettung oder temporärer Vernichtungsaufschub?«, in: Buggeln/Wildt (Hg.), *Arbeit im Nationalsozialismus*, S. 293-308, hier S. 300.

Teil handelt, entsprechend behandelt werden müssen, da dieser, eine natürliche Auslese darstellend, bei Freilassung als Keimzelle eines neuen jüdischen Aufbaues anzusprechen ist. (Siehe Erfahrung der Geschichte.)«[52]

Diese mörderische Politik, Menschen so hart arbeiten zu lassen, dass sie an Entkräftung sterben werden, fand ihren Ausdruck in der Formulierung »Vernichtung durch Arbeit«, die in dem Abkommen zu finden ist, das Heinrich Himmler mit dem damaligen Justizminister Thierack im September 1942 schloss. Den Hintergrund bildete das Bemühen Himmlers, die Ausübung des Strafrechts gegen die sogenannten »Fremdvölkischen« von der Justiz an SS und Polizei zu übertragen. Thierack und Himmler kamen rasch überein, dass »nicht genügende Justizurteile durch polizeiliche Sonderbehandlung […] korrigiert« werden sollten. Außerdem sollten sämtliche »asozialen Elemente«, wörtlich wurden genannt: »Juden, Zigeuner, Russen und Ukrainer, Polen über 3 Jahren Strafe, Tschechen oder Deutsche über 8 Jahren Strafe«, an die SS zwecks »Vernichtung durch Arbeit« übergeben werden.[53]

Und in einer Besprechung im Reichsministerium für die besetzten Ostgebiete über den sogenannten »Generalplan Ost«, der in der SS-Führung 1942 für die besetzten Gebiete in Osteuropa ausgearbeitet wurde und in dem die Vertreibung, Deportation und Ermordung von über 30 Millionen Menschen vorgesehen war, kam der Vorschlag auf, *»ob nicht durch die Industrialisierung des baltischen Raumes zweckmäßigerweise die rassisch unerwünschten Teile der Bevölkerung verschrottet werden könnten«*, d. h. durch Schwerstarbeit vernichtet werden sollten.[54]

52 Das Protokoll der »Wannsee-Konferenz« ist mit anderen wichtigen Dokumenten und Hinweisen auf die Forschungsliteratur veröffentlicht auf der Website der Gedenk- und Bildungsstätte Haus der Wannsee-Konferenz: ⟨http://www.ghwk.de/wannsee-konferenz/dokumente-zur-wannsee-konferenz/⟩, letzter Zugriff 5.4.2019.

53 Vermerk Thieracks über die Besprechung am 18.9.1942, gedruckt in: *Der Prozess gegen die Hauptkriegsverbrecher vor dem Internationalen Militärgerichtshof*, Nürnberg 1947, Band 26, S. 200-203 (654-PS); vgl. dazu Nikolaus Wachsmann, *KL. Die Geschichte der nationalsozialistischen Konzentrationslager*, München 2016, S. 485-487.

54 Bericht Wetzels über die Besprechung im Ostministerium am 4.2.1942, gedruckt in: Helmut Heiber, »Der Generalplan Ost«, in: *Vierteljahrshefte für Zeitgeschichte* 6 (1958), S. 281-325, hier S. 295; vgl. Isabel Heinemann u. a., *Wissen-*

Zu solcherart Destruktivität, zu einem solchen vorsätzlich massenmörderischen Verständnis von Arbeit war offenkundig nur der Nationalsozialismus imstande. Auch wenn im stalinistischen Gulag Tausende von Menschen an den brutalen Lagerbedingungen, der völlig unzureichenden Versorgung und an Erschöpfung starben, ist mir kein Dokument bekannt, in dem von einer absichtsvollen »Verschrottung« von Menschen, von »Vernichtung durch Arbeit« die Rede ist.

Die Hoffnung der Juden in den Ghettos, die Deutschen seien an der Ausbeutung und nicht am Tod von Arbeitskräften interessiert, trog jedoch. Im Juli 1942 befahl Heinrich Himmler, dass es bis zum Jahresende keine Juden mehr im Generalgouvernement geben dürfe und die jüdischen Zwangsarbeiter durch polnische Arbeitskräfte zu ersetzen seien. Allein in Treblinka wurden binnen weniger Wochen über 253 000 Menschen aus dem Ghetto Warschau mit Gas erstickt, weit über zwei Millionen Menschen fielen in diesen furchtbaren Monaten von Juli bis November 1942 dem systematischen Massenmord zum Opfer. Auch das Ghetto Litzmannstadt wurde aufgelöst, seine Bewohner getötet. Im August 1944 wurden die letzten Juden aus Łódź nach Auschwitz deportiert, darunter auch Chaim Rumkowski.

VI.

Arbeit bildete den Kristallisationspunkt des Nationalsozialismus. Über die Moralisierung der Arbeit ließ sich die wertschaffende, gemeinschaftsstiftende »deutsche Arbeit« von der egoistischen, gewinnorientierten »jüdischen« Arbeit abgrenzen.[55] Zugleich war mit dem Gegensatz »schaffend« und »raffend« sowohl der Kapita-

schaft, Planung, Vertreibung. Der Generalplan Ost der Nationalsozialisten, Bonn 2006; Czesław Madajczyk (Hg.), *Vom Generalplan Ost zum Generalsiedlungsplan*, München u. a. 1994; Mechthild Rössler/Sabine Schleiermacher (Hg.), *Der ›Generalplan Ost‹. Hauptlinien der nationalsozialistischen Planungs- und Vernichtungspolitik*, Berlin 1993;

55 Neben dem Band von Axter/Lelle (Hg.), *Deutsche Arbeit* siehe auch *»Arbeit«, »Volk«, »Gemeinschaft«. Ethik und Ethiken im Nationalsozialismus* (*Jahrbuch zur Geschichte und Wirkung des Holocaust 2016*), hg. im Auftrag des Fritz Bauer Instituts von Werner Konitzer, David Palme, Frankfurt/M., New York 2016.

lismus als »jüdisch« identifiziert als auch der Marxismus, der eine »falsche«, den »Juden« in die Hände spielende Spaltung der Gesellschaft in Klassen betreibe. Nicht Arbeit als vertraglich geregelte Lohnarbeit, deren Entgelthöhe in harten Auseinandersetzungen mit den Unternehmern erstritten muss, stand im Mittelpunkt, sondern vielmehr die Vorstellung von Arbeit als Dienst an der »Volksgemeinschaft«.

Arbeit war Ideologie und Praxis, um die »Volksgemeinschaft« herzustellen, mit Inklusion und Exklusion, Erziehung und Gewalt, auf Leben und Tod. In den nationalsozialistischen Gemeinschafts- wie Konzentrationslagern galt körperliche Arbeit als Mittel der Formung und Disziplinierung von Volksgenossen. Für diejenigen, die wie die Juden von vornherein aus der »Volksgemeinschaft« ausgeschlossen waren, war Arbeit ein Instrument der Demütigung, der Folter, der Vernichtung. Selbst die Praxis des Massenmords konnte als »Arbeit« aufgefasst werden, wie in Selbstzeugnissen der Täter immer wieder zu lesen ist – nicht nur Vernichtung durch Arbeit, sondern auch Vernichtung als Arbeit.[56] Auch für nicht-jüdische Deutsche radikalisierte sich die Frage der Arbeit tödlich, indem die Entscheidung, ob kranke und behinderte Menschen den »Euthanasie-Morden« anheimfielen, nicht zuletzt von ihrer Fähigkeit zu arbeiten abhängig gemacht wurde. Selbst die Zahlung von Rentenleistungen für »Volksgenossen« verknüpfte das Reichsarbeitsarbeitsministerium mit dem Arbeitseinsatz für den Krieg.[57]

Etliche Bezüge der Arbeitsauffassung des Nationalsozialismus waren nicht dessen eigene Schöpfung, sondern knüpften an völkische, antisemitische Vorstellungen von einer »deutschen Arbeit« ebenso wie an Diskurse der Zeit nach dem Weltkrieg an. Ernst Jünger hat in seinem 1932 erschienen Essay *Der Arbeiter* von einem neuen »Typus« gesprochen, der das »bürgerliche Individuum« ablöse. In der Gestalt des Arbeiters, gleich welcher Beruf ausgeübt werde, kündige sich ein »neuer Menschenschlag« an, ein kriegerischer Arbeitsstaat, der auf »totaler Mobilmachung« beruhe.[58] Mar-

56 Vgl. Alf Lüdtke, »Working Class and Volksgemeinschaft: The Appeal of Exterminating ›Others‹. German Workers and the Limits of Resistance«, in: Christian Leitz (ed.), *The Third Reich. Essential Readings*, Oxford 1999, S. 151-178.

57 Alexander Klimo, *Im Dienste des Arbeitseinsatzes. Rentenversicherungspolitik im ›Dritten Reich‹«*, Göttingen 2018, S. 178-229.

58 Ernst Jünger, *Der Arbeiter*, Hamburg 1932.

tin Heidegger stellte in seiner Rektoratsrede am 27. Mai 1933 den »Dienst an der Volksgemeinschaft« in den Mittelpunkt, wobei er die Studenten neben dem »Wehrdienst« und dem »Wissensdienst« gleichermaßen zum »Arbeitsdienst« aufforderte.[59]

In einem bemerkenswerten Aufsatz hat der Literaturwissenschaftler Werner Hamacher die Destruktivität der nationalsozialistischen Arbeit betont. »Die Arbeit des Nationalsozialismus, die Arbeit der ›Gestalt‹, des ›Erlösers‹, des ›Seins‹, war von Anfang bestimmt, *nichts* zu produzieren: nichts als sie selbst, nichts als die Gestalt ihres Seins, nichts als das Selbst, und damit nichts – sie war Arbeit als Arbeit der Vernichtung der Arbeit und Arbeit der Selbstvernichtung.«[60] Die Arbeitsobsession des Nationalsozialismus werde nur im Zusammenhang dessen verständlich, was man »Nihilismus der Arbeit« nennen könne.

Diese Vernichtungsdimension der Arbeit unterscheidet den Nationalsozialismus von der sowjetischen und kolonialen Arbeitspraxis, in denen gleichfalls Menschen zu Tode geschunden wurden, aber nur weil die Sowjetführung und Kolonisatoren der Auffassung waren, dass es genug Menschen für den weiteren Arbeitseinsatz gebe. Die Zwangsarbeit war konstituierender Teil des Herrschaftssystems und nicht Vorraum der Vernichtung. In der »Arbeit« erkennen wir noch heute das absolute Destruktionsvermögen des Nationalsozialismus.

59 Martin Heidegger, *Die Selbstbehauptung der deutschen Universität. Das Rektorat 1933/34 – Tatsachen und Gedanken*, hg. von Hermann Heidegger, Frankfurt/M. 1983; vgl. Iris Därmann, »Arbeiterstaat und NS-Dienstgemeinschaft. Ernst Jünger und Martin Heidegger«, in: dies., *Undienlichkeit. Gewaltgeschichte und politische Philosophie*, Berlin 2020 (i. E.).

60 Werner Hamacher, »Arbeiten Durcharbeiten«, in: Dirk Baecker (Hg.), *Archäologie der Arbeit*, Berlin 2002, S. 155-200, hier S. 179. Ich danke Felix Axster und Nikolaus Lelle für den Hinweis auf diesen Text.

9. Lager im Nationalsozialismus. Gemeinschaft und Zwang[1]

Die Bilder, die wir von den nationalsozialistischen Lagern im Kopf haben, stammen von Fotografien und Filmen, die die alliierten Armeen bei der Befreiung der Lager aufgenommen haben: Ohrdruf, Dachau, Bergen-Belsen, Auschwitz. Baracken, in denen gänzlich abgemagerte, entkräftete Menschen von alliierten Soldaten versorgt werden, Todeskammern, in denen sich Leichen stapeln, britische Soldaten, die mit Bulldozern die toten Körper in Massengräber schieben. Filme, die zum ersten Mal im Nürnberger Prozess gegen die Hauptkriegsverbrecher gezeigt und wenig später – wie zum Beispiel der bekannte Film *Death Mills/Todesmühlen* – neu zusammengeschnitten in den Kinos der westlichen Besatzungszonen der deutschen Bevölkerung gezeigt wurden, um ihr vorzuführen, was in ihrem Namen an kaum glaublicher Gewalt geschehen ist.[2]

Lager gelten als paradigmatisches Beispiel für die Grausamkeiten des 20. Jahrhunderts. Auch in soziologischen und philosophischen Theorien zur Erklärung des Jahrhunderts oder gar der Moderne spielen sie in den letzten Jahren eine wichtige Rolle. In Zygmunt Baumans Formel vom »Jahrhundert der Lager« wie in Giorgio Agambens Diktum vom Lager als »Nomos der Moderne« stellt die Zeit des Nationalsozialismus das herausragende Beispiel für den Beleg der jeweiligen These dar.[3] Bauman wie Agamben beziehen

1 Diesen Aufsatz habe ich zusammen mit Marc Buggeln verfasst. Wir danken Karola Fings, Julia Hörath, Detlev Humann und Ulrich Prehn für hilfreiche Anregungen und Kommentare.

2 Vgl. Ulrike Weckel, *Beschämende Bilder. Deutsche Reaktionen auf alliierte Dokumentarfilme über befreite Konzentrationslager*, Stuttgart 2012.

3 Zygmunt Bauman, »Das Jahrhundert der Lager«, in: *Die Neue Gesellschaft/Frankfurter Hefte* 41 (1994), Heft 1, S. 28-37; Giorgio Agamben, *Homo Sacer. Die souveräne Macht und das nackte Leben*, Frankfurt/M. 2002, insbesondere S. 175-190. Ulrich Herbert hat solche umfassenden Betrachtungen kritisiert, da der Bezug allein auf die nationalsozialistischen Konzentrationslager sowohl die historische Entwicklung von Lagern seit dem 19. Jahrhundert als auch die Differenzen zwischen den Faktoren, die das Lager als Massenphänomen prägten – Krieg, Arbeitsmigration, ethnische Säuberungen, Repression der Opposition und soziale

sich dabei ausschließlich auf das System der Konzentrationslager und nehmen das sehr viel größere und komplexere Lagersystem im Nationalsozialismus nicht in den Blick. Neben den Lagern, die auf Exklusion und Vernichtung angelegt waren, gab es, worauf insbesondere Kiran Klaus Patel hingewiesen hat,[4] eine Vielzahl von Lagern, die der Erziehung von »Volksgenossen« und deren Integration in die »Volksgemeinschaft« dienen sollten.

Ziel dieses Aufsatzes ist es, ein Bild von dieser Vielfalt der Lagerwelten im Nationalsozialismus zu geben und diese hinsichtlich ihrer Unterschiede und ihrer Gemeinsamkeiten zu analysieren. Dabei konzentrieren wir uns zunächst auf die Lager im Reichsgebiet und gehen nicht auf die Vernichtungsstätten und die Lager in den besetzten Gebieten ein. Der Schwerpunkt der Untersuchung liegt auf der Vorkriegszeit, in der die Inklusions-Lager zahlenmäßig deutlich überwogen. Dies änderte sich jedoch grundlegend mit dem Überfall auf Polen und dem Beginn des Zweiten Weltkrieges, als sich das System der Zwangslager beständig ausweitete und immer wichtiger wurde. Im zweiten Teil des Aufsatzes geht es deswegen vor allem um die Zwangslager im Krieg, um deren Unterschiede und Verbindungslinien. Nach einem kurzen Überblick über die Entwicklung einiger zentraler Zwangslagerformen (vor allem Konzentrationslager, Arbeitserziehungslager, zivile Zwangsarbeiterlager sowie Kriegsgefangenenlager) steht in diesem Abschnitt die Frage nach der jeweiligen Bedeutung der Zwangsarbeit der Lagerinsassen im Mittelpunkt.

Lager: eine Begriffsbestimmung

Was ein Lager ist, scheint nicht weiter erklärungsbedürftig zu sein, verzichten doch fast alle Artikel, die sich mit der Welt der Lager beschäftigen, auf eine Begriffserläuterung. Sowohl Bauman wie

Experimente –, außer Acht lässt, Ulrich Herbert, »Das ›Jahrhundert der Lager‹. Ursachen, Erscheinungsformen, Auswirkungen«, in: Peter Reif-Spirek, Bodo Ritscher (Hg.), *Speziallager in der SBZ. Gedenkstätten mit »doppelter Vergangenheit«*, Berlin 1999, S. 11-27.

4 Kiran Klaus Patel, »›Auslese‹ und ›Ausmerze‹. Das Janusgesicht der nationalsozialistischen Lager«, in: *Zeitschrift für Geschichtswissenschaft* 54 (2006), Heft 4, S. 339-365.

Agamben verwenden die Begriffe Konzentrationslager und Lager weitgehend synonym. Auch Joël Kotek und Pierre Rigoulet beschäftigen sich trotz des allgemeinen, von Bauman entlehnten Titels ihres Buches *Das Jahrhundert der Lager* ausschließlich mit Konzentrationslagern.[5]

Etymologisch kommt Lager im Deutschen von legen, im Sinne von etwas oder sich selbst hinlegen. Der Duden definiert Lager in der Neuzeit neben einem Warenlager als Ort »zur vorübergehenden Unterbringung von größeren Menschenmassen«. Wichtig scheint uns hier dreierlei: Erstens geht es beim Lager nicht nur um eine Arbeitsstätte, sondern auch um einen Ort, an dem die Menschen sich aufhalten und schlafen. Zweitens handelt es sich um eine Unterbringungsform, die nicht auf Dauer angelegt ist, sondern von den Lagerbetreibern als zeitlich befristete Lösung angesehen wird, auch wenn diese in der Praxis von erheblicher Dauer sein kann. Drittens geht es laut Duden-Definition um die Unterbringung von größeren Menschenmassen, was sich als nicht stichhaltig erweist, weil zum Beispiel auch KZ-Außenlager, die aus einer Baracke mit zehn Häftlingen bestehen, gemeinhin als Lager verstanden werden.[6]

Erste größere Barackenlager gab es zwar bereits Mitte des 19. Jahrhunderts,[7] doch die zunehmende Verbreitung von Draht als äußerst günstigem Abgrenzungsmittel und die Verbilligung von Baracken durch Standardisierungsverfahren bildeten eine wichtige materielle Voraussetzung dafür, dass gerade das 20. Jahrhundert zu jenem der Lager wurde.[8] Im Ersten Weltkrieg avancierte das standardisierte Lager auch durch neues wissenschaftliches und verwaltungstechnisches Expertenwissen zum umfassenden Phänomen in Europa, das in Aussehen und Funktion den Lagern im Nationalsozialismus bereits stark ähnelte.[9] Nicht zuletzt bot die Baracke den

5 Joël Kotek, Pierre Rigoulet, *Das Jahrhundert der Lager. Gefangenschaft, Zwangsarbeit, Vernichtung*, München 2001.

6 Duden: *Das große Wörterbuch der deutschen Sprache*, 2. Auflage, Band 4, 1994, S. 2047.

7 Herbert, »Jahrhundert«, S. 13.

8 Zum Stacheldraht: Alan Krell, *The Devil's Rope. A Cultural History of Barbed Wire*, London 2002; Olivier Razac, *Politische Geschichte des Stacheldrahts. Prärie, Schützengraben, Lager*, Zürich 2003; Reviel Netz, *Barbed Wire. An Ecology of Modernity*, Middletown 2004.

9 Vgl. Heather Jones, »Eine technologische Revolution? Der Erste Weltkrieg und die Radikalisierung des Kriegsgefangenenlagers«, in: Bettina Greiner, Alan Kra-

eminenten Vorteil, dass sie einfach produziert und mobil einsetzbar war und ohne Spezialkenntnisse schnell auf- und abgebaut werden konnte.[10]

Mit Blick auf die Gesamtheit der nationalsozialistischen Lager besteht in der Forschung die Tendenz, diese in zwei Untergruppen zu unterteilen. Dies erfolgt vor allem anhand der Dichotomien Zwang/Freiwilligkeit oder Exklusion/Inklusion. Es gilt jedoch zu beachten, dass die Vorstellung falsch wäre, dass man alle Lager allein aufgrund dieser Dichotomie stets eindeutig und ausschließlich einer Kategorie zuteilen könnte. Einerseits gab es in den Lagern der Hitler-Jugend (HJ) erhebliche Zwänge; ähnlich verhielt es sich in den Lagern des obligatorischen Reichsarbeitsdienstes. Auch konnten in diesen Lagern Menschen, die sich nicht gemäß den nationalsozialistischen Vorstellungen verhielten, exkludiert werden. Andererseits bestand gerade in der Frühphase die Möglichkeit, aus den Konzentrationslagern entlassen und mitunter auch in die Volksgemeinschaft reintegriert zu werden. Dementsprechend ist es sinnvoll, die Dichotomie nicht als starr vorgegeben, sondern eher als auf einer Linie mit den Endpunkten Zwang/Nicht-Zwang beziehungsweise In- und Exklusion angeordnet zu betrachten. Aus heuristischen Gründen erscheint es aber trotzdem sinnvoll, zwischen zwei Lagergruppen zu trennen, wobei als Unterscheidungskriterium am hilfreichsten die Frage scheint, ob die Lager vorwiegend auf In- oder Exklusion abzielten. Für die Kriegszeit lässt sich diese Einteilung an einem weiteren Kriterium schärfen. Spätestens in der zweiten Kriegshälfte stellten Ausländer in fast allen vorwiegend auf Exklusion abzielenden Lagern die Mehrheit, während in nahezu allen vorwiegend auf Inklusion abzielenden Lagern deutsche Reichsangehörige oder als eindeutschungsfähig betrachtete Personen die klare Mehrheit stellten. Im Regelfall waren in diesen Lagern keine oder sehr wenige Ausländer. Deswegen wird für die Inklusionslager synonym auch der Begriff »Lager für Volksgenossen« verwandt und für die Exklusionslager der Begriff der »Zwangslager«.

mer (Hg.), *Die Welt der Lager. Zur »Erfolgsgeschichte« einer Institution*, Hamburg 2013, S. 110-133.

10 Patel, »›Auslese‹ und ›Ausmerze‹«, S. 16-18; vgl. dazu Axel Doßmann u. a., *Architektur auf Zeit: Baracken, Pavillons, Container*, Berlin 2006.

In allen Zwangslagern und in der Mehrzahl der Inklusionslager spielte die Arbeit der Insassen eine zentrale Rolle. Arbeit behielt dabei auch im Nationalsozialismus ihren für die Moderne typischen und widersprüchlichen Charakter. Innerhalb einer von den Nationalsozialisten geforderten »Volksgemeinschaft« diente Arbeit als zentrales Praxisfeld von Inklusion der Volksgenossinnen und Volksgenossen. Zukünftig sollte die Kluft zwischen geistiger und manueller Arbeit, zwischen den »Arbeitern der Stirn« und den »Arbeitern der Faust« überwunden werden. Einerseits bildete in den Inklusionslagern des Arbeitsdienstes, der HJ und anderer Organisationen die von allen gleichermaßen getane Handarbeit die grundlegende Praxis erlebter Gemeinschaft, die herkömmliche gesellschaftliche Distinktionen nach Herkunft oder Ausbildung überdecken sollte und allein nach der für die Gemeinschaft geleisteten körperlichen Arbeit fragte. Arbeit, insbesondere Handarbeit, und die Erbringung von Leistung waren geradezu die Voraussetzung, um als Mitglied in der »Volksgemeinschaft« anerkannt zu werden. Andererseits diente Arbeit jedoch auch zur Bestrafung und Erziehung derjenigen, die als Außenseiter, Problemfälle oder Gegner der Gesellschaft betrachtet wurden. In den Konzentrationslagern der frühen NS-Herrschaft stellte Arbeit – anknüpfend an die lange Tradition der sogenannten Werk- und Arbeitshäuser – das entscheidende Mittel dar, mit dem sozialistische Politiker, jüdische Professoren und Publizisten das »wahre« Volksleben kennen lernen sollten, und zugleich ein Demütigungsmittel, um, wie es hieß, »Juden endlich das Arbeiten beizubringen«.[11] Die sozialutilitaristische Maxime »Wer nicht arbeitet, soll auch nicht essen« galt in den Konzentrationslagern wie in den Lagern für ausländische Zwangsarbeiterinnen und Zwangsarbeiter, in denen gegen Kriegsende zum Teil noch die »Leistungsernährung« eingeführt wurde, die eine gestaffelte Versorgung mit Hungerrationen für wenig produktive Arbeiter vorsah.[12]

11 Vgl. Harriet Scharnberg, »›Juden lernen arbeiten!‹ – Ein antisemitisches Motiv in der deutschen Bildpresse 1939-1941«, in: Michael Nagel, Moshe Zimmermann (Hg.), *Judenfeindschaft und Antisemitismus in der deutschen Presse über fünf Jahrhunderte. Erscheinungsformen, Rezeption, Debatte und Gegenwehr*, Bd. 2, Bremen 2012, S. 841-872.

12 Mark Spoerer, *Zwangsarbeit unter dem Hakenkreuz. Ausländische Zivilarbeiter,*

Zwangslager bis zum Kriegsbeginn

Gleich nach der Übernahme der Macht begannen SA und SS die politische Opposition zu drangsalieren, verschleppten Kommunisten, Sozialdemokraten, liberale Hitlergegner und Juden in provisorisch hergerichtete Lager, um sie zu misshandeln und zu foltern. Diese Lager und Folterstätten sollten eben nicht dem Reglement von Gefängnissen, einer normierten Staatsgewalt unterworfen sein, sondern Orte eigener Ordnung bilden, in denen uneingeschränkt der Terror herrschen konnte.[13]

Besonders infolge der Reichstagsbrandverordnung vom 28. Februar 1933, die wesentliche Grundrechte außer Kraft setzte und der Geheimen Staatspolizei erlaubte, nach Gutdünken »Schutzhaft« zu verhängen, stieg die Zahl der Internierungsstätten. Insgesamt gab es etwa hundert solcher extra-legaler Haftstätten, die mitunter auch als frühe Konzentrationslager bezeichnet werden.[14] Viele von ihnen waren in stillgelegten Fabriken, Zuchthäusern, Arbeitshäusern, Rittergütern, Schlössern, Schulen, Kasernen und eines sogar auf einem Schiff eingerichtet worden.[15]

Kriegsgefangene und Häftlinge im Dritten Reich und im besetzten Europa 1939-1945, Stuttgart, München 2001, S. 122-135; Dietrich Eichholtz, »Die ›Krautaktion‹. Ruhrindustrie, Ernährungswirtschaft und Zwangsarbeit«, in: Ulrich Herbert (Hg.), *Europa und der »Reichseinsatz«. Ausländische Zivilarbeiter, Kriegsgefangene und KZ-Häftlinge in Deutschland 1938-1945*, Essen 1991, S. 270-294. Für die Konzentrationslager: Marc Buggeln, *Arbeit & Gewalt. Das Außenlagersystem des KZ Neuengamme*, Göttingen 2009, S. 131-143, 490-499.

13 Wolfgang Benz, Barbara Distel, *Der Ort des Terrors. Geschichte der Konzentrationslager*, Bd. 2, München 2005.

14 Der Begriff der frühen Konzentrationslager scheint für diese Zwangslager der ersten Phase noch die treffendste Beschreibung zu sein. Karin Orth und Nikolaus Wachsmann haben zwar kritisiert, dass der Begriff eine zu starke Idee von der Verbindung mit den späteren SS-Konzentrationslagern erweckt, doch ist diese Verbindung zumindest für wichtige Lager wie Dachau durchaus gegeben; vgl. Karin Orth, *Das System der Konzentrationslager*, Hamburg 1999; Nikolaus Wachsmann, *KL. Die Geschichte der nationalsozialistischen Konzentrationslager*, München 2016; Julia Hörath, *»Asoziale« und »Berufsverbrecher« in den Konzentrationslagern 1933 bis 1938*, Göttingen 2017; Kim Wünschmann, *Before Auschwitz. Jewish Prisoners in the Prewar Concentration Camps*, Cambridge, London 2015.

15 Benz/Distel (Hg.), *Ort des Terrors*, Bd. 2, S. 9. Als Überblick für mehrere Schutzhaftlager in einer Region: Carina Baganz, *Erziehung zur »Volksgemeinschaft«. Die frühen Konzentrationslager in Sachsen 1933-1934/37*, Berlin 2005.

So heterogen wie die Gebäudetypen waren auch die Verwaltungsstruktur und das Wachpersonal. Die Verwaltungsaufsicht übten in einigen Fällen das Landesinnenministerium (Ankenbuck, Nohra, Bad Sulza), die Landesjustizverwaltung (Fuhlsbüttel) oder der Regierungspräsident (Eutin, Ahrensbök-Holstendorf), in anderen die Polizeibehörde (Wittmoor, Gollnow), die Gestapo (Columbia-Haus in Berlin) oder die örtlichen Parteiformationen (Leschwitz) aus. Bewacht wurden die Lager von der SA, der SS oder von der regulären Polizei. Es existierten keine gesetzlichen Vorschriften, und die Regularien zum Vollzug der »Schutzhaft« wurden – sofern vorhanden – von den Betreibern der Lager selbst geschaffen und sanktionierten eher die Gewalt, anstatt sie zu begrenzen. Die Situation war vielerorts von schierer Willkür geprägt. Einigkeit bestand vor allem im Ziel: die Machterringung abzusichern durch die Einschüchterung der politischen Opposition mittels Gewalt und Terror.

Propagandistisch stand die »Erziehung zur Arbeit« im Vordergrund. Dabei waren die frühen Haftstätten aber im Vergleich zu den späteren Konzentrationslagern im Krieg keine Stätten des alltäglichen Tötens, obwohl auch Morde vorkamen. In Dachau, einem der ersten Lager, das als Konzentrationslager für politische Häftlinge auf Dauer gestellt werden sollte, wurden zwischen Mitte April bis Ende Mai 1933 13 Häftlinge ermordet.[16] Nikolaus Wachsmann geht davon aus, dass 1933 bis zu 200 000 politische Gefangene zeitweilig festgesetzt wurden.[17]

Ab Mitte 1934 gelang es der SS zunehmend, die zentrale Verantwortung für die Lager mit Schutzhafthäftlingen zu übernehmen. Im Juli 1934 ernannte Himmler den Lagerkommandanten in Dachau, Theodor Eicke, zum »Inspekteur der Konzentrationslager«. Die Disziplinar- und Strafordnung, die Eicke bereits 1933 im KZ Dachau etablierte, wurde zum Vorbild auch für die übrigen Konzentrationslager.[18] Erfolgreich durch brutalen Terror zum Schweigen gebracht, entließ man viele politische Häftlinge wieder. 1935 existierten noch fünf Konzentrationslager mit etwa 4000 Häftlingen; zeitweilig stand sogar in Frage, ob weiterhin Konzentrationslager benötigt werden würden.

16 Benz/Distel (Hg.), *Ort des Terrors*, Bd. 2, S. 235.

17 Wachsmann, *KL*, S. 42.

18 Orth, *System der Konzentrationslager*, S. 26-33.

Doch Hitler entschied sich auf Drängen Himmlers 1936 für den Aufbau neuer Lager im Rahmen der Kriegsvorbereitung. In diesen sollten nun verstärkt auch als »rassisch« oder »asozial« definierte Gegner interniert werden.[19] Die neu errichteten Stätten Sachsenhausen (September 1936) und Buchenwald (Juli 1937) wurden die Modell-Konzentrationslager, die das Bild der langen, wohlgeordneten Barackenreihen hinter Stacheldraht prägten.[20] Das KZ Dachau baute die SS später nach diesem Vorbild komplett um. Mit der Einrichtung dieser Lager begannen auch die Häftlingszahlen wieder zu steigen. Mitte 1938 stellten als »asozial« eingestufte Menschen etwa die Hälfte aller rund 24 000 KZ-Häftlinge, vor allem durch die umfassende Verhaftungswelle während der »Aktion Arbeitsscheu Reich«.[21] Ende 1938 erreichte die Insassenzahl einen kurzzeitigen Höhepunkt mit etwa 50 000, weil nach dem Novemberpogrom etwa 26 000 jüdische Männer für sechs bis acht Wochen in Konzentrationslager verschleppt wurden. Nach deren Freilassung, die nur erfolgte, wenn sie sich verpflichteten, mit ihrer Familie aus Deutschland zu emigrieren und ihren Besitz abzugeben, sank die Zahl aber wieder, und bei Kriegsbeginn befanden sich etwa 21 000 Häftlinge im KZ.[22]

Ähnlich wie die frühen Konzentrationslager entstanden die kommunalen Zwangslager für Sinti und Roma auf lokale Initiativen hin. Bis zur endgültigen Deportation der »Zigeuner« 1941/42 blieben diese Lager stark von lokalen Unterschieden geprägt, zum Beispiel hinsichtlich der Art der Bewachung und der Ausgangskontrolle, des Einsatzes zu Zwangsarbeiten und der sanitären Bedingungen im Lager. Pläne zur Einrichtung von Zwangslagern für Sinti und Roma existierten von Seiten städtischer Behörden schon in der Weimarer Republik, doch erst nach der Machtübernahme der Nationalsozialisten boten sich den Ämtern ausreichend Hand-

19 Vgl. dazu ausführlich Hörath, *»Asoziale« und »Berufsverbrecher«*.

20 Dabei wurde der quadratische Aufbau Buchenwalds in den anderen Konzentrationslagern übernommen, während der dreieckige Grundriss Sachsenhausens singulär blieb.

21 Vgl. Wolfgang Ayaß, *»Asoziale« im Nationalsozialismus*, Stuttgart 1995, S. 138-165; Christian Faludi (Hg.), *Die »Juni-Aktion« 1938. Eine Dokumentation zur Radikalisierung der Judenverfolgung*, Frankfurt/M., New York 2013; Hörath, *»Asoziale« und »Berufsverbrecher«*, S. 306-315.

22 Wachsmann, *KL*, S. 221.

lungsspielräume zur Realisierung. 1935/36 zielten die Planungen wie zur Weimarer Zeit angeblich auf die »Seßhaftmachung«, tatsächlich aber auf die rassistische Exklusion von Sinti und Roma. Sobald die Lager eingerichtet waren, entfaltete sich schnell eine radikalisierende Dynamik, die weit über die Planungen vor 1933 hinausging.[23]

Das erste »Zigeunerlager« entstand im Mai 1935 in Köln-Bickendorf. Die Einrichtung stand – wie später auch in anderen Städten – in engem Zusammenhang mit einer Stadtsanierung, die das Ziel hatte, die Konzentration von unterprivilegierten Schichten in eng bebauten Innenstadtquartieren zu reduzieren. In Köln verband man den Lageraufbau mit der Auflösung von etwa 900 »wilden Siedlungen«, die im Gefolge der Weltwirtschaftskrise entstanden waren. Kurz nach der Einrichtung wurde das Lager, das ein Lagerverwalter und mehrere Polizisten bewachten, mit einem zwei Meter hohen Maschen- und Stacheldrahtzaun umzogen. Fortan mussten die Sinti und Roma sich am Tor an- und abmelden, und Ausgang genehmigte man nur noch mit Begründung.[24]

Nachdem am 6. Juni 1936 das Innenministerium einen »Runderlaß zur Bekämpfung der Zigeunerplage« herausgegeben hatte, der erneut forderte, Sinti und Roma »an einem bestimmten Ort seßhaft zu machen«,[25] wurden auch in Berlin in einer umfangreichen Polizeiaktion am Morgen des 16. Juli 1936 über 600 Männer, Frauen und Kinder als »Zigeuner« festgenommen, die auf öffentlichen Wohnwagenplätzen, privat angemieteten Grundstücken, in Mietwohnungen und Häusern wohnten. Sie wurden in ein Zwangslager in Berlin-Marzahn verschleppt, um bei den Olympischen Spielen eine »zigeuner- und bettlerfreie Stadt« vorweisen zu können.[26] Bis zum Kriegsbeginn richteten im Altreich mindestens 15 weite-

23 Vgl. als Überblick: Karola Fings, »Zwangslager für Sinti und Roma«, in: Benz/Distel (Hg.), *Ort des Terrors*, Bd, 9, München 2009, S. 192-217; Michael Zimmermann, *Rassenutopie und Genozid. Die nationalsozialistische »Lösung der Zigeunerfrage«*, Hamburg 1996.

24 Karola Fings, Frank Sparing, *Rassismus, Lager, Völkermord. Die nationalsozialistische Zigeunerverfolgung in Köln*, Köln 2005.

25 Runderlaß des Reichs- und Preußischen Ministers des Innern vom 6.6.1936, in: *Ministerialblatt des Reichs- und Preußischen Ministerium des Inneren* (1936) 27, S. 75.

26 Vgl. Patricia Pientka, *Das Zwangslager für Sinti und Roma in Berlin-Marzahn. Alltag, Verfolgung und Deportation*, Berlin 2013.

re Kommunen Zwangslager für Roma und Sinti ein. Regionale Schwerpunkte waren dabei die städtischen Ballungszentren. Viele Lager waren umzäunt, und der Ausgang aus dem Lager wurde immer strikter reglementiert. Die städtischen Behörden konzentrierten sich derweil darauf, die Ausgaben für die Lager so gering wie möglich zu halten und die Bewohner, denen das Weiterführen ihrer selbständigen Gewerbe zuvor durch rassistisch motivierte Auflagen unmöglich gemacht worden war, auch aus der Wohlfahrtsunterstützung herauszudrängen oder ihre Bezüge zumindest deutlich zu kürzen. In fast allen Lagern herrschten katastrophale sanitäre Bedingungen. Mit dem Einsetzen der Rüstungskonjunktur und dem Mangel von Arbeitskräften in bestimmten Industriesparten gingen die Behörden in den meisten Lagern dazu über, die Bewohner verstärkt durch verschiedene Zwangsmaßnahmen zur Arbeit im Baugewerbe und der Industrie zu bringen.[27]

Gemeinschaftslager bis Kriegsbeginn

Arbeit hatte sowohl in den Exklusions- wie aber auch in den Inklusionslagern einen zentralen Stellenwert. Zunächst führte die NS-Regierung die Arbeitsbeschaffungsmaßnahmen fort, die schon ihre Vorgängerregierungen auf den Weg gebracht hatten. Dazu gehörten Notstandsarbeiten,[28] bei denen erwachsene Erwerbslose die Infrastruktur verbessern mussten, und der Freiwillige Arbeitsdienst, mit dem vor allem junge Männer zu Meliorationsprojekten herangezogen wurden. Lagerunterbringung kam bei Notstandsarbeiten vor, im Arbeitsdienst war sie üblich. Zwar war der Arbeitsdienst offiziell »freiwillig«, doch machten die Arbeits- wie Wohlfahrtsämter immer wieder Druck mit der Drohung, die Unterstützung zu entziehen, um zum Eintritt in den Dienst zu drängen.[29]

Vor allem der spätere Reichsarbeitsdienstleiter Konstantin Hierl

27 Ein Literaturüberblick zu diesen regionalen Lagern findet sich bei Fings, *Zwangslager*.

28 Detlev Humann, *»Arbeitsschlacht«. Arbeitsbeschaffung und Propaganda in der NS-Zeit 1933-1939*, Göttingen 2011, insbesondere S. 290-364, 518-592.

29 Detlev Humann, »Ordentliche Beschäftigungspolitik? Unterstützungssperren, Drohungen und weitere Zwangsmittel bei der ›Arbeitsschlacht‹ der Nationalsozialisten«, in: *Vierteljahrshefte für Zeitgeschichte* 60 (2012), S. 33-67.

machte sich frühzeitig dafür stark, dass der Arbeitsdienst verpflichtend sein sollte, was allerdings erst im Juni 1935 mit dem Gesetz über den Reichsarbeitsdienst (RAD) beschlossen wurde. Junge Männer im Alter zwischen 18 und 24 Jahren hatten nun vor ihrem Wehrdienst ein halbes Jahr Arbeitsdienst zu leisten. Eingesetzt wurden die Dienstleistenden vor allem bei Kultivierungsprojekten, gegen Ende der 1930er Jahre aber auch schon zunehmend bei militärischen Projekten wie dem Westwall. 1938/39 arbeiteten pro Halbjahr etwa 300 000 Männer beim RAD.[30] Stärker als der ökonomische Nutzen und die statistische Verbesserung der Arbeitslosenzahl stand dabei die Formierungsabsicht im Vordergrund. »Der Reichsarbeitsdienst«, hieß es in Paragraph 3, »soll die deutsche Jugend im Geiste des Nationalsozialismus zur Volksgemeinschaft und zur wahren Arbeitsauffassung, vor allem zur gebührenden Achtung der Handarbeit erziehen.«[31]

Gab es beim Freiwilligen Arbeitsdienst der Weimarer Republik offene, halboffene und geschlossene Lagerformen und Lager ganz unterschiedlicher Größe, so setzte das NS-Regime das geschlossene Lager und eine Größennorm von mindestens 216 Arbeitsmännern, wie die Angehörigen des Arbeitsdienstes im NS-Regime genannt wurden, je Lager durch. Schon vor 1935 besaßen die Lager des Arbeitsdienstes mancherorts Zwangscharakter. Auch war der Disziplinierungsgedanke mit Blick auf Landhelfer oder Notstandsarbeiter nicht neu.[32] Und hatte man in der Weimarer Republik vielerorts auf Schulen, Burgen und dergleichen mehr als Unterbringungsorte zurückgegriffen, so forcierte das NS-Regime normierte Holzbaracken als flexible und doch gleichartige Wohnform, die den Phänotypus des Lagers im Nationalsozialismus prägen sollte. Auch die Anordnung der Baracken um einen rechteckigen oder quadratischen Appellplatz mit einem Fahnenmast in der Mitte wurde nun zur Regel. Zäune und Eingangstore markierten eine klare Grenze zwischen »innen« und »außen«.[33]

30 Humann, *»Arbeitsschlacht«*, S. 365-480; Kiran Klaus Patel, *»Soldaten der Arbeit«. Arbeitsdienste in Deutschland und den USA 1933-1945*, Göttingen 2003; Michael Hansen, *»Idealisten« und »gescheiterte Existenzen«. Das Führerkorps des Reichsarbeitsdienstes*, Trier 2004.

31 Reichsarbeitsdienstgesetz, 26. 6. 1935, RGBl. I, 1935, S. 769.

32 Humann, »Beschäftigungspolitik«, S. 54-60.

33 Patel, *Soldaten der Arbeit*, S. 210-214.

Das militärische Erscheinungsbild war durchaus gewollt, stellte doch die kollektive Disziplinierung der »Arbeitsmänner« ein wichtiges Ziel des Arbeitsdienstes dar. In den Worten seines Führers Paul Seipp sollte der Arbeitsdienst wie die Wehrmacht »vom ›ich‹ zum ›wir‹ erziehen«.[34] Die nationalsozialistische »Volksgemeinschaft« zielte keineswegs darauf ab, Individuen zu bilden, sondern stets in einem biologistisch-rassistischen Sinn auf die »Optimierung des Volkskörpers«. Körperliche Ertüchtigung, das »Heranzüchten kerngesunder Körper« (Hitler) bildete ein zentrales Ziel des Arbeitsdienstes. Sport und »Körperschulung« nahmen im Tagesablauf einen unverzichtbaren Platz ein. Zudem galt körperliche Arbeit an der frischen Luft als probates Mittel, um den Körper zu »stählen«. Die Gemeinschaft stand im Vordergrund, deren Leistung insgesamt verbessert werden sollte. »Muskelprotze« waren ebenso verpönt wie »Stubenhocker«.[35]

Damit waren die Lager des Reichsarbeitsdienstes zugleich Orte männlicher Vergemeinschaftung und Kameradschaft. Werte wie Kraft, Ausdauer, Kampfgeist, Härte, Zucht und Opfersinn wurden propagiert; der Typus des »Arbeitsmannes« stand in einem krassen Gegensatz zum antisemitischen Zerrbild vom »Geschäftsjuden«, der noch nie »richtig arbeiten« gelernt habe. Die Uniformen betonten die Schultern und ließen den Körper kantig, kräftig und athletisch erscheinen.[36]

Junge Frauen waren zunächst noch von der Arbeitsdienstpflicht ausgenommen, auch wenn bis 1935 durchschnittlich rund 10000 weibliche Jugendliche pro Jahr freiwillig Dienst leisteten.[37] Bis 1937 wurde eine Kapazitätserweiterung auf 25000 Personen festgelegt, die man mit Kriegsbeginn noch einmal auf 50000 weibliche Arbeitsdienstleistende erweiterte.[38] Im Rückblick schilderten die

34 Zitiert nach ebd., S. 216.

35 Ebd., S. 228 f.

36 Ebd., S. 245.

37 Susanne Watzke-Ott, *»Ich war ein einsatzbereites Glied in der Gemeinschaft …« Vorgehensweise und Wirkungsmechanismen nationalsozialistischer Erziehung am Beispiel des weiblichen Arbeitsdienstes*, Frankfurt/M. 1999, S. 91; vgl. auch Stefan Bajohr, »Weiblicher Arbeitsdienst im ›Dritten Reich‹. Ein Konflikt zwischen Ideologie und Ökonomie«, in: *Vierteljahrshefte für Zeitgeschichte* 28 (1980), S. 331-357.

38 Watzke-Ott, *Gemeinschaft*, S. 103; vgl. allgemein: Sybille Steinbacher (Hg.), *Volksgenossinnen* (Beiträge zur Geschichte des Nationalsozialismus, Band 23), Göttingen 2007.

Frauen begeistert ihr Lagerleben. An erster Stelle nannten sie das Gemeinschaftsgefühl und die Möglichkeit, an der Verwirklichung eines großen, gemeinsamen Zieles mitzuwirken. Selbstredend sollten die jungen Frauen durch den Arbeitsdienst lernen, wie es in einer Broschüre hieß, »ihr eigenes Ich zurückzustellen hinter die Forderungen, die die Familie, das Volk und der Staat an sie stellen«.[39] Doch allen patriarchalen Vorgaben zum Trotz ließ die Erfahrung der Zusammenarbeit in einer gemeinsamen Organisation mit anderen Frauen die Beteiligten ein Selbstwertgefühl entwickeln, das die von den Nationalsozialisten angestrebte Unterordnung von Frauen durchaus in Frage stellte.[40]

Der Erziehungsanspruch stand auch im Mittelpunkt der Lager der Hitler-Jugend (HJ) und des Bundes Deutscher Mädel (BDM). Nicht unähnlich den Lagern der bündischen Jugend, in denen ebenfalls körperliche Ertüchtigung, Nähe zur Natur und Kameradschaft erfahren und gelebt werden sollten,[41] hatten die Lager für die männlichen wie für die weiblichen Jugendlichen das Ziel, Schulen der »Volksgemeinschaft« zu sein. Während auf der einen Seite die HJ nach 1933 die konkurrierenden Jugendorganisationen zielstrebig, zum Teil mit nackter Gewalt, ausschaltete, wuchsen andererseits ihre eigenen Mitgliederzahlen von 100 000 zu Beginn auf zwei Millionen zum Ende des Jahres 1933. Im Dezember 1936 zählte die HJ dann schon 5,6 Millionen Mitglieder.[42] Auch bei den Mädchen war die Wochenendgestaltung bestimmt durch Wanderungen und Lagerfeuer, nicht selten mit Übernachtung in den Lagern. Für die HJ lassen sich zwischen 1935 und 1937 allein etwa eine Million männlicher Jugendlicher als Teilnehmer nachweisen. Bei den weiblichen Jugendlichen wurde weniger umfangreich rekrutiert, doch

39 Mädels arbeiten für Deutschland, hg. von der Landesstelle Südwestdeutschland des nationalsozialistischen Frauenarbeitsdienstes, Stuttgart o. J., zitiert nach Watzke-Ott, *Gemeinschaft*, S. 216.

40 Ebd., S. 215-224.

41 Allerdings gab es bei der bündischen Jugend weder Führerprinzip noch Uniformzwang oder gar Rassentrennung.

42 Michael Kater, *Hitler-Jugend*, Darmstadt 2005, S. 22. Im Februar 1936 verbot die Gestapo die bürgerlichen Jugendverbände; mit dem HJ-Gesetz vom Dezember 1936 wurde offiziell die gesamte deutsche Jugend in der HJ zusammengefasst; allerdings klafften Anspruch und tatsächlicher Organisationsgrad bis 1939 noch deutlich auseinander (ebd., S. 25).

auch für den BDM sind allein im Jahr 1937 insgesamt 100 000 Teilnehmerinnen an Lagerfreizeiten belegt.[43]

Jungen wie Mädchen hatten in den Schulferien im »Landdienst« den Bauern in der Landwirtschaft zu helfen. Viele wohnten auf den Höfen, aber zahlreiche auch in eigens errichteten Lagern. Selbstverständlich sollten in diesen Lagern die nationalsozialistische Vorstellung von »Blut und Boden« gefördert und insbesondere die männlichen Jugendlichen paramilitärisch auf ihre künftige Rolle als Soldaten vorbereitet werden.[44] Aber sie schufen auch Erfahrungen, die im Gemeinschaftserlebnis Loyalitäten zum NS-Regime ausbildeten. Exemplarisch lässt sich das an den Erinnerungen der ehemaligen BDM-Funktionärin Melitta Maschmann verdeutlichen, die 1933 als Jugendliche gegen den Willen ihrer rechtskonservativen Eltern in den BDM eingetreten war und noch im Rückblick das Lager als Gemeinschaftsmodell betrachtete: »Unsere Lagergemeinschaft war ein verkleinertes Modell dessen, was ich mir unter Volksgemeinschaft vorstellte. Sie war ein vollkommen gelungenes Modell. Niemals vorher oder nachher habe ich eine so gute Gemeinschaft erlebt, auch dort nicht, wo die Zusammensetzung in jeder Beziehung homogener war. Unter uns gab es Bauernmädchen, Studentinnen, Arbeiterinnen, Verkäuferinnen, Friseusen, Schülerinnen, Büroangestellte usw. Geführt wurde das Lager von einer ostpreußischen Bauerntochter, die nie über ihre engere Heimat hinausgekommen war. [...] Dass ich dieses Modell einer Volksgemeinschaft damals mit so intensivem Glücksgefühl erlebt habe, hat einen Optimismus in mir entstehen lassen, an den ich mich bis 1945 eigensinnig klammerte.«[45] Auch hier sollte die »Volksgemeinschaft« keineswegs aus Individuen bestehen, sondern aus Einzelnen, die ihr Ideal im Dienst am »Volksganzen« sahen.

43 Zu den Zahlen: Jürgen Schiedeck, Martin Stahlmann, »Die Inszenierung ›totalen Erlebens‹. Lagererziehung im Nationalsozialismus«, in: Hans-Uwe Otto, Heinz Sünker (Hg.), *Politische Formierung und soziale Erziehung im Nationalsozialismus*, Frankfurt/M. 1991, S. 167-202, hier S. 167 f. Ein wichtiges Ereignis waren die HJ-Hochlandlager, die von 1934 bis 1942 einmal jährlich mit je 6000-8000 Teilnehmern stattfanden, vgl. Zsolt Vitári, *Massensuggestion und Militärdrill. Kapitel aus der Geschichte des Hochlandlagers der Hitlerjugend*, Pécs 2001.

44 Siehe dazu vor allem Michael Buddrus, *Totale Erziehung für den totalen Krieg. Hitlerjugend und nationalsozialistische Jugendpolitik*, 2 Bände, München 2003.

45 Melitta Maschmann, *Fazit. Mein Weg in die Hitler-Jugend*, München 1979, S. 35 f.

Damit brauchte sich der Lebensweg junger Frauen im Nationalsozialismus keineswegs im »Muttertum« zu erfüllen. Es musste nicht bedeuten, wie es in der Zeitschrift des BDM im Dezember 1936 hieß, »daß das Mädel nur in die pflegerischen, erzieherischen und hauswirtschaftlichen Berufe gedrängt werden soll – im Gegenteil, die deutsche Wirtschaft braucht die Berufsarbeit des Mädels, und in diese Notwendigkeit wird auch ihre Arbeit eingebaut«.[46] Frauen billigte man zwar eine ideologisch gleichwertige, aber selbstverständlich keine gleichrangige Position zu. Der Nationalsozialismus blieb eine strikt patriarchalische, männlich zentrierte Ordnung. Unbestreitbar aber hat die steigende Zahl derjenigen Frauen, die in den zahlreichen NS-Verbänden verantwortungsvolle Aufgaben übernahmen, auch deren Eigenständigkeit gefördert – nicht zu vergessen aber auch all jene, vor allem junge Frauen, die in den besetzten Ostgebieten als engagierte Angehörige der Besatzungsverwaltung zu selbständig handelnden Täterinnen wurden.[47]

Aber nicht nur die Jugend, sondern die künftige Elite des »Dritten Reiches« sollte in Lagern auf ihre Aufgaben vorbereitet werden. Die wichtigsten Zielgruppen bildeten Lehrer, Ärzte, Juristen und höhere Beamte. Die erste Gruppe war zentral für die Ausbildung der Jugendlichen, die zweite für die Durchsetzung rassenhygienischer Vorschriften sowie die Durchführung von Sterilisationen und die Vorbereitung eugenischer Maßnahmen. Juristen und Beamte waren wichtig bei der nationalsozialistischen Durchdringung von Staat, Verwaltung und Rechtsprechung. Zahlenmäßig am umfassendsten waren die Lehrerlager: Andreas Kraas geht davon aus, dass in der NS-Zeit etwa 13 000 Lagerschulungen für Lehrer durchgeführt wurden. In diesen Lagern sollten die Erzieher erzogen und statt der bis dahin üblichen Individualpädagogik die neue Volksgemeinschaftspädagogik erlernt werden; in den Worten des Reichser-

46 Das Deutsche Mädel. Zeitschrift des BDM, Dezember 1936, S. 11, zitiert nach Martin Klaus, *Mädchen im 3. Reich. Der Bund Deutscher Mädel*, Köln 1998, S. 64.

47 Zu den Erfahrungen von deutschen Frauen in den besetzten Gebieten siehe u. a.: Elizabeth Harvey, *»Der Osten braucht Dich!« Frauen und nationalsozialistische Germanisierungspolitik*, Hamburg 2010; Franka Maubach, *Die Stellung halten. Kriegserfahrungen und Lebensgeschichten von Wehrmachtshelferinnen*, Göttingen 2009; Elissa Mailänder-Koslov, *Gewalt im Dienstalltag. Die SS-Aufseherinnen des Konzentrations- und Vernichtungslagers Majdanek 1942-1944*, Hamburg 2009.

ziehungsministers Bernhard Rust hatte mit den diversen Schulungen eine »Überholung« der Lehrerschaft stattzufinden.[48]

Auch in den Lehrerlagern spielte körperliche Ertüchtigung eine wichtige Rolle. Der Lageralltag begann nach dem Wecken um 6.30 Uhr mit Frühsport und Waldlauf, und nach dem Vormittagsvortrag war vor dem Mittagessen noch einmal »Körperschule« vorgesehen. In den Landerziehungsheimen sollten täglich fünf Stunden für geistige Arbeit, fünf Stunden für körperliche Arbeit, vier Stunden für Mahlzeiten und Freizeit und zehn Stunden Schlaf eingeplant werden.[49] In Alt Rehse, der »Führerschule der Deutschen Ärzteschaft«, wurden von 1934 bis 1943 zwischen 9000 und 12 000 Ärzte ausgebildet und im »Gemeinschaftslager Hans Kerrl« in Jüterbog von 1933 bis 1939 etwa 20 000 juristische Referendare.[50] »Am Tage«, so erinnerte sich Sebastian Haffner, der das Referendarlager in Jüterbog im Herbst 1933 durchlief, »war die Kameradschaft ein Glück. Ganz ohne Zweifel: Es blühte eine Art Glück in solchen ›Lagern‹, eben das Glück der Kameradschaft. Es war ein Glück, morgens miteinander im Gelände zu laufen, miteinander splitternackt unter der warmen Brause im Duschraum zu stehen, miteinander Pakete zu teilen, die bald der, bald jener von zu Hause geschickt bekam, miteinander die Verantwortung zu teilen für irgend etwas, was der oder jener ausgefressen hatte, einander in tausend Kleinigkeiten zu helfen und beizustehen, einander in allen Angelegenheiten des Tagesbetriebes unbedingt zu vertrauen [...] Und doch weiß ich und behaupte mit aller Schärfe, dass gerade dieses Glück, gerade diese Kameradschaft eins der furchtbarsten Mittel der Entmenschung werden kann – und in der Hand der Nazis geworden ist. [...] Die Kameradschaft, um das Zentralste voranzustellen, beseitigt völlig das Gefühl der Selbstverantwortung, so im bürgerlichen Sinne, und, schlimmer, im religiösen. Der Mensch, der in der Kameradschaft lebt, ist jeder Sorge für die Existenz, jeder Härte des Lebens-

48 Andreas Kraas, *Lehrerlager 1932-1945. Politische Funktion und pädagogische Gestaltung*, Bad Heilbronn 2004, S. 109.

49 Ebd., S. 130, 141.

50 Folker Schmerbach, Das *»Gemeinschaftslager Hans Kerrl« für Referendare in Jüterbog 1933-1939*, Tübingen 2008; Rainer Stommer (Hg.), *Medizin im Dienste der Rassenideologie. Die »Führerschule der Deutschen Ärzteschaft« in Alt Rehse*, Berlin 2008; Thomas Maibaum, *Die Führerschule der deutschen Ärzteschaft Alt-Rehse*, Hamburg 2007.

kampfes überhoben. Er hat sein Lager in der Kaserne, er hat sein Essen und seine Uniform. Sein Tagesablauf ist ihm von Stunde zu Stunde vorgeschrieben. Er braucht sich nicht die kleinste Sorge zu machen. Er steht nicht mehr unter dem harten Gesetz: ›Jeder für sich‹, sondern unter dem generös-weichen: ›Alle für einen‹.«[51]

Ähnlichkeiten und Differenzen zwischen Zwangs- und Gemeinschaftslagern

Das übergeordnete Ziel der Lager für »Volksgenossen« bestand darin, sie in der Gruppe das Erlebnis einer nationalsozialistischen »Volksgemeinschaft« erfahren zu lassen, in der der Einzelne sich dem Ganzen unterwerfen, körperliche Leistungsbereitschaft entwickeln und in einem militärischen Sinn diszipliniert werden sollte.[52] Ziele der ersten exkludierenden Zwangslager – der Konzentrationslager – waren entweder der dauerhafte Ausschluss aus der »Volksgemeinschaft« bis hin zur Ermordung oder die Schaffung der Voraussetzungen zur kontrollierten Rückführung in die »Volksgemeinschaft« nach Erziehungsstrafe. Auch diese ersten Zwangslager besaßen somit durch Exklusion und »Erziehung« eine zentrale Funktion bei dem Versuch der Herstellung der »Volksgemeinschaft«. Die beiden Lagerformen stellten zwei Seiten einer Medaille dar – Kiran Klaus Patel spricht folgerichtig vom »Janusgesicht« der nationalsozialistischen Lager.[53]

Die erste und zumeist offensichtlichste Ähnlichkeit der Lager bestand in ihrer Architektur. Die meisten Lager waren geprägt von standardisierten Baracken und häufig einer Umzäunung mit Maschen- oder Stacheldrahtzaun. Darüber hinaus spielten in allen

51 Sebastian Haffner, *Geschichte eines Deutschen. Die Erinnerungen 1914-1933*, München 2002, S. 278-280.

52 Vgl. Andreas Kraas, »Den deutschen Menschen in seinen inneren Lebensbezirken ergreifen. Das Lager als Erziehungsform«, in: Klaus-Peter Horn, Jörg-W. Link (Hg.), *Erziehungsverhältnisse im Nationalsozialismus. Totaler Anspruch und Erziehungswirklichkeit*, Bad Heilbronn 2011, S. 295-317; zu den akademischen Lagern siehe auch Martin Göllnitz, »Wissenschaftspolitik im Spannungsfeld von akademischer Tradition und Ideologie. Die nationalsozialistische Dozentenakademie der Universität Kiel (1934-1946)«, in: *Zeitschrift für Geschichtswissenschaft* 64 (2016), Heft 1, S. 50-72.

53 Patel, »›Auslese‹ und ›Ausmerze‹«.

Lagern Konflikte und Reglementierungen eine wichtige Rolle. Kiran Klaus Patel hat bezüglich der Lager für »Volksgenossen« in der Vorkriegszeit nachdrücklich darauf hingewiesen, dass das von der NS-Propaganda produzierte Bild von den Erfolgen der Lager bei der Gemeinschaftsbildung nicht vorschnell übernommen werden sollte. Ebenso weist Andreas Kraas auf die Ambivalenz der Lagererfahrung hin, die schon Sebastian Haffner in seiner Schilderung so treffend auf den Punkt brachte.[54] Dem Gefühl von Gemeinschaft und Kameradschaft standen immer auch der Verlust der Privatsphäre, Konformitätsdruck und die Anpassung an ein striktes Tagesreglement gegenüber. In allen Lagern waren die Freizeit und damit mögliche Zeit für individuelle Besinnung knapp bemessen. Der Tagesablauf war mit genauen Zeitvorgaben geplant. Auch Denunziation und Disziplinarstrafen gehörten zum Lageralltag. Nicht zuletzt entzündeten sich viele Konflikte an korrupten, selbstherrlichen oder brutalen Vertretern des Lagerpersonals, die es in den Lagern für »Volksgenossen« genauso gab wie in den Konzentrationslagern, auch wenn sich das ausgeübte Ausmaß an Gewalt dramatisch unterschied.

Das die gesamte Gesellschaft durchdringende Führer- und Gefolgschaftsprinzip bot beide Optionen: Partizipation und Repression. Die Teilhabe an Herrschaft konnte als (Selbst-)Ermächtigung erlebt werden, wie es vielfach in den verklärenden Rückblicken aufscheint. Die Unterordnung unter ideologisch begründete Hierarchien konnte aber ebenso als Zwang und Unfreiheit wahrgenommen werden. Das Führer- und Gefolgschaftsprinzip bot aber auch das Versprechen einer sozialen volksgemeinschaftlichen Egalität, die zugleich von zahlreichen neuen, politisch wie rassistisch definierten Ungleichheiten und Disparitäten durchzogen war. Von entscheidender Bedeutung für den Aufstieg zu Führern sollte nicht die Herkunft sein, wie in der adeligen Gesellschaft, sondern die Leistungsbereitschaft des Einzelnen für das »Volksganze«. Dass die Anerkennung der jeweiligen einzelnen Leistung sich nicht gänzlich in dem kollektiven Gefühl der »Volksgemeinschaft« erschöpfte, sondern durchaus auch nach individueller Belohnung rief, zeigt erneut die Ambivalenz nationalsozialistischer Erziehungsvorgaben.

Für fast alle Lager galt, dass die Mehrheit der Bewohner in Ge-

54 Kraas, *Lehrerlager*, S. 274-286.

meinschaftssälen untergebracht war und sich auch die sanitären Einrichtungen teilen musste, wobei allerdings zu bedenken ist, dass exklusive Schlaf- und Waschräume allenfalls in bürgerlichen Wohnhäusern geläufig waren und sich das Wohnen in Arbeitervierteln und auf dem Land ohnehin sehr viel beengter gestaltete; über den Luxus von Privaträumen verfügte im Deutschland der Zwischenkriegszeit nur eine Minderheit. Dennoch rief die Unterbringung vieler Menschen auf engem Raum in den Lagern Probleme hervor, denen die Lagerführungen mit umfassenden, strikt reglementierenden Ordnungen, die in die Lebensführung der Insassen stark eingriffen, zu begegnen suchten.

Insbesondere für die Zwangslager entwickelten sich spezifische Muster, die Erving Goffman als Merkmale totaler Institutionen benannt hat. Die Welt des Lagers wurde zunehmend in die Gruppen von Wärtern und Insassen aufgeteilt. Die Macht konzentrierte sich auf die Lagerleitung, regulierende Einflüsse anderer Autoritäten nahmen mit der Dauer der Lagerexistenz oft ab. Je hermetischer die Abriegelung gegen die Außenwelt war, desto wahrscheinlicher wurden Übergriffe und Korruption. Zudem entwickelte sich die von Goffman detailliert beschriebene Dialektik von Belohnung und Strafe, um die Durchsetzung der Lagerordnung zu gewährleisten.[55]

Neben diesen Ähnlichkeiten existierten aber bedeutende Unterschiede zwischen den Lagern. Während in den Inklusionslagern eine äußerliche Egalität durch Uniform und Anrede hergestellt wurde, wirkten die KZ-Häftlinge aus der Ferne einerseits noch viel stärker als entindividualisierte Zwangsmasse, andererseits legte die SS Wert darauf, die Häftlinge in bestimmten Punkten unterscheiden zu können. Insbesondere durch die Rasur der Haare war die äußere Individualität der Häftlinge weit stärker beeinträchtigt als in den Inklusionslagern. Ähnlich verhielt es sich mit der Uniformität der Bekleidungsstücke, die im Konzentrationslager nicht bloß vereinheitlichen, sondern vor allem gleichermaßen degradieren sollte. Während die Ansprache »Kamerad« in den Inklusionslagern das Individuelle zurückstellte, um ein Aufgehen in der Gemeinschaft zu erzeugen, erhielten KZ-Häftlinge zwar eine individuelle Nummer, doch deren Ziel war die Entmenschlichung und die

55 Erving Goffman, *Asyle. Über die soziale Situation psychiatrischer Patienten und anderer Insassen*, Frankfurt/M. 1984.

Reduktion zur Zahl. Der SS war es jedoch wichtig, dass ihr in der täglichen Praxis keine einheitliche Zwangsmasse gegenüberstand, sondern dass die Häftlinge nach dem Grund für ihre Einweisung unterschieden werden konnten und dadurch eine spezifische Gruppenbehandlung möglich wurde. Darum brachte man an der Kleidung der Häftlinge Dreiecke an, die über den Einlieferungsgrund aufklärten.

In den Inklusionslagern ging es um Gemeinschaftsbildung untereinander, wohingegen die SS in den Konzentrationslagern jede Form von Gemeinschaft unter den Häftlingen zu verhindern suchte und diese gegeneinander aufhetzte. Häftlinge stellten in der Perspektive der SS feindliche Kollektive dar, die es durch »Erziehung«, Drill und Arbeit zu zerbrechen galt, um dann möglicherweise einzelne Personen als »Volksgenossen« wieder in die »Volksgemeinschaft« entlassen zu können. Diejenigen, die als Juden, Sinti und Roma, »Asoziale« oder »Gemeinschaftsfremde« jedoch weiterhin als »zersetzend« betrachtet wurden, konnten hingegen wenig Hoffnung auf Entlassung haben.

Vor allem unterschied die willkürliche und zum Teil exzessive Gewalt die Zwangslager von den »Volksgemeinschafts«-Lagern. Galten auch hier ein striktes Reglement und eine rigide Strafpraxis, die durchaus auch körperlichen Charakter, insbesondere in der informellen Gewalt der Lagerteilnehmer untereinander, annehmen konnten, so bedeutete doch die Gewalt in den Zwangslagern, dass die Häftlinge den selbstherrlich agierenden, oftmals brutalen Aufsehern und ihrer nahezu unbeschränkten Tötungsmacht ausgeliefert waren, die von absichtlich schmerzvoller Bestrafung, Qual und Folter und bis zum Mord reichen konnte.

Zudem differierten die Grenzen des Lagers. Auch die »Volksgemeinschaftslager« besaßen eine deutliche Markierung zwischen »innen« und »außen.« Während bei ihnen jedoch die Abgrenzung entweder symbolisch oder durch einen einfachen Drahtzaun vorgenommen wurde, waren die Zwangslager gewaltsamer abgegrenzt, durch Anlagen, die mit einer Kombination von Stacheldraht, elektrisch geladenem Draht und Wachtürmen mit Schusswaffen und Hunden Fluchten um jeden Preis verhindern sollten. Zwar war es den »Volksgenossen« verwehrt, die Arbeits-, Lehrer- oder Jugendlager nach Belieben zu betreten und zu verlassen, aber im krassen Unterschied dazu war den KZ-Häftlingen das Verlassen des Lagers bei Todesdrohung verboten und nur mit Zustimmung der Lagerleitung überhaupt möglich. So markierten die Lager gewaltsam, wer zur »Volksgemeinschaft« gehörte und wer nicht – wenn auch die Übergänge zwischen Inklusions- und Exklusionslagern mitunter fließender waren, als es auf den ersten Blick scheint.

Das Lager Hinzert: Von der In- zur Exklusion

Ein Beispiel für einen langsamen Funktionswandel von einem Inklusionslager zu einem Exklusionslager findet sich beim Einsatz deutscher Arbeiter zum Bau des Westwalls. Die Arbeiter wurden aus Mangel an frei verfügbaren Arbeitskräften ab dem 22. Juni 1938 per Dienstverpflichtung der Organisation Todt (OT) zugeteilt, die die Baumaßnahmen leitete. Für die Unterbringung der Arbeiter war die Deutsche Arbeitsfront (DAF) zuständig, die hierfür Turnhallen und Tanzsäle nutzte, vor allem aber Barackenlager errichtete. Durch die harte Arbeit, die Trennung von der Familie und die ständige Verlängerung der eigentlich befristeten Dienstverpflichtung häuften sich Bummelei, Krankfeiern und Fluchten. Im Saarland kam es Ende 1938 zum Streik von etwa 1000 Westwallarbeitern, deren Forderungen schließlich weitgehend erfüllt wurden. Mit Kriegsbeginn setzten die NS-Führung und Todt aber zunehmend auf Repression. Beispielhaft hierfür steht das Lager Hinzert.[56] Dieses aus Reichsarbeitsdienstbaracken bestehende Lager war für dienstverpflichtete deutsche Westwallarbeiter errichtet worden. Man wandelte es aber kurz nach Kriegsbeginn in ein »Polizeihaftlager« um. Mit dessen Führung wurde SS-Sturmbannführer Hermann Pister, der spätere Kommandant des KZ Buchenwald, betraut. Noch 1939 wurden fünf weitere Lager für Westwallarbei-

56 Vgl. dazu Volker Schneider, *Waffen-SS – SS-Sonderlager Hinzert. Das Konzentrationslager im Gau Moselland*, Nonnweiler-Otzenhausen 1998; Susanne Urban-Fahr, *Das SS-Sonderlager/KZ Hinzert 1939-1945*, Alzey 2001; Albert Pütz, *Das SS-Sonderlager/KZ Hinzert*, 2 Bände, Frankfurt/M. 1998, 2001; Barbara Weiter-Matysiak, »Das SS-Sonderlager/KZ Hinzert im Hunsrück«, in: Hans-Georg Meyer, Hans Berkessel (Hg.), *Die Zeit des Nationalsozialismus in Rheinland-Pfalz*, Mainz 2000, Band 2, S. 116-135; Uwe Bader, Beate Welter, »Das SS-Sonderlager/KZ Hinzert«, in: Benz/Distel (Hg.), *Ort des Terrors*, Bd. 5, München 2007, S. 17-42.

ter in »Polizeihaftlager« umgewandelt und Pister zum »Oberleiter von Erziehungslagern für Westwallarbeiter der Organisation Todt« ernannt.[57] Renitente Westwallarbeiter wies die OT in diese Lager für kurze Zeit, in der Regel drei Wochen, ein. Sie wurden dort unter Gewaltanwendung und bei Hungerrationen zu schwerster körperlicher Arbeit angetrieben. Aufgrund seines Zweckes und des brutalen Vorgehens seitens des Wachpersonals gilt Hinzert in der Forschung inzwischen allgemein als das Vorbild für die ab Frühjahr 1940 einsetzende Errichtung von Arbeitserziehungslagern im Reich. Mit dem schnellen Sieg der Wehrmacht gegen Frankreich im Frühjahr 1940 verlor der Westwall seine Bedeutung. Die Arbeiter wurden nach Hause geschickt und die Mehrzahl der »Polizeihaftlager« aufgelöst. Nur Hinzert blieb bestehen und wandelte sich vom »Polizeihaftlager« zum Arbeitserziehungslager. Seine Doppelfunktion zeigt sich auch daran, dass es sowohl dem SS-Reichssicherheitshauptamt wie der Inspektion der Konzentrationslager (IKL) unterstand. Hinzert übernahm jedoch im Verlauf der Zeit durch vermehrte Schutzhafteinweisungen zunehmend die Rolle eines KZ und diente im Oktober 1941 als Hinrichtungsstätte für 70 sowjetische Kriegsgefangene. Im Frühjahr 1942 wurde Hinzert schließlich zum KZ-Hauptlager, und die Hoheit über das Lager ging nun vollständig auf die IKL über, die gerade als Amtsgruppe D in das SS-Wirtschafts-Verwaltungshauptamt integriert wurde. Es machte also eine langsame Transformation vom Lager für deutsche dienstverpflichtete Arbeiter zum Konzentrationslager durch. Seine Baugeschichte zeigt dabei die Anpassungsfähigkeit der Form des Barackenlagers, das mit wenigen Umbauten dem Funktionswandel angepasst werden konnte.

Lager für »Volksgenossen« im Krieg

Mit Kriegsbeginn verlor der Arbeitsdienst für junge Männer an Bedeutung, weil diese nun zur Wehrmacht eingezogen wurden.[58] Ebenso sanken die Dauer und der Umfang der Lagerschulungen für die nationalsozialistischen Eliten, obwohl, wie Andreas Kraas

57 Schneider, *Waffen-SS*, S. 63; Weiter-Matysiak, *SS-Sonderlager*, S. 117.

58 Patel, »›Auslese‹ und ›Ausmerze‹«, S. 363.

festhält, auch im Krieg Lehrerschulungslager eingerichtet wurden und allein in Sachsen 1941 in 500 Lagern rund 11 000 Lehrer eine solche Fortbildung durchliefen.[59] Demgegenüber gewann der Reichsarbeitsdienst für Frauen erheblich an Umfang. Sofort nach Kriegsbeginn wurde am 4. September 1939 die Dienstpflicht für Frauen eingeführt und eine Mindestsollzahl von 100 000 weiblichen Dienstpflichtigen festgelegt. Die Pflicht war zwar auf nichterwerbstätige und zunächst ausschließlich auf ledige Frauen beschränkt, doch protestierte die Wirtschaft gegen die Einziehung von Schulabgängerinnen, da der Reichsarbeitsdienst sich offiziell noch immer stark auf Hausfrauendasein und soziale Tätigkeit ausrichtete. Auch wenn dies offizielle Ideologie blieb, wandelte sich das Arbeitsfeld nach dem Scheitern der deutschen Offensive gegen die Sowjetunion Ende 1941, und es erfolgte ein verstärkter Einsatz in der Rüstungsindustrie.

Zu den bereits existierenden Lagerformen kamen mit Kriegsbeginn zwei neue bedeutende Lagerkategorien hinzu. Als Erstes zu nennen sind Lager zur Beobachtung und Klassifizierung von »Volksdeutschen«. Im Gefolge des Hitler-Stalin-Paktes hatte die NS-Regierung die Aufnahme deutscher Minderheiten aus der Sowjetunion und dem Baltikum zugesagt. Bis zum Sommer 1940 hatte das Deutsche Reich die »Rücksiedlung« von 275 000 Deutschstämmigen aus der Sowjetunion und Rumänien beschlossen.[60] Hitler beauftragte am 4. November 1939 die Volksdeutsche Mittelstelle (VoMi) mit der Unterbringung der Umsiedler. Die ersten Lager errichtete die VoMi im annektierten Wartheland in der Hoffnung, dass die »Volksdeutschen« nach kurzer Zeit in den besetzten polnischen Gebieten angesiedelt werden könnten. Dies erwies sich jedoch schnell als Irrtum.[61] Erste Versuche der Ansiedlung waren

59 Kraas, *Lehrerlager*, S. 180.

60 Götz Aly, *»Endlösung«. Völkerverschiebung und der Mord an den europäischen Juden*, Frankfurt/M. 1995, S. 166-177, hier S. 167.

61 Andreas Strippel, *NS-Volkstumspolitik und die Neuordnung Europas. Rassenpolitische Selektion der Einwandererzentrale des Chefs der Sicherheitspolizei und des SD 1939-1945*, Paderborn 2011; Valdis O. Lumans, *Himmler's Auxiliaries. The Volksdeutsche Mittelstelle and the German Minorities of Europe 1933-1945*, Chapel Hill 2009, besonders S. 184-204; Ute Schmidt, *Die Deutschen aus Bessarabien. Eine deutsche Minderheit in Südosteuropa*, Köln 2004, S. 176-198; Stephan Döring, *Die Umsiedlung der Wolhyniendeutschen in den Jahren 1939 bis 1940*, Frankfurt/M. 2001.

auch durch erhebliche Anpassungsprobleme ein Misserfolg. Überdies galten die »Volksdeutschen« als Verbreiter von Krankheiten. Die ambitionierten Ansiedlungspläne waren organisatorisch nicht zu bewältigen; das Lagerdasein wurde daher für die »Volksdeutschen« zum Alltag. Zudem sollten sie von der eigens dafür eingerichteten SS-Einwandererzentralstelle »rassisch gesiebt« und je nach Beurteilung ein Teil von ihnen zur Beobachtung, Klassifizierung und Ausbildung in Lager ins Altreich gebracht werden.

So entstanden in den Gauen des Deutschen Reiches zusätzliche Lager für »Volksdeutsche«, mit deren Aufbau in der Regel die örtliche NSDAP betraut wurde, was zu ganz unterschiedlichen Lagerformen führte. Auf dem Höhepunkt der Entwicklung betrieb die VoMi 1940/41 etwa 1500 Lager. In ihnen waren 200 000 Umsiedler untergebracht, unter denen die Bessarabiendeutschen mit 93 000 Menschen die größte Gruppe bildeten.[62] Einen Großteil dieser Lager musste die VoMi im Krieg wieder abgeben, da ab Anfang 1942 die Beschäftigung ausländischer Zwangsarbeiter im Reich deutlich zunahm und ein erheblicher Bedarf an Barackenlagern bestand.

Die Situation in den »Volksdeutschen«-Lagern war geprägt von der Unsicherheit über das weitere Schicksal, Langeweile und mitunter von Schikanen. Verantwortlich für die Entscheidung, ob, wann und wo die »Volksdeutschen« angesiedelt werden sollten, waren die sogenannten Fliegenden Kommissionen der SS-Einwandererzentralen. Während der Lagerzeit legten die deutschen Lagerbehörden insbesondere Wert auf Ordnung und Disziplin; vielerorts entstanden daher detaillierte, rigide Lagerordnungen. Häufig wurden »Volksdeutsche« als »Deutsche 2. Klasse« betrachtet, vom Lagerpersonal beschimpft und gedemütigt. Markus Leniger kommt deshalb zu dem Schluss: »Der Blick in die Umsiedlerlager zeigt die Kehrseite der ›Heim ins Reich‹-Propaganda. Die ›Volksdeutschen‹ fanden nicht die ihnen versprochene neue Heimat, sondern sie wurden Teil der Lagergesellschaft des ›Dritten Reiches‹.«[63]

Die zweite neue Kategorie bildeten die Lager im Rahmen der Kinderlandverschickung. Die Aktion setzte nach einem schweren britischen Bombenangriff auf Berlin am 24. September 1940 ein.

62 Aly, *Völkerverschiebung*, S. 176.

63 Markus Leniger, *Nationalsozialistische »Volkstumsarbeit« und Umsiedlungspolitik 1939-1945. Von der Minderheitenbetreuung zur Siedlerauslese*, Berlin 2006, S. 146.

Drei Tage später ordnete Reichsleiter Martin Bormann die Verschickung von Kindern aus besonders kriegsgefährdeten Gebieten an. Verantwortlich für die Vorschulkinder und die Schüler bis zur 4. Klasse war die NS-Volkswohlfahrt, für die älteren Kinder die HJ. Insbesondere diese letzte Gruppe wurde in Lagern untergebracht. Bereits Anfang 1941 sollen 300 000 Kinder evakuiert worden sein, von ihnen befand sich etwa die Hälfte in rund 2000 Lagern. Obwohl als kurzfristige Maßnahme angekündigt, wurde der Lageraufenthalt bald verlängert und dauerte häufig sechs bis neun Monate, mitunter auch noch länger. Schätzungen gehen davon aus, dass bis Kriegsende insgesamt etwa 850 000 Kinder in rund 6000 solchen Lagern untergebracht gewesen waren.[64] Der Tagesablauf war stark reglementiert. Die Vormittage bestimmte der Schulunterricht, den die gemeinsam mit den Schülern evakuierten Lehrer bestritten. Am Nachmittag dominierten sportliche Aktivitäten und Wanderungen. In der Mehrzahl der Erinnerungsberichte beziehen sich Lehrer wie Schülern positiv auf die Zeit im Lager, auch wenn das Heimweh häufig als schmerzlich bezeichnet wird. Kritische Auseinandersetzungen wie jene von Jost Hermand, die Unterdrückung und Schikane in den Lagern thematisieren, bilden daher eher die Ausnahme.[65]

Das System der Zwangslager im Zweiten Weltkrieg

Während die frühen Konzentrationslager mit der ihnen eigenen Mischung aus Exklusion und Erziehung noch stark auf die Errichtung der »Volksgemeinschaft« ausgerichtet waren, dienten die im Krieg errichteten Zwangslager, insbesondere Kriegsgefangenlager oder Lager für ausländische Zwangsarbeiter, dazu, Arbeitskräfte für die deutsche Kriegsproduktion zur Verfügung zu stellen. Weil der Krieg gegen die Sowjetunion nicht wie geplant 1941 gewonnen

64 Gerhard Kock, *»Der Führer sorgt für unsere Kinder«. Die Kinderlandverschickung im Zweiten Weltkrieg*, Paderborn 1997; Eva Gehrken, *Nationalsozialistische Erziehung in den Lagern der Erweiterten Kinderlandverschickung 1940-1945*, Gifhorn 1997. Von 6000 nachgewiesenen KLV-Lagern ist die Rede bei Erich Maylahn, *Auflistung der KLV-Lager*, Bochum 2004.

65 Jost Hermand, *Als Pimpf in Polen. Erweiterte Kinderlandverschickung 1940-1945*, Frankfurt/M. 1993.

wurde, sondern erkennbar länger dauern würde, war der Bedarf an Arbeitern immens, um die nach wie vor als Soldaten eingesetzten deutschen Arbeiter zu ersetzen und die Rüstungsproduktion auf einem Niveau zu halten, das die Fortsetzung des Krieges erlaubte. Erst diese Zäsur – also der vor Moskau ins Stocken geratene Feldzug – bildete den Auftakt für den Ausbau eines gigantischen Lagernetzes und den Abtransport von Millionen von Menschen aus den besetzten Gebieten in das Deutsche Reich. Erfolgte bis dahin der Arbeitseinsatz der Zwangsarbeiter und Kriegsgefangenen vor allem in der Landwirtschaft, so gewann ab 1942 die Beschäftigung in Industrie, Bauwirtschaft und Bergbau ganz erheblich an Bedeutung. Innerhalb der Verwaltungsstruktur für die Organisation der Zwangsarbeit waren dabei drei organisatorische Veränderungen im Frühjahr 1942 zentral: die Ernennung Albert Speers zum Minister für Bewaffnung und Munition, die Ernennung Fritz Sauckels zum Generalbevollmächtigten für den Arbeitseinsatz und die Schaffung des SS-Wirtschafts-Verwaltungshauptamtes als Lenkungszentrale für das KZ-System.[66] Nach den älteren Schätzungen von Gudrun Schwarz existierten unter nationalsozialistischer Herrschaft während des Zweiten Weltkrieges allein in Polen mehr als 5000 Zwangslager. Im Deutschen Reich sowie im besetzten Europa dürften es insgesamt mehrere zehntausend gewesen sein. Halbwegs gesicherte Zahlen sind nur für einige Bereiche vorhanden. So lassen sich in der Kriegszeit 23 KZ-Hauptlager mit 1154 KZ-Außenlagern unter der Verwaltung des SS-Wirtschafts-Verwaltungshauptamtes nachweisen. Für die Lager für ausländische zivile Zwangsarbeiter wird als ungefähre Größenangabe die Zahl 30 000 genannt.[67]

Hinzu kamen vermutlich um die hundert Polizeihaftlager, etwa 200 Arbeitserziehungslager mit 40 000 Haftplätzen, mehrere hundert sogenannte »erweiterte Polizeigefängnisse«, knapp tausend

66 Vgl. Swantje Greve, »Der Generalbevollmächtigte für den Arbeitseinsatz und das Reichsarbeitsministerium«, in: Alexander Nützenadel (Hg.), *Das Reichsarbeitsministerium im Nationalsozialismus. Verwaltung – Politik – Verbrechen*, Göttingen 2017, S. 387-422; Jan Erik Schulte, *Zwangsarbeit und Vernichtung. Das Wirtschaftsimperium der SS. Oswald Pohl und das SS-Wirtschaftsverwaltungshauptamt*, Paderborn 2001; Michael Thad Allen, *The Business of Genocide. The SS, Slave Labor, and the Concentration Camps*, Chapel Hill 2002.

67 Zahlen nach Benz/Distel (Hg.), *Ort des Terrors*; Gudrun Schwarz, *Nationalsozialistische Lager*, Frankfurt/M. 1990.

Zwangsarbeiterlager für Juden mit insgesamt über 300 000 Insassen, etwa 230 Sonderlager für ungarische Juden im tschechisch-ungarischen Grenzgebiet von Österreich und nicht zuletzt über tausend Ghettos in den besetzten Gebieten, die de facto den Status von Zwangslagern hatten. Bei den Lagern für Kriegsgefangene der Wehrmacht lassen sich inzwischen allein über 400 Stammlager (Stalag) nachweisen, darüber hinaus weitere Durchgangslager (Dulags) und andere.[68] Das United States Holocaust Memorial Museum-Projekt zur »Encyclopedia of Camps« unter Leitung von Geoffrey Megargee hat erklärt, dass es von mindestens 42 500 NS-Zwangslagern ausgeht. Darunter seien 30 000 Lager für zivile Zwangsarbeiter, 1150 Ghettos, 1000 Kriegsgefangenenlager, 980 Konzentrationslager und Tausende weiterer Lager mit unterschiedlichen Funktionen.[69]

Konzentrationslager

Erst ab 1938 spielte die Zwangsarbeit in den Konzentrationslagern eine bedeutendere Rolle, doch vorerst fast ausschließlich für SS-Konzerne beziehungsweise SS-Belange. Ab 1942 begann dann langsam der Einsatz der KZ-Häftlinge in der deutschen Kriegswirtschaft. Nach einer Entscheidung Hitlers im September 1942 erfolgte der rapide und immense Ausbau des Systems von KZ-Außenlagern, und von 1943 an entstanden einige bedeutende Außenlager in der Rüstungsproduktion. Kriegswichtig wurde der Arbeitseinsatz aber erst durch den Rückgang der Rekrutierungsmöglichkeiten von zivilen Zwangsarbeitern im Frühjahr 1944. Nun

68 ⟨http://www.moosburg.org/info/stalag/laglist.html⟩, letzter Zugriff 5. 4. 2019.

69 *New York Times*, 1. 3. 2013. Merkwürdig ist hierbei, dass die Zahl der Konzentrationslager gegenüber den Angaben der Benz/Distel-Reihe um über 200 reduziert wurde, zumal im Projekt des US Holocaust Memorial Museum (USHMM) auch noch die frühen Konzentrationslager mitgezählt werden. Die größte Unbekannte ist die Zahl der Zwangsarbeiterlager, die auf Hochrechnungen beruht. Viele der dort genannten Stätten können kaum als Lager bezeichnet werden, weil es sich um Privat- oder Firmenquartiere handelte, in denen weniger als zehn Zwangsarbeiter in Wohnhäusern untergebracht waren. Zur generellen Kritik am vom USHMM behaupteten Revisionsbedarf der Geschichtsschreibung des Holocaust aufgrund der Lagerzahlen siehe: Ulrich Herbert, »Leben und Tod ist keine akademische Frage«, in: *Frankfurter Allgemeine Zeitung*, 6. 3. 2013, S. 27.

wurden KZ-Häftlinge in erheblichem Maße als Arbeitskräfte für die Untertageverlagerung der Flugzeugindustrie und die Wiederherstellung der deutschen Hydrierwerke genutzt, wobei gerade in diesen Bereichen die Rahmenbedingungen der Zwangsarbeit so waren, dass die physische Vernichtung in Kauf genommen wurde. Betrug die Häftlingszahl im Sommer 1942 noch um die 100 000, waren es Anfang 1945 über 700 000. Dieser enorme Ausbau des KZ-Systems war maßgeblich durch den Bedarf an Arbeitskräften in der Kriegswirtschaft bedingt.[70]

Kriegsgefangenenlager

Ebenso veränderte sich mit dem Kriegsverlauf der Einsatz von Kriegsgefangenen. Als erste Kriegsgefangene kamen polnische Soldaten ins Deutsche Reich. Die überwiegende Mehrheit wurde jedoch nach wenigen Monaten in den Zivilstatus überführt und vor allem in der Landwirtschaft eingesetzt. Die 1940 eintreffenden französischen Kriegsgefangenen entließ man zwar nur zu einem geringen Teil in den Zivilstatus, aber auch sie arbeiteten vorwiegend in der Landwirtschaft; noch im August 1944 waren 60 Prozent von ihnen im Agrarbereich eingesetzt.[71] Die Organisation des Kriegsgefangenenwesens veränderte sich mit der im Herbst 1941 getroffenen Entscheidung, sowjetische Kriegsgefangene ins Reich zu holen. In den Lagern mit sowjetischen Kriegsgefangenen herrschte im Winter 1941/42 eine extrem hohe Sterblichkeit. Die Kriegsgefangenen wurden nun zunehmend zur Zwangsarbeit in Industrie, Bergbau und Bauwirtschaft eingeteilt. Von den sowjetischen Kriegsgefangenen waren im August 1944 nur 24 Prozent in der Landwirtschaft tätig, aber immerhin 31 Prozent in der Industrie und 25 Prozent im Bergbau. Die drittgrößte Gruppe Kriegsgefangener bildeten nach den Sowjetbürgern und den Franzosen die Italiener, von denen fast eine halbe Million nach der Kapitulation Italiens im September 1943 ins Reich verschleppt wurden. Aus dieser Gruppe waren nahezu zwei Drittel in der Industrie und weniger als ein Zehntel in der

70 Vgl. Wachsmann, *KL*; Orth, *System*; Buggeln, *Arbeit & Vernichtung*; Jens-Christian Wagner, *Die Produktion des Todes. Das KZ Mittelbau-Dora*, Göttingen 2001.

71 Spoerer, *Zwangsarbeit*, S. 225.

Landwirtschaft tätig. Insgesamt waren über 4,5 Millionen Kriegsgefangene bis Kriegsende zum Arbeitseinsatz ins Reich gebracht worden.[72]

Lager für zivile ausländische Zwangsarbeiter

Auch für den Bereich der zivilen Zwangsarbeit markiert die Zeit Ende 1941/Anfang 1942 einen zentralen Einschnitt. So waren Anfang 1942 etwa 2,1 Millionen zivile ausländische Arbeiter in Deutschland eingesetzt, während es Ende 1944 schon 5,7 Millionen waren. Die Ernennung Sauckels zum Generalbevollmächtigten für den Arbeitseinsatz im März 1942 markiert den Übergang von einer noch weitgehend auf Werbung und Freiwilligkeit basierenden Rekrutierungspolitik – mit Ausnahme von Polen, wo schon ab 1940 erheblicher Druck ausgeübt wurde – zu immer zwanghafteren Formen. Zudem fand zunehmend eine Verschiebung von der Landwirtschaft zur Industrie- und Bauwirtschaft statt. Von den Anfang 1942 etwa 2,1 Millionen zivilen Fremdarbeitern waren etwa 1 Million polnischer Herkunft. Von ihnen arbeiteten etwa drei Viertel in der Landwirtschaft, wo sie in der Regel individuell bei Bauern und nicht in Lagern untergebracht wurden. In den Städten wohnten die sogenannten Westarbeiter zumeist in Privatwohnungen. In Berlin zum Beispiel waren Anfang 1943 von 250 000 zivilen Ausländern etwa 120 000 in Privatquartieren untergebracht.[73] Erst im Sommer 1943 wurde für Westarbeiter in den Städten ein Lagerzwang verordnet, der aber nicht vollständig umgesetzt wurde.

Erst durch die zunehmende Zahl von sowjetischen Zwangsarbeitern und schließlich durch die im Gefolge alliierter Bombardements einsetzende Wohnungsnot kam es dazu, dass die Mehrheit der Zwangsarbeiter in Lagern untergebracht wurde. Im Unter-

72 Rüdiger Overmans, »Die Kriegsgefangenenpolitik des Deutschen Reiches 1939 bis 1945«, in: Jörg Echternkamp (Hg.), *Das Deutsche Reich und der Zweite Weltkrieg*, Bd. 9/2, München 2005, S. 729-875; Reinhard Otto, *Wehrmacht, Gestapo und sowjetische Kriegsgefangene im deutschen Reichsgebiet 1941/42*, München 1998; Christian Streit, *Keine Kameraden, Die Wehrmacht und die sowjetischen Kriegsgefangenen*, Stuttgart 1978; Christine Glauning (Hg.), *Zwischen allen Stühlen. Die italienischen Militärinternierten 1943-1945*, Berlin 2017.

73 Benz/Distel (Hg.), *Ort des Terrors*, Bd. 9, S. 257.

schied zu den Verhältnissen in den Konzentrations- oder Arbeitserziehungslagern blieben die Differenzen im Umgang mit Ost- und Westarbeitern in den zivilen Zwangsarbeitslagern bis ins letzte Kriegsjahr von zentraler Bedeutung. Während Westarbeiter das Arbeitsverhältnis auflösen und sogar Kritik äußern konnten, wurden die osteuropäischen Zwangsarbeiterinnen und Zwangsarbeiter mit Erkennungszeichen versehen und einem rigiden Sonderrecht unterworfen.[74]

Arbeitserziehungslager

Die Arbeitserziehungslager (AEL) waren als Repressionsort zwischen Zwangsarbeiter- und Konzentrationslagern angesiedelt. Erste Lager dieses Typs entstanden 1940/41. Sie waren sowohl für die Bestrafung ausländischer Fremdarbeiter als auch zur Disziplinierung deutscher Arbeiter vorgesehen. Ein massiver Ausbau der AEL erfolgte ab 1942 mit der Ankunft sowjetischer Zwangsarbeiter. Danach nahm der Anteil der deutschen Arbeiter unter den Insassen zunehmend ab. Von den etwa 400 000 Häftlingen, die diese Lager insgesamt durchliefen, waren etwa zwei Drittel zivile Zwangsarbeiter aus Polen und der Sowjetunion. Die Einweisung erfolgte vor allem auf die Initiative von Betrieben, die Zuständigkeit über die Lager lag bei der Geheimen Staatspolizei. Der große Vorteil für die Betriebe war, dass sich die Haftzeit auf 56 Tage beschränkte und im Regelfall als gesichert galt, dass sie anschließend die Zwangsarbeiter zurücküberstellt bekamen, während Arbeiter nach der Einweisung in ein KZ für den Arbeitgeber verloren waren. Zudem erhofften sich die Betriebsführungen, dass die Begegnung mit den rücküberstellten, oft ausgehungerten und von Schlägen gezeichneten Insassen solcher AEL eine abschreckende Wirkung auf die anderen Zwangsarbeiter entfalten würde. Das Hauptziel der Betriebe war es, durch die Einweisung die Arbeitsleistung konstant auf hohem Niveau zu halten, Absentismus und langsames Arbeiten zu minimieren und jede Form von Widerstand im Keim zu ersticken. Auch die Insassen der AEL wurden zur Zwangsarbeit eingesetzt.

74 Spoerer, *Zwangsarbeit*; Ulrich Herbert, *Fremdarbeiter. Politik und Praxis des »Ausländer-Einsatzes« in der Kriegswirtschaft des Dritten Reiches*, Bonn 1999.

Durch die hohe Fluktuation war aber ein Einsatz in qualifizierter Industriearbeit nicht denkbar, und es dominierten körperlich besonders anstrengende Bauarbeiten oder andere wenig qualifizierte Arbeiten.[75]

Sterblichkeitsraten in den Zwangslagern

Die Differenzen zwischen den Lagersystemen lassen sich an den unterschiedlichen Sterblichkeitsraten ablesen. Nach Schätzungen von Mark Spoerer lagen die von zivilen Zwangsarbeitern und Kriegsgefangenen aus Westeuropa nicht deutlich über jenen der deutschen Zivilbevölkerung. Über die Sterblichkeitsraten von osteuropäischen Zwangsarbeitern ist bisher nur wenig bekannt. Bei den italienischen Militärinternierten lag sie dagegen etwa zehnmal so hoch wie bei der deutschen Bevölkerung.[76] Noch höher war sie bei den sowjetischen Kriegsgefangenen. Hier ist aber der zeitliche Verlauf von zentraler Bedeutung. Exorbitant hoch war die Sterblichkeit in den Jahren 1941 und 1942 und insbesondere im Winter 1941/1942, als ihnen gezielt eine ausreichende Versorgung vorenthalten wurde.[77] Ab Mitte 1942 sank die Rate jedoch deutlich, weil die Kriegsgefangenen als Arbeitskräfte immer dringender benötigt und ihre Lebensbedingungen hierfür verbessert wurden.

Die Sterblichkeit in den Arbeitserziehungslagern war durchgängig höher als in den zivilen Zwangsarbeiterlagern. Sie erreichte aber nur selten solche dramatischen Ausmaße wie in den Konzentrationslagern. Hier war sie während der zweiten Kriegshälfte durchgängig hoch, erreichte einen Höchststand von Herbst 1942 bis Mitte 1943 und sank dann wieder ab dem Herbst 1944 bis zum Kriegsende. Aber selbst dann blieb sie noch wesentlich höher als

75 Cord Pagenstecher, »Arbeitserziehungslager«, in: Benz, Distel (Hg.), *Ort des Terrors*, Bd. 9, S. 75-99; Gabriele Lotfi, *KZ der Gestapo. Arbeitserziehungslager im Dritten Reich*, Stuttgart 2000; Andrea Tech, *Arbeitserziehungslager in Nordwestdeutschland 1940-1945*, Göttingen 2003; Elisabeth Thalhofer, *Gestapo-Lager in der Endphase des Dritten Reichs*, Paderborn 2010.

76 Spoerer, *Zwangsarbeit*, S. 228.

77 Rolf Keller, *Sowjetische Kriegsgefangene im Deutschen Reich 1941/42. Behandlung und Arbeitseinsatz zwischen Vernichtungspolitik und kriegswirtschaftlichen Zwängen*, Göttingen 2011.

in den zivilen Zwangsarbeiterlagern. Zusammengefasst war die Sterblichkeit in den Konzentrationslagern am höchsten und in den zivilen Zwangsarbeiterlagern und den Kriegsgefangenenlagern (mit Ausnahme der sowjetischen Kriegsgefangenen 1941/42) am niedrigsten, während die Arbeitserziehungslager eine Zwischenstufe bildeten.

Wechselwirkungen zwischen den Lagertypen

Mit der Ernennung Sauckels zum Generalbevollmächtigten für den Arbeitseinsatz befürchtete die SS, die Verfügungsgewalt über die KZ-Häftlinge zu verlieren, und verhandelte deshalb im Frühjahr 1942 mit dem neu ernannten Rüstungsminister Speer, dem sie die umfangreiche Bereitstellung von KZ-Häftlingen für die deutsche Kriegswirtschaft zusagte.[78] Im Herbst 1942 wurden dann auf einer Besprechung mit Hitler in dessen Hauptquartier nahe Winniza in der Ukraine die zentralen Koordinaten der Zwangsarbeitspolitik festgelegt. Sauckel berichtete dort von seinen Erfolgen bei der Zwangsarbeiterrekrutierung, sowohl hinsichtlich der Herbeischaffung ziviler Zwangsarbeiter als auch sowjetischer Kriegsgefangener. Gleichzeitig erreichte Speer während der Besprechung Hitlers Zustimmung, dass KZ-Häftlinge fortan in Außenlagern bei den Rüstungsstandorten eingesetzt werden konnten, was den Ausgangspunkt für die Expansion des Zwangsarbeitseinsatzes der KZ-Häftlinge bildete. Diese Entscheidungen bedeuteten das Todesurteil für die Mehrheit der noch in Deutschland eingesetzten jüdischen Rüstungsarbeiter und für die jüdischen KZ-Häftlinge in den deutschen Konzentrationslagern. Denn beide Gruppen wurden nun als ersetzbar betrachtet und innerhalb des nächsten halben Jahres nahezu ausnahmslos in die Vernichtungslager transportiert.[79]

Im Frühjahr 1944 wurde endgültig klar, dass Sauckel aufgrund des Rückzuges der Wehrmacht aus weiten Teilen der besetzten Ge-

78 Schulte, *Zwangsarbeit*; Allen, *Business*.

79 Ulrich Herbert, »Arbeit und Vernichtung. Ökonomisches Interesse und Primat der ›Weltanschauung‹ im Nationalsozialismus«, in: Dan Diner (Hg.), *Ist der Nationalsozialismus Geschichte? Zu Historisierung und Historikerstreit*, Frankfurt/M. 1987, S. 198-236, hier S. 222 f.; Orth, *System*, S. 171-175; Buggeln, *Arbeit & Gewalt*, S. 39-42; Wachsmann, *KL*, S. 476-495.

biete der Sowjetunion die von ihm zuvor versprochene Menge an neuen Zwangsarbeitern nicht würde rekrutieren können. Erst jetzt wurden die KZ-Häftlinge zur letzten Arbeitskraftreserve der deutschen Industrie. Nicht zuletzt kam es durch den Arbeitskräftebedarf bei der Untertageverlagerung zur zwischenzeitlichen Aufgabe eines zentralen politischen Zieles von NSDAP und SS: In das bereits als »judenfrei« geltende Altreich sollten nun 100 000 Juden, vor allem aus Ungarn, als KZ-Zwangsarbeiter überstellt werden.[80]

Für die Verschleppung von Menschen in die vier Lagerkategorien – Konzentrations-, Kriegsgefangenenlager, Lager für zivile ausländische Zwangsarbeiter, Arbeitserziehungslager – standen meistens politische und insbesondere sicherheitspolitische Argumente im Vordergrund. So sollten in den Arbeitserziehungslagern die Zwangsarbeiter diszipliniert und gleichzeitig schnell wieder in die Verfügungsgewalt der Betriebe zurückgegeben werden. Blieben daher die Arbeitserziehungslager bis zum Frühjahr 1944 der zentrale Strafort für osteuropäische Zwangsarbeiter, änderte sich dies, als die SS im Rahmen des Jägerstabes – ein interministerielles Gremium, welches die Untertageverlagerung der Luftfahrtindustrie koordinierte – wichtige Rüstungsprojekte übernahm und Zwangsarbeiter nicht mehr in die Arbeitserziehungslager, sondern in Konzentrationslager brachte. Nicht nur Betriebe, sondern insbesondere Rüstungsminister Speer protestierte vehement gegen das Vorgehen der SS, weil der Arbeitseinsatz von KZ-Häftlingen dadurch nur bedingt durch sein Ministerium gesteuert werden konnte. Speers Intervention war erfolgreich: Die Überstellungen in Konzentrationslager gingen zurück, und ab Oktober 1944 erhielt das Rüstungsministerium die Entscheidungsvollmacht darüber, wo neue KZ-Außenlager errichtet werden sollten.

Auch die Entscheidung, ob Kriegsgefangene in den Zivilstatus überführt werden sollten, konnte unterschiedlich ausfallen. Polnische Kriegsgefangene wurden 1940 noch zu zwei Dritteln in den Zivilarbeiterstatus überführt. Des Weiteren wurden slowenische, serbische und ein Teil der ukrainischen Kriegsgefangenen zu Zivilarbeitern gemacht. Für die Betroffenen bedeutete der neue Status, dass sie mehr Lohn und gewisse Freiheiten erhielten; die Betriebe befürworteten den Wechsel, weil ihnen nun Strafmaßnahmen

80 Wagner, *Produktion*, S. 92-101; Buggeln, *Arbeit & Gewalt*, S. 45-51.

möglich wurden, die gegen Kriegsgefangene nicht erlaubt waren, insbesondere die Einweisung in ein Arbeitserziehungslager.[81]

Als im Herbst 1943 große Teile der italienischen Armee in die Gefangenschaft überführt wurden, wurde dies von Industrie und Arbeitsverwaltung als erhebliche Chance begriffen, den sich verschärfenden Arbeitskräftemangel in den Griff zu bekommen. Doch auch hier trafen die arbeitspolitischen Interessen, wie so häufig im Bereich des Ausländereinsatzes, auf sicherheitspolizeiliche Bedenken. Wehrmacht und SS setzten in Italien und in den italienisch besetzten Gebieten Jugoslawiens eine Dreiteilung durch. Jene italienischen Staatsangehörigen, die angeblich als »Bandenmitglieder« gegen Deutsche gekämpft hatten, sollten auf der Stelle ermordet werden, jene, gegen die ein hoher Verdacht auf »Bandenmitgliedschaft« bestand, sollten in ein KZ kommen, und nur die weitgehend Unverdächtigen wurden zum Arbeitseinsatz ins Reich gebracht. Doch drängte die Sauckel-Behörde darauf, dass auch die Verdächtigen zum Arbeitseinsatz ins Reich überstellt werden sollten, und war damit partiell erfolgreich. Daran störten sich nun wiederum die deutschen Sicherheitsbehörden, so dass es zum Teil zu Nachüberprüfungen in den Kriegsgefangenenlagern kam, die einige KZ-Überstellungen nach sich zogen.

Zwar forderte Mussolinis Marionettenregierung im noch nicht befreiten Norditalien die Überführung der italienischen Soldaten von der Kriegsgefangenschaft in ein Zivilarbeitsverhältnis und wurde dabei sogar vom Auswärtigen Amt unterstützt. Aber diese Forderungen ließen sich gegen den Widerstand von Militär und SS nicht durchsetzen. Erst als sich Sauckel gegenüber dem nur bedingt produktiven Einsatz in Kriegsgefangenenkommandos immer skeptischer zeigte und ebenfalls die Überführung in den Zivilstatus forderte, war dies erfolgreich. Ab dem August 1944 erfolgte die Statusveränderung, und im Frühjahr 1945 waren über 90 Prozent der italienischen Kriegsgefangenen zivile Zwangsarbeiter.[82]

Zusammenfassend lässt sich festhalten, dass die Wechselwirkungen und die Verbindungen zwischen den unterschiedlichen Zwangslagern im Krieg erheblich waren. Von großer Bedeutung für das System der Zwangslager war spätestens ab 1942 der Mangel an Arbeitskräften im Deutschen Reich, was zu erheblichen Ver-

81 Spoerer, *Zwangsarbeit*, S. 105 f.
82 Glauning (Hg.), *Zwischen allen Stühlen.*

änderungen im Lagersystem führte. Zur Erzwingung von hohen Arbeitsleistungen setzte die NS-Spitze auf Zuckerbrot und Peitsche. Im Verlauf des Krieges nahm dabei der Einsatz von Gewalt und Zwang zu, was sich insbesondere am Ausbau der besonders repressiven Lagertypen (Konzentrations- und Arbeitserziehungslager) zeigte. Die von der NS-Führung vorgenommene Hierarchisierung nach Lagertypen spiegelte sich dabei in den unterschiedlichen Sterblichkeitsraten wider. Das KZ-System bildete dabei nicht nur den mörderischsten Teil des Systems der Zwangslager, sondern im Verlauf des Krieges wurde eine Entlassung aus einem Konzentrationslager immer unwahrscheinlicher.

Schlussbemerkung

Das Lagersystem des NS-Staates ähnelte dem politischen System. Der Nationalsozialismus war eine Mobilisierungsdiktatur, die sich in ständiger Veränderung befand und sich permanent neuen Gegebenheiten anpasste. Im Zentrum der Regimeziele standen zuerst die Machtsicherung, die Umgestaltung der deutschen Gesellschaft und die Schaffung eines europäischen Imperiums unter deutscher Führung, das nur durch Krieg zu erreichen war: Rassismus und Krieg waren die Elementarbestandteile des Nationalsozialismus.[83]

Auch das Lagersystem wandelte sich diesen Zielen entsprechend. Die große Anpassungsfähigkeit der Lager war ein wesentlicher Grund, warum sie in der nationalsozialistischen Mobilisierungsdiktatur so weit verbreitet waren. Dabei ist der neueren Forschung zuzustimmen, dass die unstete Agilität keineswegs nur als Staatszerfall zu interpretieren ist, sondern bei wesentlichen Zielen zu erheblicher Effektivität führen konnte.[84] Dies gilt zweifelsohne auch für die Inklusions-Lager. Vieles spricht dafür, dass die HJ-Lager einen wesentlichen Teil der Jugend nationalsozialistisch prägten,

83 So schon Ludolf Herbst, *Das nationalsozialistische Deutschland 1933-1945, Die Entfesselung der Gewalt: Rassismus und Krieg*, Frankfurt/M. 1996.

84 Sven Reichardt, Wolfgang Seibel, »Radikalität und Stabilität: Herrschen und Verwalten im Nationalsozialismus«, in: dies. (Hg.), *Der prekäre Staat. Herrschen und Verwalten im Nationalsozialismus*, Frankfurt/M. 2011, S. 7-28; Rüdiger Hachtmann, »Elastisch, dynamisch und von katastrophaler Effizienz – Zur Struktur der Neuen Staatlichkeit des Nationalsozialismus«, in: ebd., S. 29-74.

dass die Elite-Lager zum Mitmachen einluden und die Lager des Arbeitsdienstes, wenn auch nicht, wie die Propaganda weismachen wollte, einen erheblichen Beitrag zur Senkung der Arbeitslosigkeit leisteten, so doch der nationalsozialistischen Formierung dienten. Nationalsozialistische Lager waren Ausdruck eines gesamtgesellschaftlichen Umgestaltungswillens, eines politischen Projekts des rassistischen Umbaus von Gesellschaft.

Der Plan einer homogenisierten »Volksgemeinschaft« hatte sich zum Kriegsende in sein Gegenteil verkehrt; nie zuvor waren in Deutschland so viele Ausländer öffentlich präsent wie in den letzten beiden Jahren des NS-Regimes. Und nie zuvor waren die Grenzen so gewalttätig gezogen. Lager waren in Deutschland nun keine Orte erzieherischer Strafarbeit oder nationalsozialistischer Vergemeinschaftung mehr, sondern Merkmal rassistischer Distinktion. In den Lagern lebten Zwangsarbeiter, KZ-Häftlinge, über die man verfügen, mit denen man Schwarzhandel treiben oder die man bemitleiden konnte, über denen man aber in jedem Fall herrschaftlich stand. Herrenmenschen nicht nur als Soldaten und Besatzungsangehörige in den besetzten Gebieten, sondern auch im eigenen Land.

Wenn von nationalsozialistischen Lagern die Rede ist, dann sollte man nicht nur an die vorgeprägten Bilder von Buchenwald, Dachau, Bergen-Belsen denken; es ist die quantitative wie qualitative Spannbreite der Lager, die in den besetzten Gebieten und im Reich existierten und die es wahrzunehmen gilt. Nimmt man den hier gebotenen Überblick über die vielfältigen Funktionen nationalsozialistischer Lager im Nationalsozialismus ernst, dann stehen die Pluralität und die alltägliche Praxis von (Zwangs-)Gemeinschaft und Gewalt der Lager im Forschungsmittelpunkt. Lager wären demnach nicht allein exterritoriale Orte des Terrors im Ausnahmezustand, sondern vielmehr genuine Räume nationalsozialistischer Herrschaft und einer Transformationspolitik, die Gesellschaft in Volksgemeinschaft verwandeln will. Baumans zentrales Argument, dass ein Grundwiderspruch der Moderne zwischen der herausgehobenen Betonung individueller Freiheit und der gleichzeitigen Vorstellung einer perfekten-rationalen Ordnung bestehe, ist daher nach wie vor von großem Wert. Die Lager waren gerade im Nationalsozialismus Orte, in und mit denen der Wandel der Gesellschaft hin zu einer imaginierten, perfekten Ordnung beschleunigt werden sollte.

Politische Theorie des Nationalsozialismus

10.
Die politische Ordnung der Volksgemeinschaft. Ernst Fraenkels Doppelstaat neu betrachtet

Sich dem Unvertrauten zu nähern, indem man auf Bekanntes zurückgreift, ist nichts Ungewöhnliches. Das gilt gleichermaßen für den Nationalsozialismus, der 1930 plötzlich zur Massenbewegung anschwoll und trotz rückläufiger Wählerstimmen im November 1932 wenige Wochen später unerwartet den politischen Sieg errang. »Schreck. Es nie für möglich gehalten«, notierte Klaus Mann am Abend des 30. Januar 1933 in sein Tagebuch.[1] »Eisiger Schreck«, so erinnerte sich auch Sebastian Haffner an die Gefühle beim Erhalt der Nachricht, dass Hitler Reichskanzler geworden sei, und schrieb weiter: »Dann schüttelte ich das ab, versuchte zu lächeln, versuchte nachzudenken, und fand in der Tat viel Grund zur Beruhigung. Am Abend diskutierte ich die Aussichten der neuen Regierung mit meinem Vater, und wir waren uns einig darüber, daß sie zwar eine Chance hatte, eine ganze hübsche Menge Unheil anzurichten, aber kaum eine Chance, lange zu regieren.«[2]

Diese Erwartung trog. In der revolutionären Phase im Frühjahr 1933 – häufig mit dem verharmlosenden zeitgenössischen, technischen Begriff der »Gleichschaltung« bezeichnet – bemächtigten sich die Nationalsozialisten nicht nur der politischen Strukturen, sondern transformierten sie grundlegend: Zerschlagung der Gewerkschaften und Arbeiterparteien, Einheitsparteisystem, Vereinheitlichung von Jugend-, Berufs-, ja sogar Freizeitverbänden, Führerprinzip, antisemitische Berufsverbote, Terror gegen die politische Opposition, Konzentrationslager, Geheime Staatspolizei.

Wie sollte man dieses NS-Regime erklären? Es lag nahe, die neue nationalsozialistische Ordnung als Diktatur oder Tyrannei zu bezeichnen. Marxisten sprachen vom Bonapartismus und spielten damit auf Marxens Analyse des Staatsstreichs von Louis Bonaparte

1 Klaus Mann, *Tagebücher 1931-1933*, hg. von Joachim Heimannsberg u.a., Reinbek bei Hamburg 1995, S. 113.

2 Sebastian Haffner, *Geschichte eines Deutschen. Die Erinnerungen 1914-1933*, München 2000, S. 106 f.

1851 in Frankreich an. Franz Neumann ging in seinem Buch *Behemoth*, 1942 in den USA erschienen, noch einen Schritt weiter und erklärte das NS-Regime zum »Unstaat«,[3] während die folgenden Totalitarismustheorien dagegen den anderen Pol einnahmen und Nationalsozialismus wie Sowjetkommunismus als totale Staaten beschrieben.

All diesen Erklärungen ist eines gemeinsam: Sie beziehen sich auf vertraute Staatstheorien. Entweder wird das nationalsozialistische Herrschaftssystem als Tyrannei oder Oligarchie in die klassische griechische Wandlungslehre der politischen Verfassung eingeordnet beziehungsweise mit dem Begriff der Diktatur als Extremform des autoritären Staates gekennzeichnet, als Einmann-Herrschaft, was angesichts der dominierenden Rolle Hitlers durchaus nachzuvollziehen war. Oder man griff, um die marxistische Theorie der Klassenherrschaft auch im Ausnahmezustand zu retten, auf hundert Jahre alte, französische Verhältnisse zurück – wenn man nicht gleich, wie es die Kommunistische Internationale 1935 tat, die Wirklichkeit in die ideologische Form zu pressen versuchte und den Nationalsozialismus zur Monopolherrschaft des Finanzkapitals erklärte. Selbst Neumanns totale Negation bleibt im Horizont des klassischen Staatsbegriffs, wie er im 18. und 19. Jahrhundert ausgearbeitet worden ist.

Auch Ernst Fraenkel behält den Staat im Blick, und doch öffnet seine Analyse des NS-Regimes die Perspektive auf die spezifische politische Ordnung des Nationalsozialismus. Sein Buch *Der Doppelstaat*, lange Jahre eher unbeachtet und vergriffen, erst 1999 wieder neu aufgelegt, birgt, so meine These, überraschend viele Einsichten und Überlegungen, die, sicherlich im Gewand der politischen und juristischen Theorie der dreißiger Jahre vorgetragen, dennoch im Unterschied zu den bekannten Erklärungen des NS-Regimes helfen, das Neue und Unbekannte dieser politischen Ordnung in den Blick zu nehmen.

3 Franz Neumann, *Behemoth. Struktur und Praxis des Nationalsozialismus 1933-1944*, hg. von Alfons Söllner, Michael Wildt, Hamburg 2018, S. 16.

Es muss an dieser Stelle nicht der Verlust hervorgehoben werden, der durch die nationalsozialistische Verfolgung, Vertreibung und Vernichtung der europäischen Juden auch dem intellektuellen und wissenschaftlichen Leben in Deutschland zugefügt worden ist. Max Horkheimer, Theodor W. Adorno, Leo Löwenthal, Herbert Marcuse, Otto Kirchheimer, Franz Neumann, um hier nur allein Autoren der sogenannten Frankfurter Schule zu nennen, stammten ebenso aus jüdischen Familien wie Ernst Fraenkel.

Fraenkel wurde 1898 als Sohn wohlhabender Eltern in Köln geboren, die früh starben, so dass er bei seinem Onkel mütterlicherseits in Frankfurt am Main aufwuchs. Dort wurde er durch eine deutsch-jüdische Vorstellungswelt geprägt, die ihren Ausdruck, wie Fraenkel später schrieb, in einem »wahren ›Bildungskult‹« fand, der sich an der Persönlichkeit Goethes und dessen literarischem Lebenswerk ausrichtete. Man war fortschrittsgläubig und rechtsstaatlich-tolerant, verurteilte das autokratische Russland mit seinen antisemitischen Pogromen als barbarisch und bewunderte England als das vorbildlich freie Land Europas. Die Erziehung im Zeichen von Aufklärung und Assimilation vermittelte wenig von jüdischer Religion und Kultur. Fraenkel charakterisierte diese Haltung zum Judentum, die vor allem in der Abwehr des Antisemitismus bestand, mit einem Begriff Theodor Herzls als »Trotzjudentum«.[4]

Und dennoch: Fraenkel war sich wie Leo Löwenthal, Gershom Scholem und viele andere seiner Generation trotz aller Emanzipation der Juden in Deutschland durchaus bewusst, einer Minderheit anzugehören. Diese Gewissheit hielt die meisten deutschen Juden keineswegs davon ab, sich aus voller Überzeugung als Teil der deutschen Nation zu betrachten, und auch für Fraenkel war es selbstverständliche patriotische Pflicht, für Kaiser und Vaterland in den Krieg zu ziehen. Dennoch bildete das Minoritätsbewusstsein, die Zugehörigkeit zu einem Teil und nicht zum Ganzen, in

4 Ernst Fraenkel, »Anstatt einer Vorrede«, in: ders., *Reformismus und Pluralismus. Materialien zu einer ungeschriebenen politischen Autobiographie*, hg. von Falk Esche und Frank Grube, Hamburg 1973, S. 13-15; zur Biographie Fraenkels siehe Simone Ladwig-Winters, *Ernst Fraenkel. Ein politisches Leben*, Frankfurt/M. 2009.

Fraenkels Rückschau Anfang der siebziger Jahre sein »politisches Ur-Erlebnis«.[5]

1916 wurde Fraenkel als Achtzehnjähriger eingezogen; er kämpfte an der Front, was ihn später unter die Ausnahmeparagraphen der antisemitischen Berufsverbotsgesetze des NS-Regimes fallen ließ und ihm damit noch eine Zeitlang ermöglichte, als Rechtsanwalt weiterzuarbeiten. Als der Krieg zu Ende ging, gehörte Fraenkel zwar einem Soldatenrat in seiner Darmstädter Garnison an, aber ein überzeugter Revolutionär war er nicht. Eigentlich wollte er nach seiner Entlassung aus der Armee Geschichte studieren, einigte sich allerdings mit seinem Onkel, Jura als Hauptfach und Geschichte als Nebenfach zu wählen.

In Frankfurt traf er auf Franz Neumann und Leo Löwenthal und gründete mit ihnen 1919 eine sozialistische Studentengruppe. Neumann trat noch im selben Jahr in die SPD ein, Fraenkel 1921. Er blieb ein Reformist, auch wenn er sich selbst eher auf dem linken Flügel der SPD verortete. Zur Leitfigur dieser jungen sozialdemokratischen Juristen wurde Hugo Sinzheimer, der die erste ordentliche Professur für Arbeitsrecht innehatte. Sinzheimer, Sozialdemokrat und Jude, wesentlich an der Ausarbeitung der Weimarer Verfassung beteiligt, war den völkischen und antisemitischen Studenten verhasst. Seine Antrittsvorlesung wurde von Randalierern gestört, seinen Weg zum Vortragspult mussten ihm demokratische Studenten, darunter Franz Neumann, erst bahnen. Später, 1933, gehörte er zu den ersten Frankfurter Professoren, die entlassen und in die Emigration gezwungen wurden. Bei ihm studierten Fraenkel, Neumann, Otto Kahn-Freund, Hans Morgenthau und Carlo Schmid, der ebenso wie Fraenkel 1923 bei Sinzheimer promovierte. Fraenkel wurde anschließend dessen Universitätsassistent, die Stelle, die nach ihm Franz Neumann erhielt. Zum Andenken an Sinzheimer, der zwar in den Niederlanden untertauchen konnte, aber wegen der Strapazen der Verfolgung und des Überlebens im Versteck nur wenige Wochen nach der Befreiung 1945 starb, hielt Fraenkel später in Frankfurt 1958 eine sehr persönliche, bewegende Rede, die gegen den damals herrschenden Zeitgeist im Nachkriegsdeutschland den Antisemitismus, dessentwegen Sinzheimer vertrieben worden war, nicht verschwieg.[6]

5 Fraenkel, »Anstatt einer Vorrede«, S. 15.

6 Ernst Fraenkel, »Hugo Sinzheimer«, in: ders., *Gesammelte Schriften,* Bd. 1, hg. von Hubertus Buchstein, Baden-Baden 1999, S. 620-631.

Arbeitsrecht klingt nach trockenen Tarifvertragsauseinandersetzungen und Arbeitsgerichtsprozessen. Und doch besaß das Fach eine politische Dimension, die diesen jungen, linken Juristen sehr bewusst war. In der deutschen Tradition war das Recht eng mit dem Staat, mit Gesetz verbunden, in der Hegelschen Rechtsphilosophie gar zur Kongruenz gebracht. Recht wurde vom Staat gesetzt, von niemandem sonst. Und auch Neumann bezog sich in der Emigration wieder auf diese Auffassung, als er auf die Frage, ob das NS-Regime überhaupt ein Staat sei, zur Antwort gab: »Wenn ein Staat durch die Herrschaft des Gesetzes charakterisiert ist, dann müssen wir diese Frage verneinen, da wir bestreiten, daß in Deutschland ein Recht existiert.«[7]

Gegen diese Gleichsetzung von Staat und Gesetz stand das moderne Arbeitsrecht, anerkannte es doch nicht nur, dass gesellschaftliche Verbände wie Gewerkschaften und Arbeitgebervereinigungen existierten, sondern auch, dass diese Kollektivorganisationen unabhängig vom Staat miteinander Tarifverträge abschlossen, die durchaus Recht setzten, auf das sich Mitglieder dieser Verbände vor den Arbeitsgerichten berufen konnten, ohne dass zu dieser Rechtsfrage ein Gesetz verabschiedet worden wäre.

Ernst Fraenkel dachte diese neue, gesellschaftliche Dimension, die Sinzheimer vorgezeichnet hatte, konsequent weiter und veröffentlichte bereits in den zwanziger Jahren mehrere Aufsätze, in denen er ebendiese »kollektive Demokratie« theoretisch entwickelte. Kollektive Demokratie bedeutete, so Fraenkel, »daß bei der Bildung des Staatswillens nicht mehr die einzelnen, nicht mehr nur das Individuum, sondern auch die Verbände als solche beteiligt sind«.[8] Das hieß nicht, dass ein rechtsfreier Raum außerhalb des Staates, womöglich gar gegen ihn, errichtet werden sollte. Rechtsstaat und Verfassung blieben das Dach auch einer »kollektiven Demokratie«. Was Fraenkel hier bereits anstrebte – und später, nach dem Krieg, in seiner die Politikwissenschaft der fünfziger und sechziger Jahre prägenden Pluralismus-Theorie ausarbeitete –, war die Ergänzung der vornehmlich staatlich vermittelten Demokratie durch eine gesellschaftliche Demokratie: »Die kollektive Demokratie (die nicht etwa nur ein leerer Wunsch, sondern ein wirksa-

7 Neumann, *Behemoth*, S. 541.

8 Ernst Fraenkel, »Die Gewerkschaften und das Arbeitsgerichtsgesetz« (1927), in: ders., *Gesammelte Schriften*, Bd. 1, S. 259.

mer Bestandteil unseres Staatslebens ist, bei deren Ausbau es sich im Sinne von Marx nicht darum handelt, Ideale zu verwirklichen, sondern Elemente der Freiheit in Bewegung zu setzen) wird nicht eine selbständige Gesellschaftsverfassung neben der Staatsverfassung darstellen, sondern sie wird sich in die Staatsverfassung selbst einschieben.«[9]

Aufgrund solcher Überlegungen war Fraenkel gefeit gegen Carl Schmitts Thesen von der Identität der Regierten mit den Regierenden und der unbedingten Homogenität der politischen Ordnung. Fraenkel hielt nicht nur an der Tatsache sozialer Ungleichheit fest, sondern auch an der Realität gesellschaftlicher Spaltung sowie am Streit als wesentlichem Element der Bildung von Kompromissen. Anders als Franz Neumann, der in der Schlussphase der Weimarer Republik Carl Schmitt gewissermaßen von links las, die Freund-Feind-Kennung auf den Gegensatz von Kapital und Arbeit übertrug und die parlamentarische Demokratie für unfähig erklärte, diesen Gegensatz zu lösen,[10] bewahrte das Pluralismuskonzept Fraenkel vor ähnlichen Näherungen an die autoritäre Verfassungstheorie Schmitts, den Fraenkel nach dem Krieg als den »einfallreichsten und gefährlichsten, weil labilsten deutschen Sozialwissenschaftler unserer Zeit« bezeichnete, der keine Rechtswissenschaft, sondern immer nur »Situationswissenschaft« betrieben habe.[11]

Es liegt nahe, dass es Fraenkels Überlegungen zur »kollektiven Demokratie« gewesen sind, die ihn zum Konzept des Doppelstaats brachten. Indem er das Politische nicht allein staatlich dachte und – in der positiven Konzeption – neben der staatlich vermittelten Demokratie eine gesellschaftlich fundierte entwarf, war Fraenkel – in der Negativanalyse des Nationalsozialismus – imstande, den

9 Ernst Fraenkel, »Kollektive Demokratie« (1929), in: ders., *Gesammelte Schriften*, Bd. 1, S. 355.

10 So schrieb Neumann am 7. September 1932 an Schmitt: »Stellt man sich nämlich auf den Standpunkt, daß der grundlegende politische Gegensatz in Deutschland der ökonomische ist, daß die entscheidende Freund/Feind-Gruppierung in Deutschland die Gruppierung Arbeit und Eigentum ist, so leuchtet ein, daß bei einer solchen politischen Gegensätzlichkeit parlamentarisch nicht mehr regiert werden kann.« Der Brief ist abgedruckt in: Rainer Erd (Hg.), *Reform und Resignation. Gespräche über Franz L. Neumann*, Frankfurt/M. 1985, S. 79 f.

11 Ernst Fraenkel, »Rezension von Peter Schneider, Ausnahmezustand und Norm. Eine Studie zur Rechtslehre von Carl Schmitt« [1957], in: ders., *Gesammelte Schriften*, Bd. 2, hg. von Alexander v. Brünneck, Baden-Baden 1999, S. 599.

NS-Staat nicht allein als Führer-Staat, als allumfassende Diktatur oder hermetisch-totalitäres System zu begreifen, sondern ebenfalls das Politische unabhängig von der staatlichen Ordnung zu untersuchen.

Normen- und Maßnahmenstaat

Fraenkels *Doppelstaat* ist in der unmittelbaren, beteiligten Beobachtung des NS-Regimes entstanden. Beide, Fraenkel wie Neumann, haben neben ihrer anwaltlichen Tätigkeit für die Gewerkschaften zum Ende der Weimarer Republik auch als Rechtsvertreter der SPD gearbeitet. Selbstverständlich befanden sie sich damit im Visier der Nationalsozialisten, und als am 2. Mai 1933 die Gewerkschaftshäuser gestürmt wurden, räumte die SA ebenfalls das Rechtsanwaltsbüro von Fraenkel und Neumann, das sich im Gebäude des Deutschen Metallarbeiterverbandes in Berlin befand. Neumann, der sich als Syndikus der SPD besonders bedroht fühlte, verließ wenige Tage später Deutschland und emigrierte nach England. Fraenkel, der als ehemaliger Frontsoldat von den antisemitischen Berufsverbotsgesetzen des April 1933 vorerst ausgenommen war, blieb in Berlin und versuchte, den vom NS-Regime Verfolgten als Anwalt zu helfen, schrieb zugleich, unter Pseudonym, Artikel für die in Paris erscheinende Zeitschrift der Widerstandsorganisation Internationaler Sozialistischer Kampfbund und sammelte Material aus Zeitungen, Zeitschriften sowie Gerichtsentscheidungen für seine Analyse des Nationalsozialismus.

In der Edition der *Gesammelten Schriften* Ernst Fraenkels ist zum ersten Mal der *Ur-Doppelstaat* veröffentlicht worden, also jene Fassung, die Fraenkel kurz vor seiner Flucht im September 1938 über einen Angehörigen der französischen Botschaft hat aus Deutschland herausbringen und in die USA mitnehmen können. Für die amerikanische Ausgabe, die 1941 unter dem Titel *The Dual State* erschien, hat Fraenkel das Manuskript noch einmal gründlich überarbeitet und erweitert, um, wie er im Vorwort zur deutschen Ausgabe schrieb, »die Herrschaftsstruktur des Dritten Reiches in wissenschaftlichen Kategorien zu erläutern, die dem sozialwissenschaftlich geschulten amerikanischen Leser vertraut waren«. Dieser amerikanische Text wiederum bildete die Grundlage für die deutsche Rückübersetzung, die 1974, kurz vor dem Tod Fraenkels, in der Bundesrepublik veröffentlicht wurde.[12]

Der Begriff »Doppelstaat« sollte das »Nebeneinander eines seine eigenen Gesetze im Allgemeinen respektierenden ›Normenstaates‹ und eines die gleichen Gesetze missachtenden ›Maßnahmenstaates‹« bezeichnen. Unter »Maßnahmenstaat« verstand Fraenkel das »Herrschaftssystem der unbeschränkten Willkür und Gewalt, das durch keinerlei rechtliche Garantien eingeschränkt ist«, unter »Normenstaat« das »Regierungssystem, das mit weitgehenden Herrschaftsbefugnissen zwecks Aufrechterhaltung der Rechtsordnung ausgestattet ist, wie sie in Gesetzen, Gerichtsentscheidungen und Verwaltungsakten der Exekutive zum Ausdruck gelangen«.[13]

Ausdrücklich hob Fraenkel hervor, dass er damit nicht »das Nebeneinander von Staats- und Parteibürokratie« meinte, sondern den »gesamten öffentlichen Apparat« in den Blick nehmen wollte. Die Institutionen des NS-Staates konnten, nach Fraenkel, sowohl zum Normen- als auch zum Maßnahmenstaat gehören, was zugleich als Kritik an jedweder beschönigenden Teilung in eine reine, unschuldig gebliebene Bürokratie auf der einen und eine Staat und Recht zerstörende Nazibewegung auf der anderen Seite zu lesen ist. Dagegen kennzeichnete den zweifellos zum Maßnahmenstaat gehörenden SS- und Polizeiapparat gerade die Verbindung von staatlicher Polizei und nationalsozialistischer Organisation. Umgekehrt galten die Oberfinanzdirektionen bislang fraglos als Institutionen des Normenstaates, wohingegen jüngere Untersuchungen jetzt deren zentrale, initiativenreiche Rolle bei der Verfolgung und Enteignung der deutschen Juden erhellen.[14] Fraenkels Analyse erlaubt es, die Machtergreifung der Nationalsozialisten nicht mehr als bloße Usurpation der Staatsgewalt durch die Partei zu sehen, sondern die

12 Ernst Fraenkel, *The Dual State. A Contribution to the Theory of Dictatorship*, New York u.a. 1941; ders., *Der Urdoppelstaat* (1938), in: ders., *Gesammelte Schriften*, Bd. 2, S. 267-473; ders., *Der Doppelstaat. Recht und Justiz im »Dritten Reich«*, Frankfurt/M. 1974, jetzt in: ders., *Gesammelte Schriften*, Bd. 2, S. 33-266. Nach dieser Ausgabe wird im Folgenden zitiert.

13 Fraenkel, *Doppelstaat*, S. 49.

14 Vgl. Martin Friedenberger, »Die Rolle der Finanzverwaltung bei der Vertreibung, Verfolgung und Vernichtung der deutschen Juden«, in: ders. u.a. (Hg.), *Die Reichsfinanzverwaltung im Nationalsozialismus*, Bremen 2002, S. 10-94; Christiane Kuller, *Bürokratie und Verbrechen. Antisemitische Finanzpolitik und Verwaltungspraxis im nationalsozialistischen Deutschland*, München 2013.

Transformation des Staates durch die Nationalsozialisten in den Blick zu nehmen.

Seinen Ausgangspunkt nahm dieser Prozess mit der Reichstagsbrandverordnung vom 28. Februar 1933, laut Fraenkel die »Verfassungsurkunde« des Dritten Reiches. Würde sich Geschichte nach der Frage »Cui bono? Wem nützt es?« erklären, dann wäre der Streit darüber, wer den Reichstag angezündet habe, längst beendet. Vielleicht ist es angesichts des immensen politischen Nutzens, den die Nationalsozialisten aus dem Reichstagsbrand ziehen konnten, nur schwer möglich, die Tat eines Einzelnen und damit die Kontingenz in der Geschichte zu akzeptieren. Doch ungeachtet der anhaltenden Auseinandersetzung unter Historikern, ob Marinus van der Lubbe der Brandstifter war, ist unumstritten, dass die NS-Führung die politische Chance, die sich mit dem Reichstagsbrand eröffnete, sofort und entschlossen nutzte. Noch in der Nacht entschieden sich Hitler, Göring, Goebbels und von Papen in kleiner Runde, sofort eine Notverordnung ausarbeiten zu lassen, die am folgenden Vormittag dem Reichskabinett als Entwurf vorlag. Am späten Nachmittag unterschrieb Reichspräsident Hindenburg die »Verordnung zum Schutz von Volk und Staat« vom 28. Februar 1933.

Die Verordnung knüpfte – einschließlich der Suspendierung wesentlicher Grundrechte wie der Freiheit der Person, der Unverletzbarkeit der Wohnung, des Post- und Telefongeheimnisses, der Meinungs- und Versammlungsfreiheit, des Vereinigungsrechts sowie der Gewährleistung des Eigentums – durchaus an entsprechende Ausnahmeverordnungen der Weimarer Republik an. Unmittelbar nach Verabschiedung der Verfassung 1919 war eine Musterverordnung in der Ministerialbürokratie zum Notstandsartikel 48 ausgearbeitet worden, deren Formulierung weitgehend mit der Verordnung vom Februar 1933 übereinstimmte. Auch der sozialdemokratische Reichspräsident Ebert griff in den instabilen Anfangsjahren der Weimarer Republik mehr als ein Dutzend Mal mit Hilfe des Artikels 48, meist gegen linke Aufstandsversuche, ein. Dabei wurde sowohl die exekutive Macht an regionale Militärbefehlshaber übergeben als auch die bürgerlichen Grundrechte vorübergehend außer Kraft gesetzt.

Die Reichstagsbrandverordnung stellte alles andere als einen überstürzten oder gar gänzlich neuen Verwaltungsakt dar. Dennoch unterschied sie sich aber in zwei charakteristischen Bestimmungen von ihren Vorgängern.[15] Zum einen erlaubte jetzt der § 2 die Übernahme der Befugnisse einer Landesbehörde durch die Reichsregierung, ohne dass wie früher der Reichspräsident eine solche Maßnahme anordnen musste. Damit war der Weg frei für die nationalsozialistische Machtergreifung in den Ländern, indem in einem kalkulierten Zusammenspiel von Straßengewalt und Notverordnungspolitik die SA die rechtmäßigen Regierungen gewalttätig bedrohte und die Hitler-Regierung ebendies zur Begründung nahm, um zur angeblichen Wiederherstellung der öffentlichen Ordnung die gewählten Landesregierungen durch nationalsozialistische Reichskommissare zu ersetzen.

Zum Zweiten vermied die Reichstagsbrandverordnung bewusst, den militärischen Ausnahmezustand auszurufen. Sie übertrug die exekutive Gewalt nicht wie bisher üblich an einen Militärbefehlshaber, sondern zielte deutlich auf die Polizei, um die Repressionsmaßnahmen durchzusetzen. Die Reichstagsbrandverordnung stärkte die Macht der Polizei im NS-Regime und ließ erkennen, wie wenig die nationalsozialistische Führung in den traditionellen Kategorien eines Staatsnotstands oder Belagerungszustandes dachte. Es ging weder um die »Wiederherstellung der öffentlichen Sicherheit und Ordnung«, wie es der Artikel 48 der Weimarer Verfassung, auf den sich sämtliche Notstandsverordnungen bezogen, vorschrieb, noch um »die Abwehr kommunistischer staatsgefährdender Gewaltakte«, wie es in der Präambel der Reichstagsbrandverordnung hieß, sondern um die dauerhafte Festschreibung nationalsozialistischer Herrschaft, die sich wesentlich auf die Polizei und Konzentrationslager stützte. Bis zum Ende des Regimes legitimierte die Geheime Staatspolizei ihre Maßnahmen, Erlasse, Anweisungen mit der »Verordnung zum Schutz von Staat und Volk« vom 28. Februar 1933.

Die Reichstagsbrandverordnung sollte dem Regime völlige Handlungsfreiheit geben oder, allgemeiner gesprochen, das Politische der Sphäre des Rechts entziehen. »Der politische Sektor des Dritten Reiches«, so Ernst Fraenkel, »bildet ein rechtliches Vakuum. Dies schließt nicht aus, daß innerhalb seines Apparates eine gewisse Ordnung und Kalkulierbarkeit des Verhaltens seiner Funktionäre in Erscheinung tritt. Es fehlt jedoch in diesem Sektor

15 Vgl. dazu Thomas Raithel, Irene Strenge, »Die Reichstagsbrandverordnung. Grundlegung der Diktatur mit den Instrumenten des Weimarer Ausnahmezustandes«, in: *Vierteljahrshefte für Zeitgeschichte* 48 (2000), S. 413-460.

eine auf publizierten und daher generell verbindlichen Normen basierende Regelung des Verhaltens seiner Behörden und sonstigen Exekutivorgane. Im politischen Sektor des Dritten Reiches gibt es weder ein objektives noch ein subjektives Recht, keine Rechtsgarantien, keine allgemein gültigen Verfahrensvorschriften und Zuständigkeitsbestimmungen – kurzum, kein auch die Betroffenen verpflichtendes und berechtigendes Verwaltungsrecht. In diesem Sektor fehlen die Normen und herrschen die Maßnahmen. Daher der Ausdruck ›Maßnahmenstaat‹.«[16]

Der Ausnahmezustand als Ordnung

»Souverän ist, wer über den Ausnahmezustand entscheidet.« Mit diesem vielzitierten Satz begann Carl Schmitt seine 1922 erstmals erschienene *Politische Theologie*. Der Ausnahmefall steht hier nicht mehr für den übergesetzlichen Staatsnotstand, um die Normen der Verfassung vor Angriffen zu schützen. Die Aussetzung der Regel ist bei Schmitt eine Grenzzone. Der Souverän »entscheidet sowohl darüber, ob der extreme Notfall vorliegt, als auch darüber, was geschehen soll, um ihn zu beseitigen. Er steht außerhalb der normal geltenden Rechtsordnung und gehört doch zu ihr, denn er ist zuständig für die Entscheidung, ob die Verfassung in toto suspendiert werden kann.«[17]

Wie Carl Schmitt reagierte auch Ernst Fraenkel auf die Legitimitätskrise des bürgerlichen Staates und versuchte, das Politische außerhalb des Staatlichen zu denken. Aber während Schmitts Bestimmung des Politischen als Freund-Feind-Unterscheidung, als Bezeichnung des »äußersten Intensitätsgrad[s] einer Verbindung oder Trennung, einer Assoziation oder Dissoziation«, auf die Forderung nach Homogenität und Abgrenzung des Volkes hinauslief, um so das Volk nicht als Versammlung gleicher Staatsbürger, sondern als gleichartige, nach 1933 »artgleiche«, politische Einheit und den Staat nur noch als einen »besonders gearteten Zustand des Volkes« zu definieren,[18] bildete die Trennung des Politischen vom

16 Fraenkel, *Doppelstaat*, S. 55.

17 Carl Schmitt, *Politische Theologie. Vier Kapitel zur Lehre von der Souveränität*, Berlin 1996, S. 13 f.

18 Carl Schmitt, *Der Begriff des Politischen* (1932), Berlin 1963, S. 27, 20. Zur signi-

Staatlichen bei Fraenkel den Eröffnungszug einer Analyse, mit der die spezifische staatliche Ordnung des Nationalsozialismus identifiziert werden sollte.

Fraenkel unterzog den Begriff des Ausnahmezustands damit implizit einer radikalen Kritik, legt das Wort doch semantisch nahe, es handele sich nur um die Ausnahme von einer Regel, die möglichst rasch wieder ihre Gültigkeit erhalten solle. Ausnahmezustand setzt immer den Rechtsstaat voraus, muss sich stets auf eine Rechtsordnung beziehen, deren Aussetzung erst die Ausnahme konstituiert. Der italienische Philosoph Giorgio Agamben hat dieses schon bei Carl Schmitt angelegte Paradox als »einschließende Ausschließung« bezeichnet, da der Ausnahmezustand nicht die Überschreitung einer Grenze bedeute, sondern die juridisch-politische Ordnung selbst sichtbar mache, von der aus alles, was in der Ordnung eingeschlossen und was aus ihr ausgeschlossen ist, erst seine Bedeutung gewinnt. Nicht die Ausnahme entzieht sich der Regel, vielmehr gibt die Regel, indem sie sich aufhebt, der Ausnahme statt. Nur dank ihrer Beziehung zur Ausnahme setzt sich die Regel überhaupt als Regel. Der Ausnahmezustand stellt somit die äußerste Form jener Beziehung dar, die durch Ausschließung einschließt.[19]

Dieses komplexe Verhältnis von Ausnahme und Regel, von Recht und seiner Aufhebung, bleibt in Fraenkels Modell vom Doppelstaat erhalten und widerlegt zugleich eine wesentliche Denkfigur Carl Schmitts. Dessen Souverän, der allein die Macht besitzt, über den Ausnahmezustand zu entscheiden, suspendiert die Rechtsordnung total. Gefangen in den Identitätsprämissen seiner politischen Theorie, vermag Schmitt nicht, Gesellschaft und Politik zu differenzieren, und entwirft das Bild einer allumfassenden Verfassungsordnung, deren Aufhebung durch den Souverän sämtliche Rechte zum Verschwinden brächte, als würde das Buch des Gesetzes gewissermaßen in einer theoretischen Sekunde ausgelöscht.

Der Ausnahmezustand ist aber nur eine staatsrechtliche Konstruktion, die die Verfassung suspendiert und den Souverän als rechtsetzende Gewalt wieder einsetzt. Damit ist das Recht der bür-

fikanten Drehung von »gleichartig« in »artgleich« vgl. Lutz Niethammer, *Kollektive Identität. Heimliche Quellen einer unheimlichen Konjunktur*, Reinbek bei Hamburg 2000, S. 101-105.

19 Giorgio Agamben, *Homo sacer. Die souveräne Macht und das nackte Leben*, Frankfurt/M. 2002, S. 28.

gerlichen Gesellschaft nicht ungültig geworden, wie Fraenkel deutlich gesehen hat. Selbst wenn die staatsbürgerlichen Grundrechte wie Freiheit der Person, Meinungs- oder Versammlungsfreiheit außer Kraft gesetzt werden, so gilt doch weiterhin das Vertragsrecht und das Recht auf Eigentum. Straßenbahnen müssen ebenso fahren, wie Häuser gebaut und Arbeiter entlohnt werden. Der Ausnahmezustand mag die Verfassung eines Rechtsstaates aufheben, die bürgerliche Zivilgesellschaft ist damit noch nicht zerstört. Darum jedoch ging es den Nationalsozialisten.

Das Neue des nationalsozialistischen Regimes bestand darin, dass es sich nicht auf Staat und Gesetz als Ordnungsprinzip gründete, sondern auf Volk und Rasse. Nicht der Staat stand im Mittelpunkt des nationalsozialistischen Denkens, sondern das Volk. Hitler selbst hat dies in *Mein Kampf* unmissverständlich formuliert: »Im allgemeinen soll aber nie vergessen werden, daß nicht die Erhaltung eines Staates oder gar die einer Regierung höchster Zweck des Daseins der Menschen ist, sondern die Bewahrung ihrer Art. […] Wir, als Arier, vermögen unter einem Staat uns also nur den lebendigen Organismus eines Volkstums vorzustellen, der die Erhaltung dieses Volkstums nicht nur sichert, sondern es auch durch Weiterbildung seiner geistigen und ideellen Fähigkeiten zur höchsten Freiheit führt.«[20]

Nicht das selbst in seiner repressivsten Form bindende staatliche beziehungsweise bürokratische Regelwerk einer Diktatur bildete die Handlungsgrundlage, sondern die Volksgemeinschaft, die Rasse, deren Fortentwicklung »naturgemäß« von keiner Bürokratie geregelt werden durfte. Von hierher rührte auch der bekannte Widerwillen gegen Juristen, den Hitler ebenso wie Himmler und Heydrich teilten. Weniger kleinbürgerliches Ressentiment war für solche Einstellungen verantwortlich als vielmehr die klare politische Ablehnung jeglicher juristischer, das heißt systematischer, einheitlicher, durchschaubarer und in der Reichweite ihrer Gültigkeit verbindlich definierter Regulierungsansprüche.

In der Staatsrechtslehre des »Dritten Reiches« findet sich diese Kontroverse wieder. Gegen die etatistischen Positionen, wie sie Ernst Rudolf Huber oder Otto Koellreutter vertraten, die zwar den

20 *Hitler, Mein Kampf. Eine kritische Edition*, hg. von Christian Hartmann u. a., München, Berlin 2016, S. 305, 1009.

auf die Allgewalt Hitlers orientierten ›Führerstaat‹ legitimierten, ihm aber durch einzelne Verfassungselemente gewisse Strukturen geben und ihn als juristische Person erhalten wollten, setzte der junge Berliner Staatsrechtler und SD-Funktionär Reinhard Höhn ganz auf die Volksgemeinschaft: »An Stelle des individualistischen Prinzips ist heute ein anderes getreten, das Prinzip der Gemeinschaft. Nicht mehr die juristische Staatsperson ist Grund und Eckstein des Staatsrechts, sondern die Volksgemeinschaft ist der neue Ausgangspunkt.«[21]

Wer sich auf den Staat im Sinne der klassischen Hegelschen Rechtsphilosophie als Fluchtpunkt politischer Theorie bezieht, wird immer eine bestimmte Statik im Sinn haben, eine feste, verlässliche politische Struktur, eine verbindliche politische Theorie, und sei es nur die rechtsphilosophische Forderung nach Einheit von Staatsgewalt, Staatsvolk und Staatsgebiet. Volk – im völkischen, rassebiologischen Sinn – als bestimmende Kategorie birgt in sich die politische Dynamik. Während der Bezug auf den Staat als Ordnungsprinzip selbst in diktatorischen Regimen Regeln, Rechtsetzungen schafft, die auch für die Täter gelten, trägt die Volksgemeinschaft als Ordnungsprinzip die Entgrenzung der politischen Praxis bereits in sich.

Diese Dynamisierung, Entgrenzung des Staatsbegriffs scheint mir wichtig für die Analyse der nationalsozialistischen Ordnung. Der »ideale Staat«, dem sich der reale Staat anzunähern habe, ohne ihn je zu erreichen, ist in den Schriften des jungen Friedrich Schlegel wie bei Johann Gottlieb Fichte oder Georg Forster zu finden. Die Vorstellung vom Reich als rückwärtsgewandter Utopie, die Ricarda Huch wie die Protagonisten der sogenannten Konservativen Revolution umtrieb, brach ebenso mit der herrschenden Staatsrechtsdogmatik wie die Heilserwartung des jungen Freikorpskämpfers Ernst von Salomon, der 1929 »Deutschland« nicht als Staat, als etwas Gegebenes, schon gar nicht als das Vorhandene, sondern als etwas Zukünftiges, im Entstehen Begriffenes, das erst noch erkämpft werden muss, umschrieb: »Deutschland war da, wo um es gerungen wurde, es zeigte sich, wo bewehrte Hände nach seinem Bestande griffen, es strahlte grell, wo die Besessenen seines Geistes

21 Zitiert nach Michael Stolleis, *Geschichte des öffentlichen Rechts in Deutschland*, Bd. 3: *Staats- und Verwaltungsrechtswissenschaft in Republik und Diktatur 1914-1945*, München 1999, S. 327.

um Deutschlands willen den letzten Einsatz wagten. Deutschland war an der Grenze.«[22]

Der nationalsozialistische Anspruch, die Grenzen des Deutschen Reiches nach völkischen Prinzipien zu bestimmen, sprengte alle völkerrechtlichen Verträge und die in Europa geltende etatistische Machtpolitik. Chamberlains Appeasementpolitik ist daher nicht allein mit seiner politischen Kurzsichtigkeit zu erklären, sondern ebenso mit dem strukturellen Unverständnis angelsächsischer, auf Staatsbürgerschaft begründeter Politik gegenüber dem völkisch-rassebiologischen Denken. Erst der Kolonialpolitiker Winston Churchill – und hier mag, wer die entsprechenden Abschnitte über Rassismus und englische Kolonialbürokratie in Hannah Arendts *Elemente und Ursprünge totaler Herrschaft* kennt, eine treffende Bestätigung ihrer These sehen – wusste, was die Nationalsozialisten wollten.

Die Herstellung der »Volksgemeinschaft« war ohne Zweifel in hohem Maße ein Prozess der Inklusion, der Gemeinschaftsbildung durch Gratifikation, Selbststilisierung und Anpassungsdruck. Aber dort, wo Gemeinschaft entsteht, müssen Grenzen gezogen werden; Inklusion bedingt notwendig Exklusion. In diesem Prozess besaß die antisemitische Politik des Regimes einen entscheidenden Stellenwert. Das deutsche Staatsvolk in eine rassistische Gemeinschaft, die bürgerliche Zivilgesellschaft in eine aggressive Raubgemeinschaft zu verwandeln, konnte nicht per definitionem oder Rechtsetzung erfolgen. Diese Transformation war ein politischer Prozess, nicht nur innerhalb der politischen Klasse oder der großen Städte, sondern gerade in der Provinz, in den Dörfern und kleinen Orten, wo die Nazis zwar die Führungsposten erobert, aber noch nicht die politische Macht errungen, geschweige denn die »Volksgemeinschaft« geschaffen hatten. Die Verfolgung der deutschen Juden als »Volksfeinde«, als »rassische Gegner des deutschen Volkes« war das wesentliche politische Instrument zur Zerstörung des Staatsvolkes.

22 Ernst von Salomon, *Die Geächteten. Roman* (1929), Reinbek bei Hamburg 1962, S. 49.

Wenn nach Fraenkel der »Maßnahmenstaat« prinzipiell die Tendenz hat, den »Normenstaat« aufzulösen, das heißt: alles Recht in Politik zu verwandeln, steht dann nicht zu befürchten, dass sich die »Volksgemeinschaft« selbst in ein willkürliches Gewaltchaos auflöst? Wie konnte man der Loyalität einer »Volksgemeinschaft« sicher sein, zu deren Konstitution einerseits die Stigmatisierung von »Volksfeinden« gehörte, die ausgeschlossen, vertrieben, vernichtet wurden, andererseits ebendiese Praxis rassistischer Verfolgung die Außerkraftsetzung staatsbürgerlichen Rechts bedeutete und damit zwangsläufig die Angst schürte, dass die Erosion und Beugung des Rechts schließlich auch die Verfolger selbst erfassen könnte?

Wie sehr dieser Widerspruch die Nationalsozialisten umtrieb, zeigt die sogenannte »Arisierung«. Ohne Zweifel bedeutete sie de facto die räuberische Enteignung jüdischen Eigentums und den Bruch zahlloser Verträge, also die massive Verletzung von Grundprinzipien des bürgerlichen Rechts, die unter den Bedingungen eines Rechtsstaates mit der Möglichkeit, vor Gericht den Rechtsbruch ahnden zu lassen und auf Rückerstattung des geraubten Eigentums zu klagen, undenkbar wäre. Um an diesen Kern bürgerlicher Gesellschaft, das Eigentumsrecht, wenigstens formal nicht zu rühren, verlangte das NS-Regime entsprechende Verträge, die den Raub als Kauf camouflierten – und vermochte dennoch nicht zu verdecken, dass das Bürgerliche Gesetzbuch außer Kraft gesetzt und die bürgerliche Gesellschaft damit unterhöhlt wurde. Wenn das Vertragsrecht gegenüber den Juden gebrochen, die Allgemeingültigkeit des Gesetzes aufgehoben wurde, wer durfte dann noch sicher sein, nicht als Nächster Raub und Willkür schutzlos ausgeliefert zu sein?[23]

Kein Geringerer als Hermann Göring hielt bereits 1934 einen Vortrag über »Die Rechtssicherheit als Grundlage der Volksgemeinschaft«, und Hans Frank, Präsident der Akademie für Deutsches Recht und als Generalgouverneur in Polen mitverantwortlich für den millionenfachen Mord an den polnischen Juden, prangerte im Juli 1942 die »völlige Vernichtung der Rechtssicherheit« an –

23 Vgl. dazu den Beitrag »Jedem das Seine. Rechtssicherheit der Volksgenossen« in diesem Band.

selbstverständlich ausschließlich bezogen auf die »Volksgenossen«. Die Bestimmung der Grenzen, eben die Fixierung einer Rechtsordnung, war dem NS-Regime ein von vornherein inhärentes und unlösbares Problem, das Werner Best, Heydrichs Stellvertreter bis 1940, so formulierte, dass sich nicht »jede konkrete staatliche Tätigkeit normenlos nach dem Gutdünken der einzelnen Träger der Gewalt zu vollziehen hat. Es ist vielmehr auf sehr vielen Gebieten zweckmäßig, dass der Staat von sich aus seine künftige Tätigkeit genau normiert, so dass sie voraussehbar ist und den Betroffenen die Möglichkeit gegeben wird, sich danach zu richten.« Die Normierung ist selbstverständlich nur angebracht, in den Worten Bests, »gegenüber allen positiv aufbauenden Kräften des Volkes«.[24] Sie sollten möglichst weitgehend das Handeln des nationalsozialistischen Staates voraussehen können.

Fraenkels Doppelstaat-Theorie behält diese Widersprüche im Blick. Allerdings zielt bei ihr die Dynamik des politischen Systems vornehmlich auf die Ausweitung des »Maßnahmenstaates« zu Lasten des »Normenstaates«, also des Politischen auf Kosten des Rechts, was Fraenkel später in einer Besprechung von Neumanns *Behemoth* dazu gebracht hat, seine eigene Studie als für die Vorkriegszeit gültig einzuordnen, wohingegen Neumanns Analyse auf die Kriegszeit zutreffe – eine Lesart, die bis heute in der Literatur zu finden ist. Stellt man hingegen die Volksgemeinschaft als zentrales Element nationalsozialistischer Politik in den Mittelpunkt, so wird eine andere Dynamik erkennbar.

Die Logik des »Doppelstaats« zielte nicht zwangsläufig nur auf die Auflösung der Norm durch das verfügte Chaos, auf die Verdrängung des rechtsstaatlichen Normenstaates durch den politischen Maßnahmenstaat. Wer Fraenkels Modell ernst nimmt, wird eine komplexere Entwicklung erkennen. Ihm zufolge können im Laufe dieses Prozesses neue Normen entstehen, kann die Politik gewissermaßen neues Recht schaffen. Ebendieser Sachverhalt findet sich schon bei Carl Schmitt: »Es gibt keine Norm, die auf ein Chaos anwendbar wäre. Die Ordnung muß hergestellt sein, damit die Rechtsordnung einen Sinn hat. Es muß eine normale Situation geschaffen werden, und souverän ist derjenige, der definitiv darüber entscheidet, ob dieser normale Zustand wirklich herrscht.«[25]

24 Zitiert nach Fraenkel, *Doppelstaat*, S. 118.
25 Schmitt, *Politische Theologie*, S. 19.

Schmitts Blick ist wiederum fixiert auf den Souverän, von dessen Entscheidung abhängt, ob ein »normaler« Zustand herrscht oder nicht. Mit Fraenkel richtete sich die Perspektive indessen vielmehr auf die Herstellung der neuen Ordnung, auf das Verhältnis von Norm und Politik, von Recht und Gewalt, auf die Transformation des bürgerlichen Rechtsstaates in die Volksgemeinschaft. Für diesen Prozess ist der Ausnahmezustand unabdingbar. Erst die »Verordnung zum Schutz von Volk und Staat« vom 28. Februar hat den Weg freigemacht, um das Verhältnis von Volk und Staat neu zu bestimmen.

Giorgio Agamben hat den Ausnahmezustand als eine Grenzzone der Ununterschiedenheit zwischen Natur und Recht bezeichnet, in der es nicht nur darum geht, wie Schmitt meinte, mit der »Kraft des wirklichen Lebens die Kruste einer in Wiederholung erstarrten Mechanik« zu durchbrechen, sondern um das »nackte Leben« selbst. Der Ausnahmezustand, so Agamben, erscheint vielmehr als eine Schwelle, wo sich das Leben zugleich außerhalb und innerhalb der Rechtsordnung befindet. Und diese Schwelle bezeichnet den Ort der Souveränität.[26]

Der Ausnahmezustand löscht das Gesetz nicht aus, schafft jedoch den Raum, wo das Gesetz nicht mehr gilt. Und während er untrennbar mit der Regel verbunden bleibt, verändert er diese in der Praxis der Ausnahme. Der Maßnahmenstaat verschlang daher nicht den Normenstaat, um sich im selbstzerstörerischen Chaos schließlich aufzulösen. Nicht die Normen als solche sollten verschwinden, sondern die bürgerliche Rechtsordnung. Für die »positiv aufbauenden Kräfte des Volkes« sollte eine neue politische Ordnung entstehen, die mit dem alten Normenstaat brach, den »Volksgenossen« aber dennoch Normensicherheit gewährte. Die Dynamik von Maßnahmen- und Normenstaat, unter der Perspektive der Volksgemeinschaftspolitik betrachtet, führt dann nicht zu völliger Rechtlosigkeit, wie Fraenkel angenommen hatte, auch nicht zu einem »Unstaat«, wie Neumann formulierte, sondern zu einer neuen, rassistischen Rechtsordnung, die im Gegensatz zur bürgerlichen Gesellschaft versuchte, die Ungleichheit als Ordnungsprinzip festzuschreiben.

26 Agamben, *Homo sacer*, S. 37.

II.
Eine spannungsvolle Beziehung: Ernst Fraenkel und Carl Schmitt

Mit kaum einem anderen Staatsrechtler hat sich Ernst Fraenkel so intensiv und kritisch auseinandergesetzt wie mit Carl Schmitt. Und kaum ein anderer hat Fraenkel so beharrlich ignoriert wie dieser. Vielleicht mag diese beharrliche Verweigerung dem jüngeren Kollegen gegenüber an Fraenkels demokratischer Integrität gelegen haben. Während etliche Intellektuelle und Akademiker in den zwanziger und dreißiger Jahren des 20. Jahrhunderts den Sirenentönen Schmitts erlagen, stand Fraenkel nie in Gefahr, dessen totalitären politischen Vorschlägen zu folgen – und doch lässt die kritische Bezugnahme auf Schmitt erkennen, wie wichtig diese Auseinandersetzung für die eigene Theoriebildung war. Nicht zuletzt spiegelt sich in beiden Lebensläufen der Riss wider, den der Nationalsozialismus und die Shoah für die deutsche Geschichte bewirkten.

Differente Lebensläufe

Der zehn Jahre ältere Carl Schmitt wurde 1888 in einer kleinen sauerländischen Gemeinde geboren.[1] Er wuchs in einer kleinbürgerlichen, katholischen Umgebung auf – der Vater verwaltete die Kirchenkasse –, studierte nach dem Abitur Jura in Berlin, München und Straßburg und promovierte 1910 mit einer Dissertation zum Schuldrecht. Als überzeugter Katholik stand Schmitt dem protestantischen Wilhelminismus fern, seine frühen literarischen Versuche weisen ihn als einen vehementen Kritiker des materialistisch-bürgerlichen Zeitgeistes aus. Die Revolutionszeit erlebte er in München und begann unter diesen Eindrücken mit der Arbeit an seiner Studie *Die Diktatur*, die 1921 herauskam. In rascher Folge erschienen *Politische Theologie. Vier Kapitel zur Lehre von der Souveränität* (1922), *Römischer Katholizismus und politische Form*

1 Zur Biographie Schmitts vgl. Reinhard Mehring, *Carl Schmitt. Aufstieg und Fall*, München 2009; Paul Noack, *Carl Schmitt. Eine Biographie*, Berlin 1993.

(1923) und *Die geistesgeschichtliche Lage des heutigen Parlamentarismus* (1923). Carl Schmitt, zu dieser Zeit bereits Professor an der Universität Bonn, avancierte mit diesen Schriften zu einem der profiliertesten rechten Kritiker der Weimarer Republik. Seine politischen Ambitionen ließen ihn 1928 einen Lehrstuhl an der Berliner Handelshochschule annehmen, um in der Reichshauptstadt als Berater der Macht Einfluss zu gewinnen. Als Rechtsvertreter des Reiches verteidigte er im Oktober 1932 vor dem Reichsgericht die staatsstreichartige Absetzung der preußischen Regierung im Juli des Jahres. Seine Studie *Der Hüter der Verfassung*, mit der Schmitt für eine plebiszitäre Präsidialdiktatur eintrat, bildete gewissermaßen die Tischvorlage für den Beraterkreis um Reichspräsident Hindenburg, insbesondere für General Schleichers Pläne einer diktatorischen Querfront, gestützt auf Gewerkschaften, Sozialdemokraten und Teile der NSDAP.[2]

Obwohl Schmitt sich damit eher bei Deutschnationalen als bei den Nationalsozialisten ausgewiesen hatte, überlegte er nicht lange, als er über seinen katholischen Förderer Johannes Popitz, der Finanzminister in der Hitler-Regierung geworden war, das Angebot erhielt, an der Ausarbeitung des Reichsstatthaltergesetzes mitzuwirken. Schmitt avancierte zum »Kronjuristen des Dritten Reiches«, bis er 1936 aufgrund einer Intrige der SS von der NS-Führung fallengelassen wurde, was ihn indes keineswegs hinderte, weiterhin als Hochschullehrer und Publizist tätig zu sein und von Göring ernannter preußischer Staatsrat zu bleiben.[3] Nach dem Krieg durfte Schmitt zwar keine Professur mehr annehmen und lebte zurückgezogen in seinem Heimatort Plettenberg, blieb aber dennoch bis zu seinem Tod 1985 ein durchaus einflussreicher Privatier.[4]

Ernst Fraenkel, Jahrgang 1898, stammte aus einer wohlhaben-

2 Vgl. dazu Gabriel Seiberth, *Anwalt des Reiches. Carl Schmitt und der Prozess »Preußen contra Reich« vor dem Staatsgerichtshof*, Berlin 2001; Heinrich Muth, »Carl Schmitt in der deutschen Innenpolitik des Sommers 1932«, in: *Historische Zeitschrift*, Beiheft 1, München 1971; Andreas Koenen, *Der Fall Carl Schmitt. Sein Aufstieg zum ›Kronjuristen des Dritten Reiches‹*, Darmstadt 1995, S. 186-221.

3 Zur »Kaltstellung« Schmitts siehe ausführlich Koenen, *Der Fall Carl Schmitt*, S. 651-764; zum Antisemitismus Schmitts vor allem Raphael Gross, *Carl Schmitt und die Juden. Eine deutsche Rechtslehre*, Frankfurt/M. 2000.

4 Vgl. Dirk van Laak, *Gespräche in der Sicherheit des Schweigens. Carl Schmitt in der politischen Geistesgeschichte der frühen Bundesrepublik*, Berlin 1993; Jan-Werner Müller, *Ein gefährlicher Geist. Carl Schmitts Wirkung in Europa*, Darmstadt 2007.

den jüdischen Familie. Da seine Eltern früh starben, wuchs er bei einem Onkel in Frankfurt am Main auf. Dort war man fortschrittsgläubig und rechtsstaatlich-tolerant, verurteilte das autokratische Russland mit seinen antisemitischen Pogromen als barbarisch und bewunderte England als das vorbildlich freie Land in Europa. Die Erziehung im Zeichen von Aufklärung und Assimilation vermittelte wenig von jüdischer Religion und Kultur. Dennoch war sich Fraenkel durchaus bewusst, einer Minderheit anzugehören, was, so bekannte er Anfang der siebziger Jahre, sein »politisches Ur-Erlebnis« gewesen sei.[5]

Als junger Mann wurde Fraenkel als Soldat im Ersten Weltkrieg eingezogen, was ihm nach 1933 noch eine Zeitlang ermöglichte, als Rechtsanwalt weiterzuarbeiten. Eigentlich wollte er nach seiner Entlassung aus der Armee Geschichte studieren, entschied sich aber dann doch für die Rechtswissenschaft. In Frankfurt am Main traf er auf Franz Neumann und Leo Löwenthal und gründete mit ihnen 1919 eine sozialistische Studentengruppe. Neumann trat noch im selben Jahr in die SPD ein, Fraenkel 1921. Zur Leitfigur dieser jungen Juristen wurde Hugo Sinzheimer, Sozialdemokrat und Jude, der die erste ordentliche Professur für Arbeitsrecht innehatte. Bei ihm studierten neben Fraenkel und Neumann Otto Kahn-Freund, Hans Morgenthau und Carlo Schmid, der ebenso wie Fraenkel 1923 bei Sinzheimer promovierte.[6]

5 Zur Biographie Fraenkels siehe Simone Ladwig-Winters, *Ernst Fraenkel. Ein politisches Leben*, Frankfurt am Main 2009.

6 Sinzheimer gehörte zu den ersten Frankfurter Professoren, die 1933 entlassen und in die Emigration gezwungen wurden. Er erhielt anfänglich einen Lehrstuhl in Amsterdam, musste jedoch beim deutschen Einmarsch im Frühjahr 1940 untertauchen. Zwar überlebte er die Besatzungszeit, starb aber wenige Wochen nach der Befreiung 1945; vgl. Rainer Erd, »Hugo Sinzheimer (1875-1945)«, in: Kritische Justiz (Hg.), *Streitbare Juristen. Eine andere Tradition*, Baden-Baden 1988, S. 282-294; Ernst Fraenkel, »Hugo Sinzheimer«, in: ders., *Gesammelte Schriften,* Bd. 1, Baden-Baden 1999 S. 620-631; Keiji Kubo, *Hugo Sinzheimer. Vater des deutschen Arbeitsrechts*, Frankfurt/M. 1995; Otto Ernst Kempen, *Hugo Sinzheimer. Architekt des kollektiven Arbeitsrechts und Verfassungspolitiker*, Frankfurt/M. 2017.

Arbeitsrecht klingt nach trockenen Tarifvertragsauseinandersetzungen und Arbeitsgerichtsprozessen. Und doch besaß das Fach eine politische Dimension, die diesen jungen, linken Juristen sehr bewusst war. In der deutschen Tradition war das Recht eng mit dem Staat, mit dem Gesetz verbunden, in der Hegelschen Rechtsphilosophie gar zur Kongruenz gebracht. Gegen diese Gleichsetzung von Staat und Gesetz stand das moderne Arbeitsrecht, da damit anerkannt wurde, dass gesellschaftliche Verbände wie Gewerkschaften und Arbeitgebervereinigungen unabhängig vom Staat rechtlich bindende Tarifverträge abschließen konnten. Diese Verträge setzten kollektives Recht, auf das sich die Mitglieder der Verbände vor den Arbeitsgerichten berufen konnten, ohne dass zu dieser Rechtsfrage jemals ein Gesetz verabschiedet worden wäre. Ernst Fraenkel dachte diese neue, gesellschaftliche Dimension des Rechts, die Sinzheimer vorgezeichnet hatte, konsequent weiter und veröffentlichte bereits in den zwanziger Jahren mehrere Aufsätze, in denen er ebendiese »kollektive Demokratie« theoretisch entwickelte.[7]

In zwei Artikeln, die beide zum zehnten Jahrestag der Weimarer Verfassung im August 1929 und damit noch vor Beginn der Weltwirtschaftskrise veröffentlicht wurden, nahm Fraenkel die damals weitverbreitete Kritik am Parlamentarismus auf: Der Reichstag repräsentiere das Volk und insbesondere die staatliche Einheit, aber er vertrete das Volk nicht mehr.[8] Es werde im Parlament »nicht mehr verhandelt, sondern gekuhhandelt, der Abgeordnete stimmt nicht mehr nach seiner Überzeugung, sondern nach dem Fraktionsbeschluss«.[9] Statt unvoreingenommener Beratung und Diskussion beherrschten die Parteien das Parlament wie die Regierung, so dass verfassungsrechtlich gewollte Gegenspielerschaft zwischen Parlament und Regierung aufgehoben sei. Man vergleiche, so

7 Vgl. dazu Rainer Kühn, »Die Schriften Ernst Fraenkels zur Weimarer Republik. Das Arbeitsrecht als Knoten und Katalysator«, in: Hubertus Buchstein, Gerhard Göhler (Hg.), *Vom Sozialismus zum Pluralismus. Beiträge zu Werk und Leben Ernst Fraenkels*, Baden-Baden 2000, S. 9-28.

8 Ernst Fraenkel, »Kollektive Demokratie (1929)«, in: ders., *Gesammelte Schriften*, Bd. 1, S. 343-357, hier S. 345.

9 Ernst Fraenkel, »Zum Verfassungstag« (1929), in: ders., *Gesammelte Schriften*, Bd. 1, S. 358-364, hier S. 360.

Fraenkel, nur die Wahlveranstaltungen. Fand 1919/20 im Anschluss an den Vortrag des Referenten noch eine Auseinandersetzung zwischen den politischen Opponenten statt, so war die durchschnittliche Wahlveranstaltung 1924 bereits zur bloßen Kundgebung einer Partei verkümmert. Zudem kämen die beiden ständigen Oppositionsparteien, KPD und NSDAP, als treibende Faktoren für einen lebendigen Parlamentarismus nicht in Frage, weil sie das parlamentarische System als solches ablehnten.[10]

Zugleich kritisierte Fraenkel die Tendenz in der staatsrechtlichen Diskussion, »den Grundrechten der Verfassung eine alles überragende Bedeutung innerhalb unseres Rechtssystems einzuräumen« und das Recht des Parlaments auf Verfassungsänderung argumentativ zu schwächen. Dabei verwies er in erster Linie auf Carl Schmitts Verfassungslehre, der zufolge auch durch ein legales Gesetz Teile der Verfassung, die diese in einem übergesetzlichen Sinn als Ganzheit repräsentierten, nicht abgeändert werden dürften – für Fraenkel ein Symptom für die »Ausscheidung des Parlaments«.[11]

Anders als Schmitt zog Fraenkel keineswegs die Konsequenz der Entmachtung des Parlaments und damit des Systems repräsentativer Demokratie. Sein Modell einer »kollektiven Demokratie« im Bereich der Wirtschaft sollte die politische Demokratie nicht verdrängen, sondern ergänzen. »Im Gegenteil«, fuhr Fraenkel fort, »wir glauben, dass durch den Ausbau der kollektiven Demokratie die Parlamentsverdrossenheit, von der oben die Rede war, überwunden werden kann, dann nämlich, wenn die Bevölkerung nicht nur im Augenblick der Stimmabgabe an der Bildung des Staatswillen beteiligt sein wird, sondern durch ihre Organisationen ständig an der Integration des realen Staates teilnimmt.«[12]

Als Beispiel nannte Fraenkel die Schöffen- und Geschworenengerichte, in die nun, anders als im Kaiserreich, gesellschaftliche Organisationen die Beisitzer hineinschicken und sich deshalb auch um deren Qualifikation und politische Verantwortung kümmern würden. Eine solche korporatistische Akzentuierung hätte durchaus Nähe zum faschistischen Modell Italiens besitzen können, was auch innerhalb der Sozialdemokratie durchaus beobachtet und dis-

10 Fraenkel, »Kollektive Demokratie«, S. 344-346.
11 Ebd., S. 348.
12 Ebd., S. 352.

kutiert wurde.[13] Doch grundsätzlich anders als die Carta del Lavoro von 1926, die alle Wirtschaftsverbände unter staatliche Kontrolle stellte, müssten die Verbände im demokratischen Rechtsstaat nach Fraenkel frei und autonom sein. Die »kollektive Demokratie« sei vielmehr dazu da, »Elemente der Freiheit in Bewegung zu setzen«.[14] Sie sei keine selbständige Gesellschaftsverfassung neben der Staatsverfassung, sondern schiebe sich gleichsam in die politische Ordnung ein.

Um die Verfassung

Zwei Jahre später – mittlerweile regierte der Zentrumspolitiker Heinrich Brüning als Reichskanzler ohne eigene parlamentarische Mehrheit aufgrund präsidialer Notverordnungen – kritisierte Fraenkel das Versagen des Parlaments, das zu grundlegenden gesetzgeberischen Aufgaben, die ihm die Weimarer Verfassung aufgetragen hatte, offensichtlich nicht mehr willens oder fähig sei. Stattdessen bilde sich in der Handhabung des Notverordnungs-Artikels 48 ein zweites Gesetzgebungsverfahren heraus mit der fatalen Konsequenz, dass die Justiz in ihrer Entscheidungspraxis nicht mehr zwischen den Staatsakten, die der Reichspräsident als kommissarischer Diktator erließ, und Gesetzen zu unterscheiden wisse. »Wenn die Justiz nicht mehr erkennen kann, was ein Gesetz ist, läuft sie Gefahr, sich selbst in die Abhängigkeit von Nichtgesetzen zu begeben.«[15] Es war ebendieser Satz, den Carl Schmitt mit der Bemerkung »sehr treffend« in seiner Schrift *Legalität und Legitimität* zitierte[16] – der einzige Verweis meines Wissens, den Schmitt je in einer seiner Veröffentlichungen auf Ernst Fraenkel unternommen hat. In kennzeichnender Weise verdrehte Schmitt zudem den Sinn, denn Fraenkels Sorge um die Stellung des Parlaments fügte er als scheinbar bestätigendes Zitat in seine gänzlich anders intendierte Kritik am parlamentarischen Gesetzgebungsstaat ein,

13 Siehe zum Beispiel Hermann Hellers Bericht über seinen halbjährigen Studienaufenthalt in Italien: *Europa und der Fascismus*, Berlin 1929.

14 Fraenkel, »Kollektive Demokratie«, S. 355.

15 Ernst Fraenkel, »Die Krise des Rechtsstaates und die Justiz« (1931), in: ders., *Gesammelte Schriften*, Bd. 1, S. 445-458, hier S. 453.

16 Carl Schmitt, *Legalität und Legitimität* (1932), Berlin 1998, S. 77.

der den politischen Anforderungen der Zeit nicht mehr gerecht werde.

In dieser Zeit ist zumindest auch ein direkter Kontakt zwischen Ernst Fraenkel und Carl Schmitt verbürgt. Nach Fraenkels eigener Aussage nahmen er, Franz Neumann und Otto Kirchheimer im Sommersemester 1931 an Schmitts verfassungsrechtlichem Seminar teil.[17] Mag sein, dass Schmitts radikale Kritik an der bürgerlichen Demokratie die jungen linken Juristen angezogen hat.[18] Doch ließ sich Fraenkel von Schmitts Argumenten nicht beeindrucken. In seinem Ende 1932 – nach der katastrophalen Reichstagwahl im Juli, in der die NSDAP zur stärksten Partei wurde, und der anschließenden handstreichartigen Übernahme der Macht in Preußen durch den neuen Reichskanzler Franz von Papen – erschienenen Aufsatz »Um die Verfassung« nahm Fraenkel ganz explizit Bezug auf Schmitt: »So leitet denn auch Carl Schmitt, dessen Gedankengänge ganz augenscheinlich das Verfassungsdenken der gegenwärtigen Regierung in ihrem Streben nach ›autoritärer Demokratie‹ auf plebiszitärer Grundlage beeinflussen, seine neue Schrift ›Legalität und Legitimität‹ mit der Feststellung ein, die heutige innerstaatliche Lage Deutschlands müsse verfassungsrechtlich als Zusammenbruch des parlamentarischen Gesetzgebungsstaates gekennzeichnet werden.«[19]

Schmitt begründe seine Kritik mit der Feststellung, so zitiert Fraenkel aus *Legalität und Legitimität*, dass »jede Demokratie auf der Voraussetzung des unteilbar gleichartigen ganzen einheitlichen

17 Ernst Fraenkel, »Abschied von Weimar« (1932), in: ders. *Gesammelte Schriften*, Bd. 1, S. 481-495, hier S. 482; siehe auch Schmitts gönnerhafte, auch antisemitische Eintragungen in seinem Tagebuch über seine Begegnungen mit Fraenkel, Kirchheimer, Neumann: Carl Schmitt, *Tagebücher 1930-1934*, hg. von Wolfgang Schuller in Zusammenarbeit mit Gerd Giesler, Berlin 2010, S. 107, 126, 129 f. u. a. m.

18 Vgl. Alfons Söllner, »Linke Schüler der Konservativen Revolution? Zur politischen Theorie von Neumann, Kirchheimer und Marcuse am Ende der Weimarer Republik«, in: *Leviathan* 11 (1983), S. 214-232; Riccardo Bavaj, »Otto Kirchheimers Parlamentarismuskritik in der Weimarer Republik. Ein Fall von ›Linksschmittianismus‹«, in: *Vierteljahrshefte für Zeitgeschichte* 65 (2017), S. 33-51; Volker Neumann, »Entzauberung des Rechts? Franz Neumann und Carl Schmitt«, in: Samuel Salzborn (Hg.), *Kritische Theorie des Staates. Staat und Recht bei Franz Neumann*, Baden-Baden 2009, S. 79-107.

19 Ernst Fraenkel, »Um die Verfassung« (1932), in: ders., *Gesammelte Schriften*, Bd. 1, S. 496-509, hier S. 499.

Volkes« beruhe und es für sie »in der Sache und im Wesentlichen überhaupt keine Minderheit und noch weniger eine Mehrzahl fester, konstanter Minderheiten« geben könne.[20] Zunächst wies Fraenkel darauf hin, dass diese Überlegung Schmitts, ohne dass dieser es an dieser Stelle erwähne, auf Rousseaus Konzept einer *volonté generale* beruhe, dem zufolge nur der allgemeine, homogene Wille des versammelten Volkes die Grundlage der Gesetzgebung bilden könne, und bezog dann klar und eindeutig Stellung: »Zu behaupten, jegliche Demokratie setze die völlige Homogenität des Volkes voraus, das seine Staatsverfassung demokratisch zu gestalten beabsichtige, ist nicht nur geschichtlich unrichtig, sondern vor allem politisch irreführend.«[21] Schmitts Streben nach einem »autoritären Staat« mit plebiszitärer Legitimität sei an Rousseaus Utopie einer »absolutistischen Demokratie« orientiert. Demgegenüber beziehe sich die »relativistische Demokratie« des 19. Jahrhunderts auf die Einsicht, dass niemand mit Sicherheit die Wahrheit erkennen könne und deshalb unterschiedliche Urteile zu akzeptieren seien. Allerdings könne, so Fraenkel, eine »relativistische Demokratie« nur in einer Gesellschaftsordnung funktionieren, in der das Wahlrecht auf eine gleiche soziale Schicht beschränkt sei. In einer »dialektischen Demokratie«, wie sie Fraenkel entwarf, sollten sich zwar auch Parteien um die Mehrheit im Parlament bewerben. Aber die Staatsverfassung würde die soziale Spaltung der Gesellschaft berücksichtigen und die Arbeiter in den politischen Gestaltungsprozess einbeziehen.[22]

Für den Sozialdemokraten Fraenkel blieb die Herausforderung bestehen, wie sich das Problem von repräsentativer Demokratie und sozialer Ungleichheit verfassungstheoretisch lösen ließ. »Die

20 Schmitt, *Legalität und Legitimität*, S. 29.

21 Fraenkel, »Um die Verfassung«, S. 499.

22 Fraenkel wird an dieser Stelle – darauf weist Robert van Ooyen zu Recht hin – dem theoretischen Konzept einer »relativistischen Demokratie« von Hans Kelsen nicht gerecht, der die bürgerliche Demokratie von der Freiheit des Einzelnen her dachte und sicher nicht, wie Fraenkel es nahelegte, mit dem 19. Jahrhundert identifiziert und damit als Vergangenheit abgetan werden konnte; Robert Chr. van Ooyen, »Neo-Pluralismus als ›Anti-Anti-Pluralismus‹: Die Bedeutung von Hans Kelsen und Carl Schmitt für die politische Theorie von Ernst Fraenkel«, in: ders., Martin H. W. Möllers (Hg.), *(Doppel-)Staat und Gruppeninteressen. Pluralismus – Parlamentarismus – Schmitt-Kritik bei Ernst Fraenkel*, Baden-Baden 2009, S. 59-86.

dialektische Demokratie berücksichtigt die Verschiedenheit in der Klassenlage der Staatsangehörigen. Im ausgesprochenen Widerspruch zu Carl Schmitt muß daher betont werden, daß die Weimarer Verfassung nicht von einem homogenen, sondern von einem gespaltenen Volke ausgeht. [...] Das charakteristische Merkmal der dialektischen Demokratie ist es, die vorhandenen Gegensätze aufzudecken und sich frei entfalten zu lassen. Durch die Betätigung der notwendigerweise gegnerischen Kräfte soll der Staatswille gebildet werden.«[23]

Dagegen versuche die Regierung unter dem rechtsnationalen Franz von Papen ebendiese demokratische Kontroverse zu eliminieren. »Nicht mehr wird an das politische Bewußtsein appelliert, dem die Gegensätzlichkeiten innerhalb der klassengespaltenen Demokratie nicht verborgen bleiben können, Grundlage der Mitwirkung des Volkes bei der Willensbildung des Staates soll vielmehr das Gefühl sein, das als Ausdruck der im Unterbewußtsein der Nation vorhandenen Gemeinsamkeiten herangezogen wird. So erklärt sich die Ablehnung des Parlaments, die Zuneigung zu dem Plebiszit.«[24]

Nach den Reichstagswahlen im Juli 1932, die eine Blockademehrheit von KPD und NSDAP im Parlament brachten, traten die Grenzen der Weimarer Verfassung offen zutage. Es müsse jedoch alles geschehen, formulierte der Sozialdemokrat Carlo Mierendorff im September 1932 eindringlich, »um zu verhindern, daß die Verfassungsrevision von heute in reaktionärem Geist erfolgt. Nicht der Buchstabe von Weimar ist unser Kampf, sondern eine arbeitsfähige Demokratie, im Gegensatz zu einem Obrigkeitsstaat vorbismarckscher Prägung. Mit der Aktionsunfähigkeit der Weimarer Verfassung ist noch nichts gegen das Prinzip der parlamentarischen Demokratie an sich bewiesen.«[25] Im Unterschied zur Haltung des SPD-Vorstandes, der strikt an der Verfassung in der gegebenen Form festhielt, sahen sozialdemokratische Juristen wie Carlo Mierendorff, Hermann Heller, Hans Simons, Otto Kirchheimer und Ernst Fraenkel, dass durch eine politische Praxis, in der

23 Fraenkel, »Um die Verfassung«, S. 501, 504.

24 Ebd., S. 506.

25 Zitiert nach Heinrich August Winkler, *Der Weg in die Katastrophe. Arbeiter und Arbeiterbewegung in der Weimarer Republik 1930 bis 1933*, Berlin, Bonn 1987, S. 802.

am Parlament vorbei mit Notverordnungen des Reichspräsidenten regiert wird, die Verfassung fundamental herausgefordert ist und reformiert werden muss.

Doch während Mierendorff die Weimarer Demokratie nur als zeitbedingten Kompromiss, als Durchgangsstadium begriff, dem eine sozialistische Demokratie folgen müsse, wartete Ernst Fraenkel im August 1932 mit einem praktischen Vorschlag auf. Auch Fraenkel diagnostizierte, dass um des Staates und der Verfassung willen alles daran gesetzt werden müsse, die Diskrepanz zwischen Verfassungsordnung und tatsächlicher Handhabung der Staatsmacht zu überwinden. Aber, so schrieb er der Parteilinken ins Stammbuch, man wäre einäugig, »wollte man die Erweiterung der Macht des Reichspräsidenten bis zu dem gegenwärtigen Zustand einer faktischen Diktatur einzig und allein, ja vornehmlich, auf den Machtwillen des Präsidenten und der hinter ihm stehenden Kreise zurückführen. Wenn der Reichstag zur Bewältigung der ihm gesetzten Aufgaben unfähig wird, muß ein anderes Staatsorgan die Funktionen übernehmen, die erforderlich sind, um in gefährdeten Zeiten den Staatsapparat weiterzuführen. Solange eine Mehrheit grundsätzlich staatsfeindlicher, in sich uneiniger Parteien im Parlament besteht, kann ein Präsident, wie immer er auch heißen mag, gar nichts anderes tun, als den rein destruktiven Beschlüssen dieses Parlaments auszuweichen.«[26]

Unzweifelhaft, so fuhr Fraenkel an dieser Stelle fort, habe Carl Schmitt recht, wenn er in *Der Hüter der Verfassung* argumentiere, dass die geltende Reichsverfassung einem mehrheits- und handlungsfähigen Reichstag alle Rechte und Möglichkeiten gebe, deren ein Parlament bedarf, um als maßgeblicher Faktor die staatliche Willensbildung bzw. den staatlichen Willen durchzusetzen. Aber anders als Schmitt, der aus eben dieser Voraussetzung den Schluss zog, dass der Reichstag sein Recht auf politische Gestaltung selbst verspielt habe, beharrte Fraenkel darauf, dass alle Anstrengungen auf eine Verfassungsreform hin unternommen werden müssten, um wieder einen mehrheits- und handlungsfähigen Reichstag zu etablieren. Das Kernstück der Verfassung, dass der Reichskanzler wie die Minister vom Vertrauen des Parlaments abhängig seien, dürfe keinesfalls aufgegeben werden. Doch könne es wiederum

26 Ernst Fraenkel, »Verfassungsreform und Sozialdemokratie« (1932), in: ders., *Gesammelte Schriften*, Bd. 1, S. 516-529, hier S. 517 f.

auch nicht sein, dass durch eine destruktive Mehrheit die Reichsregierung politisch blockiert und entweder zur Präsidialpolitik oder zu Neuwahlen gezwungen wird. Fraenkels innovativer Vorschlag ging dahin, »einem Mißtrauensvotum des Parlaments gegen den Kanzler oder Minister nur dann die Rechtsfolge des Rücktrittzwangs zu verleihen, wenn die Volksvertretung das Mißtrauensvotum mit einem positiven Vorschlag an den Präsidenten verbindet, eine namentlich präsentierte Persönlichkeit an die Stelle des gestürzten Staatsfunktionärs zum Minister zu ernennen«.[27] Was Ernst Fraenkel hier vorschlug, wurde erst nach dem Krieg im Grundgesetz der Bundesrepublik Deutschland verankert: das konstruktive Misstrauensvotum.[28] In der Endphase der Weimarer Republik fand seine Idee keine Zustimmung, vor allem keine Anhänger mehr, die eine entsprechende Verfassungsänderung hätten durchsetzen können.[29]

Konzepte für eine demokratische Lösung der Weimarer Verfassungskrise besaßen keine politische Chance mehr. Nicht nur weil die Weltwirtschaftskrise die wirtschafts- und finanzpolitische Kompetenz der damaligen Regierungen überforderte, auch das Vertrauen in die Fähigkeit eines parlamentarischen Krisenmanagements war sowohl innerhalb der politischen Elite wie bei der Bevölkerungsmehrheit verschwunden. Eine autoritäre Lösung jenseits der Weimarer Verfassung, sei es eine Präsidial- oder Militärdiktatur, schien den meisten der einzig mögliche Ausweg. Die Ernennung Adolf Hitlers zum Reichskanzler bedeutete daher für viele die längst überfällige Einbindung der stärksten Partei in die Regierungsverantwortung und die Bündelung aller sogenannten nationalen Kräfte, um Deutschland vor dem Bürgerkrieg zu bewahren und in eine bessere Zukunft zu führen.

In seinem letzten Artikel, den er im Frühjahr 1933 in Deutsch-

27 Ebd., S. 523.

28 Fraenkel hat in einer Nachkriegskontroverse mit Carlo Schmid die Urheberschaft der Idee des konstruktiven Misstrauensvotums für sich reklamiert, gab aber auch zu, dass diese Idee damals in der Luft lag; vgl. dazu Robert Chr. van Ooyen, *Der Staat der Moderne. Hans Kelsens Pluralismuskritik*, Berlin 2003: S. 256.

29 Vgl. Daniel Burchardt, »Der Staat der Ungeduldigen. Ernst Fraenkel, die Weimarer Verfassungskrise und das konstruktive Misstrauensvotum«, in: Robert Chr. van Ooyen, Martin H. Möllers (Hg.), *(Doppel-)Staat und Gruppeninteressen. Pluralismus – Parlamentarismus – Schmitt-Kritik bei Ernst Fraenkel*, Baden-Baden 2009, S. 143-183.

land publizieren konnte, schrieb Fraenkel, verzweifelt an der Hoffnung auf den aufrechten Gang festhaltend: »Eine Staatsführung, die dem Grundsatz der Gleichheit vor dem Gesetz die Fehde ansagt, verläßt die Basis, von der aus rechtsstaatliches Denken überhaupt möglich ist, sie proklamiert den Grundsatz der Willkür. Niemand weiß heute in Deutschland, wie lange er noch seine Stimme erheben darf. Die heutigen Machthaber sollen aber wissen, daß es Millionen und Abermillionen in Deutschland gibt, die, solange sie noch reden können, öffentlich den Kampf gegen jede Willkürherrschaft aufnehmen, daß, falls sie aber zum Schweigen gebracht werden sollten, ihr Wille, gegen Willkür zu kämpfen, zwar nicht mehr öffentlich in Erscheinung treten kann, jedoch durch keinen Druck und durch keinen Terror vernichtet zu werden vermag. Wir halten die Fahne aufrecht. Auf dieser Fahne stehen die Worte: Gegen die Willkür!«[30]

Es sollte anders kommen. Während sich die Mehrheit der Deutschen wie Carl Schmitt mit dem NS-Regime arrangierte und ihre Vorteile, auch auf Kosten der Verfolgten und Vertriebenen, suchte, gehörte Fraenkel zur jüdischen Minderheit, die aus der deutschen Volksgemeinschaft vertrieben wurde. Bis zum Herbst 1938 war er noch als Anwalt in Berlin tätig, schrieb unter Pseudonym Artikel in der Emigrantenpresse und sammelte Fakten, Texte, Informationen, Beobachtungen für seine Analyse des nationalsozialistischen Herrschaftssystems. Im September 1938 emigrierten Ernst Fraenkel und seine Frau, von Freunden vor der drohenden Verhaftung gewarnt, nach England und wenig später in die USA.

Der Doppelstaat

In den USA publizierte er 1941 *The Dual State. A Contribution to the Theory of Dictatorship*, eine der ersten und scharfsinnigsten Analysen des Nationalsozialismus, die bezeichnenderweise erst dreißig Jahre später, 1974, in deutscher Sprache veröffentlicht wurde.[31]

30 Ernst Fraenkel, »Chronik« (1933), in: ders, *Gesammelte Schriften*, Bd. 1, S. 611-615, hier S. 612.

31 Ernst Fraenkel, *The Dual State. A Contribution to the Theory of Dictatorship*, New York u.a. 1941; ders., *Der Urdoppelstaat* (1938), in: ders., *Gesammelte Schriften*, Bd. 2, 267-473; ders., *Der Doppelstaat. Recht und Justiz im »Dritten Reich«*, Frank-

Man könnte den *Doppelstaat* auch als eine große Auseinandersetzung mit Carl Schmitt lesen, denn kein anderer Autor wird in diesem Buch so häufig zitiert, mit niemand anderem setzte sich Fraenkel so ausführlich auseinander wie mit ihm. Schmitt erscheint in Fraenkels Studie weniger als der »Kronjurist des Dritten Reiches«, der die Maßnahmen des Regimes in opportunistischer Weise im Nachhinein zu legitimieren suchte, als vielmehr der rechtstheoretische Vordenker des NS-Regimes.[32]

Wie in Anspielung auf Schmitts *Politische Theologie* begann Fraenkel sein Buch in ähnlich epigrammatischem Stil: »Die Verfassung des Dritten Reiches ist der Belagerungszustand. Seine Verfassungsurkunde ist die Notverordnung zum Schutz von Volk und Staat vom 28. Februar 1933.«[33] Die – nach dem Anlass ihres Erlasses benannte – Reichstagsbrandverordnung setzte die wesentlichen bürgerlichen Grundrechte wie die Freiheit der Person, die Unverletzbarkeit der Wohnung, das Post- und Telefongeheimnis, die Meinungs- und Versammlungsfreiheit, das Vereinigungsrecht sowie die Gewährleistung des Eigentums außer Kraft. Statt wie bisher mit lebenslangem Zuchthaus konnten nun Hochverrat, Brandstiftung, Sprengstoffanschläge, Attentate und sogar die Beschädigung von Eisenbahnanlagen mit dem Tod bestraft werden.

Zwar knüpfte die Verordnung durchaus an entsprechende, ebenfalls auf den Artikel 48 der Weimarer Verfassung gestützte Notstandsverordnungen früherer Reichsregierungen an, unterschied sich aber in signifikanten Punkten.[34] Erstens war in den bisherigen Ausnahmeverordnungen die Anwendung des Schutzhaftgesetzes von 1916 eingebaut worden und damit wichtige Habeas-Corpus-

furt/M. 1974, jetzt in: ders., *Gesammelte Schriften*, Bd. 2, S. 33-266. Nach dieser Ausgabe wird im Folgenden zitiert. Zur Publikationsgeschichte siehe Alexander v. Brünneck, »Einleitung«, in: ebd., S. 7-32. Siehe auch den Beitrag »Die politische Ordnung der Volksgemeinschaft. Ernst Fraenkels *Doppelstaat* neu betrachtet« in diesem Band.

32 Vgl. Alfons Söllner, »›Kronjurist des Dritten Reiches‹. Das Bild Carl Schmitts in den Schriften der Emigranten«, in: Wolfgang Benz (Hg.), *Jahrbuch für Antisemitismusforschung 1*, Frankfurt/M., New York 1992, S. 191-216.

33 Fraenkel, *Doppelstaat*, S. 55. Den Hinweis auf diese stilistische Ähnlichkeit verdanke ich Stefan Breuer.

34 Vgl. Thomas Raithel, Irene Strenge, »Die Reichstagsbrandverordnung. Grundlegung der Diktatur mit den Instrumenten des Weimarer Ausnahmezustandes«, in: *Vierteljahrshefte für Zeitgeschichte* 48 (2000), S. 413-460.

Rechte der Verhafteten wie das Recht auf Vorführung vor einen Richter spätestens am Tag nach der Verhaftung oder das Recht auf einen Verteidiger und der Beschwerde gewährleistet. Dieser Bezug fehlte 1933. Zweitens erlaubte der § 2 der Reichstagsbrandverordnung erstmals einer Reichsregierung, zur angeblichen »Wiederherstellung der öffentlichen Sicherheit und Ordnung« die Befugnisse einer Landesbehörde zu übernehmen, ohne dass, wie es der Artikel 48 der Weimarer Reichsverfassung vorschrieb, der Reichspräsident eine solche Maßnahme anordnen musste. Damit war zum einen der Weg frei für die nationalsozialistische Machtergreifung in den Ländern, indem die gewählten Landesregierungen durch nationalsozialistische Reichskommissare ersetzt wurden. Zum anderen gewann dadurch die Reichsregierung Befehlsgewalt über die jeweiligen den Landesregierungen unterstellten Polizeikräfte, was insbesondere wegen der Tatsache, dass die Reichstagsbrandverordnung eben nicht den militärischen Ausnahmezustand ausrief, von eminenter Bedeutung war.

Drittens vermied die Reichstagsbrandverordnung bewusst, den militärischen Ausnahmezustand auszurufen. Sie übertrug die exekutive Gewalt nicht wie bisher üblich an einen Militärbefehlshaber, sondern hielt diese Frage offen und bestärkte damit wiederum die Machtbefugnis der Reichsregierung, die über die »nötigen Maßnahmen« entscheiden konnte. Zusätzlich wurde mit der Reichstagsbrandverordnung der zivile Ausnahmezustand erstmals auf das gesamte Reich ausgedehnt. Die Reichstagsbrandverordnung stärkte die Macht der Polizei im NS-Regime und ließ erkennen, wie wenig die nationalsozialistische Führung in den traditionellen Kategorien eines Staatsnotstands oder Belagerungszustandes dachte, vielmehr ein Instrument zur dauerhaften Festschreibung nationalsozialistischer Herrschaft mittels Polizei und Konzentrationslagern schaffen wollte. Bis zum Ende des Regimes legitimierte die Geheime Staatspolizei ihre Maßnahmen, Erlasse, Anweisungen mit der »Verordnung zum Schutz von Staat und Volk« vom Februar 1933.

In Wahrheit diente diese Verordnung weder der »Wiederherstellung der öffentlichen Sicherheit und Ordnung«, wie der Artikel 48 der Weimarer Verfassung, auf den sich sämtliche Notstandsverordnungen bezogen, vorschrieb, noch der »Abwehr kommunistischer staatsgefährdender Gewaltakte«, wie es in der Präambel der Reichstagsbrandverordnung hieß. Der Ausnahmezustand, der mit der Reichstagsbrandverordnung begründet wurde, sollte nicht für eine begrenzte Zeit gelten, um dann wieder zu den Normen der Weimarer Verfassung zurückzukehren, sondern im Gegenteil deren normative Grundlagen zerstören und eine neue, nationalsozialistische Ordnung errichten. Deshalb stellte die Reichstagsbrandverordnung für Ernst Fraenkel die »Verfassungsurkunde des Dritten Reiches« und dessen zentrales Instrument dar, um die Sphäre des Rechts, den »Normenstaat«, zugunsten des Politischen, des »Maßnahmenstaats«, zurückzudrängen. Unter »Maßnahmenstaat« verstand Fraenkel das »Herrschaftssystem der unbeschränkten Willkür und Gewalt, das durch keinerlei rechtliche Garantien eingeschränkt ist«, unter »Normenstaat« das »Regierungssystem, das mit weitgehenden Herrschaftsbefugnissen zwecks Aufrechterhaltung der Rechtsordnung ausgestattet ist, wie sie in Gesetzen, Gerichtsentscheidungen und Verwaltungsakten der Exekutive zum Ausdruck gelangen«. Der Begriff »Doppelstaat« sollte ebendas »Nebeneinander eines seinen eigenen Gesetze im allgemeinen respektierenden ›Normenstaates‹ und eines die gleichen Gesetze mißachtenden ›Maßnahmenstaates‹« bezeichnen.[35]

Bereits 1921 hatte Carl Schmitt in seiner Studie zur Diktatur zwischen einer »kommissarischen« und einer »souveränen Diktatur« unterschieden. Diese, so Schmitt, »suspendiert nicht eine bestehende Verfassung kraft eines in dieser begründeten, also verfassungsmäßigen Rechts, sondern sucht einen Zustand zu schaffen, um eine Verfassung zu ermöglichen, die sie als wahre Verfassung ansieht. Sie beruft sich also nicht auf eine bestehende, sondern auf eine herbeizuführende Verfassung.«[36] Ernst Fraenkel nahm diesen Gedanken auf und charakterisierte als entscheidende Funktion des Maßnahmenstaates, »die verfassungsmäßige vorübergehende Diktatur (zwecks Wiederherstellung der gestörten öffentlichen Ordnung) in die verfassungswidrige dauernde Diktatur (zwecks Errichtung des nationalsozialistischen Staates mit unbegrenzten Hoheitsbefugnissen) umzuwandeln. Diese ihnen von Hindenburg und seiner Clique gebotene Gelegenheit haben sie [die National-

35 Fraenkel, *Doppelstaat*, S. 49.

36 Carl Schmitt, *Die Diktatur. Von den Anfängen des modernen Souveränitätsgedankens bis zum proletarischen Klassenkampf* (1921), Berlin 1994, S. 134; vgl. Rüdiger Voigt (Hg.), *Ausnahmezustand. Carl Schmitts Lehre von der kommissarischen Diktatur*, Baden-Baden 2013.

sozialisten, M.W.] sich nicht entgehen lassen. Vielmehr verwandelten sie die kommissarische in eine souveräne Diktatur. Der Ausbau und die Handhabung dieser souveränen Diktatur ist die Funktion des Maßnahmenstaates.«[37] Wenige Seiten später unterstrich Fraenkel noch einmal, dass Schmitts Lehre vom Ausnahmezustand als Suspendierung des Rechts mit einer prinzipiell unbegrenzten Befugnis, frei von jedweder normativen Gebundenheit, von der Gestapo übernommen worden sei.[38]

Auch im rechtstheoretischen Teil seiner Studie verwies Fraenkel immer wieder auf Schmitt als einen Vordenker eines nationalsozialistischen Rechts. In seiner 1934 erschienenen Schrift über *Drei Arten des rechtswissenschaftlichen Denkens* hatte Schmitt in Normativismus als Gesetzes- und Regeldenken, Dezisionismus, das heißt Recht von der Entscheidung des Richtenden her gedacht, sowie schließlich das konkrete Ordnungsdenken unterschieden, das sich auf konkrete Gemeinschaften innerhalb des Volkes bezieht. »Für das konkrete Ordnungsdenken«, so Schmitt, »ist ›Ordnung‹ auch juristisch nicht in erster Linie Regel oder eine Summe von Regeln, sondern, umgekehrt, die Regel ist nur ein Bestandteil und ein Mittel der Ordnung.«[39]

Zwar sei die These, stellte Fraenkel fest, dass das im konkreten Fall tatsächlich angewandte Recht weniger in den geschriebenen Gesetzen als vielmehr in den Rechtsgewohnheiten der jeweiligen Rechtsgenossen zu finden sei, nicht neu. Aber Schmitts konkretes Ordnungsdenken in Verbindung mit dem Konzept einer Volksgemeinschaft markierte nach Fraenkel den Wendepunkt in der Entwicklung einer nationalsozialistischen Rechtstheorie. »Der Vorstellung«, so Fraenkel, »daß die Gemeinschaft alleinige Quelle des Rechts sei, entspricht die Lehre, daß es außerhalb der Gemeinschaft kein Recht geben könne. [...] Wer außerhalb der Gemeinschaft steht, ist der wirkliche oder potentielle Feind. Innerhalb der

37 Fraenkel, *Doppelstaat*, S. 56 f. In der entsprechenden Fußnote verwies Fraenkel explizit auf Schmitts Diktaturbuch. Auch nach dem Krieg kam Fraenkel in einem Rundfunkvortrag auf diesen Gedankengang wieder zu sprechen, vgl. ders., »Auflösung und Verfall des Rechts im III. Reich, Rundfunkvortrag im Sender Freies Berlin vom 22. 6. 1960«, in: ders., *Gesammelte Schriften*, Bd. 2, S. 608-621.

38 Fraenkel, *Doppelstaat*, S. 79.

39 Carl Schmitt, *Über die drei Arten des rechtswissenschaftlichen Denkens*, Hamburg 1934, S. 13.

Gemeinschaft gelten Friede, Ordnung und Recht. Außerhalb der Gemeinschaft gelten Macht, Kampf und Vernichtung.«[40]

Nicht, dass es Schmitt darum gegangen sei, konkrete Gemeinschaften, sobald sie nur ein geordnetes Ganzes darstellten, gleichermaßen zur Rechtsquelle konkreter Ordnungen werden zu lassen. Das würde in der Tat auf eine Art Liberalismus autonomer Gruppen hinauslaufen – für Schmitt ohne Zweifel eine Schreckensvision. Erst in der Verbindung mit der nationalsozialistischen Gemeinschaftsvorstellung enthielt das Konzept das dezisionistische Element, da nur diejenigen Gruppen als Träger konkreter Ordnungen anerkannt worden seien, die als »Gemeinschaft« im nationalsozialistischen Sinn akzeptiert wurden. Konkretes Ordnungsdenken legitimierte damit die rassistische Hierarchisierung von Gemeinschaften: Während die deutsche Volksgemeinschaft in relativer Rechtssicherheit leben konnte, wurden andere Gruppen, allen voran die Juden und darüber hinaus sämtliche sogenannte »Fremdvölkische« und »Gemeinschaftsfremde«, in die Rechtlosigkeit gestoßen und uneingeschränkt verfolgt. In den Worten von Heydrichs Stellvertreter Werner Best hatte eine nationalsozialistische Polizei folgerichtig eine umfassende Aufgabe zu bewältigen, indem sie »den politischen Gesundheitszustand des deutschen Volkskörpers sorgfältig überwacht, jedes Krankheitssymptom rechtzeitig erkennt und die Zerstörungskeime [...] feststellt und mit jedem geeigneten Mittel beseitigt«.[41]

Wenn die Gemeinschaft zum Wert an sich hypostasiert wird,

40 Fraenkel, *Doppelstaat*, S. 193.

41 Werner Best, »Die Geheime Staatspolizei« (1936), abgedruckt in: Herlinde Pauer-Studer, Julian Fink (Hg.), *Rechtfertigungen des Unrechts. Das Rechtsdenken im Nationalsozialismus in Originaltexten*, Berlin 2014, S. 507-512, hier S. 509. Nicht von ungefähr ist Werner Best, Heydrichs Stellvertreter als Leiter des Geheimen Staatspolizeiamtes in Berlin, einer der wichtigsten Kronzeugen für die Theorie vom Doppelstaat. Fraenkel selbst berichtet, dass der Justitiar des lutherischen Rats Martin Gauger, der ein enger Vertrauter Fraenkels war und 1941 im KZ Buchenwald ermordet wurde, bei einer Besprechung mit Werner Best, in der es um die Freigabe von beschlagnahmten Geldern der Bekennenden Kirche ging, diesem beiläufig die Theorie des Doppelstaates klarzumachen suchte und Best tatsächlich wenig später in einem Zeitschriftenbeitrag ähnliche Überlegungen ausbreitete (Fraenkel, *Doppelstaat*, S. 45; vgl. Ulrich Herbert, *Best. Biographische Studien über Radikalismus, Weltanschauung und Vernunft, 1903-1989*, Bonn 1996, S. 163 f., 179 f.).

ohne sie inhaltlich bestimmen oder auf ein Ziel orientieren zu können, wird das Vorhandensein eines ständigen Feindes zur alleinigen Grundlage ihrer Existenz. Nur die Grenze zwischen »uns« und »denen«, zwischen Freund und Feind vermag der Gemeinschaft Kontur zu geben. Schmitts Lehre von der Freund-Feind-Kennung als dem ausschließlichen Unterscheidungskriterium des Politischen war daher im buchstäblichen Sinn konstitutiv für die nationalsozialistische Volksgemeinschaft. Schmitt, so Fraenkel, lieferte den Nationalsozialisten »eine Legitimation, indem er bewies, daß fehlender Inhalt kein Mangel, sondern die vollkommene Realisierung des Politischen ist«.[42]

Ernst Fraenkels Blick auf Schmitt hatte sich durch den Machtantritt der Nationalsozialisten und dessen Bereitwilligkeit, sich den neuen Machthabern zur Verfügung zu stellen, grundsätzlich geändert. In seinen Weimarer Schriften bezog sich Fraenkel mit viel Respekt, mitunter auch Bewunderung auf den älteren und berühmten Kollegen, dessen Abhandlungen die staatsrechtliche Debatte der Weimarer Jahre nachhaltig beeinflussten und die Begriffe prägten. Obwohl die Kritik an Schmitts Überlegungen nicht zu verkennen war, war doch Fraenkel zu dieser Zeit nicht daran interessiert, die Brücken abzubrechen. Stattdessen war er davon überzeugt, dass in der rechtswissenschaftlichen Diskussion letztlich das bessere Argument überzeugen würde. Immer wieder klang in Fraenkels Auseinandersetzung mit Schmitt an, dieser sei trotz aller Kritik am Weiterbestand und der Geltungskraft der Weimarer Verfassung und nicht an ihrer Zerstörung interessiert.

Im Lichte von Schmitts Rechtfertigung des NS-Regimes nahmen dessen Schriften in Fraenkels Augen eine Färbung an, die jene Elemente stärker hervortreten ließ, die das nationalsozialistische Rechtsdenken vorweggenommen hatten. Carl Schmitt verwandelte sich vom autoritären »Hüter der Verfassung« zum Vordenker des NS-Regimes. Klarer als zuvor sah Fraenkel, wie wenig Schmitt an der rechtsstaatlichen Grundlage der Republik interessiert war. Weit mehr ging es Schmitt um den universalen Herrschaftsanspruch des Souveräns, um den *nómos*, in dem Recht und Gewalt in eins fällt.[43] Souveränität, nicht Recht, stellte die Leitidee im Denken Schmitts dar.

42 Fraenkel, *Doppelstaat*, S. 253.

43 Vgl. dazu das Kapitel »Nomos basileus« in: Giorgio Agamben, *Homo sacer. Die souveräne Macht und das nackte Leben*, Frankfurt/M. 2002, S. 41-49.

Fraenkels geschärftem Minoritätsbewusstsein ist es vielleicht zu verdanken, dass er in Carl Schmitts »Leviathan«-Vorlesungen im Frühjahr 1938 die antijüdische Polemik erkannte. Die zentrale Kritik an Hobbes' rechtlich-politischem Entwurf bezog sich auf eine, so Schmitt, »signifikante Bruchstelle in der sonst so geschlossenen, unwiderstehlichen Einheit«.[44] Während Hobbes den Staatsbürgern durchaus zumutete, der offiziellen Religion öffentlich Gehorsam zu leisten, überließ er es indes dem Einzelnen, privat eine andere Meinung zu besitzen. Der Souverän könne die *confessio* der Bürger verlangen, das öffentliche Bekenntnis zur Staatsreligion, nicht aber den innerlichen Glauben (*fides*).[45] Für Schmitt geriet dieser Vorbehalt der inneren, privaten Gedanken- und Glaubensfreiheit zum »Todeskeim, der den mächtigen Leviathan von innen her zerstört und den sterblichen Gott zur Strecke gebracht hat«.[46]

Schmitt verwandelte die Gewissensfreiheit, den Kern protestantischen Glaubens, der von Hobbes in keinem Fall aufgegeben werden konnte, in ein jüdisches Instrument zur Zerstörung des souveränen Staates. Spinoza habe »sofort die große Einbruchstelle des modernen Liberalismus« erkannt und statt des öffentlichen Friedens und des Rechts der souveränen Gewalt, die bei Hobbes noch im Vordergrund gestanden hätten, nun die individuelle Gedankenfreiheit als den »formgebenden Grundsatz« bestimmt. Schmitt wörtlich: »Eine kleine, umschaltende Gedankenbewegung aus der jüdischen Existenz heraus, und in einfachster Folgerichtigkeit hat sich im Laufe von wenigen Jahren die entscheidende Wendung im Schicksal des Leviathan vollzogen.«[47]

Fraenkel, dem durchaus nicht entging, dass katholisch geprägte Intellektuelle wie Carl Schmitt, Martin Heidegger und Joseph Goebbels eine auf dem Naturrecht basierende Staatstheorie zu zertrümmern suchten und sich mit dem Überschwang der Bekehrten dem lutherischen preußischen Staat zuwandten, ohne dessen inhärente protestantische Schranke, die Gewissensfreiheit, zu verstehen

44 Carl Schmitt, *Der Leviathan in der Staatslehre des Thomas Hobbes. Sinn und Fehlschlag eines politischen Symbols* (1938), Stuttgart 1995, S. 84.

45 Siehe das Kapitel »Vom natürlichen Reich Gottes« in: Thomas Hobbes, *Leviathan oder Stoff, Form und Gewalt eines kirchlichen und bürgerlichen Staates*, hg. von Iring Fetscher, Frankfurt/M. 1984. S. 271-281.

46 Schmitt, *Leviathan*, S. 86.

47 Ebd., S. 89. Vgl. dazu Gross, *Carl Schmitt und die Juden*, S. 277-284.

geschweige denn akzeptieren zu können,[48] machte in einer langen, 1941 eingefügten Fußnote auf die Schmittschen Ausführungen zu Spinoza in den Leviathan-Vorlesungen aufmerksam: »Es ist nicht schwer, die politische Absicht dieser neuartigen Geschichtsinterpretation zu entdecken. Indem Schmitt erklärt, die Lehre von der Gewissensfreiheit sei ein Produkt jüdischen Denkens, versucht er den Kampf der Bekennenden Kirche für diese Lehre als eine jüdische Angelegenheit zu brandmarken.«[49] Es sei dahingestellt, ob Schmitt in einem solch engen politisch-konkreten Horizont verstanden werden wollte oder ob er nicht vielmehr mit einer großen, dramatischen Geste den Zerfall des souveränen Staates im christlichen Abendland, ausgelöst durch das Judentum, skizzieren wollte. Dass Ernst Fraenkel zu so einem frühen Zeitpunkt den antisemitischen Kern von Schmitts Argumentation aufdeckte, ist in jedem Fall bemerkenswert.

Nachkriegspluralität

Der alliierte Sieg über Nazideutschland drehte die Verhältnisse um. Während Schmitt künftig die Universität verwehrt war, kehrte der jüdische Emigrant Fraenkel, den die Nationalsozialisten 1938 vertrieben hatten, nach Deutschland zurück und wurde 1953 auf Betreiben von Otto Suhr Professor für Vergleichende Lehre der politischen Herrschaftssysteme an der Freien Universität Berlin und später ebenfalls Direktor des 1964 gegründeten John F. Kennedy-Instituts für Amerikastudien. Fraenkel, der in den USA noch einmal die Universität besucht und angelsächsisches Recht studiert hatte, entwickelte nach dem Krieg sein Pluralismuskonzept weiter, das für die junge, erwachende westdeutsche Politikwissenschaft,

48 Fraenkel, *Doppelstaat*, S. 170. Allerdings hat Fraenkel 1974 eine signifikante Veränderung vorgenommen. In der Reihung »Heidegger, der Existentialphilosoph, Carl Schmitt der Staatsrechtler, Goebbels der Propagandist«, wie sie noch im Manuskript von 1938 steht (Fraenkel, *Urdoppelstaat*, S. 381) und in der amerikanischen Erstausgabe 1941 veröffentlicht wurde, ja noch in der Korrekturfahne für die deutsche Ausgabe von 1974 enthalten war (Bundesarchiv Koblenz, N 1274/155, N 1274/156, S. 112), ist dann in der gedruckten Fassung der Name Heideggers gestrichen worden, ohne dass die Gründe zu erkennen sind.

49 Ebd.

die jenseits der vormaligen autoritären Staatsrechtsdiskussion wissenschaftliche Leitlinien und Analysen für ein westlich orientiertes, demokratisches Regierungssystem erarbeiten musste, prägend werden sollte.[50]

Carl Schmitt spielte in Fraenkels Nachkriegsschriften nur noch die Rolle des Protagonisten des Alten, Autoritären, Überkommenen, ohne dass er ihn im Nachhinein persönlich angriff.[51] Schmitts Kritik des Parlamentarismus diente Fraenkel in verschiedenen Aufsätzen als Negativfolie, um die Vorzüge des westlichen parlamentarischen Systems zu entwickeln. So »verschimmelt«, wie Schmitt in seiner Schrift *Die geistesgeschichtlichen Grundlagen des heutigen Parlamentarismus* glauben machen wollte, heißt es beispielsweise in Fraenkels Aufsatz über »Parlament und öffentliche Meinung«, seien die parlamentarischen Debatten keineswegs. Nur indem Schmitt in der Analyse die wechselseitige Abhängigkeit von Parlamentsdiskussionen und Formen der öffentlichen Meinung ignoriere, könne er parlamentarische Debatten als antiquiert betrachten und die Institutionen des modernen Parlaments diskreditieren.[52]

Immer wieder warnte Fraenkel vor der Demokratietheorie Rousseaus und sah in Schmitt dessen wichtigsten modernen Epigonen: »Carl Schmitts Demokratielehre ist ohne Kenntnis des ›Contrat Social‹ nicht voll verständlich. Sein Antipluralismus ist echter Jean Jacques Rousseau. Carl Schmitts Definition der Demokratie als Identität von Regierenden und Regierten geht, wie er in der zweiten Auflage der Parlamentarismus-Schrift selbst ausgeführt hat,

50 Vgl. Hubertus Buchstein, »Auf der Suche nach einer ›modernen Demokratietheorie‹: Otto Suhr, Franz L. Neumann und Ernst Fraenkel«, in: Gerhard Göhler, Bodo Zeuner (Hg.), *Kontinuitäten und Brüche in der deutschen Politikwissenschaft*, Baden-Baden 1991, S. 171-194; Alexander v. Brünneck, »Ernst Fraenkels Konzept der pluralistischen Demokratie«, in: van Ooyen/Möllers (Hg.), *(Doppel-)Staat und Gruppeninteressen,* S. 15-36; Alfons Söllner, »›Agenten‹ der ›Verwestlichung‹? Zur Wirkungsgeschichte deutscher Hitler-Geschichte«, in: ders., *Political Scholar. Zur Intellektuellengeschichte des 20. Jahrhunderts*, Hamburg 2018, S. 223-244.

51 So berichtete ein Seminarteilnehmer Anfang 1954, dass in Fraenkels Veranstaltung klassische Texte der deutschen Rechtswissenschaft gelesen würden, unter anderem die Rede Carl Schmitts über Hugo Preuß, die Fraenkel als besondere moralische Tat hervorgehoben habe, da Schmitt im Jahr 1930 einen jüdischen Kollegen gelobt hätte (van Laak, *Gespräche*, S. 168).

52 Ernst Fraenkel, »Parlament und öffentliche Meinung« (1958), in: ders., *Gesammelte Schriften*, Bd. 5, S. 208-230, hier S. 226 f.

auf Rousseau zurück.«[53] Den wesentlichen Unterschied zwischen beiden sah Fraenkel darin, dass Rousseaus Denken sich im Rahmen eines überschaubaren Kleinstaates bewegte, Schmitt hingegen sein Konzept in einer Großraumordnung zu verwirklichen bestrebt war. Schmitt glaube, »daß die homogene Großraumordnung mittels der Artgemeinschaft begründet werden kann – wie dies in ›Staat, Bewegung, Volk‹ zwar nicht des näheren begründet, aber umso apodiktischer behauptet wird. Durch Eliminierung der als heterogen qualifizierten Gruppen, d.h. aber durch ihre politische Ausschaltung und notfalls durch ihre physische Vernichtung, soll gewährleistet werden, daß ein einheitlicher Gemeinwillen entsteht, dessen Substrat das rassische homogene Volk und dessen Exponent der Führer einer hierarchisch strukturierten Bewegung ist.«[54] Klarer ließ sich dies 1964 wohl kaum ausdrücken.

Überhaupt stand Carl Schmitt in Fraenkels Nachkriegsaufsätzen als vornehmlicher Repräsentant für die grundsätzliche Aversion gegen Pluralismus. Das Wort »pluralistisch« habe in Deutschland einen schlechten Klang, seitdem Schmitt in der pluralistischen Struktur der Weimarer Republik eine der Ursachen ihres Scheiterns erblickt habe. »Pluralismus«, so Fraenkel weiter, »ist ein echt politischer Begriff, weil er ein polemischer Begriff ist. In der Gegenwart steht der Begriff des Pluralismus im polemischen Gegensatz zum Begriff des Totalitarismus. Stets aber stellte eine pluralistische Demokratie das kontradiktorische Gegenteil einer Demokratie Rousseauscher Observanz dar.«[55] Gegen Schmitts Warnung vor der Aufspaltung öffentlicher Macht in ein Nebeneinander von Föderalismus, Pluralismus und Polykratie setzte Fraenkel bewusst ein pluralistisches Konzept, das gerade in der Streuung von politischer und gesellschaftlicher Macht die adäquate Form eines demokratischen Systems sah, das zudem, wie Fraenkel im Nachkriegsdeutschland nicht müde wurde zu wiederholen, mit den USA einen ebenso stabilen wie erfolgreichen Ausdruck gefunden habe.

53 Ernst Fraenkel, »Der Pluralismus als Strukturelement der freiheitlich-rechtsstaatlichen Demokratie« (1964), in: ders., *Gesammelte Schriften*, Bd. 5, Baden-Baden 2007, S. 256-280. hier S. 265.

54 Ebd., S. 270.

55 Ernst Fraenkel, »Möglichkeiten und Grenzen politischer Mitarbeit der Bürger in einer modernen parlamentarischen Demokratie«, in: ebd., S. 283-296, hier S. 294.

Sicher hatte die Tatsache, dass der Nationalsozialismus geschlagen war und die repräsentative Demokratie gesiegt hatte, dazu beigetragen, dass Schmitts Thesen nicht mehr ihre destruktive Kraft entfalten konnten und an Relevanz verloren. Aber auch in der Nachkriegszeit ist immer noch zu spüren, welch wichtigen Stellenwert Schmitts rechtstheoretisches und politisches Denken in Fraenkels eigenen Überlegungen besaß. Mit Schmitts Thesen hatte er sich seit seiner Studienzeit beschäftigt, auseinandergesetzt, an ihnen abgearbeitet und in expliziter Kritik sein eigenes antitotalitäres, demokratisches Pluralitätskonzept entwickelt. Schmitt blieb in all den Jahrzehnten die wichtigste negative Bezugsperson für Fraenkel, und es ist nicht zufällig, dass er 1957 in einer Rezension wohl eines der treffendsten Urteile über diesen gefährlichsten deutschen Staatsrechtler des 20. Jahrhunderts gefällt hat: »Carl Schmitt hat in einer seiner früheren Schriften gesagt, daß ein jedes Recht Situationsrecht sei. Ist aber jedes Recht aus einer konkreten Situation geboren, so kann es auch nur aus der Situation begriffen werden, aus der es entstanden ist. Carl Schmitts Jurisprudenz ist eine Situationswissenschaft. Ja, man mag füglich bezweifeln, ob das Objekt seiner wissenschaftlichen Bemühungen jemals Rechtswissenschaft im herkömmlichen Sinne dieses Wortes gewesen ist. Das Ziel einer jeden Rechtswissenschaft ist, ein gegebenes Rechtssystem zu erklären, ohne die der konkreten Rechtsordnung zu Grunde liegenden Wertentscheidungen anzuzweifeln. Schmitts Lebenswerk spielt sich nicht im rechtlichen, sondern im vorrechtlichen Raum ab. Sein primäres Anliegen ist es aufzuzeigen, welche Rechtsordnung unter den vorgegebenen geographischen, technischen, geistigen, sozialen und wirtschaftlichen Voraussetzungen hic et nunc möglich, vor allem aber, welche unmöglich ist.«[56]

56 Ernst Fraenkel, »Rezension von Peter Schneider, Ausnahmezustand und Norm. Eine Studie zur Rechtslehre von Carl Schmitt« (1957), in: ders., *Gesammelte Schriften,* Bd. 2, S. 595-599, hier S. 597.

12.
»Jedem das Seine«. Die Rechtssicherheit der Volksgenossen

Im November 1934 erschien in der Zeitschrift »Deutsche Justiz. Rechtspflege und Rechtspolitik« der Abdruck einer Rede, die Hermann Göring, Reichsluftfahrtminister und preußischer Ministerpräsident, vor der Akademie für Deutsches Recht gehalten hatte. Sein Thema: »Die Rechtssicherheit als Grundlage der Volksgemeinschaft«.[1] In ihr bekräftigte er gleich zu Beginn sein »starkes und festes Bekenntnis zum Recht als Grundlage der Rechtssicherheit, insbesondere als Grundlage der Volksgemeinschaft« und behauptete, dass er als Ministerpräsident Preußens sich bemüht hätte, »jenes Rechtsempfinden und jene Rechtssicherheit wiederherzustellen, die aufs tiefste erschüttert gewesen sind, als wir zur Macht gekommen sind«.[2]

Staatsmorde

Der Zeitpunkt war nicht zufällig, denn die von Hitler und Göring angeordneten und von der SS ausgeführten Morde Ende Juni 1934 hatten im Bürgertum nicht nur Erleichterung über die Entmachtung der SA als unberechenbare, pöbelhafte Gewaltorganisation ausgelöst, hatte sich doch die NS-Führung um Hitler, Göring, Himmler mit der Liquidierung der SA-Spitze nicht allein einer machtbewussten innerparteilichen Konkurrenz entledigt, sondern zugleich auch prominente Sprecher der rechtskonservativen Opposition ermorden lassen, darunter Erich Klausener, bis 1933 Leiter der Polizeiabteilung im preußischen Innenministerium und engagierter politischer Katholik, der öffentlich die Kirchenpolitik des NS-Regimes kritisiert hatte; General Kurt von Schleicher, Hitlers Vorgänger als Reichskanzler, der erfolglos versucht hatte, die nationalsozialisti-

1 Hermann Göring, »Die Rechtssicherheit als Grundlage der Volksgemeinschaft«, in: *Deutsche Justiz. Rechtspflege und Rechtspolitik*, 96 (1934), Ausgabe A Nr. 46, S. 1427-1432.

2 Ebd., S. 1427.

sche Reichstagsfraktion zu spalten und eine »Querfront«-Regierung zu bilden; Herbert von Bose, jungkonservativer Kritiker der Weimarer Republik und Pressechef des Vizekanzlers Franz von Papen; und Edgar Jung, Autor des damals bekannten Buches »Die Herrschaft der Minderwertigen« und Theoretiker der jungkonservativen Strömung, der Franz von Papens Rede in der Marburger Universität am 17. Juni 1934 geschrieben hatte.[3]

Mit jener sorgfältig vorbereiteten Rede anlässlich der Jahresversammlung des Marburger Universitätsbundes wollte die Verschwörergruppe um Herbert von Bose ein Fanal zum geistigen Aufstand gegen den Nationalsozialismus geben, in dessen Verlauf der Reichspräsident Hindenburg und die Reichswehr die Macht übernehmen sollten. In der alten Aula der Universität hatten sich an jenem Sonntagmittag rund 600 Zuhörerinnen und Zuhörer versammelt; rund tausend Exemplare der Rede waren bereits vorab gedruckt worden, um sie anschließend breit zu verteilen; der Frankfurter Rundfunksender übertrug die Rede direkt. Franz von Papen, der mehr instrumentalisierter Sprecher der Verschwörergruppe war denn handelndes Mitglied, sprach davon, nachdem er die große »Erneuerung Deutschlands« nach dem Januar 1933 und seine Bewunderung für Adolf Hitler hervorgehoben hatte, dass der »Läuterungsprozess« auch »Schlacken« erzeugt habe, von denen man sich jetzt reinigen müsse.[4]

Papen wandte sich gegen die Gängelung der Presse und den Kollektivismus. Kein Stand, keine Klasse dürfe sich des Staates bemächtigen und einen Totalitätsanspruch erheben. Mit dem Prinzip der Volkssouveränität muss gebrochen und zur »natürlichen und göttlichen Herrschaft« zurückgekehrt werden, die nur christlich sein könne. Die Vorherrschaft einer einzigen Partei, gemeint war die NSDAP, könne nur ein Übergangszustand sein, um zum »Prinzip einer organischen politischen Willensbildung, die auf Freiwilligkeit aller Volksteile beruht«, zu gelangen. Eine Spaltung des Volkes in eine »bevorrechtete Klasse und eine minderen Rechts« müsse

3 Zu der rechtskonservativen Verschwörergruppe um Jung und Bose siehe Rainer Orth, *»Der Amtssitz der Opposition«? Politik und Staatsumbaupläne im Büro des Stellvertreters des Reichskanzlers in den Jahren 1933-1934*, Köln 2016.

4 Die Rede ist abgedruckt in: *Der Prozess gegen die Hauptkriegsverbrecher vor dem Internationalen Militärgerichtshof*, Bd. 40, S. 543-558 (Papen-11); zum Kontext: Orth, *»Amtssitz der Opposition«?*, S. 451-472.

abgewehrt werden. Es gebe Leute, die bezeichneten »die Freiheit als liberalen Begriff, wo sie doch in Wahrheit urgermanisch ist. Sie gehen an gegen die Gleichheit vor dem Richter, die als liberale Entartung angeprangert wird, wo sie doch in Wirklichkeit die Voraussetzung jedes gerechten Spruchs ist. Diese Leute unterdrücken das Fundament des Staates, das noch allezeit, nicht nur in liberalen Zeiten, Gerechtigkeit hieß. Ihre Angriffe richten sich gegen die Sicherheit und Freiheit der privaten Lebenssphäre, die sich der deutsche Mensch in Jahrhunderten schwerster Kämpfe errungen hat.« Kein Volk, so Papen, könne sich »den ewigen Aufstand von unten leisten, wenn es vor der Geschichte bestehen will. Einmal muss die Bewegung zum Ende kommen, einmal ein festes soziales Gefüge, zusammengehalten durch eine unbeeinflußbare Rechtspflege und durch eine unbestrittene Staatsgewalt, entstehen.«

Die NS-Führung war alarmiert. Goebbels ließ noch am Sonntagabend die gedruckten Exemplare beschlagnahmen und verbot den Abdruck der Rede in den Zeitungen, konnte allerdings nicht mehr verhindern, dass die *Frankfurter Zeitung* in ihrer Abendausgabe vom 18. Juni den Text der Rede veröffentlichte. Zudem kursierten Abschriften der Rede und sorgten für Diskussionen. Handlungsbedarf war aus Sicht der NS-Führung daher nicht mehr allein gegen den Machtanspruch der SA-Führung gegeben, sondern ebenso gegen die rechtskonservative Opposition. Am 19. Juni hatte Papen seinen Rücktritt angeboten, den Hitler ausschlug, stattdessen versprach er, gemeinsam mit Reichspräsident Hindenburg zu sprechen. Den besuchte dann zwei Tage später Hitler jedoch allein, um sich Rückendeckung für sein gewaltsames Vorgehen zu holen. Am 25. Juni wurde Edgar Jung verhaftet; gezielt gestreute Gerüchte über einen angeblich bevorstehenden Putsch der SA fanden auch in der Reichswehrführung Resonanz; schwarze Listen mit den Namen derer, die verhaftet werden sollten, zirkulierten zwischen Göring, Himmler, Heydrich und Reichswehrminister Blomberg; am 28. Juni berief Hitler die SA-Führung für den 30. Juni nach Bad Wiessee ein und ließ sie dort verhaften. In Berlin schickten Göring, Himmler und Heydrich Gestapo- und SS-Kommandos los, die die Opfer verhafteten oder gleich erschossen.[5]

5 Zu den Juni-Morden siehe Ian Kershaw, *Hitler*, Bd. 1: 1889-1936, Stuttgart 1998, S. 629-650; Michael Grüttner, *Brandstifter und Biedermänner. Deutschland 1933-1939*, Stuttgart 2015, S. 46-55.

In der Bevölkerung stieß der Schlag gegen die SA durchaus auf Zustimmung. Wenn man den Berichten der Regierungspräsidenten, der Gestapo und auch der sozialdemokratischen Vertrauensleute glaubt, die heimlich an den SPD-Exilvorstand (Sopade) in Prag über die Lage in Deutschland informierten, wurde das »Durchgreifen« Hitlers positiv bewertet, nicht zuletzt gespeist aus homophoben Ressentiments gegenüber der als durchweg homosexuell dargestellten SA-Führung. Aber es gab auch Zweifel und Misstrauen gegenüber den offiziellen Meldungen. In manchen Sopade-Berichten ist sogar von Angst vor einer Verhaftung selbst unter Nationalsozialisten die Rede. Insbesondere in katholischen Kreisen führte das Schweigen über die Umstände des Todes von Klausener zu Verunsicherung und wilden Gerüchten. Offenbar erwarteten viele auch Strafverfahren gegen die Täter.[6]

Offenkundig war der von der Staatsführung angeordnete Mord, ohne dass es eine Anklage, ein Gerichtsverfahren oder Urteil gegeben hätte, ein schwerwiegender Rechtsbruch. In der Kabinettssitzung vom 3. Juli rechtfertigte Hitler das Vorgehen damit, dass es sich um eine »Meuterei« gehandelt habe, die sofort niederzuschlagen er wie ein Kapitän verpflichtet gewesen sei. Ein »prozeßähnliches Verfahren« könne es da nicht geben, auch eine »nachträgliche Prozeßführung« komme nicht in Frage.[7] Stattdessen wurde im Nachhinein ein Gesetz zur Staatsnotwehr beschlossen, dessen einziger Artikel lautete: »Die zur Niederschlagung hoch- und landesverräterischer Angriffe am 30. Juni, 1. und 2. Juli 1934 vollzogenen Maßnahmen sind als Staatsnotwehr rechtens.«[8]

Kein Geringerer als Carl Schmitt, einer der bekanntesten und einflussreichsten deutschen Staatsrechtler, seit Oktober 1933 Professor an der Berliner Friedrich-Wilhelms-Universität, der im Mai 1933 der NSDAP beigetreten war und schon zeitgenössisch von der

6 Vgl. exemplarisch *Gestapo Osnabrück meldet.... Polizei- und Regierungsberichte aus dem Regierungsbezirk Osnabrück aus den Jahren 1933 bis 1936*, bearbeitet und eingeleitet von Gerd Steinwascher, Osnabrück 1995, S. 80; *Deutschland-Berichte der Sozialdemokratischen Partei Deutschlands (Sopade) 1934-1940*, hg. von Klaus Behnken, Bd. 1, Frankfurt/M. 1980, S. 197-211.

7 Ministerbesprechung vom 3. 7. 1934, *Akten der Reichskanzlei. Die Regierung Hitler*, Teil I: 1933/34, Band 2, bearbeitet von Karl-Heinz Minuth, Boppard am Rhein 1983, S. 1354-1358, hier S. 1357 f.

8 Gesetz über Maßnahmen der Staatsnotwehr vom 3. 7. 1934, RGBl. I, S. 529.

NS-Presse als »Kronjurist des Dritten Reiches« tituliert wurde,[9] rechtfertigte wenige Wochen später die Morde in seinem berüchtigten Artikel »Der Führer schützt das Recht«, erschienen in der *Deutschen Juristen-Zeitung* (DJZ) vom 1. August 1934, dem »Organ der Reichsfachgruppe Hochschullehrer des Bundes Nationalsozialistischer Deutscher Juristen«.[10] Schmitt selbst war der Reichsfachgruppenleiter und gab in dieser Funktion die DJZ heraus. »Der Führer schützt das Recht vor dem schlimmsten Mißbrauch«, so Schmitt, »wenn er im Augenblick der Gefahr kraft seines Führertums als oberster Gerichtsherr unmittelbar Recht schafft«, und zitierte damit Hitler selbst, der vor dem Reichstag am 13. Juli in Rechtfertigung der Liquidierungen gesagt hatte: »In dieser Stunde war ich verantwortlich für das Schicksal der deutschen Nation und damit des Deutschen Volkes oberster Gerichtsherr.«[11] In der Verfassung war die Position eines Obersten Gerichtsherrn nicht vorgesehen; für Schmitt begründete sie sich so: »Der wahre Führer ist immer auch Richter. Aus dem Führertum fließt das Richtertum. Wer beides voneinander trennen oder gar entgegensetzen will, macht den Richter entweder zum Gegenführer oder zum Werkzeug eines Gegenführers und sucht den Staat mit Hilfe der Justiz aus den Angeln zu heben.«[12] Ausdrücklich wandte sich Schmitt gegen die Auffassung, die Mordtat in eine »nachträglich zu legalisierende und indemnitätsbedürftige Maßnahme des Belagerungszustandes« umzudeuten. Es sei nicht »die Aktion eines republikanischen Diktators« gewesen, der »in einem rechtsleeren Raum, während das Gesetz für einen Augenblick die Augen schließt, vollzogene Tatsachen« geschafft habe, damit dann »die Fiktionen der lückenlosen Legalität wieder Platz greifen« könnten. Nein, »das Richtertum des Führers entspringt derselben Rechtsquelle, der alles Recht jedes Volkes entspringt. In der höchsten Not bewährt sich das höchste Recht und erscheint der höchste Grad richterlich rächender Ver-

9 Andreas Koenen, *Der Fall Carl Schmitt. Sein Aufstieg zum »Kronjuristen des Dritten Reiches«*, Darmstadt 1995., S. 352-355.

10 Carl Schmitt, »Der Führer schützt das Recht. Zur Reichstagsrede Adolf Hitlers vom 13. Juli 1934«, abgedruckt in: Herlinde Pauer-Studer, Julian Fink (Hg.), *Rechtfertigungen des Unrechts. Das Rechtsdenken im Nationalsozialismus in Originaltexten*, Berlin 2014, S. 326-331.

11 Schmitt, *Führer*, S. 327.

12 Ebd.

wirklichung dieses Rechts. Alles Recht stammt aus dem Lebensrecht des Volkes. Jedes staatliche Gesetz, jedes richterliche Urteil enthält nur soviel Recht, als ihm aus dieser Quelle zufließt.«[13]

»Neues Rechtsdenken«

Wohl kaum ein Berufsstand in Deutschland hat dem nationalsozialistischen Regime von Anbeginn an so bereitwillig in die Hände gearbeitet wie die Juristen. In vielen Augen war die Weimarer Republik nur eine »Verfallsform des bürgerlichen Rechtsstaates«, wie der 1933 als Nachfolger des entlassenen, demokratischen Hermann Heller an die Universität Frankfurt am Main berufene Ernst Forsthoff in seinem unter NS-Juristen weithin rezipierten Buch *Der totale Staat* formuliert hat. Jeder Staat besitze eine Substanz, die er nicht selbst schaffe, sondern voraussetze, aus der er seine Kraft beziehe, gleich ob Monarchie von Gottes Gnaden, das Volk oder ein Führer. Niemals aber könne diese Substanz des Staates »die in den Gesetzen in ihren Rechten und Umgrenzungen festgelegte Summe der Wahl- und Stimmberechtigten« sein. »Die Weimarer Verfassung, die Demokratie ohne Volk, die liberale Ordnung mit vielfach antiquierten Freiheiten, bedeutete den Versuch zum Staat ohne Substanz«[14] – eine Haltung, die Anselm Doering-Manteuffel als »Kulturrevolution des Antiliberalismus« bezeichnet hat.[15]

In zahlreichen Abhandlungen begründeten Rechtswissenschaftler gegen den liberalen Rechtsstaat der Weimarer Republik die neue nationalsozialistische »Rechtsidee«, die aus dem Volk, aus der Gemeinschaft entstehe. Karl Larenz, seit Mai 1933 Professor in Kiel und mit Ernst Rudolf Huber, Georg Dahm, Franz Wieacker und Karl Michaelis Teil jener »Kieler Schule« jüngerer, neu berufener Professoren, die sich als Vordenker nationalsozialistischer Rechtser-

13 Ebd., S. 328.

14 Ernst Forsthoff, *Der totale Staat*, Hamburg 1933, S. 20; vgl. Christine Schoenmakers, *»Die Belange der Volksgemeinschaft erfordern …«. Rechtspraxis und Selbstverständnis von Bremer Juristen im »Dritten Reich«*, Paderborn u. a. 2015.

15 Anselm Doering-Manteuffel, »Gesetzesbruch als Prinzip. Entwicklungslinien des weltanschaulichen Radikalismus in der Führerdiktatur«, in: *Zeitschrift der Savigny-Stiftung für Rechtsgeschichte*, Germanistische Abteilung 132 (2015), S. 420-440, hier S. 432.

neuerung verstanden, formulierte: »Der Nationalsozialismus hat in Deutschland eine neue, die spezifisch deutsche Rechtsidee zur Geltung gebracht«, die »als wirklich geistige Macht völkisch und blutbedingt« sei.[16] »Die Vorschriften des BGB bestehen noch«, belehrte Heinrich Stoll, Professor für Bürgerliches Recht in Tübingen, »aber sie erhalten durch die ›zentrale Rechtsidee‹ der siegreichen Bewegung eine neue Zielsetzung.«[17] In den Worten von Carl Schmitt: »Die alles durchdringende Einheit des neuen Rechtsdenkens liefert auch die alles beherrschende Auslegungsregel, von der wir heute ausgehen müssen.«[18]

Dieses neue Rechtsdenken hat Schmitt in einer die juristische Diskussion im Nationalsozialismus prägenden Schrift 1934 entworfen: *Über die drei Arten des rechtswissenschaftlichen Denkens*.[19] Darin wandte sich Schmitt gegen Normativismus als Gesetzes- und Regeldenken und gegen Dezisionismus, das heißt Recht von der Entscheidung des Richtenden her gedacht, als Ausdruck überkommenen liberalistischen Rechtsdenkens, und entwickelte als nationalsozialistische Alternative ein konkretes Ordnungsdenken, das sich auf konkrete Gemeinschaften innerhalb des Volkes bezieht. Rechtsanwender sollten sich weder positivistisch an Gesetze halten, von denen ja eine Vielzahl aus der Zeit vor 1933 stammten, noch sollten Richter autonom entscheiden können, was rechtens sei. Grundlage und Rechtsquelle für juristisches Handeln sei vielmehr die »konkrete Ordnung« von Gemeinschaften, in deren Lebenswirklichkeit das Recht bereits gegeben sei, bevor es geschrieben würde. Allgemein formuliert, ging es dennoch in erster Linie um die nationalsozialistische Volksgemeinschaft und deren neue Rechtsbegriffe. »Für das konkrete Ordnungsdenken«, so Schmitt,

16 Karl Larenz, »Deutsche Rechtserneuerung und Rechtsphilosophie« (1934), zitiert nach Bernd Rüthers, *Die unbegrenzte Auslegung. Zum Wandel der Privatrechtsordnung im Nationalsozialismus*, 7., erweiterte Aufl., Tübingen 2012, S. 118.

17 Heinrich Stoll, »Die nationale Revolution und das bürgerliche Recht« (1933), zitiert nach ebd..

18 Carl Schmitt, »Der Weg des deutschen Juristen« (1934), zitiert nach ebd.; vgl. dazu Michael Stolleis, *Geschichte des öffentlichen Rechts in Deutschland. Dritter Band: Staats- und Verwaltungsrechtswissenschaft in Republik und Diktatur 1914-1945*, München 1999, S. 316-325.

19 Carl Schmitt, *Über die drei Arten des rechtswissenschaftlichen Denkens*, Hamburg 1934; vgl. dazu Bernd Rüthers, *Entartetes Recht. Rechtslehren und Kronjuristen im Dritten Reich*, München 1994, S. 59-76.

»ist ›Ordnung‹ auch juristisch nicht in erster Linie Regel oder eine Summe von Regeln, sondern, umgekehrt, die Regel ist nur ein Bestandteil und ein Mittel der Ordnung.«[20]

Das »konkrete Ordnungsdenken« sollte als neue Rechtsquelle die Gesetzesbindung der Justiz lockern und eine neue nationalsozialistische Rechtsnorm einführen, die vor und über dem Gesetz steht. »Wir denken die Rechtsbegriffe um«, schrieb Schmitt 1934, »wir sind auf der Seite der kommenden Dinge.«[21] Nach diesem Denkschema, so der Rechtshistoriker Bernd Rüthers, konnten der »Führerwille«, Rasse und Volkstum, die Volksgemeinschaft, das Parteiprogramm der NSDAP, sogar die nationalsozialistische Weltanschauung zu verbindlichen Rechtsquellen erklärt werden. Schmitts »konkretes Ordnungsdenken« war »der ›Transformator‹ für rechtspolitische Wünsche der NS-Führung in geltendes Recht. Es legitimierte die normative Kraft der NS-Ideologie gegen alle abweichenden Strukturen und Traditionen. Neben die ›Normativität des Faktischen‹ trat, vermittelt durch das konkrete Ordnungsdenken, die normative Kraft des Ideologischen. Es war ein perfektes Instrument der Umgestaltung des überkommenen Rechts im Sinne der neuen Machthaber.«[22]

Dementsprechend stand das Volk, nicht das Gesetz im Mittelpunkt nationalsozialistischer Justiz. Hans Frank, während der Weimarer Republik Rechtsanwalt Hitlers, im April 1933 ernannt zum »Reichskommissar für die Gleichschaltung der Justiz und für die Erneuerung der Rechtsordnung«, Reichsleiter des Rechtsamtes der NSDAP, Reichsminister ohne Geschäftsbereich und Präsident der von ihm gegründeten Akademie für Deutsches Recht, später Generalgouverneur des besetzten Polen und verantwortlich für den Mord an Millionen Menschen, forderte, »das Recht vom Volke her aufzubauen und den Staat in den Mittelpunkt des völkischen Lebens zu stellen. Recht und Staat sind nicht Selbstzweck, sondern Mittel zum Zweck.« Nationalsozialistisches Recht sei nicht vereinbar mit einem Rechtsdenken, das sich in »blutleerer Abstraktion« ergehe, noch bilde die Einzelperson wie in der »liberalistisch-marxistischen

20 Schmitt, *Über die drei Arten,* S. 13.

21 Carl Schmitt, »Nationalsozialistisches Rechtsdenken«, in: *Deutsches Recht. Zentral-Organ des Bundes Nationalsozialistischer Deutscher Juristen*, Bd. 4, Nr. 10 (25. 5. 1934), S. 225-229, hier Sp. 225.

22 Rüthers, *Entartetes Recht*, S. 75 f.

Weltanschauung« das Zentrum. »Der Nationalsozialismus geht demgegenüber davon aus, daß es kein Recht gibt um des Rechtes wegen, sondern ein Recht um des Volkes wegen.« Die Rechtsordnung, so Frank im *Nationalsozialistischen Handbuch für Recht und Gesetzgebung*, dürfe »nicht mißbraucht werden zum Schaden der Volksgemeinschaft. Niemand darf imstande sein, etwas dem Gesamtvolk Schädliches im Wege der Rechtsanwendung durchzusetzen. Der Verbrecher kann und darf das Strafgesetzbuch nicht als magna charta libertatum für sich betrachten, sondern das Strafgesetzbuch ist im nationalsozialistischen Staat die klare, scharfe Reaktion der gesunden Volksgemeinschaft auf die schädlichen und verbrecherischen Anschläge des Untermenschentums. So erblickt die nationalsozialistische Rechtspolitik ihre wesentliche Aufgabe darin, daß das Recht allein dem deutschen Volke dienstbar gemacht wird.« Bereits 1926 habe er in einem Vortrag vor Juristen in München diesen Grundsatz folgendermaßen auf den Punkt gebracht: »Alles, was dem Volk nützt, ist Recht; alles, was ihm schadet, ist Unrecht.«[23]

Es wäre deshalb verfehlt, in der vorherrschenden Lehre des Rechtspositivismus, der zufolge das gesetzte Recht Geltung beanspruchen darf, unabhängig von Normen und Inhalten, die alleinige Ursache für die Bereitwilligkeit vieler Juristen zu sehen, sich der radikal veränderten Rechtsordnung des Nationalsozialismus anzupassen, wie insbesondere Gustav Radbruch nach dem Krieg argumentiert hat.[24] Nicht die Trennung von Recht und Moral, die insbesondere Hans Kelsen, einer der wichtigsten deutschen Rechtswissenschaftler des 20. Jahrhunderts, gefordert hat,[25] als vielmehr

23 Hans Frank, »Grundsätze des nationalsozialistischen Rechtsdenkens und Rechtwollens«, in: ders. (Hg.), *Nationalsozialistisches Handbuch für Recht und Gesetzgebung*, 2. Aufl., München 1935, S. 3-23., hier S. 3 f.; zum Volksbegriff nach 1933 vgl. Oliver Lepsius, *Die gegensatzaufhebende Begriffsbildung. Methodenentwicklungen in der Weimarer Republik und ihr Verhältnis zur Ideologisierung der Rechtswissenschaft im Nationalsozialismus*, München 1994, S. 32-49; zu Hans Frank siehe Dieter Schenk, *Hans Frank. Hitlers Kronjurist und Generalgouverneur*, Frankfurt/M. 2006.

24 Gustav Radbruch, *Gesetzliches Unrecht und übergesetzliches Recht* (1946), Baden-Baden 2002.

25 Vgl. Hauke Brunkhorst (Hg.), *Rechts-Staat. Staat, internationale Gemeinschaft und Völkerrecht bei Hans Kelsen*, Baden-Baden 2008; Robert van Ooyen, *Hans Kelsen und die offene Gesellschaft*, Wiesbaden 2010; Matthias Jestedt, *Hans Kel-*

die Verknüpfung von Moral und Recht im Nationalsozialismus hat die Rechtfertigung des Unrechts möglich gemacht.[26] Das »Wesen des Rechts«, so der damalige Staatssekretär im Reichsjustizministerium Franz Schlegelberger in einer Rede 1937 mit dem bezeichnenden Titel »Abschied vom BGB«, dürfe »nicht außerhalb des Volkslebens« gesucht werden. Rechtsbegriffe dürften »nur aus dem Leben gewonnen werden«, sonst seien sie »blutlos«.[27] Indem außerrechtliche Normen wie die »Volksgemeinschaft« oder das »gesunde Volksempfinden« als neue Rechtsquelle galten, stand das Recht unter einem steten politischen Vorbehalt, wie sich gleich zu Beginn des Regimes signifikant zeigte.[28]

Lex van der Lubbe

Ein erster eklatanter Bruch mit einem zentralen Prinzip des Strafrechts, dem Rückwirkungsverbot, geschah mit der Hinrichtung von Marinus van der Lubbe, dem mutmaßlichen Brandstifter des Reichstages in der Nacht vom 27. Februar 1933.[29] Von der NS-Führung sofort als kommunistischer Aufstandsversuch interpretiert, entschieden sich Hitler, Göring, Goebbels und von Papen in kleiner Runde noch in der Nacht, eine Notverordnung ausarbeiten zu lassen, die tags darauf dem Reichskabinett als Entwurf vorlag. Am späten Nachmittag unterschrieb Reichspräsident Hindenburg die »Verordnung zum Schutz von Volk und Staat« vom 28. Februar

sen und die deutsche Staatsrechtslehre. Stationen eines wechselvollen Verhältnisses, Tübingen 2013.

26 So insbesondere Herlinde Pauer-Studer in ihrer »Einleitung«, in: dies./Fink (Hg.), *Rechtfertigungen des Unrechts,* S. 15-153, hier S. 20-31; vgl. auch *Moralisierung des Rechts. Kontinuitäten und Diskontinuitäten nationalsozialistischer Normativität* (*Jahrbuch zur Geschichte und Wirkung des Holocaust,* 2014), hg. im Auftrag des Fritz Bauer Instituts von Werner Konitzer, Frankfurt/M., New York 2014.

27 Zitiert nach Joachim Rückert, »Der Rechtsbegriff der Deutschen Rechtsgeschichte in der NS-Zeit: der Sieg des ›Lebens‹ und des konkreten Ordnungsdenkens, seine Vorgeschichte und seine Nachwirkungen«, in: ders., *Unrecht durch Recht. Zur Rechtsgeschichte der NS-Zeit,* Tübingen 2018, S. 101-162, hier S. 103.

28 Zum »gesunden Volksempfinden« siehe Joachim Rückert, »Das ›gesunde Volksempfinden‹ – eine Erbschaft Savignys?«, in: ders., *Unrecht durch Recht,* S. 40-79.

29 Zu diesem Fall vgl. Lothar Gruchmann, *Justiz im Dritten Reich 1933-1940. Anpassung und Unterwerfung in der Ära Gürtner,* 3., verbesserte Auflage, München 2001, S. 826-831.

1933, mit der wesentliche Grundrechte der Verfassung wie Freiheit der Person, die Unverletzbarkeit der Wohnung, das Post- und Telefongeheimnis, die Meinungs- und Versammlungsfreiheit, das Vereinigungsrecht sowie die Gewährleistung des Eigentums außer Kraft gesetzt wurden. Statt wie bisher mit lebenslangem Zuchthaus konnten nun Hochverrat, Attentate, Sprengstoffanschläge und Brandstiftung mit dem Tod bestraft werden.[30]

Schon in der Kabinettssitzung am 2. März sprach Hitler davon, dass es besser gewesen wäre, hätte man Lubbe sofort aufgehängt.[31] Fünf Tage später forderte Reichsinnenminister Frick, ein Nationalsozialist der ersten Stunde, im Kabinett, dass es dringend geboten sei, Lubbe sofort aufzuhängen, und zwar öffentlich auf dem Königsplatz. Zwar sei Brandstiftung zur Zeit der Tat nur mit Zuchthausstrafe bedroht gewesen, aber der Grundsatz »nulla poena sine lege« (»Keine Strafe ohne Gesetz«) dürfe nicht unbeschränkt gelten. Hitler unterstützte Fricks Vorstoß und führte aus, dass er die Doktrin »Recht müsse Recht bleiben« nicht anerkennen könne, »wenn das ganze staatliche Leben darüber zugrunde gehen müsse«.[32]

Frick hatte gleich schon ein Gutachten von den Rechtsprofessoren Oetker (Würzburg), Nagler (Breslau) und von Weber (Jena) vom 4. März mitgebracht, das offenbar Hitler selbst in Auftrag gegeben hatte, in dem die drei Juristen darauf hinwiesen, dass es zwar strittig sei, Strafverschärfungen nachträglich anzuwenden, jedoch ihre Auffassung betonten, dass für eine Tat, die schon zu der Zeit, da sie begangen worden war, eine Straftat war, durch ein einfaches Gesetz nachträglich eine höhere Strafe verhängt werden könne.[33] Franz Schlegelberger mochte allerdings zu diesem Zeitpunkt am Beginn seiner nationalsozialistischen Karriere den bereits aus dem römischen Recht stammenden Grundsatz des Strafrechts »nulla poena sine lege« noch nicht einfach über Bord werfen. Das müsse, wandte er ein, »nicht nur in der juristischen Welt lebhaften Wi-

30 Thomas Raithel, Irene Strenge, »Die Reichstagsbrandverordnung. Grundlegung der Diktatur mit den Instrumenten des Weimarer Ausnahmezustandes«, in: *Vierteljahrshefte für Zeitgeschichte* 48 (2000), S. 413-460.

31 Ministerbesprechung vom 2.3.1933, in: *Akten der Reichskanzlei. Die Regierung Hitler*, Teil I: 1933/34, Band 1, bearbeitet von Karl-Heinz Minuth, Boppard am Rhein 1983, S. 146-156, hier S. 147.

32 Ministerbesprechung vom 7.3.1933, in: ebd., S. 159-166, hier S. 163 f.

33 Gruchmann, *Justiz*, S. 827.

derspruch auslösen. Der Grundsatz der Nichtrückwirkung strafverschärfender Gesetze herrscht fast in der ganzen Kulturwelt und wird von dem keineswegs dem Liberalismus zuzuzählenden Staatsrechtslehrer von Hippel gerade als ›die wichtigste Kulturgrundlage des Strafrechts‹ bezeichnet, die ›an die Spitze jedes Strafgesetzbuches gehöre‹. [...] Seine Preisgabe müßte notwendig zu einer Verwirrung des allgemeinen Rechtsbewußtseins führen. Hiervon würde ich für das Rechtsgefühl des Volkes einen Schaden befürchten, der nach meiner Überzeugung durch die Befriedigung über die angemessene Sühne einer einzelnen Untat nicht wettgemacht wird.«[34]

Derlei Einwände waren für die Hitler/Papen-Regierung keine acht Wochen nach ihrer Ernennung nicht mehr das Papier wert, auf dem sie geschrieben waren. Zwar wartete das Kabinett, bis es mit der Annahme des Ermächtigungsgesetzes durch den Reichstag am 23. März selbst Gesetze erlassen konnte und nicht mehr auf die Verordnungen des Reichspräsidenten angewiesen war, der sich offenbar gegen diesen Bruch mit einem der zentralen Grundsätze des Strafrechts sperrte. Und auch Schlegelberger fand sich nur vierzehn Tage später willig bereit, dem Kabinett das »Gesetz über Verhängung und Vollzug der Todesstrafe« vorzulegen, dem zufolge der § 5 der Reichstagsbrandverordnung, der unter anderem Brandstiftung mit der Todesstrafe belegte, auch für Taten gelte, die zwischen dem 31. Januar und 28. Februar begangen worden waren. Zudem erlaubte das Gesetz der Reichsregierung, die Hinrichtung durch Erhängen vollstrecken zu lassen, wenn es sich um ein Verbrechen gegen die öffentliche Sicherheit gehandelt habe. Das Gesetz trat mit Verkündung am 31. März in Kraft; das Reichsgericht machte mit seinem Urteil am 23. Dezember 1933 von diesem Gesetz Gebrauch und verurteilte Marinus van der Lubbe zum Tode, der am 10. Januar 1934 durch das Fallbeil hingerichtet wurde.

Staatsanwaltschaft gegen die SS

Während auf Reichsebene und in den Universitäten die Beflissenheit, dem »neuen Rechtsdenken« zu Diensten zu sein, stark ausgeprägt war, ist auf den unteren Ebenen der Justiz zu beobachten,

34 Kabinettsvorlage Schlegelbergers vom 10.3.1933, zitiert nach Gruchmann, *Justiz*, S. 828-829.

dass sich die einen oder anderen nicht so einfach der Zerstörung des Rechtsstaates unterwerfen mochten. Doch ist am Fall des Konzentrationslagers Dachau zu sehen, wie sich auch dort SS und Polizei gegen die Justiz durchsetzten. Heinrich Himmler, dessen SS damals als Teil der SA nur wenige zehntausend Mann umfasste, wurde Anfang März 1933 Polizeipräsident in München und nachfolgend Politischer Polizeikommandeur in Bayern. Ihm wurden zusätzlich die Hilfspolizei aus SA- und SS-Formationen sowie das Mitte März auf dem Gelände einer ehemaligen Pulverfabrik errichtete Konzentrationslager Dachau unterstellt.[35]

Am 12. April 1933 waren drei Häftlinge des Konzentrationslagers Dachau angeblich auf der Flucht erschossen worden, ein vierter so schwer verletzt, dass er wenige Tage später starb. Die zuständige Staatsanwaltschaft beim Landgericht München, die offenbar durch die Polizeidirektion München von den Todesfällen erfahren hatte, sandte tags darauf eine Gerichtskommission ins Lager, die jedoch die Angaben der Wachmannschaften bestätigte, worauf auf eine Obduktion der Leichen verzichtet und die Ermittlungen eingestellt wurden. Auch in drei weiteren Todesfällen kam es nicht zu einer Anklage.[36]

Im Mai jedoch unternahm die Staatsanwaltschaft einen Vorstoß. Am 16. Mai hatte der Lagerkommandant SS-Oberführer Hilmar Wäckerle der Staatsanwaltschaft einen Bericht übermittelt,

35 Peter Longerich, *Heinrich Himmler. Biographie*, München 2008, S. 158-160; zum »Dachauer Modell« siehe Karin Orth, *Das System der nationalsozialistischen Konzentrationslager. Eine politische Organisationsgeschichte*, Hamburg1999, S. 27-31.

36 Die Schilderung dieser Mordfälle, einschließlich der Zitate, folgt der Studie von Lothar Gruchmann, »Die bayerische Justiz im politischen Machtkampf 1933/34. Ihr Scheitern bei der Strafverfolgung von Mordfällen in Dachau«, in: Martin Broszat, Elke Frölich (Hg.), *Bayern in der NS-Zeit II. Herrschaft und Gesellschaft im Konflikt,* Teil A, München, Wien 1979, S. 415-428; vgl. Stanislav Zámečník, »Dachau-Stammlager«, in: Wolfgang Benz, Barbara Distel (Hg.), *Der Ort des Terrors. Geschichte der nationalsozialistischen Konzentrationslager*, Bd. 2, München 205, S, 233-274, besonders S. 235; Hans-Günter Richardi, *Schule der Gewalt. Das Konzentrationslager Dachau 1933-1934*, München 1983, S. 88-115; Christopher Dillon, *Dachau and the SS. A Schooling in Violence*, Oxford 2015, S. 40-48; Dirk Riedel, »Vom Terror gegen politische Gegner zur rassistischen Gesellschaft. Die Häftlinge des Konzentrationslagers Dachau 1933 bis 1936«, in: Jörg Osterloh, Kim Wünschmann (Hg.), *»... der schrankenlosesten Willkür ausgeliefert«. Häftlinge der frühen Konzentrationslager 1933-1936/37*, Frankfurt/M., New York 2017, S. 73-95.

dass sich der Nürnberger Kaufmann Schloß in seiner Zelle erhängt habe. Die daraufhin entsandte Gerichtskommission stellte hingegen fest, dass die Leiche deutliche Spuren von Gewalt aufwies, das Opfer vermutlich an den Schlägen gestorben und danach aufgehängt worden war, um eine Selbsttötung vorzutäuschen. Die angeordnete Obduktion bestätigte diese Vermutung, woraufhin der Oberstaatsanwalt Karl Wintersberger Klage wegen Körperverletzung mit Todesfolge und gegen Wäckerle und den Lagerarzt sogar Haftbefehl beantragte.

Schon am 17. Mai geschah der nächste Mord. Der Hilfsarbeiter Hausmann aus Augsburg war angeblich »auf der Flucht« erschossen worden; dagegen hielt die Gerichtskommission vor Ort fest, dass der Schuss nicht aus der Ferne abgegeben worden war, sondern es sich um einen Nahschuss aus weniger als einem Meter Entfernung gehandelt habe. Auch hier wurden eine gerichtliche Voruntersuchung und Haftbefahl beantragt. Der dritte Fall ereignete sich eine Woche später: Der Münchener Rechtsanwalt Dr. Strauß wurde durch Schüsse in den Hinterkopf getötet, weil auch er angeblich fliehen wollte. Auch hier stellte die Gerichtskommission fest, dass Strauß erheblich geschlagen worden war und Pantoffeln trug, mit denen er schwerlich hätte fliehen können.

In einem weiteren Todesfall – hier wurde ein Häftling am 25. Mai in seiner Zelle erschossen, weil er angeblich eine Bewegung gemacht hatte, die der SS-Mann als Angriff aufgefasst habe – stellte die Staatsanwaltschaft die Ermittlungen ein, weil die Einlassung des Täters durch die Obduktion nicht widerlegt werden konnte. Die SS versuchte ihrerseits, die Morde im Nachhinein systematisch zu vertuschen. Nach dem Tod des Kaufmanns Nefzger aus München am nächsten Tag, dem 26. Mai, der sich angeblich die Pulsadern aufgeschnitten hatte, erhielt das Amtsgericht Dachau gleich die Mitteilung des Lagerarztes, »daß eine Tötung durch Einwirkung fremder Personen auszuschließen ist«. Dennoch ordnete die Staatsanwaltschaft beim Landgericht München eine Obduktion an, die eine Selbstverletzung als Todesursache ausschloss, vielmehr feststellte, dass Nefzger erwürgt oder erdrosselt worden sei. Auch hier beantragte daraufhin die Staatsanwaltschaft am 1. Juni die gerichtliche Voruntersuchung und einen Haftbefehl.

Allerdings stieß der Untersuchungsrichter, als er bei der Münchener Polizeidirektion die Verhaftung der Beschuldigten erwirken wollte, auf Ablehnung. Für diese Fälle, so argumentierte die Mordkommission, sei nicht sie, sondern die politische Polizei zuständig. Ebenso intransigent verhielten sich die politischen Instanzen. Zwar drang Justizminister Hans Frank, darauf, dass die Angelegenheit auf die Tagesordnung der Ministerratssitzung am 31. Mai gesetzt wurde. Jedoch erklärte Innenminister Adolf Wagner, zugleich NSDAP-Gauleiter von Oberbayern, dass der Sachverhalt noch zu wenig geklärt sei, und erreichte, dass dieser Tagesordnungspunkt wieder gestrichen wurde. Vielmehr sollten Vertreter des Innen- und Justizministeriums mit Himmler, dem Lagerkommandanten Wäckerle und dem Lagerarzt sprechen. Doch entzog sich das Innenministerium dieser Besprechung, angeblich damit jeder »Anschein des Eingreifens in das schwebende Verfahren vermieden« werde. Stattdessen erhielt der Oberstaatsanwalt die Weisung, die Fälle direkt mit Himmler zu besprechen.

In dieser Unterredung, die am 1. Juni stattfand, gab sich Himmler einsichtig und erklärte, dass der Staatsanwaltschaft bei den nötigen Ermittlungen in Dachau keine Schwierigkeiten bereitet würden – vermutlich weil schon ein anderer Weg gefunden war, um die Ermittlungen zu blockieren. Denn am nächsten Tag erhielt der Oberstaatsanwalt die Anweisung, die Ermittlungsakten zu den Fällen dem Justizministerium zu übergeben, da sie am Nachmittag für eine Besprechung beim Reichsstatthalter von Epp benötigt würden. Anschließend wurden die Akten dem Innenministerium »zur Stellungnahme« übergeben. Von dort kamen sie nie wieder zurück. Zwar intervenierte der Oberstaatsanwalt in den folgenden Wochen, da er ohne die Akten die Untersuchungen nicht fortsetzen konnte, wurde aber immer wieder vertröstet, auch von Himmler, bei dem die Akten mittlerweile lagen. Am 12. Oktober schließlich erhielt das Justizministerium von Reinhard Heydrich, Himmlers rechte Hand und Chef der Bayrischen Politischen Polizei, die Nachricht, dass die Akten unauffindbar seien und »trotz eingehender Nachforschungen« nichts über den Verbleib der Unterlagen zu ermitteln sei. Der Staatsanwaltschaft standen keine Mittel mehr zur Verfügung, die Herausgabe der Akten zu erzwingen.

Bei weiteren Fällen von angeblichen Selbstmorden stellte Himmler kurzerhand den Antrag, die Ermittlungen »aus staatspolitischen Gründen« niederzuschlagen. Innenminister Wagner schloss sich diesem Ansinnen an, da »durch die Durchführung der Ermittlungsverfahren dem Ansehen des nationalsozialistischen Staates großer Abbruch getan würde, weil diese Verfahren sich gegen Angehörige der SA. und SS. richten und somit die SA. und SS., also Hauptträger des nationalsozialistischen Staates, unmittelbar betroffen würden«.

Zwar hielt Justizminister Frank eine Niederschlagung der Ermittlungen für »rechtspolitisch äußerst gefährlich« – immerhin handelte es sich erneut um drei Mordfälle –, und auch Reichsstatthalter von Epp ließ die Ermittlungen vorerst weiterführen. Doch scheiterte der Oberstaatsanwalt erneut an der Intransigenz der SS. Himmler verwies an seinen Vorgesetzten, den Stabschef der SA Ernst Röhm, dem zu diesem Zeitpunkt die SS noch unterstellt war und der als Reichsminister ohne Geschäftsbereich im bayrischen Kabinett fungierte. Röhm erklärte dem Oberstaatsanwalt, dass die Vorgänge, um die es gehe, politischer Natur seien und daher von den politischen Stellen entschieden werden müssten. Eine Behandlung durch die Justizbehörden erachte er für nicht geeignet. Er, Röhm, habe Himmler angewiesen, dass Untersuchungsbehörden das Lager Dachau vorerst nicht betreten und Angehörige des Wachpersonals auch dazu nicht befragt werden dürften. Das Konzentrationslager Dachau war zu einem Ort außerhalb des Rechts geworden.

Schließlich stellte der neu berufene Oberstaatsanwalt Barnickel am 27. September 1934 die Ermittlungen ein, »da die Erhebungen keine ausreichenden Anhaltspunkte für die Annahme eines fremden Verschuldens am Ableben der beiden Schutzhaftgefangenen ergeben« hätten. Sowohl an der Regimespitze wie im Falle der KZ-Häftlinge war Mord – die schwerste Straftat, die das Strafgesetzbuch kennt – politischen Beweggründen unterworfen und außerhalb der Strafverfolgung und des Rechts gesetzt worden, wenn es den politischen Zwecken entsprach.

Staat und Recht

Ebendies hat der jüdische Rechtswissenschaftler Ernst Fraenkel, der 1938 Deutschland verlassen musste, mit dem Begriff des »Doppelstaats« umschrieben. »Doppelstaat« sollte das »Nebeneinander eines seine eigenen Gesetze im Allgemeinen respektierenden

›Normenstaates‹ und eines die gleichen Gesetze missachtenden ›Maßnahmenstaates‹« bezeichnen.[37] Fraenkels Modell stieß bei seinem Zeitgenossen Franz Neumann auf Kritik. Neumann, der wie Fraenkel bei Hugo Sinzheimer studiert hatte und ebenfalls für die SPD und die freien Gewerkschaften anwaltlich tätig gewesen war, hatte Deutschland schon unmittelbar nach der nationalsozialistischen Machtübernahme 1933 verlassen, war erst nach England emigriert und von dort 1937 in die USA, wo er in Max Horkheimers gleichfalls ins Exil gegangenem Institut für Sozialforschung eine Anstellung fand.[38] In seiner einflussreichen, in den USA zuerst 1942, dann 1944 in erweiterter Fassung erschienenen Analyse *Behemoth. The Structure and Practice of National Socialism 1933-1944* bestritt Neumann, dass im nationalsozialistischen Deutschland ein Recht existiere, denn statt eines einheitlichen Staates hätten vier Machtgruppen: die NSDAP, die Ministerialbürokratie, die Wehrmacht und die Monopolwirtschaft, die Herrschaft inne, die jeweils direkt die Bevölkerung kontrollierten und sich untereinander informell verständigten.[39] So wie Thomas Hobbes in seinem Buch *Behemoth* über den englischen Bürgerkrieg sah auch Neumann im NS-System einen »Unstaat«, der sich zu Chaos, Herrschaft der Gesetzlosigkeit und Anarchie entwickele.[40] Neumann gewann seine These, indem er auf der *ratio* des Gesetzes beharrte. Gesetz sei nicht nur *voluntas*, Wille des Souveräns, gleich ob Monarch oder Volk, sondern von seiner formalen Struktur her rational, voraussagbar und berechenbar, vor allem allgemein. Der Nationalsozialismus hingegen zerstöre die Allgemeinheit der Gesetze. Die Gleichheit vor dem Gesetz existiere nicht mehr. »Wenn Recht und Wille des Führers identisch sind«, so Neumann mit deutlichem Bezug auf die Morde im Juni 1934 und deren Rechtfertigung durch Carl Schmitt, »wenn der Führer selbst ohne jedes Justizverfahren politische Gegner töten lassen kann und diese Tat als höchste Verwirklichung des

37 Siehe dazu den Beitrag »Die politische Ordnung der Volksgemeinschaft. Ernst Fraenkels ›Doppelstaat‹ neu betrachtet« in diesem Band.

38 Zu Neumann siehe Alfons Söllner, »Vom Reformismus zur Resignation? Franz L. Neumann als ›political scholar‹«, in: Franz Neumann, *Behemoth. Struktur und Praxis des Nationalsozialismus 1933-1944*, neu hg. von Alfons Söllner und Michael Wildt, Hamburg 2018, S. III-XXXVI.

39 Neumann, *Behemoth*, S. 541-543.

40 Ebd., S. 16.

Rechts gefeiert werden kann, dann allerdings kann man von einem spezifischen Charakter als Recht nicht mehr sprechen. Das Recht ist jetzt ein technisches Mittel zur Durchsetzung bestimmter politischer Ziele, ist nur noch Befehl des Souveräns.«[41]

Neumanns Auffassung war stark von der Normativität seiner Rechtstheorie geprägt. Seine zweite Dissertation, die er 1936 an der London School of Economics and Political Science einreichte, widmete sich bezeichnenderweise der *Governance of the Rule of Law*.[42] Vieles spricht dafür, dass Fraenkels Modell des »Doppelstaates« die Dynamik der nationalsozialistischen »Rechtserneuerung« nach 1933 besser erfasst als Neumanns starre, kategoriale Definition. Doch die radikale politische Theorie, zu der hin Neumanns Auffassung vom Verschwinden des Staates führte, bleibt eine intellektuelle Herausforderung. »Was aber ist nun die Struktur des Nationalsozialismus, wenn es sich nicht um einen Staat handelt? Ich wage zu behaupten, daß wir es hier mit einer Gesellschaftsform zu tun haben, in der die herrschenden Gruppen die übrige Bevölkerung direkt kontrollieren – ohne die Vermittlung durch den wenigstens rationalen, bisher als Staat bekannten Zwangsapparat.«[43] Wenn die nationalsozialistische Ordnung durch Machtgruppen beherrscht wurde, die jede eine eigene, voneinander unabhängige Struktur besaßen und Handeln durch Vereinbarungen untereinander regelten, dann muss in der Tat die politische und administrative Konstellation, die wir Staat zu nennen gewohnt sind, neu gedacht werden.[44]

Aber auch Fraenkels Modell muss weiterentwickelt werden. Zu Recht weist Joachim Rückert darauf hin, dass das gesamte Recht dem diktatorischen Politikvorbehalt unterworfen war, der »Normenstaat« daher nicht als *Arcanum* der Rechtsstaatlichkeit begriffen werden kann, sondern seinerseits von der »Rechtserneuerung« durchdrungen wurde und nicht nur im »Maßnahmenstaat« aufgeht.[45] Michael Stolleis spricht von unterschiedlichen »Fließ-

41 Ebd., S. 518.

42 Deutsch erschienen unter dem Titel *Die Herrschaft des Gesetzes*, Frankfurt/M. 1980.

43 Neumann, *Behemoth*, S. 543.

44 Vgl. dazu die Anmerkungen zur Diskussion um die »neue Staatlichkeit« des NS-Regimes von Gabriele Metzler, *Der Staat der Historiker. Staatsvorstellungen deutscher Historiker seit 1945*, Berlin 2018, S. 303-306.

45 Joachim Rückert, »Unrecht durch Recht – zum Profil der Rechtsgeschichte der NS-Zeit«, in: ders., *Unrecht durch Recht*, S. 3-32, hier S. 18 f.

geschwindigkeiten«, mit denen die einzelnen Rechtsgebiete dem politischen Anspruch des NS-Regimes ausgesetzt waren, wobei er betont, dass zu behaupten, es habe einzelne gänzlich unberührte Gebiete gegeben, eine Legende sei.[46] Hat es bei Fraenkel den Anschein, als ließen sich die Institutionen des NS-Regimes jeweils dem Maßnahmen- beziehungsweise dem Normenstaat zuordnen, so zeigt sich mit den Aufarbeitungsprojekten zu den einstigen Reichsministerien, dass sich die Verwaltungen im Nationalsozialismus stark wandelten und ihrerseits jeweils normen- wie maßnahmenstaatliche Züge zugleich annahmen.

Mit dem Ermächtigungsgesetz vom 21. März 1933 übertrug der Reichstag der Regierung die Macht, selbst Gesetze zu erlassen, und verschob damit die Gewaltenteilung in Legislative, Exekutive und Judikative in entscheidender Weise zugunsten der exekutiven Gewalt. Verwaltungen waren nun nicht mehr Ausführungsorgane der Gesetze, die vom Parlament verabschiedet wurden, sondern konnten selbst die Gesetze entwerfen, denen sie folgen wollten. Die Machtverschiebung stärkte die Exekutive und ermöglichte ihr neue Handlungsräume. Alle politischen Maßnahmen, die in den Augen der Verwaltungen nötig waren, um bestimmte Probleme zu lösen, konnten nun verwirklicht werden, ohne sich mit dem eigentlichen Gesetzgeber, der gewählten Volksvertretung, auseinandersetzen zu müssen – was nicht bedeutet, dass Verwaltungen nicht weiterhin an Normen und Regeln interessiert gewesen wären.

Der NS-Führung war bewusst, dass sie auf die Verwaltungsstrukturen und die administrative Expertise der Ministerialbürokratie angewiesen war, wenn sie Politik durchsetzen wollte. Ohne Zweifel entstand im Nationalsozialismus eine Vielzahl von Sonderbehörden und Kommissaren, die in Konkurrenz und Rivalität zur herkömmlichen Verwaltung standen. Es gab Konflikte, Überschneidungen und auch Reibungsverluste. Aber, und das ist eine wichtige Erkenntnis der neueren Forschungen, dies führte nicht zu »Chaos«, sondern alle Seiten arbeiteten an der gleichen Aufgabe und waren bestrebt, das nationalsozialistische Ziel zu erreichen. Persönliche Netzwerke und informelle Entscheidungsverfahren spielten dabei ebenso eine Rolle wie der Abbau von traditionellen Hierarchien und die Bildung aufgabenorientierter Arbeitskommissionen. Wenn

46 Michael Stolleis, »›Recht im Unrecht‹«, in: ders., *Recht im Unrecht. Studien zur Rechtsgeschichte des Nationalsozialismus*, Frankfurt/M. 1994, S. 7-35, hier S. 12.

die jüngere Forschung darauf abzielt, in den nationalsozialistischen Herrschaftsformen eine »neue Staatlichkeit« (Rüdiger Hachtmann) zu erkennen, so erweist sich zum einen die Produktivität von Fraenkels Modell, zum anderen die Notwendigkeit, den »Doppelstaat« aus seiner Statik zu lösen und sowohl zu dynamisieren, das heißt die Radikalisierung von Verwaltungen im Laufe des NS-Regimes, vor allem im Krieg zu erfassen, als auch zu transformieren, also die Gleichzeitigkeit von regelhaftem und ermächtigtem, politischem Handeln in den staatlichen Institutionen in den Blick zu nehmen.

Das Recht der »Volksgemeinschaft«

»Volksgenossen« hatten es daher nicht leicht, in diesem sich dynamisierenden und radikalisierenden System Berechenbarkeit, Kontinuität und Rechtssicherheit zu finden. Wenn selbst Kapitalverbrechen wie Mord keine strafrechtliche Ahndung mehr nach sich zogen, konnte dem Einzelnen alles geschehen. Die Gleichheit vor dem Gesetz und das Recht, Rechte zu haben, hatte das NS-Regime innerhalb kürzester Zeit kassiert. Nunmehr galten Loyalität und Gefolgschaft als Garanten, staatlichen Schutz zu erhalten. Schmitts konkretes Ordnungsdenken markierte nach Fraenkel eine entscheidende Zäsur, denn die Lehre von der Gemeinschaft, so Fraenkel, bildete den Angelpunkt des gesamten nationalsozialistischen Rechtssystems. »Der Vorstellung, daß die Gemeinschaft alleinige Quelle des Rechts sei, entspricht die Lehre, daß es außerhalb der Gemeinschaft kein Recht geben könne. [...] Wer außerhalb der Gemeinschaft steht, ist der wirkliche oder potentielle Feind. Innerhalb der Gemeinschaft gelten Friede, Ordnung und Recht. Außerhalb der Gemeinschaft gelten Macht, Kampf und Vernichtung.«[47]

Genau dies bildete die Botschaft in Hermann Görings Rede 1934. »Jeder einzelne der Gefolgschaft hat den Anspruch auf Schutz der Gesetze, aber auch nur, solange er sich in der Volksgemeinschaft als wirklicher Volksgenosse im wahrsten Sinne dieses ehreumkleideten Wortes bewegt. Wer sich in seinem Tun außerhalb der Gefolgschaft stellt, wer erwiesenermaßen die Volksgemeinschaft selbst bekämpft und zersetzt, wer diesen Staat und damit die Gemeinschaft verrät,

47 Fraenkel, *Doppelstaat*, S. 193.

der stellt sich mit diesem Tun auch außerhalb der Gesetze dieser Volksgemeinschaft und verwirkt dann auch seinen Anspruch auf Schutz.«[48]

Damit war einerseits die Grenze der Rechtsgemeinschaft gezogen und klargestellt, dass nur »Volksgenossen« Rechtsgenossen sein konnten. Wer zur »Volksgemeinschaft« gehörte, bestimmte der NS-Staat, insbesondere die SS und Polizei. An der Verfolgungspraxis ließ sich erkennen, wo die Grenze verlief. Es galt, aufmerksam und vorsichtig zu sein, um nicht unversehens in den Fokus der Gestapo zu geraten. Doch die Unbeschränktheit des Polizeihandelns durfte nicht willkürlich erscheinen. »Untragbar aber ist es für jede gesunde, natürliche Volksgemeinschaft«, so Göring, »wenn der einzelne anständige Volksgenosse das Gefühl haben müßte, er sei gegen gewisse Angriffe schutzlos, seine Sicherheit liege in der willkürlichen Entscheidungsgewalt Unbefugter.«[49] Die Kalkulierbarkeit der Grenze bildete eine Grundlage für den Zusammenhalt der »Volksgemeinschaft«. Bezeichnenderweise geriet die Loyalität zum Regime in eine Krise, als die NS-Führung mit Kriegsbeginn 1939 beschloss, kranke und behinderte Menschen zu töten. Damit wurden die Kriterien rassistischer Selektion an die »Volksgemeinschaft« selbst angelegt. Menschen, die als »unnütz« galten und deren Zwangssterilisierung bislang auf keinen Widerspruch gestoßen war, nun zu ermorden, durchbrach offenkundig eine Linie der Duldsamkeit. Welche Gründe auch für den Unmut sorgten, ob Familienzusammengehörigkeit, Mitleid oder das Erschrecken darüber, dass die nationalsozialistische Gewaltpolitik sich nicht mehr gegen die »Anderen« richtete, sondern nun auch gegen »uns« – die Proteste, der Widerspruch und Unmut über die Krankenmorde wurden so laut, dass sich die NS-Führung im Sommer 1941 entschloss, die »Euthanasie« zumindest offiziell zu beenden.

Zum anderen boten die neuen Generalklauseln wie »Volksgemeinschaft« oder »das gesunde Volksempfinden« auch Möglichkeiten, den eigenen Ansprüchen Geltungskraft zu verleihen. Michael Stolleis konstatierte, dass Gemeinwohlformeln in der juristischen Terminologie des Nationalsozialismus eine bis dahin unbekannte Breite erreichten. Die Formel »Gemeinnutz vor Eigennutz«, die

48 Göring, »Rechtssicherheit«, S. 1428.
49 Ebd., S. 1429.

schon im Parteiprogramm der NSDAP von 1920 verankert war, wurde zum »Leitmotiv der nationalsozialistischen Eingriffe in das Rechtssystem«.[50]

Selbst die Vertragsfreiheit als Grundprinzip der Privatrechtsordnung wurde zugunsten des Gemeinschaftsdenkens angegriffen. Die Vertragsfreiheit war im »neuen Rechtsdenken« nur noch, so Bernd Rüthers, »ein Mittel zur Verwirklichung von Gemeinschaftszielen«.[51] Im Privatrecht mussten daher keine einschneidenden Änderungen vorgenommen werden, es genügte die rechtsändernde Auslegung. So klagte zum Beispiel gleich im August 1933 eine Angestellte gegen ihre Kündigung, die damit begründet worden war, dass es nun gelte, Arbeitsplätze für männliche Angestellte zu schaffen – erfolglos, denn sowohl das Arbeitsgericht in Ratibor wie das Landgericht Gleiwitz als Berufungsinstanz wiesen die Klage ab. Das Landgericht gab zwar zu, dass die Kündigung, »wenn man lediglich den Buchstaben des Gesetzes folgt«, unzulässig sei, aber berücksichtigt werden müsse, dass das Betriebsrätegesetz von der individualistischen Vorstellung einer Gleichstellung von Mann und Frau ausgehe, wohingegen gemäß der nationalsozialistischen Weltanschauung Frauen ihren Wirkungskreis im Haushalt hätten. Daher weiche das Landgericht von der Gesetzeslage ab, weil es das »herrschende Rechtsempfinden« nicht verletzen wolle.[52]

Ernst Langthaler zeichnet am Beispiel von Streitfällen um den Status eines Erbhofes nach, wie mit der Rhetorik und den Argumentationsmustern der »Volksgemeinschaft« die Auseinandersetzungen vor Gericht geführt wurden, die selbstredend nach wie vor von subjektiven Einzelinteressen dominiert waren, es nun aber darauf ankam, innerhalb des veränderten Diskurses den Richter davon zu überzeugen, dass das »Gemeinwohl« bei den eigenen Interessen am besten aufgehoben sei. Ähnlich stellt Anette Blaschke dar, wie das pompös zelebrierte Reichserntedankfest auf dem Bückeberg bei Hameln in Niedersachsen zu heftigen Konflikten in den umliegenden Ortschaften führte, da diese den Besucherstrom zu bewältigen hatten. Auch hier wurde die Kontroverse mit den Semantiken der

50 Michael Stolleis, *Gemeinwohlformeln im nationalsozialistischen Recht*, Berlin 1974, S. 2.

51 Rüthers, Auslegung, S. 364.

52 Ebd., S. 148 f.

»Volksgemeinschaft« ausgetragen, um trotz gegensätzlicher Interessenlagen zu einem Kompromiss zu gelangen.[53]

Das NS-Regime konnte den »Volksgenossen« keine Rechtssicherheit in dem Sinn bieten, dass sich der Einzelne, wenn er sich in seinen Rechten beschnitten fühlte, vor Gericht sein Recht hätte einklagen können. Das »neue Rechtsdenken« hatte die systemische Stabilität des Rechts, auf das gerade deutsche Juristen so stolz war, innerhalb kürzester Zeit zunichtegemacht. Nunmehr oblag es vor allem den Richtern, entsprechend der neuen Generalklauseln »Volksgemeinschaft« und »gesundes Volksempfinden« Recht zu sprechen. Die Macht der »unbegrenzten Auslegung« (Bernd Rüthers) bot die Möglichkeit, jedes deviante, nonkonforme Verhalten zu ahnden, wie es der berüchtigte, 1935 neu gefasste § 2 des Strafgesetzbuches vorsah: »Bestraft wird, wer eine Tat begeht, die das Gesetz für strafbar erklärt oder die nach dem Grundgedanken eines Strafgesetzes und nach gesundem Volksempfinden Bestrafung verdient. Findet auf die Tat kein bestimmtes Strafgesetz unmittelbar Anwendung, so wird die Tat nach dem Gesetz bestraft, dessen Grundgedanke auf sie am besten zutrifft.«

Die Moralisierung des Rechts bot jedoch auch den »Volksgenossen« ihrerseits, an der Auslegung mitzuwirken. Indem sie für sich reklamierten, ganz nach den Grundsätzen der »Volksgemeinschaft« gehandelt zu haben, waren sie ihrerseits Akteure in einem vornehmlich politischen Diskurs, der nicht mehr ausschließlich von den komplexen juristischen Regeln der Rechtsfindung abhängig war. So sprach das Schöffengericht Berlin am 1. April 1939 die junge Ilse P. frei, die in der Pogromnacht am 9. November 1938 sich an der Plünderung eines Geschäftes beteiligt hatte. Zwar habe sie objektiv Diebstahl begangen, aber sie sei von den Ereignissen dieser Nacht gepackt und nicht mehr in der Lage gewesen, »zu beurteilen, wie weit die Volksgemeinschaft ihre Handlungen billigen oder verwerfen würde«. Nach Ilse P.'s »glaubhaften Einlassung hat ihr das Bewußtsein der Rechtswidrigkeit gefehlt«. Hier galt nicht mehr der

53 Ernst Langthaler, »Ländliche Gesellschaft im Nationalsozialismus als ›Lebenswelt‹ – am Beispiel der Erbhofgerichtsbarkeit«, in: Dietmar von Reeken, Malte Thießen (Hg.), *›Volksgemeinschaft‹ als soziale Praxis. Neue Forschungen zur NS-Gesellschaft vor Ort*, Paderborn u.a. 2013, S. 111-124; Anette Blaschke, »Die Reichserntedankfeste vor Ort. Auf der ›Hinterbühne‹ einer nationalsozialistischen Masseninszenierung«, in: ebd., S. 125-141.

Grundsatz, dass Nicht-Wissen nicht vor Strafe schützt, sondern das Gericht fühlte sich frei, eine tatsächlich begangene Straftat nicht zu ahnden.[54]

So groß der Handlungsraum erscheint, so schmal war der Grat der Rechtsprechung. Denn wenn auch für Juden das Recht keinen Schutz mehr bot, so durfte doch den »Volksgenossinnen« nicht alles erlaubt sein. Die Erosion des Rechts im Nationalsozialismus ist daher nicht allein ein juristisches Problem, sie zerstört ebenso die soziale Kohäsion der Gesellschaft. Eine Rechtsgeschichte des Nationalsozialismus ist somit zugleich auch eine Sozialgeschichte. Indem das NS-Regime mit tatkräftiger Hilfe seiner nationalsozialistischen Rechtstheoretiker die Autonomie des Rechts angriff und die Grenzen zu Politik und Moral einriss, entband es das Recht von seiner binnendisziplinären Logik. Wer recht hatte, war nun keine Frage von systematisch legitimierter Interpretation der Gesetze, aber unterlag auch nicht unbegrenzter Richtermacht, weil nun sehr viel stärker politische und soziale Interessen die Rechtsprechung bestimmten. Gerichtsakten boten schon immer Auskunft über die Gesellschaft. Man denke nur an Carlo Ginzburgs berühmtes Buch über das Weltbild eines Müllers im Friaul um 1600 auf der Grundlage von Inquisitionsakten.[55] Für die NS-Zeit wären die Dokumente der Gerichte für die Geschichtsschreibung noch zu entdecken. Bislang haben Historikerinnen und Historiker vor allem gelernt, Gerichtsakten hinsichtlich von Verfolgung und Widerstand zu lesen. Darüber hinaus aber eröffnen sie die Chance einer neuen Lektüre, nämlich die Konflikte der »Volksgemeinschaft« zu untersuchen und mit ihnen eine Gesellschaftsgeschichte des Nationalsozialismus zu schreiben.

54 Urteil des Schöffengerichts in Berlin – Abteilung 753 vom 1. 4. 1939, Landesarchiv Berlin, A Rep. 358-02, 2 Ju. Ms 11/39.

55 Carlo Ginzburg, *Der Käse und die Würmer. Die Welt eines Müllers um 1600*, Frankfurt/M. 1983.

13.
Sind die Nazis Barbaren?
Betrachtungen zu einer geklärten Frage

Darf die Frage überhaupt gestellt werden? Ist sie nicht längst und zwar in aller Deutlichkeit beantwortet? Denn wer, wenn nicht die Nazis, sollten Barbaren gewesen sein. Was dieses Urteil an Gewissheit verspricht, zerrinnt freilich schnell, sobald wir die Dinge näher betrachten und detaillierter nachfragen. Denn zweifellos waren die Nationalsozialisten keine barbarischen Usurpatoren, die aus fernen Ländern hereinbrachen, vielmehr stammten sie mitten aus der zivilisierten Gesellschaft Deutschlands. Wer also konnte zum Barbaren werden? Wie kann Zivilisation in nackte Barbarei umschlagen? Und wie umgekehrt aus Barbarei Zivilisierung entstehen? Die Entschiedenheit der Überzeugung, dass die Nazis Barbaren waren, scheint – so die Ausgangsvermutung dieses Aufsatzes – Vieldeutigkeiten zu verdecken, denen im Folgenden nachgegangen werden soll. Insbesondere gilt es, die Rede von den barbarischen Nationalsozialisten mit den barbarischen Reden der Nationalsozialisten in Beziehung zu setzen. Dabei wird sich zeigen, dass auch sie sich des mächtigen Dualismus zwischen Zivilisation und Barbarei nicht entledigen konnten.[1]

I.

Für zahlreiche deutsche Juden, die sich mit der klassischen deutschen Kultur, mit Bach und Beethoven, Schubert und Brahms, Goethe und Schiller in besonderer Weise verbunden fühlten, bedeutete der nationalsozialistische Sieg 1933 nichts weniger als den Einbruch der Barbarei. Anfängliche Beruhigungsversuche, selbst die Nazis hätten sich an politische Spielregeln zu halten und ihre Versprechungen

1 Dieser Text entstand aus einem Vortrag, den ich im Seminar von Valentin Groebner an der Universität Luzern zum Thema »Barbaren – eine Spurensuche« am 12. Januar 2006 gehalten habe. Ich danke den Teilnehmerinnen und Teilnehmern des Seminars, ganz besonders aber Valentin Groebner sowie Martin Bauer für Kritik, Hinweise und Anregungen.

würden von denjenigen, die sie gewählt hatten, bald als großsprecherische Seifenblasen durchschaut, wichen schnell dem Entsetzen darüber, dass die Nationalsozialisten tatsächlich mit Brachialgewalt darangingen, Deutschland radikal umzugestalten.

Bei Victor Klemperer riefen die Boykottaktionen gegen Geschäfte mit jüdischen Inhabern Anfang April 1933 Bilder von den Pogromen im »tiefsten Mittelalter oder im innersten zaristischen Russland« wach. »Ich habe mich wahrhaftig immer als Deutscher gefühlt. Und ich habe mir immer eingebildet: 20. Jahrhundert und Mitteleuropa sei etwas anderes als 14. Jahrhundert und Rumänien. Irrtum.«[2] Deutschland als ein Ort von Kultur und Zivilisation, weit entfernt von barbarischen Räumen wie barbarischen Zeiten, das nun auf ebenso schreckliche wie unerklärliche Weise von der Barbarei eingeholt wurde, ist ein gängiger Topos in den autobiographischen Texten deutscher Juden. Hans Reichmann, Syndikus des Centralvereins deutscher Staatsbürger jüdischen Glaubens, der nach dem Novemberpogrom 1938 ins KZ Sachsenhausen verschleppt wurde und im Frühjahr 1939 nach England ausreisen konnte, schrieb unmittelbar nach seiner Flucht einen ausführlichen Bericht über die Geschehnisse der letzten Jahre und endete: »Als ich zum erstenmal nach dem Weltkrieg eine französische Gedenktafel sah, die vom Kampf der Humanität gegen die Barbarei sprach, fühlte ich mich peinlich berührt. Heute möchte ich selbst ein Chronist der Untaten werden und ein Fanal entzünden, das die Barbarei ausbrennen hilft.«[3]

Offenkundig war das Bewusstsein, einer zivilisierten Nation anzugehören, im Ersten Weltkrieg noch ungebrochen. Alle kriegführenden Parteien entwarfen ein Selbstbild, wonach die eigene Kultur gegen die barbarischen Feinde zu verteidigen sei; während auf alliierter Seite von den deutschen »Hunnen« die Rede war, hing man in Deutschland dem Phantasma an, den Kampf gegen die asiatische Barbarei in Russland führen zu müssen. Zwar mochte die Wechselseitigkeit der Zuschreibungen von Zivilisiertheit und Bar-

2 Victor Klemperer, *Ich will Zeugnis ablegen bis zum letzten. Tagebücher 1933-1945*, hg. von Walter Nowojski unter Mitarbeit von Hadwig Klemperer, Band 1, Berlin 1995, S. 15 (Eintrag unter dem 30. 3. 1933).

3 »Epilog, London, 16. März 1940«, in: Hans Reichmann, *Deutscher Bürger und verfolgter Jude. Novemberpogrom und KZ Sachsenhausen 1937 bis 1939*, hg. von Michael Wildt, München 1998, S. 281.

barentum dazu führen, »peinlich berührt« zu sein, doch konnte sie den festen Glauben an die eigene Zivilisiertheit nicht erschüttern. Vielmehr hielt die Reziprozität die Gewissheiten in der Balance.[4]

Nun aber war die Barbarei in der eigenen Nation aufgebrochen. Nicht fremde Barbaren waren über Deutschland hergefallen, die barbarischen Kräfte entstammten unübersehbar der deutschen Gesellschaft selbst. Die Selbstgewissheit nationaler Zivilisiertheit, wie sie im Gefühl der Peinlichkeit beim Blick auf eine französische Gedenktafel ihren Ausdruck gefunden hatte, war mit einem Schlag zerstört. Das Selbstbild fand sich als Trugbild entlarvt. Denn was nach eigenem Urteil beharrlich über Jahrhunderte hinweg und also mühsam an Zivilisation aufgebaut worden war, konnte offenbar buchstäblich in einer Nacht hinweggefegt werden. Mit Schrecken glaubten Hans Reichmann wie Victor Klemperer zu erkennen, wie dünn der kulturelle Firnis in Wirklichkeit war, so dass er jederzeit einbrechen und die Barbarei Raum greifen konnte. Dieser tiefe Riss in der eigenen Biographie, der Zusammenbruch des Sicherheitsgefühls, das die subjektive Gewissheit, in einer zivilisierten Gesellschaft zu leben, verliehen hatte, können nicht unterschätzt werden. Der Affekt in Reichmanns Satz, ein Fanal entzünden zu wollen, das die Barbarei ausbrennen hilft, dokumentiert, als wie verstörend, ja zerstörend der Aufstieg des nationalsozialistischen Regimes erfahren wurde.

Barbarei erscheint hier als das der Zivilisation Entgegengesetzte, ihre Negation und Zerstörerin. Wo die Barbarei herrscht, ist die Zivilisation vernichtet. Die Schärfe der Formulierungen verweist unmissverständlich auf die tiefe Enttäuschung, dass sich die große Erzählung der Moderne, sie würde aufklärend das Licht der Vernunft ins Dunkel tragen und geschichtlich unaufhaltsam fortschreitend barbarische Verhältnisse rationalisieren und pazifizieren, als Illusion herausgestellt hatte. Ist es nicht überaus kennzeichnend, dass zu ebendieser Zeit ein emigrierter deutscher Jude in der Bibliothek des Britischen Museums ein Werk über den Prozess der Zivilisation zu schreiben beginnt?[5]

4 Vgl. Uwe Schneider, Andreas Schumann (Hg.), *»Krieg der Geister«. Erster Weltkrieg und literarische Moderne*, Würzburg 2000; Kurt Flasch, *Die geistige Mobilmachung. Die deutschen Intellektuellen und der Erste Weltkrieg. Ein Versuch*, Berlin 2000; Peter Hoeres, *Krieg der Philosophen. Die deutsche und die britische Philosophie im Ersten Weltkrieg*, Paderborn 2004.

5 Auf die Frage, ob er mit der historischen Darstellung nicht auch etwas über das

Mit dem Begriff der Barbarei suchten sich einstmals Griechen wie Römer räumlich abzugrenzen und zu erheben – *barbarus* war der Fremde, der weder die eigene Sprache noch die eigenen Sitten kannte.[6] Ebenso führte das Grimmsche Wörterbuch unter dem Stichwort »bárbareí« zum einen den »Landstrich in Nordafrica, wo die Berbern, oder jedes Land, wo Barbaren wohnen« auf, verzeichnete zum anderen die Bedeutung: »inhumanitas, crudelitas«.[7] In der Moderne hat sich der Gegensatz von Barbarei und Zivilisation zusätzlich verzeitlicht. Nach dem neuzeitlichen Verständnis der Geschichte als eines offenen Prozesses, der sich fortschreitend auf eine gestaltbare Zukunft hin entwickelt, lag die Barbarei in weiter Vergangenheit, von der man sich zivilisatorisch mehr und mehr entfernte.[8] Seither ist neben der geläufigen räumlichen Struktur gleichfalls eine temporale Fortschrittsstruktur untrennbar mit dem Gegensatzpaar Barbarei und Zivilisation verbunden. »Wie unser Gang ein beständiges Fallen ist zur Rechten und zur Linken, und dennoch kommen wir mit jedem Schritt weiter«, schrieb Johann Gottfried Herder Ende des 18. Jahrhunderts, »so ist der Fortschritt der Kultur in Menschengeschlechtern und ganzen Völkern.« Condorcet sprach sogar von den »progrès naturels de la civilisation«.[9]

Nicht nur als Deutungsfigur in autobiographischen Zeugnissen, auch in der Geschichtsschreibung zum Nationalsozialismus erscheint das Gegensatzpaar Zivilisation und Barbarei – hier allerdings als analytische Kategorie. Hans Mommsen erklärte in einem

Deutschland der dreißiger Jahre sagen wollte, antwortete Norbert Elias fünfzig Jahre später: »Ja... ein wenig, ja. Ich hatte immer den Eindruck, daß die extreme Hemmungslosigkeit, zu der man in Deutschland fähig ist, unter anderem damit zusammenhängt, daß die Kultur der deutschen Mittel- und Unterschichten nur wenig durch eine Stufe im Zivilisationsprozeß geprägt wurde, die in England und Frankreich sehr wichtig war – die aristokratische Stufe.« *Norbert Elias über sich selbst.* A. J. Heerma van Voss und A. van Stolk, Biographisches Interview mit Norbert Elias, Frankfurt/M. 1990, S. 71.

6 Vgl. Elke Ohnacker, *Die spätantike und frühmittelalterliche Entwicklung des Begriffs barbarus*, Münster u. a. 2003.

7 *Deutsches Wörterbuch. Elektronische Ausgabe der Erstbearbeitung von Jacob Grimm und Wilhelm Grimm* (Der Digitale Grimm), Frankfurt/M. 2004.

8 Vgl. dazu den Eintrag »Zivilisation, Kultur« von Jörg Fisch, in: Otto Brunner u. a. (Hg.), *Geschichtliche Grundbegriffe. Historisches Lexikon zur politisch-sozialen Sprache in Deutschland*, Bd. 7, Stuttgart 1992, S. 679-774, hier besonders S. 705-724.

9 Zitiert nach ebd., S. 709, 719.

mit »Modernität und Barbarei« überschriebenen Aufsatz aus dem Jahr 1996 das NS-Regime zu einem Rückfall in eine »überwunden geglaubte barbarische Form, worunter in unserem Zusammenhang eine nicht mehr erkennbar interessengelenkte, bloß zynischer Willkür und ideologischer Verblendung entspringende Vernichtungspolitik begriffen werden muß«.[10] Entsprechend schilderte Mommsen das NS-Regime als einen fortschreitenden Verfall rationaler Zweck-Mittel-Relationen. Gesetzeshandeln verwandelt sich in Adhoc-Maßnahmen, berechenbare Verwaltung löst sich auf, und an die Stelle einer Rechtsordnung tritt die Willkür unkontrollierter Machthaber. »Diese Nicht-Struktur, diese tumorhafte Veränderung bestehender politischer Gebilde, endete mit Notwendigkeit in der Ausübung von Gewalt als Selbstzweck.«[11] Uta Gerhardt hat in ihrem Kommentar zu Hans Mommsen dessen Beschreibung auf den Begriff gebracht: »Verwilderung.«[12] Wo bloße Gewalt regiert, herrscht Barbarei.

Mommsens Diagnose ließe sich auch umgekehrt lesen: Zivilisation wäre demnach charakterisiert durch eine spezifisch moderne, will heißen: westeuropäische Staatlichkeit, die sich entsprechend der Theorie Max Webers durch rationales Verwaltungshandeln und ein gesichertes Gewaltmonopol auszeichnet. In zivilisierten Staaten wäre die Gewalt rechtlich wie administrativ eingebunden und würde rein zweckrational eingesetzt. Zwar wäre das politische Handeln von unterschiedlichen, durchaus auch konfligierenden Interessen geleitet, freilich stets rational bestimmbar und in diesem Sinne immer auch nach vernünftigen Erwartungen berechenbar.

Wer Gewalt geschichtlich so beschreibt, ist am Optimismus des Modernisierungstheorems orientiert.[13] Allerdings verweist der Gedanke, das NS-Regime bedeute einen »Rückfall«, auf eine Verunsi-

10 Hans Mommsen, »Modernität und Barbarei. Anmerkungen aus zeithistorischer Sicht«, in: Max Miller, Hans-Georg Soeffner (Hg.), *Modernität und Barbarei. Soziologische Zeitdiagnose am Ende des 20. Jahrhunderts*, Frankfurt/M. 1996, S. 137-155, hier S. 138.

11 Ebd., S. 150.

12 Uta Gerhardt, »Charisma und Ohnmacht. Bemerkungen zur These der Verwilderung der Herrschaft als Dynamik der Barbarei«, in: Miller/Soeffner, *Modernität und Barbarei*, S. 175-193.

13 Zur empirischen Kritik an der These gewaltmindernder Zivilisierung: Thomas Lindenberger, Alf Lüdtke (Hg.), *Physische Gewalt. Studien zur Geschichte der Neuzeit*, Frankfurt/M. 1995.

cherung, ja Ungewissheit, ob der Dynamik oder besser: der Nachhaltigkeit des Zivilisierungsprozesses wirklich zu trauen sei. Nun ist diese Skepsis bekanntermaßen von Theodor W. Adorno und Max Horkheimer schon während des Zweiten Weltkrieges radikalisiert worden: Die Moderne kann sich nicht von ihrer Negation lösen, sie führt die Barbarei als Kehrseite stets mit sich. »Nicht bloß die ideelle, auch die praktische Tendenz zur Selbstvernichtung gehört der Rationalität seit Anfang zu, keineswegs nur der Phase, in der jene nackt hervortritt. [...] Der Bürger, der aus dem kantischen Motiv der Achtung vor der bloßen Form des Gesetzes allein einen Gewinn sich entgehen ließe, wäre nicht aufgeklärt, sondern abergläubisch – ein Narr. Die Wurzel des kantischen Optimismus, nach dem moralisches Handeln auch dort vernünftig sei, wo das niederträchtige gute Aussicht habe, ist das Entsetzen vor dem Rückfall in die Barbarei.«[14]

Alois Hahn hat in seinem Kommentar zu Hans Mommsen an den seit Sokrates nicht erlahmenden Glauben erinnert, dass die Menschen, wären sie nur bei Verstand, das Böse lassen würden. Was aber, fragt Hahn, wenn Einsicht und Bosheit kein Widerspruch wären?[15] Wie stünde es um die Gewissheit einer strikten Dichotomie von Zivilisation und Barbarei, gäbe es eine Rationalität des Bösen? Mommsens Entwurf vom Nationalsozialismus als einem Rückfall in die Barbarei wird von der Überzeugung bestimmt, dass die Rationalität allein der Zivilisation zugehöre. Darum kann auf der Seite der Vernichtung, des Massenmords nur die Anomie herrschen, die Irrationalität, die Willkür. In dem Moment, in dem zugegeben werden müsste, dass die nationalsozialistischen Verbrechen durchaus einer eigenen, rassistischen Rationalität folgten, die sich jenseits jedweder Menschlichkeit einer sozialdarwinistischen Moral vom Recht des Stärkeren verpflichtet glaubt, würde sich Mommsens ausschließliches Verdikt als problematisch erweisen.[16]

Es war Zygmunt Bauman, der in einer diametral entgegenge-

14 Max Horkheimer, Theodor W. Adorno, *Dialektik der Aufklärung. Philosophische Fragmente* (1944), Frankfurt/M. 1986, S. 7, 92 f.

15 Alois Hahn, »Dialektik der Aufklärung Revisited«, in: Miller/Soeffner, *Modernität und Barbarei*, S. 156-174.

16 Jan Philipp Reemtsma hat als Vorschlag eines Ausweges aus diesem Problem die spezifische Rationalität des Terrors als »Terroratio« umrissen; Jan Philipp Reemtsma, »Terroratio. Überlegungen zum Zusammenhang von Terror, Rationalität und Vernichtungspolitik«, in: ders., u. a. *Falun. Reden & Aufsätze*, Berlin 1992, S. 265-301.

setzten Position zu Mommsen die Überlegungen aus der *Dialektik der Aufklärung* aufgegriffen und in seinem Buch, das den gewiss signifikanten, nämlich korrespondierenden Titel *Dialektik der Ordnung* trägt, die Shoah als ein Resultat der Moderne aufgefasst hat. »Der Holocaust wurde inmitten der modernen, rationalen Gesellschaft konzipiert und durchgeführt, in einer hochentwickelten Zivilisation und im Umfeld außergewöhnlicher kultureller Leistungen; er muß daher als Problem dieser Gesellschaft, Zivilisation und Kultur betrachtet werden.«[17] Der Holocaust, so Bauman, entsprang genuin rationalistischen Überlegungen und wurde von einer »Bürokratie in Reinkultur« produziert. Nicht, dass die moderne Bürokratie zum Massenmord bestimmt sei, Genozide bringe sie nicht mit Notwendigkeit hervor, aber es sei gerade die »bürokratische Kultur«, wo Gesellschaft als ein administratives Objekt begriffen werde, in der sich das Projekt des Massenmords als »Problemlösung« entwickeln könne.[18]

Ähnlich urteilte übrigens auch Raul Hilberg, nach dessen Einschätzung sich der Vernichtungsapparat nicht grundlegend vom deutschen Gesellschaftsgefüge abhob. »Der Unterschied war lediglich ein funktioneller. Die Vernichtungsmaschine war in der Tat nichts anderes als eine besondere Rolle der organisierten Gesellschaft.«[19] Gerade weil der moderne Rationalisierungsprozess – auch Bauman verweist auf Max Weber – den Einsatz von Gewalt aus normativ-moralischen Einfassungen herausgelöst habe, wohne bürokratischen Strukturen die Tendenz inne, rational begründete Gewalt auch dann einzusetzen, wenn sie verbrecherisch ist. Allerdings nicht in dem Sinn, dass das bürokratische System moralische Normen als solche zerstöre. »Die Bürokratie vereinnahmt die Moral mit dem doppelten Ergebnis, Funktionalität zu moralisieren und alles, was nichtfunktional ist, als moralisch irrevelant hinzustellen.«[20] So habe Adolf Eichmann Wert darauf gelegt, nichts moralisch Verwerfliches getan, sondern sich strikt um die gewissenhafte Ausführung von Befehlen gekümmert zu haben.

17 Zygmunt Bauman, *Dialektik der Ordnung. Die Moderne und der Holocaust*, Hamburg 1992, S. 10.

18 Ebd., S. 31 f.

19 Raul Hilberg, *Die Vernichtung der europäischen Juden*, durchgesehene und erweiterte Ausgabe, Frankfurt/M. 1990, S. 1061 f.

20 Bauman, *Dialektik*, S. 175.

Unter dieser Perspektive löst sich der Dualismus von Zivilisation und Barbarei auf, weshalb die nationalsozialistische Vernichtungspolitik als eine mögliche, wenn auch nicht unausweichliche Konsequenz des Modernisierungsgeschehens erscheint. Der Holocaust wird zu einer in der Moderne stets präsenten Eventualität. »Alles ist möglich«, heißt es in Harald Welzers Buch über NS-Täter – überall und jederzeit.[21] Unter diesem Gesichtswinkel leben die Menschen der Moderne in der Allgegenwart einer bürokratisierten Gewalt, die in reiner Funktionalität prinzipiell zu den fürchterlichsten Verbrechen in der Lage wäre. Jede Hoffnung, sich, obwohl mühsam Schritt für Schritt, aber doch unaufhaltsam vom Zustand barbarischer Gewalt zivilisatorisch zu entfernen, wäre ebenso zerstoben wie die Gewissheit, bestimmte Formen der Gewalt als Negation aller Zivilisiertheit verurteilt und geächtet zu sehen.

Bauman versucht, dem in der Moderne selbst angelegten Gewaltlabyrinth zu entkommen, indem er eine Theorie der Moral entwirft, die gegen die Herrschaft der Funktionalität ganz auf das moralische Urteilsvermögen des Individuums setzt. Dessen Quellen meint Bauman in einem vorgesellschaftlichen Zustand freilegen zu können. Im Anschluss an Emmanuel Levinas erklärt er das individuelle Verantwortungsgefühl, die Pflicht gegenüber dem Anderen, die kein partikulares Interesse verunstaltet, zum existentiellen Modus humaner Subjektivität. Die Wurzeln einer solchen Moral, die aller Intersubjektivität strukturierend vorhergeht, sollen tiefer reichen als die Gesamtheit der geschichtlichen Ausformungen, in denen sich Herrschaft und Kultur manifestieren.[22] Unversehens ist damit die Barbarei doch wieder in die Konstruktion hineingeschlüpft, freilich nicht mehr in der Gestalt einer ständig drohenden Negation, von der sich die Zivilisation anhaltend zu distanzieren hat, sondern als das Andere moderner Negativität, als der Fluchtpunkt eines normativ aufgeladenen Positiven, als Ort einer vorgesellschaftlichen Moral, die unmanipuliert, rein und elementar ist. Es ist Rousseaus Ruf »Zurück zur Natur«, in den Zygmunt Bauman einstimmt, es ist die Figur des »natürlichen, also guten Wilden«, die er als unverfälschten, unkorrumpierten, unzivilisierten Gegenpol zur herrschenden Kultur aufruft. Das Gegensatzpaar

21 Harald Welzer, *Täter. Wie aus ganz normalen Menschen Massenmörder werden*, Frankfurt/M. 2005, S. 246.

22 Bauman, *Dialektik*, S. 198.

Zivilisation und Barbarei wird damit bloß umgekehrt, doch bleibt es in Baumans rousseauistischer Kritik der Moderne als solches erhalten.

Das Bild vom Barbaren, der zivilisatorische Dekadenz bekämpft und überwindet, ist die dritte Möglichkeit, das Verhältnis von Zivilisation und Barbarei zu bestimmen. Üblicherweise ist diese Denkfigur eher versteckt, manchmal hat es sogar den Anschein, als würde sie schamhaft verschwiegen. Dennoch ist sie überaus wirkungsmächtig und präsent. Friedrich Nietzsche hat sie scharf und unerbittlich formuliert: »Sagen wir es uns ohne Schonung, wie bisher jede höhere Cultur auf Erden *angefangen* hat! Menschen mit einer noch natürlichen Natur, Barbaren in jedem furchtbaren Verstande des Wortes, Raubmenschen, noch im Besitz ungebrochner Willenskräfte und Macht-Begierden, warfen sich auf schwächere, gesittetere, friedlichere, vielleicht handeltreibende oder viehzüchtende Rassen, oder auf alte mürbe Culturen, in denen eben die letzte Lebenskraft in glänzenden Feuerwerken von Geist und Verderbnis verflackerte. Die vornehme Kaste war im Anfang immer die Barbaren-Kaste: ihr Übergewicht lag nicht vorerst in der physischen Kraft, sondern in der seelischen – es waren die *ganzeren* Menschen (was auf jeder Stufe auch so viel mit bedeutet als ›die ganzeren Bestien‹ –).«[23]

Nietzsche trieb diesen Ursprungsmythos noch weiter, indem er die Barbarei als notwendigen Ausbruch, als wünschenswerten Ausnahmezustand gegenüber dem mediokren Reich der Normalität akzentuiert. »... und dieselben Menschen, welche so streng durch Sitte, Verehrung, Brauch, Dankbarkeit, noch mehr durch gegenseitige Bewachung, durch Eifersucht inter pares in Schranken gehalten sind, die andrerseits im Verhalten zueinander so erfinderisch in Rücksicht, Selbstbeherrschung, Zartsinn, Treue, Stolz und Freundschaft sich beweisen, – sie sind nach Aussen hin, dort wo das Fremde, *die* Fremde beginnt, nicht viel besser als losgelassene Raubtiere. Sie geniessen da die Freiheit von allem socialen Zwang, sie halten sich in der Wildnis schadlos für die Spannung, welche eine lange Einschliessung und Einfriedigung in den Frieden der

23 Friedrich Nietzsche, »Jenseits von Gut und Böse. Vorspiel zu einer Philosophie der Zukunft, Neuntes Hauptstück. Was ist vornehm?« (1886), in: ders., *Sämtliche Werke. Kritische Studienausgabe*, hg. von Giorgio Colli und Mazzino Montinari, Bd. 5, München 1980, S. 205 f.

Gemeinschaft giebt, sie treten in die Unschuld des Raubthier-Gewissens *zurück*...«[24] Nietzsches Aphorismus beschwört »die blonde Bestie«, wohlgemerkt nicht als den Prototyp des faschistischen Herrenmenschen, sondern als Moment eines Rückfalles und Name für einen Doppelgänger, der die Zivilisierten so begleitet wie der durch und durch böse Mr. Hyde den geachteten Arzt Dr. Jekyll. Die Rede ist von einem Alter Ego, das jedem gesitteten Menschen innewohnt, von einer Instanz, die Freud dann nach Nietzsche auf den Begriff des Unbewussten taufen wird, auch und nicht zuletzt um eine innere Wildnis darzustellen, die von unbearbeiteten Wünschen nach ungezügelter Freiheit und Trieberfüllung zeugt. »Das Tier muß wieder heraus, muß wieder in die Wildnis zurück...«.[25]

Wer in dieser Weise über Barbarei und Zivilisation spricht, erschreckt und provoziert. Er macht Angst, weil nicht nur der gesellschaftliche Zivilisationsprozess, sondern zumal das eigene zivilisatorische Selbstbild, die individuelle Kulturleistung der Selbstbeherrschung in Frage gestellt wird. Und doch werden wir uns der Faszination kaum entziehen können, die von Visionen eines ungehemmten und unbedingten Auslebens der eigenen Wünsche jenseits jeder Gemeinschaftsmoral ausgeht. Vielleicht lässt sich der Nationalsozialismus auch als eine Praxis beschreiben, die den individuellen Wünschen nach schrankenloser Selbstermächtigung durch die Phantasmen von Herrenrasse und Volksgemeinschaft einen kollektiv gültigen Freibrief ausgestellt und dadurch auf schreckliche Weise erst zur Verwirklichung verholfen hat.

II.

Wie haben die Nazis ihrerseits über Barbarei geredet? Die Antwort fällt weit weniger eindeutig aus, als zu erwarten wäre. Dabei hätte allein schon die Frage die Nationalsozialisten vor gewisse Schwierigkeiten gestellt, hatten sie sich ihrem nationaldeutschen Geschichtsverständnis nach doch zu Vorfahren bekannt, die erklärtermaßen »Barbaren« waren. Denn als solche galten die Germanen ja nicht nur in römischer Sicht, sondern auch unter der Perspekti-

24 Friedrich Nietzsche, »Zur Genealogie der Moral. Eine Streitschrift« (1887), in: ebd., S. 274 f.

25 Ebd.

ve des aufgeklärten Bildungsbürgertums: Sie hatten das Römische Reich zerstört, den Hort abendländischer Zivilisation. Um derartige Assoziationen abzuwehren, bemühten sich insbesondere Heinrich Himmler und die SS, die Germanen zu eigentlichen Kulturträgern umzudeuten. »Ewiger und älter als Rom, ewiger und älter ist Deutschland!« So lautete das historisch wie sprachlich unsinnige SS-Motto anlässlich des Julfests zur Wintersonnenwende 1935, das im neuheidnischen Jahresfestkalender der SS die Alternative zum christlichen Weihnachtsfest darstellte.[26] Und Himmler erklärte 1937, er habe es immer »als ein Zeichen größter Barbarei« empfunden, dass Bonifatius, um die christliche Übermacht gegenüber den heidnischen Göttern zu demonstrieren, eine Eiche bei Hofgeismar umgeschlagen habe, denn »es ist eine Unverschämtheit zu behaupten, daß unsere Vorfahren diese Eiche angebetet hätten«.[27]

Hitler hingegen war durchaus anderer Meinung. Wenige Wochen nach Beginn des Vernichtungskrieges gegen die Sowjetunion 1941 notierte Henry Picker: »Italien ist die Heimat der Staatsidee, war doch das römische Weltreich die einzige wirklich große staatspolitische Gestaltung. Die Musikalität des Volkes, ihr Sinn für schöne Verhältnisse und Proportionen, die Schönheit der Menschen! Die Renaissance war doch der Anbruch eines neuen Tages, das Sich-Wiederfinden des arischen Menschen.«[28] Aber auch in seiner rassistischen Weltperspektive waren die arischen »Herrenmenschen« aus den barbarischen Stämmen in Nordeuropa hervorgegangen, die sich aufgrund widriger Umweltbedingungen als kämpferischer und überlegener erwiesen als die Völker des Südens, denen alle Lebensmittel gewissermaßen zufielen. Die Entbehrungen des Nordens zwangen die Menschen, so Hitler in seiner Rede »Warum sind wir Antisemiten?« im Jahr 1920, zum Prinzip der Arbeit, um sich Kleidung und Wohnungen zu schaffen, zur »Rassenreinzucht«, denn nur »ein Geschlecht von Riesen« habe die Chance zum Überleben gehabt und angesichts der äußeren harten Grenzen zu einem »tief-innerlichen Seelenleben« gefunden. Diese Eigenschaften hätten den »nordischen Rassen« die Fähigkeit verliehen,

26 Vgl. Josef Ackermann, *Heinrich Himmler als Ideologe*, Göttingen u. a. 1970, S. 53.

27 Heinrich Himmler, Rede anläßlich der Gruppenführer-Besprechung in Tölz am 18. 2. 1937, Bundesarchiv Berlin, NS 19/4004, Bl. 91.

28 Henry Picker, *Hitlers Tischgespräche im Führerhauptquartier*, vollständig überarbeitete und erweiterte Neuausgabe, Stuttgart 1977, S. 58 f. (21. 7. 1941).

»staatenbildend über die übrige Welt zu ziehen« und Hochkulturen zu schaffen.[29]

Der Barbar als Krieger, der den alten, ermatteten Zivilisationen den Todesstoß versetzt und eine neue heroische Ordnung schafft, stellte im nationalsozialistischen Denken eine weitere Ausdeutung des Gegensatzpaares von Barbarei und Zivilisation dar. Unter der bezeichnenden Überschrift »Sind wir Barbaren?« setzte sich die SS-Zeitschrift *Das Schwarze Korps* in der Endphase des Krieges im Dezember 1944 in einem langen, allerdings nicht namentlich gekennzeichneten Artikel mit dem alliierten Vorwurf, die Deutschen seien Barbaren, auseinander. Während der Krieg aus der »Zivilisationsperspektive des europäischen Bürgers« »als Sieg der Barbarei« erscheinen müsse, zerbreche, so *Das Schwarze Korps*, in Wahrheit nicht das Leben, vielmehr sei die bürgerliche Lebensform an ihr Ende gelangt. Was die Frontsoldaten des Ersten Weltkrieges bereits gespürt hätten, werde nun ganz offenbar: »Ein neues Zeitalter kündigt sich an, und der gestaltende Geist ist auf dem Wege, die neuen Grenzmarken seiner Herrschaft abzustecken. Eine große Lebenslüge entlarvt sich, und während eine Welt, die der Bindung an das Ewige entraten zu können glaubte, unter dem Hohngelächter der Götter zusammenbricht, wird die neue Gestalt des Lebens, die sich aus tieferen, unveränderlichen Gründen speist, in der Kontur bereits sichtbar.« Der Krieg, der die bürgerliche Existenz gefährdet, werde zum großen Wandler der Zeit, und nun trete das Bild des Kriegers mit dem Anspruch hervor, die Zukunft der Welt zu gestalten. »Dieses Bild trug – wer wollte es leugnen – barbarische Züge. Wer sich anschickt, eine Welt neu zu gestalten, der muß jedwede Empfindsamkeit aus seinem Leben verbannen, er muß auf jede Art Ballast verzichten, er muß von sich werfen können, was die Gefahr in sich birgt, den Schwung seiner Taten zu hemmen.«[30]

Das ist die Losung aller Weltrevolutionäre: Wer eine neue Welt schaffen will, darf sich von der alten keinerlei Bedingungen und Schranken setzen lassen. Die geschichtliche Gewissheit, die Zukunft zu gestalten, verleiht das Recht zu jeder nur erdenklichen

29 Adolf Hitler, »Warum sind wir Antisemiten?«, Rede in München am 13.8.1920, in: *Hitler. Sämtliche Aufzeichnungen 1905-1924*, hg. von Eberhard Jäckel, Axel Kuhn, Stuttgart 1980, S. 184-204, hier S. 185 f.

30 »Sind wir Barbaren?«, in: *Das Schwarze Korps*, 14.12.1944, S. 4. Ich danke Daniela Siepe für den Hinweis auf diesen Artikel.

Tat, selbst wenn sie in gegenwärtiger Perspektive als Verbrechen erscheint. Müsse für Deutschlands Zukunft, so Heinrich Himmler in seiner berüchtigten Posener Rede 1943, ein Panzergraben gebaut werden und würden dabei »10 000 russische Weiber an Entkräftung umfallen«, sei das nur wichtig unter dem Blickwinkel, dass der Panzergraben rechtzeitig fertig werde. »Ob die anderen Völker in Wohlstand leben oder ob sie verrecken vor Hunger, das interessiert mich nur insoweit, als wir sie als Sklaven für unsere Kultur brauchen.«[31]

Unversehens findet sich damit der Massenmörder als Kulturträger definiert. Eine neue Version, Zivilisation und Barbarei ins Verhältnis zu setzen, wird formuliert. Der »Herrenmensch« ist nun an die Spitze einer neuen, rassistischen Kultur getreten, während die übrigen Völker als barbarische »Untermenschen« in die Sklaverei gezwungen und ebendeshalb per definitionem rücksichtslos für die »höhere Kultur« ausgebeutet werden dürfen. »Ich stelle mir vor«, so Himmler 1943 über die eroberten Gebiete im Osten, »daß wir unbarmherzig in der Siedlung sind, denn diese neuen Provinzen müssen germanische, blonde Provinzen Deutschlands werden, müssen nationalsozialistische Provinzen werden.«[32] Ganz im Unterschied zur preußischen Germanisierungspolitik, die sich stets auch als Zivilisierungsmission dünkte, um den angeblich unterentwickelten Polen deutsche Kultur zu bringen, verstanden die Nationalsozialisten ihre Eroberungen als zivilisatorische Vorstöße ins barbarische Land. »Es ist eben ein Stückchen Asien, in das wir hereingekommen sind, und wir wollen eben die Grenze Germaniens um einen Schritt weiterschieben; damit die Grenze Europas.«[33]

Den dort lebenden Menschen war allenfalls der Status von Arbeitssklaven und Zwangsarbeitern zugedacht. Nur Volksschulbildung sollte es geben, die »einfaches Rechnen bis höchstens 500« und das Schreiben des eigenen Namens vermittelte sowie, so sah

31 Heinrich Himmler, Rede auf der SS-Gruppenführertagung in Posen am 4.10.1943, gedruckt in: *Der Prozeß gegen die Hauptkriegsverbrecher vor dem Internationalen Militärgerichtshof*, Bd. 29, Nürnberg 1947, S. 110-173, hier S. 123.

32 Ebd., S. 142.

33 Rede Himmlers vor Gauleitern und anderen Parteifunktionären am 29.2.1940 in Berlin, in: Heinrich Himmler, *Geheimreden 1933 bis 1945 und andere Ansprachen*, hg. von Bradley F. Smith und Agnes F. Petersen, Frankfurt/M. 1974, S. 115-144, Zitat: S. 130.

es Heinrich Himmler in seiner Denkschrift über die »Behandlung der Fremdvölkischen im Osten« aus dem Mai 1940 vor, »eine Lehre, daß es ein göttliches Gebot ist, den Deutschen gehorsam zu sein und ehrlich, fleißig und brav zu sein. Lesen halte ich nicht für erforderlich.«[34] Alle übrigen Menschen, die in der Perspektive der »Herrenmenschen« überflüssig waren, sollten, wie es der berüchtigte »Generalplan Ost« festhielt, zu Millionen deportiert oder ermordet werden. Hier ging es ausschließlich um »Lebensraum«-Politik für die »Herrenrasse«, nicht um eine imperiale Zivilisierungsmission. Allenfalls hätten sich für den Fall eines nationalsozialistischen Sieges Züchtungsphantasien eröffnen können, mit denen, um in Himmlers Terminologie zu bleiben, das »gute Blut« für das Germanische Großreich gewonnen werden sollte.

Der »Untermensch« wurde in der SS-Propaganda eher als Tier denn als Mensch gezeichnet. Im SS-Schulungsheft »Der Untermensch«, das im Jahr 1942 herauskam und an dem Himmler persönlich großen Anteil gehabt hatte, hieß es: »Der Untermensch, jene biologisch scheinbar völlig gleichgeartete Naturschöpfung mit Händen, Füßen und einer Art Gehirn, mit Augen und Mund, ist doch eine ganz andere, eine furchtbare Kreatur, ist nur ein Wurf zum Menschen hin, mit menschenähnlichen Gesichtszügen – geistig, seelisch jedoch tiefer stehend als jedes Tier. Im Innern dieses Wesens ein grausames Chaos wilder, hemmungsloser Leidenschaften: namenloser Zerstörungswille, primitivste Begierde, unverhüllteste Gemeinheit. Untermensch – sonst nichts!«[35]

Dieser Kaskade negativer Eigenschaften, die dem »Untermenschen« zugeschrieben werden, ist unverkennbar die Furcht vor dem eigenen Triebhaften eingeschrieben, ja fast stellt sich der Eindruck einer ungewollten Selbstbeschreibung ein, wo von hemmungslosen Leidenschaften, Zerstörungswillen oder primitivster Begierde die Rede ist. Was Friedrich Nietzsche in einem Vorgriff auf die Psychoanalyse jeder einzelnen, von den Zumutungen der Zivilisation in Anspruch genommenen Person attestiert hatte, zerlegen die

34 Denkschrift Himmlers »Einige Gedanken über die Behandlung der Fremdvölkischen im Osten«, Mai 1940, gedruckt in: Ackermann, *Himmler als Ideologe*, S. 298-300, hier S. 299.

35 *Der Untermensch*. Hg.: Der Reichsführer-SS, SS-Hauptamt, Berlin 1942, S. 1; vgl. Daniel Kuppel, *»Das Echo unserer Taten«. Die Praxis der weltanschaulichen Erziehung in der SS*, Paderborn u. a. 2019.

Nationalsozialisten wieder in getrennte Zusammenstellungen von Attributen, die einerseits die sich zivilisiert dünkende »Herrenrasse« auszeichnen und andererseits die angeblich triebhaften »Untermenschen« abwerten sollen.

Auch die Nationalsozialisten variieren den geläufigen Topos, wonach der Krieg gegen die Barbaren barbarisch geführt werden müsse. Immer wieder sprechen Feldpostbriefe deutscher Soldaten im Zweiten Weltkrieg davon, dass man gegen »Wilde« zu kämpfen habe, deren hinterhältiges Verhalten grausame Reaktionen rechtfertige. Wer als »Zivilisierter« gegen »Wilde« kämpft, soll sich jedes Mittels bedienen dürfen, ja wird um des Überlebens im »Dschungel« willen gezwungen, sich aller zivilisatorischen Rücksichtnahme zu entledigen. In der Vorstellung, gegen einen jüdischen Weltfeind zu kämpfen, kehrt ebendiese Rechtfertigung in einem Kontext wieder, in dem der Massenmord an den europäischen Juden legitimiert werden soll. Joseph Goebbels trägt am 27. März 1942 in sein Tagebuch ein: »Aus dem Generalgouvernement werden jetzt, bei Lublin beginnend, die Juden nach dem Osten abgeschoben. Es wird hier ein ziemlich barbarisches und nicht näher zu beschreibendes Verfahren angewandt, und von den Juden selbst bleibt nicht mehr viel übrig. [...] An den Juden wird ein Strafgericht vollzogen, das zwar barbarisch ist, das sie aber vollauf verdient haben. Die Prophezeiung, die der Führer ihnen für die Herbeiführung eines neuen Weltkriegs mit auf den Weg gegeben hat, beginnt sich in der furchtbarsten Weise zu verwirklichen.«[36]

Himmler schärfte seinen SS-Männern immer wieder ein, dass sie unerbittlich und mitleidslos handeln müssten, allein auf den Nutzen des eigenen Volkes bedacht. Selbst wenn die anzuwendenden Mittel barbarisch seien, dürfe es kein Zaudern und Zögern geben. Den Befehl, die Stadt Warschau vollständig zu zerstören, rechtfertigte er 1944 mit den Worten: »Sie können nun denken, ich sei ein furchtbarer Barbar. Wenn Sie so wollen: ja das bin ich, wenn es sein muß.«[37] Und doch ist in Goebbels' wie Himmlers Überzeugung, der barbarische Feind nötige zu barbarischen Maßnahmen, kaum die

36 *Die Tagebücher von Joseph Goebbels. Sämtliche Fragmente*, im Auftrag des Instituts für Zeitgeschichte hg. von Elke Fröhlich, Teil II, Bd. 3, München u. a. 1994, S. 561.

37 Rede Himmlers vor den Wehrkreisbefehlshabern, 21. 9. 1944, zitiert nach Ackermann, *Himmler*, S. 215.

untergründige Befürchtung zu überhören, dass das Barbarische, einmal entfesselt, womöglich nicht mehr einzuhegen sei. Offenkundig wurden selbst die entschlossensten Nationalsozialisten die Furcht vor der Barbarei nicht los. Ihnen erging es nicht anders als den von ihnen verachteten Bürgern: trotz des ideologischen und propagandistischen Aufwandes, der betrieben wurde, um sich von der eigenen rassistischen Überlegenheit zu überzeugen, blieb die tief sitzende Angst vor der Ansteckungsgefahr durch die Barbarei mächtig.

Ahnungsvoll formulierte Ernst Jünger in seinen Aufzeichnungen über die Inspektionsreise in den von deutschen Truppen besetzten Kaukasus im Winter 1941/42, dass die entfesselte Gewalt, die »Schinderwelt« (Jünger) des Massenmords, das Humanum zerstören könnte. In Woroschilowsk erfuhr er, dass der SD, um für ein medizinisches Institut in einer örtlichen Kolchose Raum zu schaffen, achthundert russische Geisteskranke umgebracht hatte. »In einem solche Zuge«, notierte Jünger, »verrät sich die Neigung des Technikers, die Moral durch Hygiene zu ersetzen, ganz ähnlich wie er die Wahrheit durch Propaganda ersetzt.«[38] Wenige Tage später hält er fest, die Partisanen würden »Wolfsrudeln gleich in ihren Wäldern zur Ausrottung umstellt. Ich hörte hier Dinge, die in die Zoologie einschneiden.« Früher habe er selbst dem Gedanken angehangen, dort, wo alles erlaubt sei, ergebe sich »erst Anarchie, dann strengere Ordnung«. Wer seinen Gegner willkürlich behandle, dürfe selbst kein Pardon erwarten. Somit bildeten sich »neue, härtere Kampfregeln« aus. Nun treibe die Praxis aber unausweichlich dem Augenblick zu, in dem die Hand gegen Wehrlose erhoben werde. Der Krieg sei »kein Kuchen, den die Parteien restlos teilen; es bleibt immer ein gemeinsames Stück. Das ist der göttliche Anteil, der dem Streit entzogen bleibt und der den Kampf der puren Bestialität und der dämonischen Gewalt entzieht.« Der wirklich Starke fühle sich auch für seinen Gegner verantwortlich.[39] Ernst Jünger, der Stoßtruppführer des Ersten Weltkrieges, der den Krieg als grausamen, doch heroischen Zweikampf imaginierte, sich selbst als »ursprünglichen Krieger« (John Keegan) stilisierte, der auch jetzt fortgesetzt verdrängte, verleugnete, verdeckte, was er

38 Ernst Jünger, »Kaukasische Aufzeichnungen«, in: ders., *Sämtliche Werke*, Erste Abteilung, Bd. 2: Strahlungen I, Stuttgart 1979, S. 431 (Eintrag unter dem 1. 12. 1941).

39 Ebd., S. 441 (Eintrag unter dem 11. 12. 1941).

täglich sah, fand sich in der kaukasischen Welt des Mordens nicht mehr zurecht. »Ein Ekel ergreift mich dann vor den Uniformen, den Schulterstücken, den Orden, den Waffen, deren Glanz ich so geliebt habe. Das alte Rittertum ist tot; die Kriege werden von Technikern geführt. Der Mensch hat also jenen Stand erreicht, den Dostojewski im ›Raskolnikow‹ beschrieben hat. Da sieht er seinesgleichen als Ungeziefer an. Gerade davor muß er sich hüten, wenn er nicht in die Insektensphäre hineingeraten will.«[40]

Diese Furcht vor der »Ansteckung« mit der selbstentfesselten Barbarei lässt sich sogar in Himmlers berüchtigter Posener Rede vom Oktober 1943 ausmachen. »Wir hatten das moralische Recht«, heißt es dort, »wir hatten die Pflicht gegenüber unserem Volk, dieses Volk, das uns umbringen wollte, umzubringen. Wir haben aber nicht das Recht, uns auch nur mit einem Pelz, mit einer Uhr, mit einer Mark oder mit einer Zigarette oder mit sonst etwas zu bereichern. Wir wollen nicht am Schluss, weil wir einen Bazillus ausrotten, an dem Bazillus krank werden und sterben.«[41] Himmlers lange, über drei Stunden dauernde Rede vor den etwa siebzig SS-Gruppenführern, also vor der Generalität der SS, vermittelte eine dramatische Botschaft. Himmler zeichnete eingangs ein umfassendes und schonungsloses Bild vom Krieg an der Ostfront, der verloren sei, wenn nicht – und dieser Teil bildete den Schwerpunkt der Rede – die SS mit ihren besonderen Tugenden wie Treue, Gehorsam, Tapferkeit, Einsatzbereitschaft und Willen zum Sieg die drohende Niederlage abzuwenden in der Lage sei. »Ein Krieg muß geistig, willensmäßig, seelisch gewonnen werden«, insistierte Himmler, »dann ist die körperliche, leibliche, materielle Gewinnung nur eine Folgeerscheinung.« Dass allein die SS diese unerbittliche, auch gegen sich selbst rücksichtslose Kraft besitze, habe sie – und das ist der Übergang zur Erwähnung des Massenmords an den europäischen Juden – in der Exekution der »Endlösung« unter Beweis gestellt.

Es ist signifikant für diese Passage, dass Himmler, der als oberster Vorgesetzter die SS-Gruppenführer während der ganzen Rede mit dem förmlichen »Sie« angesprochen hat, nun, und auch nur

40 Ebd., S. 470 (Eintrag unter dem 31. 12. 1941); vgl. dazu Jan Philipp Reemtsma, »Es schneit der Wind das Ärgste zu. Ernst Jünger im Kaukasus«, in: ders., *Mord am Strand. Allianzen von Zivilisation und Barbarei. Aufsätze und Reden*, Hamburg 1998, S. 316-346.

41 Himmler, Rede vom 4. 10. 1943, *Prozeß gegen die Hauptkriegsverbrecher*, S. 146.

an dieser Stelle, ins vertrauliche »Du« wechselt. Da es von dieser Rede einen Tonmitschnitt gibt, kann man die abrupte Stille hören, die während dieser Ausführungen im Raum herrscht: »Es gehört zu den Dingen, die man leicht ausspricht: ›Das jüdische Volk wird ausgerottet‹, sagt ein jeder Parteigenosse, ›ganz klar, steht in unserem Programm, Ausschaltung der Juden, Ausrottung, machen wir.‹ Und dann kommen sie alle an, die braven 80 Millionen Deutschen, und jeder hat seinen anständigen Juden. Es ist ja klar, die anderen sind Schweine, aber dieser eine ist ein prima Jude. Von allen, die so reden, hat keiner zugesehen, keiner hat es durchgestanden. Von euch werden die meisten wissen, was es heißt, wenn 100 Leichen beisammen liegen, wenn 500 daliegen oder wenn 1000 daliegen. Dies durchgehalten zu haben, und dabei – abgesehen von Ausnahmen menschlicher Schwächen – anständig geblieben zu sein, das hat uns hart gemacht. Dies ist ein niemals geschriebenes und niemals zu schreibendes Ruhmesblatt unserer Geschichte.«[42]

Das ist keine schon auf die Nachkriegszeit gerichtete Apologie der eigenen Verbrechen, es ist der Legitimationskern der eigenen Taten. Gerade indem Himmler das »Unmenschliche« benannte, das diesen Morden selbst für die Mörder anhaftete, indem er die Vernichtungspraxis nicht beschönigte oder mit falschem Pathos versah, sondern als unausweichliche Notwendigkeit bezeichnete, als Barbarei, die getan werden musste – und die zu tun einem nur erlaubt sei, wenn man sie »anständig«, »zivilisiert« begehe –, bot er eine Rechtfertigungsfigur an, die es den Mördern gestattete, sich als moralisch integre, nämlich zur »Anständigkeit« befähigte Menschen zu begreifen. Himmlers Formulierung, die Gewissheit, anständig geblieben zu sein, müsse ein Geheimnis bleiben, ein »niemals geschriebenes und niemals zu schreibendes Ruhmesblatt unserer Geschichte«, lud seine Zuhörer darüber hinaus zu der Perfidie ein, sich noch und gerade im Nachkriegsdeutschland als anonyme Helden zu verstehen, deren historische Leistung zwar gegenwärtig nicht gewürdigt werden könne – dem stand die Hegemonie der Alliierten und der Opportunismus der Deutschen entgegen –, jedoch bei künftigen Generationen die angemessene öffentliche Anerkennung finden werde.

Himmlers Rede, die gewöhnlich als unverstellter Ausdruck

42 Ebd., S. 145.

perverser Moralität und verbrecherischen Zynismus herangezogen wird, weist in Wahrheit auf ein konstitutives Element in den Selbstrechtfertigungen nationalsozialistischer Massenmörder hin. Sie waren trotz des entfesselten Mordens nicht zu »Tieren« geworden, hatten sich vielmehr moralisch, nämlich »anständig« verhalten und eine letzte Grenze nicht überschritten. Gerade an solcher Apologetik ist abzulesen, wie sehr die Täter von der Sorge umgetrieben waren, die Unterscheidung zwischen Mensch und Tier, Kultur und Trieb, Zivilisation und Barbarei getilgt zu haben. So ist es keineswegs überraschend, wenn Heinrich Himmler einen Tugendkatalog männlicher Selbstdisziplinierung bemüht, um bestreiten zu können, dass Mordlust in den exzessiven Gewaltpraktiken am Werk gewesen sei. Wolfgang Sofskys bestechender und oft zitierter Satz, dass diese Männer nicht mordeten, weil sie mussten, sondern weil sie durften, weist womöglich ebenso wie Dan Diners bekannter Topos vom »Zivilisationsbruch« in eine falsche Richtung. Im Gegenteil, gerade weil sie die Vernichtungspraxis als eine ihnen aufgezwungene Barbarei verstanden, die nicht barbarisch, sondern »zivilisiert«, d. h. kontrolliert, diszipliniert und souverän zu exekutieren sei, waren diese Akteure in der Lage, einen gigantischen Massenmord planmäßig und effektiv zu begehen.

III.

Am Ende dieser Betrachtung steht nicht die beruhigende Erkenntnis, ein komplexes Problem durch beharrliche Analyse reduziert zu haben. Vielmehr ist das Gegenteil erreicht. Gegenüber dem Dualismus von Zivilisation und Barbarei verhielten sich die Nationalsozialisten nicht anders als die von ihnen gescholtenen und verachteten Bürger. Auch ihnen war die Angst vor dem Chaos, die Sorge, der Tabubruch löse alle Ordnung auf, keineswegs fremd. Wie die Bürger bewunderten sie den Barbaren als einen Heroen, der es mit den Verzärtelungen der Zivilisation, mit ihrer Décadence aufnimmt und die Degeneration überwindet. Ebenso schrieben sie sich die Rolle der »Herrenmenschen« zu, die aufgerufen sind, Kultur und Zivilisation gegen die »asiatischen« Barbaren zu verteidigen, und die im Kampf gegen die »Untermenschen« die Suprematie ihrer Rasse unter Beweis stellen. In der existentiellen Auseinandersetzung zwischen der Zivilisation und ihren Herausforderern durfte kein Pardon gegeben werden. Die barbarischen Taten sollen sich aus der Natur einer Konfrontation rechtfertigen, die ins Herz der Finsternis führt, dorthin, wo Wildheit und Heimtücke des barbarischen Feindes dem zivilisierten Krieger keine andere Wahl lassen, als es mit allen, so auch den barbarischen Mitteln zu versuchen. »›Der Nazi‹ war kein folgsamer Untertan, sondern ein kreativer Barbar, der seine Barbarei als Ausweis seiner Kreativität und umgekehrt ansah …«[43]

Detlev Peukert hat dafür plädiert, die Moderne so zu denken, wie sich die Römer ihren Gott Janus vorgestellt haben, also mit einem Doppelgesicht. Dieser Gott des Eingangs und Ausgangs kam nur zur Ruhe, wenn Frieden herrschte. Dann durften die Tore seines Tempels geschlossen werden. Dazu sind wir mit Blick auf den Nationalsozialismus nicht autorisiert. Seine Janusköpfigkeit ist irreduzibel, ihn einfach auf die Seite der Barbarei zu schlagen, erzeugte einen falschen Frieden. Mit der Zuweisung, sie seien die Barbaren gewesen, bliebe man der unhinterfragten Dichotomie von Zivilisation und Barbarei ebenso verhaftet wie die Nationalsozialisten selbst. Ihr Versuch, die Polarität auf barbarische Weise zu transzendieren, bekräftigte ja nur den Dualismus.

Selbstverständlich sind historische Besonderheiten und Unterschiede zu notieren. So konzipiert der Nationalsozialismus die Zivilisationsgeschichte rassistisch, sie ist ihm im Kern ein Züchtungsprozess, dessen biologisch begründete Logik mit unausweichlicher Folgerichtigkeit abläuft. Eine zivilisatorische Mission, wie sie etwa der britische Imperialismus als »white man's burden« für sich in Anspruch nahm, kannten die Nationalsozialisten nicht. Ihnen standen barbarische »Untermenschen« gegenüber, die nicht »veredelt«, nicht kultiviert werden konnten, sondern ausschließlich zu versklaven und auszubeuten waren. Was Ernst Jünger erahnte, freilich klarsichtiger als Heinrich Himmler zum Ausdruck brachte, ist signifikant: Wer den Feind zum Ungeziefer erklärt, operiert in der Insektensphäre. Damit mutiert die Bekämpfung der Barbarei, auch der eigenen, zu einem Problem der Hygiene. Die von Himmler beschworenen Tugenden wären in Jüngers Augen nicht mehr als unwirksame Desinfektionsmaßnahmen.

43 Jan Philipp Reemtsma, »Nationalsozialismus und Moderne«, in: ders., *Mord am Strand*, S. 175-207, Zitat: S. 194.

Die unzweideutige Sicht auf die eigenen Barbarismen und die daraus entspringende Furcht, an ebendem »Bazillus« zu erkranken, der »ausgerottet« werden sollte, suchte Himmler mit der Vorstellung einer »zivilisierten Barbarei« zu beruhigen. In ihr legitimierte die geschichtsbiologische Vision einer zur Herrschaft berufenen »Herrenrasse« jede barbarische Tat. Gleichzeitig sollten »Härte« und »Anständigkeit«, also die Kardinaltugenden einer Rassenelite, die sich in erster Linie in der SS verkörpert sah, gewährleisten, dass der Bazillus der Barbarei nicht die eigene Zivilisation befällt. Was getan werden musste, so stellte es sich unter Himmlers Perspektive dar, musste jenseits von Gut und Böse, aber nicht außermoralisch getan werden. Damit schien der Massenmord als die geschichtliche Aufgabe, die das Schicksal seiner Generation auferlegt hatte, eine die Täter rechtfertigende Deutung bekommen zu haben.

Himmlers Rede eröffnet eine beunruhigende Fragestellung. Denn faktisch reklamierte er ja keine spezifische NS-Moral, die etwa die Geltung des Tötungsverbotes außer Kraft gesetzt hätte. Anders als es jüngst Harald Welzer dargestellt hat, war sich Himmler der Amoralität und Barbarei des Mordens bewusst. Daran lassen seine Ausführungen keinen Zweifel. Gegen diese explizite Einsicht vermochte auch der Appell an die vermeintliche Notwendigkeit und Unabänderlichkeit des Mordens nicht zu immunisieren. Was Himmlers autosuggestive Rhetorik bezwecken will, ist klar. Gerade weil sich die moralischen Intuitionen nicht neutralisieren lassen, wird ein Ausnahmezustand postuliert, dessen Grenzen der »Anstand« der Täter garantieren soll. Dass solche Suggestionen nicht verfangen, dass derjenige, der barbarisch agiert, der Barbarei unweigerlich verfällt, hat Jünger gesehen. Himmler war kein Protagonist einer Ritterlichkeit, von der Jünger gemeint hatte, sie ließe sich als das Ethos des Kriegers verfechten. Insofern stellt Himmlers Konzept eines zivilisierten Barbarentums auch die Vermutung in Frage, dass die subjektive Voraussetzung für die Planung und Durchführung des Massenmords eine moralische Konversion der Täter gewesen sei. Offenbar konnte die Selbstzuschreibung besonderer Tugenden das Fortbestehen moralischer Bedenken übertünchen.[44]

44 Zum Thema einer nationalsozialistischen Moral siehe das Buch von Raphael Gross, *Anständig geblieben. Nationalsozialistische Moral*, Frankfurt/M. 2010; *»Arbeit«, »Volk«, »Gemeinschaft«. Ethik und Ethiken im Nationalsozialismus* (Jahr-

Die Idee vom zivilisierten Barbaren, der auf Leichenbergen stehend »anständig« geblieben sei, ist fraglos eine der giftigsten Hinterlassenschaften des Nationalsozialismus. Sie verbietet den offensichtlich allzu leichtfertigen Versuch, den Massenmord im 20. Jahrhundert als atavistischen Rückfall in die Barbarei zu charakterisieren. Er ist mehr und anderes gewesen als die dunkle Seite der Moderne. Soll die Epoche als janusköpfiges, zivilisatorisch-barbarisches Projekt begriffen werden, ist ein Nachdenken verlangt, das die Ordnung dieser Gewalt in den Blick nimmt.

buch zur Geschichte und Wirkung des Holocaust, 2016), hg. im Auftrag des Fritz Bauer Instituts von Werner Konitzer, David Palme, Frankfurt/M., New York 2016.

Nach 1945

14. Differierende Wahrheiten. Historiker und Staatsanwälte als Ermittler von NS-Verbrechen

Wie erginge es Historikern, wenn ihnen wie in einer jener klassischen Spukgeschichten all diejenigen Gestalten nachts zu Leibe rückten, über die sie in ihren Büchern, Aufsätzen, Vorträgen geschrieben und gesprochen haben? Was würden Historiker antworten, wenn all die Toten plötzlich eine Stimme erhielten und sich gegen die Zuweisungen von Lob und Tadel, von Schuld und Verantwortlichkeit wehren würden? Wenn die Protagonisten der Geschichten, die über sie geschrieben wurden, das Recht auf ihre Perspektive erhöben und verlangten, dass ihre Sichtweise in das Gesamturteil eingehe?

Ohne Zweifel wäre eine derartige Phantasie ein Schreckensszenario, ein Alptraum für Historiker – und käme doch der Arbeit von Staatsanwälten sehr nahe. Während Historiker gewöhnlich *über* ihre Protagonisten reden, müssen Staatsanwälte *mit* ihnen reden. Personifiziert sich im Historiker noch immer die Figur des allwissenden Erzählers – nicht von ungefähr entstand die moderne Geschichtsschreibung mit den Erzähltechniken des 19. Jahrhunderts –, sehen sich Staatsanwälte in die Situation versetzt, ihre Geschichte, ihre Wahrheit in einem streng reglementierten, in seiner Struktur jedoch argumentativen Verfahren durchzusetzen, an dem diejenigen, über die bzw. über deren Taten verhandelt wird, beteiligt sind.[1]

Anhand eines Falles möchte ich solcherart Unterschiede vorführen, die über die sonst unter Historikern übliche Quellenkritik an Justizdokumenten hinausgehen, wie sie zum Beispiel Ruth Bettina

1 Die Methode der Oral History versetzt allerdings auch den Historiker in den Stand des Zuhörens und Gesprächs, gewissermaßen in die dialogische Produktion von Quellen. Zur Oral History immer noch grundlegend: Lutz Niethammer (Hg.), *Lebenserfahrung und kollektives Gedächtnis – die Praxis der »Oral History«*, erweiterte Taschenbuchausgabe, Frankfurt/M. 1984; vgl. auch Julia Obertreis (Hg.), *Oral History*, Stuttgart 2012; Knud Andresen u. a. (Hg.), *Es gilt das gesprochene Wort. Oral History und Zeitgeschichte heute*, Göttingen 2015.

Birn exemplarisch in ihrer Kritik an Daniel Goldhagens Buch vorgeführt hat.[2] Stattdessen will ich die unterschiedlichen diskursiven Praktiken von Historikern und Juristen beleuchten, die die juristische von der historischen Ermittlungsarbeit grundsätzlich trennen.

I.

Mein Fall beginnt am 9. Oktober 1955. An diesem Tag kehrte ein Mann aus sowjetischer Kriegsgefangenschaft zurück, der zur Führung des nationalsozialistischen Verfolgungs- und Vernichtungsapparates gehört hatte: Bruno Streckenbach. Er war von 1933 bis 1939 Chef der Hamburger Gestapo, anschließend Befehlshaber der Sicherheitspolizei und des SD in Polen, stieg 1940 zum Chef des Amtes I Personal im Reichssicherheitshauptamt auf und war damit unmittelbar Heydrich und später Himmler unterstellt. 1943 ging er zur Waffen-SS und wurde dort ein hochdekorierter SS-General und Divisionskommandeur.[3]

Streckenbach fand sich wenige Tage nach seiner Rückkehr im Beisein eines Rechtsanwaltes bei der Hamburger Staatsanwaltschaft ein, um zu erfahren, ob bzw. was gegen ihn vorliege. Zu diesem Zeitpunkt hatten zwei Personen Anzeigen gegen Streckenbach erstattet, die sich beide auf dessen Tätigkeit als Chef der Gestapo in Hamburg bezogen. Die eine Anzeige war eher allgemein gehalten, bei der zweiten ging es um einen konkreten Fall von Körperverletzung. Streckenbach habe – so die Beschuldigung – dem Betroffenen bei einer Vernehmung die Niere zerschlagen. Der Staatsanwalt wollte das Ermittlungsverfahren einstellen, weil Körperverletzung verjährt sei. Der Justizsenator wies ihn jedoch an, die Ermittlungen »auf breiterer Basis fortzusetzen«. Daraufhin befragte der Staatsanwalt eine Reihe von Institutionen, darunter das Hamburger Staatsarchiv, die Polizeibehörde, aber auch die Vereinigung der Verfolg-

2 Ruth Bettina Birn, Volker Rieß, »Revising the Holocaust«, in: *Historical Journal* 40 (1997), S. 195-215; vgl. ebenso die Beiträge in Jürgen Finger u. a. (Hg.), *Vom Recht zur Geschichte. Akten aus NS-Prozessen als Quellen der Zeitgeschichte*, Göttingen 2009.

3 Zum folgenden siehe Michael Wildt, »Der Hamburger Gestapochef Bruno Streckenbach. Eine nationalsozialistische Karriere«, in: Frank Bajohr, Joachim Szodrzynski (Hg.), *Hamburg in der NS-Zeit*, Hamburg 1995, S. 93-123.

ten des Naziregimes und die Jüdische Gemeinde in Hamburg, ob sie Material zu Streckenbach besäßen. Es ist charakteristisch, dass Mitte der fünfziger Jahre all diese Institutionen – einschließlich der Opferverbände – außer ein paar Beförderungsdaten nichts über Streckenbach mitzuteilen wussten. Seine Verbrechen hatte er im Osten begangen, der im Horizont der deutschen Nachkriegsgesellschaft hinter dem Eisernen Vorhang lag. Die Vorstellung vom Nationalsozialismus als deutscher Diktatur blendete die Massenverbrechen, die in Polen, in der Sowjetunion, in Südosteuropa begangen worden waren, aus. Das Verfahren gegen Streckenbach wurde eingestellt.

Als Anfang der sechziger Jahre die Ludwigsburger Zentrale Stelle der Landesjustizverwaltungen zur Aufklärung nationalsozialistischer Verbrechen[4] jedoch auf ein Dokument stieß, das den Beweis darstellte, dass Streckenbach Kripo- und Gestapobeamte zum mörderischen Einsatz in den Osten befohlen hatte, wurde das Ermittlungsverfahren gegen ihn wiederaufgenommen und jetzt von einem jungen, engagierten Staatsanwalt geführt. Aber war der Täter Streckenbach deshalb klarer zu erkennen? Was wusste ein Staatsanwalt über die Tätigkeit eines Befehlshabers der Sicherheitspolizei und des SD in Polen? Inwieweit unterschied sich der Personalchef des Reichssicherheitshauptamtes von anderen Behördenleitern? Während Historiker über Faschismus und Kapitalismus, über Diktatur und Führerwillen stritten, musste das Täterbild von Bruno Streckenbach mühsam Stück für Stück zusammengesetzt werden. Seine Taten aus der Zeit als Hamburger Gestapochef wie Freiheitsberaubung, Nötigung und Körperverletzung waren mittlerweile verjährt. Übrig blieben Tatvorwürfe des Mordes und der Beihilfe zum Mord.[5]

Eine Zeitlang sahen die Ermittlungen erfolgversprechend aus. Aus den Dokumenten, die der Hamburger Staatsanwaltschaft aus den polnischen Archiven zur Verfügung gestellt wurden, ließ sich entnehmen, dass Streckenbach als Polizeichef in Polen federfüh-

4 Zur 1959 gegründeten, koordinierenden staatsanwaltlichen Zentralen Stelle siehe Annette Weinke, *Eine Gesellschaft ermittelt gegen sich selbst. Die Geschichte der Zentralen Stelle Ludwigsburg 1958-2008*, Darmstadt 2008.

5 Zur Verjährung von NS-Gewalttaten vgl. Adalbert Rückerl, *NS-Verbrechen vor Gericht*, Heidelberg 1982, S. 151-204; Kerstin Freudiger, *Die juristische Aufarbeitung von NS-Verbrechen*, Tübingen 2002, S. 12-34.

rend an der Exekution mehrerer tausend polnischer Intellektueller, Priester, Ärzte, Lehrer, der sogenannten AB-Aktion im Mai 1940, beteiligt war.[6] Hauptbelastungsdokument war das Protokoll einer Regierungssitzung des »Generalgouvernements«, das Streckenbach historisch-wissenschaftlich zweifellos der Mitverantwortlichkeit für die Massenerschießungen überführte, das juristisch aber keineswegs ausreichte.[7] Vokabeln wie »summarische standrechtliche Verfahren«, die im Protokoll auftauchten und in der historischen Wirklichkeit nicht mehr bedeuteten als die summarische Unterzeichnung von Hinrichtungsbefehlen, nahm Streckenbach zum Anlass, um die Einhaltung formalrechtlicher Kriterien zu behaupten.

An der historischen Verantwortung Streckenbachs für die Erschießungen war nicht zu zweifeln, dem Staatsanwalt nutzte dieser geschichtswissenschaftliche Befund indes nichts. Exekutionen, die sich an gültiges Standrecht halten, sind kein Mord. Konnte Streckenbach nicht die individuell zuzuordnende Tat nachgewiesen werden, brach die Anklage zusammen. Trotz aller historisch evidenten Belege und Indizien erschien dem Staatsanwalt dieser Teil der Anklage zu brüchig, als dass er sich auf ihn verlassen mochte. So konzentrierte er sich auf den zweiten Tatkomplex: Streckenbachs Tätigkeit als Personalchef des Reichssicherheitshauptamtes in der Zeit, als die Einsatzgruppen für die Sowjetunion aufgestellt wurden und ihre Massenmorde verübten.

Das Paradox der Anklage bestand darin, dass Streckenbach der Entlastungstrick der Angeklagten aus einem früheren Prozess nun zum Verhängnis werden sollte. Otto Ohlendorf, ebenfalls ehemaliger Amtschef im Reichssicherheitshauptamt und Chef der Einsatzgruppe D, der als Hauptangeklagter im Einsatzgruppen-Prozess 1948 vor einem amerikanischen Militärgericht das Todesurteil zu erwarten hatte, behauptete – und schwor seine Mitangeklagten größtenteils auf diese Linie ein –, dass Bruno Streckenbach kurz

6 Zur AB-Aktion vgl. Czeslaw Madajcyk, *Die Okkupationspolitik Nazideutschlands in Polen 1939-1945*, Berlin (DDR) 1987, S. 187-188; Klaus-Michael Mallmann, Bogdan Musial (Hg.), *Genesis des Genozids. Polen 1939-1941*, Darmstadt 2004.

7 Siehe Protokoll der Besprechung bei Generalgouverneur Frank über »außerordentliche Maßnahmen zur Sicherstellung von Ruhe und Ordnung« am 16. 5. 1940, in: *Das Diensttagebuch des deutschen Generalgouverneurs in Polen 1939-1945*, hg. von Werner Präg und Wolfgang Jacobmeyer, Stuttgart 1975, S. 202 f.

vor dem Überfall auf die Sowjetunion den Einsatzgruppen den Befehl mitgeteilt habe, alle Juden in der Sowjetunion zu ermorden. Die Gründe, weshalb Streckenbach und nicht Heydrich selbst für diese Rolle auserkoren wurde, lassen sich nur vermuten. Vielleicht weil Streckenbach, in der Sowjetunion verschollen, tot geglaubt wurde und man bei Heydrich anderslautende Dokumente aus dem Juli 1941 besaß, die den Befehl, sämtliche Juden, einschließlich der Frauen und Kinder, zu töten, eben nicht enthielten.[8] Die Verteidigungsstrategie ging zum Teil auf, da das Gericht den Aussagen der Angeklagten Glauben schenkte und festschrieb, dass Streckenbach den Mordbefehl überbracht habe. Otto Ohlendorf und Paul Blobel nutzte diese feingesponnene Verteidigungslinie persönlich allerdings nichts; sie wurden nicht nur zum Tode verurteilt wie etliche andere Angeklagte, sondern auch tatsächlich hingerichtet.[9]

Als Streckenbach Mitte der fünfziger Jahre in die Bundesrepublik zurückkehrte, erkannten seine Verteidiger selbstverständlich rasch die Gefahr, in der er schwebte, und versuchten mehrmals, den Staatsanwalt in Hamburg von der historischen Wahrheit zu überzeugen, dass die damaligen Aussagen von Ohlendorf ausgearbeitet und seinen Mitangeklagten nahegelegt worden waren. Aber sollte sich der Staatsanwalt von ausgewiesenen nazifreundlichen Anwälten von einer Wahrheit überzeugen lassen, deren funktionaler Sinn, nämlich Streckenbach zu entlasten, allzu offenkundig war? Einer Wahrheit, die durch die Quantität der anderslautenden Aussagen während des Einsatzgruppen-Prozesses selbst von Historikern lange Zeit nicht geteilt wurde?

Heute wissen wir aufgrund von neueren, intensiveren Forschungen, dass ein allgemeiner Mordbefehl den Einsatzgruppen im Juni

8 Hier vor allem der Brief Heydrichs an die Höheren SS- und Polizeiführer im Osten vom 2. Juli 1941, in dem es hieß, dass neben kommunistischen Funktionären »Juden in Partei- und Staatsstellungen« zu erschießen seien, gedruckt in: Peter Klein (Hg.), *Die Einsatzgruppen in der besetzten Sowjetunion 1941/42*, Berlin 1997, S. 323-328. Zum Einsatzgruppenprozess (Fall 9) als einem der Nürnberger Nachfolgeprozesse vgl. Hilary Earl, »Beweise, Zeugen, Narrative: Der Einsatzgruppen-Prozess und die historische Forschung zur Genese der ›Endlösung‹«, in: Kim Priemel, Alexa Stiller (Hg.), *NMT. Die Nürnberger Tribunale zwischen Geschichte, Gerechtigkeit und Rechtschöpfung*, Hamburg 2013, S. 127-157.

9 Zur öffentlichen Debatte um die Hinrichtung am 7. Juni 1951 vgl. Norbert Frei, *Vergangenheitspolitik. Die Anfänge der Bundesrepublik und die NS-Vergangenheit*, München 1996, S. 215-233.

1941 nicht gegeben wurde, sondern die Erschießungen aufgrund von Himmlers persönlichen Inspektionen an der Ostfront im Sommer 1941 auch auf Frauen und Kinder ausgedehnt wurden.[10] Sicherlich ist Streckenbach als Personalchef im Sammellager der Einsatzgruppen gewesen, er wird auch Reden gehalten haben, aber die Anklage der Hamburger Staatsanwaltschaft, den Befehl zum Mord an den sowjetischen Juden erteilt zu haben, ging fehl.[11] Damit entsteht das eingangs erwähnte Paradoxon, dass Bruno Streckenbach, zweifellos einer der großen NS-Verbrecher, der seine Verurteilung allemal verdient hätte, womöglich aufgrund einer Tat verurteilt worden wäre, die er nicht begangen hatte. Leider ist diese These nicht zu überprüfen, da der Prozess gegen Streckenbach nicht stattgefunden hat. Als im Juni 1973 endlich die umfangreiche Anklageschrift wegen Mordes von mindestens einer Million Menschen in den Jahren 1941/42 vorlag, gelang es Streckenbach, mittlerweile schwer herzkrank, als verhandlungsunfähig eingestuft zu werden. Ein Hauptverfahren gegen ihn wurde nie eröffnet, er starb drei Jahre später an seinem Herzleiden.

II.

Der Fall Streckenbach zeigt, dass die Wahrheiten, die Staatsanwälte und Historiker herstellen, keineswegs identisch sein müssen, selbst wenn sie im selben Fall ermitteln. Aus der juristisch-pragmatischen Überlegung, die Taten Streckenbachs in Polen 1939/40 für die Anklage zurückzustellen, darf einerseits nicht geschlossen werden, Streckenbach hätte dort keine Verbrechen begangen. Andererseits kann die historische Erkenntnis, dass er nicht der Übermittler eines allgemeinen Mordbefehls im Juni 1941 gewesen sein kann, nicht dazu führen, ihn aus der Verantwortlichkeit für die Mordtätigkeit des Reichssicherheitshauptamtes zu entlassen. Die Differenz zwi-

10 Klein, *Einsatzgruppen*, S. 17-23; Ralf Ogorreck, *Die Einsatzgruppen und die »Genesis der Endlösung«*, Berlin 1996, S. 176-209.

11 Damit soll keineswegs die Arbeit des Staatsanwalts herabgewürdigt werden. Im Gegenteil, seine Anklageschrift, die nach mehr als zehn Jahren intensiver Ermittlungstätigkeit fertiggestellt worden war, gehört zweifellos zu den besten und fundiertesten, die im Rahmen von NS-Prozessen geschrieben worden sind. Aber in Bezug auf den zentralen Anklagepunkt irrte der Staatsanwalt.

schen den jeweiligen Wahrheiten möchte ich in vier Thesen näher charakterisieren:

1. These: Das Erkenntnisinteresse eines Staatsanwalts unterscheidet sich wesentlich von dem eines Historikers.

Der staatsanwaltliche Orientierungsrahmen ist das Strafgesetzbuch, nur bei mutmaßlichen Verstößen gegen dessen Paragraphen gibt es Ermittlungsbedarf. Handlungen von Menschen, die möglicherweise aus dem sozialen Kodex von »Normalität« fallen, aber nicht in den Rahmen des Strafgesetzbuches, haben den Staatsanwalt nicht zu interessieren. Konformes Verhalten, schlichter Alltag, das Arbeiten, Essen, Heiraten, Feiern, Sterben von Menschen liegt von der Definition seiner Aufgabe her außerhalb seines Wahrnehmungshorizonts. Historiker dagegen sind in der Wahl ihrer Themen frei. Sie können sich der Alltäglichkeit des Sterbens ebenso zuwenden wie der Monstrosität der nationalsozialistischen Massenverbrechen. Sie brauchen sich nicht von juristischen Definitionen leiten zu lassen, was Mord, Totschlag oder Körperverletzung mit Todesfolge ist, sondern können das Töten von Menschen nach eigenen Kriterien untersuchen. Sie müssen ihre Ermittlungen nicht beenden, wenn die Strafverfolgung des Delikts, dem sie auf der Spur sind, verjährt ist. Über Delikte wie Diebstahl, Verleumdung, Betrug bis hin zu Nötigung und Körperverletzung, also über die hässlichen Alltagsdelikte in Deutschland während der NS-Zeit, wird man in den wenigen übrig gebliebenen Gestapoakten und in manchen Verfahren der unmittelbaren Nachkriegszeit etwas erfahren, nichts aber mehr in den Ermittlungsverfahren der sechziger und siebziger Jahre, die sämtlich auf die Anklage von Mord und Beihilfe zum Mord ausgerichtet sein mussten. Betrachtet man die staatsanwaltlichen Ermittlungsakten als Archiv, das heute von Historikern benutzt werden kann, so besitzt dieses Archiv bereits eine spezifische Struktur, indem es über bestimmte Verbrechen spricht, während es von anderen schweigt. Von der gewalttätigen Aufladung der deutschen Gesellschaft vor dem Krieg, der alltäglichen Gewalt gegen Juden, vom Raub an ihrem Eigentum und von ihrer Vertreibung, von der Entwicklung einer »Mentalität des Genozids« vor der Praxis des Massenmords ist in diesen Akten keine Rede.

2. These: Im Unterschied zum Historiker ist der Gegenstand der Untersuchung für den Staatsanwalt eindeutig definiert.

Gegenstand der Ermittlungen ist die Tat und der Täter. Ohne Täter, also ohne individuell und konkret bestimmbare Person, findet kein Prozess statt. Der Nachweis der Tat ist an individuelle Personen gebunden, deren Täterschaft jeweils einzeln und konkret nachgewiesen werden muss. Auch gegen Organisationen wird im deutschen Strafrecht nicht als Institution, sondern in Vertretung gegen persönliche Repräsentanten verhandelt. Für Historiker indessen ist das Subjekt der Geschichte keineswegs an konkrete Individuen gebunden. Historische Forschungen lassen sich ebenso zu Klassen, Gruppen, Vereinen, also Kollektiven von Menschen, wie auch zu Abstracta, zum Beispiel zu Lohnkurven, Bevölkerungsentwicklungen, ja selbst zu materialen, nicht menschlichen Gegenständen wie dem Klima oder der Natur führen.

Juristische Wahrheitssuche ist stets personal, wissenschaftliche Erklärungen historischer Wirklichkeiten hingegen sind größtenteils überpersonal, suchen mit dezidierter Absicht die Gründe für geschichtliche Entwicklungen nicht in einzelnen Personen. Der zunehmende Umgang mit Prozessunterlagen durch die historische Forschung lässt daher auch die epistemologische Frage zu, ob sich damit zugleich ein Perspektivenwechsel ausdrückt, sich der Blick von der Strukturgeschichte gelöst und den Handelnden, den individuellen Akteuren, den konkreten Tätern zugewandt hat.

3. These: Ebenso wie Ausgangspunkt und Gegenstand sind auch die Ziele der Ermittlungen unterschiedlich.

Ermittlungen von Staatsanwälten haben ein Ziel: Straftaten zu ermitteln und Anklage für einen Prozess zu erheben. Daraufhin werden Zeugen vernommen, Dokumente gesammelt, Abschriften angefertigt, Ortsbesichtigungen vorgenommen. Nur was dem Prozess dient, ist relevant, oder, um das Problem zuzuspitzen: alles, was für den Prozess unwichtig erscheint, wird im Laufe der Ermittlungen beiseitegeschoben und nicht weiterverfolgt. Zeugen werden unter dem Gesichtspunkt vernommen, ob sie etwas zum Tatvorwurf aussagen können. Was sie ansonsten zum Geschehen sagen könnten, ist nicht wichtig. Dokumente werden gesammelt, um den Tatvorwurf zu erhärten. Was sie darüber hinaus zur Sprache bringen, ist nebensächlich. Was Historiker interessiert: den

Kontext eines Ereignisses sichtbar zu machen, Entwicklungen zu schildern, Vergleiche anzustellen, ganze Epochen und Zivilisationen zu erklären, ist Staatsanwälten gleichgültig – und muss es sein. Denn ihr Ziel ist es, eine Anklage vorzubereiten und dem Angeklagten den Prozess zu machen. Die Struktur der Wahrnehmung, die bereits am Ausgangspunkt durch das Strafgesetzbuch klar und dominant vorgegeben ist, wird in dieser Phase der Suche und Bearbeitung des Materials erneut geformt und funktional auf den Prozess hin ausgerichtet. Im Fall Streckenbach bedeutete dies, seine Zeit als Gestapochef auszublenden, seine Taten im besetzten Polen hintanzustellen und sich auf den Vorwurf zu konzentrieren, im Juni 1941 den allgemeinen Mordbefehl erteilt zu haben.

Zahlreiche Zeugenvernehmungen drehten sich allein um diese Frage: Hat Streckenbach diesen Befehl erteilt oder nicht? Dagegen tauchte die Situation im Sammellager der Einsatzgruppen, kurz bevor sie in die Sowjetunion einmarschierten, nur am Rande der Vernehmungen auf. Fragen, die Historiker brennend interessieren würden, wurden nicht gestellt: Wie sah die Ausbildung dieser Männer aus? Was wurde untereinander über den kommenden Einsatz erzählt? Gab es Möglichkeiten, sich diesem Einsatz zu verweigern, und wer nutzte sie? Über den »Einsatzgruppenprozess« 1948 vor einem amerikanischen Militärtribunal in Nürnberg berichtete etliche Jahre später der Ankläger Benjamin Ferencz in einem Gespräch mit dem Zeithistoriker Wolfgang Scheffler: »Mir wurden als blutjungem Anwalt in Berlin eines Tages die Einsatzgruppenberichte der Sicherheitspolizei und des SD auf den Tisch gelegt. Trotz meiner mangelhaften deutschen Sprachkenntnisse erkannte ich ihren Wert und fuhr damit zu Telford Taylor [Chefankläger im Nürnberger Prozess gegen die Hauptkriegsverbrecher, M.W.]. Dieser zuckte zunächst die Achseln und meinte: ›Wir haben keine Leute, das zu machen, es sei denn, Sie machen es.‹« Ferencz fuhr fort: »Ich machte es. Wir hatten diese Berichte, im Falle von Otto Ohlendorf 92 000 Ermordete. Damit war der Fall klar. Was in den Einsatzgruppen selbst sich abgespielt hatte, die Hintergründe etc., war nur Beiwerk und ziemlich unwichtig. Es gab Ermordete, es gab Täter, Beweise waren vorhanden, Geständnisse ebenso, und damit war der Fall gelaufen.«[12]

12 Wolfgang Scheffler, *NS-Prozesse als Geschichtsquelle. Bedeutung und Grenzen ihrer Auswertbarkeit durch den Historiker*, in: ders., Werner Bergmann (Hg.), *Lerntag*

Diese Zurichtung des Materials im juristischen Diskurs, das heißt die spezifische Perspektive und Praxis der Bearbeitung mit ihren Einschließungen und Ausblendungen in den Blick zu nehmen, scheint mir eine entscheidende Voraussetzung zu sein, bevor man sich als Historiker auf die vielen Ordner mit Gerichtsmaterialien einlässt. Schaut man sich indessen manche der jüngsten historischen Untersuchungen zum Holocaust an, so wird man häufig das Gegenteil feststellen. Zitate aus Vernehmungsprotokollen werden zum Beispiel wie authentische Wiedergaben des Gesagten behandelt, völlig unbekümmert darüber, dass es sich in aller Regel um die Mitschrift eines Justizangestellten handelt, der die Aussagen des Vernommenen nach bestem Wissen und Können zusammenfasst, nicht weniger, aber auch nicht mehr. Die Vertrauensseligkeit, mit der Historiker mit Vernehmungsprotokollen umgehen, muss etwas mit der generellen Schriftgläubigkeit dieser Zunft zu tun haben, die stets in Gefahr steht, das Geschriebene mit dem Wirklichen zu verwechseln.

Ruth Bettina Birn und Volker Rieß empfehlen in ihrer Kritik an Goldhagens Buch einen komparatistischen Ansatz, um im Vergleich verschiedener Vernehmungen die Validität einer Aussage zu beurteilen.[13] Christoph Bitterberg hat in einer unveröffentlichten Arbeit über die methodologische Problematik von NS-Prozessmaterialien als historische Quelle den Begriff des »setting« für die Analyse betont: Wer sind die Teilnehmer am Verfahren? Welche Inhalte werden besprochen? Wie sind die Kommunikationsregeln beschaffen?[14] Es ist ein deutlicher Unterschied, ob Zeugen die Sprache verstehen, in der vor Gericht verhandelt wird, ob sie in der sozialen Hierarchie eine obere oder untere Position haben. Der Angeklagte, der als promovierter Jurist die Spielregeln des Verfahrens kennt, weiß sich weit sicherer im Gerichtssaal zu bewegen als die jüdischen oder polnischen Zeugen seiner Morde, die vor Gericht aussagen wollen und sich plötzlich im unentwirrbaren Gestrüpp

über den Holocaust als Thema im Geschichtsunterricht und in der politischen Bildung, Berlin 1988, S. 12-27, hier: S. 19 f.

13 Birn/Rieß, »Revising the Holocaust«.

14 Christoph Bitterberg, *Die Richter und ihre Historiker. Zum Umgang mit NS-Prozeßmaterialien als historische Quelle*, Hamburg (Masch.) 1997; vgl. Jürgen Finger, Sven Keller, »Täter und Opfer – Gedanken zu Quellenkritik und Aussagekontext«, in: Finger u. a. (Hg.), *Vom Recht zur Geschichte*, S. 114-131.

einer deutschen Verhandlung befinden. Birns und Bitterbergs Forderungen machen den Umgang mit Verfahrensdokumenten nicht einfacher – zu Recht. Nur wer sich der Differenz bewusst ist, wird es vermeiden können, in den Antworten des anderen Diskurses die eigenen Fragen zu entdecken. Fragen wie Antworten sind jeweils unterschieden, und nur im Wissen um die jeweiligen Diskursregeln können neue Fragen gestellt und eigene Antworten gefunden werden.

4. These: Historiker und Staatsanwälte setzen ihre Wahrheiten mit unterschiedlichen Argumentationspraktiken durch.

Es ist lange her, da auch bei Historikern *evidentia in narratione*, die Anschaulichkeit, die Lebendigkeit der Erzählung, hoch im Kurs stand und ihre Argumentation den klassischen Regeln der Rhetorik folgte.[15] Mittlerweise fixiert die Geschichts*schreibung* ihre Erkenntnisse in Büchern, während in der Recht*sprechung* mündlich argumentiert wird, nach den streng festgelegten Regeln der Strafprozessordnung. Der gravierendste Unterschied zwischen dem historischen und dem juristischen Diskurs besteht in der Praxis des Argumentierens: auf der einen Seite das Buch, der Text, auf der anderen Seite die mündliche Verhandlung, der öffentliche Gerichtsprozess. Noch heute müssen in deutschen Strafverfahren schriftliche Beweismittel, Dokumente vorgelesen, zu Gehör gebracht werden, um offiziell als Teil der Verhandlung gelten zu können.

Diese Differenz berührt nicht allein die jeweils eigene kulturelle Qualität von Oralität und Schriftlichkeit, von gesprochenem und geschriebenem Wort – letztlich wird auch die mündliche Gerichtsverhandlung protokolliert und damit schriftlich festgehalten; auch die Anklageschrift ist ein Text. Die Differenz berührt vor allem die Stellung und Rolle der Argumentierenden. Der Historiker als Buchautor bleibt der auktoriale Erzähler, der die Fäden seiner Geschichte selbst spinnt und in der Hand behält. Der Text entwickelt die Argumentation, vermag durch seine Plausibilität und Stringenz zu überzeugen; dem Leser verbleibt allein die Rolle des Rezipien-

15 Carlo Ginzburg hat in einem anregenden Aufsatz das Verhältnis zwischen Richter und Historiker anhand des Problems von Evidenz und Beweis untersucht: Carlo Ginzburg, »Checking the Evidence: The Judge and the Historian«, in: James Chandler u. a. (Hg.), *Questions of Evidence*, Chicago, London 1994, S. 290-303.

ten, der der Argumentation zustimmen oder sie ablehnen kann, aber auf ihren Lauf, auf die Darlegung keinen Einfluss hat. Die Gerichtsverhandlung als Recht*sprechung* hingegen ist ein offener Prozess, an dem sich Kläger, Angeklagte, Staatsanwälte, Verteidiger, Zeugen und Richter beteiligen, um mit ihren Argumenten den Gang der Verhandlung und letztlich das Urteil zu beeinflussen. Die Ermittlungen des Staatsanwaltes, die Überzeugungskraft der Anklage haben sich im Verfahren zu bewähren; die Argumente müssen sich mit anderen messen, unmittelbar, direkt.

Die vielfache Distanz von Historikern zu ihren Protagonisten sowie zu denjenigen, die sie zu überzeugen suchen, enthebt sie wiederum der unmittelbaren Konfrontation, entlastet sie von der Prüfung ihrer Argumente im unmittelbaren Dialog. Was wäre, wenn Historiker sich tatsächlich einmal in der Rolle der Vertreter der Anklage wiederfänden und ihre Argumente ebenso wie die der Verteidigung gewogen und von einem unabhängigen Gericht gewichtet würden? Der Historiker als Buchautor schreibt über Tote, die keine Möglichkeit des Einspruchs oder der Widerrede mehr besitzen. Seine wissenschaftlichen Kontrahenten ruft er zur virtuellen Auseinandersetzung in die von ihm selbst geschaffene Arena seines Textes. Einem Staatsanwalt sitzen die Gegner real, leibhaftig gegenüber, die Regeln der Verhandlung stammen nicht von ihm, er hat sich an sie zu halten. Der monologischen Struktur historischen Argumentierens steht die dialogische Argumentationspraxis vor Gericht gegenüber.

Richter und Historiker sind lange Zeit als ähnlich angesehen worden, wie Carlo Ginzburg anschaulich in seinem kleinen Buch über den Fall Sofri schildert.[16] Die Hegelsche Vermessenheit, die Weltgeschichte sei das Weltgericht, hat deutsche Historiker immer wieder phantasieren lassen, mit dem Weltgeist eins zu sein und das Urteil über die Geschichte sprechen zu können. Doch so vertraut Historikern das gerichtliche Modell für ihre Ermittlungen sein mag, so wenig deckungsgleich sind Geschichtsschreibung und Rechtsprechung. Die Kluft, die Historiker von Staatsanwälten trennt, ist zu groß, als dass durch den Versuch, sie zu überspringen oder gar zu ignorieren, die eigene Arbeit nicht Schaden nehmen würde. Denn folgen Historiker der Argumentation staatsanwalt-

16 Carlo Ginzburg, *Der Richter und der Historiker. Überlegungen zum Fall Sofri*, Berlin 1991.

licher Ermittlungen, so kann sich ihr Blick auf spezifische Weise verengen.

Erstens: Das Bild von den Tätern in den Ermittlungsakten muss sich an den Paragraphen des Strafgesetzbuches orientieren. Aber kann die juristische Definition eines Mörders, Mordgehilfen oder Totschlägers die geschichtswissenschaftliche Bestimmung eines NS-Täters sein? Verführt die staatsanwaltliche Perspektive nicht dazu, das Gefühl definitorischer Sicherheit mit dem Preis der Engführung des historischen Problems zu bezahlen? Muss nicht – radikal gefragt – der Begriff des Täters aus den juristischen Bestimmungen gelöst und neu, in anderen Kontexten gedacht und reflektiert werden? Die Dynamik und Virulenz der Gewalt, die wir in Deutschland in der ersten Hälfte dieses Jahrhunderts beobachten, kann nicht mit einem Mordparagraphen analysiert werden, der aus dem 19. Jahrhundert stammt. Solcherart »Großformen der Kriminalität« (Herbert Jäger) waren für das Strafrecht vollkommen neu.[17] So faszinierend präzise das juristische Instrumentarium durch jahrhundertelangen Gebrauch geschärft worden ist, so wenig taugt es doch, um die nationalsozialistischen Massenverbrechen und ihre Täter zu erklären. Die Reduktion der Shoah auf individuellen Mord ist strafrechtlich notwendig, um die Mörder anklagen und verurteilen zu können. Als Historiker sind wir indessen aufgefordert, andere Kriterien, andere Maßstäbe zu entwickeln, um das Ungeheuerliche zu erklären.

Zweitens: So wie sich das Bild des Täters auf die juristische Definition des Mörders und Mordgehilfen reduziert, so konzentriert sich der Blick in den staatsanwaltlichen Ermittlungen auf die Tat, auf den Mord, muss sich darauf konzentrieren, denn allein die Tat ist von strafrechtlicher Relevanz. Aber erschöpfen sich die Verbrechen des Nationalsozialismus in der Tat? Ist das unmittelbare Mordgeschehen nicht der Vollzug einer Praxis, deren Dimension und Zusammenhang über die Tat hinausreicht und deren Struktur und Kontextualität erst untersucht werden müssen, bevor der Mord selbst erklärt werden kann? Die juristische Untersuchung von NS-Massenverbrechen heißt ins Historiographische übersetzt immer Ereignisgeschichte. Die Tat muss präzise bestimmbar, der individuelle Täter klar zu beweisen sein. Der Beweis jedoch, dass

17 Herbert Jäger, *Makrokriminalität. Studien zur Kriminologie kollektiver Gewalt*, Frankfurt/M. 1989.

die Tat stattgefunden hat und einen individuellen Täter besitzt, erklärt weder die Tat noch den Täter. Die präzise Bestimmung des Ereignisses hat zweifelsohne einen nicht zu unterschätzenden Wert, in der Ereignisgeschichte allerdings geht die Erklärung historischer Zusammenhänge nicht auf.

Was Historiker von Staatsanwälten lernen können, ist die Präzision der Beschreibung des Ereignisses. Was sie nur in Abgrenzung zum juristischen Diskurs erforschen können, ist der Kontext des Mords, die Bereitschaft so vieler, den Mord zu begehen, die Billigung der Mörder durch die Gesellschaft, das Mit-Tun von Hunderttausenden.

15.
Furcht vor dem Volk. Ernst Fraenkel in der deutschen Nachkriegsgesellschaft

Wenige Monate nach dem Ende des NS-Regimes erreichte Ernst Fraenkel die dringende Bitte Otto Suhrs, aus den USA nach Berlin zurückzukehren und sich am Neuaufbau der Hochschulen in Deutschland zu beteiligen. Fraenkel lehnte ab. Er antwortete Suhr in einem langen, die Emigrationszeit resümierenden Brief am 23. März 1946: »Die entscheidende Wendung setzte bei mir im Jahre 1943 ein. […] In dieser Zeit hörten wir das erste Mal von den Gaskammern in Auschwitz. Wir haben es nicht geglaubt. Dann kamen Bilder von Vernichtungslagern in Südrußland – je weiter die Russen vorrückten, desto detaillierter wurden die Berichte. Als es sich herausstellte, daß hier nicht Propagandameldungen, sondern Tatsachen vorlagen, habe ich gewußt und im vollen Gefühl der Bedeutung des Schrittes das Band zwischen Deutschland und mir zerschnitten und beschlossen, nie wieder nach Deutschland zurückzugehen. Es wäre mir völlig unmöglich, die Unbefangenheit aufzubringen, die notwendig ist, um in jenem Lande zu leben und zu wirken. In dem Verhältnis zwischen Deutschen und Juden fühle ich mich, zumal nachdem 5 000 000 Juden ermordet worden sind, mit den Juden – und nur mit ihnen – solidarisch. Ich glaube, daß es keinem Juden zugemutet werden kann, in Zukunft in Deutschland zu leben, und ich wehre mich mit aller Entschiedenheit dagegen, daß emigrierte Juden nach Deutschland zurückzugehen versuchen und damit die Auswanderung der wenigen Juden, die verschont geblieben sind, künstlich zu [sic] erschweren. Ich war lange genug in Deutschland, um zu wissen, daß ein sehr erheblicher Teil der deutschen Bevölkerung die Maßnahmen Hitlers gegen die Juden gebilligt hat. Nachdem dieser Feldzug zur Ausrottung geführt hat, ist es für mich als Juden nicht angängig, noch einmal die Sache dieses Volkes zu meiner eigenen zu machen. Das mag sehr bitter klingen, ich fühle mich sehr bitter in dieser Frage. Ich glaube, daß diese Wunde nicht geheilt werden kann.«[1]

1 Ernst Fraenkel an Otto und Susanne Suhr, 23.3.1946, in: ders., *Gesammelte Schriften,* Bd. 3: *Neuaufbau der Demokratie in Deutschland und Korea,* Baden-Baden 1999, S. 389-395, hier S. 391 f.

Ernst Fraenkel, Jahrgang 1898, wuchs in einer bildungsbürgerlichen Familie in Frankfurt am Main auf.[2] Man war fortschrittsgläubig und rechtsstaatlich-tolerant, verurteilte das autokratische Russland mit seinen antisemitischen Pogromen als barbarisch und bewunderte England als das vorbildlich freie Land Europas. Dennoch war er sich wie viele andere seiner Generation trotz aller Emanzipation der Juden in Deutschland durchaus bewusst, einer Minderheit anzugehören. Dieses Bewusstsein bildete, so Fraenkel in einer Rückschau Anfang der siebziger Jahre, sein »politisches Ur-Erlebnis«.[3]

Nach dem Ersten Weltkrieg studierte er Arbeitsrecht bei Hugo Sinzheimer. Den völkischen und antisemitischen Studenten war Sinzheimer, Sozialdemokrat und Jude, verhasst; seine Antrittsvorlesung wurde gestört, den Weg zum Vortragspult mussten ihm demokratische Studenten erst freimachen. 1933 gehörte er zu den ersten Frankfurter Professoren, die entlassen und in die Emigration gezwungen wurden.[4] Arbeitsrecht besaß für Fraenkel eine politische Dimension. Während in der deutschen Rechtstradition das Recht vom Staat gesetzt wurde, schufen im Arbeitsrecht gesellschaftliche Verbände wie Gewerkschaften und Arbeitgebervereinigungen durch den Abschluss von Tarifverträgen unabhängig von Gesetzen kollektives Recht, das für die Rechtsprechung von Arbeitsgerichten maßgeblich war. Ernst Fraenkel dachte diese neue, gesellschaftliche Dimension des Rechts konsequent weiter und veröffentlichte in den zwanziger Jahren mehrere Aufsätze, in denen er den Begriff der »kollektiven Demokratie« entwickelte und damit den Grundstock für sein Pluralismus-Konzept legte, das er nach dem Zweiten Weltkrieg ausarbeiten sollte.[5]

2 Zur Biographie Fraenkels siehe Simone Ladwig-Winters, *Ernst Fraenkel. Ein politisches Leben*, Frankfurt/M. 2009; sowie den Beitrag »Die politische Ordnung der Volksgemeinschaft. Ernst Fraenkels *Doppelstaat* neu betrachtet« in diesem Band.

3 Ernst Fraenkel, »Anstatt einer Vorrede«, in: ders., *Reformismus und Pluralismus. Materialien zu einer ungeschriebenen politischen Autobiographie,* hg. von Falk Esche und Frank Grube, Hamburg 1973, S. 11-26, hier S. 15.

4 Vgl. Otto Ernst Kempen, *Hugo Sinzheimer. Architekt des kollektiven Arbeitsrechts und Verfassungspolitiker*, Frankfurt/M. 2017; Keiji Kubo, *Hugo Sinzheimer. Vater des deutschen Arbeitsrechts. Eine Biographie,* Frankfurt/M. 1995.

5 Vgl. Rainer Kühn, »Die Schriften Ernst Fraenkels zur Weimarer Republik. Das Arbeitsrecht als Knoten und Katalysator«, in: Hubertus Buchstein, Gerhard Göhler (Hg.), *Vom Sozialismus zum Pluralismus. Beiträge zu Werk und Leben Ernst*

Ernst Fraenkel wie sein Kollege Franz Neumann waren darüber hinaus auch praktisch als Rechtsvertreter für die Gewerkschaften und die SPD tätig. Als am 2. Mai 1933 die SA mit Gewalt die Gewerkschaftshäuser stürmte, räumten die braunen Trupps auch das Rechtsanwaltsbüro von Franz Neumann, das sich im Gebäude des Deutschen Metallarbeiterverbandes in Berlin befand. Mit dem Satz »Mein Bedarf an Weltgeschichte ist gedeckt« verabschiedete sich Neumann von seinem langjährigen Gefährten Fraenkel und emigrierte wenige Tage später nach England. »Die baumlangen SA-Lümmel«, so Fraenkel in seiner Gedenkrede auf Neumann 1955, »die an jenem 2. Mai in Franz Neumanns Arbeitszimmer eindrangen, symbolisierten den Zusammenbruch der Gewerkschaften, den Triumph der Diktatur, die Herrschaft des Pöbels.«[6]

Fraenkel, der als ehemaliger Frontsoldat von den antisemitischen Berufsverbotsgesetzen vom April 1933 vorerst ausgenommen war, blieb in Berlin und versuchte, den vom NS-Regime Verfolgten als Anwalt zu helfen, schrieb unter Pseudonym Artikel für die in Paris erscheinende Zeitschrift der Widerstandsorganisation Internationaler Sozialistischer Kampfbund und sammelte Material für seine Analyse des Nationalsozialismus aus Zeitungen, Zeitschriften, Gerichtsentscheidungen. Von Freunden vor der drohenden Verhaftung gewarnt, emigrierten Fraenkel und seine Frau gerade noch rechtzeitig im September 1938 nach England und wenig später in die USA. Dort publizierte er 1941 *The Dual State,* eine der ersten und scharfsinnigsten Analysen des Nationalsozialismus, die in Deutschland erst dreißig Jahre später veröffentlicht wurde.[7] Im Vorwort zur deutschen Ausgabe des *Doppelstaats* schrieb Fraenkel 1974, dass sein Buch auf Quellenmaterial beruhe, »das ich im nati-

Fraenkels, Baden-Baden 2000, S. 9-28; sowie das informative Vorwort von Alexander v. Brünneck zu: Ernst Fraenkel, *Gesammelte Schriften*, Bd. 5: *Demokratie und Pluralismus*, Baden-Baden 2007, S. 9-36.

6 Ernst Fraenkel, »Gedenkrede auf Franz L. Neumann« (1955), in: ders., *Gesammelte Schriften*, Bd. 6: *Internationale Politik und Völkerrecht, Politikwissenschaft und Hochschulpolitik*, Baden-Baden 2011, S. 369.

7 Ernst Fraenkel, *The Dual State. A Contribution to the Theory of Dictatorship*, New York, London, Toronto 1941; ders., *Der Doppelstaat. Recht und Justiz im »Dritten Reich«*, Frankfurt/M. 1974, jetzt in: ders., *Gesammelte Schriften*, Bd. 2: *Nationalsozialismus und Widerstand*, Baden-Baden 1999, S. 33-266; zur Publikationsgeschichte siehe ausführlich die »Einleitung« von Alexander v. Brünneck ebd., S. 7-32. Im Folgenden wird nach dieser Ausgabe zitiert.

onalsozialistischen Berlin gesammelt habe[,] und auf Eindrücken, die sich mir tagtäglich aufgedrängt haben. Es ist aus dem Bedürfnis entstanden, diese Erlebnisse und Erfahrungen theoretisch zu erfassen, um mit ihnen innerlich fertig zu werden.«[8]

Man kann den *Doppelstaat* durchaus auch als eine scharfsinnige Auseinandersetzung mit Carl Schmitt lesen, der so häufig wie kein anderer Rechtstheoretiker in diesem Buch zitiert wird.[9] In seiner 1934 erschienenen Schrift *Über die drei Arten des rechtswissenschaftlichen Denkens* unterschied Schmitt zwischen dem Normativismus als Gesetzes- und Regeldenken, dem Dezisionismus, das heißt Recht von der Entscheidung des Richtenden her gedacht, sowie schließlich dem konkreten Ordnungsdenken, das sich auf konkrete Gemeinschaften bezieht. Für Fraenkel markierte Schmitts Rechtsdenken in Verbindung mit der Vorstellung der Volksgemeinschaft den Wendepunkt in der Entwicklung einer nationalsozialistischen Rechtstheorie. »Der Vorstellung«, so Fraenkel, »daß die Gemeinschaft alleinige Quelle des Rechts sei, entspricht die Lehre, daß es außerhalb der Gemeinschaft kein Recht geben könne. [...] Wer außerhalb der Gemeinschaft steht, ist der wirkliche oder potentielle Feind. Innerhalb der Gemeinschaft gelten Friede, Ordnung und Recht. Außerhalb der Gemeinschaft gelten Macht, Kampf und Vernichtung.«[10] Schon 1932 hatte Fraenkel Schmitts These kritisiert, dass »jede Demokratie auf der Voraussetzung des unteilbar gleichartigen, ganzen, einheitlichen Volkes« beruhe und es für sie »in der Sache und im Wesentlichen überhaupt keine Minderheit und noch weniger eine Mehrzahl fester, konstanter Minderheiten« geben könne.[11] »Zu behaupten«, so Fraenkel, »jegliche Demokratie setze die völlige Homogenität des Volkes voraus, das seine Staatsverfassung demokratisch zu gestalten beabsichtige, ist nicht nur geschichtlich unrichtig, sondern vor allem politisch irreführend.«[12] Schmitts Streben nach einem »autoritären Staat« mit plebiszi-

8 Ernst Fraenkel, »Vorwort zur deutschen Ausgabe« (1974), in: ders., *Gesammelte Schriften,* Bd. 2, S. 41.

9 Siehe dazu den Beitrag »Eine spannungsvolle Beziehung: Ernst Fraenkel und Carl Schmitt« in diesem Band.

10 Fraenkel, *Doppelstaat,* S. 193.

11 Carl Schmitt, *Legalität und Legitimität* (1932), Berlin 1998, S. 29.

12 Ernst Fraenkel, »Um die Verfassung« (1932), in: ders., *Gesammelte Schriften,* Bd. 1, S. 496-509, hier S. 499.

tärer Legitimität sei an Rousseaus Utopie einer »absolutistischen Demokratie«[13] orientiert. Ebendiese Auseinandersetzung mit der Forderung nach einer identitären Demokratie, die mit Gewalt durchgesetzt werden soll, sollte Fraenkel in Berlin in den sechziger Jahren wieder einholen.

Rückkehr nach Deutschland

Ernst Fraenkel, der nach dem Zweiten Weltkrieg als Legal Adviser der US-Behörden in Südkorea tätig war und sich an der Ausarbeitung der südkoreanischen Verfassung beteiligte, kehrte entgegen seinen Vorbehalten doch nach Deutschland zurück. Immer wieder hatte Otto Suhr um die Mitarbeit Fraenkels beim Aufbau von demokratischen Hochschulen im Nachkriegsdeutschland geworben, und nach dem Ende seines Korea-Engagements, ohne Aussicht auf eine feste akademische Stelle in den USA, nahm Fraenkel ein Angebot des State Department an, als Berater bei der High Commission for Occupied Germany tätig zu sein. Als er am 30. April 1951, zunächst noch ohne seine Frau Hanna, auf dem Flughafen in Berlin-Tempelhof landete, war es das erste Mal seit seiner Flucht im September 1938, dass er wieder deutschen Boden betrat.[14]

Fraenkel, dessen Vertrag vorerst auf 105 Tage befristet war, sollte Lehrveranstaltungen an der von Otto Suhr geleiteten Deutschen Hochschule für Politik (DHfP) abhalten. Fraenkel kannte die DHfP durchaus gut, denn diese außeruniversitäre Hochschule war bereits 1920 in Berlin gegründet worden, und mehrere seiner Freunde, darunter Franz Neumann, hatten dort gelehrt. Im Nationalsozialismus politisch gesäubert und als »Auslandswissenschaftliche Fakultät« in die Berliner Universität eingegliedert, konnte die DHfP 1949, vor allem auf Betreiben Otto Suhrs, neu eröffnet werden. Wie ihre Weimarer Vorgängerin sollte sie als politische Erwachsenenbildungsstätte vornehmlich Lehrern, Journalisten,

13 Ebd.

14 Ladwig-Winters, *Fraenkel,* S. 239, allerdings mit der falschen Angabe, dass Hanna Fraenkel bereits mitgekommen wäre. Das berichtigen Hubertus Buchstein und Klaus-Gert Lutterbeck in ihrem »Vorwort« zu: Fraenkel, *Gesammelte Schriften,* Bd. 6, S. 9-90, hier S. 10.

Beamten und Parteifunktionären die Grundlagen der Demokratie vermitteln und sie zu Demokraten ausbilden.[15]

Fraenkel nahm seine Lehrtätigkeit gleich zu Semesterbeginn im Mai 1951 auf. Er hielt eine Vorlesung zu aktuellen Problemen der internationalen Politik in Ostasien und ein Seminar zur vergleichenden Verfassungslehre. Zusätzlich trat er allein im Sommer 1951 über dreißig Mal als Vortragender zu verschiedenen politischen Themen in Schulen, Zeitungsredaktionen, Rundfunksendern, Volkshochschulen und auf SPD-Veranstaltungen auf.[16] Dabei wurde er unter anderem mit der Frage konfrontiert, warum die USA nicht Hitlers Angebot angenommen hätten, gemeinsam gegen den Kommunismus zu kämpfen. Auch der Bildungsstand der Studenten schockierte Fraenkel zuweilen, etwa wenn sie nicht wussten, in welchem Land Schillers Schauspiel *Wilhelm Tell* spielt oder wer Abraham Lincoln oder Gustav Stresemann, Heinrich Brüning oder Matthias Erzberger gewesen waren.[17]

Fraenkel sah in der Ausbildung der künftigen deutschen Elite zur Demokratie sein zukünftiges Berufsfeld. Er verlängerte seinen Vertrag bei der Alliierten Hohen Kommission, hielt weiter Lehrveranstaltungen an der DHfP ab und wurde schließlich 1953 mit tatkräftiger Unterstützung von Otto Suhr zum Professor für die Wissenschaft von der Politik, insbesondere Theorie und vergleichende Geschichte der politischen Herrschaftssysteme, an der Freien Universität Berlin (FU) berufen, die nach der politischen Teilung der Stadt im Westteil im November 1948 ihren Lehrbetrieb aufgenommen hatte. Zuvor, im April 1952, war zwischen Otto Suhr und dem damaligen Präsidenten der FU ein Kooperationsvertrag unterzeichnet worden, der es Studenten der DHfP ermöglichte, auch an der FU immatrikuliert zu sein.[18]

15 Vgl. Gerhard Göhler, »Die Wiedergründung der DHfP – Traditionspflege oder wissenschaftlicher Neubeginn?«, in: Gerhard Göhler, Bodo Zeuner (Hg.), *Kontinuitäten und Brüche in der deutschen Politikwissenschaft,* Baden-Baden 1991, S. 144-164.

16 Ernst Fraenkel, »Report on Activities 24 April to 5 August 1951«, in: ders., *Gesammelte Schriften,* Bd. 3, S. 547-569; Ladwig-Winters, *Fraenkel,* S. 247-251.

17 Vgl. Ernst Fraenkel, »Admission Examinations at the Hochschule für Politik« (1951), in: ders., *Gesammelte Schriften,* Bd. 3, S. 570-573.

18 Vgl. Ladwig-Winters, *Fraenkel,* S. 246; vgl. Alfons Söllner, »Ernst Fraenkel und die Verwestlichung der politischen Kultur in der Bundesrepublik Deutschland«,

Mit seinen geteilten Gefühlen – einerseits der Skepsis und den Vorbehalten gegenüber einer deutschen Gesellschaft, die so tief in die nationalsozialistischen Massenverbrechen verstrickt gewesen war, und andererseits dem Engagement für einen demokratischen Neubeginn – stand der jüdische Remigrant Fraenkel nicht allein. Es gab etliche Künstler, Wissenschaftler, Politiker, die »nicht zuletzt aufgrund ihrer sprachlichen und kulturellen Wurzeln nach Deutschland aufbrachen oder mit ihren Ideen dort Einfluss nehmen wollten«.[19] Max Horkheimer, dem die Stadt und die Universität Frankfurt im Herbst 1946 die Bitte antrugen, mit dem von den Nationalsozialisten vertriebenen Institut für Sozialforschung wieder nach Frankfurt zurückzukehren, nutzte im Frühjahr 1948 als Gastprofessor der Rockefeller Foundation die Gelegenheit, zu schauen, ob es, wie er Herbert Marcuse schrieb, »drüben ein paar Studenten und sonstige Intellektuelle gibt, auf die man nachhaltigen Einfluss in unserem Sinn üben kann«.[20]

Die gewonnenen Eindrücke in Deutschland stimmten Horkheimer kämpferisch. An Franz Neumann schrieb er im September 1948: »Gerade weil, bei aller äußeren Zugänglichkeit, die Masse der Deutschen unansprechbarer und böser zu sein scheint als selbst unter dem Dritten Reich, haben wir noch eine tiefere Beziehung zu denen, die Widerstand leisten. [...] Der Wunsch, mit ihnen zusammen der neuen faschistischen Verhärtung Trotz zu bieten, ist stark, auch wenn die Aussichten auf Erfolg gering sind. Die Verlockung, am Kampf teilzunehmen, ist groß.«[21] »Wenn es nicht gelingt«, so Horkheimer im selben Jahr an Marie Jahoda, »die furchtbare Reaktion, die sich dort bereits konsolidiert hat, mit Hilfe der bewussten oder wenigstens noch unentschlossenen Elemente zu brechen, wird die anti-russische Politik der Westmächte

in: ders., *Fluchtpunkte. Studien zur politischen Ideengeschichte des 20. Jahrhunderts*, Baden-Baden 2006, S. 181-200.

19 Irmela von der Lühe, Axel Schildt, Stefanie Schüler-Springorum, »Einleitung«, in: dies. (Hg.), *»Auch in Deutschland waren wir nicht wirklich zu Hause«. Jüdische Remigration nach 1945*, Göttingen 2008, S. 9-18, hier S. 12 f.

20 Horkheimer an Marcuse, 28. 2. 1946, zit. nach Rolf Wiggershaus, *Die Frankfurter Schule. Geschichte. Theoretische Entwicklung. Politische Bedeutung*, München 1988, S. 442.

21 Horkheimer an Neumann, 17. 9. 1948, zitiert nach Monica Kingreen, »Zurück nach Frankfurt. Rückkehr aus dem Exil in die Stadt am Main«, in: von der Lühe (Hg.), *Deutschland*, S. 121-143, hier S. 133.

in Europa mit einem gewaltigen völkischen und antisemitischen Elan durchgeführt werden.«[22]

Dass man den Deutschen, von denen schon gleich nach Kriegsende niemand mehr ein Nazi gewesen sein mochte, wie Hannah Arendt und viele andere beobachteten, nicht trauen könne, lässt sich in den Briefen jüdischer Remigranten immer wieder nachlesen. »Ich habe«, schrieb Theodor W. Adorno an Thomas Mann im Dezember 1949, »außer ein paar rührend marionettenhaften Schurken von altem Schrot und Korn, noch keinen Nazi gesehen, und das keineswegs bloß in dem ironischen Sinne, daß keiner es gewesen sein will, sondern in dem weit unheimlicheren, daß sie glauben, es nicht gewesen zu sein; [...] ›Wir Deutschen‹ sagte treuherzig ein im übrigen wirklich anständiger Schüler von mir [...] ›haben den Antisemitismus nie ernst genommen‹. Er meinte es ehrlich, aber ich mußte ihn an Auschwitz erinnern.«[23]

Auch Ernst Fraenkel hielt in den fünfziger Jahren an seiner amerikanischen Staatsbürgerschaft fest, nahm lieber in Kauf, immer wieder für etliche Monate in die USA zurückzukehren, um seinen Status aufrechtzuerhalten, als die amerikanische Staatsbürgerschaft aufzugeben. Gern hätte er wohl in den frühen fünfziger Jahren wie Franz Neumann, der seit 1950 an der Columbia University in New York Professor war, eine Stelle an einer amerikanischen Universität bekommen. In den Briefen an seinen Freund Otto Kahn-Freund überlegte er, ob es nicht ratsamer sei, wieder in die USA zu ziehen. So schrieb er an OKF, wie er ihn nannte, noch im Januar 1959: »Und damit taucht die uns gemeinsam berührende Frage auf, ob man sich noch einmal mit Haut und Haaren den Germanen ausliefern soll. Nicht, dass ich fürchtete, es könne sich ein 1933 wiederholen. Was mich zurückschreckt, ist die Notwendigkeit der Identifizierung, der nicht-distanzierten Stellungnahme zum deutschen Geschehen. Und das Wort ›wir‹ kommt mir nicht über die Lippen.«[24]

22 Horkheimer an Jahoda, 5.7.1948, zitiert nach ebd., S.133; vgl. auch Mario Keßler, »Zwischen den Parteifronten auf dem ›Dritten Weg‹? Leo Kofler, Alfred Kantorowicz, Ossip Flechtheim«, in: Alexander Gallus, Axel Schildt (Hg.), *Rückblickend in die Zukunft. Politische Öffentlichkeit und intellektuelle Positionen in Deutschland um 1950 und um 1930*, Göttingen 2011, S.456-472.

23 Adorno an Mann, 28.12.1949, zitiert nach Kingreen, »Zurück nach Frankfurt«, S.135.

24 Fraenkel an Kahn-Freund, 21.1.1959, Bundesarchiv Koblenz, N 1274, Nachlass Ernst Fraenkel, Bd.29.

Stets hielt Fraenkel diese Entscheidung in der Schwebe. Zwar lehnte er 1959 eine Professur an der New Yorker New School for Social Research ab und blieb in Berlin. Aber als er daraufhin zum ordentlichen Professor und zugleich zum deutschen Beamten auf Lebenszeit ernannt werden sollte, stellte der Eid auf das Grundgesetz ein Hindernis dar, hätte Fraenkel doch damit die amerikanische Staatsbürgerschaft verloren, was er auf keinen Fall wollte. Nur mit einem Beschluss des Berliner Senats im August 1961, für Fraenkel eine Ausnahmeregelung zu schaffen, war der Weg zur Ernennung frei. Erst 1971 nahmen er und seine Frau die deutsche Staatsbürgerschaft an.[25]

Kontinuität des Antisemitismus

Obwohl sich Fraenkel in diesen Jahren kaum öffentlich zum Antisemitismus und zur Auseinandersetzung mit dem Nationalsozialismus äußerte, war er durchaus wach gegenüber einschlägigen Tendenzen. Als ihn nach den antisemitischen Schmierereien an der Kölner Synagoge im Dezember 1959 die Studentenvertretung der Juristischen Fakultät an der FU zu einer Diskussionsveranstaltung zum Thema »Neo-Faschismus« am 13. Januar 1960 einlud, musste Ernst Fraenkel erleben, wie zwei Studenten sich offen antisemitisch äußerten. Er berichtete dem Rektor der FU sofort über den Vorfall und hob hervor, dass ihn dieses Erlebnis »auf das tiefste innerlich erschüttert und bewegt« habe.[26] »Für mich«, schrieb Fraenkel wenige Tage nach der Veranstaltung an Otto Kahn-Freund, »ist die fehlende Reaktion der an dem Skandal nicht beteiligten Studenten sehr viel bedeutsamer als die Äusserungen der zwei Studenten, über die ich berichtet habe. Ob man darüber verwundert sein soll? Ich glaube nicht. Denn es wäre schon ein Wunder, wenn all das, was so lange und so intensiv verbreitet worden ist, von einem zum andern Tag verschwunden wäre. Dass es erst jetzt wieder zum Vorschein gelangt, liegt daran, dass man sich vorher nicht getraut hat, mit seiner Meinung herauszukommen. Der entscheidende Faktor scheint mir zu sein, dass die Westmächte viel zu früh die Kontrolle über

25 Vgl. Ladwig-Winters, *Fraenkel*, S. 293 f.

26 Fraenkel an den Rektor der FU, Prof. Dr. Eduard Neumann, 5. 2. 1960, Bundesarchiv Koblenz, N 1274, Bd. 33.

die inneren Zustände in Deutschland aufgegeben haben und dem deutschen Volk in einer Weise geschmeichelt haben, nachdem sie unmittelbar nach Kriegsende eine verfehlte Politik in Deutschland getrieben haben, dass eine allgemeine Konfusion des politischen Denkens entstanden ist, die sich die Nazis zu gute [sic] machen.«[27]

Die Befürchtung, dass die Deutschen im Grunde ihres Herzens antisemitisch geblieben seien und ihrer Loyalität zur Nachkriegsordnung nicht zu trauen sei, wuchs sich zur Bedrohung aus, wenn dieses Volk die politisch einhegenden Strukturen missachtete und wieder Politik auf der Straße machte. Dies ließ sich selbst anlässlich des Aufstandes am 17. Juni 1953 in der DDR beobachten. Im Rahmen eines Interviewprojekts, das Dorothee Wierling, Alexander von Plato und Lutz Niethammer 1987 in der DDR durchführen konnten, erzählte Eugen Gollomb, Vorsitzender der Jüdischen Gemeinde in Leipzig und Auschwitz-Überlebender, dass er zunächst durchaus mit den Protestaktionen einverstanden war. »Aber dann ging das über in Gewalt«, schilderte er, »und dann war ich den Russen dankbar, als sie ihre Panzer schickten.«[28] Gollomb hatte gesehen, wie einige SED-Funktionäre von der Menge verprügelt wurden und der Propaganda-Pavillon auf dem Marktplatz in Flammen aufging.

Man mag in dieser Straßengewalt angesichts der bald darauf eingreifenden sowjetischen Panzer eher eine Radikalisierung von Protestaktionen sehen als entgrenzte Kollektivgewalt gegen Wehrlose. Gollomb jedoch fühlte sich durch die gewalttätigen Deutschen auf der Straße an die nationalsozialistische Machteroberung 1933 und an die antisemitischen Pogrome im November 1938 erinnert. Es war, hält Lutz Niethammer fest, »eine intuitive Angst davor, dass befreite Deutsche ein Gewaltpotenzial darstellen, und es ging bei dieser gebannten Aufmerksamkeit gar nicht darum, wem da Gewalt angetan wurde oder ob es als ein Ausdruck symbolischer Gegengewalt verstanden werden könne, sondern darum, dass sie überhaupt vorkam und sich entwickeln könnte.«[29]

27 Fraenkel an Kahn-Freund, 21.1.1960, Bundesarchiv Koblenz, N 1274, 33.

28 Lutz Niethammer, »Der 17. Juni 1953 in vergleichender Perspektive: War der Aufstand eine Revolution?«, in: Hans-Joachim Veen (Hg.), *Die abgeschnittene Revolution. Der 17. Juni 1953 in der deutschen Geschichte,* Köln u.a. 2004, S. 189-237, hier S. 203. Ich danke Linde Apel für den Hinweis auf diesen Artikel.

29 Ebd., S. 206.

Diese Wahrnehmung des 17. Juni war keineswegs auf Eugen Gollomb beschränkt, sondern findet sich, wie Karin Hartewig und Annette Leo herausgearbeitet haben, auch bei etlichen anderen Juden in der DDR, bei Karola Bloch wie bei Stefan Heym, bei Alfred Kantorowicz, Heinz Brandt, Rudolf Herrnstadt, Jurek Becker oder Jürgen Kuczynski.[30] Selbst jemand wie Joachim Chajim Schwarz (Carl-Jacob Danzinger), der 1951 aus der SED ausgeschlossen worden war, schrieb 1976 in seinen Erinnerungen über die Ereignisse des 17. Juni, dass eine deutsche Konterrevolution nur eines an den Tag bringen konnte: »den versteckten, lauernden, mühsam getarnten Faschismus mit allen Begleiterscheinungen«.[31]

Fraenkel selbst war sich der Differenz, die ihn als Juden von den nichtjüdischen Deutschen trennte, durchaus bewusst. Seinem langjährigen Assistenten Winfried Steffani sagte er einmal, »dass es Juden im objektiven und im subjektiven Sinne gäbe. Letztere seien Juden, deren religiöser Glaube den Sinn ihres Daseins bestimme. Juden im objektiven Sinne seien hingegen diejenigen, die aufgrund ihrer Familienzugehörigkeit und ansonsten vornehmlich von anderen als Juden bezeichnet und behandelt werden und sich damit abzufinden hätten. Er selbst sei ein Jude im objektiven Sinne, was seiner bewussten Solidarität mit seinen jüdischen Glaubensgenossen keinerlei Abbruch tue.«[32]

Linke Gewalt

1959 wurde die bisherige Deutsche Hochschule für Politik, nunmehr nach ihrem 1957 verstorbenen Gründungsdirektor Otto-Suhr-Institut (OSI) genannt, offiziell der Freien Universität Berlin als Institut für Politikwissenschaften angegliedert – das mit Abstand größte in der Bundesrepublik. Den zehn Professoren, die dort lehrten,

30 Karin Hartewig, *Zurückgekehrt. Die Geschichte der jüdischen Kommunisten in der DDR*, Köln u. a. 2000; Annette Leo, *Leben als Balance-Akt: Wolfgang Steinitz. Kommunist, Jude, Wissenschaftler*, Berlin 2005.

31 Carl-Jacob Danzinger (i. e. Joachim Chajim Schwarz), *Die Partei hat immer recht*, Frankfurt/M. u. a. 1980, S. 90, zitiert nach Niethammer, »Der 17. Juni 1953«, S. 205.

32 Winfried Steffani, »Ernst Fraenkel als Persönlichkeit«, in: Buchstein, Göhler (Hg.), *Vom Sozialismus zum Pluralismus*, S. 125-147, hier S. 130.

standen nur insgesamt neunzehn in der restlichen Bundesrepublik gegenüber.[33] Fraenkel, der 1963 sein fünfundsechzigstes Lebensjahr erreichte und damit vor seiner Pensionierung stand, galt als unumstrittener Doyen des OSI. 1960 und 1961 wurde er zum Dekan der Philosophischen Fakultät gewählt, zudem war er vom Rektor der FU beauftragt worden, das Konzept eines Instituts für Nordamerikastudien auszuarbeiten, ein Projekt, das er bis zur Eröffnung des Amerika-Instituts (später John-F.-Kennedy-Institut) 1963 engagiert vorantrieb. Als das neue Institutsgebäude in der Ihnestraße am 7. Mai 1962 eingeweiht wurde, hielt Fraenkel die Festansprache. In ihr betonte er die Verantwortung der politischen Wissenschaften für eine demokratische Öffentlichkeit: »Wollte man das Modell einer ideal funktionierenden freiheitlichen Massendemokratie konstruieren, so müßte man unterstellen, daß die am Prozeß der Bildung der öffentlichen Meinung maßgeblich beteiligten Eliten sich stets und ausschließlich von dem Bestreben motivieren lassen, dem Gemeinwohl zu dienen, d.h. daß jede öffentliche Meinung eine echte öffentliche Meinung darstellt.«[34]

Daher verteidigte Fraenkel auch die Möglichkeit politischer Bildung der Studierenden an der Universität – nicht zu verwechseln jedoch mit der Forderung nach einem allgemeinen politischen Mandat, an der sich wenig später die Geister schieden. Als im Mai 1965 der Rektor der FU, Herbert Lüers, dem Journalisten und ehemaligen FU-Studenten Erich Kuby verbot, an einer Veranstaltung des Allgemeinen Studentenausschusses (AStA) teilzunehmen, und dieser daraufhin zu Protestaktionen aufrief, unterstützte Fraenkel einen Brief seines Kollegen Richard Löwenthal, in dem dieser das Recht der Studenten, Hörsäle der Universität für politische Veranstaltungen zu nutzen, verteidigte.[35]

Aber die Bruchlinien wurden bereits sichtbar. Noch während des Konflikts kam es zur »Affäre Krippendorff«. In einem Zeitungsartikel hatte Ekkehart Krippendorff, Assistent am OSI, behauptet, dass Karl Jaspers an dieser AStA-Veranstaltung nicht habe teilnehmen dürfen, weil der Rektor dessen Haltung zur deutschen Frage miss-

33 Vgl. Wilhelm Bleek, *Geschichte der Politikwissenschaft in Deutschland*, München 2001, S. 284t289.

34 Ernst Fraenkel, »Öffentliche Meinung und internationale Politik«, in: ders., *Gesammelte Schriften,* Bd. 6, S. 197-229, hier S. 207.

35 Vgl. Ladwig-Winters, *Fraenkel,* S. 315.

billige. Dies war falsch – Jaspers hatte aus Gesundheitsgründen abgesagt –, und Krippendorff entschuldigte sich öffentlich. Dennoch verweigerte der FU-Rektor die Verlängerung des Arbeitsvertrages von Krippendorff, weil dieser als Mitarbeiter der Universität nicht mehr tragbar sei. Studenten, Assistenten und auch Professoren des OSI protestierten gegen diese harte Maßnahme. Einer der Professoren der ersten Stunde, Otto Heinrich von der Gablentz, der im Nationalsozialismus dem Kreisauer Kreis angehört hatte und 1945 zu den Mitbegründern der CDU in Berlin gehörte, warf dem Rektor sogar »legalistisches« Handeln vor.[36]

Daraufhin nahm Ernst Fraenkel zusammen mit seinem jüngeren OSI-Kollegen Kurt Sontheimer in der *Zeit* Stellung und kritisierte die Auffassung, es könne einen »Dualismus einer zweckmäßigen und einer rechtlichen Ordnung« geben. Wer den Rektor schmähe, weil er rechtmäßig handle, verkenne offenkundig elementare Prinzipien des Rechtsstaates. »Eine freiheitlich-rechtsstaatliche Demokratie, die weitgehend auf der moralischen Macht der öffentlichen Meinung beruht, muß hingegen in jeder Vergiftung des Prozesses der Meinungsbildung und insbesondere in jeder Schmähung des Rufes ihrer frei gewählten Repräsentanten ein Attentat auf ihren Bestand erblicken. Von einem Assistenten der Politikwissenschaft sollte man erwarten, daß er diese Zusammenhänge erkennt. Von einem Professor der Politikwissenschaft muß man fordern, daß er sie nicht verdunkelt.«[37]

Ohne Zweifel bot Fraenkel, der einen paternalistisch-professoralen Stil pflegte, genügend Anlass, ihn als einen Vertreter der alten, überholten Ordinarienuniversität abzustempeln – zumal am OSI, dessen junge Assistenten sich als Keimzelle einer Reformuniversität verstanden. Aber die Heftigkeit der Auseinandersetzung ist nicht zu verstehen, wenn man nicht jene Erfahrungen mit der gewalttätigen Selbstermächtigung des Volkes in den Jahren 1933 bis 1938 einbezieht, ebenso die Erfahrung der USA als Zufluchtsort für die

36 Buchstein, Lutterbeck, »Vorwort«, S. 72 f.; vgl. auch Fraenkels zusammenfassende Darstellung der Ereignisse an der FU zwischen 1958 und 1965 in einem Brief an den Vizepräsidenten des Berliner Abgeordnetenhauses, Prof. Dr. Hans Reif, vom 13. 7. 1967, Bundesarchiv Koblenz, N 1274, Bd. 48.

37 Ernst Fraenkel, Kurt Sontheimer, »Kein Testfall der Meinungsfreiheit«, in: *Die Zeit,* 23. 7. 1965, nachgedruckt in: Fraenkel, *Gesammelte Schriften,* Bd. 6, S. 478-479, hier S. 479; vgl. Buchstein, Lutterbeck, »Vorwort«, S. 72-74.

Emigranten, als demokratische Schutzmacht, deren Soldaten es zu verdanken war, dass Deutschland vom Nationalsozialismus befreit worden war. Dass nun in der Kritik am amerikanischen Vietnamkrieg die USA in die Nähe des Faschismus gerückt wurden, war in den Augen der Remigranten eine völlig abwegige Verkennung der demokratischen Bedeutung der USA.

Richard Löwenthal, in den zwanziger Jahren kommunistischer Studentenfunktionär, im NS-Regime als Jude wie als Kommunist verfolgt, Mitglied der sozialistischen Untergrundgruppe Neu Beginnen, nach London geflohen und seit 1961 Professor am OSI, warnte nach den tödlichen Schüssen auf Benno Ohnesorg in einer überfüllten Veranstaltung am 8. Juni 1967 im Audimax der FU die Studenten davor, sich als »revolutionäre Vorhut von heute« zu begreifen: »Es ist immer misslich, wenn sich Studenten kollektiv als Elite der Nation zu fühlen beginnen.« Deutschland sei nicht deshalb »dem studentischen Elitedenken von rechts [...] entronnen, um ein studentisches Elitedenken von links großzuziehen.«[38] Ende 1967 fühlte sich Löwenthal sehr stark an seine Erfahrungen mit der politischen Studentenschaft in den letzten Jahren der Weimarer Republik erinnert, »die nämlich nationalsozialistisch war, bevor Deutschland nationalsozialistisch war«.[39]

Auch bei Fraenkel wurden Erinnerungen an jene Jahre wach. Im Mai 1967 war er in die Kritik geraten, weil er sich mit administrativen Mitteln gegen die Veröffentlichung einer anonymen Kritik eines seiner Seminare in der Universitätszeitung *FU-Spiegel* wehrte. Fraenkel betrachtete dies als Vertrauensbruch und Bespitzelung. In einem Interview mit der *Berliner Morgenpost* wenige Monate später, im September 1967, stellte er ebenfalls einen historischen Bezug her: »Stellen Sie sich bitte vor, ein solches Rezensionswesen hätte bereits in den Jahren 1930 bis 1933 bestanden, d. h. zu einer Zeit, als die Nazis in der Mehrzahl aller Studentenausschüsse die Mehrheit hatten. Welch herrliche Gelegenheit, Mitglieder des Lehrkörpers mittels Verwendung öffentlicher Gelder gleichsam von Amts wegen ›fertigzumachen‹, sofern sie nach Ansicht eines hohen AStA Juden, Freimaurer, Marxisten, Jesuiten oder Gott weiß was sonst noch waren.«[40]

38 Zitiert nach Götz Aly, *Unser Kampf. 1968 – ein irritierter Blick zurück,* Frankfurt/M. 2009, S. 94.

39 Ebd., S. 185.

40 Ernst Fraenkel, »Interview mit der Berliner Morgenpost«, 17. 9. 1967, zitiert nach

In diesem Interview wird deutlich, wie die Befürchtungen, die Fraenkel hegte, in heftige Abwehr umschlugen: »Ich habe unlängst am Fernseher Herrn Dutschke und seine Anhänger vom SDS [Sozialistischen Deutschen Studentenbund; M.W.] im Frankfurter Amerikahaus zu beobachten Gelegenheit gehabt. Ich habe gesehen, wie sie eine Veranstaltung, deren Ziel es war, das Vietnam-Problem zu erörtern, gesprengt haben. Dies sind haargenau die gleichen Methoden, die vor einer Generation die Rollkommandos der SA angewandt haben. [...] Ein gebranntes Kind scheut das Feuer – ein gebrannter Mann sollte alles daran setzen, den Ausbruch einer neuen Feuersbrunst zu verhüten.«[41] Von Hanna Fraenkel ist dazu der entsetzte Satz überliefert: »Bei uns werfen sie wieder die Scheiben ein!«[42]

In Ablehnung gegenüber dem Vorwurf der Studenten, die USA praktizierten in Vietnam »Völkermord«, verwies Fraenkel an die Entstehung des Wortes Genozid: »Es stammt von einem polnischen Juristen namens Lemkin, dem es während des letzten Krieges gelang, aus Polen zu entkommen, nachdem seine gesamte Familie von den Nazis umgebracht worden war. Der Völkermord ist auf Grund der Vorgänge, die sich in den von der Hitlerarmee besetzten Gebieten abgespielt haben, zum völkerrechtlichen Verbrechen erklärt worden. Ich glaube, Berliner Studenten täten gut daran, den Eindruck zu vermeiden, daß sie das Amerika L. B. Johnsons mit dem Deutschland Adolf Hitlers gleichsetzen.«[43]

Ausdrücklich verneinte Fraenkel die Frage, ob er den SDS mit den Nazis gleichsetzen wolle. Dass dennoch die linken Studenten

ders., *Gesammelte Schriften,* Bd. 6, S. 538-547, hier S. 544; vgl. dazu Rudolf Wolfgang Müller, »›... wenn es morgens um 6 klingelte, war es der Milchmann.‹ Ernst Fraenkel und die West-Berliner Studentenbewegung 1967«, in: Buchstein, Göhler (Hg.), *Vom Sozialismus zum Pluralismus,* S. 97-113.

41 Fraenkel, »Interview mit der Berliner Morgenpost«, S. 538 f.

42 Müller, »wenn es morgens um 6 klingelte«, S. 107.

43 Interview mit der *Berliner Morgenpost,* in: Fraenkel, *Gesammelte Schriften,* Bd. 6, S. 541. Seine Kritikpunkte wiederholte Fraenkel in dem Vortrag »Der Konflikt an der Freien Universität Berlin« im Demokratischen Klub Berlin am 26. Oktober 1967, der ihm so wichtig erschien, dass er ihn zusammen mit dem Vortrag »Universitas litterarum und pluralistische Demokratie« vom Januar 1967 in einer eigenen Broschüre drucken ließ: Ernst Fraenkel, *Universität und Demokratie,* Stuttgart u. a. 1967, beide wiederabgedruckt in: ders., *Gesammelte Schriften,* Bd. 6, S. 500-537.

solche Äußerungen, zudem in einem Springer-Blatt, nur als reaktionäre Verunglimpfung ihrer politischen Absichten wahrnahmen, war erwartbar. Dass allerdings offenbar niemand von ihnen den biographischen Erfahrungshintergrund von Ernst Fraenkel beachtete, kennzeichnet jene eigentümliche Abwehr der 68er-Bewegung, sich mit dem Antisemitismus in der deutschen Geschichte auseinanderzusetzen, die Götz Aly polemisch kritisiert hat.[44] Aly, der im Wintersemester 1968 am OSI zu studieren begonnen hatte und zu den linksradikalen Aktivisten gehörte, hat nach eigenem Eingeständnis Fraenkel wie Löwenthal als »Reaktionäre« abgelehnt, ohne deren Biographie als verfolgte Juden weiter in Betracht zu ziehen.[45] Auf einem Flugblatt mit der Überschrift »Jagt die Schweine raus« aus dem Jahr 1971, an dem Aly mitgewirkt hatte, war unter anderen ein kräftiger Student zu sehen, der ein besonders großes Schwein bei den Beinen packte: Es trug den Namen Richard Löwenthal.[46]

Ernst Fraenkel war zu dieser Zeit bereits seit vier Jahren emeritiert. Er hatte mit viel Bitterkeit das OSI verlassen und sah sein Lebenswerk durch die Studentenbewegung zerstört. 1968 erlitt er einen Herzinfarkt und betrat die Universität danach nur noch selten. Innerhalb des »Tollhauses FU«, schrieb er 1969 an Gerhard A. Ritter, stelle das OSI »eine Sonderabteilung für die unheilbaren Fälle« dar.[47] Fraenkel erwog sogar, mit seiner Frau wieder in die USA zurückzukehren.[48] 1970 schloss er sich der »Notgemeinschaft für eine freie Universität« an. Späte Ehrungen wie die Ehrendoktor-

44 Götz Aly zitiert eine Aussage von Rudi Dutschke, der auf die Frage, ob sich der SDS nicht auch des Mordes an den Juden annehmen müsse, antwortete: »Wenn wir das anfangen, verlieren wir unsere ganze Kraft. Eine solche Kampagne ist von unserer Generation nicht zu verkraften, aus dieser Geschichte kommen wir nicht mehr heraus. Man kann nicht gleichzeitig den Judenmord aufarbeiten und die Revolution machen.« Aly, *Unser Kampf*, S. XIV.

45 Ebd., S. 94.

46 Ebd., S. 141. Zu Löwenthal enthielt das Flugblatt, berichtet Aly, noch den Zusatz: »Jagt die Kommunistenfresser zum Teufel«, ebd., S. 229.

47 Fraenkel an Ritter, 29. 8. 1969, Bundesarchiv Koblenz, N 1274, Bd. 51; auch zitiert bei Aly, *Unser Kampf*, S. 132.

48 So schrieb er an den Kurator der FU: »Ich bitte daher, zur Kenntnis zu nehmen, daß eine unmittelbare Übersiedlung von mir nicht ins Auge gefaßt wird, daß ich jedoch, sofern mir die Genehmigung für eine Begründung des Wohnsitzes in den Vereinigten Staaten erteilt wird, vorbereitende Schritte mit dem Ziel in die Wege leiten werde, nach den USA zurückzukehren.« Fraenkel an Fritz von Bergmann, 21. 2. 1968, Bundesarchiv Koblenz, N 1274, Bd. 48.

würde der Universität Bern 1969, das Große Bundesverdienstkreuz 1973 oder die Berliner Verdienstmedaille 1975 konnten sein Gefühl, abgelehnt und verkannt zu werden, nicht mildern. Nachdem er im Dezember 1974 noch das Erscheinen der deutschen Ausgabe des *Doppelstaats* erleben konnte, starb Ernst Fraenkel im März 1975; ein Dreivierteljahr später, im Dezember 1975, folgte seine Frau Hanna.[49]

Die Ambivalenz des Volkes

Fraenkels heftige Reaktion auf die Studentenrevolte 1967 lässt sich indes nicht nur, wie Rudolf Wolfgang Müller schrieb, auf den Nationalsozialismus als traumatische Erfahrung zurückführen.[50] Auch Götz Aly, der in seinem Buch Fraenkel wie Löwenthal ausdrücklich späte Anerkennung zuteilwerden lassen will, formuliert mit der These einer generationellen Übereinstimmung der »Dreiunddreißiger« und »Achtundsechziger« zwar eine bedenkenswerte Beobachtung, bleibt aber meines Erachtens noch zu sehr einem historisch-vergleichenden Horizont verhaftet.[51] Denn hinter Fraenkels wie Löwenthals Kritik steckt ein veritables demokratietheoretisches Problem. Gerade Ernst Fraenkel hatte in seiner Auseinandersetzung mit Carl Schmitt dessen These von der Homogenität und Unmittelbarkeit des Volkes kritisiert. »Eine jede totalitäre Diktatur«, so führte Fraenkel in einem Rundfunkvortrag im RIAS im November 1964 aus, »geht von der Hypothese der Existenz eines eindeutig bestimmbaren, a priori vorgegebenen Gemeinwohls aus, von dem unterstellt wird, es sei ausreichend detailliert, um von der Einheitspartei als politisches Aktionsprogramm verwertet werden zu können.« Dagegen beruhe der Pluralismus, so wie er ihn in den Jahren zuvor theoretisch ausgearbeitet hatte, »auf der Hypothese, in einer differenzierten Gesellschaft könne im Bereich der Politik das Gemeinwohl lediglich a posteriori als das Ergebnis eines dia-

49 Ladwig-Winters, *Fraenkel*, S. 333-338.

50 Vgl. Müller, »...wenn es morgens um 6 klingelte«, S. 107-112.

51 Vgl. Aly, *Unser Kampf*, S. 169-184. Desto peinlicher ist es für das Otto-Suhr-Institut heute, dass es ebendieses Buch zum Anlass nahm, im Februar 2011 eine Berufung Alys zum außerplanmäßigen Professor abzulehnen. Siehe Jacques Schuster, »Götz Aly und die Intoleranz«, in: *Die Welt*, 22. 3. 2011.

lektischen Prozesses der divergierenden Ideen und Interessen der Gruppen und Parteien erreicht werden.«[52]

In seinem Aufsatz über die repräsentative und die plebiszitäre Komponente im demokratischen Verfassungsstaat untersuchte Fraenkel 1958 deren verschiedenartige Legitimationsprinzipien und plädierte zugleich dafür, plebiszitäre Elemente in das Repräsentativsystem aufzunehmen. »Von ausschlaggebender Bedeutung wird es sein, ob es gelingt, den Wähler nicht nur in seiner abstrakten Eigenschaft als Staatsbürger, sondern auch in seiner konkreten Eigenschaft als Mitglied seines Interessensverbandes davon zu überzeugen, daß seine Stimme gehört und berücksichtigt wird. [...] Nur, wenn den plebiszitären Kräften innerhalb der Verbände und Parteien ausreichend Spielraum gewährt wird, kann eine Repräsentativverfassung sich entfalten.«[53] Ebendies bildete den Kern seines eigenen Konzepts einer »pluralistischen Demokratie«.

Nun erstand in Johannes Agnoli und den zahlreichen Schriften der verschiedenen linken Gruppen erneut eine Theorie von der Unmittelbarkeit des Volkes, dessen Interesse bestimmbar sei und daher von einer selbsternannten Avantgarde, selbst gegen den Willen der Mehrheit, verfochten werden könne. Johannes Agnoli, 1925 in Italien geboren, in seiner Jugend bekennender Faschist und freiwilliger Wehrmachtssoldat, später einer der Theoretiker der 68er-Bewegung, Assistent von Ossip K. Flechtheim und schließlich von 1972 bis 1991 Professor für Politische Wissenschaften am OSI, kritisierte in seinem 1967 erschienenen Buch *Die Transformation der Demokratie* die Parlamentsdemokratie radikal. Das Parlament spiele dem Volk gegenüber bloß die Rolle eines »Transmissionsriemens der Entscheidungen politischer Oligarchien«.[54] Stattdessen forderte Agnoli nach Rousseau, aber weit mehr im Sinn von Carl Schmitt die Identität von Regierenden und Regierten.[55]

52 Ernst Fraenkel, Vortrag »Pluralistische Gesellschaft und demokratischer Staat«, RIAS 25.11.1964, unkorrigiertes Manuskript, Bundesarchiv Koblenz N 1274, Bd. 168, unpaginiert.

53 Ernst Fraenkel, »Die repräsentative und die plebiszitäre Komponente im demokratischen Verfassungsstaat«, in: ders., *Gesammelte Schriften,* Bd. 5, S. 165-207, hier S. 207.

54 Johannes Agnoli, Peter Brückner, *Die Transformation der Demokratie,* Frankfurt/M. 1968, S. 68.

55 Vgl. Wolfgang Kraushaar, »Agnoli, die APO und der konstitutive Illiberalismus seiner Parlamentarismuskritik«, in: *Zeitschrift für Parlamentsfragen,* Jg. 38 (2007),

Das Volk – das hatten Ernst Fraenkel und Richard Löwenthal persönlich erlebt – ist nicht per se der Souverän demokratischer Verhältnisse. Wenn beispielhaft in einer OSI-Broschüre davon die Rede war, dass der Parlamentarismus eine Herrschaftsform der Bourgeoisie sei, die man nur überwinde, indem man »bei den Massen das Bewusstsein ihrer eigenen Möglichkeiten weckt, das sich nicht mehr durch formale Spielregeln kanalisieren lässt«,[56] dann tauchte damit die Vorstellung einer plebiszitären Herrschaft auf, die ohne Recht, aber durchaus mit Gewalt und terroristischer Führung gedacht werden konnte.[57]

In seiner Rede anlässlich der Verleihung der Ehrendoktorwürde der Universität Bern am 22. November 1969 verband Fraenkel die Krise der Universitäten explizit mit dem Demokratieverständnis der studentischen Aktivisten. Diese junge, radikale Studentengeneration, die den Nationalsozialismus nicht oder zumindest nicht bewusst erlebt habe, »hat der Repräsentativdemokratie – mehr noch dem Repräsentativprinzip – den Krieg erklärt – den Krieg bis aufs Messer. In ihren Augen bedeutet Repräsentation ›Entfremdung‹, bedeutet der Parlamentarismus den Triumph des ›establishment‹, ist Repräsentativdemokratie identisch mit Konservatismus, Rückschritt und Reaktion.«[58] Diese Apotheose der unmittelbaren Demokratie meine keine Volksherrschaft, die sich auf das Vertrauen der Wähler in ihre gewählten Repräsentanten stütze, sondern eine Massenherrschaft, beruhend »auf dem grenzenlosen Mißtrauen gegen alle, die mit der Wahrnehmung von Hoheitsfunktionen betraut sind«.[59] Zwar beriefen sich die Berliner Studenten auf die Pariser Kommune von 1871, aber das historische Modell, das dem

Heft 1, S. 160-179. Dirk van Laak bezeichnete Agnolis Buch als »einen der Schlüsseltexte für die ›linke‹ Carl-Schmitt-Rezeption« in der Bundesrepublik, siehe ders., *Gespräche in der Sicherheit des Schweigens. Carl Schmitt in der politischen Geistesgeschichte der frühen Bundesrepublik,* Berlin 1993, S. 290. Zur Biographie Agnolis vgl. Barbara Görres Agnoli, *Johannes Agnoli. Eine biografische Skizze,* Hamburg 2004.

56 Zitiert nach Aly, *Unser Kampf,* S. 139.

57 Vgl. dazu schon früh die umfangreiche Studie von Jacob L. Talmon, *Die Geschichte der totalitären Demokratie,* hg. von Uwe Backes, Göttingen 2013, dessen englische Originalausgabe 1952 erschien.

58 Ernst Fraenkel, »Universitätskrise und Radikaldemokratie«, in: ders., *Gesammelte Schriften,* Bd. 6, S. 548-551, hier S. 549.

59 Ebd.

Demokratieverständnis der radikalen Studenten zugrunde liege, sei die Herrschaft der Sansculotten im Paris der Jahre 1793/94 – »nicht so sehr die Herrschaft der Jakobiner, als vielmehr das Regime einiger kleiner Gruppen, die links von den Jakobinern standen und ihnen opportunistische Abweichungen vorwarfen. Ich denke vor allem an die ›enragés‹. [...] Und so, wie die enragés den Konvent besetzt und dessen Arbeiten verhindert haben, haben unsere Berliner Neoenragés am 10. November 1969 das Konzil besetzt und gewaltsam verhindert, daß es zur Wahl eines Universitätspräsidenten kommen könne.«[60]

Seine Auseinandersetzung mit Carl Schmitt in der Weimarer Republik und vor allem im *Doppelstaat* holte Fraenkel im Deutschland der Studentenbewegung wieder ein. Subjekt jeder Begriffsbestimmung des Staates, so hatte Carl Schmitt geschrieben, sei das Volk, aber es gebe zwei entgegengesetzte Gestaltungsprinzipien: Identität und Repräsentation. »Wo das Volk als Subjekt der verfassungsgebenden Gewalt auftritt, bestimmt sich die Form des Staates an der Vorstellung einer Identität; die Nation ist da; sie braucht und kann nicht repräsentiert werden.«[61] Wenn demnach das Parlament beanspruche, die Repräsentation der politischen Einheit des Volkes zu sein, so stehe es gerade im Gegensatz zur Demokratie.

Schmitt benutzte Rousseau, um das souveräne Volk nicht mehr als eine Assoziation freier und gleicher Bürger zu begreifen, sondern Gleichheit substantialistisch festzuschreiben: »Jede wirkliche Demokratie beruht darauf, daß nicht nur Gleiches gleich, sondern, mit unvermeidlicher Konsequenz, das Nichtgleiche nicht gleich behandelt wird. Zur Demokratie gehört also notwendig erstens Homogenität und zweitens – nötigenfalls – die Ausscheidung oder Vernichtung des Heterogenen.«[62] Dem Konzept des Volks als *demos*, für das Rechtsgleichheit kennzeichnend ist, steht die Vorstellung vom Volk als *ethnos* gegenüber, in dem imaginierte Abstammungsgemeinschaften, Geschichtsmythen, Phantasmen von gemeinschaftlichem Blut und Boden miteinander verknüpft werden.

Diese »Substanz der Gleichheit« konnte Schmitt zufolge – An-

60 Ebd., S. 550.

61 Carl Schmitt, *Verfassungslehre* (1928), Berlin 1993, S. 205.

62 Carl Schmitt, *Die geistesgeschichtliche Lage des heutigen Parlamentarismus* (1923), Berlin 1996, S. 13 f.

fang der zwanziger Jahre, als er diesen Text aufgesetzt hat – in besonderen moralischen oder physischen Qualitäten, in religiösen Überzeugungen oder in der Zugehörigkeit zu einer bestimmten Nation bestehen, die, wie Jürgen Habermas gegen Schmitt argumentierte, der staatlichen Organisation als gleichsam natürliches Substrat unterstellt wird.[63] Handelte es sich 1923 für Schmitt bei den Auszuschließenden um »Barbaren, Unzivilisierte, Atheisten, Aristokraten oder Gegenrevolutionäre«, so ließ sich diese Liste später mühelos um »Juden«, »Fremdrassige« und »Gemeinschaftsfremde« erweitern. In seiner 1928 erschienenen *Verfassungslehre* konstatierte Schmitt kalt, dass in der europäischen staatlichen Wirklichkeit nationale Homogenität nicht vorhanden sei. Zwar gebe es die Möglichkeit friedlicher Assimilation der Minderheiten, aber eine andere Methode sei »schneller und gewaltsamer«, nämlich »Beseitigung des fremden Bestandteils durch Unterdrückung, Aussiedlung der heterogenen Bevölkerungsteile und ähnliche radikale Mittel«.[64] Die biologische Definition des Volkes ließ weder Gleichberechtigung noch territoriale Integrität zu, sondern verlangte nach Segregation, Vertreibung und Vernichtung. In Schmitts Schriften selbst verwandelte sich nach 1933 das »Gleichartige« in das »Artgleiche«.[65]

Der Satz, dass alle Gewalt vom Volke ausgeht, das Prinzip der Volkssouveränität, ist in der Moderne unhintergehbar. Entstanden ist dieses Modell aus dem Menschenrecht auf Freiheit und der Forderung nach Selbstgesetzgebung. Nur wenn der Einzelne Autor der Gesetze ist, kann er ihnen aus freiem Willen als Adressat dieser Gesetze gehorchen. Jedes andere Regime wäre Despotismus, allein auf Zwang und Gewalt gegründet. Aber dass dem Volk die Potentialität totalitärer Herrschaft innewohnt, haben Fraenkel und Löwenthal klar gesehen. Die Furcht vor dem Volk, das, sollte es die Chance zur

63 Vgl. Jürgen Habermas, »Inklusion versus Unabhängigkeit. Zum Verhältnis von Nation, Rechtsstaat und Demokratie«, in: Manfred Hettling, Paul Nolte (Hg.), *Nation und Gesellschaft in Deutschland. Historische Essays,* München 1996, S. 115-127, hier S. 117 f.

64 Schmitt, *Verfassungslehre,* S. 232; zum Antisemitismus Schmitts siehe Raphael Gross, *Carl Schmitt und die Juden. Eine deutsche Rechtslehre,* Frankfurt/M. 2000.

65 Carl Schmitt, *Der Begriff des Politischen* (1932), Berlin 1963, S. 27, 20. Zur signifikanten Drehung von »gleichartig« in »artgleich« vgl. Lutz Niethammer, *Kollektive Identität. Heimliche Quellen einer unheimlichen Konjunktur,* Reinbek bei Hamburg 2000, S. 101-105.

entrechtlichten Selbstermächtigung haben, eine Gewaltherrschaft aufbauen kann, die die Vernichtung von »Gemeinschaftsfremden« einschließt, hatten beide selbst erlebt. Volkssouveränität muss nicht auf die Verwirklichung universaler Menschenrechte zielen; sie kann auch der grenzenlosen Freiheit eines Volkes dienen, an der nur die »Volksgenossinnen« und »Volksgenossen« partizipieren. Die Furcht vor dem Volk, die so vielen jüdischen Remigranten aufgrund ihrer eigenen biographischen Erfahrung eigen war, war daher nicht bloß eine Angelegenheit individueller Traumatisierung. Ernst Fraenkel, Richard Löwenthal und andere, die die Unmittelbarkeit des Volkes erlebt haben, erinnern an das grundlegende Problem der Demokratie, zwischen Repräsentation und Partizipation, zwischen Recht und Macht einen Weg politischer Legitimation und Freiheit in der Gesellschaft zu finden.

16.
Raul Hilberg und Saul Friedländer – Zwei Perspektiven auf den Holocaust

Wie kann man über Gewalt schreiben? Wie lässt sich über Auschwitz sprechen? Schon während der Verfolgung sicherten jüdische Gruppen wie Oneg Schabbat um Emanuel Ringelblum im Warschauer Ghetto Dokumente und Berichte, legten unmittelbar nach der Befreiung historische Komitees in den Displaced-Persons-Camps erste Dokumentationen an oder sammelten wie David Boder die mündlichen Berichte der Überlebenden. Doch ist es kennzeichnend, dass eine der ersten Möglichkeiten, nach dem Ende des Krieges öffentlich über die erlittene und ausgeübte Gewalt zu sprechen, der Nürnberger Prozess gegen die Hauptkriegsverbrecher war. Die Form einer Gerichtsverhandlung, die strikten formalen Diskursregeln unterworfen ist und dem Sprechen über Gewalt enge Schranken setzt, schien einen Raum zu öffnen, um die unglaubliche Gewalt des NS-Regimes öffentlich zu thematisieren. Nicht um die Erfahrung der Verfolgten ging es in diesem Prozess, sondern um die strafrechtliche Verurteilung der Täter, denen kein »Genozid« zum Vorwurf gemacht wurde, sondern vielmehr die Planung und Ausführung eines verbrecherischen Angriffskrieges. Zwar kamen erstmals als völkerrechtliches Novum auch *crimes against humanity* zur Sprache, aber die Verfolgung und Ermordung der europäischen Juden wurde dabei nicht eigens hervorgehoben. Der Holocaust war kein Anklagepunkt des Nürnberger Prozesses.

Zugleich verstärkte der Prozess unweigerlich das Bild, dass nur wenige Haupttäter aus der NS-Führung für die Massenverbrechen verantwortlich gewesen seien, während ›ganz normale Deutsche‹, die nicht vor Gericht gestellt waren, keine Schuld auf sich geladen hätten. Nach den Nürnberger Prozessen verblasste das Bild, das man von den Angeklagten während der Gerichtsverhandlung in den Zeitungen lesen konnte. In den Landser-Romanen und Illustrierten der 1950er Jahre, die voller Gruselgeschichten über den vermeintlich verschollenen ehemaligen Chef der NSDAP-Parteikanzlei Martin Bormann oder den gefürchteten SS-Arzt Dr. Josef Mengele waren, erschienen die Mörder von einst in einer dämonischen Verkleidung, die sie als Teufel in Menschengestalt dem Menschlichen entrückten. Das Böse wurde erfolgreich abgespalten: Hier bauten die vermeintlich Unbescholtenen aus den Trümmern das Nachkriegsdeutschland wieder auf, während die verbrecherischen Unmenschen sich in der Ferne versteckt hielten, die 1933 gleichsam ein unschuldiges Land in Besitz genommen hatten. Hierzulande, so lautete die gewünschte Schlussfolgerung, konnte es demnach gar keine Täterinnen und Täter mehr geben.

Der Blick des Täters

Während in Deutschland redseliges Schweigen herrschte, wurde in den USA der Versuch unternommen, die Ermordung der europäischen Juden zu thematisieren, und es waren bezeichnenderweise jüdische Wissenschaftlerinnen und Wissenschaftler im Exil, die die Grundlagen dafür schufen. Neben dem deutschen Historiker Hans Rosenberg, der von den Nationalsozialisten in die Emigration gezwungen worden war und seit 1938 am Brooklyn College in New York lehrte, zählte dazu auch der Politikwissenschaftler und Jurist Franz Neumann, ebenfalls ein Emigrant. Neumann wie Rosenberg waren unmittelbar nach dem Machtantritt der Nationalsozialisten zunächst nach England emigriert, dann in die USA. Seit 1938 hielt der Historiker Rosenberg Vorlesungen am Brooklyn College in New York, die nach dem Krieg auch der junge Student der Politikwissenschaften Raul Hilberg besuchte. Rosenberg, so Hilberg in seinen Erinnerungen, habe ihn tiefer und nachhaltiger beeindruckt als die Politologen am College.[1]

Hilbergs Familie war es noch vor Kriegsausbruch gelungen, 1939 aus Wien in die USA zu flüchten. Der Sohn ging in New York zur Schule und wurde 1944 als 18-Jähriger zur Armee eingezogen, auf den europäischen Kriegsschauplatz transportiert und im Frühjahr 1945 in Bayern eingesetzt. Nach New York zurückgekehrt, setzte Hilberg sein Studium am Brooklyn College fort und nahm an Rosenbergs Seminaren zum Aufstieg des Nationalstaats und zur

1 Raul Hilberg, *Unerbetene Erinnerung. Der Weg eines Holocaust-Forschers*, aus dem Amerikanischen von Hans Günter Holl, Frankfurt/M. 1994, S. 51.

Entwicklung der Bürokratie in Europa vom 17. bis zum 20. Jahrhundert teil. In Rosenbergs Vorlesungen, schrieb Hilberg, »machte ich mir die Idee der Zuständigkeit bewußt, jenes Urgesteins der Rechtsordnung, das sowohl die Stütze als auch das Hauptinstrument der Bürokraten zu sein schien. Diese Inhaber selbst der kleinsten Machtstellung wirkten in ihrer Gesamtheit als eine unaufhaltsame Kraft. Als Verwaltungsbeamte blieben sie zwar stets beim Bewährten, aber notfalls erschlossen sie Neuland, ohne viel Wind zu machen, ohne Patente, Warenzeichen oder Urheberrechte zu beanspruchen. Die Bürokratie war eine geheime Welt, eine unbeachtete Welt, und sobald ich sie erst mal im Visier hatte, konnte mich nichts mehr davon abbringen, ihre verdunkelten Fenster und verriegelten Türen aufzustoßen.«[2]

Der Jurist Franz Neumann, der in Deutschland als Rechtsanwalt für die Gewerkschaften sowie die Sozialdemokratische Partei gearbeitet hatte und im Mai 1933 vor der drohenden Verhaftung geflohen war, war zunächst Mitarbeiter des renommierten, einstmals in Frankfurt ansässigen, nun in die USA emigrierten Instituts für Sozialforschung und seit 1936 Dozent für Öffentliches Recht und Staatskunde an der Columbia University in New York. Sein Buch *Behemoth. The Structure and Practice of National Socialism*, das erstmals 1942 erschien, war eine brillante, materialreiche Analyse des NS-Regimes, das insbesondere in der Roosevelt-Administration einen großen Leserkreis fand.

»Neumanns Buch, einen unserer grundlegenden Texte, las ich mehrmals von vorne bis hinten«, schrieb Hilberg rückblickend. »In einem einzigen verblüffenden Aufriß legte er dar, wie sich die gesamte deutsche Gesellschaft unter dem Nationalsozialismus in vier festgefügte, zentralistisch organisierte Blöcke mit Führerprinzip und je eigener Gesetzgebung, Verwaltung und Gerichtsbarkeit untergliederte. Die vier Hierarchien – Staatsapparat, Armee, Industrie und Partei – konnten unabhängig voneinander arbeiten, ohne dass Gesetze ihre Kreise störten. [...] Hier fand ich also ein Nazideutschland, das im Prinzip anarchisch war, ein organisiertes Chaos, jedoch mit der Freiheit, in völlig unerforschte Handlungsräume vorzustoßen.«[3] Bei Neumann, der 1954 starb, wollte Hilberg seine

2 Ebd., S. 51.
3 Ebd., S. 55.

Doktorarbeit über die Vernichtung der europäischen Juden schreiben. Dieser stimmte zwar zu, warnte seinen Schüler jedoch vor der Gefahr, mit einem solchen Thema seine akademische Karriere zu behindern. »It's your funeral!«, so Neumann damals wörtlich.[4]

In der Tat war die Vernichtung der Juden in der Blockkonfrontation des Kalten Kriegs eher ein Thema, das kaum jemand wissenschaftlich aufgreifen wollte, an dem Hilberg dennoch unbeirrt festhielt. »Das war«, sagte er in einem Interview, »gewissermaßen eine Revolte, das sehe ich schon. Das hängt mit meiner Person zusammen, und das war Protest, gegen Deutschland, auch gegen das Judentum. Wo ich mich auch umschaute: Nichts wurde unternommen, nichts wurde geschrieben, nichts wurde versucht. Ich dachte sogar, ich wäre der einzige, der über die Vernichtung der Juden forscht.«[5]

Auf Vermittlung Neumanns fand er eine temporäre Stelle am War Documentation Project in New York, in dem im Auftrag der US-Regierung Millionen erbeuteter Naziakten daraufhin gesichtet werden sollten, was die Deutschen an Wissen über die Sowjetunion zusammengetragen hatten. Hilberg indessen nutzte die einmalige Archivsituation, um sein eigenes Projekt zu verwirklichen. Den theoretischen Rahmen bildeten Rosenbergs Bürokratieforschungen und Neumanns Analyse des NS-Regimes als totalisierende, technisch-rationale wie destruktive Struktur. »Die deutschen Vernichtungsanstrengungen«, resümierte Hilberg in seinem großen Buch *Die Vernichtung der europäischen Juden*, »entwickelten sich auf mehreren Ebenen. Auf einer ersten Ebene läßt sich die Formierung der Behörden zu einer Vernichtungsmaschinerie feststellen. Auf einer zweiten Ebene vollzog sich die Herausbildung der zur Durchführung der Vernichtungsaufgaben benötigten Verfahren. Eine dritte Ebene bildete die substantielle, Schritt für Schritt erfolgende Entfaltung des Vernichtungsprozesses. Schließlich läßt sich der Versuch beobachten, eine auf neue Opfer gerichtete Vielzahl derartiger Prozesse in Gang zu setzen, der die Absicht ankündigte, immer neue Gruppen innerhalb des deutschen Machtbereichs auszulöschen.« Die Vernichtungsmaschinerie unterschied sich »nicht

4 Raul Hilberg, *The Politics of Memory. The Journey of a Holocaust Historian,* Chicago 1996, S. 66.

5 Harald Welzer (Hg.), *Auf den Trümmern der Geschichte. Gespräche mit Raul Hilberg, Hans Mommsen und Zygmunt Baumann,* Tübingen 1999, S. 36.

grundlegend vom deutschen Gesellschaftsgefüge insgesamt; der Unterschied war lediglich ein funktioneller. Die Vernichtungsmaschine war in der Tat nichts anderes als eine besondere Rolle der organisierten Gesellschaft.«[6]

Hilberg wollte den Mechanismus dieser Vernichtungsmaschinerie aufdecken, deshalb nahm er den Blickwinkel der Ingenieure dieser Maschine ein. »Der Täter hatte den Überblick. Er allein spielte die Schlüsselrolle. Durch seine Augen mußte ich die Vorgänge betrachten, von der Planung bis zum Höhepunkt. Daß ich vor allem der Täterperspektive folgen mußte, wurde für mich zu einer ehernen Faustregel.«[7] Nicht autobiographische Zeugnisse, Erinnerungsberichte der Überlebenden oder Fotos, sondern amtliche Dokumente der Täter bildeten für Hilberg die Quellengrundlage seiner Forschungen.

Hat der Täter den Überblick? Oder schauen wir, wenn wir seinen Blickwinkel einnehmen, bloß mit einer spezifischen Perspektive auf das Geschehen? Verbunden mit Neumanns strukturalistischer Analyse entstand bei Hilberg das Bild des Täters als Verwaltungsfunktionär. Nur auf ihren Teil des Arbeitsablaufes beschränkt, darauf zugeschnittene Verwaltungsaufträge entgegennehmend und diese korrekt und gewissenhaft ausführend, ohne sich für das Ganze verantwortlich zu fühlen, kurz: sich selbst nur als ein kleines Rädchen in einem großen, nicht zu beeinflussenden Getriebe begreifend – dieses Bild entsprach nicht nur den Rechtfertigungen zahlreicher Täterinnen und Täter, sondern auch der Alltagserfahrung in einer bürokratisierten und arbeitsteiligen Gesellschaft. Der Massenmord wurde als fabrikmäßiges, industrielles Töten betrachtet; der Bürokrat geriet zum »unsentimentalen Technokraten der Macht« (Hans-Ulrich Thamer), zum Techniker des Todes, der kalt und unbeteiligt seinen Teil der großen Vernichtungsmaschine instand hält und optimiert, ohne einen Gedanken an den mörderischen Sinn des Ganzen zu verlieren, geschweige denn moralische Skrupel zu entwickeln.

Der Prozess gegen Adolf Eichmann in Jerusalem 1961 schien ebendiese Sicht zu bestätigen. Dieser beflissene, fast unterwürfi-

6 Raul Hilberg, *Die Vernichtung der europäischen Juden*, aus dem Amerikanischen von Christian Seeger u. a. Durchgesehene und erweiterte Taschenbuchausgabe, Frankfurt/M. 1990, S. 1062.

7 Hilberg, *Unerbetene Erinnerung*, S. 54.

ge, unscheinbare Mann im Glaskasten im Jerusalemer Gerichtssaal besaß nichts Übermenschliches oder abgründig Böses. Er war, wie Hannah Arendt schrieb, kein Richard III. oder Macbeth, die Bösewichte in Shakespeares Dramen. Was an Adolf Eichmann so erschreckte, war, dass er nicht nur ständig behauptete, so wie Millionen anderer Deutscher nur ein kleines Rädchen im Getriebe gewesen zu sein, ein kleiner Mann, der nur gehorsam seine Befehle ausführte, sondern dass es durchaus so gewesen sein könnte. »Das Beunruhigende an der Person Eichmanns«, so Hannah Arendt, »war doch gerade, dass er war wie viele und dass diese vielen weder pervers noch sadistisch, sondern schrecklich und erschreckend normal waren und sind.«[8] Mit dem Topos von der »Banalität des Bösen«, der in der politisch-philosophischen Perspektive Hannah Arendts auf das Unvermögen Eichmanns zielte, im Sinne Kants Verantwortung für sein Tun zu übernehmen, entstand das nachhaltige Bild eines Täters als Verwaltungsfunktionärs, der in einer modernen, bürokratisierten Gesellschaft seine Aufgaben gewissenhaft erledigt und glaubt, ohne Schuld zu handeln.

Hilbergs These vom bürokratischen Ablauf der Vernichtung der europäischen Juden war eng verknüpft mit seiner Passion für das Archiv und die Dokumente. »Je mehr ich suchte, desto mehr würde ich finden. Wenn ich dann mit gewissen Entdeckungen belohnt wurde, geriet ich in einen Zustand, den gerade Quellenforscher am besten kennen – eine Erregung, die mich nach wie vor befällt, wenn ich Mikrofilme durch ein Lesegerät ziehe.«[9] Aufgrund seiner Kenntnis bürokratischer Arbeitsabläufe besaß auch das unscheinbarste Dokument für Hilberg Aussagekraft. Wenn er in ein Archiv kam, so erzählte er einmal, ließ er sich zunächst irgendeinen Aktenbestand kommen – und fand in ihm sehr häufig aufschlussreiche Akten zur Shoah. »Da die Vernichtung der Juden überaus dezentral ablief, mußten die Behörden etwas dazu beisteuern, indem sie im entscheidenden Moment eingriffen. Die Bandbreite der Ämter, die letzten Endes an den Vorgängen beteiligt waren, ist identisch mit der ganzen Verwaltung oder gar mit der gesamten organisierten

8 Hannah Arendt, *Eichmann in Jerusalem. Ein Bericht von der Banalität des Bösen*, München 1986, S. 326; vgl. dazu Gary Smith (Hg.), *Hannah Arendt Revisited: »Eichmann in Jerusalem« und die Folgen*, Frankfurt/M. 2000.

9 Hilberg, *Unerbetene Erinnerung*, S. 66.

Gesellschaft Deutschlands.«[10] Amtliche Dokumente bildeten den Kern des Archivs, nach dem Hilberg suchte.

Und doch bleibt die Frage offen, ob die Täter nicht selbst ihr Tun gewissermaßen in eine bürokratische Form bannten, auch um die Emotionen, den Hass zu verbergen, mit denen sie handelten. Liest man die Aufzeichnungen von Rudolf Höß aus der Todeszelle, mit welchem Improvisationsvermögen, Engagement und Organisationsgeschick er das Konzentrationslager Auschwitz gegen alle Widrigkeiten aufgebaut hat, so wird erkennbar, dass die Vernichtungsmaschine, wie Hilberg sie nannte, engagierte Ingenieure, Mechaniker und Arbeiter brauchte, damit sie in Betrieb blieb.

Hilberg verkennt dies nicht. Die Vernichtungsbürokratie funktionierte nicht nach dem Prinzip der Anweisung, schon gar nicht auf der mittleren und oberen Ebene. »Statt eindeutiger Befehlsketten«, so Hilberg, gab es dort »Konferenzen, Vorschläge, Initiativen aller Art, ja sogar Argumente und dann vielleicht einen Beschluss. Initiativen auf allen Ebenen waren die unbedingte Voraussetzung, um die Politik der Judenverfolgung zu fördern, ganz gleich, ob dies Dinge wie die Entziehung des Mieterschutzes oder die Bildung von Ghettos in Polen betrifft oder die Befugnis von Juden, vor Gericht Aussagen machen zu dürfen. All das wurde geregelt, wie es die Schreibtischtäter ausklügelten. Man hatte nicht befohlen, Ideen zu haben. Sie kamen mit diesen Ideen zu ihren Vorgesetzten und hofften, daß entweder irgendeine Durchführungsverordnung oder eine andere Anweisung aus diesen Initiativen in den Fluß der Vernichtungspolitik einmündet. […] Allein mit Befehlen wäre das Judentum nie vernichtet worden. Es bedurfte eines Willens, einer Bereitschaft, eines Gedankengangs und einer Übereinstimmung.«[11]

Integrierte Geschichte

Saul Friedländer, 1932 in Prag geboren, der die Shoah in einem katholischen Internat in Frankreich überlebte, während seine Eltern

10 Ebd., S. 68.

11 Raul Hilberg, *Gehorsam oder Initiative? Zur arbeitsteiligen Täterschaft im Nationalsozialismus.* Beitrag zum Internationalen Hearing, 23.-25. Oktober 1991, hg. von der Arbeitsstelle zur Vorbereitung des Frankfurter Lern- und Dokumentationszentrums des Holocaust, Frankfurt/M. 1991.

in Auschwitz ermordet wurden, ging einen anderen Weg. Seine Intention, über die Verfolgung und Vernichtung der europäischen Juden zu schreiben, rührte von einer Debatte her, die er mit dem Historiker Martin Broszat vom Institut für Zeitgeschichte in München Mitte der 1980er Jahre führte. Broszat hatte in einem Aufsatz die »Historisierung des Nationalsozialismus« eingefordert, was für ihn bedeutete, »das Nebeneinander und die Interdependenz von Erfolgsfähigkeit und krimineller Energie, von Leistungsmobilisation und Destruktion, von Partizipation und Diktatur« zu thematisieren.[12] Nicht alles, was während des NS-Regimes geschah, habe allein den inhumanen Zielen des Nationalsozialismus gedient. Die zwölf Jahre von 1933 bis 1945 dürften nicht hermetisch von der deutschen Geschichte abgeschottet werden. »Die Schändlichkeit, die im großen die Bilanz dieser Epoche ausmacht, kann nicht bedeuten, daß den vielen sozialen, wirtschaftlichen, zivilisatorischen Wirkungskräften, den zahlreichen Modernisierungsbestrebungen ihre geschichtliche Bedeutung allein durch die Verknüpfung mit dem Nationalsozialismus genommen wird.«[13]

Friedländer kritisierte in seiner Replik, dass die Forderung, den Nationalsozialismus wie jede andere Epoche auch zu behandeln, die Gefahr einer Relativierung des verbrecherischen Charakters des Regimes in sich berge. Während Broszat mit seinem Historisierungsplädoyer die »nicht-kriminellen« Bereiche von den verbrecherischen trennen wollte und kein Wort über Auschwitz und die Vernichtung der Juden verlor, insistierte Friedländer auf einer Veränderung der Perspektive nach Auschwitz. Er leugnete keineswegs die Pluralität von Handlungslinien und historischen Subjekten, aber der Fokus der Untersuchung hatte sich seiner Auffassung nach durch die Shoah verändert. Wer den Mord an den europäischen Juden als »Zivilisationsbruch« (Dan Diner) ernst nehme, werde den archimedischen Punkt des 20. Jahrhunderts neu bestimmen. Dass Martin Broszat diese Perspektive nur als jüdischen Standpunkt der Opfer wahrnehmen konnte, als »mythische Erinnerung«, die ihre Berechtigung besitze und als solche von den deutschen Historikern ernst genommen werden solle, aber eben keinen wissenschaftlichen

12 Martin Broszat, »Plädoyer für eine Historisierung des Nationalsozialismus«, in: ders, *Nach Hitler. Der schwierige Umgang mit unserer Geschichte*, München 1988, S. 266-281, hier S. 273.

13 Ebd., S. 280.

Status beanspruchen dürfe, erregte zu Recht den Zorn Friedländers. Warum, fragte er, sollten Historiker, die zur Gruppe der Verfolger gehören, befähigter sein, distanziert mit der Vergangenheit umzugehen als diejenigen, die zur Gruppe der Opfer gehören? Mehr noch, aus Broszats Frage, ob wissenschaftliche Einsicht auf der einen und jüdische mythische Erinnerung auf der anderen Seite zu einer fruchtbaren Spannung kommen könnten und die Erinnerung bloß »auf einer mit der Zeit eingetretenen Vergröberung des Historischen, auf dem Vergessen der den Zeitgenossen noch vertrauten Einzelheiten und Imponderabilien der Geschichte« aufbaue,[14] ließe sich, so Friedländer, durchaus schlussfolgern, dass Broszat besorgt war, die Erinnerung an die jüdischen Opfer könne die Erinnerung seiner eigenen deutschen Generation verdrängen.[15]

Friedländer widersprach Broszat – und begann sein eigenes Projekt einer Geschichte der Shoah als »integrierter Geschichte«. Mit diesem Ansatz, sagte er 20 Jahre später, »wollte ich das Gegenteil beweisen: dass die zwei Geschichten in einem Gesamtbild zu schreiben möglich und die jüdische Dimension in eine integrierte historische Erzählung einzubeziehen war«.[16] Nach Friedländer ist die Geschichte des Holocaust nicht auf die »Endlösung« zu reduzieren, nicht auf die Erlasse und Maßnahmen des NS-Regimes. Vielmehr müssen die Institutionen und Akteure der Verbündeten im besetzten Europa einbezogen werden, ebenso wie in jeder Phase der Verfolgung die jüdische Wahrnehmung und Reaktion Teil des Gesamtprozesses waren.

Friedländers Buch über die Verfolgung und Ermordung der europäischen Juden ist geprägt von den Stimmen jüdischer Menschen, die er in sein Narrativ einflicht, nicht um die Pein der namenlosen Opfer zu illustrieren, sondern um deren Stimmen hörbar

14 Martin Broszat, Saul Friedländer: »Um die ›Historisierung des Nationalsozialismus‹. Ein Briefwechsel«, in: *Vierteljahrshefte für Zeitgeschichte* 39 (1985), S. 373-385, hier 343.

15 Vgl. Saul Friedländer, »Ein Briefwechsel, fast 20 Jahre später«, in: Norbert Frei (Hg.), *Martin Broszat, der »Staat Hitlers« und die Historisierung des Nationalsozialismus*, Göttingen 2007, S. 188-194.

16 Saul Friedländer, *Den Holocaust beschreiben. Auf dem Weg zu einer integrierten Geschichte*, Göttingen 2007, S. 7. Zu erwähnen ist auch das Buch von Leni Yahil, *Die Shoah. Überlebenskampf und Vernichtung der europäischen Juden,* München 1998, in dem sie die Perspektiven der NS-Täter und der jüdischen Verfolgten miteinander verschränkte.

zu machen, Stimmen von scharfsinnigen, klaren, vernünftigen wie sorgenvollen, entsetzten, verzweifelten Menschen.[17] Während die meisten Historiker des Holocaust, explizit auch Raul Hilberg, ihre Analysen auf die Dokumente des NS-Regimes stützten, zitierte Saul Friedländer Briefe, Tagebücher, Erinnerungen der Verfolgten.

Friedländer versteht Erinnerung keineswegs als Kultur der steten Vergegenwärtigung der Vergangenheit, setzt nicht Erinnerung an die Stelle von Wissen. Vielmehr gelingt es ihm mit dem literarischen Stil seiner Geschichtsschreibung, Wissen und Erinnerung zueinander in Beziehung zu setzen, eine umfassende Textur zu weben, in der die einzelnen Fäden erhalten bleiben – strenge Wissenschaft als hohe Kunst. Friedländer schreibt nicht von der Ebene der unpersönlichen Strukturen über die vielen kleinen Rädchen des Getriebes bis hin zu den Opfern, sondern es ist, wie Jan Philipp Reemtsma formulierte, immer gleichzeitig alles im Spiel: handelnde Menschen, die von ihrer Freiheit, zu handeln, bewussten Gebrauch machten. Friedländer erfasse das Unpersönliche wie das Persönliche und lasse die Leserinnen und Leser nicht vergessen, worüber er schreibt: über unendliches Leid.[18]

Keine allgemeine Stimme des Holocaust, so Friedländer, könne der Interaktion der Vielfalt von Elementen gerecht werden, wenn diese nach Art eines Lehrbuchs nebeneinander dargestellt werden. Plötzliche Schnitte, abrupte Perspektivwechsel, wie sie beim Film üblich sind, seien daher die Alternative. Es scheint, als eröffne ebendas filmische Narrativ, das mit Bild- und Tonspur und im Bild selbst simultane Perspektiven sicht- und hörbar machen kann, eine Möglichkeit, über den Holocaust zu schreiben.[19]

17 Saul Friedländer, *Das Dritte Reich und die Juden*, Band 1: *Die Jahre der Verfolgung 1933-1939*, Band 2: *Die Jahre der Vernichtung 1939-1945*, München 1999, 2006; vgl. dazu Christian Wiese, Paul Betts (Hg.), *Years of Persecution, Years of Extermination. Saul Friedländer and the Future of Holocaust Studies*, London, New York 2010.

18 Saul Friedländer, Jan Philipp Reemtsma, *Gebt der Erinnerung Namen. Zwei Reden*, München 1999, S. 19.

19 Zu dieser spezifischen narrativen Form von Saul Friedländer siehe auch Alon Confino, »Narrative Form and Historical Sensation: On Saul Friedländer's *The Years of Extermination*«, in: *History and Theory* 48 (October 2009), S. 199-219.

Es scheint, als hätten Hilbergs Strukturalismus und Friedländers integrierte Geschichte der Shoah kaum etwas gemein, als handle es sich um zwei ganz gegensätzliche Konzepte einer Geschichtsschreibung des Holocaust. Und doch treffen sich beide durchaus in dem Problem, das viele andere Historiker*innen des Holocaust zumeist ausblenden: Wie kann man eine Sprache finden, dieses Geschehen zu beschreiben?

Als der Politikwissenschaftler Alfons Söllner 1988 in einem Interview mit Raul Hilberg nach der Sprache fragte, erinnerte dieser an die seinerzeit heftigen Widerspruch provozierende These des jüdischen Emigranten und Literaturwissenschaftlers George Steiner, dass die Sprache, mit der man über den Holocaust sprechen könne, einzig und allein das Deutsche sei. »Ist es nicht fast eine Selbstverständlichkeit«, fuhr Hilberg fort, »dass man sich desto weiter von der Atmosphäre, von dem Gefühl für das Geschehen entfernt, je weiter man sich von der deutschen Sprache wegbewegt?« Wer das Wort »Protokoll« statt »Niederschrift« verwende, erzeuge eine ganz andere Assoziation. »Vielleicht gibt es überhaupt keinen Ausweg aus dem Dilemma – denn wenn ich ›Niederschrift‹ sage, so kommt jemand daher und merkt an, daß ich nicht nur *über* den Nationalsozialismus, sondern selber nationalsozialistisch schreibe. Wenn ich aber das heute gebräuchliche ›Protokoll‹ sage, so habe ich die Atmosphäre von damals verfehlt. Und das ist jetzt nur das Beispiel für *ein* Wort. Das Dilemma setzt sich fort in den Sätzen und schließlich in der gesamten Sprechweise. Aber wieder sehe ich nur die Möglichkeit, dass der Schreiber sich verpflichtet, so nah wie möglich an der originalen Sprache zu bleiben, die es verständlich zu machen gilt.«[20] Hilberg verwies damit subtil auf die Differenz: Zeitgenössische Begriffe zu verwenden, bedeutet keineswegs, sich das nationalsozialistische Idiom anzueignen. Hilberg versuchte, nah an der Sprache seiner Quellen zu bleiben, und schrieb doch nie in der Sprache der Nationalsozialisten. Obwohl er Emotionen

20 Raul Hilberg, Alfons Söllner, »Das Schweigen zum Sprechen bringen. Ein Gespräch über Franz Neumann und die Entwicklung der Holocaust-Forschung«, in: Dan Diner (Hg.), *Zivilisationsbruch. Denken nach Auschwitz*, Frankfurt/M. 1988, S. 175-200, hier S. 193 f. (Hervorhebungen im Original).

sorgfältig verbarg, sind bitterer Sarkasmus und treffende Ironie in Hilbergs Texten stets präsent und entzifferbar.

Friedländer besaß einen gleichermaßen feinen Sinn für das Problem. Am Schluss jener berühmten Tagung in Stuttgart 1984 über die »Entschlussbildung zur ›Endlösung‹« wies er die Aufmerksamkeit des Publikums auf den Umstand hin, dass jede, auch wissenschaftliche Diskussion des Geschehenen stets eine Rede über den Massenmord sei. Das Sprechen über den Massenmord in einer abstrakten Weise müsse, so Friedländer, eine tiefe emotionale Dissonanz hervorrufen. »Ich nehme als Beispiel«, so Friedländer wörtlich, »den Aufsatz von Herrn Broszat über die Genesis der Endlösung. Da heißt es: Am soundsovielten Tag kommt das Kommando Lange nach Chełmno und fängt an, Anstalten für Massenexekutionen zu bauen. Da gibt es zwei Teile. Am soundsovielten Tag kam das Kommando Lange in eine Stadt. Und jeder Spezialist fragt sich gleich – und deswegen hatten wir diese Debatte: War es an diesem Tag oder am nächsten? Aber das ist normal, das ist wissenschaftlich der normale Weg. Man fragt: War es Lange, oder war es jemand anders? Aber dann geht der Satz weiter: und fängt an, Anstalten für Massenexekutionen zu bauen. Ich kenne keine andere Literatur, in der es solche Sätze gibt. Man kommt an einen Ort, man fängt an zu bauen. Das ist normal, und unser Gehirn geht dann normalerweise normal, das heißt neutral, weiter. Man kann ja nicht plötzlich in der Mitte des Satzes vom Neutralen zum Emotionalen übergehen. Das Kommando Lange kam an diesem Tage und fing an, Anstalten für Massenexekutionen zu bauen. In diesem Satz haben Sie zwei Welten, und es ist doch nur ein Satz.«[21]

Die Frage der Emotionen beim Schreiben der Geschichte, insbesondere der Geschichte von Massenverbrechen, hat Historikerinnen und Historiker immer wieder beschäftigt. In einem Interview warnt Friedländer davor, Horrorszene auf Horrorszene aufzuhäufen, um einen emotionalen Effekt zu erzielen. In deutlicher Differenz zu einem derlei instrumentalisierten Schreiben, das Emotionen ins Kalkül zieht, um die Leserschaft an den Text zu bannen, spürt Friedländer den tatsächlichen Emotionen in der Geschichte nach, versucht nicht, sie zu verbergen oder zu instrumentalisieren, sondern sie kenntlich zu machen. Friedländer weicht den

21 Eberhard Jäckel, Jürgen Rohwer (Hg.), *Der Mord an den Juden im Zweiten Weltkrieg. Entschlussbildung und Verwirklichung*, Stuttgart 1985, S. 243.

Emotionen nicht aus, er stellt sich ihnen und setzt sich mit ihnen auseinander. Vielleicht ist es durchaus folgerichtig, dass er einer der wenigen Historiker ist, die sich intensiv mit Psychoanalyse und historischer Erkenntnis beschäftigt haben.[22]

Raul Hilberg dagegen konzentrierte sich ganz auf die Akten des Holocaust. In seinem Buch *Die Quellen des Holocaust* breitete er noch einmal seine detaillierte Kenntnis des Verwaltungsapparates aus, der die Vernichtung von Millionen Menschen ins Werk setzte, und beschreibt akribisch die Unterschiede zwischen Gesetzen, Anweisungen, Erlassen und Befehlen der deutschen Administration.[23] Obwohl Hilberg sich auf die Dokumente der Täterinnen und Täter konzentriert, weil er den Prozess der Vernichtung aufzeigen wollte, verschwinden doch nicht die Emotionen, das Leid aus seinem Schreiben. Die Verzweiflung von Adam Czerniaków, dem Vorsitzenden des Judenrates in Warschau, der sich im Juli 1942 das Leben nahm, nachdem er die Anweisung der Deutschen zur Deportation der Juden in das Vernichtungslager Treblinka erhalten hatte und einsehen musste, dass es keinen Ausweg mehr gab, ist auch der nüchtern-sachlichen Sprache Hilbergs eingeschrieben. Und ebenso bitter-sarkastisch wird sein Stil, wenn es um die Selbstaussagen der Verfolger geht. Mehr als jeder andere Historiker ist Hilberg ein Meister in der Verwendung von Täterdokumenten, ohne deren Sprache anheimzufallen.

Dennoch bringt er gegen Erinnerungsberichte grundsätzliche Vorbehalte vor. Fundamental sei, dass die Überlebenden keine im statistisch-wissenschaftlichen Sinn ermittelte Referenzgruppe all derjenigen Juden darstellten, die vernichtet wurden. Zudem unterschieden sie sich nach ihrer körperlichen Verfassung, sozialen Herkunft und nach bestimmten Fähigkeiten, die ihr Überleben begünstigen konnten – wie ein ausgeprägter Realitätssinn, hohe Entscheidungsfähigkeit oder ein starkes Selbstvertrauen. Deshalb dürften ihre Zeugnisse nicht als repräsentativ für alle denkbaren Zeugenberichte aus den jüdischen Gemeinden gelten. Aber auch die Berichte selbst seien häufig weit von einer erschöpfenden Wiedergabe des Geschehens entfernt, weil den Zeuginnen und Zeugen

22 Vgl. Saul Friedländer, *History and Psychoanalysis. An Inquiry into Possibilities and Limits of Psychohistory*, New York 1978.

23 Raul Hilberg, *Die Quellen des Holocaust. Entschlüsseln und Interpretieren*, Frankfurt/M. 2002.

wichtige Details entgangen seien und sie sich in der Retrospektive nur an bestimmte Dinge erinnerten oder erinnern mochten.[24]

Hilbergs Skepsis reproduziert die üblichen Einwände gegen die Oral History, dass Erinnerungen das vergangene Geschehen nur subjektiv, retrospektiv und durch Gedächtnisfehlleistungen beeinträchtigt wiedergeben könnten. Doch ist nicht einzusehen, warum die staatlichen Quellen, die Hilberg als valide und aussagekräftig einstuft, mit weniger Mängeln behaftet sein sollen als die Zeugnisse der Überlebenden selbst. Auch in den Akten von Behörden fehlt es an Details, geht der Überblick verloren und wird aus der Sicht einer einzelnen Institution, womöglich eines einzelnen Bürokraten das Geschehen betrachtet. Hier wie dort ist wissenschaftliche Quellenkritik unumgänglich. Und doch bergen die Zeugnisse der Überlebenden eine spezifische, eigene Sicht auf die Ereignisse, die sie für die Geschichtsschreibung so wertvoll macht. Nur mit ihnen werden die Erfahrungen, das Leid, die Emotionen der Verfolgten erkennbar, die in den Akten der Verfolger nicht auftauchen. Nur mit ihnen ist auch zu erkennen, dass die Opfer keineswegs passive leidende Objekte in den Händen ihrer Verfolger waren, sondern versuchten, der tödlichen Situation zu entkommen, sie erträglicher zu machen oder wenigstens die eigene Würde zu bewahren. Friedländers Argument, dass in jedem Stadium der Verfolgung jüdische Wahrnehmungen und Reaktionen, ob kollektiv oder individuell, untrennbarer Bestandteil der Geschichte waren, wird nicht durch den Verweis auf ihre unausweichliche Ermordung widerlegt.

»Bis heute«, schreibt Saul Friedländer, »hat man die individuelle Stimme vorwiegend als eine Spur wahrgenommen, als die Spur, welche die Juden hinterlassen haben, welche Zeugnis ablegt, ihr Schicksal bestätigt und veranschaulicht.«[25] In seinem Buch jedoch spielen diese Stimmen noch eine ganz andere Rolle. »Gerade durch ihr Wesen, kraft ihrer Menschlichkeit und Freiheit, kann eine individuelle Stimme, die sich plötzlich im Verlauf der gewöhnlichen historischen Erzählung von Ereignissen [...] erhebt, eine glatte Interpretation und die (meist) unwillkürliche Selbstgefälligkeit wissenschaftlicher Distanz und ›Objektivität‹ durchbrechen.«[26]

Auch die Leser verändert diese Art des Schreibens über die Sho-

24 Ebd., S. 54 f.

25 Friedländer, *Jahre der Vernichtung*, S. 24.

26 Ebd.

ah. Viel Lob hat Friedländer dafür erhalten, die Stimmen der Opfer zum Sprechen gebracht zu haben. Kein namenloses Leid werde hier geschildert, sondern die Schicksale konkreter Menschen. So berechtigt das Lob ist, so verdeckt es doch einen wichtigen Unterschied. Saul Friedländer hat die Stimmen der Verfolgten noch gehört, die er in seinen Büchern zu Wort kommen lässt. Er erinnert ihren Ton und er weiß, was sie sagten – wir nicht. Unserem Wissen über den Holocaust fehlt diese Dimension der Erinnerung der Überlebenden. Friedländer ist immer wieder auf dieses Problem zurückgekommen, wie sich die Geschichtsschreibung verändert, wenn die Zeuginnen und Zeugen des Geschehens, vor allem die jüdischen Zeuginnen und Zeugen, nicht mehr leben. Aber – und das ist die Kunst einer Geschichtsschreibung, wie sie Saul Friedländer gelungen ist, vielleicht vor allem ihm gelingen konnte – wir werden, wenn wir seine Bücher lesen, ahnen können, wovon diese Stimmen sprechen.

Indem Friedländer die Stimmen der Verfolgten in seinen Zugang zur Geschichte der Shoah als unverzichtbares Element aufnimmt, erweitert er nicht nur die Perspektive, gelangt nicht bloß zu einer integrierten Geschichte des Holocaust. Er verändert auch die Position des Historikers oder der Historikerin, der oder die nicht mit der Anmaßung des auktorialen Erzählens von einer sicheren Beobachterposition das Weltgeschehen analysiert, sondern vielmehr sich selbst der Erfahrung aussetzt, worüber und wie die Stimmen sprechen. Dieses Geschehen bildet, so Friedländer, »eine fortwährende Quelle der Fassungslosigkeit – einer Fassungslosigkeit, die bei der ersten Konfrontation mit der Shoah aus der Tiefe des eigenen unmittelbaren Weltverständnisses aufsteigt und die Wahrnehmung dessen prägt, was ›normal‹ ist und was ›unglaublich‹ bleibt: eine Reaktion, die erfolgt, bevor das Wissen herbeieilt, um sie zu unterdrücken.«[27]

Korrespondenzen

Die Unterschiede zwischen Hilbergs und Friedländers Perspektiven auf den Holocaust sind evident. Dass die Täter die »Schlüsselrolle« innehatten und ihrer Perspektive zu folgen sei, wie es Hilberg für

27 Friedländer, *Den Holocaust beschreiben*, S. 25 f.

seine Arbeit hervorhob, hebt sich deutlich ab von Friedländers Ansatz einer integrierten Geschichte der Shoah. Und doch stimmen beide überein, wenn sie über die Schwierigkeit nachdenken, eine Sprache für den Holocaust zu finden, ein Idiom, das in der Lage ist, zu schildern wie zu analysieren, was geschehen ist. Die Antworten gehen wieder auseinander. Hilberg will so nah wie möglich an den deutschen Quellenbegriffen bleiben, während Friedländer die Stimmen der verfolgten Juden hörbar machen will. Aber beide wiederum wissen um die Grenzen der Sprache, mittels derer stets nur ein Fragment der Dimension des Geschehens kommuniziert werden kann.

Als er 2007 den Friedenspreis des Deutschen Buchhandels erhielt, erklärte Friedländer am Schluss seines Vortrags, in dem er vor allem auf persönliche Dokumente seiner eigenen Familie Bezug genommen hatte: »Sechzig Jahre sind vergangen, seit diese und zahllose ähnliche Stimmen zu vernehmen waren. Und doch berühren sie uns, mag auch lange Zeit verstrichen sein, mit einer ungewöhnlichen Stärke und Unmittelbarkeit, die weit über die Grenzen der jüdischen Gemeinschaft hinaus fortwirkt und die große Teile und mehrere Generationen der abendländischen Gesellschaft bewegt hat. Wenn wir diesen Schreien lauschen, dann haben wir es nicht mit einem ritualisierten Gedenken zu tun, und wir werden auch nicht durch kommerzielle Darstellungen des Geschehens manipuliert. Vielmehr erschüttern uns diese individuellen Stimmen infolge der Arglosigkeit der Opfer, die nichts von ihrem Schicksal ahnten, während viele rings um sie das Ergebnis kannten und manchmal an seiner Herbeiführung beteiligt waren. Vor allem jedoch bewegen uns die Stimmen der Menschen, denen die Vernichtung bevorstand, bis auf den heutigen Tag gerade wegen ihrer völligen Hilflosigkeit, ihrer Unschuld und der Einsamkeit ihrer Verzweiflung. Die Stimmen der Menschen bewegen uns unabhängig von aller rationalen Argumentation, da sie den Glauben an die Existenz einer menschlichen Solidarität stets von Neuem einer Zerreißprobe aussetzen und in Frage stellen.«[28]

Die Geschichte der Shoah ist auch eine Geschichte des Verlustes an Gewissheit. Mit Auschwitz zerstob die Verheißung der Moderne

28 *Friedenpreis des Deutschen Buchhandels 2007*, hg. vom Börsenverein des Deutschen Buchhandels, Frankfurt/M. 2007, S. 77.

auf historischen Fortschritt und Selbstvervollkommnung und wurde offenbar, wozu Menschen in der Lage waren und sind. All die zivilisatorischen Standards, auf die die bürgerliche Gesellschaft zu Recht stolz war, wie Recht, Vernunft, Moral, Autonomie, Selbstbestimmtheit haben in dem Moment, in dem es im 20. Jahrhundert darauf angekommen wäre, versagt. Nicht eine einzige zivilisatorische Grenze hat dem Massenmord eine Schranke setzen können; allein die Schwierigkeiten, die die Nationalsozialisten selbst schufen, sorgten hier und da für eine Verlangsamung der Radikalisierungsdynamik. Nicht einmal mehr die Religion war imstande, in der Apotheose der Rassetäter eine ungeheuerliche Gotteslästerung zu erkennen, die entschlossenen Widerstand geradezu zur Christenpflicht gemacht hätte.

Auch Raul Hilberg war sich dieses Zivilisationsbruchs sehr bewusst. Entgegen dem gegenwärtigen Wunsch nach Befriedung der Gegensätze, nach Versöhnung einstiger Kontrahenten, nach gewissermaßen nichtjüdisch-jüdischer Ökumene in der Holocaustgeschichtsschreibung durchzieht Hilbergs Leben wie Werk eine unendliche und unaufhebbare Traurigkeit, die sein eigenes Leben mit dem Untersuchungsgegenstand, der ihm Lebensthema geworden war, verbindet und ohne die weder das eine noch das andere verstanden werden kann. Hilberg selbst gibt sie in der Schlusspassage seiner Erinnerungen zu erkennen, als er schildert, wie er einen Brief von H. G. Adler, Historiker und jüdischer Überlebender des Ghettos Theresienstadt, aus dem März 1962 dreißig Jahre später entdeckte und es ihm vorkam, so Hilberg wörtlich, als habe Adler direkt in mein innerstes Wesen geblickt. Adler schrieb: »Zu berichten ist von Hilbergs ›The Destruction of the European Jewry‹ [sic!], sicher haben Sie von dem Werk gehört. Es ist bis jetzt die bedeutendste Leistung zum Thema und wird schwerlich so bald übertroffen werden, obwohl es gewiß noch lange nicht die endgültige Darstellung ist. Niemand hat bis jetzt den schauerlichen Gesamtprozeß so klar gesehen und zu gestalten vermocht, die Anzahl der kleineren Fehler und Mängel fällt nicht ernstlich ins Gewicht und läßt sich, soweit ich sehe, unschwer in einer neuen Auflage tilgen. Was mich an dem Buche bewegt, ist die Hoffnungslosigkeit des Verfassers, Jahrgang 1926, vor dem Krieg nach USA gekommen, sicher aus Deutschland, wohin er mit dem Heer bei Kriegsende zurückkehrte. 1948 begann Hilberg mit seiner Arbeit. Er hat also bereits den Standpunkt einer Generation, die nicht mehr sich unmittelbar betroffen fühlt, aber doch noch, von ferne, die Ereignisse mitangesehen hat und nun ratlos vor ihnen steht, bitter und verbittert, anklagend, kritisch nicht nur den Deutschen gegenüber (wie denn anders?), sondern auch den Juden und allen zuschauenden Völkern gegenüber. Am Ende bleibt nichts als die Verzweiflung über alles und der Zweifel an allem, denn für Hilberg gibt es nur ein Erkennen, vielleicht auch noch ein Begreifen, aber bestimmt kein Verstehen.«[29]

Trotz aller notwendigen wissenschaftlichen Distanz zum Geschehen des Holocaust, trotz selbstkritischer Wahrnehmung und des Primats rationaler Analyse bleiben ein Schrecken, ein Entsetzen, eine Fassungslosigkeit zurück, die nicht zum Verschwinden gebracht werden können. In diesem Sinn für die Grenzen der Sprache, für die Unangemessenheit von Worten für die Shoah sind Raul Hilberg und Saul Friedländer mehr miteinander verbunden, als es auf den ersten Blick scheint.

29 Hilberg, *Unerbetene Erinnerung*, S. 174 f.

17. Im Wald von Sobibór

Ein unscheinbares Schild weist auf der Überlandstraße 812 südlich von Włodawa nach links: Sobibór 7 Kilometer. Eine holprige, geflickte Asphaltstraße, beidseits dichter Wald, Naturschutzgebiet Sobiborski Park. Kein dunkler Nadelwald, sondern lichte Laubbäume, aber dennoch undurchdringlich. Sumpfiges Gelände, abgestorbene, abgebrochene Baumstämme. Ein paar Sandwege führen von der Straße in den Wald hinein. Kaum Autos, die uns begegnen. Ein, zwei Ansammlungen von wenigen Holzhäusern: Kolonia Żłobek, Żłobek Duży. Eine Rechtskurve, und dann geradeaus auf Sobibór Stacja zu.

In dem kleinen, hölzernen, gelb angestrichenen Stationsgebäude befand sich während der deutschen Besatzung eine Kneipe. Gegenüber war das ehemalige Postgebäude, das von der SS für die Verwaltung und als Wohnung des Kommandanten genutzt wurde, »Schwalbennest« genannt. Es steht noch heute dort und ist Privateigentum. Ein schmuckes, grünes Haus gegenüber der Bahnlinie, mit Garage, einem Gewächshaus, im Garten Obstbäume. Das Bahngleis, das damals direkt in das Lager führte, ist unter dem Gras kaum noch zu erkennen. Aber Teile der Rampe, an der die Menschen damals aus den Waggons ins Lager getrieben wurden, sind heute noch zu sehen. Über hundert Meter lang, so dass bis zu elf Waggons dort abgestellt werden konnten. Am Ende der Rampe sind die Schienen zu einem primitiven Prellbock hochgebogen: Hier gab es kein Weiter mehr.[1]

Wir sind von Włodawa aufgebrochen, einer kleinen polnischen Stadt am Bug, der Grenze zu Weißrussland und der Ukraine, heute

1 Zum Vernichtungslager Sobibór siehe Jules Schelvis, *Vernichtungslager Sobibór*, Neuausgabe, Münster 2003; Bogdan Musial (Hg.), *»Aktion Reinhardt«. Der Völkermord an den Juden im Generalgouvernement 1941-1944*, Osnabrück 2004; Sara Berger, *Experten der Vernichtung. Das T4-Reinhardt-Netzwerk in den Lagern Belzec, Sobibor und Treblinka*, Hamburg 2013; Stephan Lehnstaedt, *Der Kern des Holocaust: Bełżec, Sobibór, Treblinka und die Aktion Reinhardt*, München 2017; Yitzhak Arad, *Belzec, Sobibor, Treblinka: the Operation Reinhardt Death Camps*, revised and expanded edition, Bloomington 2018.

etwa 13 000 Einwohner. Die Region am Bug ist Grenzland. Durch den Pakt, den Hitler und Stalin im August 1939 schlossen, wurde der Bug die Demarkationslinie zwischen dem deutsch und dem sowjetisch besetzten Polen. Nach dem Rückzug der deutschen Truppen kämpften ukrainische und polnische Milizen mit brutaler Gewalt um die Vorherrschaft in der Region, vertrieben Menschen, brannten Dörfer nieder. 1947 befahl die stalinistische Führung in Moskau die »Aktion Weichsel«, mit der Hunderttausende von Ukrainern aus Polen und Polen aus der Ukraine zwangsumgesiedelt wurden.

Heute nennt sich Włodawa die Stadt der drei Kulturen, weil es eine katholische Basilika, eine orthodoxe Kirche und eine Synagoge gibt. Über eine aktive Gemeinde verfügt nur noch die katholische St. Louis-Kirche; die Orthodoxen wurden in die Ukraine vertrieben, die Juden 1942 deportiert und ermordet. Eine stille Stadt, in der nach wie vor Holzhäuser stehen, in der Mitte das sogenannte Karree, ein quadratischer Platz, gesäumt von Geschäften, Lokalen, Cafés, keine Glitzerwelt, vielmehr zurückgenommen, fast vergessen, jenseits der Zeiten, in denen Włodawa eine bedeutende Stadt am Bug war.

»Keine Stadt hat so viele Kastanien im Zentrum wie Włodawa. Um das Karree herum prangen an die zwanzig, außerdem gibt es ein paar recht große Linden. Von den Kastanien kommt die Ruhe in der Ulica Spokojna, der Ruhigen Straße. Sie lockt von weitem jeden an, der das erste oder das zweite Mal dort ist. Die Ruhige Straße ist, was sie ist, weniger infolge der Arbeit der Vermessungsingenieure als eher aufgrund der sechs denkmalartigen Kastanienbäume, die von noblen Beamten oder Bewohnern erhalten worden sind. Aufmerksamkeit verdienen auch eine Linde und ein Eschen-Ahorn. Weitere sieben Kastanien stehen vor der orthodoxen Kirche und genau fünfzehn im Park daneben. Die alten Bäume haben es gut in Włodawa.«[2]

Seit dem Beginn des 16. Jahrhunderts lebten hier Juden; in den 1930er Jahren stellten sie mit annähernd sechstausend Menschen rund 70 Prozent der Stadtbevölkerung.[3] Von der einstigen Bedeu-

2 Michał Książek, *Straße 816. Eine Wanderung in Polen*, Frankfurt/M. 2018, S. 158.

3 Informationen zu Włodawa nach der ausgezeichneten Website »Virtual Shtetl« des Museums der Geschichte der polnischen Juden POLIN in Warschau: ⟨https://sztetl.org.pl/en/towns/w/48-wlodawa/96-local-history/69263-local-history⟩ letzter Zugriff 9. 1. 2019.

tung der jüdischen Gemeinde zeugt die Große Synagoge in der ul. Czerwonego Krzyża, im barocken Stil im 18. Jahrhundert erbaut und 1936 mit einem prächtigen Thoraschrein ausgestattet. Daneben stehen eine weitere kleinere Synagoge, ebenfalls im 18. Jahrhundert errichtet, und ein Verwaltungsgebäude der Gemeinde aus den 1920er Jahren. Das Ensemble hat den Krieg und die Shoah überdauert und wird heute mit Mitteln der Europäischen Union restauriert und zu einem Museum ausgebaut, das die Geschichte der einstigen jüdischen Gemeinde von Włodawa darstellen soll.

Der ehemalige jüdische Friedhof ist heute ein mit Bäumen bepflanzter Park, kaum mehr als Friedhof zu erkennen. Nur am Eingang erinnert eine Tafel daran, dass hier einst Grabsteine standen, und zeigt zwei alte Fotografien. Daneben steht ein Denkmal, ein Soldat, der eine Mörsergranate trägt, auf einem mächtigen Steinsockel, als Gedenken an die Befreiung Włodawas im September 1944. Neben dem Sportplatz, auf dem sich die jüdischen Menschen aus dem Ghetto sammeln mussten, um dann in den Tod deportiert zu werden, ist heute ein Schild angebracht, das von Schülerinnen und Schülern des Gymnasiums in Włodawa und dem Bildungswerk Stanisław Hantz e. V. in Kassel errichtet worden ist und an die jüdischen Kinder und Erwachsenen erinnert, die 1942 von jenem Sportplatz aus durch den Wald zum Vernichtungslager Sobibór getrieben und dort ermordet worden sind.

Als am 16. September 1939 die deutsche Wehrmacht Włodawa besetzte, begann, was wir heute Shoah nennen. Zehntausende Zivilisten, jüdische wie nicht-jüdische Polen, wurden in den ersten Monaten der Besatzung misshandelt, beraubt, verschleppt, getötet; Grundbesitz und Wohnungen von Juden wurden beschlagnahmt, ihre Geschäfte und Betriebe geschlossen und geplündert. Juden mussten eine weiße Armbinde mit blauem Davidstern tragen; Judenräte wurden eingesetzt, die das Leben in den Ghettos organisieren sollten. Die Lebensmittelrationen reichten nicht zum Überleben, der Schwarzmarkt stellte die einzige Möglichkeit dar, die lebensnotwendigen Dinge zu bekommen. Viele jüdische Menschen waren nicht mehr in der Lage, sich zu ernähren, und starben an Erschöpfung, Hunger und Krankheiten. Wer das Ghetto ohne Genehmigung verließ, musste damit rechnen, erschossen zu werden. Vor allem wurden Juden zur Zwangsarbeit eingesetzt, insbesondere im Distrikt Lublin, wo mehr als ein Dutzend von Lagern für Zwangsarbeiterinnen und Zwangsarbeiter entstand, die in den Sumpfgebieten Entwässerungsarbeiten leisten mussten, darunter auch Sinti, die im Frühjahr 1940 aus Deutschland nach Ostpolen deportiert worden waren.[4]

Der polnische Arzt Zygmunt Klukowski, 1885 geboren, war während der deutschen Besatzung in der Kleinstadt Szczebrzeszyn nahe Zamość im Distrikt Lublin tätig, in dem eine große jüdische Gemeinde mit etwa 4000 Menschen lebte. Klukowski führte ein ausführliches Tagebuch und notierte die tägliche Gewalt der Deutschen. »Heute raubten die Deutschen, wo es nur ging, weiterhin alles Geld, auf das sie stießen. Sie gingen in die Häuser, hielten die Menschen auf der Straße an, durchsuchten die auf der Chaussee Fahrenden.« Insbesondere die Juden waren das Angriffsziel. »Aus Zamość kamen Deutsche mit einem Lastkraftwagen und veranstalteten eine Treibjagd auf Juden. Sie jagten sie durch die ganze Stadt. Sie fuhren sie zu irgendeiner Arbeit nach Zamość und brachten sie abends wieder zurück.« Im August kündigte die deutsche Besatzungsmacht eine neue Zwangsrekrutierung an und drohte allen Juden, die sich dem Gestellungsbefehl entzögen, mit der Todesstrafe. Dennoch flüchteten viele Menschen aus Szczebrzeszyn. »Ab Mitternacht begann die Jagd auf die Juden. Das Rütteln an den jüdischen Häusern gegenüber weckte uns. In unserer Straße nahmen an dieser ›Arbeit‹ ein Bürodiener des Magistrats und zwei junge Zivile als Freiwillige teil. Der Magistrat hatte für jeden Juden 5 Zł. festgesetzt, die der Erwischte selbst bezahlen musste. Die Jagd dauerte die ganze Nacht, bis 5 Uhr morgens. Unaufhörlich waren Schreie und das Schlagen an Türen und Fenstern zu hören. […] Als Ergebnis der nächtlichen Jagd wurden zwei Lastwagen voller Juden nach Zamość gebracht. Die Gefangenen wurden erbarmungslos geschlagen.«[5]

Der Distrikt Lublin gehörte zum sogenannten Generalgouver-

4 Zur Besatzungspolitik im Distrikt Lublin vgl. Bogdan Musial, *Deutsche Zivilverwaltung und Judenverfolgung im Generalgouvernement. Eine Fallstudie zum Distrikt Lublin 1939-1944*, Wiesbaden 1999; Dieter Pohl, *Von der »Judenpolitik« zum Judenmord. Der Distrikt Lublin des Generalgouvernements 1939-1944*, Frankfurt/M., Berlin 1993.

5 Zygmunt Klukowski, *Tagebuch aus den Jahren der Okkupation 1939-1944*, hg. von Christine Glauning, Ewelina Wanke. Aus dem Polnischen übersetzt von Karsten Wanke, Berlin 2017, S. 156 (Eintrag unter dem 27. 1. 1940), S. 183 (Eintrag unter dem 11. 6. 1940), S. 215-217 (Eintrag unter dem 14. 8. 1940).

nement, das Ende Oktober 1939 errichtet wurde und jene Teile Zentralpolens umfasste, die nicht wie die westpolnischen Gebiete vom Deutschen Reich annektiert oder im Osten von der Sowjetunion besetzt waren – ein Territorium, in dem über 12 Millionen Menschen lebten, darunter 1,4 Millionen Juden. In Lublin stellten die rund 300 000 Juden etwa 13 Prozent der Gesamtbevölkerung dar. Das zentrale Ziel deutscher Politik war die »Germanisierung« der annektierten westpolnischen Gebiete, aus denen eine Million Menschen, darunter sämtliche Juden, ins Generalgouvernement deportiert werden sollten. Bis Mitte März 1940 wurden etwa 110 000 Menschen unter unsäglichen Bedingungen in das Generalgouvernement verschleppt: in ungeheizten Viehwaggons, ohne Verpflegung, oftmals sogar ohne Trinkwasser.

Da die Deportationspläne innerhalb Polens stagnierten, begannen die deutschen Besatzer, die jüdische Bevölkerung in Ghettos zu internieren. Auch in Włodawa errichteten die Deutschen im Januar 1940 ein Ghetto, in dem über 5500 Juden, die bis dahin nicht geflohen waren, leben und Zwangsarbeit leisten mussten. Von den etwa 5000 Wiener Juden, die Anfang 1941 ins Generalgouvernement deportiert worden waren, kamen tausend Menschen ebenfalls nach Włodawa. Die Verhältnisse in den Ghettos waren unerträglich. Menschen wurden auf engstem Raum zusammengepfercht, mussten mindestens zwölf Stunden Zwangsarbeit leisten, erhielten kaum Lebensmittel; die hygienischen Bedingungen waren so katastrophal, dass Epidemien grassierten. Die notorische Angst der deutschen Besatzer vor Ansteckung führte dazu, dass sie mit verschärften Maßnahmen das »Umherwandern der Juden« unterbinden wollten. Die antisemitische Politik schuf weitere Probleme für die Urheber selbst. So hatte die »Entjudung« der Wirtschaft auf der einen Seite dazu geführt, dass Handels- und Handwerksfunktionen, die vormals von Juden ausgefüllt worden waren, verwaisten, weil nicht genügend Deutsche zur Verfügung standen, um diese Wirtschaftsfunktionen zu übernehmen. Auf der anderen Seite war die jüdische Bevölkerung gänzlich verarmt und nun darauf angewiesen, sich auf dem Schwarzmarkt das Lebensnotwendige zu besorgen.

Der Krieg gegen die Sowjetunion radikalisierte die Vernichtungspolitik des NS-Regimes. In der rassistischen Logik der Täter erschien der Massenmord als »Lösung« für die Probleme, die sie selbst geschaffen hatten. In der Perspektive der Mörder waren Juden verantwortlich für den Partisanenwiderstand, den Kommunismus, den Schwarzmarkt und für Sabotage und zehrten als »überflüssige Esser« die Lebensmittel auf, die den deutschen Soldaten und der deutschen Volksgemeinschaft zugutekommen sollten. Im Bezirk Lublin war der SS- und Polizeiführer Odilo Globocnik zudem darum bemüht, die Region zu »verdeutschen«, was in der Terminologie der SS hieß, dass die Volksdeutschen »zusammengesiedelt« und die »Fremdvölkischen entsiedelt« würden. Im Oktober 1941 erteilte Himmler Globocnik den Auftrag, Massenmordanlagen im Bezirk Lublin zu bauen.

Die erste Vernichtungsanlage entstand in Bełżec, gut vierzig Kilometer südlich von Zamość. Der kleine Ort eignete sich gut, weil er an einer Bahnlinie von Lemberg/Lwow nach Lublin lag und es dort bereits Zwangsarbeitslager gab, in denen Juden ebenso wie Roma und Sinti interniert waren, die 1940 aus Norddeutschland hierher deportiert worden waren. Aus Deutschland reisten Mordexperten an, die zuvor die Ermordung von kranken und behinderten Menschen organisiert hatten. Von Oktober 1941 bis März 1942 bauten die »Experten der Vernichtung« (Sara Berger) das Todeslager in Bełżec, in dem sie Menschen mittels Motorabgasen ermordeten.

Im Februar 1942 begannen die Arbeiten an einem zweiten Vernichtungslager tief im Wald von Sobibór, nachdem bereits im Herbst 1941 Deutsche das Gelände erkundet hatten. Auch hier gab es eine eingleisige Bahnlinie von Włodawa nach Chełm, an deren Strecke die kleine Station Sobibór mit wenigen Häusern lag. Hier wurde Forstwirtschaft betrieben; bei der Station gab es ein zweites Gleis, damit Züge rangieren und Frachtwaggons abgestellt werden konnten. Die Deutschen beschlagnahmten die Häuser und maßen das Gelände ab. Jüdische Männer aus Włodawa wurden zur Zwangsarbeit nach Sobibór gebracht, schlecht behandelt, etliche von den SS-Leuten vor Ort getötet. Auch Polen aus der Umgebung wurden für die Arbeiten eingesetzt. Ein drittes Gleis wurde verlegt, das vorhandene Rangiergleis verlängert, damit auch lange Züge ankommen konnten. Ein vierter Gleisabzweig führte direkt ins Lager. Das Lagergelände wurde umzäunt und mit Wachttürmen versehen. Zuletzt bauten die jüdischen Zwangsarbeiter das Gebäude für die Gaskammer.

In der zweiten Aprilhälfte kam der designierte Lagerleiter Franz

Stangl mit 19 SS-Männern nach Sobibór, um das Lager zu übernehmen und in Betrieb zu setzen. Der damals 34jährige Österreicher und Oberleutnant der Schutzpolizei Stangl hatte in der Gestapostelle Linz an der Vertreibung der österreichischen Juden mitgewirkt und war von 1940 bis 1942 Verwaltungsleiter in der Krankenmordstätte Hartheim, bevor er nach Sobibór abkommandiert wurde. Die SS-Männer ließen das Lager weiter ausbauen und mit Verwaltungs- und Wohngebäuden für die SS und deren ukrainische Helfer, die sogenannten Trawniki, sowie Lagerräumen für das von den Ermordeten geraubte Gut erweitern. Bis nach Lemberg fuhren die SS-Männer, um in einem Wehrmachtsbeutelager einen sowjetischen Panzermotor für die Gaskammer zu besorgen. Eine Auskleidebaracke wie in Bełżec wurde nicht errichtet, die Menschen mussten sich im Freien ausziehen und wurden dann in den sogenannten »Schlauch«, von den Deutschen auch »Himmelfahrtsweg« genannt, getrieben, ein enger, mit Stacheldraht eingezäunter und eingeflochtenen grünen Zweigen abgeschirmter Weg, der zu den Gaskammern führte. Ephraim Tilip aus Włodawa erinnerte sich nach dem Krieg: »Eines Tages kamen Abraham Ben Shamai und ein anderer junger Mann angelaufen. Sie gehörten zu der Gruppe, die zur Arbeit nach Sobibór geschickt worden war, und sie waren geflohen. Sie waren vollkommen nackt. Sie berichteten uns, dass die Gruppe aus Włodawa zusammen mit anderen Juden die Gaskammern gebaut hätte und die Deutschen sie ausgewählt hätten, um die Wirksamkeit des Gases zu testen. Lediglich die Beiden hatten dies rechtzeitig erkannt und ihnen war – nackt wie sie waren – wundersamer Weise die Flucht gelungen, bevor sie in die Gaskammern gestoßen werden konnten. Diese Nachrichten klangen so unglaublich in den Ohren der Zuhörenden wie Fantasien von Verrückten. Niemand konnte glauben, dass Menschen ohne Anlass umgebracht werden könnten.«[6]

Am 3. Mai 1942 werden die ersten zweitausend Juden aus Komarów aus der Region Zamość nach Sobibór verschleppt und in den Gaskammern ermordet; drei Wochen später erfolgte die erste Deportation aus Włodawa. In den folgenden Wochen kamen Dutzende von Zügen mit Tausenden Menschen in Sobibór an. Oft war

6 Bildungswerk Stanisław Hantz e.V. (Hg.), *Infomappe zu dem ehemaligen Vernichtungslager Sobibór*, Kassel 2005, S. 68.

die Rampe noch mit vorangegangenen Waggons belegt, so dass die Menschen vor dem Lager, eingesperrt in den Waggons, auf den Rangiergleisen warten mussten. Chaim Engel, einer der wenigen Überlebenden von Sobibór, berichtete nach dem Krieg: »Wir standen in dem Waggon wie die Heringe. Wir waren noch weniger wert als Vieh, weil Tiere wenigstens noch Stroh in den Waggon kriegen. Wir hatten absolut nichts. Wir bekamen nicht einmal Wasser.«[7] Ukrainische Trawniki und SS-Männer nutzten diese Zeit, um von den Eingesperrten Wertsachen, Uhren, Geld abzupressen. Bis zu elf Waggons wurden hinter die Stacheldrahtumzäunung an die Rampe im Lager geschoben und die Menschen mit Schlägen, Peitschenhieben, Gebrüll aus den Waggons getrieben. Kranke und Invalide, die kaum mehr laufen konnten, wurden auf Wagen in den Wald gebracht und dort vor einer ausgehobenen Grube erschossen. Weil die Pferdewagen im Boden einsanken, ließen die Deutschen später eine Lorenbahn bauen, die aus einem Sägewerk stammte und die Menschen zu einer Erschießungsgrube brachte, die die SS-Männer »Lazarett« nannten.

Im Lager wurden die Opfer nach Frauen und Männern getrennt, mussten sich entkleiden, während jüdische Arbeitskommandos die Waggons säuberten, das Gepäck und die Kleidung aufnahmen, um sie später in besonderen Baracken zu sortieren. Den nackten Menschen wurde vorgegaukelt, dass sie nun in ein Badehaus gehen müssten, um sie dann in den »Schlauch« zu treiben, nachdem den Frauen zuvor noch die Haare geschoren worden waren. Berek Freiberg, damals 16 Jahre alt, sagte im Juli 1945 aus: »Das Scheren eines Kopfes hat eine halbe Minute gedauert. Wir nahmen die langen Haare in die Hand und schnitten sie schnell ab, sodass da und dort auf dem Kopf kürzere und längere Haare blieben und der Kopf aussah wie eine Treppe. Die ausländischen Juden wussten von gar nichts, und es hat ihnen bloß wegen der Haare leidgetan. Die Deutschen haben ihnen aber gesagt, dass es nichts ausmachen würde, da die Haare in einem halben Jahr wieder wachsen würden. Die polnischen Juden haben hingegen geschrieen und ließen sich die Haare nicht abschneiden, sodass sie geschlagen und zusammengeschlagen wurden. Von dort sind sie dann durch einen Korridor gegangen und landeten in den Gaskammern.«[8] Am

7 Zitiert nach Schelvis, *Sobibór*, S. 59.

8 Zitiert nach ebd., S. 83.

Ende des »Schlauchs« befanden sich die Gaskammern, in denen die Menschen mit Motorabgasen erstickt wurden, bis alle Transporte des Tages ermordet waren. Über tausend Menschen konnten in Sobibór an einem Tag ermordet werden. Die jüdischen Arbeitshäftlinge mussten die Leichen zu einer großen Grube bringen, schichten und mit Chlorkalk überschütten. Aber schon im Juni war diese Grube voll, und eine zweite musste ausgehoben werden. Ab dem Herbst wurden die Leichen wieder ausgegraben und auf einem Rost aus Eisenbahnschienen verbrannt. Noch in Złobek konnte man die lodernden Flammen durch den Wald sehen und den Geruch der verbrannten Leichen riechen.[9]

»Die Asche der Verbrannten«, berichtete der Überlebende Kurt M. Thomas 1961 vor Gericht, »die gute weiße Asche wurde in Fässer verladen und als Düngemittel nach Deutschland geschickt. [...] Ebenfalls nach Deutschland geschickt wurden alle Sachen, welche die Leute mitbrachten, nachdem sie vorher sortiert und gesondert gepackt worden waren. [...] Der größte Wert wurde darauf gelegt, alle Sterne zu entfernen, welche die Juden von Mittel- und Westeuropa auf ihren Kleidern trugen, und daraus schlossen wir, daß die Kleidungsstücke für andere Leute gebraucht würden, welche ihre Herkunft nicht kannten.«[10]

Von Juli bis Oktober 1942 musste der Mordbetrieb unterbrochen werden, weil die Gleise der Bahnstrecke zwischen Włodawa und Chełm im sumpfigen Boden teilweise eingesackt waren und repariert werden mussten. Danach ging das Morden weiter. Ende Oktober wurde die jüdische Gemeinde in Włodawa ausgelöscht und etwa 10 000 Menschen nach Sobibór in den Tod getrieben. Bis zum Jahresende wurden in Sobibór über 100 000 jüdische Menschen ermordet, aus den polnischen Ortschaften der Region, aber auch aus Kassel, Bratislava, Wien, Frankfurt am Main, Köln, Düsseldorf, Berlin.

Gegenüber dem einstigen Eingang zum Lager steht ein Bauzaun mit Informationstafeln. Dahinter wird ein neues Museum gebaut, ein flaches, barackenförmiges Gebäude im Rohbau. Das Gelände ist weiträumig abgesperrt: Wegen der Bauarbeiten kein Zutritt. Ein

9 Ebd., S. 128.

10 Zitiert nach Andrej Angrick, *»Aktion 1005« – Spurenbeseitigung von NS-Verbrechen 1942-1945. Eine »geheime Reichssache« im Spannungsfeld von Kriegswende und Propaganda*, Bd. 1, Göttingen 2018, S. 269.

neu angelegter, von beiden Seiten mit Fichten dicht bepflanzter schmaler Weg ist hinter der Sperre zu erkennen, der den »Schlauch« markiert, durch den die Menschen zu den Gaskammern getrieben wurden – damals an beiden Seiten mit Stacheldraht versehen und mit Zweigen getarnt, um den Opfern Harmlosigkeit vorzugaukeln. Heute erinnern kleine Metalltafeln an die Namen der Ermordeten.

Wir finden einen Waldweg, der uns zum hinteren Teil des einstigen Vernichtungslagers bringt, dort, wo Zehntausende von Toten in Massengräbern verscharrt oder verbrannt worden sind. Eine riesige Lichtung im Wald, heute bedeckt mit unzähligen weißen Steinchen, die an die ermordeten Menschen erinnern. Am anderen Ende des Feldes ein viereckiger, gedrungener Turm aus Feldsteinen, der wie ein erloschener Schornstein aussieht und als Denkmal dort steht, wo damals die Gaskammern standen. An der Straße versteckt, eine kleine Kapelle, damals aus Holz errichtet, heute ein Steinbau.

Ich kenne alle Zahlen, weiß als Historiker um das Geschehen und bin dennoch auf eine Weise erschüttert, die ich nicht erwartet habe. In dieser Stille, in der Verlassenheit dieses Ortes ist der Gedanke an die Verlorenheit der Opfer, ihr Ausgeliefertsein gegenüber den Handlangern des Todes unausweichlich. Es sind kaum noch Spuren des Vernichtungslagers zu sehen; nur die Gedenkmarkierungen machen den Ort im Wald sichtbar, und doch wissen wir, dass wir auf den Gräbern von mindestens 150 000 Toten stehen, die unter unseren Füßen im Waldboden liegen. Der Sobiborski Park ist hier ein einziges großes Massengrab. Man bräuchte nur wenige Zentimeter in der Erde zu graben, um Überreste der Ermordeten zu finden. Im Museum Sobibór wird eine Kinderbrosche in Gestalt einer Micky Maus aufbewahrt, die hier gefunden wurde. 150 000 Menschen, die hier in den Gaskammern getötet, dann verbrannt, verscharrt wurden. Diese Zahl erscheint an diesem Ort, in diesem Wald, kaum fassbar. Dieser Wald verwandelt sich für mich nicht mehr in ein Bild unberührter Natur. Im Wissen um das Geschehen können das sommerliche Grün der Blätter, die warmen Sonnenstrahlen durch die Zweige, das Rauschen des Windes, die Stimmen der Vögel die Toten nicht vergessen machen. Dieser Ort bleibt ein gezeichneter, auch wenn die Täter ihn verschwinden lassen wollten.

Im Sommer 1943 kursierten unter den jüdischen Arbeitshäftlingen Gerüchte, dass das Lager aufgelöst werden solle, was bedeutete, dass auch sie getötet werden würden. Ein paar der Häftlinge besprachen heimlich die Möglichkeit eines Aufstandes.[11] Im September 1943 trafen mit einem Transport mit Juden aus Minsk auch etwa hundert sowjetische Kriegsgefangene ein, aus denen die SS etwa achtzig als Arbeitskräfte auswählte, darunter auch Alexander Petsjerski, Leutnant der Roten Armee, der als erfahrener Soldat nun die Planung und Organisation des Aufstandes übernahm, der am Nachmittag des 14. Oktober 1943 begann. Den Häftlingen war es gelungen, drei Gewehre aus der Baracke der Trawniki zu stehlen, und sie gingen nun mit diesen Waffen, mit Messern, Äxten gegen die SS-Männer vor. Zwölf SS-Leute und mehrere Wachmänner wurden getötet. Einige konnten jedoch ihre Kameraden alarmieren, die sofort zu schießen begannen. In dem Chaos rannten die Häftlinge zum Haupttor und flohen ins Freie. Von den etwa 600 jüdischen Arbeitshäftlingen gelang vermutlich 365 der Ausbruch, etwa 200 erreichten den Wald in der Umgebung des Lagers; die meisten allerdings wurden durch Wehrmachts-, SS- und Polizeieinheiten kurze Zeit später wieder aufgegriffen und getötet. 47 Häftlinge überlebten.

Als Himmler von dem Aufstand und dem Tod der SS-Männer erfuhr, entschied er, das Lager sofort vollständig abzubauen. Die Arbeitshäftlinge, die nicht hatten fliehen können, wurden noch am Abend des 15. Oktober erschossen. Aus Treblinka wurde ein jüdisches Arbeitskommando herbeigeschafft, das die Baracken und die Gaskammern demontierte. Die Leichengruben wurden mit Erde aufgefüllt und planiert. Nachdem diese Arbeiten erledigt waren, wurden auch diese Menschen ermordet. Die SS ließ noch Kiefernschösslinge auf dem Gelände pflanzen, damit nichts mehr an das Vernichtungslager erinnern sollte, und zog dann mit den ukrainischen Trawniki ab.[12]

Doch blieb es kein verborgener Ort. Die polnische Bevölkerung in der Umgebung wusste, was dort geschehen war, und kam nach dem Abzug der Deutschen in den Wald von Sobibór, um in den Massengräbern nach Wertsachen zu graben.[13] Andrzej Stasiuk, 1960 geboren, steht auf seiner Reise nach Osten am Bug: »So stelle

11 Zum Aufstand in Sobibór siehe Thomas Blatt, *Sobibór – Der vergessene Aufstand*, Hamburg, Münster 2004; Schelvis, *Sobibór*, S. 167-198.

12 Vgl. Angrick, *Aktion 1005*, Bd. 1, S. 271-275.

13 Schelvis, *Sobibór*, S. 223; Jan Tomasz Gross, *Golden Harvest. Events at the Periphery of the Holocaust*, Oxford 2012.

ich es mir vor, während ich in dem kühlen, silbrigen Licht des frühen Winters stehe. Wie sie Schichten auf den Knien mit Händen durchwühlen, in die sich für immer die Erde gefressen hat. Sie sind an Ausgrabungen gewöhnt, an feuchten Boden, an den gebeugten Rücken. Ich stehe am anderen Ufer über der metallischen Strömung und denke an sie, wie sie aufbrechen zu dem Niemandsgold, denn es kann nicht jemandem gehören, wenn es jemand nicht mehr gibt. Und nicht nur, dass er gestorben ist, nein, es gibt ihn einfach nicht, weil der Körper sich in Rauch und Staub verwandelt hat, das heißt, in nichts.«[14]

In nichts wollten die Täter den Ort verwandeln. Die Baracken, die Stacheldrahtzäune, die Gaskammern und erst recht die Körper der Ermordeten sollten verschwinden, zu nichts werden. Kein Tatort sollte mehr zu sehen und die Spuren des Verbrechens gelöscht sein – als wäre sich die SS der barbarischen Monstrosität ihrer Tat, des begangenen Zivilisationsbruchs, bewusst gewesen. Es sollte auch kein Erinnerungsort übrig bleiben, so als hätten die Menschen nie gelebt, die hier getötet wurden. Als wären sie nichts gewesen. Noch in der Vernichtung der Spuren offenbart sich der Vernichtungswille der Täter, die ihre Opfer restlos tilgen wollten.

Es ist den Mördern nicht gelungen. Die Spuren des Lagers, die körperlichen Reste der Ermordeten in der Erde, ihre Asche – alles würde unwiderruflich authentisch beglaubigen, dass hier Sobibór existierte, unabhängig davon, ob es noch Menschen gibt, die darum wissen. Die Täter konnten versuchen, den Ort zu überschreiben wie ein Palimpsest, ihn zum Verschwinden zu bringen vermochten sie nicht. Wer arglos und dennoch aufmerksam durch diesen Wald ginge, würde eingewachsene Stacheldrahtreste in Bäumen entdecken oder im Waldboden auf Knochenteile stoßen. Ein »unschuldiger« Ort würde Sobibór nie werden können. Aber erst das Wissen schafft Erinnerung.

1946 markierte eine polnische Untersuchungskommission den vermutlichen Standort der Gaskammern, ansonsten geschah zunächst nichts. Der Wald wurde wieder forstwirtschaftlich genutzt, mit der kleinen Ungewöhnlichkeit, dass es in ihm einen Ort mit deutlich jüngeren Kiefern gab. Erst in den 1960er Jahren errich-

14 Andrzej Stasiuk, *Der Osten. Roman*, aus dem Polnischen von Renate Schmidgall, Berlin 2016, S. 108.

tete der polnische Staat ein erstes Mahnmal – ein abgeflachter Steinkegel von etwa 20 Metern Durchmesser, der einen Aschehügel symbolisieren sollte, sowie ein etwa sechs Meter hoher Turm aus Feldsteinen, der an der Stelle der ehemaligen Gaskammern errichtet wurde, daneben eine Skulptur des polnischen Bildhauers Mieczysław Welter: ein ausgezehrter Gefangener, der das Kinn stolz, mutig emporreckt, ein Kind an seiner Seite. Eine Tafel informierte über den Tod; jedoch kein Wort über die jüdischen Opfer. Zwischen 2011 und 2014 unternahm ein polnisch-israelisch-niederländisches Team archäologische Grabungen auf dem Gelände und erkundete die Topographie des Lagers. Das Bildungswerk Stanisław Hantz e.V. und die niederländische Stiftung Sobibór unterstützen die Erinnerungsbemühungen vor Ort. Seit 2012 ist die Verantwortlichkeit für den Gedenkort Sobibór an das Staatliche Museum Majdanek übergegangen; seither wird die Gedenkstätte neu gestaltet und dort, wo einstmals der Entkleidungsplatz war, ein neues Museum errichtet.[15]

Wir Nachlebenden, die heute an diesen Ort reisen, kommen nicht zufällig. Wir wissen um das Geschehen und wollen den Ort sehen, an dem es geschehen ist. Und wir erwarten, dass der Ort bezeichnet ist, der Toten gedacht und das Handeln der Täter erklärt wird. Nicht mehr der Wald von Sobibór soll zu sehen sein, sondern die Vernichtungsstätte sichtbar werden. »Das Grab der Opfer hat viele Orte«, schrieb Peter Reichel über Auschwitz.[16] Als Erinnerungsort existiert Sobibór vornehmlich in unseren Köpfen. Erst die Markierung als historischer Ort macht Sobibór für uns Nachlebende sichtbar. Es braucht die Hinweisschilder, die Informationstafeln, die Ausstellung, das Museum, die Denkmäler, die Broschüren und Bücher, um in dem unwegsamen Waldstück das ehemalige Vernichtungslager erkennen zu können.

Doch was erkennen wir? Über die Reisenden nach Auschwitz schrieb Ruth Klüger: »Wer dort etwas zu finden meint, hat es wohl schon im Gepäck mitgebracht.«[17] Nie werden wir Nachlebenden

15 Vgl. Christian Wolpers, »Sobibór heute begegnen«, in: Martin Langebach, Hanna Liever (Hg.), *Im Schatten von Auschwitz. Spurensuche in Polen, Belarus und der Ukraine: Begegnen, Erinnern, Lernen*, Berlin 2017, S. 244-261.

16 Peter Reichel, »Auschwitz«, in: Etienne François, Hagen Schulze (Hg.), *Deutsche Erinnerungsorte*, Bd. 1, S. 600-621, hier S. 602.

17 Ruth Klüger, *Weiter leben – eine Jugend*, Göttingen 1992, S. 75.

erinnern können, was dort geschehen ist. Unser Wissen basiert auf den Berichten der Überlebenden, den Aussagen der Täter vor Gericht, den Dokumenten, die überliefert sind, zusammengefasst in wissenschaftlich verbürgten historischen Büchern. So vielfach unterschiedlich unser Wissen vom Geschehen ist, so vielfältig wird sich der Ort des Geschehens für uns erschließen. »Der Ort ist all das, was man an ihm sucht«, formulierte Aleida Assmann hinsichtlich der »traumatischen Orte«, »was man von ihm weiß, was man mit ihm verbindet. So gegenständlich konkret er ist, so vielfältig präsentiert er sich in den unterschiedlichen Perspektivierungen.«[18]

Im Wald von Sobibór sind keine Schreie mehr zu hören, kein Rauch zu sehen, kein Gestank zu riechen, keine toten Körper zu ertasten – nicht das Erlebnis wird verstärkt als vielmehr unsere Imaginationen und Gefühle. Und die sind bereits im Wissen eingelagert. Zwar zielt Wissenschaft auf Erkenntnis, nicht auf Affekte. Informationen werden gesammelt und ausgewertet, um das Geschehen rekonstruieren zu können, Ursachen und Wirkungen, Prozesse und Entwicklungen zu identifizieren, Akteure zu benennen und Handlungen zu erklären – aber auch das Leiden zu benennen. Wissenschaft ist mit Emotionen, mit Anteilnahme verbunden. Wer will von sich sagen, dass die Schilderung des Mordvorgangs oder eine Zahl wie 150 000 Tote nicht Entsetzen und Erschrecken hervorrufen? Wen würden die Berichte der Überlebenden von der Qual der Opfer und der Grausamkeit der Täter nicht berühren? Zur Selbstbeobachtung als unabdingbare wissenschaftliche Praxis gehören auch die Wahrnehmung und Reflexion der eigenen Gefühle, nicht als Störung, vielmehr als Teil des Erkenntnisprozesses.

Sind es ebendiese Gefühle, die dann im Wald von Sobibór sich aus ihrer Einhegung lösen und mein Empfinden dominieren? Gerade weil dieser Ort durch die Erinnerungsmarkierungen ebenso wie durch mein Wissen kenntlich wird, kann er auch der Erschütterung Raum geben, die mit dem Wissen verbunden ist. Selten haben mich Trauer über die Toten, Hass auf ihre Mörder und Scham über mein Unvermögen, den Todeslagern in der Gegenwart ein Ende zu bereiten, so ergriffen wie im Wald von Sobibór.

18 Aleida Assmann, *Der lange Schatten der Vergangenheit. Erinnerungskultur und Geschichtspolitik*, München 2014, S. 225; Stefanie Eisenhuth und Martin Sabrow sprechen von »Schattenorten«, siehe dies., (Hg.), *Schattenorte. Stadtimages und Vergangenheitslast*, Göttingen 2017.

Und zugleich ist es ein Gefühl der Hilfslosigkeit und Ohnmacht, weil hier an diesem Ort etwas geschehen konnte, was, nach Hannah Arendt, nie hätte geschehen dürfen. Die Toten können nicht wiederbelebt werden, die Vergangenheit nicht rekonstruiert werden. Anders als an vielen historischen Orten und Gebäuden, die für den Geschichtstourismus restauriert und wiederhergestellt werden und den Besuchern das Gefühl vermitteln, am authentischen Ort zu sein und dennoch nicht fremd, ist hier im Wald von Sobibór das Gefühl der Fremdheit übermächtig.[19] Es gibt nichts, woran sich in der Gegenwart anknüpfen ließe. Noch nicht einmal Grabsteine gibt es auf diesem Massengrab. Diese Distanz, diese Verlorenheit, denke ich, öffnet den Raum für die Erschütterung, weil keine Hilfen vorhanden sind, an denen sich Erinnerung orientieren könnte. Was mich ergreift, hat mit dem Ort zu tun und zugleich nicht zu tun. Die Trauer, der Hass und die Scham sind Gefühle, die vielleicht nur hier entstehen können und dennoch nicht an diesen Ort gebunden sind. Sie sind unabhängig von Sobibór und doch nur hier erfahrbar.

Dan Diner hat vor etlichen Jahren in einem Aufsatz Auschwitz als »Blackbox« bezeichnet, was damals auf heftige Kritik stieß.[20] Denn ist nicht von Menschen zu ergründen, was von Menschen gebaut worden ist? Lässt sich nicht wissen, was unseresgleichen erdacht haben? Hier im Wald von Sobibór indessen scheint mir die Rede von der »Blackbox« angemessen zu sein. Uns wird das, was Menschen hier erleben mussten, bevor sie getötet wurden, immer unzugänglich bleiben. Vergangenheit mag an anderen Orten »rekonstruiert« werden können, hier bleibt sie verschlossen. Das ist, was dieser Ort mit uns macht: Sobibór zeigt uns die Grenzen unserer Erkenntnis auf. »Nicht wir«, schrieb Primo Levi, der Ende 1943 aus Italien nach Auschwitz verschleppt wurde und das Lager überlebte, »nicht wir, die Überlebenden, sind die wirklichen Zeugen. Das ist eine unbewusste Einsicht, die mir langsam bewusst geworden ist, während ich die Erinnerungen anderer las und mei-

19 Zum Geschichtstourismus siehe Valentin Groebner, *Retroland. Geschichtstourismus und die Sehnsucht nach dem Authentischen*, Frankfurt/M. 2018.

20 Dan Diner, »Zwischen Aporie und Apologie. Über Grenzen der Historisierbarkeit des Nationalsozialismus«, in: ders. (Hg.), *Ist der Nationalsozialismus Geschichte? Zu Historisierung und Historikerstreit*, Frankfurt/M. 1987, S. 62-73, hier S. 70.

ne eigenen nach einem Abstand von Jahren wiedergelesen habe. Wir Überlebenden sind nicht nur eine verschwindend kleine, sondern auch eine anomale Minderheit: wir sind die, die aufgrund von Pflichtverletzung, aufgrund ihrer Geschicklichkeit oder ihres Glücks den tiefsten Punkt des Abgrunds nicht berührt haben. Wer ihn berührt, wer das Haupt der Medusa erblickt hat, konnte nicht mehr zurückkehren, um zu berichten, oder er ist stumm geworden.«[21]

21 Primo Levi, *Die Untergegangenen und die Geretteten*, übersetzt ins Deutsche von Moshe Kahn, München 1993, S. 85.

Danksagung

Zuallererst habe ich Iris Därmann und Marc Buggeln zu danken, die die Initiative zu diesem Band ergriffen haben. Ohne sie wäre er nicht zustande gekommen. Mit ihnen wie mit Linde Apel, Anke te Heesen und Valentin Groebner habe ich immer wieder über das Manuskript sprechen können; allen verdanke ich zahlreiche wichtige Anregungen, Gedanken, Hinweise. Danken möchte ich Marc Buggeln, Linda Conze und Ulrich Prehn, die zusammen mit mir zwei der Aufsätze verfasst haben und ihre Zustimmung zur Veröffentlichung in diesem Band gegeben haben. Kathrin Janzen hat mir bei der formalen Bearbeitung der Beiträge verlässlich geholfen, und Annelies Scheel hat mit ihrem unbestechlichen Korrekturblick Fehler getilgt, die niemand sonst entdeckt hätte. Nicht zuletzt hat Philipp Hölzing als Lektor diesen Band ermunternd und kompetent begleitet. Allen danke ich sehr herzlich!

Nachweis der Erstveröffentlichungen

Alle Beiträge wurden für diese Veröffentlichung durchgesehen und die Literaturhinweise aktualisiert.

1. »Volksgemeinschaft: A Modern Perspective on National Socialist Society«, in: Martina Steber, Bernhard Gotto (Hg.), *Visions of Community in Nazi Germany. Social Engineering and Private Lives*, Oxford 2014, S. 43-59. Deutsche Erstveröffentlichung.

2. »Die Ungleichheit des Volkes. ›Volksgemeinschaft‹ in der politischen Kommunikation der Weimarer Republik«, in: Frank Bajohr, Michael Wildt (Hg.), *Volksgemeinschaft. Neue Forschungen zur Gesellschaft des Nationalsozialismus*, Frankfurt/M. 2009, S. 24-40. Erweiterte Fassung.

3. »Die Volksgemeinschaft nach Detlev Peukert«, in: Rüdiger Hachtmann, Sven Reichardt (Hg.), *Detlev Peukert und die NS-Forschung* (Beiträge zur Geschichte des Nationalsozialismus, Band 31), Göttingen 2015, S. 49-68.

4. »Biopolitik, ethnische Säuberungen und Volkssouveränität. Eine Skizze«, in: *Mittelweg 36* 15 (2006), Heft 6, S. 87-106.

5. »›Wir wollen in unserer Stadt keine Juden sehen‹. Antisemitismus und Volksgemeinschaft in der deutschen Provinz«, in: *Mittelweg 36* 13 (2004), Heft 5, S. 83-102.

6. »Angst, Hoffen, Warten, Verzweifeln. Victor Klemperer und die Verfolgung der deutschen Juden 1933 bis 1941«, in: Hannes Heer (Hg.), *Im Herzen der Finsternis. Victor Klemperer als Chronist der NS-Zeit*, Berlin 1997, S. 49-72.

7. »Sitzen, baden, durch die Straßen laufen. Überlegungen zu fotografischen Repräsentationen von ›Alltäglichem‹ und ›Unalltäglichem‹ im Nationalsozialismus«, in: Annelie Ramsbrock, Annette Vowinckel, Malte Zierenberg (Hg.), *Fotografien im 20. Jahrhundert. Verbreitung und Vermittlung*, Göttingen 2013, S. 270-298. Dieser Aufsatz wurde zusammen mit Linda Conze und Ulrich Prehn verfasst.

8. Originalbeitrag, der auf zwei Aufsätzen beruht: »Der Begriff der Arbeit bei Hitler«, in: Marc Buggeln, Michael Wildt (Hg.), *Arbeit im Nationalsozialismus*, München 2014, S. 3-24; »Arbeit im Nationalsozialismus. Zu-

gehörigkeit, Ausgrenzung, Vernichtung«, in: Felix Axster, Nikolaus Lelle (Hg.), *»Deutsche Arbeit«. Kritische Perspektiven auf ein ideologisches Selbstbild*, Göttingen 2018, S. 116-134

9. »Lager im Nationalsozialismus. Gemeinschaft und Zwang«, in: Bettina Greiner, Alan Kramer (Hg.), *Die Welt der Lager. Zur »Erfolgsgeschichte« einer Institution*, Hamburg 2013, S. 166-202. Dieser Aufsatz wurde zusammen mit Marc Buggeln verfasst.

10. »Die politische Ordnung der Volksgemeinschaft. Ernst Fraenkels ›Doppelstaat‹ neu betrachtet«, in: *Mittelweg 36* 12 (2003), Heft 2, S. 45-61.

11. »Eine spannungsvolle Beziehung: Ernst Fraenkel und Carl Schmitt«, in: Robert Chr. van Ooyen, Martin H. Möllers (Hg.), *(Doppel-)Staat und Gruppeninteressen. Pluralismus – Parlamentarismus – Schmitt-Kritik bei Ernst Fraenkel*, Baden-Baden 2009, S. 87-111.

12. Originalbeitrag.

13. »Sind die Nazis Barbaren? Betrachtungen zu einer geklärten Frage«, in: *Mittelweg 36*, 15 (2006), Heft 2, S. 8-26.

14. »Differierende Wahrheiten. Historiker und Staatsanwälte als Ermittler von NS-Verbrechen«, in: Norbert Frei, Dirk van Laak, Michael Stolleis (Hg.), *Geschichte vor Gericht. Historiker, Richter und die Suche nach Gerechtigkeit*, München 2000, S. 46-59.

15. »Die Angst vor dem Volk. Ernst Fraenkel in der deutschen Nachkriegsgesellschaft«, in: Monika Boll, Raphael Gross (Hg.), *»Ich staune, dass Sie in dieser Luft atmen können«. Jüdische Intellektuelle in Deutschland nach 1945*, Frankfurt/M. 2013, S. 317-344.

16. »Raul Hilberg and Saul Friedländer – Two Perspectives on the Holocaust«, in: Christian Wiese, Paul Betts (ed.), *Years of Persecution, Years of Extermination. Saul Friedländer and the Future of Holocaust Studies*, London, New York 2010, S. 101-113. Deutsche Erstveröffentlichung. Teile des Aufsatzes wurden auf Deutsch veröffentlicht in: »Worte, Blicke, Bilder. Verschiedene Wege, die Geschichte des Holocaust zu erzählen«, in: Claudia Bruns u. a. (Hg.), *»Welchen der Steine du hebst«. Filmische Erinnerung an den Holocaust*, Berlin 2012, S. 300-308.

17. Originalbeitrag.

Politische Theorie
im Suhrkamp Verlag
Eine Auswahl

Hauke Brunkhorst. Solidarität. Von der Bürgerfreundschaft zur globalen Rechtsgenossenschaft. stw 1560. 247 Seiten

Hauke Brunkhorst (Hg.). Demokratischer Experimentalismus. Politik in der komplexen Gesellschaft. stw 1369. 397 Seiten

Hauke Brunkhorst/Wolfgang R. Köhler/Matthias Lutz-Bachmann (Hg.). Recht auf Menschenrechte. Menschenrechte, Demokratie und internationale Politik. stw 1441. 352 Seiten

Hauke Brunkhorst/Peter Niesen (Hg.). Das Recht der Republik. stw 1392. 403 Seiten

Judith Butler
- Antigones Verlangen: Verwandtschaft zwischen Leben und Tod. Übersetzt von Reiner Ansén. es 2187. 160 Seiten
- Gefährdetes Leben. Politische Essays. Übersetzt von Karin Wördemann. es 2393. 179 Seiten
- Haß spricht. Zur politischen Performation. es 2414. 263 Seiten
- Körper von Gewicht. Die diskursiven Grenzen des Geschlechts. Übersetzt von Karin Wördemann. es 1737. 400 Seiten
- Kritik der ethischen Gewalt. Übersetzt von Reiner Ansén. Adorno-Vorlesungen 2002. stw 1792. 180 Seiten
- Psyche der Macht. Das Subjekt der Unterwerfung. Übersetzt von Reiner Ansén. es 1744. 260 Seiten
- Das Unbehagen der Geschlechter. Übersetzt von Kathrina Menke. es 1722. 240 Seiten

Christine Chwaszcza/Wolfgang Kersting (Hg.). Politische Philosophie der internationalen Beziehungen. stw 1365. 604 Seiten

NF 112/2/5.19

Iris Därmann. Figuren des Politischen. stw 1911. 304 Seiten

Nicole Deitelhoff. Überzeugung in der Politik. Grundzüge einer Diskurstheorie internationalen Regierens. stw 1821. 347 Seiten

Jacques Derrida
- Das andere Kap. Die vertagte Demokratie. Zwei Essays zu Europa. Übersetzt von Alexander García Düttmann. es 1769. 97 Seiten
- Schurken. Übersetzt von Horst Brühmann. 224 Seiten. Gebunden. stw 1778. 219 Seiten

Andreas Folkers/Thomas Lemke (Hg.). Biopolitik. Ein Reader. stw 2080. 526 Seiten

Michel Foucault
- Geschichte der Gouvernementalität. Band 1: Sicherheit, Territorium, Bevölkerung. stw 1808. 600 Seiten. Band 2: Die Geburt der Biopolitik. stw 1809. 517 Seiten
- Die Regierung der Lebenden. Vorlesungen am Collège de France 1979-1980. Übersetzt von Andrea Hemminger. 496 Seiten. Gebunden

Dieter Gosewinkel. Schutz und Freiheit? Staatsbürgerschaft in Europa im 20. und 21. Jahrhundert. stw 2167. 772 Seiten

Armin Grunwald. Technik und Politikberatung. Philosophische Perspektiven. stw 1901. 403 Seiten

Marion Heinz/Sidonie Kellerer (Hg.). Martin Heideggers »Schwarze Hefte«. Eine philosophisch-politische Debatte. stw 2178. 445 Seiten

Rahel Jaeggi/Daniel Loick. Nach Marx. Philosophie, Kritik, Praxis. stw 2066. 518 Seiten

NF 112/3/5.19

Hans Joas/Martin Kohli (Hg.). Der Zusammenbruch der DDR. es 1777. 325 Seiten

Matthias Kettner (Hg.). Angewandte Ethik als Politikum. stw 1458. 416 Seiten

Ekkehart Krippendorff
- Kritik der Außenpolitik. es 2139. 240 Seiten
- Staat und Krieg. Die historische Logik politischer Unvernunft. es 1305. 436 Seiten

Thomas Khurana/Dirk Quadflieg/Francesca Raimondi/Juliane Rebentisch/Dirk Setton (Hg.). Negativität. Kunst, Recht, Politik. stw 2267. 487 Seiten.

Skadi Siiri Krause. Eine neue Politische Wissenschaft für eine neue Welt. Alexis de Tocqueville im Spiegel seiner Zeit. stw 2227. 595 Seiten

Geoffroy de Lagasnerie. Die Kunst der Revolte. Snowden, Assange, Manning. Übersetzt von Jürgen Schröder. Gebunden. 158 Seiten

Ernst-Joachim Lampe (Hg.). Zur Entwicklung von Rechtsbewußtsein. stw 1315. 520 Seiten

Niklas Luhmann. Die Wirtschaft der Gesellschaft. stw 1152. 356 Seiten

Avishai Margalit
- Politik der Würde. Über Achtung und Verachtung. Übersetzt von Gunnar Schmidt und Anne Vonderstein. stw 2041. 277 Seiten
- Über Kompromisse – und faule Kompromisse. Übersetzt von Michael Bischoff. 251 Seiten. Gebunden

NF 112/4/5.19

Ingeborg Maus
- Justiz als gesellschaftliches Über-Ich. Zur Position der Rechtsprechnung in der Demokratie. stw 2229. 266 Seiten
- Menschenrechte, Demokratie und Frieden. Perspektiven globaler Organisation. stw 2113. 238 Seiten

Ulrich Menzel/Dieter Senghaas. Europas Entwicklung und die Dritte Welt. Eine Bestandsaufnahme. es 1393. 295 Seiten

Ulrich Menzel u. a. (Hg.). Die Neue Weltwirtschaft. Entstofflichung und Entgrenzung der Ökonomie. es 1983. 336 Seiten

Gabriele Metzler. Der Staat der Historiker. Staatsvorstellungen deutscher Historiker seit 1945. stw 2269. 371 Seiten

David Miller. Fremde in unserer Mitte. Politische Philosophie der Einwanderung. Übersetzt von Frank Lachmann. stw 2291. 330 Seiten

Jan-Werner Müller. Das demokratische Zeitalter. Eine politische Ideengeschichte Europas im 20. Jahrhundert. Übersetzt von Michael Adrian. stw 2243. 509 Seiten

Thomas Nagel. Eine Abhandlung über Gleichheit und Parteilichkeit. Übersetzt von Michael Gebauer. stw 2166. 243 Seiten

Julian Nida-Rümelin. Demokratie als Kooperation. stw 1430. 224 Seiten

Peter Niesen/Benjamin Herborth (Hg). Anarchie der kommunikativen Freiheit. Jürgen Habermas und die Theorie der internationalen Politik. stw 1820. 464 Seiten

Martha C. Nussbaum. Politische Emotionen. Warum Liebe für Gerechtigkeit wichtig ist. Übersetzt von Ilse Utz. stw 2172. 623 Seiten

Claus Offe. Selbstbetrachtung aus der Ferne. Tocqueville, Weber und Adorno in den Vereinigten Staaten. Kartoniert. 144 Seiten

Bernhard Peters. Der Sinn von Öffentlichkeit. Herausgegeben von Hartmut Weßler. Mit einem Vorwort von Jürgen Habermas. stw 1836. 410 Seiten

Karl Polanyi. The Great Transformation. Politische und ökonomische Ursprünge von Gesellschaften und Wirtschaftssystemen. Übersetzt von Heinrich Jelinek. stw 260. 394 Seiten

John Rawls
- Gerechtigkeit als Fairneß. Ein Neuentwurf. stw 1804. 316 Seiten
- Geschichte der politischen Philosophie. Herausgegeben von Samuel Freeman. Übersetzt von Joachim Schulte. stw 2022. 671 Seiten

Hartmut Rosa. Beschleunigung. Die Veränderung der Zeitstrukturen in der Moderne. stw 1760. 537 Seiten

Pierre Rosanvallon. Die Gesellschaft der Gleichen. Übersetzt von Michael Halfbrodt. stw 2239. 384 Seiten

Dieter Senghaas
- Friedensprojekt Europa. es 1717. 226 Seiten
- Konfliktformationen im internationalen System. Weltpolitische Betrachtungen. es 1509. 230 Seiten
- Weltwirtschaftsordnung und Enwicklungspolitik. Plädoyer für Dissoziation. es 856. 358 Seiten

NF 112/6/5.19

Dieter Senghaas (Hg.). Frieden machen. es 2000. 592 Seiten

Quentin Skinner. Freiheit und Pflicht. Thomas Hobbes' politische Theorie. Frankfurter Adorno-Vorlesungen 2005. Institut für Sozialforschung an der Johann Wolfgang Goethe-Universität, Frankfurt am Main. Aus dem Englischen von Karin Wördemann. Broschur. 141 Seiten

Horst Steinmann/Andreas Georg Scherer (Hg.). Zwischen Universalismus und Relativismus. Philosophische Grundlagenprobleme des interkulturellen Managements. stw 1380. 424 Seiten

Wolfgang Streeck. Gekaufte Zeit. Die vertagte Krise des demokratischen Kapitalismus. 271 Seiten. Gebunden

Cass. R. Sunstein. Gesetze der Angst. Jenseits des Vorsorgeprinzips. Aus dem Amerikanischen von Robin Celikates und Eva Engels. Gebunden. 344 Seiten

Dieter Thomä. Puer robustus. Eine Philosophie des Störenfrieds. stw 2275. 783 Seiten

Helmut Willke. Dezentrierte Demokratie. Prolegomena zur Revision politischer Steuerung. stw 2182. 207 Seiten

NF 112/7/5.19